Contemporary Ideologies

■ 洪鎌德 著

❧ 序 ❧

　　隨著 20 世紀末東西冷戰的結束和「蘇東波變天」，一度在 1960 年代甚囂塵上的「意識形態的終結」底口號，又再度跋扈飛揚、聲震全球。所謂的意識形態（殷海光先生曾譯 ideology 為意底牢結，頗為傳神）無非是各種思想與信念體系的主義，也就是鼓動人群拋頭顱、灑熱血，為之謳歌泣血的精神動力。在 20 世紀最後十年與 21 世紀開端的數年，我們發現意識形態並沒有銳減、更談不上終結。取而代之的是民族主義與基本教義的擴張；生態主義與女性主義的活躍；重視地域、本土的保守主義對抗寰球化、跨國的資本主義；衰微的「科學的社會主義」與講求福利穩定的民主社會主義之爭辯，甚至新自由主義與新法西斯（新納粹）主義的火拼；更重要的是東西文明的對峙和南北貧富國家的衝突。

　　本書便是圍繞著過去兩、三百年以西方為主，而逐步擴散至全球的最重大的幾種主義——保守主義、自由主義、社會主義、馬克思主義、民族主義、基本教義、女性主義、生態主義——為主軸，詳論各種主義對近現代、現代乃至後現代的挑戰、刺激與回應。其間除剖析各種主義的緣起、流程、生成、演變、近況和對社會的型塑、對世界的衝擊之外，也在結論中比較其優劣得失。最重要的是各種主義之間的辯證互動、牽連重疊，以及它們與資本主義和極權主義（法西斯主義、納粹主義、共產主義）之磨合爭競，都成為析評的焦點。

　　在西方有關各種主義之析論、比較與評估，多以文集方式呈現，亦即由多位學者專家，各就其專攻之主義執筆為之，匯聚諸大家的研究心得為一綜合性的論叢。與此相反，單獨由一位作者遊走於各種主義之間，而貫串成書者比較少見。本書作者在參酌上述兩種表述與出版方式之後，基本

上採用專書的形式，兼參考眾論文集的優點，而使本書在同類華文著作方面有其綜合與創新的特色。

　　本書中涉及馬克思主義、自由主義、社會主義、民族主義、基本教義和女性主義方面，曾由台北一橋出版社以《台灣新文化運動》名義單獨推出六小冊，頗受讀者朋友的讚賞。該出版社社長廖為民先生慨然允諾將此六小冊出版權利讓出，而使本書（作者再加四章）得以《當代主義》之全貌付梓，其盛意可感，特申謝忱。

　　揚智文化事業公司總經理葉忠賢先生、總編輯林新倫先生與執行編輯胡琡珮小姐都對本書的出版、編印盡了最大的協助與努力，贏得我至深的敬意與謝忱。我的助理台大國發所碩士班李宜芳同學進行部分章節之校對，博士班生廖育信則對各章原始文字大加刪削潤飾，而使文字精簡通順，其功勞尤令人難忘，再申感謝之忱。

　　多年來我在台灣過著孤獨老人的寂寞生活，但自從去年（2003）底愛妻蘇淑玉女士辭退新加坡大學德文教職返台定居後，夫婦終於可以長相廝守，並能共同享受文明古國埃及之旅遊，益感老來伴侶相互扶持之重要。本書也有她校對與提供改善意見之處，我也要在此一併致謝。最後，但最重要的還有 EUSA（歐洲聯盟研究協會）的大群好友不斷鼓勵與支持，都使本書能夠順利推出，謹致無限的感恩與祝福，是為序。

洪　鎌　德

❧目　錄☙

❧圖表目錄❧

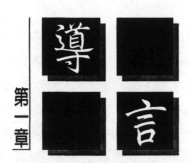

第一章 導言

一、主義與意識形態

　　本書討論當代最有活力、最有影響，也最有系統、最有組織、最有學理與爭議的八大主義——保守主義、自由主義、社會主義、馬克思主義、民族主義、基本教義、女性主義和生態主義。這八大主義似乎未把安那其（無政府）主義、法西斯主義、資本主義、極權主義等等名詞和概念包括在內，並不是後面這三、四種主義不重要，而是安那其主義和極權主義雖一度分別在 19 世紀與 20 世紀上半葉興風作浪、盛極一時，但隨著倡導者與執行者的逝世或橫死，這兩種主義的影響力驟降，然而限於本書的篇幅，故暫不將此二者加以評述。至於資本主義本來就與自由主義、保守主義的理想（私產的尊重）有重疊之處，也受到社會主義、馬克思主義與女性主義的激烈批判，故不特立專章來討論。至於共產主義為馬克思派「科學的」社會主義之終極目標，我們僅見到曾經存在過、或至今仍標榜實行社會主義及其初階（像中國、越南）的國家與社會，卻從來沒有看見共產主義的落實。不要誤會有共產黨一黨專政的社會主義國家正在推行共產主義，他們至多把共產主義當成未來要實現的理想，而非真正出現在人類歷史上的制度看待。

　　談到「主義」，吾人不禁想到孫中山以「思想、信仰、力量」的體系來加以概述。這雖然只是一個扼要簡單的看法，但也算抓住「主義」的神髓。嚴格言之，主義是一套「意識形態」（ideology），這套意識形態不僅有政治、社會、經濟的意涵，更不乏知識與文化的色彩，也就是型塑社會典章制度的能源與動力。像前面所指出的資本主義，它不只是一種政治、經濟與社會的制度、體制，也代表一種特殊的生活方式、消費模式、生活之道，更是一套思想、文化的樣式。具體上說資本主義體現市場機制（經濟的放任自由）、自由契約（政治上、法律上對私產的保護、對契約釐訂「自由」的保障）、對國家與私人財富擴大的鼓勵（保守主義尊重法律與秩序，加上民族主義的擴張外侵之鼓舞），對科技的大力發展，甚至不惜破壞自然、浪費資源來達到財富的膨脹（這點正是馬克思主義、社會主義、女性主義、生態主義撻伐攻擊的對象）。

　　既然把「主義」當成「意識形態」來看待，那麼什麼是意識形態呢？誰第

一次提到意識形態呢？意識形態可以說是西洋自古以來哲學思辨的一個重大概念。柏拉圖強調世界構成的諸要素中，最重要者、第一優先者，無過於「理念」，理念也稱形式、或類型、或原始態式。柏氏對人類瞭解和認識周遭事物的洞窟比喻，可以視爲意識形態及其批判之開端，也是認識論的開始。後來近代的培根對人類思想侷限之批判，就以洞窟偶想之破除爲四大偶想破除之一（洪鎌德1998b：310-311）。

二、意識形態的起始與發展

法國哲學家戴‧特拉西（Antoine Destutt de Tracy 1754-1836）在 1796 年提出 *"ideologie"* 一概念，可以說是意識形態這一名詞第一次的出現。作爲 18 世紀啓蒙運動的貴族知識份子，特拉西本來同情與支持法蘭西 1789 年的革命，但卻對革命後的白色恐怖造成的社會混亂與不安深表不滿，而爲雅各賓暴亂份子拘捕投獄。他遂深思何以假藉理性、進步、民主的美名之法蘭西大革命會淪落爲暴民專政？爲了使理性在各時代各社會有合理評價的方式之出現，他遂倡導講究理念性的科學研究，這便是理念之學——意識形態——概念之出現。

可是其後的拿破崙大帝爲了討好天主教的守舊勢力與傳統保守份子對他推翻共和、恢復帝制的支持，居然把反對他稱帝的文人、哲學家（包括特拉西在內）當成只能炎炎大言，而無法投入社會實際工作的「意識形態家」（*ideologues*）看待，從而使「意識形態」一詞染上負面的、消極的意思（洪鎌德 1998b：312-313）。

對拿破崙頗爲欽羨的馬克思，把意識形態當成對現實、對實在扭曲的錯誤想像（*falsche Vorstellung*）來看待，從而又賦予這個概念否定的、負面的意涵，而大力加以批判。他說人的物質存在常被人的意識形態所顛倒、所扭曲。意識形態就是社會事實的顛倒、扭曲，也是把社會的矛盾掩飾與遮蔽。在掩蓋了實在世界的矛盾之後，意識形態的扭曲幫助了統治階級，爲統治階級的利益服務。他與恩格斯在 1845/46 撰寫的《德意志意識形態》一篇長稿中指出：統治階級不只主控社會的物質資源（生產資料），甚至也主宰了社會的思想。因之「統治階級的理念，在每個時代裡成爲〔全社會〕主宰的理念」，也就是物質生產者的

階級同時也是心靈生產的控制者。這就是受到意識形態偏袒統治階級而讓群眾盲目跟從，不敢公開反抗、反叛的結果。

因此，馬克思並不認爲理念、意識是促成社會變遷與歷史進化的動力。反之，他認爲「並非意識決定社會的實有〔實在〕，而是社會的實有〔實存〕決定意識」。這就是他唯物史觀的起點：人類的經濟生活決定人的精神生活，生產活動制約心靈活動。社會的經濟基礎（下層建築）是導致意識形態與典章制度（上層建築）的改變之動力。換一個形式來說，社會是由上層的有產階級與下層的無產階級合構而成。向來社會形態的改變，也就是人類歷史的進化是由無產階級對抗與推翻有產階級的革命運動所產生的結果。這也就是下層階級不滿上層階級的欺侮、壓迫、剝削而挑起的重大社會衝突——階級鬥爭——所造成的結果，也是生產方式改變的結果。歷史遂呈現其進化與發展的不同社會階段（social stages of development）。由太初原始公社，發展爲古代希臘與羅馬（奴隸主與奴隸對敵）的奴隸社會，中世紀（地主與農奴對立）的封建社會，至今日（資產階級與無產階級針鋒相對）的資本主義社會。由是馬克思遂倡言：「至今爲止的人類歷史乃是一部階級鬥爭史」。

從生產方式變動的經濟基礎，到群眾分裂爲對立爭鬥的有產與無產階級，都被馬克思目爲物質的力量，都是社會改變與歷史遞嬗的動力，這就是何以他的史觀被稱爲唯物史觀的原因。對他而言，勞動、生產、經濟活動、群眾革命運動都是物質的力量。至於社會的典章制度包括法律、政治、哲學、文藝、宗教都是精神的現象，都是意識形態的表現。不是意識形態左右人群的生產勞動與經濟活動。剛好相反，卻是人群的生產勞動與經濟活動來決定思想、觀念與典章制度之型塑、改變。其進化與變遷的方式，及其展開的社會關係之緊張、衝突是依部分與整體的互動，也是正、反、合的辯證歷程，是故馬克思的史觀又稱爲唯物辯證史觀。

把馬克思的史觀與其他社會、經濟學說組織化與系統化的第一個重要人物，爲其終身革命伙伴的恩格斯。恩格斯爲了要抬高馬克思學說在社會主義諸流派中的無上地位，遂鼓吹馬氏的學說爲「科學的社會主義」，也把馬氏視爲意識形態扭曲的想像轉變爲「錯誤的意識」（*falsches Bewusstsein*）。例如把自由民主國家的法律，當成維護資產階級、欺騙無產階級的洗腦工具看待，更是藉人人在法律之前平等的假象，來使廣大的群眾忘記資本主義社會中財富、地位、

權力分配之不公與不平。

修正主義者伯恩斯坦（Eduard Bernstein 1850-1932）不認爲意識形態只供資產階級、資本主義所使用。依他看法，社會主義也可以擁有其意識形態。這種說詞爲列寧所採用，在《怎麼辦？》（1902）一書中他認爲可以發展社會主義的意識形態，來幫忙工人發展更深一層的階級意識和革命意識，而不致只停留在要求加薪、福利的工會訴求之淺見裡。換言之，列寧成爲把意識形態從負面消極扳回正面、積極的馬派革命領袖。在批評資產階級使用宰制性的意識形態之時，普勞階級[1]要凝聚政治意識、革命意識，去追求本身階級的利益。由是布爾喬亞與社會主義者意識形態之針鋒相對遂告形成。意識形態不再是必要的扭曲，不再是對矛盾的掩蓋，而變成的中立的概念，成爲鼓舞普勞階級團結奮鬥、推翻資本主義的思想動力（Larrain 1991: 250）。

無論是盧卡奇（Georg Lukács 1885-1971），還是寇士（Karl Korsch 1886-1961），還是葛蘭西（Antonio Gramsci 1891-1937）都深覺工人階級發展與深化階級意識、革命意識的重要，從而把經典與官方馬克思主義（馬、恩、列、史）只重視經濟基礎，而忽視上層建築的毛病扭轉過來。藉著黑格爾重視意識、精神的說詞，他們強調共產黨哲學家、知識份子如何把正確的階級意識灌輸給群眾，如何聯絡其他民間社會的力量（教育、媒體）來奪取文化霸權，俾啓開歷史新頁創造的機緣（洪鎌德 2004：36-85；132-216）。

在 1960 年代，葛蘭西「民間社會」、「文化霸權」、「有機知識份子」等說詞成爲反越戰、反種族壓迫、反性別歧視、反環境惡化的學潮與新社會運動的口頭禪與效法追求的口號。這些鼓吹與參與學潮與新社會運動的左翼人士（「新左派」），還受到法蘭克福學派批判文化與批判社會學的影響，在該派旅美人士馬孤哲（Herbert Marcuse 1898-1979）的鼓吹下，對資本主義體制下的西方社會陷身於「一度空間」大力抨擊，可以說是對資本主義的意識形態與生活之道（現代人的粗糙、淺薄、異化）做了體無完膚的揭露與撻伐。

哈伯瑪斯（Jüngen Habermas 1929-　）雖然也批評馬克思主義的缺陷，像只

---

[1] 普勞階級（*das Poletariat*）以前譯爲普羅階級。可是當今台北街頭儘是「普羅汽車」、「普羅齒科」、「普羅飲水機」的廣告，係專業化（professional）的意思，而與無產階級、工人階級無關。是故本書作者把 "Poletariat" 改譯爲普勞階級，有普遍勞動（不但勞力，也包括勞心）階級的意思。

注意人的勞動、而忘記人的互動（交往、溝通），但火力卻集中在攻打資本主義社會的種種弊端，包括對科技之盲目崇拜、消費與浪費是尚的拜金主義、拜物主義、消費主義，以及衍生的動機危機、合法性危機、正當性危機。在其晚年哈伯瑪斯不但擔心西方社會過度講求工具理性之不當，尤其擔憂法律、政治、經濟等「體系界」對人群活生生、活潑的「生活界」之奴役與殖民，因之倡導「審議的民主」（deliberative democracy）來予以對抗（洪鎌德 2001b：304-313；2003d：1-5；2004：228-234）。

　　在受到葛蘭西分辨政治國家、民間社會與經濟基礎社會結構的三分化之下，阿圖舍（Louis Althusser 1918-1990）揚棄青年馬克思所受黑格爾哲學之影響，強調馬克思在 1845 年經歷了「認識論的突破」，擁抱科學的政治經濟學，而以結構主義來突顯馬克思主義的科學性。他不再堅持馬克思基礎對上層建築單行道式的決定說，而是賦予上層建築「相對的自主性」，從而把社會分成經濟的國家設施、壓制的國家設施和意識形態的國家設施這三層，而其間之辯證互動關係，乃爲一種「泛層決定」（over- determination）（洪鎌德 2004：271-277）。

　　近年來西方馬克思主義者，或致力媒體之考察、或專心進行文化的研究，而指出西方資本主義社會中群眾偏好的肥皂劇、連續劇有羈縻群眾、麻醉群眾之嫌。有人甚至認爲意識形態在團結與凝聚菁英份子方面扮演重大角色，附屬於主流派之下的次級群體受到經濟權力與利益左右大於思想、文化的潛移默化。西方學界與文化界的馬克思主義者也企圖解釋，何以基礎與上層建築之矛盾不會造成資本主義的崩潰，其主要的理由在於意識形態所扮演的穩定人心之作用。更何況資本主義的權力不是「單向度」，也非「雙向度」，而爲「三向度」。根據路克斯（Steven Lukes）的觀察，資本主義的優勢在於廣泛的基礎上產生對整個社會的優勢、霸權、領導（hegemony），這種有效的、細緻的、不易覺察的全面控制，是資本主義體制能夠永續經營的秘密（Lukes 1974; Eatwell 1999: 8）。

　　馬克思主義者傾向於把概念簡化，甚至把意識形態等同爲社會行動者爲保護其特殊利益對政治情勢的分析所採取的態度、看法與飾詞、辯詞。行動者衛護其利益與觀察者揭發隱藏在利益背後的表面說詞、理由都是意識形態的一環。是故有布爾喬亞的意識形態、普勞階級的意識形態之分。但馬克思本人對意識形態持負面的看法，在後來卻一一改變；有時持中立者，也有時持正面者。

對此非馬派的理論家持不同的態度與作法，他們把馬克思最初的基礎與上層建築的分別做了相當的修改。他們指出行動者的理念並非完全繫於物質利益的考量，或是實踐的考慮，而常是修辭或意義所引發的。有些理論者甚至把物質生產的科技組織也放在意識形態的上層建築中來論述。有的表示藝術創造推廣到經濟基礎之上，語義的結構、論述、言說、語文、象徵等取代了意識形態作為理念的體系。因為上述論述、語言、象徵都可以從來往與溝通中直接引得，而無須意識形態之介入。再說，上述語義結構、論述、言說、語文、象徵都是文化型塑（cultural formation），是意識形態批判要揭發的。繼續馬克思批判現代文明的理論家（非馬人士）像哈伯瑪斯與福科（Michel Foucault 1926-1984）等已不贊成上下層建築之嚴格區分，也不贊成物質勢力對人經驗的型塑，和把實在與實狀看成顛倒的影像（意識形態）。這兩者（物質實在同意識形態）沒有一分為二之必要。於是馬克思兩層樓的社會比喻遂遭到拋棄。把意識形態從人的顛倒意識之大範圍縮小到政治現象的詮釋，還有賴批判理論的發揮作用（Keller 1991: 237）。要之，馬克思的意識形態之批判卻來自兩個泉源：其一為法國物質論者與德國哲學家費爾巴哈對宗教之大力批判；其二為德國經典觀念論（康德至黑格爾）知識與意識之批判（洪鎌德 1998b：313-316）。

三、非馬派對意識形態的詮釋

非馬克思主義者對意識形態的分析與解釋，顯得多采多姿。他們或批評馬派對意識形態的說明不但錯誤，而且危險，或借用馬派的觀念而予以踵事增華，大加擴張、引申。

在非馬派中對意識形態有深刻的研究與創意的發現者首推曼海姆（Karl Mannheim 1893-1947）。他嘗試追隨戴‧特拉西建立理念的科學，在其 1929 出版的《意識形態與烏托邦》（1936 年出英譯本）中，找出意識形態不能像馬克思那樣化約為階級成員的意識或認知。他進一步分辨特殊的與整體的意識形態，前者有可能受到別人有意或無意的操控、欺騙；後者則為某社會時期中居於人數較多、影響力較大的社經群體之心思模式，也可以說是大多數人的世界觀（*Weltanschauung*）。除了分辨特殊的與整體的意識形態之外，曼海姆進一步

分辨意識形態和烏托邦之不同。前者傾向於保留現狀，後者則企圖顛覆現狀，儘管意識形態也常包含烏托邦的一些元素。

曾經與盧卡奇合作過的曼海姆接受馬克思與恩格斯視意識形態為扭曲的意識之說法，但對意識形態化約為階級的觀念體系，卻認為對馬克思主義不利。原因是主流的意識既然被當成統治階級意識看待，那麼與主流相反或不同的群體之意識形態何以不視為該群體本身利益的思想表示呢？換言之，社會主義難道不是工人階級的利益之反射嗎？為此曼海姆努力去建立知識社會學，說明知識與社群、社會之關聯。不過他的知識社會學卻為著人們可否直窺真理，或獲得真正的客觀知識而覺困擾。為了避開這一困惑，他企圖把相對主義和相關主義（relationism，關係主義）做一個區隔。前者認為所有的知識對有關的群體與時空而言是相對的，後者卻主張在理念與脈絡之間存在強烈的關係。但他又說對某些知識份子而言，他們有能力超脫理念所附屬的脈絡，而進行理性的辯論。這種說詞使批評者認為他太看重了知識份子，須知知識份子也是他們存活的社會之產品，要他們跳出社會脈絡，做公正無私的論述是有困難的。

自 1940 年代以來曼海姆所關懷的意識形態之整合功能為社會科學界重新提起而列入討論，尤其是在美國由於深度訪問與民意調查的推行，社會學與心理學的技術也與知識社會學的理論不斷運用與深化。這種作法使意識形態的雙重功能更為凸顯：一方面透過個人的成長過程加深社會化的作用，使個人與社會的關係綁得更緊。另一方面紀爾茲（Cliford Geerz 1926- ）人類學的方法之演展，其重點為聚焦於神話與象徵生活方面和想像的詮釋。從而使意識形態提供象徵之物有秩序的體系——象徵體系，俾為人群明瞭意義的類型和行為的目的，而理解其生活。

換言之，紀氏認為意識形態是中立的概念。在功能上有別於科學的知識，有別於實務上的考慮，也有別於道德的考量與聲稱。意識形態為象徵體系，不可以由於它缺乏科學明證、實踐策略、或道德證成，而予以貶值、擯棄。它是特殊的文化型塑提供有關世界表述方式的、帶有價值的詮釋，當傳統指引人群解釋周遭的功能無從發揮、或停止發揮之時。因之，意識形態不是偏頗的、不是存心設計、羅織的理念體系。

紀爾茲的方法卻產生了方法論上的反對意見，像歐爾蒙（Gabriel Almond）與韋巴（Sidney Verba）的《公民文化》（1963）便不討論宰制思想、主導意識

形態如何形成的問題。其他的人類學作品也不在乎其學說與理論可否通過檢
證，而類同為文獻批評。不管如何這些紀氏之後出現的作品大多指出社會中的
價值、象徵主義、和神話之重要性。文化的研究方法強調把意識形態當成主義
來看待的危險。像英國心理學家畢理格（Michael Billig）指出：他把意識形態
分成「經歷過」與「知識份子泡製」兩者之不同，而強調只有對前者的研究才
是重要的。

　　出現在美國學界的則是與英國相平行的發展，在區隔普通的、寬鬆的人生
觀、世界觀與特殊的、嚴密的意識形態之不同。後者只接受某些信仰體系為意
識形態，像偏激的、極端的共產主義和法西斯主義，就是顯例。主張這種說詞
早期有柏波爾（Karl R. Popper 1902-1994）和阿蓮德（Hannah Arendt
1906-1975）。他（她）們注意到整套信仰體系是否含有把歷史看做規則、律例
反覆出現的「歷史主義」、「唯史主義」（historicism），以及建立在唯一真理基礎
上的「獨一論」、「單元論」（monism），也就是探討信仰體系是否建立在唯一的
真理之上，是「理性的」認識之產品。這類的意識形態拒斥多元主義、容忍和
理性辯論。這種爭辯因為哲學家諸如歐克夏（Michael Oakshott 1901-1990）之
加入，而顯得熱鬧滾滾。他認為政治學中有理性主義者的立場，也有意識形態
家的立場。後者是把複雜的政治現象簡單化與抽象化，這與傳統重實用的、實
際的、講究合理的說詞不同，因為後者不靠先驗的知識，或天馬行空似的大理
論便可獲取。在這個意義下，英國傳統的主流之保守主義不再是一套意識形態，
而是眾人日常行為的戒慎恐懼、循規蹈矩，連英國保守黨的成員也這樣看待保
守主義。

　　1960年代初與1980年代末在西方世界出現了兩次有關「意識形態的終結」
之激辯。前者由貝爾（Danial Bell）的書與文引發，後者由日裔美人福山（Francis
Fukuyama）的文章與專書倡說，不只意識形態終結，甚至歷史也告終結。第一
次的論爭是1950年代美國結束二次世界大戰後帶來的國內經濟繁榮、嬰孩大批
出生，也是法西斯主義衰亡與共產主義式微之始。貝爾遂在其大作《意識形態
的終結》（1960）一書中指出：

　　　很少有嚴肅思考的人會相信：有人可以定下「藍圖」，大搞「社會工
　　程」來建立社會和諧的烏托邦。同一時期守舊的「相反的信念」也已

喪失了其知識上的力量。很少「經典的」自由主義者堅持國家在經濟活動中不插一腳。很少嚴謹的保守份子，至少在英國與歐陸，相信福利國家是走向「奴役之途」。因之，在西方世界今日知識份子對政治事件有個初步的共識……那就是意識形態時期的終結。（Bell 1960: 402-403）

　　至於福山則是在舊蘇聯紅色帝國即將崩解的前夕，發表了《歷史的終結及最後一人》（1990），認為共產陣營的崩潰與共產主義的衰亡為資本主義征服全球的明證。是故貝爾與福山都成為美國式資本主義維護與興盛的代言人，也是藉社會科學與哲學方法論來合法化他們政治與經濟信念、信仰的學者，其受到批判與攻擊自不在話下。但隨著 1960 年末學潮與新社會運動的蓬勃展開，證明意識形態並未終結。反之，新左派、解構主義、後現代主義、女性主義、生態主義像雨後春筍一一破土而出。同理 1990 年代並沒有因為東西冷戰的結束，使歷史邁向終結，隨後爆發的文明衝突，特別是伊斯蘭基本教義對抗西方列強的恐怖活動，延燒到今日全球。從這裡可以看出各種主義之間的競爭拼鬥反映人世的爭執衝突。只要有利益存在之處，競逐、攫取、獨占之活動不只發生在人與人之間、群體與群體之間、國家與國家之間，有朝一日甚至延長到星球與星球之間。為了對抗這種利益的奪取與霸占，意識形態要發揮其正當化的作用。是故不但意識形態無終結之時，歷史也不會進入終止的階段。

　　有人指出主義與主義之間、意識形態與意識形態之間，常常呈現截然相反、針鋒相對的逆反現象。例如馬克思主義與自由主義就是完全不同、甚至彼此鑿枘難容的意識形態。馬克思主義要求廢除私產，自由主義卻主張私有財產的保留，甚至明訂法律來加以保護。不過這只是就基本主張，兩者相異與相反的地方。但馬克思主義和自由主義都是啟蒙運動的的產品，都相信人的自主、自由、創造是人開物成務、利用厚生的表現，都是把人將其潛能轉變呈現能的展示。換言之，馬克思主義和自由主義儘管內容不同，甚至相反，但其形式上要求人自由的發揮（自由主義）與達致解放的目標（馬克思主義）是相同的。更何況這兩種主義都深信進步與理性，特別是普世的合理性之形式（universalist form of rationality）底存在（Eatwell, *ibid.*, 11）。

　　1960 年代末各種左翼思想與運動的蓬勃發展，其結果無異為意識形態的復

活，這也可以說 1970 年代與 1980 年代人們採取新的途徑來處理意識形態。這個新途徑一言以蔽之，就是「後現代」的手法。後現代並不是鐵板一塊的一個學派，而是人物、流派、觀念一大堆的籠統指謂，也可以說是意識形態終結新的說法、新的形態。也就是對至今為止一些大理念（像馬克思主義的解放理念、民族主義獨尊某一民族或文明的輝煌成就）的告別。當然包括對啓蒙運動獨尊理性與進步的質疑，對現代性帶來的科技巔峰發展與物質享受之空前的擔憂。在這種情況下，縱然最講究實用、最切身感受的保守主義過去也一度發揮對人人的影響作用。法國後現代主義哲學家李歐塔（Jean François Lyotard 1924-　）就指出：當前的世界充滿「後設敘述」、「大敘述」之危機，原因是這些炎炎大言，理想高懸、天馬行空的大型意識形態無助於現實生活的解決、也不再引起人群的興趣與矚目。換言之，現代人對社會終極的進步、人類最終的解放興趣缺缺、信心全無。

後現代主義不只排斥單獨原因的說法，也主張多元主義。它反對社會有中心，歷史有循序漸進，世事有主體，真理有絕對與普世的種種說法，取而代之的爲去中心、去主體、去普遍、重地方、重本土、重多元之新看法，認爲世事的發展有種種的可能性，無須決定於一尊，走一個必然（「進步」）的方向。個人的認同比階級認同、種族認同、國家認同還重要，有時連個人認同、族群認同、國家認同都可以拋棄遺忘。

這種說詞可能與社會學分析的改變有關，也與早先認同的丟失有關。不過後現代這些主張並非全是事實的描述，而更多是規範性的聲稱，主要在對過去大的主義、大的意識形態的「後設敘述」之批評，批評這些主義與意識形態包山包海的統攝性、綜合性、全體性（totalitarian）底假定、設準，因爲在這些無所不包的炎炎大言之下，世事中分歧的部分、不同的部分、歧異的部分全部被掃除一空。

後現代這種切入的研究途徑之毛病卻也逐漸浮現。其一、像這樣大力反對單元論、單項原因（單因），而鼓吹多元主義，本身難道不是一種意識形態？不是一種「大敘述」？其二、過份的多元主義，像讓各民族自行追求其文化、傳統、族群之特殊性，不也帶來更大的種族、國族之衝突，以致引發民族間戰爭的危險？激烈、或偏激的民族主義就像納粹主義，最終不是要消滅和它相反、相異的猶太族與猶太文化嗎？其三、後現代主義的主張似乎是在對客觀的實狀

做部分或全面的否認，而便利對現狀重新詮釋、重新掌握的人。第四、完全以相對主義的方式（在地化、個人化、個人認同、個人的歧異觀點）叫人無法分辨事物的好壞，也無助於人們的選擇。例如人權的重要性、可欲性是不是一種普世的價值與倫理標準？一旦否認此一標準的存在，那麼某些地區、某些教派對異端、異教徒的迫害，就變成事不干己，不須加以制止、或譴責了。

在非馬派的意識形態考察上，我們尚可以找到另一派的說法，無以命名，暫稱爲結構兼論述的分析（structuralist-discourse analysis）。這是把人群平日使用的言語，特別是「意識形態」的言語關聯到其背後潛藏的結構之上，這便是福科結構主義的文化研究。他是阿圖舍的學生，特重社會正常人活動的範圍之外，也可以說注重社會邊緣，諸如精神失常（瘋狂）、犯罪、性反常等等現象之考察。他認爲這些反常的社會現象乃是社會宰制的結果。社會爲了呈現正常、凝聚、團結、連帶關係，而使用語文、神話、象徵符號來把部分人當成瘋狂、失常、罪犯隔離開來。在語言、神話、符號帶有很大的權力之下，論述（discourse 言說、話語）遂成爲一個社會宰制的工具，任憑個人有再大的本事、再大的清明在躬、再大的智慧學問，也無從分辨各種意識形態的好壞標準。

使用晦澀難懂的的語言、思路常呈跳躍奔馳而不符合邏輯的福科，卻引發20世紀下半葉思想界、學術界、文化界的矚目，其著作也掀起很大的爭議。無可否認他指出日常語言、符號、象徵對人的思想和行動有制約的作用。但對言說賦予那樣大的魔術的、奇妙的力量有必要嗎？不過藉這些日常的語言，人們無從思想嗎？無從批評嗎？如果我們依照曼海姆的說法，某些知識份子——自由飄浮的知識份子——有能力從他生活的脈絡、環境下跳脫出來，而作獨立的、客觀的思考。假使否認知識份子有這種獨立判斷的能力，那麼資本主義體制下就產生不出持異議、持反對、持批判的不同流俗的特立獨行之士。事實剛好與福科的說詞相反，在自由民主國家中（其實在極權高壓的舊蘇聯政權下也一樣）持不同意見的異議份子層出不窮，且擁有不少群眾的支持。

同一個國家、同一語文可以產生不同的學說。以英國爲例，在達爾文進化論出現之前，有馬爾薩斯人口論，強調人群爲爭食物、求生存與繁衍，多餘的人口必遭天災地變與戰爭的掃除，使人口與食物的成長維持某種的平衡關係。除了馬氏人口論之外，古典政治經濟學，鼓勵人群追求財富，反對國家介入市場運作，遂有放任自由的主張。但達爾文這種進化論在馬克思與恩格斯心目中

是先進的自然演化學說，但在史達林獨裁暴政下，卻是錯誤的。史達林寧信李森科（Trofim Lysenko 1898-1976）的學說，將馬派的意識形態應用到科技方面，卻在舊蘇聯導致災難重重的後果，這就說明盡信書不如無書，盡信馬、恩的說詞，不如相信科學的經驗法則。對主義的關聯與對科學的關聯是兩碼事，意識形態雖企圖為世界的生成演變給予一套完整的說詞，也就是企圖把世界觀、社會觀、歷史觀與人生觀來一個融貫一致、前後不矛盾的綜合，但最終仍舊有隙漏、有瑕疵、有不周全的毛病。這是何以我們花費較大篇幅討論馬派與非馬派對意識形態看法的因由。

　　另一方面，主義依照其所主張、傾向是暴力、革命的左派，或是走和平、改良的右派，當中的許多主義，像是光譜中的諸多位階。偏激主義與保守主義針鋒相對，分站一個連續體的兩端，它們都是強調制度的（institutional）與主觀的、內在的（immanent），同其他非保守主義的意識形態（自由主義、社會主義、民族主義……）不同，後者是觀念的（ideational）、或超驗的（transcendent）。例如保守主義者柏爾克對政治的偏激主義大力抨擊、大力撻伐，為的是替保守主義拍板定調（Freeman 1980）。我們可將各種主義依照其性質畫成圖1.1：

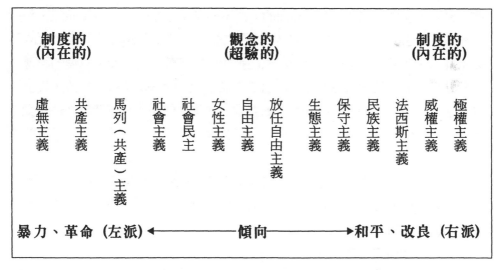

資料來源：參考 Huntington（1993）；Quinton（1995），由作者設計。

圖 1.1　各種意識形態的光譜

四、意識形態的定義與區分

　　由上面的敘述，意識形態乃是用象徵符號作爲表達的觀念和信仰體系，它用來表述、解釋和評價現世，特別是人群所處的社會與國家，其目的在鼓舞信徒、群眾、公民參與某一高懸目標之行動，同時也排斥其他競爭或敵對的行動目標。

　　意識形態這個詞謂應用到政治與社經之上就形成各種主義。今天在人群教育提升、知識劇增之下，對於入主出奴的主義之看法，比較沒有早前群眾的盲目堅持，而多少帶有分析、比較客觀評價的理性態度。是故主義和意識形態被當成對實在、現狀言過其實、矯枉過正的、狂熱表達或盲信盲從成爲普通的說法。主義涵蘊著意識形態家缺乏現實主義的感受，也表示創立主義的人自我主意與自我陶醉的一般。它更是社會部分人士、特殊群體、少數黨派爲增強其本身的益處，而鼓吹的學說與主張，其含有宣傳、洗腦、社會化的企圖非常明顯，這就是何以主義和意識形態含有對抗現實，扭曲、抹黑，而又對理想歌頌、憧憬之原因，也是意識形態含有負面的、惡劣的意涵之原因。這種負面的、惡劣的意涵有二：其一，認爲主義與形而上學掛鉤，常常與經驗現實有段頗大的落差；其二，認爲主義是對真實的現象之歪曲、之遮蔽、對知識與真理的誤導。

　　意識形態不但含有對實在、現狀之「描述性」（descriptive）說法，更重要的包含了「規定性」（prescriptive）的要求，要求其信眾、其黨徒無條件接受這種主義的主張、解說、評斷，從而破壞了合理的懷疑，審慎的討論、平實的辯論。

　　不管是負面或中立的立場來看待這個政治、社會、經濟與文化領域最常用的，也是爭論最大的概念——意識形態，我們仍舊可以把意識形態分成四個不同的事物來看待：

　　1. 當做政治思想的意識形態；
　　2. 當做信念和規範的意識形態；
　　3. 當做語文、象徵和神話的意識形態；
　　4. 當做菁英權力的意識形態。

　　上述四個範疇並非彼此排除窮盡、沒有交疊、沒有重複的現象。剛好相反，意識形態可能包含兩種、或兩種以上的思想建構體，特別是在行使權力的場域2 與 3 交相援用乃是司空見慣的情形。作為政治思想，意識形態就成了種種的主義。舉例來說，像穆勒與海耶克的政治思想被列入自由主義的陣營中，就是顯例。這種政治思想與主義不斷在質問，什麼叫做自由？自由的界限、侷限在那裡？人們對別人不容忍的態度要不要加以容忍？進一步還可以問：個人的自主和理性既然是自由主義者所倡說的核心，但這種自主自由怎樣同資本主義市場的設限相容？可見自由的政治思想不能落實、或突破於經濟的遊戲規定（市場供需律的運用）之外。

　　在第 2 項中，意識形態和主義都是普通人的看法與態度。對他們而言，這是一套行為規範，也是一套情緒上熟悉親近的信念，但卻不是一套有頭有尾、前後連貫、言之有理的思想體系，因之是一套缺乏組織與系統性的、鬆弛的觀念體系。西方世界的老百姓對個人收入有高低不會持異議，也少有反彈的動作，這是資本主義的意識形態灌輸給人群有關能力與需要之不同，自然造成社會分配之差異底觀念。這種觀念使資本主義體制下之勞工盲目接受、盲目信服上級的要求，而少有罷工、怠工的反抗情形。

　　第 3 項則是把意識形態和主義當做言說（論述、話語）神主牌（iconography）、或語意學（semiotics）來看待。這是意識形態的日常化、常識化、象徵化。像西方資本主義社會一再強調「自由」市場，彷彿市場的競爭與供需的運作，是在毫無拘束、毫無限制、毫無條件之下進行的。這種「自由」的觀念幾乎是接近空想、神話的地步。正如同貨幣上刻印的人物肖像（過去的偉人、元首，以示承續），或偉大建築物（以彰顯西方民主在落實「自由、平等、博愛」的精神），這些都是意識形態在日常生活中悄悄的洗腦行動。

　　第 4 項說明意識形態與統治階級之關係，是統治菁英爭取民眾擁護和支持的手段，也是他們使用權力的表現，更是菁英代代相傳、統治循環不輟的現象。過去菁英階級為達到百姓服從，使用壓制性的手段，但今天透過媒體、通過公立學校、藉由廣告、宣傳，便可以把意識形態灌入百姓腦中。這可以說是花費少、收效多、代價低、收益高的作為（Eatwell, *ibid.*, 3）。

　　再者，任何的意識形態和主義一定牽涉到目的與手段的問題，因之，使用何等手段，俾達致既定（或正在選擇的）目標，為任何意識形態所不可或缺。

由手段邁向目標就要採用綱要、程式（program）、策略（strategy），是故主義離不開政綱、策略、程序、機制（例如法治、制衡等）。更何況主義除了抽象的教條、理想、目標（例如人的自我實現、解放、社會的穩定、和諧、繁榮、正義與公平的落實）之外，也需具體的經驗現實的觀點。由是每一主義都涉及 1. 對人性是善是惡的看法，這是因為主義要落實人性善的一面，或是抑制人性惡的另一端之緣故；2.社會發展的可能性與歷史變遷的過程的看法。究竟是少數菁英主導社會發展與引領歷史變化？還是群眾的反叛、階級的鬥爭、科技生產力的突破、典章制度的遞嬗促成社會形態的改變、歷史新頁的改寫？3.社會兼政治的結構。階級或階層的社會（保守主義、自由主義的想法）、家長制與資本主義的結合（女性主義撻伐的對象）、私產消除、階級泯沒（馬克思主義、社會主義的大力主張）、實行中央計畫的統轄經濟（社會主義、馬克思主義、共產主義），還是自由市場的競爭、財富的擴張、民族精神的昂揚（自由主義、民族主義）才是適當的社經結構呢？在社經結構之上的政經結構是集權、是分權、是民主、是獨裁，還有待各個主義衍生出來的政治體系、政治綱領來定奪。

上述人性之善惡、社會發展與歷史變遷、政社經之結構並非表示，每一主義都要一一考慮、一一表態，也不是說贊成自由與善良的人性觀，只限於自由主義，而忘記馬克思師法亞里士多德，也強調人性的潛能之完善，以及典章制度之惡性。因之，馬派的自由、自主、創造的人性觀，同自由主義的出發點完全相同。所不同者在馬派反對分工、反對私產、反對經由競爭得手的成果為少數人所獨得。換言之，任何的主義都分別對上述三點採取立場，但其立場並非彼此排斥、彼此不相容，而是有重疊之處、交集之處，而最終歧異之處大於相似之處，才會使各種主義、或各種意識形態呈現各自獨特的面貌。

歷史上是否自由主義、社會主義先於保守主義而出現？我們所以把保守主義排在前面，一方面是由於承續中古封建社會即將解體之 17 與 18 世紀，貴族知識份子擔心這一改變對本身權益的損害，是故結合浪漫主義、自然主義倡導復古、重返大自然的眷戀之情。顯然工業革命與政治革命（美國獨立與法國大革命）帶來的政經衝擊與社會重組是自由主義、社會主義、馬克思主義湧現的契機。加上西歐列強自從戮力海外殖民（最先的西、葡、荷與後來的英、法、德、義）以來膨脹的國力與昂揚的國族精神帶動民族主義的興起。及至 1960

年代以後新社會運動爆發，開始對父權制、種族的壓迫、對環境的濫用、侵害大表不滿與抗爭，遂導致女性主義、新左派、少數民族訴求、和生態主義的逐一崛起。最後在 1990 年代開始，東西冷戰雖告結束，但文明的衝突卻誕生，促成伊斯蘭基本教義對基督教霸權的挑戰，恐怖主義與反恐戰爭遂成為 20 世紀末、21 世紀初部分人類遭受殺戮、傷害的開端，這個變化會不會引發另一輪全球性的浩劫呢？實在令吾人擔心。

第一章　保守主義

一、保守主義：字源、字義、意涵和理論

英文 *conservatism* 與法文 *conservatisme*、德文 *Konservatismus*（也做 *Konservativismus*）、義大利文 *conservatismo* 都是從拉丁文 *conservare* 衍變而來，是保存、守舊、防止破壞、遺失的意思。英國在 17 世紀下半葉由約克郡主（Duke of York）詹姆士出任英王（1679）。支持他的保皇黨托利（Tory）是最早、最典型的保守黨，該黨不只擁護英國皇室，也擁護大英公教，排斥不信大英公教的平民與輝格黨（Whig）。

首先引用保守這一名詞的爲法國思想家沙特布里翁（François-René Chateaubriand 1768-1848）。他於 1818 年創辦了一份雜誌，命名爲《保守者》（*Conservateur*），目的在對抗以意識形態，和對抗強調民眾的訴求爲宗旨的新型政治。該雜誌旨在維護宗教、國王、自由、以及「可被尊敬的人」（*les honnetes gens*）。這個名稱不久被許多反抗民主勢力膨脹的群體所採用。例如 1830 年代美國民族共和主義者就採用保守這一名詞，同時在 1832 年英國托利黨也被報人柯洛克（John Wilson Crocker）稱爲保守黨（Muller 2001: 2626），而於次年正式改名爲保守黨。

19 世紀鼓吹革命的樂觀主義者爲自由主義，他們宣稱民主政治所造成的自由之好處；因之，保守主義就變成對抗自由主義、衛護傳統法制的守舊勢力。及至 20 世紀社會主義興盛，俄國、中國的革命與第三世界部分國家的獨立自主，也藉助於社會主義，因之，保守主義便成爲對抗社會主義、共產主義、左派偏激改革、或暴力革命的主力（O'Sullivan 1999: 52）。

保守主義最早出現在英國的貴族、地主、僧侶等上流階級與優勢階層之中，他們在政治上鞏固政府權力機關（先是王室、繼而國會），還擁護大英公教的守門人之聖公會。保守主義份子所關懷的爲傳統（tradition）、建制（establishment）、慣習（customs）、現狀（status quo）、法律與秩序（law and order）之保持。他們最害怕、最憎惡的是鉅大與突然的改變（large and sudden change）。尤其對國家與政體的暴力改變（群眾革命、軍事政變、宮廷革命、苦迭打〔政變〕）感到最爲不滿、最爲疑懼。因爲這些劇變與遽變會直接或間接威脅或損害

他們既得的利益之緣故。

對保守主義份子而言世事是複雜而多變的，要掌握複雜的社會現象，只有從向來的慣常與熟悉的傳統行徑中逐步、審慎地加以處理，而把人事的變動化約在最小改變、最低更新的範圍之內，俾達到「處變不驚」的地步。換言之，保守份子力斥暴力革命之非，而力主一步一步、緩慢、但有計畫的改革，他們是改良主義（reformism）、改善主義（ameliorationism）的贊成者和實踐者。他們顯然是抓住人性安於故常、偏愛舊習、追求安全感的弱點，而減少更新（innovation）、探索陌生事物、營建新環境所帶來的風險。在很大的程度間，是屬於心理方面、態度方面的看法與做法。

保守主義崛起於英國，主要是因為在地緣上與歐陸征戰、宮廷、宗教等政爭瓜葛較少，封建與莊園制度牢固、嚴密的社會上下垂直不平（hierarchy），使英國貴族、地主與僧侶得以長期保護其階級利益，而與百姓以及直接生產者的群眾脫鉤。他方面，英國憲政運動開始最早，隨著國會勢力的高漲，導致君王權力的衰弱，最後形成象徵性的虛位元首。是故英國選舉權的漸次擴大、各種改革法案經歷數百年才逐漸落實，以及工業革命所帶來的財富重新分配、中產階級的抬頭，勞工階級得到照顧，都使英國的社會不致形成貧富兩極的對抗，是故保守主義隨著英國立憲君主制的維持不墜，成為英倫三島國民性格的表現。

在 19 世紀中英國有四分之三世紀的長時間受到保守政黨的執政，自稱保守份子者比起其他人更容易當選為國會議員。是故「保守」一詞成為對政策和施政計畫正當化的代名詞（Leach 1996: 100）。

依據杭廷頓（Samuel P. Huntington）早期的文章之說法，作為意識形態的保守主義共有三種的理論：其一為貴族的理論；其二為自主的理論；其三為情境的理論。

第一、**貴族的理論**：把保守主義界定為單一的、只此一次的、不再重複出現的歷史運動。這是指封建的、農業的階級對法蘭西大革命的反彈，也是對自由主義和資產階級（布爾喬亞）崛起的反彈，時間在18世紀末、至19世紀上半葉。自由主義成為布爾喬亞的意識形態、社會主義成為普勞階級的意識形態，那麼保守主義成為貴族階級的意識形態。由是保守主義遂與封建主義、舊政權（*ancien regime*），靠土地維生者，中世紀文物和貴族（廣義的定義，包括僧侶、地主、皇親國戚在內）掛鉤，它所反對的、反抗的是中產階級、勞動群眾、民

主自由主義和個人主義。

第二、**自主的理論**：這一理論界定保守主義並不與特殊階級的利益掛鉤，它的出現是依賴社會力在特定歷史過程之上型塑出來的思想、觀念。因之，保守主義乃是理念自主、自足的體系，它普遍上都自具效力，足以影響群眾的心思。保守主義的理念包括了普世的價值：公平、秩序、平衡、溫和、穩定等等在內，個別的人對這些普世價值有無看重，同他隸屬於那一群體無關，而視個人洞識這些價值的內在真理與可欲的能力有關。那麼這類的保守主義就是個人「意志與智慧」的結晶，它不是任何階級的利益之表述。這種理論為「新保守主義」所歡迎，認為隨著任何情況的發生而發揮作用。

第三、**情境的理論**：它界定保守主義是反覆出現的特殊歷史情境所產生的意識形態，也就是業已建立的制度遭到基本性的挑戰時，那些建制的維護者用以保護既得利益和維持現狀之辯詞，也對抗挑戰者加以抨擊。保守主義並非反對任何的變革。剛好相反，為了保存社會基本的因素，它可能、也必然做出讓步與妥協，俾改變不重要的事物。不是每個人都會採用保守的意識形態，除非他對業已建立的秩序滿意，或承諾要保護現狀，不容任何嚴重的挑戰爆發。

這三種保守主義的理論唯一的差別是理念體系與歷史過程的差異。貴族理論將保守主義限制在歐洲近世貴族階級之上。自主的理論允許保守主義出現在歷史的每一階段之上。情境的理論強調不同的社會群體一旦為基本利益發生爭執時，保守主義總會出現，也就是在維持傳統與現狀時，對抗挑戰者、不滿意者。這三者都同意保守主義的內涵涉及保守者對價值與理念的本質之堅信。

上述理論也都把英國 18 世紀喬治三世在位時，影響當代思想最重要的國會議員柏爾克（Edmund Burke 1729-1797）之言行當成保守主義的典型，而他的基本思想便成為保守主義的典範（Huntington 1958: 454-456; 1973: 145-146）。

在比較上述三種保守主義的理論時，杭廷頓認為把保守主義當成是封建的、農業的社會保護貴族的理論看待，未免窄化其內涵。反之，把它放大或擴散到自主的、獨立的理論體系，又嫌範圍太大、內容太雜。因之，歷史情境的說法，也就是第三種情境的理論，比較能夠適當地解釋保守主義的現象，也就是認為保守主義的本質在正當化現存制度，包括對歷史、傳統、上帝、自然和人的尊重。

此外，除掉極端思想、偏激主義（radicalism）之外，沒有其他的意識形態

像保守主義那樣欠缺實質的理想（substantive ideals）。任何的意識形態不論是自由主義、民主政治、共產主義、法西斯主義都討論過政治社會怎樣組織，社會中的權力與價值怎樣分配，國家與社會其他制度之間的關係，經濟的、政治的、軍事的結構之間的關係，行政與立法之權限與形式等等都是這些理念體系亟欲確定和主張的。但保守主義政治偉景（vision；願景）在哪裡？借用一句德文，保守主義居然是「沒有願景的政治」（*Politik ohne Wunschbilder*）。

保守主義的本身並沒有特定的意識形態之理想（ideological ideal），而只是以保持現狀、維持現行制度為職責。是故非保守的意識形態有其理想（自由主義追求個人自由發展，社會主義在促進普勞階級的平等和繁榮，民族主義在展示國族的強大、光榮等等），唯獨保守主義在面對批評與挑戰，特別是當現行制度可能遭受推翻時，起身捍衛該制度，而不深究該制度所要體現的理想。是故保守主義本身與其他意識形態之間並不存在兩元的對立，如果有，那是指特殊的時空背景下的短暫現象。例如 18 世紀末、19 世紀初貴族的保守主義與新興的資產階級之自由主義的衝突。保守份子真正的敵人為左派或右派的激進份子而已。

保守主義並不攻擊其他的意識形態，它只是知識上的說理，旨在強調人類生存所依賴的制度必須存在、必須維持，它是強調實有（being）以對抗心靈（mind），主張秩序對抗混亂。當社會的基礎受到嚴重的威脅時，保守的思想有提醒人群制度維持的必要，特別對現存的制度加以珍惜和鞏固。保守主義並不排斥理論，它是精緻的、有系統的合理論的反抗，對抗根本的改變。

保守與反動的關係表面上都是反對改變現狀。但保守在堅持現狀之外，不會像反動份子只朝過去回顧，甚至像反動份子採取激烈的手段來追溯或返回他們心目中的「黃金時代」，事實上黃金時代只存在於反動份子的幻想裡。保守份子可能是溫和的、緩進的，反動份子則是積極的、行動派的，甚至訴諸暴力，也就是擁有激進者的心態。是故反動主義也屬於激進主義之一（Huntington 1973: 51）。

在意識形態之外，保守主義所追求的並非自利、權力和既得利益，而是政治的現實，也就是理解社會的複雜和人性的俗惡，知曉政治所要實現的不是烏托邦，而是人力的限制。追求限制（quest for limits），也就是一種認識侷限所造成的緊張（tensions）。這種緊張關係不只是個人心理上的感受，而是客觀外

在的現實。人類生活之所以會有緊張，就是兩元性（duality 兩元）的衝突所引發的。兩元性包括心靈與物質、人與自然、人與社會、統治者與被統治者、自由經營與政府管制等等對立與衝突。是故保守的思想爲確認人類生活條件中無法消除的兩元衝突、兩元對立、兩元緊張，這就是承認政治的現實面、或是現實的政治之必要（O'Sullivan 1999: 52-53）。

二、西洋早期的保守思想

論及西洋的思想史、觀念史總要追溯到古希臘、古羅馬的哲人之言行。蘇格拉底勸誡人群要有自知之明，應當溫故以知新，是啓發人們思想、認識自己與周遭事物的啓蒙大師，是故他絕非保守主義者。其弟子柏拉圖在《共和國》一對話集中，主張把知識與權力結合在哲君與衛士群中，是故他以菁英作爲治國的幹才，這是菁英主義，而非保守主義。爲了使菁英放棄私心，他甚至主張統治者拋棄家庭與私產，顯示柏拉圖的菁英主義與後來的保守主義所要維護的家庭價值、私產神聖的說法完全背道而馳。至於他的階級社會觀、勞心與勞力的分開與分工，則與現代保守主義的說法相契合。不過古希臘的城邦林立、征戰頻繁，引發人群求取和平與穩定的保守反應，於是柏拉圖的學生亞理士多德，在結合自然（天文、物理、生物）、社會（政治、經濟、倫理）與思想（心理、藝術、邏輯）的廣博知識之餘，思索國體與憲政的分類與循環變化，而企圖宣揚良好（good）的政體，而避免濫用的、扭曲的（perverted）統治形式。

事實上，亞理士多德是一位古代最爲博學的百科全書大家，他追求與開拓知識的新空間，證明他是敢於創新、探索的開放人士。不過在經歷生涯的曲折（曾經被販賣爲奴隸，而又晉身帝王皇室的私人教師）與時局的激變（希臘城邦之爭與帝國的征戰）之後，他的基本心態有所變化，也就是師法柏拉圖抓住變遷（arrest change）的想法，從此以後多少沾染保守的色彩。在政治觀中，他偏向法治、而貶抑人治；尊重憲法、而反對少數人的獨斷；主張緩慢改革與演進的憲法，施政方式力主謹言慎行（prudence）、而反對暴力、革命的體系轉型。他批評柏拉圖烏托邦式的社會改造，改而宣揚可資推行、符合現實的政策落實。尤其他視治國者遠離家庭和拋棄私產爲背離人性之空想的主張。他視人性與社

會具有部分與全體相輔相成，含有生機的特徵，而主張社會由家庭、而村落、而國家的逐步演展。這些說詞都顯示他是國家生機說（organic theory of the state）的倡導人。這點與近世保守主義的社會生機說完全契合。因之，在他的著作中到處都可以嗅到保守主義的味道。

因之，作為今日西洋政治思想的肇始者，柏拉圖與亞理士多德都可以說是右派份子。都是對其危機四伏、驚變不安的時代之發言人。這些跡近保守觀念的思想，後來靠亞理士多德的學說，以及亞歷山大的歐亞征戰與統一，建立了古代的第一個帝國，使驚疑畏懼、不安浮躁的人心譜下句點。不過取代保守觀念的卻是威權主義的統治，也就是以威權或帝國的一統之實踐來取代右派的保守思想。

西塞羅是一位斯多亞噶清心寡欲、恬淡、樸實的哲學家。他深信自然法的存在，也相信無論何時何地，凡是人類都該平等，這種堅持與當代保守主義份子否認有普遍人性是針鋒相對的。不過西塞羅行事的務實謹慎，遵守羅馬共和國的傳統，卻使他的心態更接近保守主義。也就因為他反對奧古斯都的威權主義，而遭到後者殺戮。

中古的歐洲則陷身於羅馬天主教的思想控制之下，是所謂的「黑暗時代」。1260 年亞理士多德的《政治學》從阿拉伯文譯為拉丁文。阿奎納斯建立基督教的政治神學與哲學，對人群消極服從世俗政權有所申論，為國家與教會之間的特殊關係拍板定調。這意味君王與國家法律應該從屬於自然法與神聖法。是故正統的尊奉者，相信國家乃為上天所賜，彌補人性淪落犯罪的工具，國家要接受教會的指導與支持。與此派見解相反的則為政治世俗主義。這是在文藝復興時代湧現的新觀念，從奧坎（William of Occam〔Ockham〕1285-1347）、帕都亞的蒙西寮（Monsiglio of Padua 1275-1343）至馬基也維利（Niccolo Machiavelli 1469-1527），都視國家是滿足人類求生存、獲取平安、維持秩序的工具。

馬基也維利可以說是近世機械性國家理論（mechanic theory of the state）的倡說者，這與亞理士多德的主張相反。顯然在尊重教會勝於國家，而又力主國家是有機體的人，是接近保守主義者。相反地主張國家為工具說的人，或是傾向於社會契約說，或是強調人的生命、自由權利，是接近自由主義；至於力求人人平等、廢除私產，希冀社會擁有共同生產財的社會主義，則與保守主義的主張相去甚遠。

中古的英格蘭曾經發生過宮廷的權鬥，也出現過農民、貧民的造反，不過為期甚短、影響不大。真正挑戰權威傳統根基而引起社會重大震撼的為 16 世紀初馬丁路德所掀起的宗教改革運動，由於民眾與統治者的信仰歧異，造成 16 世紀中法國境內的宗教戰爭和 17 世紀上半葉日耳曼境內的三十年戰爭（1618-1648）。在歐陸捲入信仰制度的火拼與廝殺之際，英國也有暴亂，但尚未發展到公開戰爭（內戰）的地步。

捲入宗教戰爭的敵對雙方陣營，或是引用君權神授論來要求宗教與教會隸屬國家；或是像喀爾文強調信仰是個人的天生權利，拒絕承認王權高於人權。此時在英國伊麗莎白女皇統治下，確立王室對大英公教教會的統轄權力，把教宗的管轄權完全排除，而保留了天主教的禮儀和主教的制度。

對於英國國教（聖公會）的制度予以首肯、辯護、合理化的哲人為胡克（Richard Hooker 1554-1600）。在他 1593 年至死後的 1662 年間出版一共七冊的《教會政體的律法》（*Laws of Ecclesiastical Polity*），當中不只說明與辯護聖公會服從於英國皇室的必要，還支持英國國教獨立於羅馬教宗管轄之外。這可以說是第一部真正的保守主義之理論（Quinton 1995: 249）。他拒絕當時流行而相互競爭的兩種理論。其一、君權神授說；其二、清教徒堅信的《聖經》真理說，也就是一切的真理可以在《聖經》中尋獲。由於《聖經》沒有提到主教，也沒有主張君權高高在上，因之，清教徒不理會主教之權威，也忽視君王的優越地位。胡克反對君權神授說，而直言君王必須堅決遵行習慣法。他也認為所謂的真理隨著時空的不同而有重大的改變。他思想的底蘊在於理解社會秩序之複雜性。這種複雜性是受到歷史變遷所塑造的。

儘管他辯稱人的理性使人能夠瞭解與遵從自然法，但他卻以保守的方式來演展他理性主義的主題。自然法是廣泛而有條理，它並不隱涵特殊的政治安排（不贊成君主制或共和制）。他也同樣普泛地提到同意（consent）的重要，認為政府的合法性來自被統治者的同意，其同意需要受到習慣和久經施行的法律之中介，而不是民眾一時的激情。他的民主理念不像洛克說得那樣明白、那樣痛快。

顯然，胡克受到他同一時代的著名法國保守份子、公法學者波丹（Jean Bodin 1530-1596）所影響。波丹是一位溫和的、平氣的保守主義者，他為消弭歐陸各國間由於宗教派系的歧異所衍生的爭執或是戰爭，遂大力鼓吹宗教的容忍，而

把最高權力的主權交給能夠維持秩序的國家。其後有人把主權看做是絕對君主手握至上權力，而誤會波丹爲絕對君主量身定做的國王新衣。波丹堅決主張做爲法律泉源的君主本身要首先服從神明的法律（神聖法）、其次爲自然的法律（自然法）。再說他界定《帝王法》（*leges imperi*），也就是構成主權的規則，包括對公民財產的尊重，在未獲得公民同意之下，不得隨便下命令課稅。

　　17 世紀中葉至 18 世紀中葉百年間英國政治局勢上下震盪，使積極參與公務的政治人物，不管上位還是下台，抑是流亡異域，都有機會省思政治究竟是何物。克拉連登（Edward Hyde Clarendon 1609-1674）、哈里發克斯（George Montagu Dunk Halifax 1716-1771）和柏令布洛克（Henry Saint John Bolingbroke 1678-1751）都在關鍵時刻進入英國權力核心。作爲查理二世法務部長的克拉連登，曾經抒發他對政治知識之侷限的感慨，他還批評霍布士媚俗的、有所企圖的、以科學說詞來建構專制論的不當。他甚至搬出「古代憲法」（ancient constitution）──社群傳統的基本法──來限制君王無上權力的虛矯。

　　哈里發克斯是一位更爲出色的警言作家。他可以說是第一位世俗化的保守思想家。對他而言，宗教的教條論、獨斷論是社會擾攘不安、暴力橫行的主因，也是導致殘酷鎮壓、以暴易暴的因由。他寧願處於「國家的自然理性」（nature reason of state）情況下，也就是實際的政治生活之歷史傳承下，而不願奢談抽象的「基本事物」之合理化等炎炎大言。

　　柏令布洛克身懷大志、企圖心旺盛，是一位才華橫溢、生產力高亢的作家，但因其放蕩與可議的行徑而受到批評。他最著名的著作爲《一位愛國君王的理念》（*The Idea of a Patriot King*），抒發了他對有德行與受過良好教育的國王之寄望。他在書中也透露有關對自然法保守的、經驗的看法，與胡克一樣，視自然法的應用不是決定性的，而變化多端的。他認爲人在天性方面便有與他人互動的社會傾向，個人在家庭中與家庭之外，都會受到某些人的管制。國家是在歷史中成長的，不是機械性的設計。他贊成混合體的政府，而憎惡以金錢的利益爲取向的權勢日增，一如他的政敵瓦爾波（Robert Walpole 1676-1745）所鼓吹者。大家提到主張三權分立的最早思想家時，總不忘記孟德斯鳩（Charles de Secondat Baron de la Brede et de Montesquieu 1689-1755），可是孟氏的權力分立說的理念卻來自於柏令布洛克，而不是對洛克學說的錯誤解讀。孟德斯鳩的政治學說之具有保守性格，在於強調良好的政治體系受到特殊的氣候、風俗、國

民性格和社群的特性所制約。

　　休謨（David Hume 1711-1776 又譯爲休姆）是托利黨人，他比柏令布洛克更痛恨宗教。作爲第一位徹底的功利主義者，他排斥洛克自然（天賦）權利說和社會契約論，殊不知這兩項學說正是自由主義者潛在的想法。不過他雖是政治上的保守派，卻是思想上的自由派，這點是休謨和邊沁（Jeremy Bentham 1748-1832）相似的所在。休謨尊重慣習，並非慣習充滿了智慧，而是它爲人們所熟悉的緣故。他在思想上雖信守懷疑論，他卻對政治可以披上科學的外衣而不加質疑。休謨同代人中若要數他不喜歡的人物，約翰遜（Samuel Johnson 1709-1784）更是一位真實的保守份子（Quinton 1995: 248-250）。

三、柏爾克與英國的保守主義

　　保守主義的第一位理論大師是柏爾克，這是由於他身處法國大革命的時代，感受革命後期政局的紊亂、白色恐怖的肆虐和復辟後造成的社會震撼、歐陸征戰帶來災難，使他質疑法蘭西大革命的歷史意義。值得注意的是他出身輝格黨，但他可以說並非天生的保守份子。剛好相反，他早期非常同情美國移民者，甚至不列顛統治下印度人要求良好政府的訴求，是故他早期的政治態度屬於自由派的。不過進一步觀察，在這種自由主義的表面下，仍舊藏有保守的實質。例如支持美國的殖民者並不是贊成拓荒者抽象的、天生的權利，而是支持開墾者做爲英國子民的傳統權利。同理同情印度人要求殖民政府的良好，是考慮到印度曾經有它獨特的、輝煌的歷史文化，不容外來殖民政府蠻幹與破壞（陳思賢 1995：30-46）。

　　作爲保守主義的大師，柏爾克展示了其學說的三種主要內涵：尊重傳統、懷疑政治的科學性和知識操作、以及有機的（官能性）國家觀。

　　在尊重傳統方面，柏爾克視憲法是歷史長年累積，也是繼續發展的社會制度，而不是一個時代、幾個個人製造出來的人工產品。他認爲我們是憲法的租借者，不是它的占有人，不是它的擁有者。任何的頭銜、授權都透過規定（明訂、頒布的程序）來證實。

　　在懷疑建國、治國的政治知識之確實無誤，以及精確的應用方面，他說：

「建構共和聯邦〔國家〕的科學或是更新改革它、或是改良它〔的科學〕……並不是靠先驗的教授」便可達到。這種知識必須依靠經驗，而且要數代人累積的經驗才能奏效。

談到社群的有機關聯，他認為聰明的立法者「必須研讀人群的生活習慣所造成的效果，這些生活習慣是在公民的生活中彼此溝通傳達的」。人的第二習性（慣習行徑）會加諸於其第一習性（本性）之上，是導致人人所以有差異、有分別的原因，也是造成一種米養百樣人的主因。由是可知並不存在著放諸四海而皆準、俟諸百世而不惑的政治理想，也不存在泛宇通行的人權準則。

由神明所授權、或啟示的道德或具萬古通用的普遍性、泛宇性，但政治卻是臨機應變、受環境制約的、便宜行事、也是一特殊社群追求利益的行動。就算審慎的作為（prudence）也不是機械性的手段之選擇，以達普遍性的目標（實行自制）那麼簡單之事。足證政治的複雜、艱難、而不易掌握。

要之，柏爾克的理論可以簡化為下列幾點：

1. 人基本上是一個宗教性的動物，宗教為民間社會的基石。神聖的裁示（同意、批准）注入於合法化與現存的社會秩序中使人群懾服。

2. 社會是緩慢的歷史成長過程中自然的、有機的產品。現存的制度具體表現了前代的智慧。正當乃是時間過程的產物，「規定（訓令、法規 prescription）是所有抬頭（頭銜、名號 title）中最牢靠者」。

3. 人是直覺、情緒和理性的動物。審慎、經驗和習慣比理性、邏輯、抽象和形而上學是行為更好的指導。真理不存在普世的、普遍的命題中，而在具體的經驗裡。

4. 社群比個人優越。人的權利衍生自人的義務。罪惡根藏於人性裡，而非任何社會制度中。

5. 除了在最終道德的表現方面，凡人都不平等。社會的組織是複雜的，包含了各種各樣的階級和群體。歧異、上下垂直的不平等、領導同為任何民間社會無可避免的特徵。

6. 勸說人民應偏好「政府業已決定與處理的施政方針，而不要貿然嘗試未經證實的計畫」。人民的希望總是很遠大，但他們的眼光卻是很淺短的。想要補救現存惡劣的情況之努力卻收到每況愈下的惡果（Huntington 1973: 147-148）。

　　與柏爾克同代的知名文人或社會運動家有柯勒治（Samuel Taylor Coleridge 1772-1834）、戈德溫（William Godwin 1756-1836）、華茲華斯（William Wordsworth 1770-1850）以及紐曼（John Herny Newman 1801-1890）等人，他們都或多或少討論到柏爾克的保守思想。柯勒治在年輕時是革命時期中狂熱的偏激份子。戈德溫則一度是無政府主義者，但受到同僚華茲華斯的影響，逐漸由左派轉向右派，最終成為保守的右派。他曾說：「在柏爾克先生的作品中找到政治真理的晶瑩神髓」。在其後的著作《教會與國家的建構》一書中，戈氏描繪了他理想的新烏托邦。吾人如果詳細的研讀這個新烏托邦，會發現它不過是英國傳統政治秩序理想化的浪漫主義而已，當中強調鄉土的永久利益和城市變動的工商利益怎樣相輔相成、彼此協調。不過此書也顯示他兩項創意，其一、全國性的教會透過教育的工作應肩負文化傳播的重責；其二、工業化所帶來的勞工的貧困、家庭的解體，其嚴重後果應引起全社會的注意與謀求改善。

　　紐曼不算是一位政治理論家，但他卻把自由主義當成敵人而窮追猛打，認為它是「思想的虛假自由」，也就是對抽象的理性持過度樂觀的看法，誤認理性可以保證人類進步。國家也好、教會也好，都必須有所改變，不過這種改變並不是突然降臨，而是長期而緩慢的改善。不過他內心的直觀完全與維多利亞時代社會問題的迸發、局勢的演變脫鉤，也就是與主掌國家大政的兩位保守的政治家狄斯累利（Banjamin Disraeli 1804-1881）和沙利士伯里（Robert Arthur Talbot Salisbury 1830-1903）之行事無涉。這兩位保守派宰相為保守主義的信條細加描摹，並付諸實施。

　　狄斯累利讚賞柏令布洛克的思想，也把柏爾克的保守理念全盤接受。他相信社會問題解決之方略為不斷改進的立法，俾有效控制工業，並呼籲新興的有產階級負起社會福利的責任，因為福利與財產是緊密聯繫的。及至沙利士伯里執政時，保守黨已轉型為財產擁護者（資產階級）的政黨，也吸收了右派自由主義者的參與，以致保守主義變成了僅僅反對統治階級淪落為群眾的激情與無知的訴求而已。

　　在 20 世紀的英國保守主義的學說當中，最引人矚目的當推歐克夏（Michael Oakshott 1901-1990），他不像早期的哲人或政治家，而為一位純粹的理論家。他對政治範圍內的理性主義的攻擊，在於指摘當代學界企圖把政治當做技術運動來處理，只企圖以科學的方法來達成選定的目標（蔡英文 1995：177-212）。

四、法、德、美保守主義與保守思想的轉變

　　在英國之外，法蘭西大革命爆發之前，歐陸曾經是絕對君王、君主專制、威權主義盛行之地，這些政治上專權的現象和苛政的施行，與保守主義不盡相同，卻有互通款曲、狼狽為奸之嫌。17 世紀法國政治思想家柏緒埃（Jacques-Bénigne Bossuet 1627-1704）就是君權神授的大力鼓吹者，與其稱他為保守主義者，倒不如說是威權主義的倡說者。18 世紀的「哲學家」（*philosophes*）從英國輸進自由主義，他們言詞激越、思想活潑，但卻沒有發展出細緻的保守理論來對抗自由主義。

　　法蘭西大革命造成政治、社會與文化的震盪，也引起法德部分學者的反彈，這是師法柏爾克的批評。在法國有戴梅特（Josef de Maistre 1753-1821）、在德國有牟以塞（Justus Möser 1720-1298）和繆勒（Adam Müller 1779-1829）。但法德的保守份子截然不同，其原因為英倫與歐陸政局發展全然歧異。英國曾經在 17 世紀初至 18 世紀末期維持近一百五十年的政局穩定。反之，法國大革命之後經歷了白色恐怖、復辟、拿波崙稱帝與征戰，至少戰禍擾攘長達四分之一世紀。在同一時期日耳曼土地則飽受法國鐵騎的踐踏，而陷於分崩離析，未臻統一的階段。不論法國還是德國保守的思想家，他們都把戰禍歸因於國民對上天的忤逆所遭受的天譴，或是由於普魯士皇室清除貴族，使日耳曼人無力防禦拿破崙大軍的入侵。

　　法國的保守主義比起歐陸鄰國的保守思想相對地走向極端，但也守住原則。戴梅特在其著作《對法國的反思》（*Considérations sur la France*）一書中，攻擊啟蒙運動理性與進步的說詞。他反對社會契約說，認為社會除了是上帝所創造之外，不可能是人類建構的。他進一步使用理性來否認理性在人類事務方面居於主宰的地位。英國的保守主義對待宗教的態度親疏不等，但戴梅特與戴柏納（Louis Gabriel Ambroise de Bonald 1754-1840）卻是公然的神權維護者。對他們而言，王座與祭壇的緊密連結成為人群無條件、無異議遵從與膜拜的對象。對這種神權與政權的掛鉤持同等的看法的有英國人柯勒治和柏令布洛克。原因是這兩人都敵視工業，工業化把各人的自利擺在核心地位，而擱置對群眾

的忠誠與愛國熱誠。

　　牟以塞和繆勒同代的德國人在情緒上足夠接近浪漫主義，也更朝後看而非持前瞻的開明態度。他們認為中古時代的封建制度的社會組織是歷史的架構，俾為德國文化與精神發展的場域。對他們而言，國家不在保護人民自然（天賦）權利的機制，也不是增加個人利益的工具，他們追隨賀爾德（Johann Gottfried von Herder 1744-1803）視每一民族有其獨特的性格（淵源於其文化、習俗、宗教傳統之特性），及其獨特的需要，從而排斥康德（Immanuel Kant 1724-1804）抽象的自由主義所言要衝破國界、阻止國際戰爭、追求寰宇的永久和平。

　　黑格爾因為說了一句「凡是合理的都是實在的，凡是實在的都是合理」，前者代表他開明激進的思想，後半則透露他保守護舊的心態。是故有人視黑格爾為自由進步份子，大多數人則看他是守成的、護衛現實的保守人士。不論如何他是西洋哲學史上在亞理士多德之外，最關心人生在私自與公家兩個領域的交流中所扮演的角色。是故他強調家庭與民間社會活動的重要，但生活的最高目標則為成全有德的存活（*sittliches Leben*），而國家的權威剛好可以保障人群實現這種倫理的要求。正如亞氏強調人是政治動物，黑格爾宣稱人出生在一連串的關係網絡中，這些關係的網絡是命運、虔誠、神明的安排（piety）。人們的自覺最先產自家庭的血緣關係中，然後透過與別人的溝通，甚至不相識者的來往而擴大了我們認識、意識的對象與範圍。做為自我意識的載體之自我認同完全在社會網絡中發展出來，我們透過家庭和民間社會的各種制度，獲取了開始的認同體，也在公開的世界（社會）中，發展我們的生活與生涯，這一切最終要歸功於國家保護的機制，使人人的認同、生活、生涯得以存在、得以展現（Hegel 1991: §8）。

　　與柏爾克一樣，黑格爾認為社會秩序、家庭和各種制度如果沒有國家的權威之保護、如果百姓沒有養成服從的習慣，則必然會一一垮台。不過國家存在的理由與正當性在於超越黨派、個人偏愛、統治者的獨斷恣意之上。黑格爾不是民主的擁護者，也不是極權國家的贊成人。他贊成私人擁有財富，俾個人、家庭宗族的存在與傳承得到保障，他也贊成福利國政策俾國民能夠合作。在平衡國家權力、制度自主與個人自主時，黑格爾避免自由主義者或集體主義者之偏頗（O'Hear 1998: 612-613）。

　　歐陸在法國 1789 年的革命之後，又在 1848 年陷於革命狂飆中，這時保守

份子對第二度的民眾造反持不同的反應態度。法國波旁王朝復辟的愚蠢，使「舊政權」（ancien régime）的合法性蕩然無存。在自由主義對世襲君王的朝代傳承痛加撻伐之後，保守份子襲取了民族主義的衣缽，開始大搞國族統一的「歷史使命」，其中又以俾斯麥的普丹、普奧與普法三次戰役，促成支離破碎的日耳曼復歸統一，肇建「第二帝國」（洪鎌德 2003a：31），重劃了 19 世紀下半葉歐洲的版圖。歷史學家揣奇克（Heinrich von Treitschke 1834-1896）對德國新興民族主義的鼓吹，也使保守主義份子一下子變成了民族主義者、愛國主義者。法國在 1870 年普法戰役敗後，也出現幾位大談民族主義的保守份子，包括巴赫（Maurice Barrés 1862-1923）、穆拉（Charles Maurras 1868-1952），以及號稱「法蘭西行動」（Action Française）的鼓吹者。

　　「法蘭西行動」無疑是狂熱的、外侵的民族主義號召，目的在喚醒法蘭西民族，而視軍隊和天主教會為國族主要的保護者，這是普法戰爭和法國慘敗之前所激發的民族主義之浪潮。與此偏激社會思想相對照的是溫和的、世俗的保守主義，是從孔德的實證主義所激發的，是從田恩（Hyppolyte Taine 1828-1893）、雷農（Joseph Ernest Renan 1823-1892）思辨的、烏托邦式的大言炎炎中衍化出來。雷農主張從科學知識獨具、藝術才華超眾的人民中找出一群菁英來作為振興民族的領導人，這似乎是菁英論的翻版。不過他接著說這種稟賦上的差異，不過是「遺傳的偏頗，是無意識的理性」之表現。這種說詞就暴露他保守的心態。

　　在 19 世紀初，歐洲的保守份子流露了他們對工業、鐵路、大城的仇視，認為這些文明的新產品破壞了社會的和諧與秩序。不過工業資本主義排山倒海而來，迫使人們不得不承認與接受工業化、城市化、現代化是現代社會的新事物。不只拿破崙三世（拿破崙大帝之侄），就連俾斯麥都把權威式的保守主義結合了經濟的現代化，進一步把各種勢力聯合起來。其做法與不列顛整合保守主義者、鄉下的農業利益者、右派自由主義者和工商業的新權貴，如出一轍。

　　美國永遠為保守主義保留一個成長與發展的空間。美國的獨立戰爭向來被解釋為充滿保守性格的歷史事件。其原因為在新大陸英國子民貫徹其傳統權利的奮鬥。聯邦主義者的憲法設計在於權力集中在中央政府，限制各邦的權限，為了國家的穩定，必要時得限縮民主政治的擴張。美國南方的保守主義者像藍道夫（Philip Randolph 1889-1979）和卡爾奐（John C. Calhoun 1782-1850）更是

尊重傳統的人。美國這兩股保守主義傳承至今不輟，其一為促成不受限制的市場機制的發揮，俾個人的企業得以興盛；其二為帶著懷古的幽思回顧傳統，企圖維持過去上下不平等的社會秩序。殊不知在此當中，只有少數人得利，絕大多數人卻生存在社會的邊緣裡。

要之，美國開國元勳的聯邦派的確有點保守主義的傾向，其後 19 世紀中葉南方企圖保持奴隸制度的人也鼓吹了、或實踐了保守的精神。及至 20 世紀中葉，美國的學者哈茲（Louis Hartz 1919-1986）在《美國的自由法統》（1955）中倡言美國立國兩百年以來除了少數像卡爾奐的南方人之外，其餘都向洛克看齊，採取洛克自由民主的精神，形成寬容、活潑、無階級的平等社會。是故歐洲形態的保守主義在美國的政治舞台失蹤。哈茲的話尚未說出，柯爾克（Russell Kirk）卻早他兩年就出版了《保守的心態》（1953），便指出柏爾克才是美國人心目中的楷模。同年芝加哥大學德裔學者施特勞斯（Leo Strauss 1899-1973）在其大作《自然法與歷史》（1953）中攻擊洛克是典型的霍布士信徒，貶抑自然法的傳統，而贊成古典的政治，特別是柏拉圖的哲君學說。同時另一位德裔學者福格林（Eric Voegelin 1901-1985）在其《政治新科學》（1952）中指摘共產主義、自由主義和革命主義都與基督教中的異端 一未知論（gnosticism）相互勾結，企圖在現世建立起天堂的妄想。詹伯利斯（Whittaker Chamberlis 1901-1961）在其著作《見證者》（1952）中把共產主義和烏托邦的自由主義相提並論。巴克利（William Buckley 1926- ）在 1955 年創立了《全國評論》雜誌，鼓吹保守的政治、社會與經濟思想。該雜誌嚴詞抨擊共產主義，鼓吹傳統價值，獎勵自由企業，變成了美國保守運動的機關誌。

其後芝加哥大學的兩位經濟學者海耶克（Friedrich Hayek 1899-1992）與福利民（Milton Friedman 1912- ）反對政府權力過大而限制自由，使經濟趨向萎縮，他們又鼓吹私人發展創意來刺激與振興經濟。兩人的學說被看成古典的經濟自由主義的現代版。不過由於他們衛護了美式的資本主義，所以被很多人視為保守派，而非自由派的學者。

1964 年高德華（Berry Goldwater 1938- ）參與美國總統選舉，使保守主義的運動在美國的政治舞台有亮相的機會。高德華競選失敗後雷根（Ronald Reagan 1911-2004）繼起，強調全力發展軍事與防衛以對抗舊蘇聯的擴軍，打擊「邪惡的共產主義」。他還鼓吹道德價值、減少社會福利、縮小聯邦政府的權

力。1980年他領導共和黨中的保守派而贏得總統職位。

事實上1970年代美國的保守勢力因為新保守份子（New Conservatives）的支持而聲勢大增。新保守派的前身為右翼的自由主義份子，他們批評自由主義者在面對共產主義威脅時顯得優柔寡斷、抵禦無力，他們更排斥新左派在1960年代所掀起的「反文化」（Counterculture）。他們為雷根政府提供政策制訂的政治長才，特別是在國防與教育的部門。同時主張自由市場的經濟學家也指揮經濟的新政策形成雷根經濟政策學（Reagonomics），一面大力減稅，一面減少政府福利開銷（Sigmund 2001: 2629-2630）。

美國的保守主義是社會菁英的現象，就靠「宗教的右派」（Religious Right）使他們贏得群眾的支持。保守的教會主持人與傳播福音的誓反教徒組織了「道德的多數」（Moral Majority）來反對最高法院禁止學校實施祈禱和承認婦女有墮胎的憲法權利。其後形成的「基督徒聯合」（Christian Coalition）就在阻擋自由派促進了世俗化以及容忍道德的敗壞，他們與其他保守份子相信自由市場才符合人群發展的生活方式。1990年代他們抨擊美國愈來愈多的同性戀現象。他們成為共和黨中重大的壓力團體，使那些贊成墮胎者無法在全國性公職中獲得提名，更要求最高法院法官的任命必須是同情保守份子的觀點者。事實上最高法官已因保守或自由而分裂成兩個陣營，其解釋也沿著「原始憲法」對抗「活生生的憲法」之不同、聯邦對抗各邦、個人對抗社會的對立線而爭論不休（Sigmund 2001: 2628-2630）。

在保守主義的演展史上，我們只能把保守的理念與作法隨著每個地方與時期做不同的掌握。在18世紀末以柏爾克為代表的保守主義攻擊了啟蒙運動對理性的濫用與民主的偏激主義。在歐陸保守的社會思想與政治思想卻批判了啟蒙的（「開明」）專制政策。戴梅特與戴柏納則為反革命（Counter Revolutionary）的保守份子，他們痛斥革命破壞了舊制度，也指出革命者對人類認識的侷限、對歷史的特殊性、對行動乖離預期，皆罔然無知。柏爾克保衛君主制、貴族制和當權的大英教會之說詞對18世紀末與19世紀初的歐陸的保守心態無異是重大的烙印。但19世紀中葉以後保守的社會思想與政治思想卻從實質的維護轉變為功能的保持：從維護特殊的制度（君主、貴族、教會）變成了一般的制度（議會、全體社會）；從保衛擁有土地的貴族變成保衛一般菁英；從看重當權的教會到宗教與文化如何把個人私利推向社群的集體關懷；從關心君主的權威至國家

一般性的公權力。至 19 世紀下半葉，保守主義又從功能回歸實質。工業資本主
義的宰制、投票權的擴充、社會主義運動的崛起、新型自由主義的振興、以及
經濟的分配問題，都使保守主義又起了根本性的轉型。

　　過去用以保護制度的辯詞也先後發生變化，這時保守份子少談對傳統的尊
重，而是說明這些制度對人類需要的滿足，不會因時而異，而應繼續維護。此
外，大談普遍法與繼承的傳統之語言逐漸爲大談科學的語言所取代。過去頌揚
地主菁英之詞，轉而頌讚經濟與政治的菁英。20 世紀上半葉的歐洲則出現傳統
的保守份子對抗激進的保守份子，後者有意無意間成爲納粹主義的支持者。在
納粹敗落後，20 世紀下半葉的保守主義成爲對抗共產主義的思想堡壘。當代保
守份子對福利國與財富重新分配也不懷好感，也懷疑政府大舉行動以解決社會
問題之可行性與必要性（Muller 2001: 2627-2628）。

五、保守主義與傳統的維護

　　根據英國牛津大學教授顧因敦（Anthony Quinton）的說法，保守思想過去
一兩百年的傳統中，有三項彼此發生關聯的中心學說，也成爲這一意識形態主
要的內容。其一、爲傳統主義（traditionalism）；其二、爲政治的懷疑論（political
scepticism）；其三、爲社會或國家官能說、或稱有機說（organism）。

　　首先是傳統主義，也就是特重歷史傳承，視傳統爲政治的延續，現有典章
制度的維持和政治與社會實踐的保持。因爲過度倚賴與尊重傳統，因之，對改
變，尤其是重大的改變和急劇的改變心存畏懼。這是因爲人們總是安於慣習、
偏好熟悉的事物，而對未知的、陌生的、新異的情況每採臨深履薄、驚疑猶豫
的態度。尤其對典章制度的倚賴，使人群害怕變更帶來的不便、不利和傷害。
但對保守份子而言，寧願守舊而不要迎新。假使必須面對變遷時，也期待逐步
的、緩慢的改變，而不是面臨劇變、或驟變。

　　至於不贊成突然的變化，可能基於三種的理由，其一爲直接的；其二爲間
接的；其三爲經驗的。

　　所謂直接的論據是認爲任何的變化一般而言，都是打破現狀、造成不適及
不舒服（upsetting）、甚至折磨、困慮的（distressing）狀態，特別是變化來得既

突然、而又重大之際。有人或會持異議，認為意外、突變帶來驚喜，解除日常的無聊、單調，而使事物朝著更好、更完善的方向邁進。對這種異議的反駁，簡單地說是這樣的：凡是令人驚喜、歡樂的變化大多是個人的、小規模的、偶然的遭遇，而很少是大多數人碰到的好運、福氣。多數人感覺疑懼、不安、憂心的變化常是與個人有所距離，但卻影響眾生相的安危、禍福的重大事件。譬如，一部新車、個人職務的升遷、室內家具擺設的更新，令人喜上眉梢，原因是這類新穎的變動是個人能夠加以控制、或回復舊狀態的事情。但政局的變動、經濟景氣的衰退、選敗不認輸，有如火山的爆發、地震或水火災的災變，不是眾人可以預測、可以駕馭、可以制止的。

至於間接的論據，卻是堅決反對大規模的變遷、或驟然的改變之理由。這是肇因於對這類鉅變與遽變所造成的無可預估、無可計算的意外後果。當前盛行的政治體系影響了無數人生活的各個側面、各種面向。假使它突然生變，甚至暴力式地改朝換代、或政黨輪替，那麼它所提供的正常與穩定一下子翻覆，多少人的飯碗被打碎、多少家庭的生計受到威脅，合理與平靜的生活一下子落空，且不提多少人人頭落地、或投獄、流亡、迫害、流離失所之悲劇的層出不窮。是故政治體系的變化影響了社會整個環境。其後果不但始作俑者難以預測、難以控制，連原先的目標也未必達致，甚至會發生事與願違，呈現局勢惡化之厄運。

或許有人會反駁這種推理的方法，只見改變帶來壞的結果，也就是沒有預期、或願望的後果。反之，如果是有計畫、有步驟的改變，不是會達到良好的目標嗎？再說無計畫的改變不是也會產生好與壞的結果嗎？對此反駁，吾人必須指出，治國正如同走鋼索，或懸崖駕汽車，必須臨深履薄、步步為營，否則一旦失足造成的災害與損害，不是只有身負重任的政治人物會受影響而已，那些陪走或乘車的旅客也會一同遭殃。換言之，牽連到眾人利害的公共事務，必須小心處理。而處理的方式還是遵守已有的路數，也就是傳統的、習慣的方式比較可靠，而少為冒險、風險的付出太多太大的代價。

保守的傳統主義並不排除改變的可能性。誠如柏爾克說：「一個國家沒有改變的手段，也就失去保持國家的手段」。但改變常常也要應付非政治的社會變遷，像人口的膨脹、農工發展的不平衡、或是豪宅與貧民窟的對比。這還是只長期的、緩慢的改變而言，至於大規模的民變，也就是革命的發生，常令菁英

與群眾措手不及。其原因不只是革命所造成生命、財產的破壞，也是由於革命的改變帶來權力、財富、地位、觀念的驟然更新，使一小部分人得利，而絕大部分人陷身擾攘、動盪、寢食難安之中。地位、財富、聲望被剝奪者勢必怨懟、憤怒、不滿而伺機報復、企圖復辟。新獲權勢、地位、聲望者則全力捍衛其所得，結果在革命初期不是以恐怖、鎮壓的血腥統治，便是以暴易暴、武力相向的內戰，與反革命的爭鬥。而心存僥倖、妄想保持中立的群眾就成為新舊火拼的夾心餅乾，遭受池魚之殃。

第三個反對劇變與遽變的理由，來自人們切身之痛的經驗，也就是歷史上發生過的政局突變所造成未曾意料到的惡果。以英國為例，17、18 世紀的內戰造成的結局並非有德有能的人出面收拾殘局，實行賢人的統治。剛好相反，內戰連年的結果出現的克倫威爾的軍人獨裁，也就是他以護國主（Protector）自居、鎮壓所有反對的聲音。英國內戰所要達成的目標，在其後的復辟中又告粉碎，而民主運動被迫轉入地下經營長達一個多世紀。法國的大革命也很快淪落為殘酷的白色恐怖與短期的暴政，其後出現了軍事獨裁，拿破崙大帝更橫掃了歐陸。1871 年的巴黎公社，雖被馬克思、恩格斯所讚美為未來共產主義社會的樣版，不旋踵為其挑起的反動勢力所消滅。至於 1917 年俄國布爾什維克奪權與稍後史達林的整肅與清算異己，傷亡數百萬人。1947 年中國無產階級革命後，毛澤東鼓動之三面紅旗的慘敗和 1960 年代他唆使的四人幫造反，大搞文化大革命十年，都使人民猛憶起「革命啃吃了它的子民」之說法。與此種革命暴力相反的是英國國會對君主全力的侵奪與控制、國會主導的社會改革與選舉權的擴大，在歷經幾個世紀一步一腳印的緩慢、有計畫的改造之下，政局沒有太大的動盪，社會在穩定中發展、經濟也逐步改善，英國國民的保守性格與保守主義有了辯證的互動，也使這種右翼的意識形態歷久而不衰。

在諸種傳統中，又以習慣最為重要，因為它比任何的理論更能指引人群的行為，這是柏爾克強調的（Somerset 1957: 90-91）。與習俗、宗教、中世紀騎士精神所形成的世界觀牽連的就是社會上下垂直不平等的結構中，每一個人固守從上天所賦予或指定的地位（assigned rank）、安於社會階梯的層次，也是尊重傳統的方式，也是抑制個人的野心、減少人心趨惡的方法。需知當代人善於計較、精於計算、眼光只看目前個人的小利，完全失掉代代夥伴關係（partnership of generations）繼續的感受，是故採取代代溝通與血脈相連來克服個人的野心

與淺見,不失爲明智的舉措。在此情形下,國家涉及到崇高目的之契約,它是活的人與已逝世者、以及尚未出生的後代人之間的精神關係,這是社會契約說的重新詮釋。國家所呈現的夥伴關係,是藝術、是科學、是德行(virtue)、是完美。個人所以能夠獲得自由與自主,完全是由於生活在這種富有持續、富有傳統的國家之夥伴關係中。是故每一個人對過去、現在和未來既有義務、也有責任。

此外,所謂的傳統就是經得起時間考驗的制度,像國家、教會、家庭都是社會維持與發展所不可或缺的支柱。這些長期運轉有效的機制一定有其操作良好的因由(Gould and Truitt 1973: 133)。

六、保守主義與政治懷疑論

在知識上支持傳統主義是對政治知識採取懷疑的看法。對保守份子而言,政治智慧是蘊藏在推行有年、業已建立牢固的法律與制度之傳承網絡裡。法律與制度被視爲長時間中政治秩序調整所累積下來的心智結晶,是有經驗的政治實踐者對大眾的需要妥善審慎應對的措施。是故公共事務的處理,切忌交給空泛、抽象、大言炎炎的理論家,而應當讓經驗豐富、務實的政治實踐者去操盤,蓋後者對政治的運作擁有本事(skill)和技巧(know-how)。保守主義者不只討厭空洞的理性,也不願奢談放諸四海而皆準、俟諸百世而不惑的「天賦(自然)權利」,也對普世「人權」興趣缺缺。這類自由主義者津津樂道的權利、自由都是空想的、烏托邦式的訴求,都是要徹底改變整個社會的夢想與奢望。

是故保守份子要推翻的並不是政治科學,而是政治哲學、政治理論。也就是革命者與極端改革者虛矯的、空洞的理論。政治科學出現在 19 世紀末 20 世紀初的瑞士、德國、法國、英倫和北美,都是現代社會與思潮相激相盪、相輔相成的知識產品。當然以權力、現實爲中心觀念的政治學還可以推溯至休謨、馬基也維利,甚至亞理士多德。19 世紀初葉的法國外交家、司法改革者兼理論家的托克維爾有關《民主在美國》(兩卷),就是一本經驗的、實地(田野)考察的政治科學文獻。同理也可以指出巴吉霍(Water Bagehot 1826-1877)的貢獻。巴吉霍爲維多利亞中期最具影響力的報人、政治分析家和經濟學家,曾主

編過《經濟人》（*The Economist*）雜誌。他自稱是一位自由派的保守份子，對工業化與社會化引起的社會問題特具興趣與解決的熱情。在他的著作《英國的憲法》（1867）中討論了不列顛政府的運作，承認內閣對下議院多數黨有指揮與監控作用。由於對人類學的研究與發現，使他把這方面的知識運用到社會發展之上。卻因為馬克思與韋伯對政治現象的社會學解析更為深刻，而使巴氏的《物理學與政治學》（1871）失色。不過他著作中所強調無意識的模仿是國族發展的塑造力量。這種說法卻影響到美國哲學詹姆士（William James 1842-1910）和英國社會學家瓦拉斯（Graham Wallas 1858-1932）的學說。

抽象的政治理論之出發點為有關人類社會最終目標的描繪，認為有朝一日人類可以達到普世權利的實行，或追求高超的政治價值（人群的和諧相處、社會衝突的排除、物質與精神生活的富裕等等）。這些抽象理論都建立在簡單的手段便可以達致上述崇高的目的之上。烏托邦就是對美好的社會之憧憬與看法，以為在未來理想的社會中這些目的都會一一實現。有關天賦權利的系統不是描繪為政治職責的必要條件，便是當做指導政策的理想來看待。如果當成前者，那麼一個國家如果無法保證實現政治職責的必要條件的話，便要遭受推翻。如果是後者的話，那麼施政的情況要處於不斷壓力之下，朝著既定的目標一再改革與努力。

顯然，柏爾克的保守主義便是建立在懷疑論的基礎上，他在對法國大革命的反思中，坦述對任何事情不考慮它與其他事物的關聯，便孤單地加以注視，甚至採取簡單的看法，這是「形而上學的抽象做法」。在現實中實際情況給每一項政治原則獨特的色彩與辨別的效果。在涉及人群時，實際情況給每一民事和政治的計畫有利或有害的作用。抽象而言，政府與自由都是好的，但在法國大革命前，人們當可以讚賞法國的政府，但革命後的混亂無人會再欣賞法國人前朝所享有的自由（Burke 1999: 417）。顯然柏爾克反叛了其所處的 18 世紀之時代精神，他視它為「扭曲的形上學之沾沾自喜」（smugness of adulterated metaphysics）。原因是 18 世紀時「哲學家對教條主義的深信不疑」，導致他們對理性與抽象理念的堅信，對思辨、天賦權利、自由、平等之類先驗原則的堅信，把這些理想的事物當做現存政府改革的基石看待。不像法國人成為盧梭（Jean Jacques Rousseau 1712-1778）、伏爾泰（François Marie Arouet de Voltaire 1694-1778）等人的信徒，英國人不懷這種幻想，英國人瞭解人性與制度的複雜

性與脆弱性。英國人帶著懷疑的態度來審視法國啓蒙運動的哲學家追求理想與完美的政治秩序。柏爾克進一步說：他們瞭解人性的奧妙與社會的複雜，「單純的政府基本上都有瑕疵的」（Burke 1999: 417, 433, 451; Kramnick 1999: xi）。

姑且不談保守份子對最高的政治價值之批評，就是非保守人士感到政治價值的多樣性、多重性，也會爭議不斷。一個人可以隨心所欲地做他喜歡的事情，我們稱它爲自由，但個人自由與他人自由仍舊不免發生衝突，那麼吾人怎樣來取捨？怎樣來仲裁呢？表述的自由固然是個人言論、出版、溝通所必須，但如果超過限度，對別人譭謗，引發群眾爭論，甚至是叛國的言行，那麼這種表達的自由是否要受到阻止呢？同理平等、公平、正義都是政治上的高貴價值與理想，但只靠抽象描述、炎炎大言的鼓吹，這些政治價值會落實嗎？

保守份子會同意政治目標的存在，只是強調這些目標是多數，且彼此處於競爭的地位。自由主義者所追求的自由和社會主義者所追求的平等，固然非常重要，但國家的安全與社會的繁榮是使社群得以生存、保持和發展之重要條件。當中尤其是安全成爲實現其他目標所不可或缺的基本要件。總之，保守份子承認政治價值的複雜性、多樣性，不認爲自由、或平等、或公平是無可割讓的天賦權利，沒有任何的權利可以在犧牲其他的權利之下得以落實、得以完成。

是故目的、或目標是多元的，也是可以追求的、可以選擇的。目標的多元性引發一個問題，就是爲了實現其中的一目標有時得暫時犧牲其他的目標。革命的經驗告訴吾人，一朝變天、政權移轉，多少權勢與利益要易位，多少政治價值要重新分配或落實。法國大革命致力於自由和平等的擴大，卻造成雅各賓菁英殘酷但短期的暴政，其後則爲較爲長期、較爲有效率的拿破崙獨裁，結果是新型的新貴族取代舊政權的舊貴族在宰制社會、魚肉鄉鄰。俄國的革命極大化了與其目標（工農的解放、沙皇獨裁的推翻），但布爾什維克專政與史達林的血腥統治，卻把統治者對被統治者的壓迫與剝削推到歷史的新高。

這麼說來好像保守份子對政治科學作爲科學性的政治探討有所質疑。事實不然，因爲政治學並不關懷施政最終的目標，不把實行公義、自由、平等看做是應然的項目去處理。它所關懷的是政治制度實際的運作，政治行動怎樣影響到社會其他部門的操作，怎樣衝擊到政治行動。事實上政治科學對政治與社會互動的多變性與複雜性體認與感受深刻，必然以價值中立的客觀來解析政治現象。政治科學者必然贊成柏爾克對公眾事務的處理採取「小心審慎」（a cautious prudence）的做法，而反對以激情來排除現存事物的秩序。

對他來說，良好的行政人才應當是一位審慎的經理人，應當在避開意識形態之下，致力於公務的經營。是故政府治理不是科學，而是小心翼翼中技巧的表現，有如藝術家的創作一般。良好的政治領導固然要熟悉各種原則，但其指導性的源泉卻是現實的狀況（實況），也就是尊重特殊的人之才性、意見、時代的精神，以及由法律所形成人群做事的方式（Kramnick 1999: xi-xiii）。

由於持懷疑論，柏爾克不相信人性是善良的、求上進的。反之，罪惡與犯罪的傾向沈澱在人性之上。因之，政府不只是公平的裁判，在於排難解紛，而是擁有權力，足以脅阻個人爲非作歹的抑制勢力。

柏爾克懷疑理性主義者對人類理性與完美的禮讚。人類內心的焦慮不安所產生的政治混亂正是現代人精神病徵的寫照，這是現代人對自己無所不能的優秀之狂妄信念（prideful belief）。是故追求完美計畫與理想政治就是驕傲的妄求（prideful quest），這種意識形態正是柏爾克大力抨擊的對象。是故「上天限制我們在祂所指定的位置上做適如其份的工作」，人們要認份、要務實、要知道理性與思辨能力的界限，而不要逾越、不要狂妄、不要野心勃勃（Kramnick, *ibid.*, xxi）。

總之，保守主義者認爲政治與社會制度無法臻於完美的境界，我們必須接受政治與社會制度不適當、不妥切之處（inadequacies）。由是可知人群和制度只有在相應的社會情況下，在歷史發展過程中才有其適當、妥切的可能。因之統治經驗豐富，統治又有典例可以遵循的治國幹才大多出身業已建立、被人群接受的貴族統治階級。這類貴族多數形成統治的傳統，本身又受良好的教育，也與成功的君王熟悉，才能夠妥善地治理國家（Gould and Truitt 1973: 133）。

歐克夏曾經指稱一向爲人們視爲眞確的手段與目的之分辨，不得應用到政治活動之上，原因是政治的手段也是使用者的目的。這種情況就像友誼和釣魚一樣，本身是目的，也是手段。在這方面人人都懂得怎樣爭取與培養友誼、怎樣去享受釣魚的樂趣，這些技巧不用別人教授，自然會從經驗中學習而得。不過很多位成功的保守政治家對歷史都曾下功夫研讀，從歷史中汲取政治的理性考量。歐克夏甚至分辨嚴格言之的政治活動，政府事務的經營，人群怎樣維持適當的條件，俾其個人的業務可以安然與自由的處理，而有助於個人的繁榮與興盛（Quinton, *ibid.*, 255-256）。

七、保守主義與國家有機説

　　自亞理士多德以來國家有機說便甚囂塵上，至今仍舊流行不衰，這個學說主要引用生物學器官的譬喻（organic metaphor），說明組成生物體的是各種不同器官，它們各個有其特定的功能，合起來便造成生物體、擁有生命，但捨掉整體各器官沒有單獨存在的可能，整體少掉部分器官也會運作困難。這些說詞在表示成員與整體相輔相成，彼此倚賴的共存關係與缺一不可的情形。把器官的譬喻應用到人群，特別是社會與國家方面，便是官能說、或稱有機說。亞氏國家有機說便涵蘊(1)國家是一個整體，人民及其社群（家庭、部落、市鄉）是其組成份子；社群有其目的（家庭在滿足夫婦兩性的需要；市鎮在滿足互通人民有無的交易需要），國家也有其目的（達成倫理上人作為社會動物、政治動物的需要）；(2)國家是由個人、家庭、村落一步一步演進而成，就像生物的成長過程，是故國家就像生物體一樣，擁有生命；國家有別於個人或社群，自具生命；(3)國家就像生物一樣有成長、興盛與衰敗的演變階段，這種演變在歷史上形成了循環變化，也形成統治形式（政府），由君主，而貴族，而民主，而暴民，而寡頭，而暴君之循環演變（Hung 1986）。

　　繼承亞理士多德國家有機說的近世哲人有黑格爾和青年時代的馬克思，還有保守主義等諸大家。保守主義者認為諸個人組成社會，個人與社會是有機性的結合，使兩者結合的媒介是語言與文化。每個國家都有其特殊的人群和文化，表現為國民性格與國族文化，這些特徵、特性都由所使用的語文來界定。有些國家欠缺單一的語文，像瑞士與新加坡，但不致影響其國格之存在，其國格完全是從歷史上持續的國家性（nationhood）衍生出來。

　　使人類有異於其他動物的特質除了人會笑，其他動物不會笑之外，最重要的還是語言。即便是指只有人類能夠思考，其運用和理性的培養也是出於語言的表達和情意的溝通。雖然類人猿懂得使用工具、實行群居、教育下代，但除了極有限的手語、表情等符號外，無法形成語言體系，不像人類那樣能夠認識外界，彼此溝通。但語言每受種族，地理與文化習俗的影響，而發展成為各自獨立、截然有別的語系。即便有翻譯的機制，一種語言要完全把另一種語言傳

思類神（translation）地譯出也有相當的困難。語言的不同是造成國族不同的主因，其他影響國族歧異的因素，還包括了環境、地理位置、氣候的迥異、家庭生活形態的不同、農工商文教職業結構的互異、宗教與信仰系統的分歧、科技發展的遲早等等。國民對本族與對外族的看法之差異，造成人民對政府施政的感受和期待之紛歧，這種分歧雖不致造成政治體系改善的不力，但政策的急轉彎、或政局的丕變，卻會產生意料不到的、事與願違的後果。

要之，不同的國民性格、歧異的民族文化都會決定各地人民生活方式之特殊，導致社會成員對人性看法的分歧。這些看法、期待的不同顯示每個社會的獨特性、複雜性、以及歧異性，都是部分（成員）影響整體，整體影響部分，部分與部分相激相盪的有機性表現。

在這種認知之下，政治科學和社會科學在捕捉集體的現象時，必須以具體事實所形成的資訊、證據的觀察和比較入手，而不是以大而無當、抽象的「大敘述」（grand narrative）作為瞭解問題的開始。

由於每一個國家的國民性格和國族文化都是在長時間中成長與發展出來，因之，要把某一民族的文化與制度，譬如羅馬法、日耳曼法移植到另一個民族；把英國議會制、美國總統制輸往他國，都會遭受相當的抗拒或排斥，這就是經驗上說明官能說、有機說之存在與傳播確鑿的佐證。在英國維多利亞盛世，不少自由派人士相信人類的一體性、同質性，因而企圖把英國議會權力的優越制度作為民主政制輸往殖民地或大英國協，甚至拉丁美洲、或 20 世紀的非洲，結果大多是逾淮成枳，失敗的情況比比皆是。由是證實各族，自有其有機的構成，是民族文化與歷史的產物，而不是他族可以強制灌輸，或自由轉借、盲目仿效的。

自 19 世紀末以來，由於科技躍昇、交通電訊的發達、資本主義的擴大、國際商貿交流的頻繁，甚至領土爭執、戰禍擴散，而使寰球的距離緊縮。西方船堅砲利和科技優越促成發展中地區與國度，紛紛吸收與學習先進國家的物質文明，從而使世界走上科技合致（technological convergence）之途。於是過去曾經淪為西方殖民地，如今恢復主權獨立的新興國家，也大力進行世俗化、工業化、城市化、現代化，採用大規模的工業建設、設置金融機構、興建公共設施、大力推廣教育、改善醫療制度。即便是處處模仿與輸入西方先進國家之典章制度，但有關民族性格、本土文化，仍有待新興民族的保持與發揚。以日本

為例，西方制度、武器的優越只能借用到一定的程度，逾越此一發展界線，衰敗的跡象便告浮現。近十年間日本經濟由盛轉衰，固然受著世界經濟發展趨緩的衝擊，也與日本政制陷入因循自滿，政改牛步化有關。這也說明器用之物轉移較易，文化思想的吸收消化頗難。

　　把社會當成生物體、有機體來看待，就是把社會與生物體作一比較。每個器官、每個組織本身無法單獨存活與發生作用，只有當它寄生在整個生物體的適當位置上，才有共存共榮的可能。保守主義者不致像黑格爾派形而上學的威權主義者那樣強調部分對整體的貢獻，或整體對部分的倚賴。不過保守份子卻同意，在社會方面，有機說在顯示成員比整體更為重要，儘管成員是在社會整體保護下、運作下才擁有一席的地位。一旦整體出問題，保守份子希望改善弊端、修補缺陷，而不是不分青紅皂白把整體打碎，重新建構一個新的社會。不過在治國與醫療兩樁事中，都沒有絕對不變的方略，一旦情況危急，採取偏方或激烈的措施也是不得已的救急辦法，只是危急的情況並非常態，而是不得已的偶發狀況而已（Quinton, *ibid.*, 256-257）。

八、保守主義的派別

　　儘管保守主義尊重傳統、擁護建制、驚懼驟變、反對革命，但是在面對現實，保守主義與現實主義之間的關係卻使保守的哲學呈現三種的解釋。特別是撇開 18 與 19 世紀的英國不談，在 20 世紀中，法國與德國的保守主義背後的哲學思想便與英、美不同。這與各國保守主義對 20 世紀的群眾民主與社會主義的興起所採取反應方式不同有關。

　　第一種的反應為對極端的、激進的作法之徹底拒斥，這是反動思想派別的回應方式。它是建立在對世事緊張的靜態看法之上。這派的保守分子認為宇宙乃是一個井然有序的整體，人們在世界秩序中有被指定、賦予的定點。離開了定點，社會便進入混亂狀態──無政府的狀態。這種保守而跡近反動的思想在西洋有長遠的歷史，包括神學的與世俗的人世觀。但以 19 與 20 世紀法國所流行的保守思想最具典型。對反動派而言，20 世紀盛行的群眾民主標榜自由、平等、人道無法落實、必然毀滅，對策則為有機的官能說，視社會的上下垂直不

平的秩序安排，以及各界各業的橫向分工都是導致人人知足、整體和諧的機制。
不過這種看法與做法仍舊是抽象而不切實際的。

　　第二種對現實的解釋與第一種反動的思想針鋒相對，是採取革命的手段來
落實保守的目標的派別。這種革命性的保守主義思想流行在兩次世界大戰前後
的德國，在很大的程度上簡直與保守主義害怕驟變、反對暴力的主張南轅北轍，
可以說是與保守主義矛盾。這一革命派的保守主義者視世事的緊張爲永恆變遷
的動力。這是把反動派所宣揚的有機性國家易以極權、或總體（total）國家之
做法。在這個總體國家中生命的各個範圍，各個層面致力於衛護和重建個人與
團體的一致性、認同性。革命派實際在面對 20 世紀的革命之無可避免性，企圖
在動亂擾攘中把保守主義建構完成，而不是以無效壓制革命來重建社會秩序。

　　第三種對現實主義的詮釋是溫和地、寬容地接受現實、存在的多采多樣，
也贊成歧異多元，力求以緩進改革的方式來適應變化多端的世事，主張國家乃
是能力、權力、目標有限的國家，包括權限明確的政府（limited government）。
在面對群眾民主和社會主義時，其鬥爭方式既堅決、又長期，而沒有急躁、冒
進的毛病。這派保守主義者當中因爲涉及面更大、論題眾多，所以各種各樣的
理論紛陳，以不列顛和部分歐陸爲主，也包括不少美國的政治理論家提出這種
寬容、溫和的主張。像美國的哲學家桑塔亞納（George Santayana 1863-1952），
就強調政治中不可缺乏「人性的考量」（human scale，以人爲秤）。這派保守份
子知道世事的緊張無法一下子消除，也就主張法治，反對教條式大有爲的國家；
反之，採用緩進的、妥善的、溫和的手段來逐步解決公共事務引發的爭議。

　　把保守主義簡單劃歸右派的思想不免把問題簡化，原因是像上述第三種溫
和的保守主義尚追求第三條中間路線，強調平衡的觀念。這便與極右派法西斯
主義只盲目相信領袖或國家的光榮有所不同。

(一)反動的保守主義

　　20 世紀自稱爲觀念進步的世紀，也是各種主義紛然雜陳、百家爭鳴的世
紀。人們容易把反動的保守思想對群眾政治之批評指斥爲負面的、失色的看法，
但這種態度無法看出問題的癥結。儘管反動的看法，在很多方面可議，但它卻
揭露現代民主體制主要的弊端，因之，仔細聆聽反動者的說法也大有必要。

　　反動的保守主義主張除非人人對精神價值有所同意，否則政治秩序的穩定難以達致。它進一步聲稱政治的一致性、團結性建立在精神、心靈的一致性、團結性之基礎上。以此衡量民主體制則會指出民主必然走上毀滅之途，因為這一體制鼓勵個人與群體無止境的自由，這會造成政治現實的分崩離析、各自為政。

　　民主體制這種意識形態的幻想早被反動份子如法國的戴梅特所拆穿，他認為想靠社會或政治的變革來使人性完善是一種錯誤的樂觀主義之產品。受到這種樂觀的鼓舞，法蘭西大革命才會爆發，而法國革命的背後推手卻是啟蒙運動播下的嶄新理論的種子之發芽。原來傳統的西洋的人性觀是基督教教義所宣揚人性的原罪，是人無法跳出罪惡的說詞，然而盧梭強調人性本善，是社會制度把人腐敗，而使人墮落。但是戴梅特卻反駁盧梭這種新理論。

　　人不可能會走向完善之途，正如同人不具有堅決的意志來改變社會秩序，來克服各種困窘、災難是同樣的道理。戴梅特說究其實際，人是能力極為有限的動物，被迫生活於非其造作的環境中，且要面對許多無從預測、無從控制的情勢裡。除了誤認人類有能力適應環境的挑戰之外，另一個幻想為誤認民主的政制是人自我管理的理想政制。須知管理、統治、政府都是牽連到少數宰制多數的行徑，眾人的自我管理是不可能的；更荒謬的是把民主體制當成當代唯一符合正當性、合法性的政治形式，誤認這種統治的形式淵源自被統治者的同意，事實上這是強人所難，浮面的一致之說詞。

　　反動的保守份子還把戴梅特的說法引申到其他的問題與面向之上。像巴赫（Maurice Barrés 1862-1923）就指出，現代的民主不只是威脅著政治的穩定，還威脅文明的成長，原因是民主政制鼓勵極端的自由主義和無目標的自由，從而使國家的傳統腐蝕。須知國家的傳統是真正認同精神激勵的源泉，此一傳統一旦褪失，文明必告衰亡。巴赫在 1897 年出版《失根的飄萍》（les Déracinés）一書中，便痛陳失去傳統的現代人之悲哀。

　　穆拉（Charles Maurras 1868-1952）也有同等的感慨，因之發起「法蘭西行動」（L'action Française）的運動，其抨擊的對象不只是政制，還有法國的工業社會結構。原因是民主體制在為普遍的民眾爭取自由與平等，其結果得利者反而是工商巨頭與官僚政客。所謂的自由成了工商巨子與資本主義對勞力剝削的自由，而平等的理念反而造成肆無忌憚的聚斂，以及新的社會上下垂直不平。

要之，法蘭西行動旨在推翻共和、恢復帝制、復辟君主制度。

對於現代的民主政制之批評，正顯示反動的保守主義之侷限，這種侷限可從保守主義所提出的對策上看出來。原來保守份子一致說的精神企圖要消滅社會對立的緊張態勢，本身就是一種接近烏托邦的空想。由於保守主義的反動派不立於折衷的立場，其所選擇的對策成為空谷足音，成為超越現實的白日夢，他們在政局方面只能看出超憲政的賢人獨裁之好處，而看不到民主政治照顧各方平實的優點。其結果良法美意落入法西斯主義者、暴徒的手中，法蘭西行動最終歸於落敗。這就表示反動者與現實的脫節，他們只要維持特殊、卓越（distinction），而無視於現實的歧異（difference）。

(二)保守的革命思想

與反動的保守主義針鋒相對的是革命派的保守主義。此派不但承認人類存在條件的緊張關係，而且以熱誠擁抱緊張與對立，認為生命的本質就是充滿鬥爭、矛盾、變動與變化，這些帶有達爾文優勝劣敗的動力觀，使革命派者排斥穩定、視穩定為退化、為墜落。不過這類的進化動力觀都不免流於偏激，而成為盲信與盲動的因由，變成了非理性、反理性的行動論（irrational activism）。在過分強調意志的重要與盲目遵從偉大的領袖下，成為法西斯主義、納粹主義與右派極權主義的犧牲與崇拜者。

范登布魯克（Moeller van den Bruck 1876-1925）是革命派保守主義的理論大師。他說當代唯一可取的保守主義就是能夠面對革命盛行的事實、不躲避它，反而利用它來成就轟轟烈烈的偉大事業。他說：「假使保守份子沒有政治智慧去承認保守的目標有待革命的手段，藉著革命的先決條件去達成的話，那麼保守主義和革命要互相廝殺而彼此毀滅對方」。是故革命的保守主義要「直接抓住革命，利用它、藉著它超越它而達到拯救歐洲與德國的生命之目的」（Van den Bruck 1971: 193）底目標。

這派思想最早出現在德國，在第一次世界大戰中嚐盡戰敗割地賠款的威瑪共和國。其倡說者聲稱德國雖戰敗，但戰爭的經驗卻是對真正的道德與社群的一種考驗。真正的道德乃是英雄式的道德，英雄視死如歸的勇敢壯烈，表現了外頭變化多端的世界並未撼動英雄內心的堅忍。壕溝內的袍澤之愛、同僚之愛，

將使德國人，不分男女、不分階級，把國族統一起來，從戰敗的廢墟重建溫馨、和樂的家國。

持這種想法的德國人對戰後的世界抱著完全異化的看法。每項事物都呈現敗壞、淪落、零亂的樣子，幾乎沒有任何的事物值得保守。多黨的議會制度看做是聯盟國強加於日耳曼人身上的政制，故主張以強而有力的魅力領袖加以取代。他們進一步視議會民主是政治秀場的大言炎炎和華而不實的計畫草擬。真正使他們關心、在意的是採取實際的行動，以凝聚人心、重建家國。

這些既保守而又鼓吹革命的思想由其發言人雍額（Ernst Jünger1895-1998）的著作《勞動者》（Arbeiter）一書透露無遺。該書主張把社會主義結合了民族主義的情緒，來達成舉國上下的總動員，這是現在德國最崇高的理想。雍額的目的為在平時重新抓住戰時的經驗，並匯聚高度的集體精神。

顯然這種把保守主義與民族主義凝結為一體的主張與納粹的意圖一拍即合，但革命的保守份子儘量與納粹主義保持距離。他們不會採取殲滅猶太人的反閃族主義（Anti-Semitism）。是故這派重要理論家的舒密特（Carl Schmitt 1888-1985）強調政治的結合，常由於敵愾同仇，但敵人的界定不須只限於種族。相反地，人們常幻想某些群落為其敵人，一旦對這些想像的敵人有新驚懼、有所提防，也會使同伙凝聚為友人、為死黨。這批革命的保守份子也瞧不起希特勒，認為他要靠操縱國會而起家。他們也自認比納粹份子更重視社會主義，甚至這派人士中居然有人想要與共產黨合作。儘管希特勒讚賞范登布魯克《第三帝國》（Das Dritte Reich）的著作，可是范氏瞧不起希特勒討好民眾，大搞群眾運動。同樣雍額也不同意納粹黨所宣稱在落實他總動員的構想。雍額批評希特勒所搞的總動員只是「形而上學的解決辦法，是總動員純技術面的執行」而已。

但無論如何，保守份子這一革命派的言行，諸如強調民族主義、軍國主義、反對憲政和富有動力的行動論都為納粹所利用。在很大的程度上這派思想與納粹瓜葛之深，使他們都變成狂熱主義（Fanaticism）的信徒。這兩批狂熱主義份子都堅持向其目標盲目推進，兩者只有程度的差異而已。

在第二次世界大戰結束後不久，革命性的保守主義似乎有壽終正寢之勢，不料又在 1960 年代與 1970 年代死灰復燃。其所以重獲生命在於當時「反文化」（counterculture）降臨，而新左派學潮與工潮的所造成的時局擾攘，使自由主義思想家同情保守份子的信念。當時新保守份子相信現代的民主政制成為極端

主觀主義與烏托邦趨勢的溫床,並不利於典章制度的存活。這種新保守觀念的復活與主張者強調他們的想法與納粹截然有別,是納粹的誤解與濫用。他們不再重彈全(整、總)體國家的濫調,不再視全體國家是克服當前社會異化的偏方。

人類學家葛連(Arnold Gehlen 1904-1976)擺脫同情納粹的陰影,而像當前重新被肯定的學者一樣,認為對異化的反應就是俯首聽命,而不再是像他早期所主張的狂激行動。另一位保守思想家齊勒(Hans Zehrer 1899-1966)則認為解決當前人類異化的方法為重新擁抱宗教。他說共產主義和納粹主義所以先後崛起乃是現代人把神與人的地位加以變易,來作為最終權威的來源。民主國家的世俗文化容易被左右的極權主義所眩惑,種因於人的生活意義和目的不再理睬神的啟示,而落入人的操縱。戰後這批飽嘗戰禍年代的革命派保守思想家終於同溫和派的保守份子一樣發現一個真理:在政治當中找不到對人有好處、有益處的東西。一旦瞭解政治的侷限,他們就會發現妥協的可取,而設法與工業的民主政制研討相輔相成、彼此共存的策略。

1970 年代與 1980 年代革命的保守主義在德國之外找到新的發展空間。在義大利出現了「新右派」運動(*Nuova Destra*)。在法國貝諾伊(Alain de Benoist 1943-)由於編輯三份雜誌(*Eléments, Nouvelle Ecole* 和 *Krisis*)而聲名大噪。他相信現代人心與社會之所以陷入高度的腐敗深淵,乃是拜金與沈溺物質價值所造成的惡果。為此他在四方面同法國右派決裂。

第一,他拒絕基督教的傳承,因為這一傳承是現代墮落的源泉。基督教鼓吹平等主義,而平等主義激發了社會主義和民主政體。為此他師法尼采(Friedrich Nietzsche 1844-1900)重新估計一切價值,追尋「新的異教」(new paganism)。新的異教主張人性並非天賜的、與生俱來一成不變的,而是成長過程中不斷的再造、新創。從這個觀點裡產生了對行動和英雄主義的推崇,這就把法國的革命性保守思想與德國上述崇拜英雄的想法結合在一起。

第二,貝諾伊的思想為主張建立跨越國際的認同體來對抗世界性超強的宰制。這點不但與法國傳統右派的主張割裂,也與德國革命性保守學說分手。這個超越國界的認同體常以種族特徵來界定,強調印歐種族的優越。

第三,貝氏主張與第三世界受盡西方壓迫的廣大群眾聯合。這是要動員第三世界人民來反對資本主義,特別是美國式的資本主義,也就是聯合被壓迫民

族來對付共同的敵人。

第四，貝氏的法國學派堅決斥責暴力，尤其認爲利用暴力來追求權力最爲可恥。但這是革命策略的運用，完全採用葛蘭西文化霸權的戰略，在民間社會進行思想洗腦與灌輸，俾爲成功的政治革命舖路。

就像反動派一樣，革命派的保守主義對現代民主政治與文化推行的失敗大力抨擊，因之兩派公認現代人類生存條件之緊張完全在心靈的失落。爲此革命派與反動派改善現代人困境之方法完全相同，都在使問題惡化，而非減輕病患的痛苦。在出路渺茫之下，吾人只好寄望於第三類的保守主義，也就是溫和派的保守主義，盼望它爲政治現實之理解與保留帶來更爲紮實可靠的方略。

(三)溫和派的保守主義

如前所述溫和派保守主義的核心爲權力有限的國家之堅持。這種承諾與立場是英國保守傳統的寫照，因爲它與自由主義都一致關懷法治、國家與社會的分立、憲政主義和獨立的司法。保守主義與自由主義重疊的主張，並不表示前者毫不修改地全盤接受後者的論旨。這兩者的關係肇始於柏爾克對法蘭兩大革命的批評。

如前所述柏爾克反對法國大革命者以及其英國的同情者、支持者所揭櫫的人權，認爲這種概念下的理性難以落實。進入 20 世紀之後，由於工業社會帶來的重大社經問題，政府的角色有了重大的改變，這種改變與先前有限政府的理念相衝突。這種衝突最早出現在 19 世紀上半葉，蘇格蘭歷史評論家卡來爾（Thomas Carlyle 1795-1881）就曾經指出英國國會的體系由中世紀承繼下來，至當時業已失去效用，必須易以強而有力的領導所形成的新政制，才能使政治活潑起來。

卡來爾要求國家領導中心的強而有力，雖然沒有使英國廢除議會民主的制度，但卻促成內閣的行政權力之加強。狄斯累利擴大民眾的選舉權，一方面使議會制更趨穩固，他方面造成群眾對保守主義的更大支持。其他的保守黨領導人，像沙利士伯里不像狄斯累利那樣擁護民主，以致 20 世紀初的保守份子感受到衝突與困惑。

沙利士伯里聲言，群眾政治和福利國時代的來臨在三方面威脅了傳統的憲

政平衡。其一、由於人民主權學說的喧囂，導致下議院擴權，最終凌駕上議院與王室；其二、執政黨為了吸引新增選民的選票，會使群眾性的政黨形成，政黨利益的考量勝過國家利益的追求；其三、像法國外交家托克維爾對美國民主的觀察，民主政制的往後發展會使平等的評價高過自由的評價。民主人士的美夢在於建立平等的的社會，卻無法保證人人的和諧與平安。原因是它創造了人人原子化、零碎化的社會秩序，只供善意獨裁的國家來監督。其最終會造成衝突的頻生，而像古代的民主一樣，把典章制度一起毀掉。

最終證明沙利士伯里對民主的未來可能的惡化未免抱了太多的憂慮。不過他對憲法難以再平衡，倒也有先見之明。造成憲法失衡，並不是民主的快步前進，而是兩次的世界大戰。戰爭需要整體動員，促成歐洲各國的經濟集中化與集體化。在 1930 年代爆發的經濟大蕭條，暴露了資本主義國家無計畫、無中央統制的危機重重。為了保證就業、成長與繁榮，保守分子心目中國家權力的抬升似有必要。為了對付經濟衰退，他們同意政府可以採取類似於戰時的干預措施，甚至採用社會主義者之經營策略。保守主義變成了善於經營和務實的那一類（接近自由主義），而最終接受福利國的主張，同時透過凱因斯（Maynard Keynes 1883-1946）主張需要的擴大與滿足，以及充分就業的訴求。

不過認為所有的保守份子都贊成新的經營作法與附和福利的主張，卻是以偏概全的錯誤。艾略特（T. S. Eliot 1888-1965）與西班牙的歐特嘉‧加塞特（José Ortega y Gasset 1883-1955）就持不同的看法。艾略特認為當代的問題在於宗教與文化的衰落，群眾民主導致精神生活的低落。遺憾的是艾略特補救時弊的主張只是重新塑造社會為一個上下垂直不平等的有機式人群組合。其實他的保守主義只是對維多利亞黃金時代的眷戀與憧憬而已。加塞特在其名作《群眾的造反》（*La rebellión de las masas*, 1929）一書中，指摘了當代群眾社會的成員之自滿心態，也就是盲目反對個人主義價值的心態。這些群眾並非普勞大眾，而是自視比別人優越，而對自己要求不嚴的人群。就像艾略特一樣，歐特嘉‧加塞特只指出現代的問題，而提不出補偏救弊的方法。

保守的思想家並非無法設計一套取代管理主義、福利國策略的辦法，像法國哲學家馬里旦（Jacques Maritain 1882-1973）就提出妥協精神的哲學，而影響第二次世界大戰之後歐陸的思想。他指出現代群眾社會的主要問題乃是「以人為中心的人本主義」（anthropocentric humanism）。這種主義完全把人與上帝的

關係切開，而便利了極權主義的崛起與橫行。他企圖綰合對社會主義的同情與
保守份子強調權威之重要，從而主張維護歐洲文明之傳統價值、教會與家庭，
這是保守的妥協之優美表述，贏得歐陸人士的廣泛的支持。

可是這種妥協的精神在 1960 年代與 1970 年代逐漸失勢，這是由於戰爭陰
霾的記憶褪失和兩大超強意識形態衝突趨緩之故。馬里旦的基督民主說在 1970
年代與 1980 年代又獲得復起的跡象。事實上在 1980 年代中，基督民主人士在
德國、義大利、比利時、荷蘭、盧森堡都贏得執政的機會，在奧地利則成爲主
要的在野黨。1984 年歐洲議會的選票統計和分析顯示基督民主候選人贏取 32
％的投票率，成爲議會最大的群體。但 1980 年代底民族主義的情緒高漲，基督
民主份子飽受來自右派的壓力。

從第二次世界大戰後英國保守主義的流程，可以看出妥協的政治是一條艱
鉅的道路，在戰後三十年間英國保守份子相當滿意麥克米蘭（Harold Macmillan
1894-1986）首相採行的中間路線之理想。他曾經說在工業界中的管理階級，大
部分有社會責任感受，其利益與一般人的利益相同，故應盡心盡力、有效地從
事他們的職責和工作。麥氏對計畫與管理的深信變成了英國保守主義戰後凝聚
共識的基礎。這一理想在吸收選民的支持時不失爲有效的工具，而批評之聲來
自奧地利裔美國學者海耶克，一位聲稱不是「保守主義者」的自由派人士。他
認爲講究經營哲學的政治（政府的干涉、福利國措施等）最終會導致通貨膨脹
的壓力，也會造成政府機器的不斷擴權，而與有限政府的初衷相違。他所寫《走
向奴役之途》（*The Road to Serfdom*, 1944）誇大管理主義的後果是走向極權主
義。不過納粹和舊蘇聯變成極權國家並非管理哲學的落實。無論如何，海耶克
的話在某一程度內也算是正中保守主義的要害，也就是保守主義無法固守有限
政治的傳統，而只能藉國家善意的行動，來推行管理性的干涉主義、保障主義
（managerial paternalism）。

顯然，有限政治的理想曾經是英國溫和的社會主義之基礎，這一基礎是英
國長期議會制度所建立的傳統。但這一傳統卻在 20 世紀面對世局的挑戰，而有
所改變，議會及其關聯的制度繼續存在，但其功能卻大爲減損（O'Sullivan 1999:
55-66）。

九、新右派的出現

　　1970 年代在西方的社會內呈現了保守主義的傾向，主要在批評中間路線與
集體性的國家經營主義之不當，而企圖尋覓新的認同體。這種批判表現在對國
家干預主義的不滿，而多少傾向於新自由主義的經濟政策。隨著英、美保守派
政治家柴契爾夫人（Margaret Thatcher 1925- ）與雷根的執政，1980 年代為新
右派大放異彩的時代。

　　新右派事實上包含彼此互別苗頭而又不相容的兩個分支。其一為經濟派，
另一為政治派。經濟派引用新自由主義者如馬雷（Charles Murray 1864-1941）、
紀爾德（George Gilder）、海耶克，甚至諾錫克（Robert Nozick 1938-2002）的
說詞，強調一個自由的社會需要一個自由的市場，國家的正當性來自於它可以
創造與維持市場運作。經濟論的新右派之貢獻在於讓市場恢復其合理性，而不
堅持只有計畫的行動與政策才是合理的。由於經濟論者避談政治理想，因此這
派的保守思想有為資本主義撐腰之嫌。

　　政治論方面的新右派也同情自由市場的說詞，不過更關心道德與社群的因
素。同時這派人士強調民族主義和國家威權。政治論的新右派之目標由英國學
界代表考鈴（Maurice John Cowling 1926- ）描繪出來。他說比起 1970 年代的
保守份子所走的中間路線，如今的新右派「更少一點自由的氣息、更多一點民
粹的味道」，又說比起支持柴契爾政府的經濟的自由主義者來，新右派又「少點
自由的品味，多一點政治的氣氛」。

　　除考鈴之外，政治論新右派的理論大將尚有《沙利士伯里評論》（*The
Salisbury Review*）的主編史克魯敦（Roger Scruton 1944- ）。他在《保守主義的
意義》（*The Meaning of Conservatism* 1980）一書中指出新右派的職責在於創造
一個有機的社會，俾結束現代人異化的夢魘。他的著作充滿了黑格爾式對整體、
對社群的熱烈追求，又企圖把社群與民族主義結合在一起。他又強調多元的民
間（市民）秩序之重要性，這種多元的民間秩序是建立在自立的制度之上。他
的著作卻不曾解決憲政偏好與反對議會政治兩者之間的緊張或衝突。他把國會
看做「少數專業階級──政客的階級──大玩機會主義遊戲之場所」。是故國

家的統一無法靠議員的舌劍唇槍之較勁，而是政治建制外各行各業代表者的建言。究其實，史氏深信有限政治的必要，特別是法政和自主的社會制度之存在價值。

企圖實施新右派的經濟學說所造成的困難情勢，成爲葛雷（John Gray 1948- ）知識生涯所努力要克服的重點。葛氏最初同情新右派，但逐漸喪失了對自由市場理念的信心。他改變立場的理由是他逐漸看出追求自由市場最終會腐蝕道德基礎，須知道德的基礎是使自由市場成爲可能的首要條件。葛雷對自由市場運作的失望與美國新保守思想家柯立斯托爾（Irving Kristol 1920- ）如出一轍。葛雷之所以從自由市場的理念抽退，也可以說是他不願見到自由市場之路的終點，便是回到新右派所要掃除攻訐的中間路線之干預主義。葛雷設法提出替代方案，不過其替代方案卻是三項彼此衝突的主張。

其一、涉及市民的聯合，這是霍布士最早提出的辦法。霍布士處於宗教戰爭與內戰頻繁的時代，亟需一個提供安全、和平的專制政府，也把有關和平追求之外的自由讓給私人去進行，這點與當今的情勢極爲相似。因之當今的政府只需致力和平，而創造民間社團的聯合。葛氏對霍布士學說這種闡釋與歐克夏的看法不謀而合，後者是新右派中最具影響力的思想家之一。與歐氏不同之處爲葛雷堅持國家福利活動必須擴大。這就引向他理念的第二部分。

其二、不帶意識形態的福利國概念，俾補充市民聯合之不足。這裡他引進了拉茲（Joseph Raz 1939- ）客觀的、穩定的「基本需要」一概念，其結果便是一個「有能的國家」（enabling state），以及人民要求福利，這是取代新右派帶有自由主義色彩的不干涉的政策。這是對史克魯敦帶有浪漫主義色彩的托利黨政策之取代方案，也是對哈格（William Hague 1961- ）善意的管理實用主義之取代方案。

其三、把歷史發展中衍生出來的哲學人類學拿來支撐修正過的有限政治。這一哲學人類學放棄了自從啓蒙運動以來自由主義者揭櫫抽象的、普世的理論，俾爲有限的政治辯護。其結果將不是政治價值的相對化，而是政治價值的條件性（conditionality）。葛雷在否定理性可以爲政治秩序提供基礎時，承認自由的制度對強調個體性與選擇的重要與必要之西洋人是再適當不過的事物。

乍看之下，我們會感覺葛雷從新右派撤退回來的結果與「社會市場」的理念相差無幾，這正是新右派一開始大加抨擊的保守主義中間路線之處。不過葛

氏的立場並非純粹實用的考量，而有內構的滑向左派之嫌。民間聯合的概念說明他的學說有原則性的、非實用性的基礎。同時他的「基本需要」限制政府的施政於特別的、一定方向的目標之上。「有能的國家」接近社會民主的政治形式，但不帶意識形態的色彩。這一國家的基礎爲自主的道德理想，而不是自由派（如柏林 Isaiah Berlin 1909-1997）所主張的消極自由。爲了推進自主，國家應當珍惜家庭、自由的市場體系、或深具內在價值的文化。

這些學說的要點在理性、或實踐都是問題多多。難怪葛雷被指控爲創造一個在「社會上」（socially）可以干預私人的國家，這是趨向自由思想的新右派在經濟方面所要抨擊的對象。特別是他相信客觀的、基本的需要，以及他對「正面的、積極的」自主之概念的依賴，都成爲他的學說招致批評、攻擊的主因。這裡要注意的是葛雷計畫的廣泛的範圍與溫和的持論，是對新右派理論的修正、或取代的方式之一（O'Sullivan 1999: 70-73）。

十、新右派與柴契爾主義

在討論英國的保守主義之時，不提起柴契爾主義（Thatcherism），那就不夠完整。不像社會主義或自由主義爲了學說的內涵、學派的走向而爭論不休，保守主義的理論爭執就顯得平淡得多。保守主義兩百多年的傳統中如有爭論，主要是策略方面，而少理論方面。就像廣義的教會一般，其變遷過程中雖內部有些緊張，但少有學說純淨的攻擊與防衛。

但這種情勢在柴契爾夫人 1975 年便成英國保守黨黨魁之後有所改變。不管是擁護者、還是批評者，都認爲她的領導方式與托利黨主流的傳統決裂。有人認爲她是新的保守主義，甚至更像 19 世紀的自由主義，這是在歷史上同托利主義相反的。這一說法是福利民（Milton Friedman）在 1982 年 9 月 26 日《觀察報》（Observer）的訪談中所指出的。這點也從柴夫人早期呼籲選民學習維多利亞時代自助自立的德性、攻擊集體主義、排除托利父權保護的「布爾喬亞之過失」（bourgeior guilt）等等言詞得到證實。她也坦承說明其思想受到福利民的學說的影響，不過福氏的學說只是亞丹‧斯密放任自由的市場經濟之重新詮釋而已。

　　當柴夫人還是反對黨領袖時，她帶有自由主義的談話，常使保守陣營中批評者與讚賞者頗為困惑。後來成為柴契爾首相領導下第一位被趕出內閣的紀爾莫（Ian Gilmour 1926- ），就在其著作《右派內望》（*Inside Right*, 1978）中細心分辨保守主義與自由主義之區別。曾在她與其繼承人梅傑擔任部長職的瓦爾德格拉夫（William Waldegrave 1946- ）也攻擊了新自由主義，而再度聲言保守的傳統為尊重國家的權力。由考鈴所編輯《保守文集》（*Conservative Essays*, 1978）也砲轟自由主義的思想。有人公然指斥「放任自由的混雜者隨便從亞丹·斯密和約翰·穆勒的著作中抽出一點念頭拌攪成為一杯 19 世紀自由主義微溫的牛奶」，要現代人去喝（Cowling 1978: 149）。史克魯敦的《保守主義的意義》（1980）調侃與嘲諷自由主義更甚於抨擊馬克思主義。

　　柴契爾領導下的保守黨最先分裂成「濕」（Wets）與「乾」（Drys）兩種人。「乾」的那批人主要為與貨幣政策理論走得更緊密底保守份子；「濕」的那批人則與過氣的凱因斯主義關聯較深。「貨幣主義」（monetarianism）用來描寫新保守主義的理念並非妥善，貨幣政策為保守黨執政前工黨政府引入的，不足以與後來柴契爾黨徒的想法有所區隔。後來由於要控制貨幣的供應問題很多，而使柴契爾內閣最終悄悄地放開這個「貨幣主義」的羈絆。

　　於是用來描述柴契爾新政府的「貨幣主義」遂改成「柴契爾主義」、或稱「新右派」。柴契爾主義未免把太多的事物、太多的現象歸諸柴契爾本人，是故「新右派」有較為廣闊的意涵，但在定義與解釋方面不免引發各種問題。

　　激進者與馬克思主義左派人士對柴契爾主義有較早而具有影響力的分析，認為柴契爾主義是把傳統的保守主義因素——愛國主義、法律與秩序、權威與強而有力的政府——可稱做「威權的民粹主義」（authoritarian populism），結合了自由市場的經濟學說而成（Gamble 1988）。

　　柴契爾主義與新右派都是從新自由主義和新保守主義汲取養料（Levitas 1986）。這兩派思想曾經是反彈近年間流行的教條與正統而成長出來的。新自由主義反對凱因斯學說與福利國的主張，新保守主義則對 1960 年代自由主義的縱容、隨便（permissiveness）而引發反彈。這兩者在很大程度上是可以妥協相容的，它們都對工會勢力的膨脹、政府的官僚作風與偏向大公司、大行號的組合主義趨向懷有敵意。但新自由與新保守這兩派之間卻也存有緊張關係。在環保方面新保守堅持右派環保意識，新自由派則對計畫種種控制與限制之措施不以

爲然，認爲如此會干涉市場勢力的自由運轉。兩派對墮胎、媒體、檢查制度、星期日營商（做生意）等事也持有不同的立場。但最大的歧異則爲涉及外交政策與歐洲統合政策。因之，保守份子中有人認爲歐洲共同體符合他們自由市場的信念，其他人則視爲對國家主權和國家利益之威脅。

柴契爾夫人執政期間的政績表現了新自由派與新保守派的特質。大量私人化的計畫、強制性競標與解除管制、工會立法、法律專業與醫療專業的改進在在反應新自由經濟思想對其影響主政。反之，福克蘭戰役、杯葛歐洲統合、嚴格管制移民、處罰從嚴、和教育之國家課程，卻是固守保守主義的傳統。

柴契爾主義中新保守與權威的色彩表現在改變早期保守黨領導人如麥克米蘭、巴特勒、麥克列歐德、薄義爾和奚斯等人傾向自由開放的趨勢。至於以低價賣給人民公家蓋的房子（council houses 公寓），一般視爲柴契爾夫人的德政，其實是保守黨 1950 年以來既定政策的延伸。不過鼓勵百姓擁有房屋、購買股票是使投票者擁有財產享有資本主義的好處，其結果擴大了英國保守派的勢力，同時也減少工黨選區公寓租借者的人數，工會的勢力和減少公務僱傭人員，這些都是她政治上的新猷。在形成新的利益結合下，柴契爾夫人運用其施政魅力，贏取技術工人階級的選票。

就另一個層次分析，柴契爾主義是對情勢改變的因應策略。在戰後初期致力福利國家充分就業的政策，是贏取國會大選的法寶。但至 1970 年代這些政策背後的經濟假定與政治考量都發生疑義。凱因斯派對需求的管理之信念由於經濟表現的良好已經產生動搖，而且選民對福利國的政策的表現和社會成本的沈重頗爲失望，其原因爲稅賦加重而使實質薪資縮水，這就造成了柴契爾主義的崛起，其主旨在因應這個新的變動情勢。

這種分析頗有道理，儘管在柴契爾夫人第三任內的施政政策含有意識形態的味道大於爭取選票的考量。例如課徵人頭稅（Poll Tax）、衛生服務的改革、水資源的私人化、利用提高效率來對抗通貨膨脹，這些施政方式更多採用新自由派經濟理論，而不是從爭取選票著眼的。

此外，柴契爾夫人及其人馬的理念更爲重要。她本人認爲保守主義需要一套意識形態來對抗社會主義。她排斥傳統性向公務員諮詢，而求教於新右派思想家與智庫，像經濟事務研究所、亞丹·斯密研究所、以及與約瑟夫（Keith Joseph 1918- ）一起創建政策研究中心（The Centre for Policy Studies）。在其執政期間

理念與政策關聯緊密。例如課稅就是公共選擇理論的應用，同理她大力引進高級行政專才（公司、行號的總裁、總經理）進入政府機構擔任文官職務。

　　就算是如此，柴契爾主義牽連到政治領導態勢大於意識形態的實質。堅信的政治（conviction politics）取代了妥協與共識的習慣性尋求。柴契爾夫人有自信瞧不起黨內平衡的必要，也沒有小心翼翼的處理黨務，這也就是她被稱為「鐵娘子」的原因。柴契爾主義抵觸傳統的保守主義並非採用大量新自由派經濟理論，而是其改變的步伐，她採取急躁的改變，而非逐步的、緩慢的改變（稱做緩變方式 gradualism）。這也就是說她保守主義中所附帶的激進主義，尚無前例可考。

　　就整個英國保守主義的興衰史來觀察柴契爾主義，並非不列顛保守主義的變態轉型，而是廣泛的托利黨傳統中的一個段落，這一段落顯示其不尋常的樣貌。柴契爾夫人的傳承會變成爭議不斷，也會經常受到重估。這種評價顯然會影響到保守主義未來的發展。這一主義在缺乏學說的純粹之同時，將會以過去領導者之作風、政績為模範，而力爭上游（Leach 1996: 125-130）。

十一、後柴契爾主義與保守主義

　　1990 年時，在位約十二年的柴契爾首相終於鞠躬下台，引發人們對英國保守主義的前景之猜測與爭議。成為反對黨陣營的保守黨內部並沒有對 1979 年以來推行的政策有任何強力的批判與反彈。原因是不少保守份子都捲入柴契爾主義之解釋與執行中，任何這一主義的通盤否定都要砸自己的雙腳。再說梅傑（Major 1943- ）為柴氏本人所培養的接班人，他在 1990 年黨魁的選舉與 1992 年全國普選都贏取勝利，這就表明柴契爾的政治遺產經得起考驗。

　　梅傑在領導風格方面的作風的確與「鐵娘子」有所分別，但在政策與理念方面並無差異。被視為柴契爾主義歧見的人頭稅基於政治的必要首先被廢除；另一方面，梅傑大力推動的教育與衛生的改革，則是始於柴夫人主政之下的既定政策。即便是公營事業的私人化，新繼任的首相也沒有放慢腳步。英國鐵道的分開經營也強力推動，只差皇家郵局（Royal Mail）的私人化無法落實而已。這是由於保守黨在國會欠缺投票支持所需的多數。梅傑唯一的新猷就是通過了「公民憲章」（Citizen's Charter），被擁護者看做公共服務的新政，而被批評者

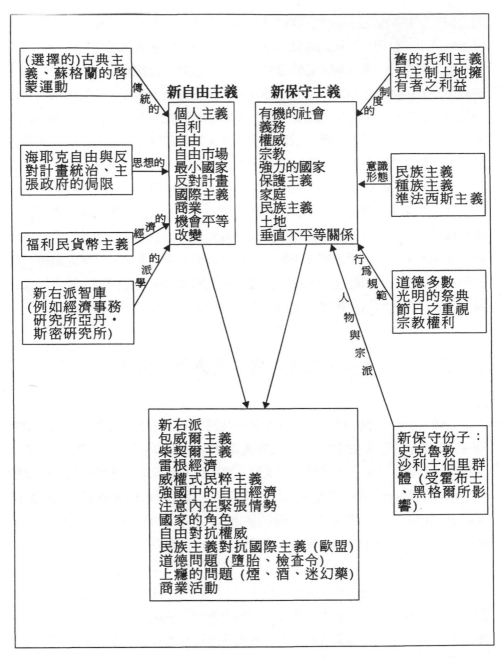

資料來源： Leach 1996：127，經作者添加。

圖 2.1　新右派和柴契爾主義

斥為妝點門面的裝飾動作。

　　不過若將梅傑的主政看做柴契爾主義之延伸的話，那麼保守主義的前景將會問題多多。保守黨在國會與全國的分裂情況，比起 20 世紀初為了禁酒以保護百姓的健康而引發的分裂更為嚴重。柴契爾夫人垮台的情況留下保守陣營的分裂、痛苦和相互指摘。對改革與理念的歧異導致個人與派系的爭執，以致當代保守主義派系的壁壘分明，成為學界分析、討論、爭辯的主題。

　　這種紛爭反映了保守陣營中放任自由派與集體主義派、或是偏激份子和保守份子之間長期以來的對立。但除此之外，英國與歐洲分合的關係，也使爭執激烈化。柴契爾主義當中保守份子對英國捲入歐洲聯盟的深淺程度向來是陣營內部的重大矛盾。歐洲共同體（如今的歐洲聯盟）本來在實現柴契爾夫人本身所偏好的自由市場制度，這就是她何以熱衷在單一歐洲法規（Single European Act）上簽字的原因，但歐洲的聯合又因為緊密的各國政治的聯盟所形成的激烈壓力，會威脅到不列顛的國家主權與獨立是她所不樂見的，因為它損害了保守黨的核心價值。柴契爾夫人個人對歐洲關係的人格分裂反映了她政治哲學中新的自由與新的保守底成分。不幸地這一人格分裂已由她傳承其保守黨，梅傑最先擁抱歐洲理想，但後來轉變為對歐洲事務的疑慮，這一發展顯然在撫慰黨內派系的不滿。

　　對歐洲態度的分裂，可能是保守主義陣營沉痾中的病徵，而非病因。病因之一為逐漸流失的選票和不孚眾望的政策引起懷疑和反思。在柴契爾主政下，新保守份子尚可以對戰後保守黨政府之作為提出激烈的挑戰，如今則由攻轉為守，其中包括奚斯留下的改革計畫與公營事業民營化的效益等問題。除此之外，保守黨政府尚得保衛升降不定的經濟記錄。兩次的經濟衰退，特別是黑色星期三的英鎊貶值，重創了英國經濟的競爭能力。1992 年以後的增稅，伴隨著房地產跌價，使得支持保守黨執政的大量中產階級痛心疾首。

　　當然人們也可以這樣辯解，困擾保守黨執政的問題為時機的不利，包括國內外情勢的變化——人口結構的改變、傳統家庭與社區的解體、科技的衝擊與失業、資源耗竭和環境污染，以及發展中與已發展國家關係的轉變等等。在這種變化詭譎、驚疑震撼的情況下，新右派救治時弊的的偏方無法奏效，是令人不足訝異的。但自由市場是一個「偉大的理念」，是柴契爾主義明顯提供改變英國經濟和社會的尚方寶劍。這一理念最後證明比其前身的凱因斯主義更為成功

有效。加上超過二十年自由市場的正統作法也暴露了市場失靈的一些問題。

當有些保守份子相信競爭和自由市場尚未有效、有利地大爲推動之際，另外一些保守份子卻證實國家的干預和公共服務的擴大是有必要，是故又主張重返戰後全國一致的保守主義之舊教條。引發保守份子陣營這種爭執，部分是由於意識形態的堅信，另一部分是出於如何尋覓有效手段重建政治上的支持力量。在可見的未來這兩方面的分歧似無解決的可能。無論如何，保守主義是一種的政治信條，在長遠的歷史途徑上表現了它可觀的臨機應變之能力，對於它調整方向而生存下去的本事，應毋庸置疑（Leach 1996: 130-133）。

由是可知現代的保守主義最可取的所在，不在是懷抱藉一種寰宇的方法來解決社會的弊端。在國家干預主義、大政府消退之後，反對中央統治與計畫經濟的自由市場大行其道。但自由市場造成個人主義式的自由，倚重企業、反對福利的心態，也不是解決西方工業社會毛病的良藥。是故 1990 年代的西方保守主義不免從幻想、奢望中覺醒（disillusion）出來。

這種覺醒成爲現代保守主義可靠的基礎，其中宗教已不再扮演要角。宗教角色的混亂，無法成爲有原則的信心與承諾的來源，正說明新右派中，新自由主義成分無法發揮引導作用的緣由。保守主義之反對計畫經濟、反對平等主義的教條形式，也反對從搖籃到墳墓的福利主義。這些反對的動機大半是出於有效現代化的關懷，而不是關心政府權力的限制，後者（有限政府）卻是傳統保守主義的理想目標。有限政府、有限政治的呼聲在過去十年間屢有所聞，但事實上政府卻愈來愈擴權、權力愈來愈集中，造成 21 世紀保守主義的危險，將會是放棄新右派經濟主張帶有教條與使命感的那一部分，轉而推動不具基本原則、只處理日常事務的實用主義。

把這種可能發展誤會爲重返戰後的中間路線是太自滿、太樂觀的說法。原因是國家現在比從前權力更爲集中。用來協助或加強其他社會制度得以自主的古舊傳統向來的實踐逐漸消失。也許一般擁有投票權的民眾歡迎善意的實用主義，而與政治形勢配合創造一個快樂的社會。不過快樂的政治能否轉化成有尊嚴的政治卻是另一回事。有尊嚴的政治正如葛雷所述是「有限政府的再度堅持，有限政府擁有積極與正面的職責。只有有限政府才會保護人民不受權勢高漲的國家之操控。否則在這種權力集中的國家中，後代人找到的是大財團、大公司營業製造的垃圾和民間社會的廢墟」而已。把民間聯合同不帶意識形態的福利

結合在一起，是溫和的保守主義賴以存活發展的不二法門（O'Sullivan 1999: 75-76）。

十二、保守主義與德性的追求

在「蘇東波變天」之後，東歐再度出現了永恆人性的爭論，其結果種族的衝突、民族主義的偏激、基本教義的囂張，使東歐與中亞陷入擾攘不安當中，過去國家社會主義的意識形態和共黨凶悍的壓制勉強可以促使各方團聚，但如今卻是造成了各方惱怒怨懟的來源。不過西方文明振興的希望卻寄託在東歐，原因是東歐人民重新宣示他們對上帝的崇敬與熱愛，也展現對自由與解放的希望，更有意重建他們的社區與社群。與此相反，西方卻陷身於無意義的激辯中，埋怨自由市場欠缺「分配的政治」，甚至在福利措施與自由創思之間檢討社會安全與個人自由的得失。

西方這種物質主義的爭辯，只是耗損爭論者的體力與精神。這一爭辯使保守主義者與非保守者遠離最重要的主題——人們該做些什麼，怎樣做才會走上良好的生活？以美國人為例，早已改變了對德性（virtue）的看法，而德性是保守政治哲學的基礎。保守份子刻意防衛的不是過去發生過的事物，而是任何有助於人群生活的正確之道。他們還相信每個社會都有其經得起時間考驗、歷久彌新的安排，因此可以說是這些規範與道德合理地要求、甚至強迫個人去遵守，是社會不至分崩離析、渙散解體的主因。

現代社會的困窘為保守份子一方面要防衛與發現德性；另一方面這個社會的大部分成員都要拋棄德性，改而追求舒適方便。換言之，在講究平等主義的今天，很多人把物質的平等條件與自由和公義混淆，因之把政治與生活所追求，不再看做良好的生活、或是有德性的生活，而是方便的生活、舒適的生活。這就是捨棄良好的與完善的追求，改為現實的、方便的追求。與此相關的是現代福利社會，一談到公平、公義，就聯想到官員對人民物質福祉的分配問題，從而使良好的生活更成了物質分配公平的生活，這就與向來正義的原則有了相當的距離。

保守的政治哲學承認人的侷限，這種侷限來自上天的賜與。保守哲學也強

調人需要上帝，同樣需要傳統、需要對基本社會制度，諸如家庭、教會、鄰里的依賴。它也是任何良好的生活、有德性的生活依靠心靈的善良大於智慧的粹備。

　　儘管對柏爾克與托克維爾的思想有不同的批評與解釋，兩人的保守心態卻是一致的。他們兩人的學說或是被解釋為對現存的物質利益或是「自由的現狀」之保持，只關懷以怎樣實用的方法來維持社會的安定與繁榮。只有在道德與宗教想法中可以看出兩人的不同。柏爾克主張謹慎行事，也就是依據情勢的變遷而慎選解決之道，是故他反對暴政與單一型式的政府。托克維爾的思想忠實於古典的共和主義，不過卻藉榮譽來使公民同國家聯合，可以說是企圖把政治與軍事的德性（愛國、榮譽）重新激發出來、振興起來（Frohnen 1993: 4-10）。

　　那麼良好的生活和有德性的生活要在怎樣的制度下追求與落實呢？保守主義遂在對人性與社會的理解上，強調財產與家庭、社群與國族的重要性，是故把保守主義視為德性生活所寄託、所展現的典章制度一一指出，似乎也是進一步理解這個兩百年以上的思潮與實踐之捷徑。

(一)人性

　　保守主義份子不但對個人或人群形成為理性行為之知識能力產生疑慮，甚至對人性懷抱悲觀的看法。他們認為人性是有缺陷的、不完美的，因而斥責自由主義份子和社會主義者對人性的趨向完善之錯覺。保守份子相信人性不完美、甚至趨向腐敗墮落的原因是基督教原罪的教義及其引申。這也說明了保守的意識形態和宗教信念的關聯密切。人內心的軟弱與惡質早由基督神學家一再揭示。人類最終的拯救來自於宗教的信心與基督的介入。換言之，正因為人類帶有罪惡，其最終的解放無法靠人本身的努力，或靠社會的合作而有所改善，是故保守份子強調強而有力的政府和權威是使人群生活在秩序中不可或少的輔導機制。

　　顯然，政治的不完善肇因於人性的瑕疵。保守主義區分為宗教思想與世俗想法。前者（胡克、克拉連登、約翰遜、柏爾克、柯勒治和紐曼）強調宗教與道德方面對人性不完美的傳統說詞，後者（哈里發、柏令布洛克、休謨，乃至現代的歐克夏）則企圖把人性之智力不完全與道德之不完善相提並論（Quinton

1978: 9-16）。其實對人性觀察最精微細緻的人有霍布士，他甚至形容人生爲「孤獨的、貧窮的、骯髒的、殘酷的和短暫的」（ "solitary, poor, nasty, brutish and short" ）。是故需要權力獨大、專制獨裁的政府來抑制人性之惡，也進行排難解紛，而維持安全、穩定與和平。

(二)家庭與財產

家庭是一個小而自然的社會，也是社會最基本的單位。但保守份子對家庭功能愈來愈脆弱深表憂慮。對他們而言沒有替代家庭的其他社會組織，他們不會幻想柏拉圖式共妻共夫、共有子女的烏托邦式大家庭，也不會希冀社會主義者、或共產主義者所要建立的公社。原因是只有家庭才會養育下一代、使後代成人，家庭是穩定社會的基礎力量。世代的傳承是不同代的家族成員得以連結在一起，使家族繁衍的方式，靠著財產，家庭得以獨立自主。是故保守份子是家庭與財產乃是人類傳承繼續的安排，而非只是滿足人們一時需要的工具。

由於普勞階級沒有財產，因之，是人類經濟生活改善途上的不幸者。在 19 世紀英國保守首相如狄斯累利和沙利士伯里都致力勞工生活的改善，儘管保守主義與社會主義，特別是共產主義，在意識形態上是站在敵對的地位。保守份子認爲財產逐漸擴散的好處（也就是正面的德性）在於增加個人的自立與自助。但對官僚亂搞福利國政策的分配，卻認爲不但耗費公共資源，還鼓勵個人消極與怠惰。

一般而言，保守份子都保衛財產的制度，這點與社會主義者與自由主義者迴異。社會主義者主張廢除私產，尤其反對生產資料（勞力、資本、土地、管理本事等）的私自擁有、私自傳承。自由主義不反對資產制度，卻堅持其取得是立基於天賦權利、本身的勞力。保守份子認爲財產的存在是傳統的安排，所以被他們視爲理所當然。財產分配的不均，乃是個人與其前代能力與運氣的不同之累積，是社會不完善安排之結果。以社會主義的藉口來干涉現存財產權利，會威脅財產制度。保守份子一般卻也承認擁有財產者，也連帶兼負社會的義務與責任。

柏爾克說「財產的特質是從獲得與保存兩原則所形成，因之雖是不平等的」，但「財產的集中變成了各種各樣不同的小型財產之自然壁壘」，「家族歷代

的財產得以永續的力量，視爲最寶貴、最會使人玩味的情況，有助於人類社會的永續」（Burke 1975: 316-317; 1999: 438-439）。

現代保守理論家如歐克夏也把私有財產的占有與自由聯合起來觀察，而認爲生產資料的私人擁有就是資本主義，這是自由所必備的條件。他說「人從奴隸分開的自由乃是在自主的、獨立的組織、公司、勞力購買者〔雇主〕之間可以自由選擇、自由移動，這意味除了人的能力〔人力〕以外都可以自由擁有與支配」（Oakeshott 1962: 46）。史克魯敦還談及「人擁有絕對和不可抹煞的私有財產之需要」，因爲它「代表每個勞動的個人之共同直覺」（Scruton 1980: 99）。

(三)教會與社群

宗教的信仰與教會的尊重成爲保守主義先驅著作中大部分的議題，這可從胡克、柯勒治和 19 世紀法國與德國的保守思想家的作品看出。柏爾克雖然對國家獲得上天的欽賜敘述不多，但他有關信仰的說法係出於他對宗教的虔誠。

一般而言，保守份子視教會爲輔助國家不可或缺的支柱，俾保障社會的秩序與穩定。他們支持已建立的教會組織，像大英公教。胡克和柯勒治甚至把教會看成國家的一部份，或最主要的一個面向。這種想法不致當做時代的顛倒或錯亂。其後果卻有兩項現象的出現：其一視建立的教會，如英國的大英公教與天主教，這是宗教的分立；其二，視基督教與非基督教的分立，信仰者與非信仰者之分立。

這種宗教分立的結果便是以次等公民的態度對待異教徒、非教徒，包括就職與居留地的差別待遇，不給予選舉權與擔任公職的權利。只有靠容忍的精神與選舉權的逐步擴大，才使保守陣營逐步放棄對異教徒與非教徒之歧視。也隨著時間的消逝，業已建立的教會對教育與福利的控制，才次第鬆綁。

英國過去不少的保守思想家如哈里發、柏令布洛克、休謨、或狄斯累利缺乏宗教信仰，但他們都堅持建立教會之存在與重要性。但隨著宗教歷史角色的變遷，保守份子對宗教與教會的忠誠已有很大的改變。在今日政治動作活躍的時代，控制教會的人員不再是保守份子，而卻是在左派異議者。

一如前述保守份子心目中的社會是一個生機的、有如器官的個體（成員）與整體（社會）互相依賴發展出像生命存活的共同體。在共同體中不但每個人

都有其一定的職能，也在社會的網絡上呈現其一定的地位。社會是一個垂直不平等、有上下尊卑、領導與服從的結構體（hierarchy）。柏爾克強調人在創造的位階上有其附屬的地位（subordinate position）。他認為人既無權利，也無方法去質問他所處社會的基礎。每一個人在自然的、上下不平的「存有之巨大索鏈」（Great Chain of Being）上有其特定的所在，不管他是農夫、是鄉紳、是君王。每個人都要接受上天所賦予的地位，這是貴族社會的安排，是遵照上天的意志所做的序列。每個人在其生命的旅程中各有其旅站，這是決定吾人能力與活動形式和範圍的旅站（Frohnen 1993: 23）。

由是可知，保守份子心目中有機的社群是一個擁有特殊歷史、傳統、語言和文化的社群，是對現代性強而有力的批評，提示現代性所帶來社會的解體、個人的零星化之批判。與此同時日耳曼的浪漫主義卻在鼓吹國族的、民族的共同體。其存在不靠科學的分析與檢驗、不靠經驗的體會，而依靠直覺的慧見，也就是德國民族想像的能力。法國大革命之後的日耳曼浪漫主義者反對各種抽象的事物，包括反對自然法，認為自然法是美國獨立和法國革命偏激主義的理念之來源。

這種強調社會有機的統一、社會的凝聚團結，甚至不惜靠權威的手段來達致，以致有戴梅特皇座與神壇的結合，正說明保守主義對權威有秩序信仰的結構之看重，儘管吾人不應當把柏爾克、戴梅特和日耳曼的浪漫主義者等量齊觀，使用保守主義的大帽子把他們看成同質的一夥（Schwarzmantel 1998: 121-122）。

(四)法律與生活

對保守份子而言，法律是政治化的權威所形成的習俗，而在歷史過程中累積與沈澱的政治習俗都是人們應該尊重的。與法治相對的是人治，也就是靠裁量權的伸縮而實行的統治。保守份子反對人治而尊重法治。在時間中一再修正，而儘可能地適時適地的應用，法律成為多方面調整的表示，比一個人或一小群隨性隨意的裁決還要可取。正因為法治比人治更受喜愛、更受看重，新的立法不得太寬泛、太隨便，以致把舊法完全覆蓋、或推翻（洪鎌德 2001b：65-70）。

在各種法律中，憲法是萬法之源，不可經常改變，若有所改變，也是範圍與程度最小、速度最慢。柏爾克認為的憲法是「令人愉快的啟示，目的在使權

力溫柔、在使服從既開明而又自由」,這也是一種使國家的權力分散於社會各個自主制度的安排,使民間機關獨立行使其職權之安排。英國採用的是不成文的柔性憲法,與美國成文的剛性憲法所形成的傳統不同,這兩者皆有長處。英國的制度是國會之上有虛位的君主,可以象徵性的代表國家,並把國會立法、皇室習俗和各級法院判例形成英國憲政的一部份。反之,美國則有一部明文的憲法,但隨兩百多年的政經社會演變也做了相當的修正,把修改條文看做憲法與時俱進的調適機制。要之,保守份子不會放棄憲法的重要性,認為世上無取代這種基本法存在的其他安排。

保守主義並沒有單獨的政治價值。不過卻特別看重安全、穩定、和平,認為這是政府要致力保衛的目標。它也不特別論述抽象的、或具體的自由,而是保持傳統的、業已公認的自由。它不主張把絕對權力交給政府,而允許私人及其組成的社團有充分活動的空間。

保守主義並不把平等視為公義。有鑑於眾生相彼此生活條件之差異頗大,不主張完全的平等,而重視過程的正義。既然沒有實質的正義,那麼過程的政治就是法律的運用。實質上的公義不過是習俗上業已建立、公認的權力之享用。

作為人人平等為主旨的民主對保守份子而言,並非內存的、固有的美德,值得令人特別推崇。不過代議制度與民眾智慧日開並行成長,這在西方與先進社會行之有年,在歷史上有其作業方式、運作機制,故應予保留。但保守份子不認為因此就可以把民主當成萬能藥,推廣至世界其餘國家,強人所難。

(五)國家、愛國主義與帝國主義

保守份子效忠的第一個對象是國族,不像自由派對全人類輸誠,或是社會主義儘量爭取勞工階級的權益。因之,保守主義者更親近民族主義,而自由主義和社會主義則鼓吹國際主義(「工人無祖國」)。保守主義者認為政府在追求國族的利益,對抗來自國外的侵略。是故維多利亞時代英國的保守份子大力支持保護主義,保護本國的主權和利益,以致今日不少的保守份子反對英國完全統合於歐洲聯盟之中。

由於保守份子視「自助」與「放任」不適合於很多人,他們質疑人的理性、質疑人的能力可以清楚看出自己真正利益的所在,也會理性地去追求這類利

益，是故托利的保守份子堅稱人需要協助（「他助」，而非「自助」），需要指導、需要控制。國家的權威正可提供秩序和規矩的框架，協助個人認清其自利、追求其利益。此外，凡天賦更高、財富更大的人也有義務協助、指導那些不如他們的同胞。社會不只是諸個人的累積而已，它是一個有機的整體，牽連到彼此相互依賴的關聯，這就是社會義務與責任和個人權利之所在。這也是托利黨所稱呼的照顧與關懷的「眷顧主義」（Tory paternism）。這種照顧與關懷的父權主義，是認為國家像是家庭中的家長，以其愛護子女的心情，採取溫情主義與干涉主義，俾社會上下有序、相互依賴，有特權、財富者要負起照顧鰥寡孤獨與貧困者，從而使社會的對立與衝突消彌於無形。

由是可知保守份子以國族為依歸。他們宣揚愛國主義，附和擴張性的民族主義，甚至捲入帝國主義。固然 19 世紀的英國民族主義不只靠保守主義支撐，更聯合了自由主義。鼓吹愛國主義的有輝格／自由黨的帕梅斯敦（Henry J. T. Palmerston 1784-1865）首相。追求國際主義的有葛拉斯敦（William Ewart Gladstone 1809-1898）首相。但狄斯累利鼓吹帝國主義，使保守主義與民族主義掛鉤。帝國主義的推行使保守黨贏得包括工人階級在內的許多選票，以致有人指出自 1880 年代至 1960 年代八十年當中保守黨就是靠利用英國民眾的國族主義和帝國主義的情緒操縱國會大選。他們攻擊自由派、激烈派和社會主義者不愛國、不重視大英帝國的利益。以致學者指出「只要做為保守份子，才能夠做為不列顛的子民」。

總之，現代保守主義哲學家所關心的主題為：

1. 一個普遍的、泛宇的道德秩序之存在，這是受到宗教的支持和認可的。
2. 人性的不完善是始終難以克服的，文明的背後一直躲藏著不理性和罪孽的心思。
3. 不管是心靈、身體，還是性格等方面，人天生就是不平等。
4. 社會階級與秩序之必然存在，不是靠法律可以剷平。
5. 在追求個人自由與保護社會秩序方面，私有財產最能發揮作用。
6. 進步是不確定的，為了使社會能夠達成進步，規定、或指定（prescription）是必要的手段。
7. 統治的與服務的貴族，以及菁英的統治是大有必要。
8. 人類理性所能夠達致的範圍與程度有限，是故傳統、制度、典章制度（符

號、禮儀、甚至偏見）的重要性不容忽視。
9. 多數統治（民主）的錯誤性與暴虐性必須預防，是故政治權力的分散、限制和平衡乃爲可欲的（Rossiter 1968: 293）。

十三、保守主義的評估與未來

　　保守主義者因爲經常對特殊問題、特殊情況做出反應與批評，是一種心理上的態度與立場之問題。因之缺少爲大家公認的教條、內涵、基本原則等等。是故對保守主義的批評也就不免隨機而發，而流於浮淺或表面。

　　第一，批評保守份子只爲保護現狀、現實利益，而害怕改變、抗拒改變。不過對這種批評也可以加以反駁，不只保守份子在衛護其利益，所有其他的意識形態也都是施放保護倡說者個人或群體利益的煙幕。是故社會主義在剝奪別人業已獲得與建立的利益，俾該利益爲「全體」、全社會所共有；自由主義尤其是藉由不受限制的競爭，促進個人的利益。再說人群是否真正知道自己的利益在那裡，知道怎樣去實現或增進這種利益，都是值得爭論的。

　　第二，過度看重傳統、鞏衛傳統，把傳統當成人類智慧經驗的來源。這種傳統主義——尊重傳統的作法——招致兩方面的批評。其一、傳統本身的內涵是什麼？缺乏明確的界定。傳統就是固定老樣子而不加改變，但革命派的保守份子就贊成改變，視改變爲生存的動力。保守份子只是抗拒大型的、大規模的、突然的、快速的改變。問題在於改變要大到什麼程度，才是保守份子所無法接受的呢？這是無從衡量，無法清楚界定的。其二、保守的傳統主義前後不一致。每一制度改革之初，傳統主義者必然全力反對，但一旦這些改變過的新制度確立後，他們又堅決擁護。例如天主教徒與猶太教徒的解放、選舉權擴張到沒有置產的人與婦女，把王室權力剝奪到成爲虛位的元首，上議院的邊緣化等等，都看出保守黨徒前後的不一致。

　　第三，政治的懷疑主義是一種反動主義，與知識的哲學傳統相左，也與笛卡兒（René Descartes 1596-1650）的理性主義背道而馳。笛卡兒的理性主義強調知識爲個人通過邏輯所獲取瞭解周遭事物的方式，它可能超越個人的私自經驗，而與別人共享，其真實性可由別人（社會）來證明的。保守份子視政治知

識來自政治家經驗的判斷，而非抽象的推理，是知道怎樣去做（know-how），而非知道它是什麼（know-that）。對保守主義此種懷疑論的批駁是直觀的、經驗的判斷，容易淪入猜想、或以偏蓋全的陷阱中，這是對實務經驗、實務知識之含有社會面、有意識面、明白敘述面的忽視與無知。

第四，黑格爾式的整體觀強調人類的特性，包括語言、文化與理性批判是來自於人群的互動、溝通，也就是人在社會中才會成熟。但這種整體觀被過分誇大爲官能論、有機說，排斥孤獨的個人不可能成爲完善圓滿的個人。反駁這種官能論、有機說是說社會上塑造了個人，個人要靠家庭、學校、社群、或職場來使其發展，但不一定非靠國家不可。是故排斥了國家是一個器官、是一個有機的生物體之說法。的確，國族是文化單位，而不只是行政組織而已。不過批評國家官能說的人，強調型塑個人生涯事業的團體組織的功能，乃至抹煞個人的原創性，將才華與表現視爲國家的產物，這種誇大政治的勢力，而貶抑其他社會勢力，也是遭受批判的主因。

以上四點保守主義的核心價值遭到負面評價的同時，我們卻必須指出保守主義並非一成不變、完全守舊如同基本教義（洪鎌德 2003b）。相反地，保守主義也會因時變遷、因境變化，早期相信教會、皇座、權威的古典保守主義，如今也關懷現代性（modernity），甚至設法與後現代主義（postmodernism）掛鉤。現代性的基礎不再重視傳統與歷史傳承，而更注意理性、個體性與進步。相信科技的躍進改變社經面貌、政經的發展使世界的版圖重劃。相信資本主義的跨國公司之經營，能使第二與第三世界急起直追。工業化、城市化、現代化成爲人類寰宇的、普遍的追求目標。

不過右派重視傳統，其優點爲把工業化、城市化、現代化過程中雞零狗碎的個人凝聚爲社群，以社群的統合對抗市場的分裂。換言之，現代性造成分崩離析的效果引發現代人的憂懼，使得重視社群價值的保守主義仍有其存在與發展的空間。特別是 1990 年代東方社會主義（馬列主義）集體經營、計畫經濟失敗之後，能夠使原子化的個人回歸到真正的社群，大概要靠右派的新保守主義之鼓吹。

像英國保守黨所鼓吹的社群觀念是企圖建構一個統一、但卻垂直分層的國族（a unified hierarchical nation）。「單一國族」（One nation）的保守主義強調國

族建立在共同的傳統、共享的歷史、文化、超越社會分化的共同政經遺產之基礎上。保守主義這種說詞一方面反對人性如白紙（*tabula rasa*）之哲理，他方面也反對啓蒙運動盲目讚賞個人理性與社會進步之觀念。啓蒙運動還鼓吹部分與部分的關係、部分與整體的關係，而引進系統的理念，這部分早便受到阿朵諾（Theodor W. Adorno 1903-1966）與霍克海默（Max Horkheimer 1895-1973）的批判。

要之，保守主義反對啓蒙運動以來把理性當成一體性（uniformity），把理論當成無所不能，包括征服自然、控制社會的手段之虛矯（pretension）。保守主義強調地方色彩、國族特性，而反對大同主義、普世主義，也就是以特別對抗普遍。法國大革命之遭受保守主義（包括托克維爾）的抨擊，在於把法國的解放念頭向外推銷，企圖要在世界各地煽風點火，而拯救全人類。與此相反的是保守主義只注意到每一國族、每一地方特殊的風俗、習慣與歷史傳承，是故戴梅特說，他從來就沒見到所謂的「人」，他這一生只見到法國人、義大利人和俄羅斯人而已。

從上面的說詞可以指出保守主義對現代性的政治之貢獻。現代性的特色在於橫掃全球、懷抱著寰球的與國際的解放之偉景（vision），目的在把各地人民受到過去傳統的壓迫解救出來。無視於社群的理念、與理性的侷限，現代化狂熱者的無知與蠻幹只爲世界帶來重重的災難，這從 19 世紀中的革命、20 世紀的兩次世界大戰、東西陣營的對峙、至「蘇東波變天」、文明的衝突、伊斯蘭基本教義派與恐怖主義的勾結、美國大軍壓境，迫使伊拉克就範等等西洋人幻想的「解放」偉景所造成的惡果之血腥恐怖得窺一二（洪鎌德 2003b）。

保守主義這種反現代性的主張，不只依靠傳統與批判啓蒙運動，也常依靠革命性的保守思想衍生出來強而有力的批判精神。一般而言，右派這一傳統倒也能適應現代性的危機，也能夠調適其本身以因應後現代主義時代之降臨。其原因是善於發揮其長處，強調社群的理念，伴隨著認同的說法，可以迎戰現代性的跋扈。

在當代社會中右派哲學存活與重要性來自於有本事接受後現代發展的相對主義，用以批判現代化主張者振振有詞的解放大言。這種批判的吸引力會隨著後現代主義的腳步靠近而大放異彩。因爲處在後現代的人群會發現地方性、特殊性事物更爲耀眼，大敘述、後設敘述（包括人的解放）更遭忌諱的時候，

傳統的認同觀，將由國族走向個人，甚至認同的消失，都成爲當代保守主義可以舊貨新賣的賣點。保守主義者的懷疑論從柏爾克質疑法蘭西革命的知識領袖之無知，至巴赫譴責被冤誣爲叛國、終遭平反的德累福士案件中法國知識份子之偏差，在在顯示只靠邏輯而不靠過去的經驗來看待社會之知識份子之虛妄。

有關保守主義可以有兩點的結論：

其一，右派的理論是在意識形態出現的時代中，對於炎炎大言打算進行總體性（totalistic）的世界改變的意識形態之抨擊，尤其是法蘭西革命所帶來的鉅變，以及隨之而生的人類解放之夢想，是這種總體性改變的意識形態的具體表現，都是保守份子要摧陷廓清的對象。他們說與其幻想總體的改變，不若注意在地的一點一滴之變革，才能使百姓得以緩慢、繼續的成長與發展。保守主義的警告應當好好聆聽，必須拒絕意識形態作爲民主論述的理論架構，以免這些意識形態形成對社會的束縛，以民主之名翻轉爲宰制之實。

其二，保守份子對傳統與社群價值的保持，對特殊的看重，而不滿於普遍的鬆懈，只有在與民族主義結合時，更顯得意義重大。這也就是說保守主義與民族主義有共通與融合的空間，把國族看成有機的社群，俾個人有所寄託與認同。是故保守主義輕視普世觀與寰宇思想，也反對現代化、全球化的主張，都使它與民族主義有所掛鉤。民族主義與保守主義都強調有機的結合，在民族主義方面把國族主義當成人類忠誠的最高歸屬處所（洪鎌德 2003a）。現代性強調國際依存關係，眼光常超越國界，乃至生意也要推向全球，這些也是保守主義所反對的。要之，保守主義成爲一種哲學，而非一種意識形態，是對現代性的反彈、是對現代性的效果提出嚴屬的批評、是對意識形態爲主導的政治——意識形態政治——之抨擊與警告。因之，後現代主義時代所呈現的懷疑論、相對主義、去掉大敘述、重視在地的與特殊的認同，都成爲保守主義可以發揮的主題與空間（Schwarzmantel 1998: 126-130）。

時　期	保守主義的形式 (與保護對象)	政治家 (與思想家)
17世紀末	托利主義 (君主制、英國國會、土地利益)	柏令布洛克 (休謨)
18世紀	(反雅各賓主義、傳統、理性的模仿)	(柏爾克)
19世紀初	反動的托利主義 (害怕革命、壓制、保護農業、復古的浪漫主義)	李務浦 卡斯特利 (柯勒治)
1820年代	自由的托利主義 (「開明的外交政策」、改革、天主教的解放)	康寧 羅賓遜 哈奇遜
1830-1840年代	小型的保守主義 (實用主義、漸進主義、接受國會改革、廢除穀物法令)	皮爾
1860-1870年代	狄氏保守主義 (單一國、干涉與保障主義、愛國主義和帝國主義、批判民主)	狄斯累利 R.邱吉爾
1880中期-1930年代	聯合主義 (保護愛爾蘭與聯合王國、傾向帝國主義、保護政策、社會改革)	沙利士伯里 張伯倫 貝爾福 鮑德溫
1940-1960年代	戰後單一國族的保守主義 (凱因斯學說、混合經濟、福利國、與工會妥協、帝國解散計畫)	W.邱吉爾 麥克里蘭 巴特勒 麥克立歐德
1960-1980年代	柴契爾主義 (自由市場、公平競爭、私人化、保守價值、強力國家、國家主權)	柴契爾 約賽夫 (海耶克) (福利民)
1990年代	後柴契爾主義 (廢除人頭稅、教育與衛生的改革、人民憲章的鼓吹)	梅傑

資料來源：Leach 1996：105，經本書作者修改補充。

圖 2.2　英國保守主義的演變

自由主義

第二章

一、前　言

　　當代特別受到後現代主義影響很深的語言分析家，會強調任何一個概念都不具正面的、實質的特性；反之，一個概念、一個詞彙只有在同其他的概念或詞彙做比較時，也就是有所分別（distinction）、有所歧異（difference）時，才能顯示它所代表或指涉的事物之意義。譬如說「父親」這個概念或詞彙只有同「母親」或「子女」做分別之後，才能顯示父親的意義。是以區別、歧異成為概念或詞彙界定（定義）所不可或缺的手段，以此來討論「自由主義」，我們會發現如果要為自由主義做正面的、積極的界定並不容易，但把它拿來同保守主義、社會主義（特別是馬派）、法西斯主義、民族主義做一個區別時，就會比較容易。

　　可是自由主義同上面一連串的其他主義作比較時，我們發現它們之間並沒有確切的界限、可以清楚區隔、分辨。在思想史上，自由主義常為保守主義所保持，也被激進主義所激化（如馬克思主義對人自由的激勵、追求）。因之，它是無法徹底的從保守主義、或激進主義跳脫出來的（Zvesper 1991: 285）。

　　由於定義的困難與區別的界線不清楚，許多 17 到 19 世紀的西方哲人像是霍布士、康德、黑格爾、柏克究竟要看作自由主義者，還是其他主義者，便會引起爭論。主張絕對君主的專制權力之霍布士，卻也以個人主義的立場強調人群的社會契約是擺脫自然狀態、進入文明社會的階梯，他甚至還奢談人民有反對暴君、造反的權利。這種說詞使吾人不能把他看做一個專制主義單純的擁護者，他的思想中也含有自由主義的色彩（Waldron 1998: 604）。康德強調理性與經驗的認識論，主張盡個人的職責、完成其義務，才能享有自由，這種說詞顯示他是保守份子，不過多數學者拱奉他為自由主義的擁護者。黑格爾指出凡是實在的都是合理的（保守的說詞），同時又指出凡是合理的才是實在的（進步的說法）。且其對歷史的解釋為人類心靈自由的歷程，也顯示他保守中帶有自由主義的色彩。柏爾克（Edmund Burke 1729-1797）一般被定位為保守主義的倡導人，但他對美國獨立革命之讚揚，對反對黨之支持，又說明他有自由主義者挑戰權威、反對霸道之自由派精神。

英文 liberalism 的字頭 liberal 是由拉丁文 *liber* 或 *liberare* 變成的。拉丁文 *liber* 與 *liberare* 意思是讓其自由生成，也含有解放（liberation）的意思。是故自由主義就是追求自由（freedom, liberty），從典章制度的束縛、教條神諭的限制、習俗慣例的拘束等阻止思想、言行、信仰的自由發展中，解脫出來的理論學說與政治的、經濟的、社會的、文化的運動。事實上自古希臘蘇格拉底之前的辯士或詭辯哲學中，便可以嗅到思想解放的味道。中古以來對神學桎梏的批評與反彈，伽利略地動說所引發的教會迫害，以及偏離基督教義的「異端邪說」，都含有追求思想與學術自由的意味。尤其自從歐洲 14、15 世紀以來的文藝復興，強調以人為尊，重視人本思想、人文主義、人道精神，可以說是同情新興的資產階級之學者、藝術家率先倡導，把人當成「宇宙菁華」、「萬物靈長」和衡量一切事物的標準。這便是反對宗教的奴役與封建等級社會制度的開端，也是崇尚理性與觀察的經驗科學之肇始，可以說為西洋的自由主義奠下基礎。是故吾人可知自由主義是西洋過去四百多年來發展的主軸。把自由主義視同為近世西洋文明，或是西洋文明的特徵，絕非言過其實，因為這是西洋對自由的追求，俾個人可以不受外界的限制、拘束，而使其潛勢力得以充分發展（Girvetz 1974〔10〕：846）。

思想與學術領域爭取觀念研究與表達、良心信仰的自由，不只表現在文藝復興運動以來，大發現、宗教改革（羅馬天主教分裂為舊勢力的天主教與新興的誓反教）運動之上。更使 17 世紀成為研究自然科學，促成天文、地理、生理、物理、化學等的科學的蓬勃發展的理性主義底世紀。接著歐洲出現啓蒙運動，加上工業革命帶來的資本主義之崛起，從重商主義、重農主義而發展出來政治經濟學、改變資產階級的世界觀與社會觀。資產階級的興旺導致他們對中世紀以來的封建主義所形成的身分階層，特別對專制君主、僧侶、貴族、地主等統治者之攬權、濫權再也無法容忍讓步。美國的獨立戰爭（1776）、法國的大革命（1789），以及 1830、1848、1871 歐洲多次爆發的政治革命正標誌人群（特別是新興的資產階級與同情他們的哲學家、思想家）對世局轉變的覺醒，以及對本身的自由全力維護的決心。

由是可知工業革命與法國大革命這兩個經濟與政治的劇變，不但與啓蒙運動相激相盪、相輔相成，也是促成社會主義、馬克思主義出現的主因，更是近代西洋自由主義的產婆。不過 18 與 19 世紀歐洲各國的自由主義並不是同步發

展的，而是隨著各國君王勢力的高低、貴族特權與生命力的大小、工商業發展步伐的快慢，以及國家統一過程的強弱而有差別。英國皇室地位權勢的衰弱，使新興資產階級快速高升。法國也呈現專制政權的江河日下，以及地主、貴族、僧侶勢力的衰退。德國由於遲至 19 世紀下半葉才由俾斯麥帶領國家統一，而政權受制於普魯士軍國主義和路德教會，外有奧地利的掣肘，內有封建主義的羈絆，所以自由主義一直無法充分茁壯。義大利自由主義的發展也受阻於奧地利皇室以及拿破崙大帝的施壓，加上內部梵諦岡教宗的阻撓，延遲了國家獨立和統一的大業。俄國的自由主義也遲至 1860 年代以後才告萌芽，但卻備受沙皇、東正教教會與落伍的封建社會所抑制、所壓迫。

　　以下我們分節討論自由主義源泉的哲學、科學、文藝、宗教觀念的變革，也就是啓蒙思潮對自由主義催生的作用。其次分析自由主義與政治思想與革命、改良運動之關係。再其次，討論政治經濟領域中放任無爲與市場經濟對自由主義的衝擊，以及自由主義的古典與新古典學說以及福利派的新自由主義對當代經濟制度之影響。稍後比較自由主義與馬克思主義之關係與異同，最後指出自由主義的貢獻與未來的發展趨勢。

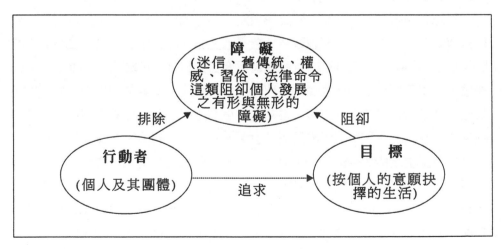

資料來源：Ball and Dagger 1995：53，經本書作者修正。

圖 3.1　自由主義者對自由的看法

二、啓蒙運動的思潮與自由主義思想的湧現

　　中古被稱爲「黑暗的世紀」，這是由於舊的羅馬天主教的專權，控制了人們的思想與信仰，而造成人群的無知無識之故。當時羅馬帝國一統的觀念逐漸爲紛紛割地稱雄的民族國家所破壞。教會與國家、神權與君權遂告結合。這就是封建主義下政教不分的專制統治。君王協助羅馬天主教控制人民的思想、言論與信仰，宗教的同形性、順服性（religious conformity）成爲教會與君主對人民思想的箝制。任何對羅馬天主教教義的質疑、或偏離，都被視爲異端邪說與背教者（infidels）、或乖離教義者（hectics），會受到羅馬天主教與政府的迫害。著名的例子爲天文學家伽利略被迫去放棄日心說，而服從教會愚民說詞的地心說——地球爲宇宙中心，包括太陽在內的天體星球繞地球旋轉之反科學說詞。

　　除了在思想、學術、文化、宗教方面，教會與國家聯手限制人們觀念、表達與信仰的自由，就是在教會制度方面，也因爲封建制度的根深柢固，把社會建構爲由君王、侯爵、貴族、僧侶、地主、士兵、庶民、農奴等的上下垂直不平等之等級社會（hierarchy）。個人一旦生爲貴族之子弟則終身榮華富貴；反之如生爲平民、或農奴則終身變成社會階層最低的一群人，而幾乎沒有翻身的機會。是故中世紀的人群，其社會地位是一種認定的、賦與的地位（ascribed status），這種地位與現代社會機會平等下每個人憑其本事牟取的、或達成的地位（achieved status）截然有別。是故如果把自由主義上溯至 16 或 17 世紀的歐洲，則當時初期的自由主義者表達對宗教的順服性、同形性的苛求不滿意的人，也就是對社會制度規定的設定與賦與的社會地位加以反抗的人。可以說，中古後期的社會中，每個人在社會上有其位階（rank）、次序（order）、或階層（estate）。是故社會地位的高低，也反映到政治上職位的高低。就算英國很早便出現議會，最先只是國王的諮詢機關，後來才發展爲國王徵稅、徵兵同意的立法機構，最後權力超過君王，而成爲政府發號施令權力的源泉。但早期議會中的議員，只限貴族、地主和僧侶的代表，後來資產階級興起，才有資產階級的代表加入，平民的選舉權與被選舉權則遲至 19 世紀之後才獲得（婦女參政權則是 1923 年才得到）。由此可見自由主義的思想與觀念雖然產生在 16 世紀的近古時期，但

自由主義落實在政治上，而使民權得以發揮則遲至 19 世紀，甚至 20 世紀之初
（Ball and Dagger 1995: 54-56）。

　　要之，封建社會中雖然把貴族主要分爲公侯伯子男等五種等級，加上地主
與僧侶，可以稱爲社會的上等人士（廣義的貴族階級）；相對地一般庶民或平民
則爲人數最多，但地位最低微的群眾，這些人也是馬克思所言直接的生產者。
由於工業革命的發生、資本主義的崛起，於是社會中處於廣義的貴族與平民之
間的新興階級（有異於貴族與僧侶）興起，這就是市民階級、資產階級、或稱
中產階級的湧現。中產新興階級受到自由主義的鼓勵而茁壯，而自由主義也藉
中產階級的興起，成爲新的思潮、新的哲學與新的意識形態。總而言之，16 世
紀初要求思想、信仰自由的人攻擊教會的腐化、教義的頑固、反動，最終導致
舊教的（天主教）的分裂，也是醫反教（路德教、喀爾文教、大英公教、清教
徒）的興起，通稱宗教改革。宗教改革的重點在於強調個人的良心與信仰之自
由比教會的規矩、約束更爲重要，個人能否獲得救贖應該由個人自由抉擇，其
信仰建立在信徒與上帝靈性的交通之上，而無須教會的仲介。在這裡強調的是
個人信仰與良心的自由。這可以說是個人主義的萌芽，以及自由主義的開端。
宗教改革之後，由於數理、天文、生物與其他自然科學的次第出現，歐洲在 17
與 18 世紀是理性主義的世紀，接著是 18 世紀的啓蒙運動提供歐洲自由主義肥
沃的土壤，於是 18 世紀末、19 世紀初西歐的自由主義終於開花結果。

　　就文化史的角度加以考察，啓蒙運動係指西歐 18 世紀的幾位哲學家與文
人倡說的觀念、學說，而涉及少數受過教育的貴族、學者新湧現的思潮，這是
自 17 世紀便出現的自然科學家對天文、地理、人體、生物、物理與化學等講究
理性與經驗的研究，也就是自然科學領域的開拓，並形成理性的時代（Age of
Reason）的降臨。

　　就另一方面來說，這是在思想上擺脫基督教的教諭、《聖經》的詮釋、教
會的權威，以及衝破傳統、習俗、迷信的羈絆，而運用人類與生俱來的理性之
推演與觀察的解析，而企圖揭開宇宙、社會、人生的奧秘，建立系統性的知識
之努力。嚴格言之，致力啓蒙運動的大師並非專業的哲學家、或科學家，而是
坐在路邊咖啡座、文化沙龍中進行清談、與撰稿的報人、記者、文人。在法國
一概稱爲「文人」（*philosophes*），這包括大名鼎鼎的福爾泰、狄特羅、孔多塞、
桂內等人。他們吸收前代著名學者如培根、笛卡兒、洛克的學說，而加以大眾

化、普遍化。其中福爾泰與狄特羅的作品頗富條理與深邃，所以被尼采視爲「哲學家」，而非普通的「文人」而已。

　　除了法蘭西的啓蒙運動之外，蘇格蘭也出現了主張以民間社會的力量來對抗國家政治勢力之學者，也就是儼然把社會同國家做出區分的社會學家、經濟學家與倫理學者。他們出現在 1740 年代至 1790 年代，代表性人物有休謨（又譯爲休姆）、費居遜（Adam Fergson）、羅伯琛（William Robertson）、卡米斯（Lord Kames）、約翰·米拉（John Millar）等人，而最著名的則爲亞丹·斯密（Adam Smith 1723-1790）。要之，他們主要的貢獻爲替道德和政治哲學注入新血，也開創了政治經濟學，亦即「社會進步」的科學（洪鎌德 1999c）。

　　與自由主義思想有關聯的啓蒙運動，主要包括哲學觀念與社會思想的解放。這就是啓蒙運動的文人把霍布士、洛克、盧梭等人的社會契約論拿出來討論，從而 18 世紀下半葉在歐陸、英倫、北美接受過教育的菁英與新興資產階級，得以認識文明社會之源起和天賦（自然）權利之重要，這都是啓蒙運動的文人普遍化這些觀念的貢獻。

　　在社會契約說影響之下，人的理性激發了人們自由思想和互動的必要，無疑地促成對現實世界的認識與掌握，這方面便受到哲學認識論的影響。從笛卡兒、洛克、柏克萊、休謨、康德一路發展出來的對外界（自然、社會）與內心（思想本身、心靈）之認知，不但成爲哲學界重大的課題與研究對象，也成爲受過教育者學習和研討的話題。可以這麼說，歐陸對洛克認識論的接受，與德國之接受羅馬法有異曲同工之妙。

　　如同前述，啓蒙運動的世界觀是建立在自然科學的基礎之上。隨著科學的地位日漸攀升，而取代了神學對宇宙與人生的解釋權威。透過學習過程，文人、學者運用人的理性推論，可以對周遭事物有所認知與掌握，強調科學或哲學使人們的生活輕鬆、容易、美好而快樂，自然與人的本性（nature）之結合，便是啓蒙運動的世界觀與人生觀。這就牽連到理性、自然（以及人性）和進步的三項議題之上：

■ 理性

　　這是指人類與生俱來的常識，經過訓練、教育而使其能夠推理、計算、思考，典型的表現在數學與邏輯這兩種形式的、過程的、有步驟、有策略的推演

方法的思考方式，成為人類有異於動物之特徵。換言之，一個人只要受到數理訓練與自然哲學之薰陶，便可以成為擁有理性的靈長類，能運用思考能力去認識周遭並解決問題，這也是自然（上天）所賦予人的本事。不過向來的典章制度（文化、社會、環境）卻腐化了人類這種理性與道德的能力。是以改革教會、政經、社會成為當務之急。

　　為了強調理性的重要，啟蒙運動的大師甚至說出：「理性對文人而言，無異救贖之於基督教」，這是核心問題。一旦惡劣腐敗的環境得以改善，人必然得到理性啟誨，成為有見解且獨立自主的人。孔多塞甚至認為西洋人已踏入合理世界的門檻，儘管每人擁有理性的程度參差不齊。厄爾維丘（A. Helvétius 1715-1771）甚至認為潛能方面每人理解的程度大部分相等。

　　洛克在《人類理解》（1690）一書中，提供哲學家認識論的哲學與心理學基礎。他否認有天生的、內在的理念（innate idea），也否認人們可以信仰基督天啟的真理。人的心靈在出生之際有如「白紙」（*tabula rasa*）一張，其後外頭的環境，也就是人的經驗寫上或沾上了這張白紙。是故只要能夠掌握經驗，也就能型塑人的心靈。他堅稱只要能夠改善人的環境，提供人們最好的教育，必然就可以製造完美的人類。

■ 自然與天性

　　啟蒙運動第二項觀念，就是自然、或天性，這是與理性緊密結合的理念。簡單地說，只要理性適當的運作，會使人們發現、或揭發被腐敗的宗教、社會制度、習俗，和錯誤的感性經驗所掩蓋或扭曲的自然天性。人性或天性乃是美與善的沉澱之一部分。要瞭解這點，必須先理解與此相反的兩種說法。其一為「超自然」的宗教信仰之真理。但這些宗教天啟的真理或神蹟，目的在使人們遠離理性與天性而已。其二有所謂「非自然」的事物，它是人工的、是對理性的習俗或傳統的累積之物，這是邪惡所形成的東西。任何自然變成不自然就如同全智全能的上帝何以容讓亞當吃了善惡樹的果子，都是無解之謎。這就導致盧梭在《論人類不平等的緣起》（1754）一書中所說的，人類脫離自然狀態而進入不平等的社會之開端，肇始於第一個人圈地、製造私產，而對別人宣稱：「這塊土地為我所有，他人不得侵入！」。這種圈地自肥的說詞，正可以解釋何以自然人會做出不自然的舉動。

　　簡單而言，自然是「善的」，是一大堆倫理與美學上的目標或標準。這些目標或標準應該不背離猶太教或基督教的宗教傳統。啓蒙思想與古希臘文明都取向世俗的、現世的生活，而並不冀希來世的、天堂的虛無飄渺。這些啓蒙的思想家是享樂主義者（如厄爾維丘）、是功利主義者（如邊沁）。不過也有幼稚的幻想者（primitivists），宣稱人類一度處於沒有罪惡的自然狀態之下，視古希臘文明的黃金時期、或是住在「南海」（South Seas）的中國人爲遵守道德而非信仰宗教的好人，更有視美洲紅印地安人爲「崇高的野蠻人」（noble savages）。不過包括盧梭在內，不再認爲充滿田園之樂的自然狀態確實存在過。這種狀態只是一種迷思、神話，目的在使人比較當前墮落的社會，而激發朝向新世界、勇敢的世界去尋覓、與建造。

■ 進步

　　啓蒙運動第三個理念可以用「進步」一詞來包括。進步這一概念對長期在基督教思想主宰下的歐洲人，或以尊崇傳統、國法、家規而行的中國人，卻是奇特的念頭。特別是中世紀羅馬天主教權威高漲，猶太教與基督教的教義是天經地義、不容挑戰的，其教義的核心爲人類的始祖生活在完善的伊甸園。由於始祖「犯罪」而被趕出樂園，亞當的後裔遂淪落到地土之國，是一種退步的悲劇。聖奧古斯丁的神學，主張基督的再度降臨，才能把墮落的人類拯救到上帝的國度中。與基督教義不同的是希臘循環變化論，人類從黃金時代淪落爲白銀時代，再墮落爲青銅時代，其後再度進入黃金時代，不停地循環演變。不管是文藝復興時代、還是宗教大變革時代的人文主義者，企圖把人類的過去當做是盛世，而燭照當前的衰敗，這些都是悲觀主義者。

　　17世紀出現在法國「古代與現代優劣比較」的爭辯，英國出現的「書籍之爭」（battle of books），成爲現時比以往更佳的信念之首度公開。在這兩次的爭辯中人們討論了當代作品是否比古典的、早期的著作更佳？辯論之初勝負不定，直至18世紀初，現代論者逐漸在輿論界取得優勢。法國文人間改革家的涂果（A. R. J. Turgot 1727-1781）在巴黎大學演講〈人類心靈次第進展〉（1750），對進步的說法有了勾勒，經其友人兼學生的孔多塞加以發揮（《人類心靈的歷史關係》1794），而描繪成爲不停進步的烏托邦，而美其名爲人類的之「自然的救贖」（natural salvation）。

　　不過 18 世紀的歐洲尚未出現像達爾文用生物進化的概念或理論，來說明人類怎樣從低等生物演展到高等靈長類的學說。因之，對「進步」只是一個信仰的概念，而無學說的發揮。也就是說，18 世紀的啓蒙運動者認爲進步的動力來自理性的有效運用，而教育成爲重要的工具，俾供理性的改革應用。從洛克至盧梭至裴斯塔洛齊，啓蒙運動產生了一系列重要的教育理論，也在教育的領域進行一連串的實驗。

　　啓蒙運動的產生與壯大激勵了自由主義的思潮從社會湧現與波瀾壯闊，乃至波濤洶湧。原因是思想的解放、哲學的反思、教育的興辦、資產階級的擁抱，都是使自由主義達致思想解放的初步。只有在思想界首先獲取自由、掙脫教會的權威之時，追求自由的行動才會逐漸展開。在很大的程度下，自然科學講究理性、觀察與經驗取向的研究方法，促成技術應用的盛行。工業革命帶來的人口膨脹、經濟成長、財富累積，以及國力的伸張，都造成西方民族國家對外尋覓殖民地，瓜分世界其餘土地，這些急遽的政經、社會的發展，也推動了近世歐美乃至世界範圍內的劇變。自由主義拜賜於啓蒙運動、理性主義、經驗主義、實證主義與世局的巨變而應運而生。不過在討論自由主義與政經變局的關係之前，尚要談談自由主義同個人主義、集體主義、工具（功能）主義之關聯。

三、自由主義同個人主義與功利主義之關聯

　　自由主義的開端，可以追溯到希伯來的先知、耶穌登山寶訓、蘇格拉底的辯士哲學。這些說詞強調個人良心良知的自由。人的個體性在於從群體性的拘束掙脫出來，也是從習俗、法律、權威解放出來，故個人主義乃爲自由主義之基石。19 世紀法國的思想界產生了對啓蒙運動與法國大革命的反彈，個人主義成爲一個不具正面評價的說詞。其意思接近重視個人利益，而忽視群體，有走向無政府狀態和社會失序的危險之虞。反之，德國人在浪漫主義衝擊下把個人主義看成個體性（individuality）之發揮、個人獨一無二的特性（uniqueness）、或原創性（originality），甚至自我實現（self-realization）之上。由於這個獨一無二的個人所組成的社群（community）、國族（nation）、國家可以說是個人主義有機說的引申。個人主義一詞在英國的用法又有所不同，主要指涉宗教中不

隨波逐流、隨人擺布（non-conformity）的獨立主張，這便是個人主義與英國式的自由主義之合致。在英國，個人主義反對國家對私領域活動的干涉；在美國，個人主義則變成自由企業創造與經營的代名詞，其背後引申為政府的權力有限，個人的行為方式、追求目標、基本態度由個人自行塑造，與他人無涉。胡佛（Herbert Hoover 1874-1964）在競選美國總統時喊出「粗放的個人主義」（rugged individualism）之口號，正顯示個人主義與自由主義盤根錯節的關係。

　　瑞士歷史學者與哲學家布克哈特（Jakob Burkhardt 1818-1897）曾經把德國人和法國人對個人主義的看法鎔冶成一爐。他認為個人主義是在文藝復興時代壯大的，這是由個人的自覺與自決產生，也就是盡力保護各人的隱私，並把各人推向最高階段的發展之動力。

　　正如福爾泰曾經說過：我雖不贊成你的話，但卻誓死保障你說話的自由。19世紀英國的思想家穆勒（John Stuart Mill 1806-1873）也討論到言論與發表的自由。他在其著名的《論自由》（1859）當中強調自由主義的基礎在於個人的自由思想與表達。早在1834年他就指出「人類可以獲得保證，採取個人或集體的方式去干涉別人行動的自由之唯一目的在於自保」。換言之，只有在保護自己的生命之下，才有權干涉別人行動的自由。因為他說：「我們無法保證被我們阻卻的別人的意見是一個錯誤的意見。就算我們確定該意見有誤，加以阻卻就是罪惡一椿」。從這個說法可知社會行動的知識之獲取是何等的困難。在《論自由》一書的第三章中，穆勒強調「個體性」的重要。個體性來自個人人格的發展，也與個人自我發展同步同義。就算個人孤僻傲岸（eccentricity），也比社會流於群眾的盲從與鄉愿要略勝一籌。

　　在擁護有限權力以及代議政府之餘，穆勒主張社會為個人的累積。作為社會成員的個人必然受到社會組成的成員身分所影響，為風俗、習慣、規範所塑造，也受到這些社會習俗、律法、規矩的範圍。個人所以會成為社會有機組成的一份子，完全是教育造成的。他反對或不贊成社會有機說雖然受到批評，但有機說在現實的應用（實踐）方面，不見得有多大的作用。

　　在邏輯推理方面，個人言論表述的自由是他政治思想的核心，也可以說是個人主義與自由主義的精神之最大發揮。在《論自由》中，他憂心社會愈來愈敵視個人不同的、充分的意見表達。一個獲得大眾支持的政府不一定是言論自由的保障。因之他主張對個人言論自由的限制，不管是基於法律或輿論、或命

令，都應該明文規定在大眾共同承認與遵守的原則之上，以免遭有權者的挾持與操縱。

　　他指出這些原則包括：其一、社會控制只有在「阻礙傷害別人」，或阻卻一個人加害他人之時；其二、這些對言論的限制，只有當別人的權利或利益有傷害時可以施行；其三、實際採取說服的方式，而非訴諸鎮壓的手段來干涉侵犯者之作為。

　　當一個誠實的政府獲得人民的擁護時，言論發表的自由不須大家操心。反之，一個腐敗、專制的政權，則需要批判、反對之聲音。他指出壓制不同的聲音（「雜音」、歧見）是錯誤的，不管哪個異議是對是錯。假使是對的話，把它壓制下來，我們便會少掉認識一個真理；如果是錯的話，我們否認它，就少掉真理與錯誤對決的機會。此外，只有當不同的意見相互爭執、自由競合，整個真理才有顯現之可能。

　　穆勒在《論自由》（1859）一書中指出，自由主義過去的大敵為壓迫思想、信仰、言論的教會與政治勢力，特別是專制的政府。但今日對自由思想與言行的威脅卻來自於代議士所形成的多數派輿論經常壓迫少數特立獨行之士。也就是說對世俗、傳統持有不同意見的少數人會受到「輿論道德上的壓制」（moral coercion of public opinion），而使少數有識之士的言行被迫與世俗多數意見同流合污，這無異為托克維爾所擔心的「多數的暴政」（the tyranny of the majority）之復現。是故穆勒倡說一個「簡單的原則」來解決這種新型的暴政，也就是「對任何社群的成員合法權力的施行唯一目的在防阻對別人的傷害，是故只在保護個人的形體上或道義上的好處是不夠的」（Mill 1998: 83-93; Sher and Brody 1999: 78-83），這個原則又稱為「傷害原則」。

　　這個原則就是人人可以自由言行，但不以傷害他人、或威脅他人為原則。政府與社會對個人絕對不可限制、不可干涉，除非該個人之行為對別人造成傷害、或構成傷害的威脅。穆勒捍衛這個原則是因為訴諸功利，他認為自由是善物，因為它增進了「作為進步的人類之永恆利益」，這就是說無論是個人也好、還是社會也好，自由的思想和自由的行動都會導致個人與社會全體得利。對個人而言，自由是個人發展所不可或缺的利器，藉著自由使我們的心靈能力得以與時俱進，就像個人藉運動而強壯吾人的身體與肌肉一般。同理人的心靈與道德若不常運用、思考也會日趨遲鈍。為了使個人的心身健康，應該多多運用自

由的思考與行動。只有獨立特行之士像蘇格拉底和伽利略，在獲得觀念的自由表達、以及開放競爭之下，才會促進思想的發達，造成社會的進步。就像經濟的自由一樣，觀念的市場之競相發揮、相互較勁，才會使人們認識哪些是真？哪些是假？等於增加人群辨識真偽之本事。如果社會沒有思想與言論的自由，就會停滯在同形、一言堂（conformity）的死水一灘中，無法生成變化、無法與時俱進、不斷進步。

　　為了保障個人自由，穆勒力主代議政府，在《代議政府的省思》（1861）一書中，他極力推薦代表制的民主體制。在該書中他認為積極的政治參與是訓練與加強公民心靈與道德力量的捷徑，在這裡他主張多元投票的形式。任何識字的、可以自給自足的成年男女（他倡說婦女投票）都應享有投票權。享有更高學歷者，則應有多次的投票權，多元投票在使任何個人獲取政治參與之好處，就是對抗或取消多數暴政的對策（Mill 1998: 302-325; 353-369）。

　　穆勒這部分的論證顯然採取工具主義、功利主義的說詞，也就是受到邊沁（Jeremy Bentham 1748-1832）的影響。邊沁的功利主義最大多數人的最大福利（快樂），是一種集體功利主義。邊沁及其信徒所主張的自由主義是自由的集體主義，尤其是 20 世紀福利國的倡說，可以說是自由的集體主義、集體功利主義之表現（McCullum 1964: 388）。

　　邊沁在《政府片論》（1780 印出，1789 正式發刊）一書開頭明義指出：「大自然把人群置於兩主權者的統轄之下，這兩大主權無他，乃是痛苦與快樂而已。這兩者迫使人們決定他們該做何事。與痛苦以及快樂聯繫在一起的一方面為對與錯的標準，另外一方面為原因與結果」。功利主義原則的引申就是人群行動的素質、或追求的目標在於增進自己或是別人的利益、快樂和福祉。另一方面也在避免困擾、痛苦、邪惡與不樂。正如前述穆勒對國家或社會不採取有機的理論，邊沁視「社群只是一個虛構的群體」，而指出社群的利益不過是「造成它〔社群〕的諸成員利益之綜合」而已。

　　在 1834 年出版的《道德科學》一書中，邊沁認為不道德的行動是對「自己的利益的錯誤估計」。犯錯者所以製造痛苦或快樂，常是一時計算之錯誤，有待道德家來加以糾正。邊沁當然也意識到個人的幸福與絕大多數人的幸福不完全一致。不過他卻看出個人的自私與公共的益處有調和的可能，以及調和的手段。首先教育可以提昇人群的心智，使受教育者明白個人的快樂包含了對別人

的善意、同情與好施。是故他主張大力推行公共教育。其次，為縮小私利與公益的差距應有制度的設計、環境的建立，俾個人自私的本性轉化為有利於全社會的性向。因之，他致力立法機關與立法程序之改善，強調一院制的立法機關才能充分代表民意，他又主張全民投票權與共和主義；再其次，邊沁相信政府與社會科學的循循善導，可以化解個人們對快樂的歧見，也縮小私利與公益的落差。原因是功利的問題，而非形而上學（信仰的價值）的抽象理想，更容易凝結為就事論事的事實議題，也就容易引向到和解之路，而追求歧見之消解。

把邊沁的功利學說加以演繹發揮的最先有老穆勒（James Mill 1773-1836，係 John Stuart Mill 之父）。他一方面大肆鼓吹邊沁的功利思想，倡導邊沁對政府與法律的改造想法，以及對教育與心理學的理解。他方面，企圖把功利主義溶化在政治經濟學學說裡頭。老穆勒分析了現存制度中，像貴族把持的政府、法律體系、教會和重商主義的經濟政策都不利於最大多數人最大的福祉，因之，這些制度應該廢除或重建。推行民主制度，使代議政府在削弱貴族的特權之後真正的重視人民的利益。

老穆勒之子，約翰·司徒華·穆勒在《功利主義》（1861）一書中指出功利的原則為「諸行動是正確的當它們在比例上促進了快樂。它們是錯誤的，假使其傾向於產生與快樂相反的結果」。快樂就是導入愉悅的感受，而沒有痛苦的困擾，也就是「愉悅而免除痛苦」。我們所以對某事物有所熱望、有所企求，那是由於在該物中內在存有的愉悅，或是獲得該事物之後「促進了愉悅、減少了痛苦」。約翰·穆勒也指出只有快樂、愉悅、福祉的數量，而不注意到這些可欲之物的性質是不夠的。在這裡他補充邊沁對功利只重數量、不重素質的偏頗。

對約翰·穆勒而言，從更高的本事（higher faculties）所產生的快樂和愉悅更具價值，這就是可欲之物「內在的優越」（intrinsic superiority），這就是潛藏在每個人身內的勢力，只有加以發掘、引導，造成個人的自我發展，才能展現這種「內在的優越」──人的自尊、自我莊嚴的感受。這點與古希臘哲學家強調自動自發（self-spontaneity）、自省修持（mental cultivation），激發人人自重的思想若合符節。

穆勒也師承邊沁「道德感」與「正確倫理」的培育，但反對只靠直覺、只靠情緒以辦事的舊作法，是故應該以功利的原則取代直觀的道德善惡之辨。宗教雖然可以規範人群的行為，但宗教的世俗化與邊緣化，迫使吾人必須重估現

存的信念、價值體系。如何促成群眾擁有民胞物與的一體感，以及發展對公共
之善的深刻關懷，應該是取代超自然的宗教之世俗性宗教。是故晚年的穆勒鼓
吹了符合人性、爲全人類所接受的宗教（religion of humanity），這就是他在是
出版的《宗教的功利》一篇論文集的用意。

　　要之，穆勒採取一種發展的模型來闡釋人性與社會。人是可以發展個人的
能力，也是終身不斷學習與成長的動物，社會存在的目的在便利個人的發展與
成長。自由主義是以逐步、順序漸進的演變方式來進行社會改革。顯然穆勒的
民主觀與他上述發展的模型息息相關。他晚年已發現政治民主和社會經濟之不
平等鑿枘難容，也就是他承認財富與權利的不平等阻卻大部分勞動階級成員的
人格發展，這使得他感覺社會重新分配之必要，這是何以他晚年自稱爲社會主
義者的因由（Hall 1986: 60）。

　　從上面的敘述可知自由主義與個人主義同功利主義有其相融相通、相互採
用的緊密關係。兩者都在追求個人或群體的快樂、福利，也都鼓吹人善用理性、
教育與知識去促使人群脫離愚昧、無知、貧病、痛苦的桎梏。在追求快樂之前，
人更應該追求獲致生活行爲的自由，這表現在政治行爲不受官署、法制的束縛。
在物質生活安排方面，則在對私領域的經濟活動獲得充分活動、自由發展的機
會，也就是經濟制度的合理、靈活，不受政府以及貴族、地主、特權之干涉。
我們以下再討論自由主義的出現與發展過程中，政治勢力的推移，以及政治學
說的闡析，俾瞭解政治上的自由主義與經濟上的自由主義，是與哲學上的自由
主義並駕齊驅、同步發展。

四、自由主義與政治局勢以及政治思想的同步發展

　　自由主義的念頭產生自中古後期歐洲人民對官署干涉與壓迫的反抗。以貴
族、地主、僧侶爲主的封建社會上層人士，反對國王及其他地方官吏（總督、
省長等官吏）不當的課稅、徵兵、徭役等措施，從而爭取更多私產的擁有權、
保護權和經營權。是故訂定憲章、頒布法律以保護人民的權利，成爲西洋憲政
運動、法治推行、權利擴張的主要內容。配合了前述人民對思想、信仰、言論
的自由，在政治上向官署（國王、統治機關）爭取自由、平等、法治、減縮政

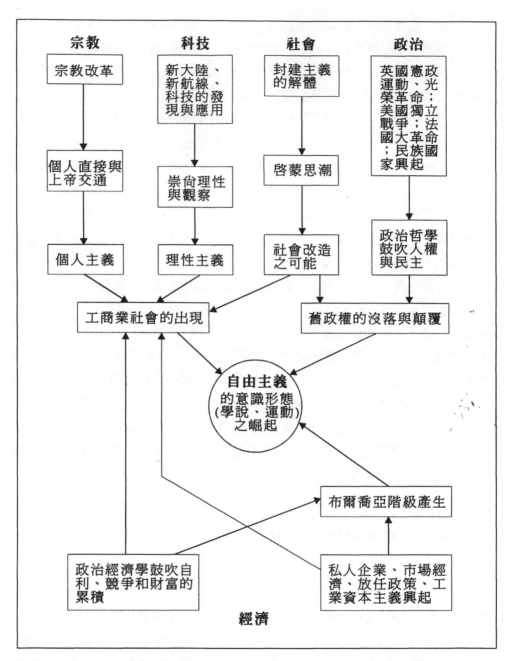

資料來源：本書作者自行設計。

圖 3.2　影響自由主義形成的各種因素

府權力等等的權利，成為自由主義興起、壯大、發展的動機、推力與內涵。

有史以來第一部憲法，便是 1215 年英王約翰所頒布的「大憲章」（*Magna Carta*），要求君王權力與義務明確化的重大政治文獻之開端。其後的權利請願（The Petition of Right, 1628）、人身保護令（*Habeas Corpus* Act, 1679），都是從「大憲章」第 39 條引申出來，該條款誌明：「沒有任何自由的人可以〔無故〕被監禁、或被沒收財產，除非受到同僚依國法作出法律上的裁判」。

從大憲章的頒布到英國光榮革命（1688）的產生，可以看出絕對君主制中王權的減縮，以及代表新興資產階級的議會權力的膨脹。過了一年英國頒布《權利法典》（The English Bill of Rights），其後美國的《獨立宣言》（1776）、法國大革命之後的《人權與民權宣言》（1789）都強調個人的權利「天賦的」、「自然的」、「不可剝奪的」、「不可割讓的」（inalienable）、「不可禁絕的」（indefeasible），也就是自由主義者奮鬥不懈、堅信不移的基本原則。由是可知憲章運動，以及多次的歐陸與這些運動都圍繞在更新統治制度、壓縮君王專制權力、創造人民主權、擴張人民各種權利自由之上。這是群眾時代的來臨，也是民主訴求戰勝君權與封建勢力之肇始。在解釋上析述個人的基本權利時，可以有權利是「自然生成」的看法（洛克）；權利是使人達成快樂之工具、或「功能的」看法（邊沁）；或是權利是向來便有，但卻受到傳統習俗所規定的「傳統的」看法之制約（柏爾克）等等不同的詮釋。

以上所述的群眾造反運動，對自由與解放的訴求，成為 19 世紀拉丁美洲殖民地人民反抗西班牙與葡萄牙殖民政府的鼓舞力量，最終獨立與解放戰爭，成為中南美為數十多個國家成為新興主權國家的動力。其中法蘭西大革命的三個口號自由、平等、博愛更把共和主義的精神合併到自由主義與民主理想裡頭，也就是在強調個人追求自由平等的同時也不忘記他是社群的一份子，個人要做為關懷公共利益的公民，則公民德性（civil virtue）的培養與發揮大有必要。可惜在法國大革命後，由於偏激的、躁進的暴民政治（以羅伯斯庇爾為首）抬頭，以致出現了一年多的（1793 年 6 月至 1794 年 7 月）「恐怖統治」（Reign of Terror），接著有五人執政團的憲政設計，最後導致拿破崙的軍事獨裁與帝制復辟。拿破崙的稱帝與四處征戰，固然是開民主倒車，不過法國遠征軍所到之處，又是人民從舊政權（*ancien regime*）、舊秩序解放的地方，像 1806 年普法之戰，拿破崙攻陷普魯士、促進普國軍事、政治與經濟社會的改革。拿破崙所欽定的

《拿破崙法典》保障人民平等的權利，也讓人們有信仰的自由。

　　1815 年拿破崙在滑鐵盧兵敗如山倒，開啓了歐陸三十年的反革命勢力，使君主、貴族恢復其世襲權益，一時之間保守主義、反動主義籠罩在歐陸。但英國的勢力向外膨脹（先控制印度、加拿大、澳洲，之後與法國平分了非洲）、工商業大爲發達之際，自由主義更形蓬勃發展，是故工業革命把英國塑造爲世上第一個工業強國。

　　政治的自由主義，一方面表現在早期有產者（地主、貴族、僧侶）對統治者爭取權利、或反叛活動，也表現在其後廣大民眾爭取生活保障、信仰自由、工作平等、合理薪資等等的社會與政治的革命、改革運動之上。導致民智大開、民眾覺醒與團結的契機，卻是受到啓蒙運動以來幾位大思想家的言論學說之鼓吹，其中社會契約論（霍布士、洛克和盧梭）尤其具有震聾啓聵的作用。

　　社會契約論基本的論題爲：

1. 凡人皆生而平等。
2. 早期人類生活在自然狀態中，也就是沒有政治組織、沒有法律治理的狀態中。
3. 自然狀態不是人人廝殺、沒有安全保障（霍布士），便是欠缺官署的仲裁，生活不穩定、不方便（洛克），或是生活純樸、文化不發達（盧梭）。
4. 理性指導人群，不要暴力相向、彼此相害，改以各讓一步，成立官署來排難解紛，造成人群和睦與樂利的生活。
5. 爲達成社會的和諧以及秩序、有管理制度的建立，人民自動簽署一紙社會契約（或藉每四、五年舉行的大選，依靠選票選出政府新官吏、新議員），結束自然狀態，而進入文明與公民的社會。
6. 在建立政府依法施政的公權力（壓制個人之不服）之後，國家遂告產生。

　　要之，社會契約說的出現也是理性主義與啓蒙運動在 17 與 18 兩個世紀的思想產品，基本上脫離不了強調人是理性動物，以及尊重個人有發揮其本事、本領的個人主義之主張。作爲社契論的第一人，霍布士是理性主義者、經驗主義與實在主義者。他反對人有天生的理念，而認爲人的認知來自於五官接觸外界事物。人的欲求來自趨樂避苦，其言行思云取決於對私人利益的評價，尤其在保護自我的生命，以及維持生命的財產和自由活動。如果人爲了達成自保，

而強調自由的重要，那麼霍布士是一位自由主義者。不過為了社會的和諧與安全，個人把其權力之絕大部分捐給一個足以保護其生命財產的安全之「集權政府（絕對君主制）」，則他無疑地是一位反對自由的保守者。

洛克追隨霍布士的學說，這位啓蒙運動最傑出的理論大師，不但在哲學、邏輯、認識論上大談人理解與理性的源由與歷程，更在宗教信仰的寬容上大作文章。而其最重要的則是政治思想上的貢獻。今日全球政治制度最受讚揚，最多所模仿的自由民主體制之理念與理論基礎完全由洛克奠定，而由後人予以加強、補充。

但有異於霍布士認為社會契約訂定之前的自然狀態是人人相互搏命廝殺的混亂與不安之狀態，洛克認為自然狀態下，爭執雙方不靠中立第三者之仲裁，會造成生活之不便（inconviniences）。是以締結契約，旨在結束這種不方便之生活方式。洛克認為凡人擁有天賦（自然）權利，這包括其「生命、健康、自由和財產」的權利，不容他人損害。這些權利是從自然法衍生而來。它不是人的自我利益（一如霍布士之主張），而是人必須遵守的道德、律則，具有道德上的拘束力。為保護這種權利，人人必須簽訂契約。但契約並非如霍氏所言只需一次締訂便了，而是二次、三次，乃至無數次的締訂。換言之，人民藉著多次的選舉，以投票方式選出新的政府官員與民意代表，就是契約的更新。是故政府的存在完全繫於人民的信託行為（fiduciary act）。政府的施政是建立在被統治者的同意（government is based on the consent of the governed），這便是政權合法與正當（legality and legitimacy）的基礎。政府一旦腐敗無能，人民有收回其信託的權利，從而也為造反有理、革命有理的人民反抗權埋下伏筆。

對洛克而言，理想的政府應該愈少管理、愈少干涉人民自由。他主張政府權力的有限，也主張多數決以避免少數統治者的濫權。可以這麼說，洛克的自由主義使他要求一個自由的社會，其中靠人民多數決成立的政府，必定會節制其權力之使用，避免動輒訴諸暴力、壓迫人民，或動輒徵收沒入人民的財產。洛氏有限政府的說詞，加上孟德斯鳩的權力分立、各機關相互制衡，遂成西方有限而有效率的政府制度化的理論基石。

盧梭在討論人類《不平等的起源》（1755）認為個人圈地設限、擁有私產是結束人群平等的自然狀態之起始，也是人類進入文明社會的開端。富人劫奪窮人是造成人類不斷衝突爭執的主因。為了顧及自身的安全與利益，也達成社

會的安穩，富人們設立了政府與法律，強調窮人服從與接受。他說「把鐐銬加給貧民，把權力交給富人」造成自由無可補償的破壞，也使財產權與不平等確立下來。這是把「狡猾的奪取轉變爲不容更改的權利，而使少數野心勃勃的個人獲利，而使所有人類匍伏在永久的勞役、奴隸與貪圖當中」。大眾只有藉暴力來對付暴君、推翻暴政，這是 18 世紀革命風暴尚未吹襲之前，盧梭煽動民心、激發情緒的革命論調，最終在 1789 年的法國大革命中引爆了。

美國開國元勳的哲斐遜、富蘭克林都是深受啓蒙運動薰陶的有智之士。他們對美國憲法中強調自由、平等、幸福的權利條款之型塑，都可以說是美式自由主義的開路先鋒。此外同情法國革命與美國獨立的英國人（後入籍美國）的裴因（Thomas Paime 1737-1809）在《論人的權利》（*Rights of Man*, 1791-92），不但反駁柏爾克等保守份子對法蘭西大革命的攻擊，還分析歐洲社會人民對政府的腐敗、大眾的貧窮、失業和連年的戰禍的不滿。他主張以共和來取代君主制，鼓勵民眾接受教育、實施救貧興業、養老撫孤的社會賑濟。由於裴因主張廢除王室，改建共和，以及指摘貴族統治，他遂以叛國罪被缺席審判來定罪。另一方面他卻因爲反對處死法王路易十六，被羅伯斯庇爾的暴民政權逮捕下獄，後來遠走新大陸，以貧病死於紐約。

顯然，主張政治改革或革命的自由主義者，除了重視憲法與憲政權力分立、人民權利與義務之外，最強調的莫過於法律的制訂、法治的施行、訴訟程序、辯護與陪審人制度等等之建立，俾法律實質與程序的正義得以伸張。在這一意義下，作爲西洋早期法律社會學者間刑罰專家的貝卡利（Cesare Beccaria 1738-1794）對法律與刑罰的改革，都是法律上的自由主義之先鋒。

貝氏在《犯罪與處罰》（1764）一小冊裡抨擊了盛行於歐陸殘酷的法條以及嚴刑峻罰。他提出司法改革的七大主張：(1)只有立法機關才有解釋法律的權力；(2)諸個人不因社會地位的高低而受到不同的法律待遇；(3)法條應該淺白易懂，讓大家認識與遵守；(4)法律條文應有系統而具普遍應用的性質；(5)舉證的工作應由被告移到法庭，也就是司法機關擔負舉證之責；(6)嫌犯與定罪的囚犯應有所分別，前者不當被烙上罪犯的印記；(7)反對私下指控，排除誣告而引人入罪。要之，貝氏企圖建立一套以公平、平等和邏輯爲原則的司法管理制度。他甚至主張廢除死刑制度。他的司法改革建議其後在歐陸引起很大的反響，也促成英國功利主義大師邊沁、自由主義哲人約翰‧穆勒對法治與刑罰的注意，

近一步影響美國開國元老哲斐遜、亞當士等人追求良法、建立憲政的決心（洪鎌德 2001b：56-59）。

　　法國的外交家與歷史學者托克維爾（Alex de Tocquiville 1805-1859）是在論述美國的民主時，發現平等化（levelling）與民主化的過程不但出現在北美，更會席捲全球，而成為未來人類生活與發展的主要方式。不過從美國人民拋棄歐洲身分階層的社會開始，平等與自由也成為新大陸人民發展其多元、民主的社會之契機，但自由與平等之間的杆格齟齬在所難免。美國民主的推展，有賴聯邦與地方權力的分割，也靠各地自動自發的民間組織（協會、俱樂部）的活動來發揮。

　　基本上，托氏強調在平等化與民主化的浪潮下飽受威脅的自由如何得以保存。事實上社會的民主對個人有很大的衝擊，也是造成個人主義的原因。他心目中的個人主義包含兩點，一方面對個人擁有理性而形成意見與觀念；他方面以自己為中心追求自利的想法與作為。這一部分的個人主義使得大部分美國人從關懷公家的事務退縮到只謀一人一家的物質溫飽。美國人這種自私自利還表現在野心勃勃與好勇鬥狠的競爭心態之上。在美國的社會中，表面上大家尊重比賽規則、相信機會均等，事實上對別人的成功深感怨懟，也感受能力的不平等。這種自私自利使美國人成為拜金主義、物質主義的囚犯。這種個人主義的政治意涵構成個人真正自由的威脅，因為它會造成個人屈服於公共輿論，而造成國家權力之膨脹。是故「隨波逐流」（conformism）與「多數的專橫」（tyranny of the major）成為美國民主的特徵。講究個人利害的結果造成的原子化便利政府的專橫，新的暴政遂告出現。為了對抗新的暴政，有必要建立一個嶄新的民主自由之體系。在民眾的教育加強對政府攬權的制衡，這種對抗意識的抬高，使托氏與早期自由主義者主張有所區分。要之，地方自治可以對抗聯邦集權，自動自發的民間組織則是另外一個對抗聯邦專權、集權的好辦法。所以托氏自稱他自己為「另類的自由主義者」，這種自我聲稱倒也有幾分真確（Lively 1991：520）。

　　如同前面提起邊沁的功利主義對自由主義的影響，認為他是以人群最大多數人的最大福祉為取向、講究集體之快樂的自由主義，這是哲學的、思想上的自由主義。若把功利主義當做政治思想來看待，那麼他的學說也是政治的自由主義之一環。值得注意的是他在《政府片論》中僅把政治社會看做是人群社會

契約與服從的習慣之結果。

　　邊沁最著名的政治作品爲《道德和立法的原則》（1789），他同樣反對社會是有機體；反之，他鼓吹追求快樂、避免痛苦才是造成人群結合的力量。他主張以合理的與和平的說服力，而非革命手段來解決紛爭，因之他對法蘭西大革命不懷好感。但另一方面由於大革命而開啓的立法新意與創意，使他對不受傳統與習俗拘束的立法改革興趣抬高。他甚至建議設置以瞭望台爲中心進行放射性監控的新型監獄（Panopticon），以及使用訓練和勞動的方法來對囚犯重新加以教育。他進一步認爲神職人員是「法律的前衛」，牧師、教師是人們「內在安全」的保障者。不過他反對教會的盲目信仰，以及對異端的壓迫。是故邊沁與約翰‧穆勒都有專門的著作討論宗教的世俗化、合理化與信仰的寬容等等問題。

　　邊沁及其黨徒反對有天賦的（自然的）權利的說法。他們認爲權利是爲了保護個人或眾人的利益而設的制度性安排，這種的安排以功利、效益做衡量取捨的標準。這種所謂天生的、自然的權利乃爲邊沁斥爲「高腳架上的狂妄遊戲」（nonsense upon stilts）。邊沁的貢獻在以道德的計算與估量（moral calculus）取代古典自由主義的天生權利之概念，也就是社會的好處（公益）的道德標準在於合理的估量，讓最大多數人的最大快樂成爲功利主義衡量的標準。爲此他把自由主義引入不斷而堅定的立法改革之途，也就是主張政府放任無爲，但立法的積極干預可以清除對自由的阻礙，主政者的有效行政則可創造使個人自由與不受拘束的行動條件。弔詭的是他居然結合放任無爲與積極干涉兩個不相容的主張。在論及人的平等時，邊沁卻陷於自我矛盾中。他是理性主義者，當然會主張形式上的平等，但他承認財富分配不均、市場競爭的不平等結果、保障財產權，赤貧者的餓死威脅會引導他們勤勉工作，這些政治經濟學的學理，原則之堅持，破壞了他的平等觀。這就使他從普遍選擇權、投票權的自由派主張退縮下來。這點正顯示自由派人士態度曖昧的一斑（Hall 1986: 59）。

　　穆勒在《有關政府的論文》（1820）中，強調人的行動和他的自利考量息息相關，都建立在趨樂避苦的原則之上。基於統治者都是在追求與保護自利，則立法機關的國會，對行政部門應多加制衡與監督。讓行政機關對代表社群利益的國會負責盡職，就是促成群眾快樂的福利之保證。國會與群眾利益合致的辦法在於擴大選舉權的基礎，讓更多公民擁有選舉權，而選出代表其利益之代議士。只有統治者與被統治者利益一致而又接受憲政的制衡，法律與秩序才能

維持。只有當個人能夠完全獲取自由、運用自由，知識的火花才能迸發出創造的動力，而使社會的改革與進步成爲可能。要之，對穆勒這種重視理性、認識論、知識的重要之自由主義者，個人的自由不只是工具性的，也是基本性的（Hung 1986〔19〕:3）。

自由主義者一開始便有憲政改革的企圖，因此與憲政主義、憲政傳統關聯密切。英國憲政傳統在於限制國家的權力，使國家對其行動負責和可以計測、可以交代（accountable）。自由主義要求政府只負責對外的安全與對內的秩序之維持的起碼權力。自由的國家必須尊重私人的領域。但公私領域的界線並非鮮明，而隨局勢有所推移。自由主義派人士有期待國家之消失、接近無政府狀態者，將國家視爲扮演積極的角色來推進真正的個體化和公民道德。

五、自由主義、經濟活動和市場體制

自由主義的崛起與歐洲財富的暴增有密切相關。16世紀開始，由於地中海北岸、荷蘭幾座靠海城市，以及英國倫敦、曼徹斯特等工業城市逐漸浮現，加上貿易通商的發達、民族國家的興起（1648年之後）、海外殖民地的掠奪戰揭幕，爲西歐的資本主義之生成發展做好鋪路的工作。過去有土斯有財的觀念，逐漸由王室貴族堆積的黃金，以及新興的資本家的資財所取代。商貿帶來的財富比土地農牧辛勤終年之所得既多而又快。於是新興資產階級出現，它的勢力如日中天，因之開始動搖了封建主義上下垂直不平等的社會秩序，新興的資產階級遂質疑與挑戰貴族、地主、僧侶的特權，要求土地可以自由買賣，要求打破行會對職業的獨占與限制，以及要求打破關稅的壁壘。總之，經濟活動被視爲人群的私自活動，從而要求政府或官署盡量不干涉，而讓社會脫離國家與教會的羈絆而自由發展。

1750年以後英國新機器的次第推出，特別是將瓦特改良的蒸汽機應用於火車交通以及紡紗的動力，經由集裝線上的大量生產之方式，把英國與其後的歐陸西部、北美推向生產力頂尖的國度。英國工業外銷產品和輸入原料，又促成它成爲商貿大國。19世紀初的英國變成了「世界的工廠」，也是寰球的第一強國（Ball and Dagger 1995: 73）。

　　因為工業革命、商貿興盛和海外殖民，造成西歐幾個強大的帝國（英、法、荷、德）的國力大增，加上資產階級藉由「原始積累」而厚積資本，於是新興的資產階級不但崛起，其財富的集中、資源的壟斷、社會地位的劇升，在在贏過式微中的貴族、地主和僧侶階級，而成為社會上層階級的主流。總的來說，工業革命的結果，土地自由買賣、生產力的空前提升、鄉村勞力湧入城市、人口的增加、大量生產的方式之應用，都促成了資本主義的興起。

　　自由主義主張個人追求自利的言行自由，並把個人創業維新、經營企業的開拓精神徹底加以發揮，逐要求政府盡量減少對人民私自活動空間（經濟的生產、流通與分配）的干涉，宣揚市場運作機制的自主，這些都是促成資本主義的理念、運作、擴張的勢力。可以這麼說，資本主義所以會成為 20 世紀與 21 世紀寰球政經體制的軸心，這應該歸功於自由主義的學說轉化為意識形態（思想、信仰的體系、系統）的結果。

　　可是當工業革命、資本主義、自由主義為英國帶來國力的鼎盛，社會的富裕之時刻，在 1800 年代擁有土地的貴族之勢力仍不可小覷，但這種優勢不久便讓位給新興階級的資本家階級（布爾喬亞、中產階級），然而與資產階級對立的便是工人、勞工等所組成的普勞階級。換言之，資本主義將社會分裂為兩個截然有別的階級：資產階級與普勞階級。在英國等地階級的對抗，以及普勞階級生活慘狀所引起的同情、聲援、抗議、反彈，便造成了左翼社會主義（以及極端的、激烈的、走革命路線的馬克思主義、無政府主義、虛無主義等等）的誕生。這也就說明自由主義的同路人固然為資本主義、保守主義，但其敵對的力量則為專制主義、以及廣義的社會主義和聲勢壯大的馬克思主義（洪鎌德 1997a；1997b；2001b；2002a）。

　　這種講究個人與國家財富創造、經營、分配、拓展的新學問，便是 18 世紀末歐洲出現的政治經濟學（political economy），也就是後來發展為經濟學（economics）之前身（洪鎌德 1999c）。創立古典的政治經濟學之蘇格蘭派倫理學家亞丹・斯密（Adam Smith 1723-1790），也可以說是經濟的自由主義奠基者。他在《國富論》（1776）一書中，強調人群的經濟活動受到「一個看不見的手」（an invisible hand）之指揮，也就是貨物與勞務的生產之數量與質料取決於市場的供需律，亦即貨物的數量與價格會隨著市場供需大小而發生變化。既然市場的運作有其特定的律則可以依循，政府不宜貿然介入或是干涉，這就是斯

密所主張的放任無爲（*laissez faire*）。他在《國富論》中指出：任何一個稍具理性的人⋯⋯

> 一般而言，他實在無意增加公共的利益，也不知道他對公益能增進多少⋯⋯只能靠指向勤勞而產生最大的價值，他所企求的只是他自己的所得，他在這種情況下，也在其他的情況下完全受到一隻看不見的手的指引，去增加他本來無意要追求的目標〔公益〕。雖然他無意這樣做，也就是他無意栽花與種果，但卻花果繁茂，這對社會而言絕非壞事。在追求他自己的利益時，他常常做出比存心要增加社會公益更有效的後果。我向來不知道那些存心增加公益者所做的貢獻。事實上這種心存善意的人在一般商人中為數不多，不用花多少話語便可以勸阻他們去做善事。

由此可知 18 與 19 世紀的自由主義，特別是古典的、經濟的自由主義是建立在「市場主權」的基礎上，也是建立在「利益自然趨向和諧」的假設之上。只要經濟體制本身是設置在分工的原則上，而任何的個人能在市場上自由追求本身的利益，那麼這種交換性的經濟會爲社會全體帶來好處。由此可知，古典的自由主義描繪一個自我調整的市場機制和以理性的計算追求自利的「經濟人」（*homo oeconomicus*），而擺脫了人生其他目的性（赦罪、救贖、靈魂的不朽等等宗教目標；或人格完善的道德目標）之影響。

經濟人所依傍的原則無他，就是倚靠理性原則的應用。所謂的理性應該包含下列四種先決條件：

1. 數種彼此可以分辨而又可以相互取代的行爲方式；
2. 每種行爲的方式都能產生明確的結果；
3. 經濟主體（個人、群體）對行爲產生的結果，擁有充分的情報或訊息（information）；以及
4. 經濟主體擁有一套上下緩急的偏好序列（preference scale），好讓他依其偏好而選擇適當的行爲方式（洪鎌德 1999c：251-252）。

要之，個人參與經濟或其他公共活動的動機乃是自利的追求。此時就算有

宗教的目標、或道德的理想、或倫理的約束,大抵上都難逃自利的計算。不過個人追求自利,依然可以使公利得到好處。由是可知自由的市場運作對群體和個體都會有利,其他的安排(計畫經濟、統制經濟)都會帶來壓迫、剝削和經濟的呆滯與消退。

每個經濟體制兩項基本的任務為:(1)要生產什麼東西?生產多少?也就是把稀有的資源做適當的分配,而讓其有效發揮其作用;(2)生產出來的成果如何分配,俾參與生產過程之各項元素(勞動力、物力、土地、科技、資本等等)獲得合理的回報。在遭受控制的經濟體制中,這兩項任務完全交給政府有關部門(財政部、經濟部、外貿部,特別是經濟計畫部)來全權處理。但古典的經濟學家,如同現代的保守經濟學家(新古典派),卻主張這兩項任務應該交給民間去辦理,使社會與國家緊密的關係獲得鬆綁,這也就是蘇格蘭倫理學家(休姆、費居遜、斯密、米拉和羅伯琛等)都以衛護社會的自由來對抗國家的干涉(霍布士、費爾默、黑格爾等人)主張研究全社會中人的公私活動,反對霍布士的君主制絕對權力、人人自保的說詞,改以追求自利,使個人變成社會的動物。

古典的經濟自由主義者認為,市場上的自由買賣一方面決定社會的資源如何挹注,他方面也使個人的願望得以實現,這便是作為經濟主體的個人之願望與社會的生產取得掛鉤,也造成兩者無意間的合致(coincidence)。不只在生產上,在分配方面由於每個人的貢獻不同,是故必須對於個人的貢獻作出分辨,這就說明社會以績效(merit)作為衡量個人貢獻價值大小之標準。從而自由而具競爭的市場機制鼓勵了個人的創意、勤勞,其對社會產出的參與同分配,也就是按勞計酬,這就是古典自由主義者心目中「公平的分配」了。

顯然,以講究最小的成本來獲取最大的產出之經濟人模型是建立在人性的自私與享樂的假設之上,這種模型便促成了功利主義的抬頭。是故邊沁說:「在涉及痛苦和快樂的重要性關頭,有誰不想好好計算考量?」他甚至以趨樂避苦來建構他心目中理想的刑罰學(penology)。

要之,亞丹‧斯密和其他幾位蘇格蘭啟蒙運動的哲學家(Berry 1997),首先把經濟體系加以「符碼化」(codified),有系統地形成理論。因此一開始自由主義便假定存於自由,財產和市場之間有一個緊密的連繫。這時人們已為利潤、契約、風險和財產累積產生了新的看法。自由的人是一個理智的,善於計

算的人，他是新興的農業與工商資本主義時代的人，也就是新興的資產階級的成員。斯密居然把這種自由競爭、追求自利與市場經濟制度看成為經濟律例的永恆現象，連一向反對資本主義永續經營的馬克思，也讚美斯密的見解是科學的，原因是後者建構了經濟的範疇、概念和經濟關係的律則。

事實上，斯密思想具有資產階級的性質，這是因為他能夠掌握圍繞著市場進行交易、並組織起來的經濟活動之靈活性。市場的競爭協助了生產的分工，增加了經濟的專門化。他可說是最早便洞識國家的財富繫於生產力的調控之理論家，也是認識個人財富的追求與累積是造成國家富有的基礎。國富不再是君主、王侯、地主的富裕，而是民間財富累積的表現。進一步說，斯密使洛克社會契約論從政治的領域擴張到經濟的領域。有異於霍布士擔心社會競爭，造成分崩離析，而主張專制君王來嚴格統治，斯密卻相信人人的相互競爭，能達致社會的和諧與繁榮，透過市場機制這隻「看不見的手」，把個人需要轉化成全社會的總共利益。政治經濟學遂衝破自由主義同國家管制，或重商主義的連結，使人群的經濟活動從公家的干預中解放出來。只要讓個人追逐其自利，那麼經濟人在增大自己的財富之餘，也會為社會帶來龐大的財富。政府的職責在於保障公平競爭、遵守契約、和保護個人財富累積，以及國家的安定。進一步透過公共教育，使年輕的成員有一技之長，可以謀生與齊家。經濟思想是圍繞經濟自由打轉，而把自由視同為政府的放任無為，使得傳統的政治經濟學完成了古典的自由主義大廈之建構（Hall 1986: 53-54）。

由是可知古典自由主義的經濟主張強調個人追求自利與競爭，使才華得以發揮，財富得以累積，由國家制訂契約自由，與財富私產的保護，如此一來富者由個人擴充至家族、財團，其結果發展為市場的資本主義。由是看出自由主義、功利思想、有限的政府，都是造成資本主義發展的動力。自由主義與資本主義關係之密切由此可知。

即便是柏爾克的傳統主義也將保守的觀念連結到自由放任的經濟主張之上，這是由於他把政治經濟的規律當成自然、或上帝的規律同等看待之緣故。他認為個人主僕之間的爭執，不要由國家介入，政府也不必協助窮苦者；反之，他認為窮人只要靠忍耐、勤勞、節儉、虔誠而改善其命運。是故，柏爾克的保守主義居然與經濟自由主義若合符節，這就造成近年的新保守主義者反對推行福利政策的原因。由是可知自由主義的意識形態並不屬於任何一個階級，當我

們把自由主義當成資產階級的意識形態時,卻忘記裴因的極端平民化主張,他還喊出全民民主的呼聲,代議政府的訴求、主張言論的自由,宗教的容忍和婦女之權利等等,這些是英國工人階級,甚至英國式的社會主義之先聲,使用的也是自由主義、個人主義的原則。由是可知從保守的菁英至激進的庶民,都可以從自由主義的諸原則中汲取養分、自行發展(Hall 1986: 56-57)。

六、自由主義的分裂

在 1830 年代至 1880 年代自由主義者高談放任無為,認為經濟活動不需國家介入,完全由百姓自行處理,但邊沁的功利主義卻主張應當擴大國家職權的趨勢,以致 19 世紀後期至 20 世紀初國家角色愈來愈吃重。霍布遜(John Atkinson Hobson 1858-1940)便否認自由主義者採取這種狹隘的個人主義放任無為的政策。1930 年凱因斯(John Maynard Keynes 1883-1946)便主張國家對市場體系的監督與操縱,為的是振興凋敝的經濟,增加人民就業與收入,從而使資本主義的生產力獲得全面的解放與發展。在 1928 年英國黃皮書《英國工業前途》當中,提出政府改善公共設施、擴大人民私人擁有、採取累進稅與鼓勵百姓節儉,這就意味英國採行的是計畫的、管理的資本主義。1942 年《社會保險與配套服務》之報告出爐,標誌英國社會安全制度之建立。這並非與古典自由主義的抗衡,而是英國作為自由主義大本營,社會改革的逐步擴充與理念的改變,這是 19 與 20 世紀新自由主義理念的逐漸浮現,目的在使國家慢慢介入社會與經濟政策裡(Vincent 1992: 46-47)。

由於主張自由競爭、追求自利以發揮個人的潛能,俾創造財富,這種個人主義、功利主義和自由主義的結合,使得約翰‧穆勒早期成為自由放任資本主義的擁護者。但在他晚年開始思考如何使廣大的人群獲得自由、平等和解放,他轉向社會主義,甚至以社會主義者自居,這就表標誌了 19 世紀後期的眾多自由主義者,居然分裂為新古典的自由主義者、以及福利的自由主義者兩大派別。

自由主義陣營的分裂,肇因於對工業革命帶來的社會變遷之結果不同的反映態度。英國廣大的勞工與下層群眾日漸明顯的貧窮、無知與災難重重,

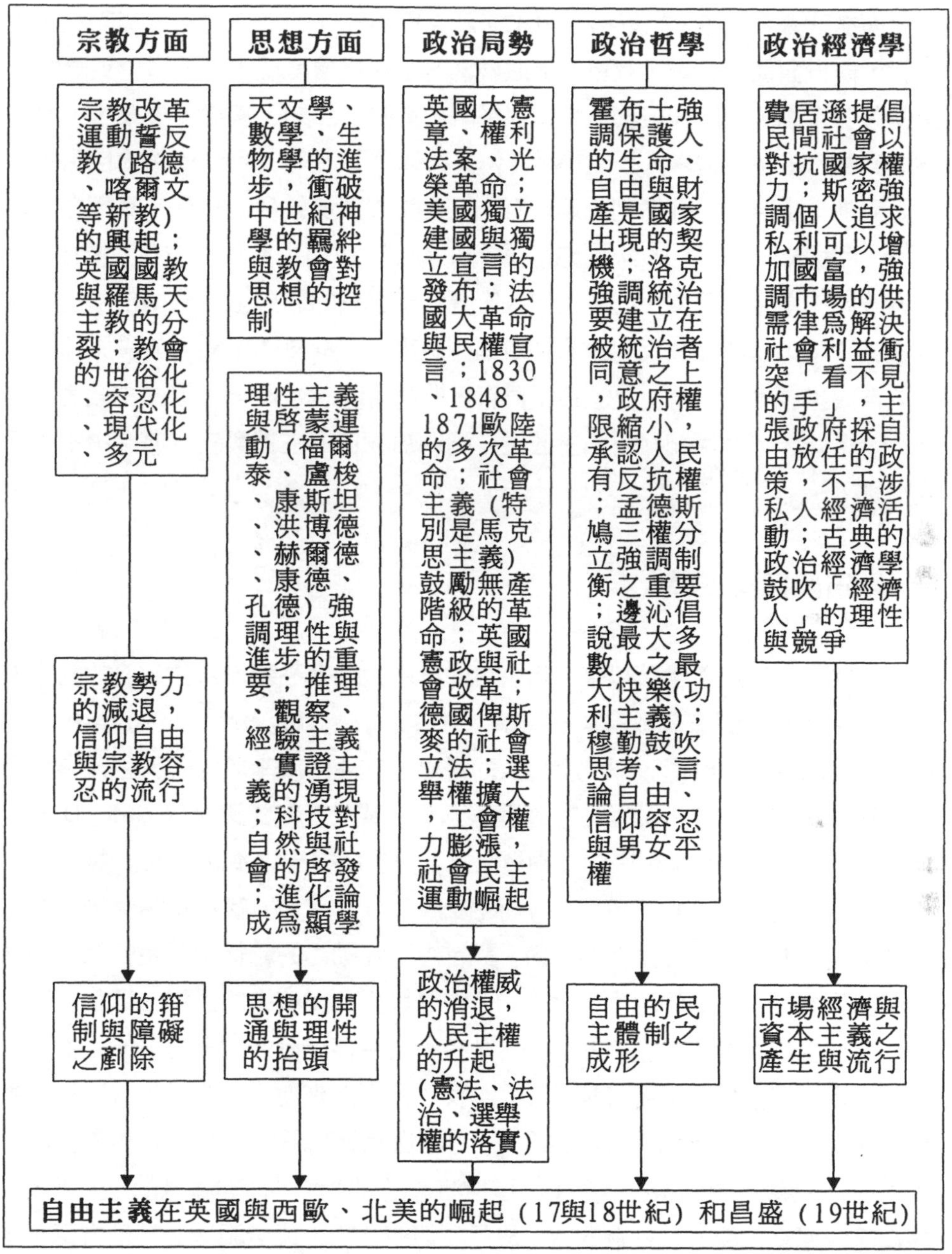

宗教方面

宗教改革運動（路德教、喀爾文教等的興起）；英國與羅馬天主教的分裂；教會的世俗化、現代化、多元化

宗教勢力的減退，信仰與宗教容忍的流行

↓

信仰的箝制與障礙之剷除

思想方面

天文學、數學、生物學的進步，衝破中世紀神學對學問與思想的控制

啟蒙運動（福爾泰、盧梭、康德、洪堡爾德、孔德）強調理性與進步的重要；觀察、經驗、實證的科技與自然科學的進化顯現對社會的啟發；成為主義運動

↓

思想的開通與理性的抬頭

政治局勢

大憲章、權利法案、光榮革命；美國獨立與建國宣布；法國大革命與人權宣言；1830、1848、1871的歐陸革命（特別是社會主義運動）

產業革命；社會主義（特別是馬克思主義）鼓動無產階級的革命；英國與各國憲政改革；德國的法權擴大；工會膨漲，社運興起；伴隨選舉權，會派主義抬頭崛起

↓

政治權威的消退，人民主權的升起（憲法、法治、選舉權的落實）

政治哲學

霍布斯、洛克、盧梭的社會契約論出現；強調國家保護人民、生命、財產的要務；統治者的權力來自被統治者，政府承認反孟三強之說；鳩立衡

孟德斯鳩強調三權分立，權力制衡；倡導男女平等、自由、容忍；穆勒論功利主義，最大多數人的最大快樂；思想信仰與自由權

↓

自由的民主體制之成形

政治經濟學

倡以個人權利求增供，強調追求財富為社會之利益；亞當斯密的解決衝突之學濟性；主自由放任，市場經濟，政府不干涉，古典經濟理性；人治吹「看不見的手」與競爭

費居民對力；調私加調需社會抗國斯人間抗社會主張由政策鼓動政府的私動

↓

市場經濟與資本主義之產生與流行

↓

自由主義在英國與西歐、北美的崛起（17與18世紀）和昌盛（19世紀）

資料來源：本書作者自行設計。

圖 3.3　自由主義的活頭泉水

一方面從社會主義者（如恩格斯 1842，馬克思 1867）的著作得到客觀而深入的析評，他方面從小說家（狄更斯）血淋淋的小說描繪呈現出來。多位英國的自由主義者遂倡說政府有義務拯救民眾免陷於貧窮、無知、疾病、失業、犯罪的循環淵藪。這便是講求人民的福祉（well-being）或福利（welfare）的自由主義者。另外一批自由主義者則認為政府一旦要完成賑貧救病的事業，其權力將告大增，而變成「大有為」，也是擴權、濫權的政府，這與古典自由主義有限政府、無為政府的主張相衝突，同時也與政府視為「必然的罪惡」之原始自由主義的說法相矛盾，為此之故反對政府採取福利政策，這批自由主義者無異原始、或古典自由主義者的化身，是故被稱為新古典派（neo-classical）自由主義者。因此，19 世紀末、20 世紀初自由主義遂分裂為福利自由主義與新古典自由主義兩大派別。

(一)新古典自由主義

自從 19 世紀下半葉以來，新古典的自由主義者不斷地鼓吹政府的組織與權限愈小愈好。國家或政府最好扮演「守夜人」（nightwatchman）的角色，在保護個人的生命、財產、以免受外人的侵擾。其理由或基於人群天生擁有的自然權利、或基於效率功用的考慮。這些觀念或多或少受到達爾文（Charles Darwin 1809-1882）在 1859 年出版的《物種原始》一書所提出之進化論的影響。

達爾文使用了「自然的選擇」（嚴復譯為「天擇」），就是說明生物的演化乃循著天擇淘汰、適者生存的路數。詳言之，在動物的結構中，生物每一種類的個體都經歷了隨機的變化，意外的改變等等生長與演進的過程，但部分變化可以增加生物覓食與求生存的能力。凡有利於生存與發展的變化多的生物，其存活以及傳宗接代的機會就較多較大；反之，則愈來愈小，終於絕代滅種。生物個體能夠把其演變的基因傳承下來，可謂自然對物種的「選擇」，也是自然對生物進化、演展的道路之「指引」。這種演進是偶然意外而非蓄意的。生物演進的福氣或運氣，使某些種類的特定成員在競取食物、或資源以及繁殖方面，比其他成員更為有利。因之，也在生存競爭中獲得勝出的機會。達爾文的進化論只涉及生物學方面的範圍，而不含人文、政治、或社會的意涵。可是有些經濟學者與社會學家，卻把進化論引申到經濟上強者致富、弱者貧困，社會上的弱

肉強食，或政治上的強國殖民與征服弱國之上，這便是社會達爾文主義（Social Darwinism）。其中英國社會學家斯賓塞（Herbert Spencer 1820-1903）和美國社會學者孫末楠（William Graham Sumner 1840-1910）便是這種社會達爾文主義的鼓吹者。

斯賓塞對人群演進的觀念，是利用達爾文的《物種原始》來證明人群和社會進化的想法。他指出人類當中追求存活為急務，但存活的條件相當差，是故生存競爭轉趨激烈。對諸個人而言，在自由的活動以及同別人的競爭當中，只有最強壯者、最狡獪者、最能夠適應者，在人群競爭中才會脫穎而出；反之，弱者、愚者注定要在競爭中落敗下來，這只是自然演進之途。是故協助窮者、弱者只會阻擋個人的自由與發展，同時也會減緩社會的進步。事實上提出「適者生存」這個概念的人並非達爾文，而是斯賓塞，他這種觀點促成大力推銷政府是守夜人的政治主張。

把進化論應用到社會的層次，斯賓塞說現代社會不但其成員人數激增與密度加大，同時社會結構與組織也起了重大的變化，這個變化就是通稱的分歧化、歧異化（differentiation）。社會歧異化與異質化，首先出現在政治制度由一人統治變成少數人的統治，其後更發展為政治的垂直層化（hierarchy）。社會發展的階段與政府的組織形式，由好戰的軍人統治轉型為勤勞致富的工商社會。法律由傳統習俗、統治者的命令，轉變成多數個人利益之安排、規定（洪鎌德 2001b：61-64）。

曾任耶魯大學社會與政治科學教授，美國社會學家孫末楠向美國讀者散佈社會達爾文主義的觀念。他說：「政府主要的任務有二，其一在保護男人的財產；其二在保護女人的榮譽」，政府只需辦妥這兩樁事務，便功德圓滿。在人人追求存活的競爭中，政府只要保障每個人可以公平而又自由地參與競爭。所謂人民的自由，不只是參與競爭的自由，也包括勝出者保有其成果的自由，也保有不必同失敗者分享成果的自由。對孫氏而言，貧窮者不是由於愚昧、無能，便是懶惰、疏忽的人，不值得同情或支援。政府對貧者、弱者的職責只在保護其不受暴力與欺騙的傷害，而非予以賑濟救助的義行。

由是可知，孫末楠是資產階級與富人的代言人，他讚賞社會和經濟生活中競爭的理念。對老殘、矜寡、弱窮等無競爭能力者之消滅是符合弱肉強食、適者生存的天演原則。他說近代哲學發明了天賦權利，為的是在法律形式之前引

入帶有法律意味的權利一詞，是寄生在民情、輿情、民俗（folkways, mores）之中，而帶有文化相對的特徵。換言之，一個社會承認爲人民的權利，未必能夠受到其他社會的認可。因之，孫氏以爲權利是從「吾儕群落」（our group, we group）衍生出來。他又堅稱「國法無從改變民俗」，這意味法律在民俗、輿情尚未改變之前，無法先行改變。此外，他又堅稱實證法必然深植民俗、輿情之中（ibid., 65-70）。

一般新古典主義者，其觀點大概不會像社會達爾文主義者的想法那樣偏激，不過在 19 世紀下半葉社會達爾文主義在英國和美國影響相當大，尤其從事商業買賣的生意人都服膺這種弱肉強食、適者生存的說詞。

(二)福利的自由主義

就像古典自由主義者和新古典的自由主義者一樣，主張社會福利的自由主義者也深信個人自由的價值，不再把政府看做是必要的罪惡。反之，政府只要正確引導，便可以保障每個人享受生活的機會平等，從而促進個人的自由。在眾多的福利派自由主義者當中，我們注意到英國的葛林（Thomas Hill Green 1836-1882）和馬歇爾（Thomas H. Marshall 1893-1982）兩人。

葛林曾任牛津大學的哲學教授職。他認爲自由主義經常的任務在移開個人在自由的生成與發展之途上的絆腳石。過去自由主義之奮鬥目標爲限制政府的權力，俾人民可以自由生活、自由信仰與自由競爭。在 19 世紀中，這些目標在英國、西歐、北美大體尚可以說已告達成。不過移開人群自由與機會的絆腳石，卻成爲政府的新任務，爲了克服這些阻礙，似乎有必要擴大與明確政府的權力。

葛林認爲爲了達成政府新的任務，需要將自由的概念重新分辨爲消極的與積極的自由。前者爲早期的自由派之說法，也就是強調自由是不受干擾、免於束縛的活動空間、或說是限制的缺席（absence of restraint）。例如被禁止行動、或遭受囚禁，都是不自由的表現，不過這些都是指出負面的自由——不受干涉、不受困擾、不受限制方面之自由。自由其實也是個人可以做某事、發展事業、展現個人能力、表現潛力的正面之自由。因之，一個出生貧苦家庭沒有機會逃脫命運宰制、無法自由成長和發展潛力的人，就不算是自由人。此時就算沒有任何外人、或外力限制該小孩之成長，她或他也不可以被視爲自由人。葛

林接著說，凡是重視個人自由的人，一定會採取步驟來克服小孩對成長、發展的自由之種種阻礙，種種困擾、從而把消極的自由轉化為積極的自由。

葛林以及與他持有相同看法的自由派人士，認為政府應該興辦各級公共學校與公立醫院，來協助有需要的人接受良好的教育訓練，也接受療治照顧，而免受無知與疾病之折磨。要之，只有公共的援助和支持，社會上的貧窮、病弱的成員才能脫離無知、困苦、病痛，而獲得某種程度的自由。這種主張曾經導致新古典自由主義者的埋怨。後者視救貧濟弱是藉稅賦的手段來奪取富者、強者的財產，俾把其應享的自由強行移置到貧者、弱者之身上。但葛氏加以反駁，認為每個人只要能夠為公共的好處盡力、提供服務，都是獲取自由途徑。因為正面的、積極的自由，是在與別人合作當中實現或達致「更高」的理想自我之能力。人不只是一個趨樂避苦的人，也應該是活在更為崇高的理想者，發揮本身能力、幫助同胞。對葛林而言，協助不幸者之法律與行動綱領會化除人際的摩擦、限制惡性的競爭。這是對自由（liberty）的正面協助，而非對吾人免除困擾的行動空間（freedom）的消極限制。換言之，助人的善行可能拘束我們「低俗」的本身，但卻鼓舞與抬昇我們「高貴」的部分，使人群崇高的、大方的理念，藉合作、睦鄰、義行而發揮光大。

總之，葛林主張自由主義之宗旨在於促進倫理德行、文化精緻和社群統合。這種理念同社會條件的改善，集體的責任感、公民身分的加強有密切的關聯（Flathman 2001: 973），是故我們接著討論馬歇爾的公民身分之理論。

馬歇爾一度任教於倫敦政經學院。他以自由主義的精神討論了民權和公民的身分。公民的身分（citizenship）涉及市民社會地位之保障，也就是公民的權利與義務，也就是個人通過法律制定比較穩固的關係（像私產的擁有與契約的締訂），表示個人可以追求其自訂的目標和利益。馬歇爾認為按英美憲政的發展，公民身分有了不同時期的演變。其一為文明的公民身分（civil citizenship）時期，這是 18 世紀末公民爭取身家生命與財產安全等權利之保障；其二為政治的公民身分（political citizenship），為 19 世紀人們爭取參政、擴大投票權、落實選舉權與被選舉權的時期；其三為社會的公民身分（social citizenship），為 20 世紀以來公民爭取的經濟、教育、衛生、健康與參與公眾事務之社會福利權（洪鎌德 1998b：295-297）。

關懷社會福利的自由主義者對社會改革的倡說，使得社會輿論的響應，而

督促政黨與政府提出更多更大的社會福利綱領與政策，從而使福利國（welfare state）的理想次第落實在強制教育、醫療、失業、災難保險，退撫、養老、育幼等津貼之上。不過最早主張與落實福利政策的人，卻是 19 世紀末統一德國（1871-1890）的「鐵血宰相」俾斯麥（Otto von Bismarck 1815-1898）。他藉政府對雇主與雇員的徵稅，來救助生病的、受傷的、喪失工作能力的人，從社會立法來對抗社會主義的鼓譟，使工人乖乖降服於資本主義經濟的繁榮與蕭條之循環變動，而阻止社會不安、動亂與革命的發生。

在 1880 年代至第一次世界大戰結束後的三十多年之間，英國的自由主義由盛轉衰。不只是統治英國 19 世紀下半葉的自由黨逐漸式微，英國的市場資本主義也轉型為公司行號組合的法人資本主義，以及發展為準獨占的市場情況。在面臨國際競爭與帝國主義霸權的衝突下，傳統要求國家放任無為的做法已經行不通。反之，政府介入群眾教育、推行福利、重視集體卻時有所聞。這是葛林何以倡說自由的集體主義之原因。過去只要求人們形式上權力的平等是不夠的，國家要創造有利的條件，發展個人接受文化的機會，是故機會的平等，比形式上法律之前的平等更為重要。另外，社會學家霍布豪斯（Leonard T. Hobhouse 1864-1929）也修改過去競爭而少合作的自由派信條。他認為社會的進步反映在競爭的倫理轉變為合作的倫理。霍布豪斯批評私人財富的累積造成窮人痛苦，主張藉由累進稅制來進行社會財富重新分配，目的在為社會底層貧苦的人群提供最起碼的生活保障。顯然市場的力量無法為大多數貧民做出改善生活之條件，這些都是新自由主義者社會改革的呼聲。

福利國的產生與英國投票權的擴張幾乎同時出現。在英國 1867 年與 1885 年的改革中，男性的成人幾乎都已擁有選舉權，也使工人階級成為一股新興的政治勢力。在此之前 1840 年代英國的輝格黨已演變為與保守黨對抗的自由黨。19 世紀下半葉，自由黨則為工黨所取代，甚至在 20 世紀仍多次輪流執政的有力政黨。

七、處於 20 世紀的自由主義

自從 19 世紀以來由於福利國制度的提倡和推行，主張福利的自由主義在

聲勢上蓋過了新古典的自由主義。另外 20 世紀初與 19 世紀資本主義競爭的形式大為不同也造成福利觀念的普遍。在工業革命剛剛萌芽之時，資本家以擁有小規模的廠房、公司、行號而起家，但至 20 世紀初，小公司合併為大公司、小廠房合併為大工業。在工業界單打獨鬥的企業家，或家族企業已不足以控制市場、大發利市。於是工業聯合（concern）、大公司行號（corporation）、大信託（trust）、大財團（syndicate）、聯合企業（congolomerate）紛紛興起。企業既是大企業，卻要求政府介入市場、保持市場的公平競爭。因此新古典要排除政府干涉的要求，遂受到某種程度的制止。這就是福利派自由主義抬頭的另一個原因。

不過，在美國新古典學派自由主義者強調個人競爭與個人成就的主張，卻仍舊吸引不少學者與生意人的注目，特別是在 1930 年代爆發的經濟大蕭條之時。當時不少個人企業雖然苦撐待變，仍舊敵不過經濟情況的惡劣，紛告破產。經濟大蕭條的政治與經濟後果不只導致北美人心的恐慌，也使全球其他地區與國度飽受威脅。由此一巨變所引起的各方揣測與解釋，可以說涵蓋左右派的意識形態之思潮。就左派而言，大蕭條無異資本主義崩潰的徵兆，故而勸說人們皈依社會主義或共產主義。就右派的解釋乃為西方自由的氾濫、個人利益的狂飆，所以應該發展為法西斯主義、或民族主義（納粹觀念）、或軍國主義（日本東條的做法），來解決危機、重回安定。還好當時使用英語的英國、美加、澳紐等國，堅持只有振興福利國家的機制，才能克服經濟的衰退。

主張政府應大力介入國家經濟事務的理論家，正是英國經濟學家與國際事務專家的凱因斯。他在 1936 年發表了影響深遠的《就業、利息和貨幣的一般理論》，主張政府利用徵稅與國家支出的方式阻止景氣的衰歇，而保持經濟的健全運行。簡言之，他主張政府要管理經濟，要為經濟「調音」、「定調」（fine tune）。當物價上漲、百物昂貴之際，政府靠徵稅來減少消費者的花費以阻卻通貨膨脹。當通膨不再形成威脅之際，政府應該降低稅率、或增加公共建設（交通、海港、機場之建設）支出，從而刺激有效需求、擴大就業機會。總之，要求政府積極介入經濟事務，是福利派自由主義者所歡迎的舉措與政策（洪鎌德 1999c：146-151）。

第二次世界大戰結束了大蕭條、大衰退，但福利國家的主張與推動卻繼續保留。事實上福利派的自由主義，結合西方的民主政治，成為自由民主的體制

（liberal democracy），這個號稱自由民主的體制與學說成為西方主要的意識形
態，用以對抗東方（蘇聯、中國、東歐、朝鮮、越、寮、柬、古巴）的馬列主
義、史達林思想、毛澤東思想、金日成、胡志明、卡斯特羅的共產主義思想。
在英、美、法、西德、北歐諸國福利派的自由主義者，也曾修正其主張與路線，
俾迎合社會主義和保守主義對福利國的熱望與期待。1950 年代以貝爾（Daniel
Bell 1919-　）為首的文化思想家兼社會學家開始大談「意識形態的終結」，也就
是左右派意識的分歧終於有殊途同歸的可能。但隨著 1960 年代青年學潮的洶
湧、反越戰、終止種族歧視運動的爆發、女性自覺、環保意識的抬頭、少數民
族的抗議，使意識形態終結的幻想又告破滅。

　　就是自由主義陣營裡頭也爭論迭起。以馬丁路得‧金恩（Martin Luther King
1929-1968）為首的民權運動崛起。他指摘自由主義者允諾的自由與平等，並未
落實在非裔美人的身上，這是個令人傷痛的事實，而為絕大部分自由主義者所
承認。當金恩及其他民權運動領袖抨擊黑白分治、黑白分校的法律，使黑人及
少數民族淪為次等公民之時，自由主義者也紛紛響應予以支持。不過金恩更進
一步要求政府給予黑人及少數民族政治與經濟的機會。這點為福利派自由主義
者所認同，但卻遭新古典派自由主義者的拒絕。後者甚至對抗 1960 年代詹森總
統「大社會」的計畫，該計畫旨在向「貧窮宣戰」，是出自福利派資本主義者保
障個人自由的構想。

　　不過反對 1960 年代的福利派和改革主張，除了少數的新古典自由主義者
之外，也有新左派的叫囂。新左派雖然師承社會主義、馬克思主義反對資本主
義的宗旨，但也拒斥舊蘇聯與中共的「過時之共產主義」。他們尤其痛恨講究消
費的資本主義（「消費者之資本主義」）。大部分的新左派同意自由主義者講究個
人的權利與自由，也支持政府為人民提供平等與機會。不過他們埋怨自由派的
政府全力在保護資本家、大財團的利益。他們指摘人民已經被廠商牽著鼻子走，
成為盲目的消費者，而失掉有活力、積極關懷公務的公民身分。為此新左派喊
出「參與式的民主」，讓人民當家作主，積極參加有關其利害得失的決策。

　　新自由派無疑地為福利國的政策鋪路，也為國家的干涉做出理性的呼籲。
凱因斯的一般理論，提高國家對經濟起死回生的重要角色，可謂為福利的資本
主義加一把勁，也以「最人道的方式拯救陷於絕境的資本主義體制」。

　　就在上述社會學家的呼籲倡導下，自由主義逐漸脫掉振振有詞的「放任自

由」之要求，也不再重彈個人主義和商場競爭的老調，而在 20 世紀法人（公司、行號）資本主義與大眾民主崛起之後，在情勢改變下改頭換面，以求適應與存活。

不過自由主義這種改頭換面，卻不是為理論、或運動找到新的方向。在無法緊抱其核心價值、或基本教條之下，只能在其人數縮減、規模日小的陣營中籌思新的理念。不只基於物質需求上，也在道義基礎上進行社會改革。改革成為政治中道德的無上要求。自由主義成為有異於社會主義之外的另類可能。在徹底放棄有關政府不干涉的自由放任之主張以外，自由主義者仍堅持個人的自由，而對國家範圍內的社會主義深懷疑懼。這就是有異於社會主義（特別是馬克思主義）之強調階級鬥爭，改而推崇社群（community）和增進社群的和諧。這時的自由主義對社會因素的影響力，已加以承認，不過在涉及社會、社群的利害得失，還是從個人潛能之發揮來加以解釋、加以處理。

總的來說，自由主義以嶄新的姿態出現，一方面接近社會主義，特別是社會主義中崇尚改革而非武力革命的類型；他方面也在理論上與激進社會主義或是馬克思主義分清界線。在接近緩進的、改革的取向之社會主義之際，自由主義將社會主義去蕪存菁，也就是採用「社會的民主」（social democracy）之策略。這個社會的民主，實際上涵蓋了工黨的政綱，也是英國勞工主義（labourism）的策略和政治理念。早期英國工會運動就是勞工階級的自由主義所形成的勞工解放（lib-lab）的政治之推行，直至工黨成立為止。集體之議價、諮詢、談判成為工會行事的模式。要之，英國的自由主義的轉型使英倫三島重要的意識形態交互滲透、重新洗牌，由是自由主義在英國或是吸收其他思想、意識而苟存，或是為其他主義、理念所吸收，而轉化為別種的意識形態。這就顯示自由主義不是鐵板一塊，而是流動性很大的思潮。過去崇尚個人主義、自由的市場、放任無為、反對國家的傳統觀念等等，已不再為新自由主義、社會民主等等所認同與吸收。反之，這些傳統的觀念、因素慢慢被吸收轉化為新自由主義的底層（基礎），且沾上了保守主義的理念，這些理念包括尊重傳統、權威、愛國主義、上下垂直之階層和秩序。於是 20 世紀的自由主義分裂為激進的與保守的兩大派別、兩大陣營。兩方都承諾社會改革的方向，是故自由主義也逐漸變成了新自由的保守主義（neo-liberal conservatism）。

新自由的保守主義之高峰為柴契爾夫人領導下 1975 年英國保守黨的「極

右派」,以及 1979 年的英國大選。隨著柴契爾的主政,「柴契爾主義」(Thatcherism)正是保守主義與自由主義亮麗的結晶。也就是把有機的傳統觀念、保守的價值,諸如傳統、家庭、皇室、家長制和國族,同自由主義所強調的自由市場、私人經濟、公民的私人範圍(防阻社會主義者的步步進侵,與防阻福利國擴張對個人隱私和自由的威脅),結合成新的政綱、政策。因之「在社會民主中,一半的〔新〕自由主義之綱領〔放任自由、不受政府干涉〕得以存活下來、與它配套的是原始的、古典的自由主義之綱領〔自由競爭的市場機制〕,如今都在嚴肅的保守裝扮下粉墨登場」(Hall 1986: 67)。

　　自由主義顯然不是某一階級(像是資產階級)的政治性意識形態,而是在歷史演變過程中,隨著社會變遷,而跨越階級的混合品,也就是隨著「布爾喬亞的社會」出現,而企圖對這種後工業的、後資本主義的社會加以辨析。它不爲英國任何特定階級服務,但卻形成英國政治上的「常識」,也就是英國人隨機應變、活學活用、視爲當然的政治理想與政治實踐。在這一意義下,意識形態之含有轉化常識爲理論系統,早爲義大利共黨創始人兼政治理論家的葛蘭西(Antonio Gramsci 1891-1937)所指出(Hall 1986:68;洪鎌德 2004:184-187,192-195,212-216)。

　　1980 年代英國柴契爾夫人領導保守黨執政,而在美國也由共和黨雷根入主白宮,於是自 1970 年代在歐美就出現的保守主義掌控了思想界與政經界。英、美的領袖雖未放棄福利國的體制,但社會福利的支出卻受到嚴密的監控與樽節,新古典的自由主義要求對福利政策加以修正,必要時應當放棄。於是在哲學的爭論中,有關福利問題的興廢,改以正義與國家權力縮減的話題出現。其中兩位美國哲學家的說詞,尤其值得吾人反思。他們是羅爾士(John Rawls 1921-2002)和諾錫克(Robert Nozick 1938-2002)。

八、論正義和公平的分配

　　1970 年代自由主義學術陣營中辯論的焦點是正義和現代國家扮演的角色。哈佛大學哲學系教授羅爾士說,古典自由主義所設計的社會契約論,可以幫忙我們發現社會正義的原則。他說我們不妨想像一群人正在討論社會契約,

也就是在起草乙份約束所有成員進行共同生活的規則。這套社會契約擬訂的起點，是成員對彼此的年齡、種族、性別、背景、能力、利益都一無所知，都一視同仁，也就是說大家彼此不計較出身、地位、身分等等個人特徵，在一個「無知的帷幕」（veil of ignorance）的後面進行未來共同生活規劃的討論。儘管大家討論的動機完全出於私利、出於自我利益的保護，但「無知的帷幕」對締訂社會契約的參與者而言，是照顧到各方，也不偏袒的公平安排，也是讓大家所同意的規則能夠不偏不倚地被遵守之保證。

那麼在這種公平無私的原始情況下，究竟會出現什麼樣的規則呢？羅爾士在 1971 年出版了《正義的一個理論》（簡稱《正義論》），闡述他對正義的看法。他相信躲在無知的帷幕之後的人群會一致地採用兩個原則，作為未來團體生活的準繩，這就是正義的兩個原則。

第一，每一個人將擁有對最廣泛的基本自由之相等的權利，這種基本的自由與別人相似的自由可以相融而不生衝突。

第二，社會上的與經濟上的不平等將這樣來加以安排，也就是它們既要（a）合理地期待會對每個人的好處，還要（b）附屬在對眾人開放的地位和官職之上（Rawals 1971: 60;　Sher and Brody 1999: 522）。

上述兩原則，首先涉及人人平等的自由權利，其次才提及分配方面不平等的安排方式。根據第一原則，人人享有相同的、平等的基本自由，每個人擁有同社會其他人不同量的自由。根據第二個原則，每個人享有機會的平等。為了保證這種公平原則能夠發揮作用，每個人可以同別人一樣享有同等、同量的財富與權力。但事實上人們因出身、才能、勤惰的不同而使社會報酬和分配不均，在這種情形下，仍要顧慮那些獲利最小、報酬最低的一群。換言之第二個原則容忍社會有不均的分配、不平等的安排（社會上與經濟上的不平等），但這種分配與安排可以被接受，當它使社群中弱勢者、失利者獲得好處之時。

那麼何以正義要做這樣的安排呢？難道不應當給予有才能與勤奮的人較大的回報，才是符合正義或公平嗎？為什麼用社會階梯最低下的人群（弱勢團體）之獲利來作為分配衡量的標準呢？羅爾士的回答是這樣的：「付出最大，才能超眾的人，事實上不當獲得更大的社會報酬」。努力與才能一般而言是用來描述人群的性格，這種人格的特質來自遺傳與環境。事實上天縱英明的傑出人物，

並非其個人的成就，而是由其家族基因、或家庭與社會環境的孕育、薰陶、訓練所造成的。因此，卓越的人為其超眾的表現與貢獻，而使社會給予較大的回報，並非他們應該獲得（deserve）的獎賞，而是由於它們能夠使社會上不幸的人群、弱勢團體跟著獲利（「雞犬升天」）的緣故。醫師所以比礦工獲得更高的薪水（工資），不是由於他（她）的工作更崇高、或牽連著知識與科技的優越，而是他（她）的診療增進每個人的益處（包括社會底層的勞工之利益）之緣故。

羅爾士正義第二原則的重要性，就是把福利派的自由主義導引到更為平等的方向裡頭。他的出發點為對社會底層人士的得利，才算是財富和和資源的公平分配。假使社會上層人士的財富和權力的分配，對社會下層人士沒有間接的好處，那麼他要求上層人士有義務重新進行分配，而且以更接近平等的方式為之。原因是財富、權力、資源的分配如果顯示太大，且有不正當、不合理的差別，那麼人群就無法享受均等的自由、也無法享有均等的機會。

九、起碼的國家與新烏托邦

諾錫克出身普林士頓大學，也在哈佛大學教授哲學。他的成名著《無政府、國家與烏托邦》（1974），曾贏取美國哲學與宗教書籍獎。與羅爾士出發點相同，他也討論社會契約論及自然狀態。他認為自然狀態是國家出現之前無權威、無秩序的無政府狀態（anarchy）。這是社會契約論者視為人類走向文明的過渡時期。多數論者（包括馬克思、恩格斯在內）主張無政府狀態可供人類未來理想社會的借鏡，可是諾錫克不贊成那種無政府理論，也反對為了保護私產而取消政府的主張。換言之，他不認為人群為了個人權利的保障而使政府或國家消失。反之，他認為國家應有存在的必要，那就是他希望將來能夠建立一個「起碼的國家」（the minimal state，最低限度、權限最小的國家），俾保護公民不受暴力、竊盜、詐欺的侵害，又能貫徹諸個人間所締結的契約，這是有別於權力不斷在「擴張的國家」（the extensive state）。

諾錫克同意洛克的主張：個人自然擁有的生命、健康、自由與財產的權利。不過他補充或發揮洛克的說詞。他提出「自我擁有的論題」（the thesis of self-ownership）。其內容為：每個人的生命和健康，以及維持生命的自由活動，

以及必要的物質和精神條件（私產），都與他的生存活動息息相關，都隸屬於他本人、與別人無涉。因此，勸告人們犧牲自己的生命、健康、自由去奉獻他人、社會、國家，在道義上是講不通的。除非出於個人的自願，否則他人不可要求，更不可藉暴力、巧詞來要求別人做出犧牲與奉獻。由於每個人與他人「身分的分離」（separateness of persons），造成每個人有權規劃自己的生涯，「任何涉及他的生命、身體、自由、健康的事物，必須經他的同意才能有所改變、有所干涉」（Wolff 1991: 7）。因之，諾錫克認為這些天生的權利，除非個人同意，否則絕無割捨的可能。他發揮社契論者的自由主義與個人主義之傳統，是故個人權利、自我擁有成為他學說的出發點。由此而討論了正義的問題。

他認為正義是一種授權或領銜（entitlement）的問題。詳言之，任何人以何種方式取得財產權？財產權的道德基礎是什麼？這涉及了公道與正義的原則。諾錫克指出：某人擁有某物視它為其財產這是否符合公道與正義，就牽涉到三項原則：其一、他如何原始取得，把無主物變成他的私產？其二、一物由某甲轉移到某乙，其過程是否藉交易、贈送、傳承、還是欺騙、脅迫而達成？其三、過去不合法、不正當、不公平的擁有，是否後來經過改正、補救的手續，使其合法化、正當化，而成為如今正當的擁有？

為了因應上述三個主題，他提出了三個配套的原則：

1. 獲取的公道原則（principle of justice in acquisition）；
2. 轉移的公道原則（principle of justice in transfer）；
3. 改正的公道原則（principle of justice in rectification）。

諾錫克不但服膺自由主義，更倡說放任的自由主義（libertarianism），不只主張個人的自由與權利，在個人擁有生命權與身體權之外，他更重視財產權，這些權利都屬於個人的「保護圈」（protected sphere），不容他人或國家所侵犯。財產權的取得分配與享用，並非依照個人需求的多寡、或貢獻的大小等原則去運作，只有靠他揭示的授權或領銜的三原則去操作，這是他何以也討論公道或正義的原則之原因。

現代政府或國家在涉及對個人的保護、服務方面，事實上並不比私人機關所能提供的服務更佳。是故凡可交由私人機關去進行的工作，事實上無須政府與國家代勞。現代國家可以按其功能與職務，掌控以下事務：

1. 保護國土免受他國的侵略，維持國境之內的治安，這是軍隊與警察的職務；
2. 提供便利的交通設施、消除天災人禍、增加廣開民智的圖書館、博物館之公共服務措施；
3. 賑濟失業與貧病，提供便民與福利的職能；
4. 監視與防止人民犯法，不得吸毒，懲罰犯罪與違法之職能。

在上述國家或政府的職能中，只有第一種涉及如何保護人民的權利不受他國或他人的破壞、干涉，是唯一獲得放任的自由主義者所能接受的。第二種提供全民方便卻牽連到國家有限資源之統籌分配、挹注與利用，會影響納稅人的權益，放任的自由主義並不贊成，認為有斟酌的必要。第三種把全國有工作能力者、健康者、有財產者所徵收的各種稅賦，用來濟助失業者、貧病者，造成部分人利益的轉移，這是放任自由主義人士最不樂意見到的事實。第四種措施，顯示政府無視於人民的喜惡、需要而提供教育服務、禁絕毒品買賣，這是違反個人的意願並侵犯個人權利的作法，是放任自由主義者最痛恨的一點。

諾錫克倡說的「起碼的國家」為了實現第一種的職能，政府可有徵稅的權力。但這個國家卻不可以「使用鎮壓性的手段，藉口人民本身的好處或利益、或藉口禁止它們做某些的活動，而迫使某一群人去幫忙另一群人」（Nozick 1974: ix），也就是不管其所持的理由是如何冠冕堂皇（甚或要實現「福利國」的理想），都不該利用公權力脅迫人去救貧濟窮，這也是他何以把第三種或第四種的國家職能視為不正當的原因。顯然國家無權要求人民做出捐獻，來增加其本身的福利。

對諾氏而言，起碼的國家就是令人著迷的烏托邦，這本來是人群嚮往、夢寐以求的桃花源，是至今為止的人類未曾實現過之夢想，在可見的未來也無落實的可能，但諾錫克卻認為起碼的國家已是最接近這種烏托邦的構想，值得推行。

在道德上放任自由主義者鼓勵私人救病濟窮，但法律上反對政府強迫部分人士捐款來救濟窮困。有人指出當前福利國和高稅率導致慈善事業的萎縮，因此主張取消福利國的措施，正如米爾頓・福利民（Milton Friedman）及其妻洛絲（Rose）所言，在今日政府權力膨脹之前的 19 世紀，可謂「慈善的大世紀」，

私人興學、興辦醫院、孤兒院，救世軍、基督教青年會，捐助教海外傳教無所不至。不過與此相反的主張則認爲上述私人從事的慈善工作沒有成效，需要政府介入救濟事業，也間接造成政府組織與職權之膨脹（Wolff 1991:13）。

諾錫克認爲振興公益、解決貧困並非起碼的國家當急之務。只要自由市場存在，那麼透過保險的方式，便足以解決疾病、災難、失業等所造成的損害。由於諾氏不相信世上只有單一而滿足各方的美好生活方式之存在，所以建議按每個人之需要、想像、興趣，建立各自的集團，把它們彙集成一個充滿形形色色眾多烏托邦的集合。在起碼的國家裡，喜歡共產主義的人可以剷除私產，過著生產資料共同擁有的無產階級生活；重視利潤、善於競爭的人則可以營造一個自由市場和創造企業的群體，俾過著資本主義式的生活；主張精神解放、道德完善、文化提升的人則可以自組追求真善美的社團，放棄世俗的物資享受，欣賞科學、宗教、藝術的精緻妙趣，而不被別人的理想所干擾。這種理想性實現可能性的大小如何，諾氏表示只要法律允許，每個公民都能夠參與任何烏托邦的群體，一圓他人生的美夢（Nozick 1974: 333-334）。

顯然，諾錫克的學說是以藝術與文學之美來討論哲學的問題，他的著作被視爲 20 世紀英、美政治哲學的精采之作，也是放任自由主義之神隨，和羅爾士的《正義論》相互輝映（洪鎌德　1998a：81-104）。

從上面的敘述，可知放任的自由主義是自由主義偏激的發展，是故石元康譯爲「極端的自由主義」（石元康　1991：81-104）。這種自由主義不但要求國家的權限應該縮小到最低限度，甚至連政府都應該取消。可以說放任的自由主義和一般（古典、新古典、福利）的自由主義者一樣都相信個人的自由和機會平等。他們也一樣感受國家是對個人自由的重大威脅，但放任的自由主義更以爲國家是「非必要之惡」（unnecessary evil），因此政府便沒有存在的必要。

雖然無政府的要求並非反映所有自由主義者的心聲，但美國經濟學家羅巴特（Murray Rothbard 1926-　）則指出：無政府的自由市場機制既是可欲的、也是行得通的。它之所以可欲，是無需政府的壓制，每個人可以隨心所欲來選擇其生活方式。其所以行得通，是認爲政府可以做的事，私人也辦得到，且做得更有效率。教育、安全、衛護、交通及其他公共服務（包括發行貨幣、管制、銀行的信用卡）都可以讓私人機構承擔。這一切說明：保留國家的存在並非必要。只要人民都體認這點，那麼放任自由的無政府主義者會說，一個真正自由

與放任的自由之社會終於到來。

十、轉型中的當代自由主義

　　追溯自由主義的源頭，我們看出 18 世紀啓蒙運動思想家的貢獻，然後敘述這幾位自由主義大師在思想上、政治上和經濟方面學說的真髓。在 19 與 20 世紀探究了個人自由、社會公義、福利的主張之後，1970 年代則流行放任的自由主義。時至世紀更迭，當前的自由主義思潮和政策有何值得特別指出的地方嗎？根據鮑爾（Terence Ball）和戴格（Richard Dagger）的看法可以有三方面值得吾人注意。

　　其一，自由主義在早期鼓舞人群拋頭顱、灑熱血、進行革命、建國的革命力量。如今則變成了改革、改良的政治意識形態之一。不過這是指在西方的情形。在第三世界、或新興國家中，自由主義仍舊是攻擊世襲的土地、特權（傳統地位），攻擊宗教同形性、順服性和打擊政治的絕對權力、專制、獨裁的造反之動力，以及革命的指導策略。像伊朗和中東受伊斯蘭保守教義（原教旨主義、基本教義派）嚴控的國度，自由主義將是追求西化與現代化的青年人所擁抱的力量，雖然這股勢力仍在受到政權與教會的壓制。「蘇東波變天」使舊蘇聯和東歐共產國家，一方面歡迎民主化，他方面更要求自由化，「解放」（liberalization）成爲清除共黨殘餘勢力的代名詞，而自由主義正代表解放的新勢力。至於西方民主國家，早期自由主義的思想多數已落實在政治、經濟、社會、種族、文化政策裡頭。在這裡自由主義喪失它作爲革命的意識形態之角色，但卻是促進社會與經濟平等、政治與思想自由，造成人民當家作主的支撐力量。

　　其二，自由主義的陣營並非鐵板一塊，而是各種主張、各種流派、各種個人的理念充斥的大雜燴。是故自由陣營的分裂、各自爲政、各宣傳自己的學說比比皆是。即便是涉及個人的基本權利與自由，表面上大家看法一致，但其範圍、程度、內容卻也有歧見。最重大的歧見發生在用什麼手段、用什麼方法可以獲致個人自由的達成。福利派的自由主義者相信廉能政府的積極介入使每個人獲取平等的機會而達成人人的自由。新古典自由主義者（包括放任的自由主義者）則主張限制政府的權限，把它變成「起碼的國家」，個人的自由才不致受

到侷限，個人權利的保障才會達到最大。接近無政府主義的極端自由主義者則聲稱，人們乾脆取消政府，由私人接手，興辦各種公共服務，則人民不用繳稅、服役，其享有的自由乃為最大。

其三，當代的自由主義者致力解決許多難題，這些問題是由個人自由和機會平等所造成的。這些問題可以簡化為以下幾個：第一、個人自由運用的範圍和程度有多大？多數自由派人士採用穆勒「傷害原則」——以不傷害別人的情況下來伸張自己的自由。但實際上我們首先要界定「傷害」的意義。很多的自由主義者，主張像娼妓、賭博、販賣色情用品、甚至販毒，都應歸類於「沒有受害人的犯罪」。像嫖妓的行為只存在於當事者的一方願意出賣靈肉權充娼妓，另一方則願意付錢完成性的交易，這種性的交易並不致傷害到任何的第三者，照理不該由政府介入而加以禁止。但另一部分的自由主義者可能基於娼妓賣淫之受誘逼，以及買賣的性交易，牽連到社會風氣的敗壞、黑社會的介入，因之，主張警察應加以取締、掃蕩。這就變成個人自由與社會控制界線之混亂，這也是公範圍與私領域不易釐清的實例。

第二個問題涉及自由主義者所承諾的同等機會。這本來是說每個人在沒有任何的歧視、區別之下自由營生、去做她或他喜歡之事、或不做厭惡之事。但每個人的才能和努力卻有異。在某種程度內，容許人人有不相同的表現和不同的成就與回報，也就是承認每個人對社會的貢獻大小不同，因此也獲取不均等的報酬。這種不平等並非歧視或差別待遇，更不可以因人的種族、信仰、性別、所在地等等，而容許歧視和區別存在。換言之，政府或國家應該把每個國民一視同仁，不能因為膚色、宗教、信仰、性別、職業，而有差別待遇。這不只是講究法律前的平等，更允許每個人發展的立足點之平等，也就是通稱的機會平等、或均等的機會。既然特別要為居於社會下層、無財產與收入不多的貧困人士提供機會的平等，那麼依據福利派自由主義者的看法，政府有義務舉辦公共學校、醫院、療養所、孤兒院、失能者之收容所，或以無息貸款、贈款、年金的名義，為這些急迫需要者提供實質的協助。問題在於政府救難賑濟的範圍多大？協助的方式為何？介入多深？難道要像羅爾士主張把社會財富與資源做更為均等的分配嗎？這樣做對自食其力、不影響別人的權益而致富的人，算不算公平呢？

為了克服傳統對女性與少數民族之歧視和差別待遇，許多福利派的自由主

義者主張政府應該採用「積極行動」（active action）的計畫。這種計畫對遭受歧視與不當待遇者，在教育上與在就業方面予以特別的考量與優遇。問題在如何去做，才算是補偏救弊的做法？要不要提供他們特別的訓練？要不要在專業機構（職場）或學校機關中對婦女與少數民族的任用設定保護專款（任用人數之比例）？這些專門用來區隔某些人（在歐美為白色男性），而獎勵另外一批人的做法，算不算是另類的歧視與差別待遇？這種積極行動計畫之推展可以看做是施行機會平等的正當做法嗎？

第三，從個人自由與權利的承諾方面滋生的問題，這便是自由主義者太過注視個人權益，所以招致社會主義者、保護主義者、社群主義者攻擊他們太注重個人，而忽視群體。這種批評也引起自由主義陣營少數有識之士的反省。反省或反思的焦點擺在自由主義為保護個人的自由和利益，卻忽視社群的共同價值和公益。社群主義（communitarianism）就發出不平之鳴，認為權利與義務是成雙結對、相輔相成的，在強調個人權益之外，還要注意個人的責任。在與別人相對比的情形下，個人有與別人不同的、甚至不管別人喜惡的思想、言行、信仰之自由權利。不過個人也應該承認，他之所以享有這類個人的權利，是由於社群的寬容、允許與讓步，才有可能。是故維持社會這種多元、開放、容忍的精神是每個人的責任。不幸的是在今日許多西方物慾橫流的社會，特別在美國，個人只重視和緊握手中的自由、權益、過度的放縱自己，而無視別人或整個社群的公益。以致造成人人各自為政、以鄰為壑、猜忌、敵對與爭執頻生的社會。人群連起碼的自我節制與微小的犧牲——納稅、遵守交通秩序、規矩、法律——都不肯做，而忘記這些納稅與守法是保障個人自由、促成社會凝聚最起碼的條件。

為了對抗這種過度強調個人權利之不當，社群主義者主張講究個人對社群公益推動的責任。柯林頓在 1992 年美國總統的競選活動中，曾成功地把重視社群的議題推上論壇。他在總統第一任期中，也撥出專款協助青年人完成服兵役之外的社會服務替代役，然而他在越戰期間，以各種名目逃避兵役，他的雙重標準在此遂暴露無遺。以公共服務作為替代役曾獲得眾多自由主義者支持，只是這種支持逐漸減小，因為自由派人士不樂意把公共服務當成強迫性的制度來看待。

其他涉及公共利益之保護、獎勵的計畫，卻使自由主義者意見分歧，因為

他們害怕這些會變成「多數人的暴政」。舉個例子來說明，美國公立學校在聖誕節可以展示宗教性節目，到底這是富有地方色彩、種族文化的活動？還是信仰、凝聚教友的活動？社群的成員、或其多數有權限制某些人談話內容涉及色情、暴力、吸毒等言論之鼓吹？為了阻止酒後開車、防阻車禍橫生，警察是否可以隨意臨檢、造成交通不便？上面所舉增進公益的用意，是否造成個人權利無可容忍的侵害呢？這些都值得省思。

　　有關個人自由與機會平等的問題，導致自由主義者必須面對其主張，其信念所衍生的種種之歧見、異議、挑戰，所以造成的爭論與困擾。以致時至今日，他們仍未找到共同的立場，旗幟鮮明的答案。批評者遂認為是自由主義致命的弱點，表示了自由主義的窮途末路。但持平地說，自由主義這條免於奴役之路，雖然坎坷不平、曲折難行，但服膺這個學說、信持這個理念的人，仍在不斷的為個人自由與機會平等努力推進。在這裡穆勒的啟示——人的成長不只有賴軀體、肌肉的勤練，更要靠心思、道德的培養——仍足以鼓舞任何致力自由主義的人士之奮力往前。

十一、自由主義的核心概念

　　自由主義突然出現在西歐，後來擴散到北美，不久漫延到世界其餘地區，但它主要是英國政治文化的特徵，不只是 19 世紀自由派人士（Liberals）的寫照，還包括了大政治家葛拉斯敦（William Ewart Gladstone 1809-1898 自由黨黨魁兼首相）、大哲人約翰‧穆勒的言行。以自由黨的政綱、政策為主的 19 世紀英國的政治擁護個人主義，對民權與參政權之保障，進一步推行議會為中心的內閣制、溫和的改革、國家干涉的減少、私人企業的尊重、市場的自由運作等等，都是自由主義表現在人民和政府的日常生活之常識，也是專家與學者所深入營構的哲學。是故自由主義是結合日常生活的常識與系統性思維的哲學兩者形成的意識形態。

　　一開始自由主義的浮現就是結合了反對與聯盟的策略：反對封建主義、特權和對個人的束縛；聯合進步的、上升的新興勢力——布爾喬亞（資產階級）。因為持反對的態度，所以一開始自由主義表現為社會進步的力量，但因為與資

產階級聯合,又使自由主義同社會擁有私產的新貴結盟,而表現爲保守的心態。因此時至今日,自由主義的核心仍舊充滿了進步和保守僵持不下的緊張關係。在反對專政權威、身分地位的傳承之後,自由主義者所鼓吹的是以個人的本事本領,經由自由競爭脫穎而出的、公開的、透明的、講究效率的業績成就(meritocratic)之社會。這背後當然是主張個人的理性,自由思想與自由信仰(把信仰視爲個人良知,而非教會或國家的權力)。在打破垂直不平的社會位階之後,自由主義者顯示對改變、成長、競爭、累積等的信心滿滿。換言之,自由主義最核心的價值爲自由,不過自由並非積極的(positive)、有所要求的自由;反之,大部分自由派學人主張負面的、消極的(negative)自由,也就是不受拘束(restraint)、不受壓迫(coercion)的自由。以及爲達成此一自由對自己身體、外頭資源,也就是對財產的擁有(Vincent 1992: 37-41)。

　　英國哲學家柏林(Isaiah Berlin 1909-1997)在〈自由的兩個概念〉中(1958;1969 修正)提出不受人阻撓的消極的自由之重要性。消極的自由爲 freedom from(從何處解放出來),正面與積極的自由爲 freedom to(往外去活動的自由)。只有消極的、而非哲學的、正常的自由,才表示個人的行動不受別人的壓迫或阻撓。只有在消極的自由得以伸張,多元主義才產生,這比起強調階級、人民、或是全人類的自由作主之積極性、正面的自由更爲真實、更含有人道的理想(Berlin 1999: 624-633)。

　　另一個自由主義的核心概念爲個人主義,這是從 16 世紀宗教改革運動崛起之後,打破神權對個人天性的追求自由與平等的壓制,而把個人從教會、宗教的規定中解放出來,這是把人性當成大自然(Nature)所賦予個人的性質(human nature),是爲天性。人的天性在於追求身家、生命的安全、權力(征服自然、改造自然的能力)和自我利益(自己界定的、爭取的利益)。人是競爭的,是自我膨脹(aggrandizing)的動物。人的天性中包含了討價還價、競爭和累積財產的企求,也包括擴大自身的好處,克服阻礙而在社會中步步高昇的野心抱負。國家是個人自由外來的限制,其存在只爲了維持社會的秩序,是人爲產生的,也是爲了約束個人而出現的政治機制。個人利益與自我實現的場域就是通稱的民間社會(civil society,又譯爲市民社會、公民社會)。民間社會有三個重要的領域:其一爲家庭的私人與親人之空間;其二爲市場,是人自由買賣、進行競爭和締約的場所;其三、俱樂部、社團、利益團體、政黨等自由組合的

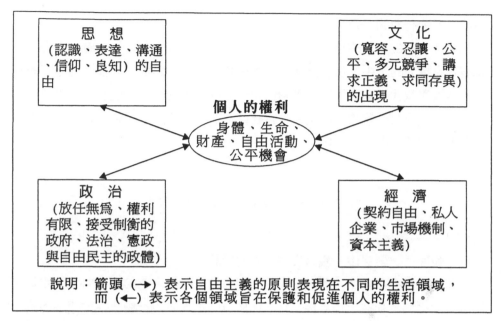

說明：箭頭（→）表示自由主義的原則表現在不同的生活領域，
　　　而（←）表示各個領域旨在保護和促進個人的權利。

資料來源：作者自行設計。

圖 3.4　自由主義的要旨

社會與政治團體。顯然，市民社會的存在，是自由主義者認為：從國家公權力分割出來、刻劃出來，供個人自由活動的領域，也是把社會加以「私有化」的努力，其發展最終凌駕於國家之上，也是市場機制戰勝國家機制的一種表示。

　　由於天賦權利概念的引進，使自由主義者強調個人與社會之分開。把社會看成為諸個人「外在的關係」。自由主義堅持個人與社會邏輯上的分別，使人群自動自發的意識、自立自足的觀念得以形成常識，甚至推擴至寰球，成為放諸四海而皆準、俟諸百世而不惑的普遍信念。天賦權利之核心不但是自由，也是平等。不過其後續發展造成追求自由遠勝於追求平等（平等成為社會主義者最為講究的社會價值）。事實上，自由主義者的自由與法律意義上的平等相互契合，因為古典自由主義者強調法律之前人人平等，以及法治重於人治。要求政府通過法律，來為所有的公民之正當行為作出普遍性的規定，是新的自由主義者如海耶克的說詞。所以重視法律是由於過去王室，司法機關和訴訟程序未能落實人群對正義、公平的要求。如今藉法條、機構、程序之法制化，使爭端的雙造得到公平的審判，也藉公權力的中立、公平，而使契約的自由締結與公平

仲裁獲得強有力的保障。

　　另外，自由主義的核心概念，涉及到良好的、職權有限的政府，它全力在減縮政府權力的集中，這包括區分國家與社會、公家與私人、權力的分立與制衡。落實憲政代議政府與民主體制也變成了自由主義的核心概念，儘管自由主義陣營中，公民全體的自由與平等與社會上部分（菁英）的利益之保護，中間仍有很大的差距與爭議（Hall 1986: 34-43）。

十二、對自由主義的批評

　　一般而言，對自由主義有幾項不同的批評。

　　首先，是批評自由主義者個人的心態。由於從個人主義出發基本上會以解決個人的權利、利益、福祉為主旨，所以自由主義者對社會生活缺乏清楚的、現實的瞭解。這是引發社會主義者與保守主義份子抨擊之所在。他們認為自由主義一旦把經驗的基本單位看做孤立的、似原子般的個人，那麼如何對個人所彙合的團體有所認識呢？再說，個人主義為主的自由主義者主張統治建立在個別被統治者的同意之上，但如此政府任何的一個行動如何能夠取得每個個人的同意呢？當然一般自由主義者並不堅持此點，但這樣就暴露他們的論據欠缺前後一致性、圓融性。如果說每個人都是被迫去同意政府的作為，這又與其個人自主與自由的說詞相違背。有人批評自由主義者企圖把道義上的、社會的共識偷偷地摻入其理論中。海耶克在討論個人的責任、民風使得諸個人不需思考便加以接受奉行。不過人總是自私自利的，這可從搭便車的現象來說明：搭便車不必像別人一樣負擔義務，對他而言正是最具有「理性的」手段。

　　把各人的利益加以綜合與匯聚是相當困難的。因此要建構一個有關公共利益（公善、公利），而令人滿意的理論也是難上加難，更何況要把各人利益與公家權威融合在一起。個人主義隱涵一個意思，就是所有之善、所有之利都純粹是個人的、私人的。自由主義者雖然看重個人，但無法在邏輯上貫徹個人主義的主張。事實上，當個人主義推到極致時，在道德和真理的方面，是獨知論（solipsism）與相對論。由是要判別利益是真是假也大不容易。如純粹就個人主義的觀點來觀察，有些現實的利益並非是個人真正的利益。這就是自由主義

思想產生很多道德的難題之原因。譬如墮胎、安樂死、代替孕母是否應該被譴責，這些問題背後涉及個人及其自由的價值，勢非別人可以置喙？

不過上述批評只論及了部分的自由主義者。除了絕對個人主義傾向的自由份子之外，也有主張社會的個人主義。後者認同社會價值，因為個人是社會所塑造、建構的，是故對上述個人主義之批評是對自由主義整個傳統的演變，缺乏歷史的眼光所造成的。

此外，自由主義太重視人享受物質生活、崇拜金錢、講求功利之性質，而忽略了人性還有追求文化與精神價值的另一面向，也就是人類對倫理道德的生活品質之訴求，對自主與自我實現理想目標之奮進（Waldron 1998: 602）。

其次，批評的焦點擺在自由主義的意識形態的實在與幻象之上。這個批評包括了許多自由主義理論與實踐的矛盾。自由派人士大力推銷那些大眾使用不到的貨品（自由與機會平等）。畢竟能夠享受自由與機會平等的是社會的少數菁英，而非在生活線上掙扎的勞苦大眾。事實上自由主義真正覺得興趣盎然是民權，但這並非飢餓的大眾之急務。吃得飽、睡得好的自由主義者如何能夠瞭解這點，對評論者而言，這是一個謎團。自由主義者鼓吹財產的重要，但事實上透過經濟制度與市場的機制來攫取財富、累積私產，而剝奪大眾對資源的分享。19 世紀的自由主義份子正是以殘酷的態度和手段來對付貧病、無業的社會底層的人。馬爾薩斯以飢餓、病死的勞工人數之銳減、工資的壓低來證明他人口學說的正確。斯賓塞以社會達爾文主義來「剪除」社會的貧困弱者、無能力者，以及自由黨主政的英國當局漠視愛爾蘭的飢荒等等，都說明從理論到實踐、自由主義者所暴露的自掃門前雪之自私自利，正與其揭櫫文明之共同價值完全相反。可知自由主義者宣稱在法律之前人人平等，但這種法律上的平等和個人所擁有的財產與權力之不平等正好針鋒相對。由是可知在衡量自由主義的理想與實際之時，我們見到的不只是光明的一面，也有黑暗的一面。

這就讓我們想到一個問題，對一個陷於飢餓瀕死的人而言，自由與法律上的平等對他而言有什麼用處？自由主義應該明白，財產的不平等造成權力的不平等，而權力的不平等將扭曲人際關係。把貧窮當成個人能力不足、運氣不佳，完全是個人的錯誤所引起，該由窮人自負責任。殊不知這正是資本主義造成少數人富有、多數人貧困的主因。換言之，貧困是人為的、社會制度產生出來的。為了保護少數人的財產，任何侵害私產的行為被斥責為罪大惡極。諾錫克甚至

把對富人課稅看做是劫富濟貧、是強制性的勞役，這種過份之詞，使人們對自由主義的意識形態頗為反感。

的確，這類批評似乎針對古典自由主義的弊端而發的，可是前面的敘述已指出：近期的自由主義者對自由、公民權、權利、財產等概念已有所修正，不再把自由當成每個人私自處理的東西，而是導向更有意義、更豐富的社會生活的途徑，那麼這些批評也就是促成自由主義者反思的契機。

最後，批評涉及 20 世紀以及 21 世紀自由主義的命運與走向。這涉及自由主義所爭論的則是某些特定之自由與權利為某些（西方、工業先進社會）人群有限經驗的投射。例如，自由主義大力推動的平等與自由之理念，對社會中其他群體而言，彷彿隔了一層帷幕，而非透明可見的整體價值。有人指出：在普世的自由主義帷幕之下，布爾喬亞偽裝了一套特權，就像封建主義下，貴族階級所炫耀的那套特權。在這種情況下，無產階級之努力，表面上是反對自由主義和要推翻自由主義，事實上正是使更為寬大、廣闊的自由主義得以落實的步數。可以說直到 20 世紀初，連先進的歐美社會中廣大的男女勞動群眾都被排除於自由的文明之外，也就是未曾享受政經的、社會的、文化的權利。只有當這些群眾獲得這些人權與民權之後，自由主義才告出現新貌。是故 1890 年代以來自由主義與勞工運動的合作絕非歷史的偶然，或是機會主義的作祟，而是新的民主機制之崛起必然的發展。這個發展的過程是否隨著兩次世界大戰、冷戰的結束、世界範圍內共產主義的式微，而繼續往前衝刺，卻是值得檢討與爭論的。

自從 1930 年代開始，馬克思主義者批評自由主義難以貫徹其邏輯的推演，也就是說福利派自由人士就主張去掉人的自私自利，造成社會對弱勢族群的救濟，必須節制利潤的擴大、限制財產的擁有，要大力改造資本主義，這是難乎其難之事。蓋自由主義者雖然帶來選舉權的擴大，使政治更為民主，但其假設還是建立在生產資料私有的基礎之上。自由主義者要改革政治的組織形式，卻不關心經濟基本的改變。在政經不同軌的進展下，自由主義成了法西斯主義。法西斯主義保護了資本的累積、卻壓制勞工的反抗，可以說法西斯主義正是資本主義矛盾下所浮出的制度性之安排、或技術性的設施。馬派這種批評有點把自由主義當成走向窮途末路的學說看待，還是把它與特定的資本主義之生產方式掛鉤。於是他們的評斷便是只要資本主義崩潰，那麼自由主義也告完蛋大吉。這種批評最大的毛病就是無法解釋 1920 年代法西斯主義崛起的國度（德國、義

大利、日本）都是自由主義最弱的地方，也是資本主義的工業化進程最緩慢的國家。

自由主義除了英國、北美之外，在歐陸的德國、法國、低地國家與北歐等都曾經是其哲學思想與文化傳統的一部分，隨後的兩次世界大戰卻改變了歐陸自由主義者的心態。大戰的殘酷和戰爭留下的慘狀使自由主義者要改變社會、改善人性的希望化成泡影，對人類的前程與發展也持悲觀的看法，這也使不少位自由主義者連帶痛恨民族主義。1930 年代這批不受法西斯主義蠱惑的自由主義者，大力呼喚個人自省、反思、起疑、其暮鼓晨鐘的忠言，有震聾啓聵的作用。

第二次世界大戰之後，自由主義在多種政治形態中重現。這時自由主義者以挑戰和攻擊意識形態爲急務，認爲意識形態的心態如果不是崇尚權威，便是傾向極權主義，都是一偏之見。此時的自由主義份子要求落實共識的政治，以爲這種共識的政治是非意識形態的。在這種反極權的思考方式之下，1950 年代出現了「意識形態的終結」之心態，這便是以海耶克、貝爾（Danial Bell 1919- ）、阿宏（Raymond Aron 1905-1983）等爲中心的群體，也就是企圖重建後工業社會的自由主義。第三股的自由主義思潮則由英國工黨所倡說的社會的自由主義，這種社會的自由主義甚至爲其他的黨派（保守黨的左翼、社會民主黨、社會黨）所吸收。在當今英國政治的辯論中，已經是古典自由派人士與社會的自由派人士的對話，而不再是保守份子與社會主義人士之間的角力。

自由主義最近的表現主要顯示在政治哲學的爭論之上，這也暴露出自由的意識形態之多樣性與矛盾性，就是羅爾士、諾錫克、德沃金（Donald Dworkin）、柏波爾（Karl R. Popper 1902-1994）和歐爾徹（Michael Walzer）等思想家與理論家的激辯。其間諾錫克代表比較偏激的放任自由的個人主義者，羅爾士則成爲社會的自由派之守護神。羅氏的思想用來重新建構勞工運動的想法，就像1980 年代海耶克的說詞強化了保守份子的理念一般。自由主義的哲學至今表現的問題在於對意識形態的根源與脈絡缺乏自我意識，就算是羅爾士、諾錫克和海耶克也只是以選擇性的、侷限性的角度來看待自由的傳統，每人選取適合其觀點的理念，而排斥不合適的部分。這種選擇性的做法會貧瘠化我們對自由傳統的理解。此外，這些政治哲學家在選用傳統時，幾乎忘記了傳統的歷史性格。他們只注意到了正義、權利、自由等問題，只把它們看成哲學、或哲學方法的

問題。這樣便讓人以為他們的研究是分析性的、哲學的敘述,而忘記了即便是哲學的思想,也有其歷史根源。

　　須知自由的價值與理念在 17 世紀逐漸地發展,這一意識形態結晶於 19 世紀初,這是對人類本身、人與他人,以及人的處境的思維與觀察。這一意識形態曾深入我們的思想裡頭。但當我們在面對這一自由主義的意識形態時,在把它當做有關世界與人類的真理,而加以看待之際,吾人勢必要格外小心才不會再度的失誤(Vincent 1992: 50-54)。

十三、自由主義與馬克思主義

　　自由主義與馬克思主義,一向被認為是完全無涉,甚至針鋒相對的反對關係。以致馬克思主義,或假借馬克思名義而建立的共黨政權,視自由主義為助長資本主義氣燄的深仇大惡,必去之而後快。可是 1980 年代西方哲學界、政治學界、社會學界、文化界湧現一股對於馬克思主義可否與自由主義相相容的學術紛爭。激辯的結果,或是認為兩者根本無法同日而語,或是認為彼此仍有溝通的餘地,不一而足(Paul et. al. 1986)。

　　當然就制度面而言,當時尚存在的「真實存在的社會主義」(really actual existing socialist)國家,採用馬克思與列寧的主義,實施統制的、中央調控之經濟,以高壓手段統治境內的人民,對外則以黷武窮兵的擴張勢力對抗所謂的自由民主之資本主義國家,這是世界冷戰的時期(冷戰式微的開端)當時無人相信馬克思主義會向自由主義靠攏、甚至投降。但在理論上,這兩者有相同、相通,也有相異相悖的主張。

　　如果堅持人類有其特別的本能或本事的話,像認知的能力、同情的能力、合群的天性,特別是強調個體性的發揮,自由的嚮往等等人類特質的話,那麼馬克思主義與自由主義幾乎都持同樣的人性看法。馬派與自由派最大的分歧,在於資本主義統治階級的壓迫體制和不公不平的處理方式。馬克思主義比自由主義有力之處,就在強調群眾政治權力運用方面的真實參與(Gilbert 1986: 19-58),以及民主的落實。民主的落實需要靠無產階級的專政,這比過去一兩百年間資產階級的專政,同樣不必藉制度的安排與暴力的運用,只需政府決心

偏向廣大的勞動群眾，便可實現的政策（Miller 1986: 59-76）。

　　談到人的快樂和福利，自由主義中談及功利思想與福利主張，但卻沒解答人怎樣才能實現快樂的理想和達致福利的境界卻牽連到「自我實現」（self-realization）的問題。這方面馬克思本人及其徒子徒孫談論的不少（洪鐮德 2000：404-407）。事實上，良好的、優質的生活之特徵為自我的實現，而非縱慾的消費。大眾消費社會中，講究物質享受，使現代人（或後現代的人）只懂消費，不知生產，所以沒有自我實現，沒有真正的成就感。固然人們無法像馬克思所期待的融匯獵人、漁夫、牧人、評論者於一身，但馬氏鼓勵每個人自由地選擇，以發揮自己的本領，卻是在政治與工作的領域最可以實現自己的方式（Elster 1986: 97-126），這也是拉攏自由主義（資本主義）與馬克思主義（社會主義）諸辦法中最有效的一種。

　　關於馬克思主義與自由主義是否相容的關鍵，在於把假借馬克思名義而建立的社會主義國家當作馬克思學說的落實，用來與西方民主國家意識形態的自由主義相比較。可是為馬克思辯護的人，把馬克思本人的學說及其當代的徒子徒孫（列寧、史達林、毛澤東、胡志明、金日成、卡斯特羅等人）之所作所為做一個嚴格的區分。但有人則把現代極權統治的理論與實踐追溯到馬克思與恩格斯的作品裡。布坎南（Alan Buchanan）就指出三點，來說明馬克思主義與社會主義式的極權主義有關聯：其一、革命的動機純粹從個人理性的自利出發；其二、馬克思本人拒絕為民主做出明確的解釋，也對非市場的社會安排不加明確說明；其三、馬氏否認正義、權利對革命過程，有任何重大的影響。以上三項，說明同樣是以自利為動機，反對鼓勵造反的自由主義，曾經陸續發展各種策略，增強個人的權利與自由，擴大群眾對公共事務的決策或監督，但馬克思主義卻在這些方面讓步，也就是容許共黨菁英的奪權與獨裁（Buchanan 1986: 127-144）。

　　事實上馬克思主義者認為獨裁有其必要，特別是在對付精明幹練的布爾喬亞之時。由於獨裁只是手段，而建立未來的共產主義則為目的，馬克思主義者遂堅持短暫過渡的獨裁來壓制資產階級的民權，這是大有必要的。不過共產主義一旦實現，也未必表示壓制之徹底的取消。反之，未來的共產社會仍舊有可能是壓迫性的社會。由於普勞階級的專政所呈現的令人不悅、害怕的現象，則馬克思派的社會主義是否要引向到更為壓迫、更為恐怖的境界，還有待共黨統

治者的思考與決定（Gordon 1986: 145-159）。

　　馬克思心目中對自由有熱烈的擁抱與嚮往，他的學說，一語以蔽之，就是人的解放（洪鎌德 2000）。不過馬克思的自由觀要付諸實現，卻會產生極權統治的、無法預料到的結果。馬克思視壓迫、不自由是一種異化的現象，也就是被人所創造而無力控制的社會勢力，會反過頭來劫持與壓迫人類。要揚棄和廢除異化，必須把商品生產與交易，改變為直接的生產者之產品交換。但要把商品生產改為產品交換卻辦不到，因為它有個前提，就是要廢除市場，但市場一旦廢除，產品的價格便無從確定與標示，產量也無法預知，最後只有靠極權式的政治控制，來實行中央監控、中央指揮的計畫經濟。由是可知馬克思理想核心的人類自由，會遭現存社會主義的政權予以否定。由是馬克思主義所認定的自由與自由主義追求的個人自由所引發的實現方式完全不相容（Gray 1986: 160-187）。

　　把自詡為馬克思信徒的共黨人士及其建立的政權之所言所為加以檢驗考察，幾乎沒有一個不是靠血腥統治、暴力壓迫而起家的。為馬克思主義辯護的人會說這是由於歷史的特別環境所造成的，或是說由於對馬克思學說的歪曲誤用，或是其他偶然的因素引起的，但馬克思本人對暴力的理解卻是主要的因由。原來他以為革命是可欲的，尤其是社會主義國家所不可或缺的手段。革命與暴政是一對孿生兄弟，都是暴力的產兒，也是不斷滋生暴力的產婆。為了使無產階級意識其本身為一個被壓迫、被剝削的階級，資產階級對無產階級的施暴激發無產階級推翻現行制度之意願、啟發革命意識與行動的重大契機。至於革命後過渡時期的普勞專政，也是以暴易暴、阻止資本主義復辟的必要手段。一言以蔽之，馬克思與恩格斯相信暴力的革命，是使勞工階級改造其本身和改造其環境必經的途徑，就是何以使用馬克思主義的名目建國的舊蘇聯、中、朝、越共，至今仍保留暴力，或以暴力做威脅的原因（Friedman 1986: 188-203）。這種對暴力之崇尚，與自由主義採用緩慢的、和平的、制度的改革完全相反。

　　由於馬克思對暴力及其使用的信心滿滿，使他的理想容易入野心家「骯髒的手」（dirty hands）之中，也就是不擇手段。這種手法常常破壞了自由、權利和正義的要求。這種問題幾乎出現在生活的各個氛圍、各個角落，特別是在政治方面最為突出。就吾人所知，政治講究的是公共之善。公善之追求卻會造成黨同伐異，於是有權有勢的人對異議者、反對者不只批評、撻伐，甚至加以監

禁、殺戮。作為政治意識形態與烏托邦理想的馬克思主義，對於處理反對者、異議者之方式，尤其招致爭議。馬克思主義竟然鼓吹不惜犧牲這一代來造福下一代的說詞，對當前人群的利益大多漠視、無視，尤其是那些不牽連到人的解放之目標的個人自由與權利，常被飄渺遙遠的未來目標所犧牲、所抹煞。與功利主義相較之下，馬克思主義對個人的權利應有的道義上之尊重毫不關心。馬克思的學說雖然排斥烏托邦，也譏笑與抨擊烏托邦的社會主義，但它所追求的共產主義社會的實現與人的解放，卻也是另類的烏托邦（洪鎌德　2000：407-417）。不要說烏托邦是未來取向的，馬克思主義式的烏托邦卻在對現代人言行加以評價，凡是有助於未來解放的事業者，為馬派認為是好的、可欲的、值得追求與準備實現的言行；反之，不合其烏托邦式評價的行為，則在被排除之列。另外一個衡量馬克思主義反烏托邦之處，為馬、恩及其黨徒，對未來被解放的人類與社會行動立下判準都閉口不談，尤其不敢詳細描述與預測（馬克思曾說：「我不為未來的廚房開菜單」）。從現在展望未來，行動的判準無法建立，遂造成馬克思主義容易趨向對道德的傷害（Lukes 1986: 204-223）。

　　20 世紀下半葉現代世界的紛擾、各國社會的動亂，常常從馬克思主義和自由主義複雜關係中衍生出來，是故指出這兩種擁有最雄厚的勢力，彼此又進行生死決鬥的意識形態是大有必要的。為瞭解自由主義與馬克思主義的異同和拼搏，有尋求兩種學說制度之根源的必要。蓋造成當前兩種意識形態相持不下的原因，主要還是兩個價值取向的不同。在這方面自由主義追求的個人自由，是具體的、容易實現的。反之，馬克思主義卻強調集體的自由（「人的解放」），這是未來取向的、抽象的終極之自由。更何況自由主義相信一點一滴、和平與順序漸進的個人權利之伸張與保障，反之，馬克思主義企圖藉暴力的、短期的、革命的方式來徹底更改政經社會的組織與秩序，冀求血腥的奪權來實現人類解放的夢想。結果很明顯，在全球各國無法同步推翻舊政權，創建新社會的 21 世紀開頭，則馬克思主義所要落實的烏托邦，恐怕要事與願違，或在短期間難以實現。反之，自由主義在資本主義的市場經濟與重視民意的民主政府相輔相成之下，使市場與國家之間的平衡，不抄近路、不採暴力、也不作意氣之爭，而走向理想、緩進、穩健的改良之道。因之，自由主義較之馬克思主義，似乎更能夠使現代的人群，獲得更多更大的權利，也使自由與平等的理念，更早一點在人群日常的生活中落實。

十四、結　論

　　作為意識形態之一的自由主義，雖然分裂為福利派與新古典派兩個陣營，它一貫秉持追求個人自由與機會平等的目標而絲毫沒有放棄。只有在涉及如何實現這個目標時，到底要不要動用政府的公權力，才會引起分歧。任何的意識形態脫離不了解釋、評估、取向與綱領四項。我們就以此四個標準或範疇來綜述自由主義：

■ 解釋

　　每個意識形態都企圖對事情的來龍去脈加以分析和解釋，特別在說明造成社會現象的政經、社會、文化、思想的諸多條件。在解析這些現象及其條件之時，自由主義者大多採用個人主義的觀點，少數（如邊沁）才會主張多數人（集體主義）最大功利之看法。對自由派人士而言，構成社會的各種（政、經、思想等）條件，都是個人的選擇、個人的行動所堆積的結果，是故解釋的方式都採用「方法論上的個人主義」[1]。自由主義相信，對個人從事選擇之機會並非毫無限制，而選擇的結果，也未必完全符合行動者的意願，但行動者仍舊做了抉擇，這就是造成社會現象的原因，把這些現象用方法論的個人主義呈現出來，便是自由主義者之急務。

　　譬如經濟怎樣會停滯、蕭條？自由主義者相信這是擁有理性的諸個人在回應競爭的挑戰情況下，透過市場的機制產生出非意料得到、非大家所樂見的結果。福利派的自由主義者一般跟隨凱因斯的看法，認為政府應該以減稅、或增加國家開銷的方式，來刺激市場買氣，而抬升個人的購買力，從而克服不景氣帶來的經濟與社會的困難。新古典學派堅信市場供需機制的活力，認為不需政府或外力的干涉，人群追求自利的競爭力就會使景氣復甦。是以政府的不干涉、

---

[1] 方法論上的個人主義（methodological individualism）為韋伯、佛洛伊德等人所倡說，主張社會的典章制度是個人行動所沈澱、所凝聚，故解釋社會現象離不開構成社會的成員之個別行為，參考洪鎌德 1999b：58-59.

不介入，反而是克服經濟衰歇的上策。不管自由主義這兩大派別不同的看法，社會現象——例如經濟的好壞——都是解釋爲個人抉擇與行動積累的結果。

■ 評估

　　至於社會現象及其條件好壞的評價方面，自由主義者也是趨向於個人言行自由與否的價值衡量。只要個人在不損害別人的權利下，自由抉擇、自由言行，那麼社會條件便是好的。反之，個人的思想、信仰、言行受制於宗教、官署、意識形態而無自由的空間，其社會也是閉塞的、專制的社會，這樣的個人與社會便被評價爲壞的。換言之，人民愈享有自由的社會，是可欲的理想社會，但個人的自由權利應該盡量地與別人相同。自由主義者心目中的自由乃是那些同別人相等的追求成功之機會。至於怎樣來安排社會制度，俾提供均等的機會，則是福利派自由主義者與新古典自由主義者看法分歧之處。但在評價社會的價值時，這兩派學者都一致主張，凡能提供均等的機會，而讓個人自由選擇、自由行動的機制，總比限制重重的體制，更值得人們追求與落實。

■ 取向

　　在人們日常的行事（經營日常的生活）當中，政治的意識形態有提供生活意義、方向與目標的功能，並深思熟慮以怎樣的方式來使用手段以達到目的。這就是說自由主義者把注意力引向人群共同擁有的特徵之上，而不是注意到人與人歧異不同的所在。對於人群這種特性，邊沁視爲趨樂避苦的功利追求，可以說把共同點建立在人群享樂、功利的性格之上。另外一些人，像社會達爾文主義者，則把人的共同性格視爲不斷的競爭，追求超越別人，而做到弱肉強食、適者生存的地步，這又是人性觀的偏激看法。但自由派主流的觀念則是一視同仁，大家所擁有的特性幾乎不分軒輊、大同小異。語文、宗教、種族、性別、國籍的不同，都是人爲的、表面的。在每個人的深層方面存有理性、追求自利的諸個人所表現的傾向——做人做事的取向——都是希望自由自在地選擇其生活方式。假使對人生與世界採取這種的看法，那麼在希望別人尊重我們這種人生觀與世界觀的同時，我們也應尊重別人持有這種看法的權利。

■ 綱領

在說明行動綱領與落實策略方面，自由主義者採取的方式與作法，完全以增進個人自由、和機會平等，減少外頭層層束縛與限制為主旨。歷史上而言，自由主義者大力反對宗教的盲目順服，反對命定賦予的社會地位，反對經濟的特權和政治的專制，甚至也反對多數的暴政。藉著移開阻力，個人不只獲得信仰、崇拜的自由，還發展本身的才能與需要，在市場的運作中自由發揮、競爭打拚，諸個人逐漸能夠控制了一向視為敵對、外來的政治勢力——政府。換言之，自由派人士大力啟迪人性的求知，增強對實在的認識，鼓舞群眾對教會、君王、享有特權的統治者之抗爭，再配合貴族去瓜分舊朝代的權力；通過革命、改革的政治與社會運動，使群眾選舉權擴大；利用代議政府、民族自決、獨立建國的奪權方式，次第實現人民當家作主的願望。自由化遂與民主化掛鉤，自由主義也成為民主政制的基石，也透過民主的落實，奠立了當今向全球擴展的自由之民主（liberal democracy）體制。

前面我們一再提及，自由主義並非教條明確、秩序井然的意識形態或政治運動。剛好相反，在其蓬勃發展的兩百五十年歷史中，自由主義的思潮，固然以英國為尊，但其他歐陸國家的法、德、義，甚至沙皇控制下的俄國，也有其國別的、獨立的自由主義思潮之湧現。除了其基本價值在排除教條，專制政府，與貴族特權的干擾和壓迫之外，追求自由和社會的平等是其重心。其他衍生的要求（自由市場，立憲與限權的政府，伸張人權，憲政平等等）則每隨國別與各國經濟社會（工業化、城市化、現代化）發展腳步之不同，以及所受文化影響之歧異（英國有貴族對抗王權，歐陸有羅馬法的採用與法制化），而展現了英國式的自由主義、美國式的自由主義、法國式的自由主義、德國式的自由主義、俄國式的自由主義等等之不同。不但自由主義隨國別不同而呈現其特色，就是近兩、三百年來的發展，特別是作為自由主義大本營的英國，也因為分裂為古典的自由主義（重個人權益）與新自由主義（重社會的福利）之兩大派別。這是由於陣營中的每人有不同的想法、立場，他們或為偏激人士，或是心態上趨向保守主義者，或是追求功利、私心自用者（這是因為個人主義成為自由主義之核心的緣故）。就算英國的自由主義經過兩個世紀有所歪變，從古典的自由主義變成新的以集體、福利為取向的自由主義，其變化並非一朝一夕的劇變，而是自由主義的諸理念因應時勢的推移而逐漸變化，對這些理念的解釋，尤其是

因人、因時、因勢而不同（Vincent 1992: 31）。

　　自由主義表現在思想上（政治的、經濟的與社會的）；宗教信仰與神學詮釋的自由）、政治上（統治的形式、組織與制度）、經濟上（生產、消費的方式、財經政策、商貿活動、資本主義）和文化上（寬容、多元競爭、求同存異、世俗化、工業化、現代化的文化）諸領域之上。自由的政治哲學在考察同自由的政治有密切關聯之各種原則，諸如個人權利、容忍、反抗、憲政與有限權力的政府、法治等等原則。自由主義者堅信個人有所謂的自然權利，包括對自己身體的擁有、生命、財產、活動的空間，也堅信社會、國家集體性組織之存在，繫於對個人自由權利之保障。國家除了保護人民的權益與福利的工具性之職務以外，再也無其他的目的（國家無終極目的，無理想社會的建構，無個人天性完美的追求）。自由主義相信諸個人在經濟活動中追求利益和政治上的放任無為之下，知道怎樣去營生，怎樣去過著與別人不同的生活。雖然每個人追求不同的目的，但難免不侵犯或傷害別人的目的，因此自由主義者主張社會應有義務的規範（道德、團體紀律、法律）使個人知所遵循、拿捏。因之，自由主義者便是要設計一套社會架構，為個人行事的安全與可靠性提供保障，而使眾人在共同生活上既能容忍、和諧，又能安富尊榮（Waldron 1998: 598-605）。

　　除了自由與機會平等之外，自由主義者強調自然的權利，自由主義者對天賦的權利，贊成和反對的聲音都有。贊成天賦權利的有洛克、美國獨立運動人士、法國革命者都反對已建立的政府對人民權利的損害。自然權利從最先保障人的生命、財產、自由言論與宗教自由，轉向到後來少數民族、有色人種、婦女與窮人的保護之上。但這些權利彼此並非完全相容，有時也互相衝突，例如早期北美白人要求自由與財產的權利，與他們對待黑奴要求解放，要求本身不當白人的財產，就發生針鋒相對的衝突。

　　自然權利中，特別是財產權，在 19 世紀未有了重大的轉變。葛林反對有「自然狀態」的說詞，人類一向生活於社會當中，權利來自於社會的承認，只有對個人與社會的好處、有貢獻之物，才能被視為權利。對財產權的看法也有所改變，早期視財產權為發展個人必要的條件，政府或他人如果侵犯個人的財產，視同為對個人自由之重大傷害。不過如果認為財產是個人、個體性（individuality）發展不可少的條件的話，那麼自由的社會應該動用公家的力量，來協助每人都擁有財產。不管是斯賓塞、海耶克、還是柏林可能只會採取

消極的作法，也就是排除擁有財產的限制，使大家能平等的追求與擁有財產。人人可以參與市場的競爭，不過競爭的結果，則非這些自由主義者關心的所在。

但反對強調機會爲擁有財產條件的理論者，擔心公家的介入會造成對某些人財產的損害。對於這種說詞，新的自由主義者提出解決的方法：其一、包括財產權的自然權利必須符合社會公善，權利既然靠社會公善與承認而存在，則不能不受公家的節制。其二、財產是自由的要件，則社會全體成員有義務幫忙其他人，透過公善而擁有自由與財產。其三、財產可分爲是提供用途之財產，以及展示權力之財產兩種，只有前者靠個人力取得，可獲保護，後者則可被公家沒入，俾達成重新分配之目的（Vincent 1992: 42-44）。

回顧歷史，自由主義關心的主要重點爲保護人民免受其統治者之凌虐，而較少致力於人民自我統治的落實。這是由於主張與贊成自由主義者一直排除人民自由途上的絆腳石（宗教的箝制、政治特權的作祟、經濟限制的牢固等等）。這些個人追求自由之途上的絆腳石曾是代表統治階級的利益之政府所設置的。是故自由主義的改革運動是費力費時、效益有限的改造運動。他們只通過政府進行各種限制的取消，而非讓政府放手信任人民自由行動，這就說明自由主義只是改良主義的指導原則，而非讓人民當家作主的創造新局、重建國家機器的革命勢力。他們早期努力只把公家活動的範圍縮小，而擴大私人活動空間而已。

但這逐步的改良運動卻是民主政治發展的穩健步數。早期自由主義者並不忽視個人平等的重要，在強調人人平等的基礎上推廣民主的理念。是故無論是主張天賦人權還是功利主義者，都認爲每個人所投的一票是等值的。這就推廣到任何人的利益和權利只能與別人的利益與權利算成是一個人的，而非超過一個人的東西。早期的自由主義者所界定的「人身」（person），乃是擁有相當財產的男性或成年人，那就不是人人平等的觀念。稍後的自由主義者在主張天生平等的原則下，把平等權擴張到女性，也廢除奴隸制度，認爲凡人，不管男女、不管膚色、不管有無財產，一概都應該平等看待，擁有投票權。

可以這麼說，由於邊沁與功利主義者的推波助瀾，強調每一個公民都有權追求與保護其利益。政府的職責不只在保護個人這種平等的權利，尚在增進最大多數人的最大效益。這點早已超過 18 世紀自由主義的說詞：政府建立在人民的同意之上，憲法與人權憲章在縮小政府的權力。總之，只有 19 世紀擴大人民的投票權，使有限的政府面對選舉的壓力，在執政黨與反對黨相互競爭、輪流

執政與監督之下，人民主權的觀念才有逐步落實之可能。

　　自由主義者偏好民主政治，是由於他們相信民主體制可使人民監督政府，視政府的政績是人民繼續支持或要求更換的尺度。穆勒更聲稱民主是好的、是可欲的，因為它鼓勵百姓的多方參與，因而提昇人民知識上與道義上的能力，而使人民的生活多采多姿。其他的自由主義者，則以保持政府的中立性、工具性為滿足。也就是讓人民自由決定要不要介入公務，還是隨意追求其私人的利益，這才是符合自由精神的民主體制。

　　一如常規，自由的民主強調個人權利與自由之重要。每個人可以按其本性與能力參與公共事務。但基本的關懷則為期望私人事務不容政府或其他人的干擾。但問題在於私人事務、或通稱的隱私，究竟要怎樣界定、分清界線呢？例如墮胎這個私人權利與隱私是否完全歸個人處理，還是像某些先進國家讓公家介入、甚至動用納稅人的公款，這便是公私界限難分的顯例。對自由主義者而言，只要能夠保護私人隱私、促進個人活動之權利的民主政府與體制，都是好的制度。良好的政府對人民的需要與利益有所回應、有所滿足。人民顯然不可能直接去操縱政府機器成為人民的統治，是故代議的政府、權力有限的政府、負責盡職的政府、廉能的政府、隨時可以更換的政府，就是自由主義者心目中理想的自由民主之落實（Ball and Dagger 1995: 85-91）。

　　在 20 世紀末與 21 世紀初，當共產主義運動業已退潮、社會主義的勢力也相對地萎縮之際，取而代之的是寰球資本主義與市場經濟迅速氾濫到舊蘇聯、舊東歐和今日仍受共黨控制的中國大陸、北朝鮮、越南、古巴等地區。不管這些一度曾經是，而現在還受共產黨一黨控制，實施過中央計畫與控制的經濟制度之國家，如今如何努力改革、開放，如何國營企業民營化，如何迅速現代化，我們都看到自由主義、特別是自由的民主體制，導致共黨獨裁的垮台，或至少造成共黨控制的鬆綁。在這一意義下，自由主義重新攫獲舊的社會主義人民之心靈，使「蘇東波變天」，其改造歷史、創造新局之貢獻，可媲美 18 世紀的美國獨立和法國大革命、19 世紀的英國改革運動和 20 世紀的兩次世界大戰中自由民主的勢力打敗極權國家、殖民地人民解放與建國運動。是故自由主義成為 21 世紀獨大的政治意識形態是可以預期的。

第四章

社會主義

一、社會主義一詞的來源與意義

社會主義（socialism）一詞是從拉丁文 *socialistae*、或 *socialistus* 衍生而成。這兩個拉丁字是指，主張人的天性是社會的（人是社會的動物）。這是 17 或 18 世紀自然法學者對人的通稱。第一個使用「社會主義者」（*socialistae*）的學人是本內狄克修會的修士德馨（Anselm Desing 1699-1772）。有人認爲國際公法的始祖格老秀斯（Hugo Grotius 1583-1645）是一位「社會主義者」（*socialistus*），儘管他的學說與自然法有關，但卻不是放棄私產、人人平等的社會主義之支持者。無論如何這表示凡涉及人群經營集體社會生活之天性的人或事，便是早期 *socialistus* 這個概念的意涵。既然人性是社會的，則人爲的弊端，特別是政治的壓迫就變成多餘。是故啓蒙運動的思想家，在使用「社會主義」這個名詞時，有意無意間都在恢復人的社會性、群居性，也就是企圖把人從典章制度的束縛中解放出來。有產階級的自由主義者認爲只要把政府的權限縮小，而建構民主的社會秩序，便會恢復眾人的合群性，也導致社會利益的協調與和諧。可是其後出現的社會主義者卻以爲恢復人性的合群性、社會性之先決條件就是生產資料歸公，也就是消滅私有財產。

以反對布爾喬亞，而帶有現代意義的「社會主義」一詞則是在 19 世紀初葉出現在西歐。葛倫貝（Carl Grünberg 1861-1940）認爲這個名詞最早在 1831 至 1832 年的法國出現，在 1837 年以後，便在英國使用。但有人卻說早在 1827 年「社會主義者」一詞便被人使用過，主要用在描寫歐文（Robert Owen 1771-1858）的徒子徒孫。葛倫貝還企圖把社會主義和共產主義做一區隔，結果發現兩者都是要徹底重建政治、經濟和社會的秩序，其最終目標在把生產資料歸公。

這種說法與狄徹爾（Heinrich Dietzel）的見解有所出入。狄氏以爲社會主義者視社會原則大於個人利益，個人只是達成社會協和的工具而已。至於共產主義的最終目標是追求個人解放，個人的自由是終極目標。馬克思的主張爲社會的革命性改變，先是把資本主義摧毀，建設社會主義按勞分配，然後把社會主義轉型爲共產主義。共產主義的目的在使每個人的才能、本事得到自由的發

展,並滿足其需要(按需分配),其社會應該是生產力極高的社會,其整體財富充盈,可以讓人人各盡所能、各取所需(洪鎌德 2000:396-399)。

「社會主義」可以說是從布爾喬亞(有產或資產階級)產生出來的一種學說和運動。這種理論與運動之目標在於共同擁有生產資料與財產的基礎上重建社會的秩序。這個學說與群眾運動所標誌的社會主義,有別於革命成功後建立的社會形態,儘管後者也稱為社會主義。像前蘇聯與冷戰期間東歐幾個共產黨統治的國家,都自稱為社會主義的國家,或社會主義的陣營。在社會主義推行的國度,對財產不同程度的私人擁有之特權被取消,儘管企業的經營可有國營、私營、公私合營等等之不同形式。

端視法國大革命的三個口號「自由」、「平等」和「博愛」,人們不難發現這個口號雖響徹雲霄,鼓舞其後各國的革命份子爭相效法,而使歐陸、拉美、非洲、大洋洲的人民也熱烈加入拋頭顱、灑熱血的革命行列,連俄國和中國也在 20 世紀初祉推翻了封建王朝,建造人民當家作主的共和國。可是另一方面這三個口號中的「自由」、「平等」與「博愛」或有某些程度的達致,偏偏「平等」最難落實。法國大革命之後,大部分君主專制都變成立憲民主,在各國憲法上大書特書:「人生而平等」、「人人在法律之前平等」。這種抽象的法律原則之平等,卻為現實生活、經濟的不平等所拆穿。這就是社會主義思想的起點——何以社會制度容許人群在經濟方面有貧富懸殊之存在?

社會主義、共產主義的理念和行動,雖是近世才有(與布爾喬亞的崛起有關),但柏拉圖在《共和國》一書的對話中,便曾經描述社會菁英應該過著共產、共有(包括夫妻、子女在內的共同擁有)的集體生活。是故其理想的社會,烏托邦的共和國乃是共產主義落實的社會。中世紀教會僧侶的生活,也是財產共有的公社式集體生活。但不論是柏拉圖的菁英(他稱為「衛士」),還是中世紀的僧侶,都不是貨物與勞務的直接生產者,他們的任務在於治國、或是宣道(拯救世人的靈魂),所以應該過著消費者式的共產主義,而非生產者式的共產主義。依天主教的看法,完善的人在公共擁有財產的基礎上,可以過著和平的、友好的集體生活。清靜嚴格的教規所約束的僧侶之生活,正是天國生活的雛形與寫照,不是俗濁的世人可以接受與仿效的。

事實上 12 至 13 世紀基督教的異端教派意圖把天國拉到人間,讓俗人也能夠分享僧侶所共同擁有的共產生活方式。在 15 世紀日耳曼土地上因農民戰爭而

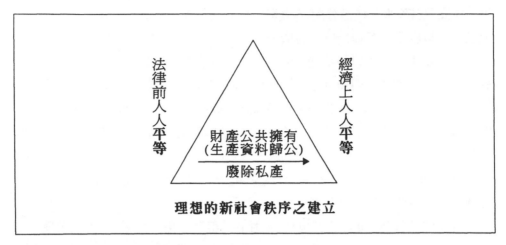

資料來源：本書作者自行設計。

圖 4.1　社會主義追求的目標

鼓吹共產與平等的理論，甚至造成閔斯特（Munster）城在 1533 至 1535 年間落入安納巴布梯斯特（Anabaptists）共產式的控制，直到主教派大軍進行血腥的鎮壓爲止（Fetscher 1973〔7〕：422-423）。

　　在馬克思與恩格斯倡說「科學的社會主義」之前、或其同時，其實歐陸與英國已出現了「烏托邦的社會主義」。但社會主義在西洋的淵源更早，至少可以推溯到 11 世紀。這與天主教會中教派、異端的出現有關。圖 4.1 爲社會主義追求的目標。

二、社會主義的源起——西洋上古與中古時期

　　列寧把馬克思主義的思想源泉簡化爲英法的政治經濟學、德國的古典唯心主義和英法的烏托邦社會主義三項因素，這種說法未免流於「不適當的建構與系譜」。原因是把兩百多年來新興的學科與思潮強加於馬克思主義的唯物主義主張中，固然反映了馬克思主義爲經驗主義、實證主義和歷史（唯史）主義的特質，但這種跡近自然科學式的、機械性的、教條性的解讀，正是新馬克思主義、或「黑色馬克思主義」（Black Marxism）倡導者如羅賓遜（Cedric J. Robinson）

等人所堅決反對的（Robinson 2001: 23）。不但馬克思主義的源泉是 18 與 19 世紀法國與英國的烏托邦社會主義，吾人還可以把社會主義的源泉回溯到上古與中古的基督教，以及羅馬天主教會及其分支與流派之上。

被稱為「歐洲」的文明並非發生在古希臘、古羅馬時代，而是西元 9 世紀初德國蠻族領袖查里曼接受羅馬教宗加冕、封號之後才出現的。這是歐洲黑暗世紀（6 至 11 世紀）結束之前，羅馬教會把東南歐與西歐分成希臘教會和拉丁教會兩大管轄區，而賦予拉丁教會較大的優勢地位。羅馬教會的教宗與主教由於擁有對「真理的知識」（sapientia），所以可以使用拜占庭與法蘭克的儀式來為卡洛林（查里曼之後嗣所建的）王朝的歷代皇帝加冕，從而可以左右君王，而權勢獨大。黑暗世紀的無知之帷幕所以被揭開，可以歸功於 8 至 10 世紀引入埃及的、希臘的科學家和哲學家及其學說底「異端」（pagan）。

此外，中古時代的歐洲出現兩個工商的中心，一個以工業為主的荷比盧低地國家；另一個以北義大利城邦為主的商貿中心。法國史學家布勞岱（Fernand Braudel 1902-1985），便把布魯格（比利時的城市）和安特衛普（荷蘭的港市），甚至北德港埠的盧比克的商人之活動，解說為「資本主義的原始類型」，這是歐洲最早出現的布爾喬亞（資產階級）。它的出現幾乎與封建主義的出現同時，而並不是教條式馬克思主義者所聲稱的：封建主義式微之時，才有布爾喬亞之崛起。事實上，在古希臘時代，在雅典城邦作生意的外人就是最早的布爾喬亞。但在希臘（Hellenistic）時代，這些布爾喬亞，就如民主政治，都告絕種、消失。古羅馬時代也有其資產階級，但隨著帝國的崩潰，這些有產階級也褪隱無形。14 與 15 世紀的黑死病之肆虐和 15 與 16 世紀暴君的掠奪殺戮，也使資產階級難以存活。可以說以歐洲為範圍的世界經濟下所產生的布爾喬亞，最先出現在地中海，慢慢地把義大利和地中海沿岸殖民擴大，最後向西北擴張，移向歐洲北部，最後為西歐及英國的資產階級所取代。這個擴大的過程足足花了五個世紀的時間，最後橫渡大西洋而擴散到北美。

歐洲在 13 世紀之初，羅馬天主教會經過兩個世紀的經營，在其屬下兩大流派聖方濟各會與聖多米加會的合併過程（1209 年與 1213 年）中形成了西洋最早的社會主義。不久，聖卡美利特會與聖奧古斯丁會也分別加入。這四大會派俗稱行乞教士（mendicants），以獻身貧窮、拯救悔改者（penitents）為會員之職責。這是天主教會對社會變遷採取的因應措施，目的在挽救天主教會的淪

亡。

在卡洛林王朝企圖重建歐洲之際，天主教會也變得富裕多財，於是同世俗的權威——君王與統治者——愈走愈近。隨著北義大利首批布爾喬亞階級的崛起，義大利的城邦與封建王室都駐紮著高僧與教宗的密使。教會居然搖身一變化成布爾喬亞商人的保護者。教會的財富來自於富商和貴族的捐贈，教會也以封聖來予以回報。教會不只靠獻金、獻地而富裕，本身也以賣官鬻爵、參與釀酒、進行買賣、甚至貸放金錢（高利貸）致富。教會與王侯的勾結、聚斂、濫權、剝削，招致民眾極大的反感、批評、抨擊與抗爭。

在 11 至 14 世紀之間，歐洲人口增加三倍，生產力急增、經濟的分工、專業化出現，鼓勵了長程貿易，加上 12 世紀信貸方式的採用，促成銀行制度的逐漸浮現。相對於商人、教會與貴族的暴富，農民與（鄉間的與城市的）貧民在 12 世紀卻陷於赤貧無助中。加上旱災、水災的頻生（11 世紀末），饑荒的流行（12 世紀中葉），使得貧民人數激增，終於爆發了農民與貧民的造反，是故貧農的革命在 11 世紀末、12 世紀初產生。第一次的十字軍東征，三十萬大軍中主要成員並非貴族，而為農民，只有十萬人抵達拜占庭（絕大部分在渡海時遭到殺戮）。第二次十字軍東征，貴族人數略多，但仍有不少農民。這說明當年歐洲貧民為躲避饑餓，而走上遠征之途。十字軍東征固然有其基督教對抗伊斯蘭教的宗教原因，但社會普遍存在的貧窮、災難、疾病，也驅使大批人群離鄉背井，走上不歸路的另一個原因。

在農民起義的 12 與 13 世紀中，北義大利出現了幾個不識字的農民領袖所建立的小型共和國。儘管這些農民、工匠、小販所造成的反叛時有斬獲，但短期的自由與喘息終難敵王侯、貴族、高僧組成之正規軍的鎮壓，慘遭集體殺戮的厄運。

天主教中不乏有識之士同情農民與貧民的疾苦窮困，例如 1050 年，僧人達閔（Peter Damien）痛責教會的貪婪與收取贖罪錢，主張教士不該擁有私產。12 世紀上半葉，卜列夏（Arnold of Brescia），重申達閔戒貪恤貧的理念，痛斥教廷的豪侈，被開除於教會之外，終於在 1143 年參與羅馬公社（Roman Commune）之群眾造反。十年後遭羅馬皇軍擊敗，卜列夏被「紅鬍子」皇帝（Frederick Babarossa）處絞刑，屍體焚燒成灰燼，並散落於台伯河，以免「為後世暴民所景仰與效法」。卜列夏不只以身殉道，他還宣揚「自願的守貧是走入

神聖生活的途徑」，他是以暴力反擊教會的腐敗，而倡導教會改革的第一人。

　　13 世紀中農民與貧民的造反是一種階級戰爭，在義大利北部帕都瓦、米蘭，和巴沙諾諸城，社群的反抗運動與其住民贏取任命官員和擁有司法的權力，這些本屬封建貴族與高僧之特權，如今流落民間。在法國市區也獲得自行管理行業的權力和取消向來的習慣稅的權力。從 13 世紀開始法國地區、荷比地區、甚至英國等地農民暴動與起義時有所聞。反對的不只是貴族地主的剝削，也含有教會的啟示錄所宣示的，反僧侶、求平等的反抗不義之宗旨。其中特別是被剝削、被壓迫的階級意識的形成是不難發現的。

　　教會與官署在這種群眾暴力反抗中，也逐漸意識到人心思變的違道離德之異議，以及社會反叛之威脅，於是想出鎮壓對付的策略。過去拜占庭的東方基督教（東方正教）用的是殘酷的宗教迫害，而西方的羅馬天主教卻隨著羅馬帝國的衰敗，比較不採用激烈的手段來對付「異端邪說」。但從 12 世紀之後，宗教迫害也成為歐洲社會的常景。先是英國國王亨利二世在 1166 年頒布禁令，不許其人民協助異議者，甚至在 13 世紀初花了二十多年以血腥的暴力，對付離道叛教的人。13 與 14 世紀的貧民人數可從 1212 年的「兒童十字軍」（由貧苦的牧童率領，由法國鄉下進軍巴黎，另外一次由科倫行軍到羅馬）聲勢的浩大，令沿途軍民咋舌看出端倪。這種由年輕牧童率領的烏合之眾，很快地變成反僧侶、反教會的、激進的群眾活動。

　　綜合言之，14 世紀之前的幾百年之群眾反抗運動的長時間中，反抗的目標有二：其一為對教會的腐敗不公的抗議；其二為對封建體制下統治階級之驕奢暴斂之不滿。上述兩個抗議目標的每一種都呈現社會主義的影像，也使用社會主義的言詞話語。對於農民與貧民的暴動的說法是指受到摩尼教二元論的影響，也有受禁慾、超越肉身與現世的想法之影響。換言之，受到千年祈福觀，以為耶穌重回人世，信徒的罪惡與痛苦可以赦免與拯救之說法所影響。這也是激發人群浮躁騷動的原因。事實上，在第 11 世紀左右，隨著千年祈福運動已近尾聲，很多號稱基督徒的人，相信的不再是一真神的天主，而是兩個神明（天主與撒旦），也相信有善界與惡界兩元的存在。這是摩尼（Mani）的教訓，而非基督教的本義。總之，反抗運動主要的是人們深覺教會與教士的現實權力太大、腐敗太厲害，故敢冒殺身與嚴刑之苦，而為自身信仰的權利而奮鬥。

　　摩尼教對歐洲人而言，是對整個宇宙一項新的看法，這種看法是深受哲學

的支撐。原因是在第 11 世紀時亞理士多德的哲學又告復興，在聖多瑪斯的鼓吹下，知識界重燃對亞氏哲學研究的興趣。亞氏天地的循環論（天體完美而圓形運動與地土腐敗的方形運動之說法）無意間證實了善惡兩元論：地球爲撒旦所轄管，天堂爲神明所創造。這種說詞的部分在七百年後爲康德和黑格爾再度論述。教會因爲管理地上的俗事，所以也可以說是受到撒旦轄管的一部分。

作爲反天主教會的摩尼教，配合著亞理士多德尊天貶地的說法，強調兩元論，把天主教會視爲腐敗與衰落的象徵，也是世俗權威的象徵。更重要的是摩尼教爲異端邪說提供神學基礎，大大影響倡亂農民與社會中下階層的貧民的言行。

這些「旁門左道」、「異端邪說」的異議份子及其活動，結合了市鄉賤民的群眾活動，迫使教會必須動用十字軍軍隊和大審判（宗教上排除異端的大迫害）來壓抑民怨。但另外有些異議者則與教會合作，改變、應付社會劇變的另一條策略，像方濟各修會、多米尼加修會、奧古斯丁修會和卡美利特修會，便紛紛加入貧窮運動，而不以打擊或壓制異議爲其急務。換言之，這四大修會以接受貧窮爲替天行道（宣揚教義）的正確途徑。他們身無長物、無隔宿之糧，以行乞來傳道。這四派修會的會士完全師法耶穌濟世救人的義行，放棄物質享受，以安貧樂道爲教徒生活的範式。

當 13 世紀時，在倡議兩元論的異端運動和行乞守貧的教派修會之間，出現了宗教虔誠的婦女活動。婦女成爲指摘教會腐敗的主要的批評力量。她們有些人是修女，有些人是平家婦女，或是異端份子。她們自稱得到基督的眷顧與啓示，而宣傳福音，也過貧窮的生活，甚至她們還組織幾個公社。其中有人還稱是「聖社的第一位教宗」，後來在大審判中被活活燒死。由於虔誠婦女數量龐大，而其魅力深刻，所以把對腐敗的僧侶、教階之批評轉換成宗教語言、論述，當時的男人視婦女爲財富、權力、職位的批評者，也是財富、權力、職位的取代者、化解者、消滅者。有些作者則美化女人可以直達天聽，與上帝做直接的交通，比起行乞的教士還高明、還細膩。婦女甚至被行乞的修會利用，成爲對付異端邪說的工具。

顯然，天主教或異端的宗教意識把封建與後封建的社會主義包裝下來。階級的意識和反對統治階級的階級鬥爭的意識，都表現在反對教階、反對僧侶，以及強調世俗的形式之上。這些反抗意識也是從千年祈福運動的期待下，以及

革命的期待下昇華出來。自願守貧、安貧的貧窮運動、市鄉貧民與農人的造反，可以視爲對不當得利的財富擁有的抗爭，也是對剝削的摒棄。宗教意識的理想權力是普世的，就像基督教是普世的宗教一般。這種精神使教徒要求教會與其世俗統治者善待眾人，而對抗少數不義之徒。這些人都斥責與排拒財富和特權，而以安貧、守貧來樂道、宣教。由於對現世、物慾、撒旦統治的領域之厭惡。因之，這批守貧者、安貧者一併視財富爲草芥，而痛斥聚斂貪婪之徒。

在 12 至 14 世紀的貧窮運動中，其主要的理論大師爲費歐列（Joachim of Fiore）。他曾經是教士，立志守貧，曾至聖地朝聖，而獨居於南義大利，著有三本著作闡釋舊約與新約的啓示精神，並轉化爲世俗歷史與社會批判。他認爲世界史可以分成三部分：舊約時代，亦即聖父之時代；新約時代，亦即聖子的時代；以及最後出現的聖靈時代，當人類理解《聖經》的精神之時，第三個時代將在反基督的惡勢力被摧毀，而赤腳行乞的教會出現之時到來。聖方濟各會分裂爲精神派和傳統派，前者接近費歐列的說法。他甚至把 1260 年當成聖神時代降臨的分際，以致多位精神派的教士在違抗其上司和教皇之下，遭受大審判的迫害。費氏的學說也遭受譴責、批判和禁絕。

異端者、異議者的社會影響與政治影響在於他們反權威、反腐化的理念同革命或造反運動無意間的掛鉤所造成的，這些出身貴族與商人的後代，卻創造了組織複雜、各式各樣的教派。真正的激發力量卻是歐洲大城小鎮自 14 世紀至 16 世紀以來頻頻發生的騷動、暴動與造反事件。大審判雖然把異議者驅入山巔海角，但反對天主教專橫霸道的理性主義者、自然主義者和物質主義者都以組織秘密社團的方式殘留在城市的角落中。在 11 世紀開端延續到 16 世紀的貧困運動（Poverty Movements）是與摩尼教兩元論結合在一起，而鼓舞了不少狂熱、偏激的秘密社團之形成。

鄉下貧民在壓迫與剝削不斷下，只能以群眾造反來對抗歐洲所形成的首次區域性的經濟之侵襲。住在城市享有特權者，卻對商業資本主義的貪腐與貧富不平深惡痛絕，他們的反抗無異是採用基督教的社會主義之途徑來對抗新興資本主義之霸道。這種接近近代的激烈的平等與自由之社會主義的主張，不只在民間流行，就是天主教會各流派、或流放於山巔海角的異議者，都在其後數世紀中紛紛擁抱這一意識形態。教皇的教諭保護了第三級平民（贖罪者），以免受到封建王公官署的迫害，這對封建主義的摧毀具有致命一擊的作用。聖方濟各

會在成立後的兩百年間曾經大力撻伐教會權力的濫用和高利貸者之貪婪，他們
尚扮演仲裁者的角色，協調封建王侯之間的衝突，並廣設貧民救濟院、醫院、
孤兒院及設置其他慈善機構。

　　早期聖方濟各會的教士雖然沒有經營共產主義式的生活（*vita communis*），
但他們安貧、守貧的言行，強調社會平等（包括視別人爲「兄弟」的博愛精神），
以及沒有上下尊卑的懸殊組織，加上他們進行不使用金錢物物交換的經濟，可
以說是體現了社會主義的原則。在天主教會中，聖方濟各會會派是具有早期社
會主義的精神。

　　但在 18 世紀有影響的思想家與作家中激發注意的來源不是聖方濟各會，
而是耶穌會的神父。原來在 16 世紀耶穌會成立不久，該會會員兼政治哲學家的
蘇阿雷（Francisco Suarez）和馬良拿（Juan de Mariana）便在討論社會契約論，
也在討論君王與弒君（暴君刺殺的正當性）的論調中大力維護人民的權利。耶
穌會的信條與規矩強調外出服務人眾，而非在會堂中潛思冥想，使得該會的飽
學之士成爲世俗權威的顧問與悔改（懺悔）的聆聽者、指導者。其後大批耶穌
會士前往南美進行宣教活動，在協助當地人（土著）對抗西班牙與葡萄牙的壓
迫，在 18 世紀中葉，耶穌會士被趕出拉丁美洲。不只耶穌會，就是聖方濟各會
也曾在拉丁美洲協助土著墾殖和建立新樂園。

　　這兩會的勢力最終雖受西葡殖民政權的打敗，但其活動的報導卻與文藝復
興時代烏托邦的文學相結合，而先後出現了西洋幾部膾炙人口的不朽名著，包
括莫爾的《烏托邦》（*Utopia* 1515-1516）、安德烈（Johann Valentia Andrae）的
《基督之城》（*Christianpolis*, 1619）、坎帕內拉的《太陽城》（*Civitas solis poetica*,
1643）、培根的《新大西洋城》（*Nova Atlantis*, 1627）。在仿效的作品中，在主張
共產主義的烏托邦之小說或文章裡都可見到耶穌會在拉丁美洲被激發、傳教的
故事所引發的幻想。對孟德斯鳩而言，巴拉圭的耶穌會國家（在 18 世紀擁有十
萬人口，三十個宣教會）可以媲美柏拉圖的「理想國」。可以說啓蒙運動的時代
之大思想家幾乎大大讚賞「耶穌會國」，它的存在便構成了社會主義理念的落
實。而這個理念卻是 11 世紀教會醞釀改革、濟貧、深入社會的意願之寫照。事
實上耶穌會神父在巴拉圭爲瓜拉尼（Guarari）族印地安人所建立的烏托邦，就
是去除人性中的種種貪痴。在排除犯罪、災難之餘，爲社區的完善盡力。教士
的聰明才智表現在立法、行政、管理之上。雖然兩個世紀的經營之後爲西葡殖

民政府所擊敗，其風範仍舊遺留給世人。

根據葛倫貝的統計，在 16 世紀有兩部烏托邦的著作；17 世紀增至六部，18 世紀則多達十二部。在二十部的烏托邦作品中，法國占了十四部，英國四部，顯示最進步的國度反而有更多有關理想世界的嚮往（引自 Fetscher 1973: 423）。

1759 年耶穌會被葡屬美洲趕出，1767 年被西（班牙）屬美洲趕出，1773 年羅馬教皇下令禁絕耶穌會的書籍與活動，於是 18 世紀後，耶穌會的教士只有在普魯士與俄羅斯勉強可以存活。不僅早期的觀念受到激勵，就是 19 世紀下半葉與 20 世紀初，耶穌會傳教與開創新天地的集體做法，還影響了社會主義者葛拉翰（Cunninghame Graham）寫出《消失的田園》（*A Vanished Arcadia*），也使蘇格蘭歷史家羅伯琛（William Robertson）把耶穌會建構之社會看做「理想的社區」（Ideal Community 理想的共同體）。

可以這麼說，在 12 與 13 世紀中唯物主義和社會主義的概念在意識形態方面，以及制度方面只存在於歐洲最反動的機關中，那就是天主教會。這些概念能夠存活下來、傳承下來靠的就是行乞的教會（聖方濟會等四種修會）和出外傳教的教會（耶穌會），也依靠「異端邪說」與群眾的俗民文化（包括農民、貧民的騷動）保存下來。貧民、農民的起義，並沒有使教會與國家覺醒，而消除暴富與罪惡之掛鉤。是故馬克思及其知識上的前驅（如聖西門、傅立葉、歐文等），將資本家視為物質財產的累積者，為社會財富的竊盜者。

在卡洛林王朝的統治下，歐洲經歷了新生與再造，其結果卻是一個向外擴張，充滿壓搾性的歐洲。與其聯手的是再度活躍的天主教會。13 世紀歐洲已形成了一個世界經濟，受到南歐商業資本家的指揮，也受到西北歐（北海沿岸）布爾喬亞的支持。為了抵抗社會秩序的操控，攻擊教會便成為一條捷徑。造反運動的意識形態乃為摩尼的兩元論，這是從中歐、東歐落後的腹地發出的理論。於是造反運動被視為異端邪說。但群眾追求的、企圖建立的，卻是社會主義式的社區、社群、共同體。對私有財產的棄絕、擁有財產者之代表制重加檢討、社群公共財產之規範、婦女在社會與宗教上的地立之重新估量，成為當務之急。換言之，教會中社會主義的滋長，導致歐洲統治階級、封建的政治階級、教會、以及富有的布爾喬亞被迫去對付這些被教會視為「異端邪說」的主張。通過聖方濟各會、聖多米尼加會和其後出現的耶穌會之活動，使社會主義的精神得以傳布流散下來。這些民間力量在歐洲傳承了數百年，而在 1789 年法國大革命

時，以及英國與歐陸其他地區的革命中，轉化成群眾的推力；最後使近代的社會主義成爲改變世局面貌，創造嶄新的歷史之主要力量。

馬克思因爲接受了太多布爾喬亞歷史學家的見解，遂把歷史分成不同階段的階段史學（stadial historiography）及其涵蘊的意識形態照單全收下來，另創歷史觀──唯物史觀。因而他居然認爲布爾喬亞的社會爲實行社會主義的必要之前置條件。他甚至認爲要先有資本主義才有社會主義。這種看法與歐洲中古史所呈現的事實有很大的出入，西方社會主義的基本情況早在工業生產出現之前的第 13 世紀便告崛起。是故社會主義興起的年代，要比烏托邦社會主義的出現，提早五百年左右（Robinson 2001: 40-61）。

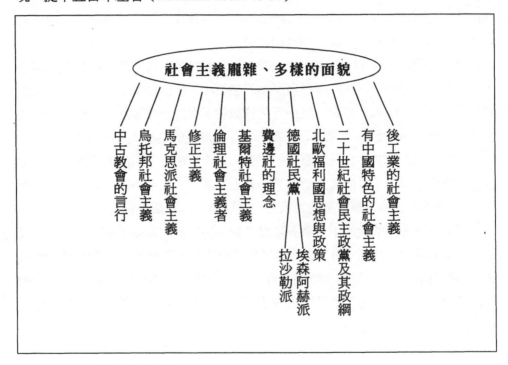

資料來源：本書作者自行設計。

圖 4.2　社會主義思想的淵源與流派

三、烏托邦的社會主義

(一)早期偏向社會主義的先行者

18 世紀法國不少有識之士，像擔任過財政大臣的內克兒（Jacques Necker 1732-1804）、著名的啓蒙運動哲學家盧梭（Jean Jacques Rousseau 1712-1778）、吉隆地派人物的瓦維爾（Jean-Pierre Brissot de Warwille 1754-1793），以及撰寫《封閉的商業國》（*Der geschlossene Handelsstaat*, 1880）的德國哲學家費希特（Johann Gottlieb Fichte 1762-1814），都曾經對私有財產的擁有予以尖銳的批判，但不能被視爲社會主義的先驅，原因是他們只反對部分人財富的累積與集中，而不是要求徹底廢除私有財產。

在這段時期真正提出共產主義的計畫者爲法國無神論者梅利爾（Abbé Jean Meslier 1678-1733）。他在其著作《我的遺囑》（*Mon Testament* 1761, 1864）中，要求徹底廢除政治與經濟的不平等，也取消宗教在社會上助長政經體制的思想角色。他主張弑殺暴君無罪，而煽動人群造反有理。中央集權的國家應該分解爲獨立的地方的經濟體（經濟公社），彼此自由結合。人群的勞動、教育與分配完全均等，這種社會組織的新形態要推廣至世界各地。

同樣偏激的主張可以從卜阿塞（François Boissel 1928-1807）的著作《人類的教義問答書》（*Cátechisme du genre humain*, 1789）看出。他堅持財產一定要歸公。勞動和報酬則按每人不同的需要做分配。他進一步要求國家與教會分開，不分宗教信仰之不同，要推行普世的容忍、兒童的教育由國家興辦、倡說無婚姻的自由戀愛。

在法蘭西大革命中，雖然革命者痛斥社會貧富不均，對少數人的聚斂暴富也大加撻伐，但居然無人主張在憲法的修改或創制中加上取消私產的條款。只有在對付政敵時，將其財產沒收，或是當巴黎住民飢寒交迫之際，才會動了接收富有者財產的念頭。總之財產沒收不曾是重建平等的社會秩序之手段。民粹派份子（*sansculottes*）在雅各賓黨人治國之際，雖對政府施壓，但也沒有對私

產進行取消。

民粹份子的要求被著名的煽動家巴貝夫（François Noël Babeuf 1760-1797）斥爲「要求平等者之陰謀」。他曾於 1796 年煽動巴黎造反，失敗後被送上斷頭台。他發現法國大革命不只沒有縮短人民經濟的不平等，反而加大了貧富的懸殊。他的社會學說與其稱爲社會主義，倒不如叫做平等主義更爲適當。他的平等學說由其弟子布納洛梯（Filippo Buonarroti 1761-1837）宣揚而影響了 19 世紀的思想家與革命者，包括法國激烈的社會主義者布隆基（Louis Auguste Blangui 1805-1881）。巴貝夫的政治遺囑經過布隆基的詮釋，在於深信透過嚴密的組織群體，以奪取國家的權力爲革命者的終極目標，如此便可以改變社會的秩序。

在 1830 年代，在法國與英國出現了幾個社會主義的團體與組織。1848 年法國的二月革命，便是由自稱爲勞工階級的代言人之社會主義者發動的。是故二月革命是含有工人嚮往社會主義的號召而發動的革命。由是被馬克思與恩格斯貶抑爲空想的、或稱烏托邦式的社會主義者，像聖西門、傅立葉和歐文，便粉墨登場。

(二)聖西門的社會主義

聖西門（Claude-Henri de Rouvroy Saint-Simon 1760-1825）出身貴族家庭，受啓蒙運動的影響對哲學和科學大感興趣。也企圖把知識應用於社會問題的解決。他早便懷有改革社會的意願，直到美國的獨立與法國的革命造成的社會動盪，才讓他在 19 世紀初規劃社會重新組織的策略。隨後他提出「社會生理學」，建立對人與社會的科學之研究。他的社會改革之主張，最先同自由主義的看法無異，稍後則逐漸注意到「工業主義」，也就是工業革命所造成社會貧富的差別，這也就構成他的社會主義的學說之開端。嚴格言之，他的著作本身沒有傳世的價值，甚至引發種種爭論，但他對工業社會主義、實證主義、社會學、政治經濟學和歷史哲學的影響卻是廣大而深刻的（Martel 1968〔13〕: 591, 593, 594）。

聖西門的「社會生理學」背後的意涵之主要觀念爲歷史。受著牛頓世界觀機械性的決定論之影響，也受到啓蒙運動觀的進步看法之激發，聖西門企圖揭示歷史變遷必然的類型，也就是嘗試去理解人與社會的過去和現狀，並預測未

來的發展。這種看法使他強調科學（理論性的知識）和工業（生產活動，不限於製造業）之關係，從而把人類自原始素朴的狀態演進到今日高度的文明加以分期。

由此可知聖西門是最早的思想家之一，他把逐漸崛起的工業社會勾勒其特徵，並闡述這一類型的社會怎樣從封建主義的崩潰下發展出來。他的主要的論據是：每一個社會建立在特殊的信念體系之基礎上。這些信念一旦喪失公信力，則其社會秩序就會逐漸崩解。是故啓蒙運動對神學的攻擊造成封建制度的沒落。取代神學觀念者爲現代的科學學說。這些新觀念、新學說充實了後封建的、工業的秩序。因此過去居於統治階級地主、貴族、僧侶，被現代新興勢力的科學家、工程師、藝術家、企業家、生產者所取代。

總之，在社會理論上，聖西門的貢獻可以化爲三項：其一「工業化」對傳統制度與道德之影響；其二，主張以自然科學的看法來看待社會的演進，影響斯賓塞、馬克思的思想進化觀；其三，開啓實證的、生機的社會學說，影響孔德與涂爾幹，間接影響其後人類學與社會學中之功能主義（Martel 1968〔133〕：591）。

在聖西門心目中，技術性官僚進行統治、或資本家帶來的功利、好處，是新社會的特徵。的確，他希望抬高專家的權威地位。他也希望在保持私產權利的基礎上，技術官僚能夠增進人群的福祉。只是有異於自由主義，功利主義只注重個人的權益，聖西門的思想中含有更多集體的趨向，這可以從他 1820 年至1825 年間出版的《工業體論》、《工業箴言》、《新的基督教》三書中看出端倪。這些著作批評了自由主義的個人道德說。自由主義對社會問題的解決嚴重地依賴法律的方式，以及形而上學（天生、自然權利）的途徑。依聖西門的看法，這種解決的途徑是負面的、消極的，也不具活力，無法爲新的、進步的社會秩序提供基礎。自由主義最重大的失敗，在於無法改善廣大的民眾之生活條件，這就是爲社會生產財富，卻無法分享給廣大之勞工與生產群眾。天主教會及其他宗教團體要爲此種工人之災難和貧窮負部分的責任，因爲它們所宣示的道德教訓，並未造成社會平等。

聖西門最後的著作《新的基督教》（1825）當中宣揚新的道德要求、新的宗教。模仿原始基督教贖世的精神，但不再受傳統僧侶、教士的引導，而改由科學家和藝術家來操盤，進行社會的改造，把新的理念散布給各方。這個現代

社會能夠控制科學和工業,滿足人群基本的需要,這無異在地上營造一個人間樂園。生產力成為新社會的主要目標,在技術精湛的行政人員運用下,政治權力之活用變成了生產活動的應用科學。

聖西門也指出社會發展中階級鬥爭是一項主要的因素。不過他不認為時代鬥爭必須訴諸暴力的方式為之。他並沒有預測未來成為階級鬥爭完全絕跡的和諧世界,但卻假設各種各類的社會都會因為功能的分化而有不同的層級。在工業主義之下,工人階級會順服於其「自然的」領袖(工頭、組長等)之下,同時他們的利益會與社會共同的利益、好處相和諧。此外,所有的工人(廣義的工人)都隸屬於單一的生產者階級。他們會分擔共同的任務:藉由和平的手段,來消除社會中不事生產、好吃懶做的那群人渣。只要這一任務完成,社會利益的自然和諧,會使各行各業的生產者合作無間,從而為社會的團結一致型塑新的意識、新的感受。

與傅立葉與歐文並列,聖西門被視為現代社會主義的第三位奠基者。在聖西門逝世之後,他的門徒與學生成立聖西門學派,轉變成一種教派,推行集體性的活動。另一位做過聖西門的祕書與信徒的孔德,就致力於哲學與科學的實證主義之闡釋與發展,成為現代社會學的創始人(Taylor 1991a: 463-464)。

聖西門有關科技官僚進行有計畫的、而大肆控制的理念不但影響到早期費邊社國家計畫優越之考慮,俾抑制資本主義的浪費與缺乏效率,更影響列寧、史達林的共產黨中央集權與計劃經濟之推行。

(三)傅立葉與烏托邦的社群

傅立葉(Charles Fourier 1772-1837)出生於法國貝桑頌(Besanson),是一個到處走動的小商人,沒有受過正規教育,靠自修而獲得社會知識,也深受啟蒙運動的影響,相信歷史正朝著進步的方向邁進。在法蘭西大革命期間,傅氏親眼目睹做生意人(特別是穀商)囤積居奇、毀壞食糧以抬高售價的行徑,因而對不當得利、欺詐、暴富極為憤慨。

傅立葉的烏托邦想法起始於「文明社會一百四十四項罪惡」之分析,這些罪惡包括了市儈、奸商、暴富、詐欺、私通(通姦)等等文明社會的弊端。歷數人類有史以來的發展,將所處的時代文明斥責為差勁的社會形式,也就是剛

剛脫離野蠻的新情況。對他而言，社會最高的形式為和諧理想（ *harmonium* ）的實現，這是在文明衰敗後，轉成復興的歷史循環之最高發展。他這個進步的觀念如前所述是服膺啟蒙運動的產品，出現在其著作《普世一致的理論》（1822）中。

傅立葉說，人類自出生以來從十二項最重要的「激情」（passions）需要當中求取滿足，這包括五官的需求；友誼、愛情、家庭和野心的熱望；搞陰謀詭計的心思；像「蝴蝶」那樣多采多姿、求新求變的熱望；以及綜合身心的愉悅的「複合的」（composite）的心意。另外還可以有第十三個激情，那就是聯合別人求取「和諧」（harmony）的欲求。一般人以上述十二項基本的激情為已足。每個人的懶惰、脾氣，是上述十二種激情中為主導者、配合其他的激情組成。可是在文明時期（civilizations），個人的熱忱、激情卻遭受壞的典章制度所壓抑扭曲，從而無法做最佳的個性發展。例如商業制度和婚姻制度，常常把人的激情做錯誤的引導，而陷個人和社會於災難困頓當中。

傅立葉的烏托邦社群（utopian community）稱做法蘭斯特利（phalanstery）。這是一個讓每個人的基本激情得以發揮，盡量滿足的社會組織。每個法蘭斯特利由一千六百一十人組成，其成員彼此性情迥異，依靠「有吸引力的勞動」（attractive labour）的原則結合。也就是每個人以其所喜歡，也符合其才情、性向去進行工作。譬如最喜歡又最適合種花者，去經營花圃；小孩喜歡捏泥巴，則讓他們長大後去做清潔工。他們每日做十二種不同的工作，為的是滿足「樣式」變化多端的慾望，也可以享受九頓飯的優待。由於所有的社會活動與操勞，都是按每人的喜好與性向去進行，因之，形式上的政治組織沒有存在的必要，社會完全自動自發的運轉。工作的報酬依貢獻大小的比例分配，大家住在集體性的公社裡，自然貧富的對比也告消除。小孩也由公家共同扶養，特別是交給那些最富有家庭觀念，與喜歡養育的人去照顧。

在傅立葉身後出版的《新的相愛世界》（1967）一書中，他曾描在法蘭斯特利社群中，兩性的關係之管理是奠基於男女相互愉悅之情，也就是激情的吸引力，是故自由結合、性愛與多層性關係不被禁止。人群在不同的系列中的工作僚屬關係，增強彼此的情誼，加上性方面的相互吸引、愛慕，將會使社會的凝聚力加強。

傅氏有生之年每日在巴黎餐館中等候能把他的幻想、美夢轉化成真實的計畫的資助者之降臨，可是贊助人始終沒有出現，不過他的理念在俄國、在瑞士

朱拉地區，甚至是 20 世紀的美國加州，都有人試圖實現。儘管馬克思和恩格斯斥責傅立葉是一個「烏托邦的社會主義者」，因為對歷史和階級未進行科學的分析之緣故。但恩格斯另一方面又推崇傅立葉對社會問題有過「辯證的分析」。

詳言之，恩格斯指出傅立葉不但大力攻擊布爾喬亞世界中物質與道義上的災難重重，也抨擊了布爾喬亞哲學家狂妄的理性主宰論。傅氏是一位出色的批評家，也把法國大革命後瀰漫社會商界那種唯利是圖的市儈心態刻劃諷刺。他對兩性關係與婦女地位也十二萬分關心，曾以女人是否獲得解放做為全社會解放的衡量標準。傅立葉最大的成就是把社會的發展分成洪荒、家長制、野蠻和文明四個階段。文明為他那個時代布爾喬亞社會之代稱，但在文明之下，富裕卻產生了貧窮。要之，傅立葉用他同時代哲學家黑格爾的辯證法，反對無限制的人性完美說。他認為歷史科學的引進最後會毀滅整個人類（Engels, *Anti-Dühring* , Part III , Socialism , I Historical；*CW* 25 : 247-248）。

在 1968 年巴黎五月風暴中，傅立葉的觀念為不少法國左派學生所讚賞，他們宣揚其自動自發與人格發展的主張。要之，把社會哲學融合了心理學的卓識，強調個人的快樂，這些使傅立葉的烏托邦社會主義吸引無數人的興趣，儘管他的觀點是那麼獨特而怪異（Goodwin 1991: 160-161）。

(四)歐文與新道德世界

歐文（Robert Owen 1771-1858）是英國的社會主義者，他也是靠自修而獲得知識的人。自從 1800 年他管理了新拉納（New Lanark）的紡紗廠之後，他便熱烈地關心社會的問題。他深信人的性格是受其生活和工作的環境所塑造，因此歐文全力推廣這種說詞，甚至設計各樣實驗方式來證實環境決定論，並藉此做為他社會改革的起點。這種深信與行動構成他在新拉納成立模範村，並在1824 至 1829 年間，在美國印地安那州建立「新協和城」（New Harmony）。從美國返回英國之後，在 1830 年代致力新興的合作運動與工會運動。從 1830 年代中期以後，歐文致力建構倫理學派，期待「新道德世界」能夠隨著千年祈福運動以俱來，這便是他所號稱的「社會主義」時代的降臨。

歐文最著名的作品為《社會新看法》（1812-1813）。此書包括了他的理論與最初的構想，也就是人的性格受到其環境的塑造。由於這一理論駁斥主流派對

社會低層人物的懶惰、無知、貧窮、犯罪等社會「罪惡」為與生俱來的成見，所以產生了振聾啟聵的作用。是故，他藉新拉納模範村的建立，來從事環境的、公益的、教育的改良。這些改良的結果證實歐文的說詞，只要社會做合理的重組，整個社區的住民之性格必然煥然一新。這種實質的改良方式，就是歐文所稱呼的「社會合理制度（體系）」之打造。這就成為他終身努力奮鬥的目標。為達此目標，必須與不合理的典章制度相對抗，而在他心目中最不合理的制度莫過於宗教。在當時居然把宗教同婚姻做了特殊的結合，這是基於對超自然的信仰和過時的道德價值之信守，是故他大力加以排斥。他堅決反對私有財產制度，因為這是滋生不平等與貧窮的來源。

　　儘管歐文對教會與僧侶抨擊不遺餘力，但他一向認為宗教與生活是個人內心情緒不可或缺的表示。在《新道德世界》第一集（1834 年 11 月）上，他描述未來的新社會是「基督的再度降臨」，因此他信心滿滿地宣告千年祈福運動的肇始。在這種情況下，歐文的門徒推行的運動，無異教派的活動，這與他早期社會新看法與社區改革運動相去甚遠，儘管歐文本人預見社會主義的轉型係立基於合作運動的小型單位之上，且民主的自治原則要廣為應用。在向新拉納郡的報告（1920）中，歐文指出：在占地六百至一千八百平方英畝上，擁有三百至二千人，不過最理想的人口數目則在八百至一千二百人之間。很多人爭論在這麼小的單位下，只有經營農耕才適合，而對英國以工商業為主要經濟活動的國家是不適當的。何況歐文本人也體會工業化、機器化才是創造財富的捷徑。

　　歐文宣揚工作是人類主要的創造功能。他也警告機器有可能最終奴役人類，而不只是滿足人類圓滿的生活而已。他相信這種小型合作單位可以阻止機器對人的宰制，因為機器為社群（社區）所共同擁有，也是由於生產資料歸團體控制之緣故。他還進一步要把交易媒介的貨幣消除，取代貨幣的將是基本需要物品的自由分配。這種分配的原則是依據個人「勞動券」（labour notes）擁有的多寡、以及需要的大小、和交易的剩餘來決定的。

　　可以看出，歐文的建議幾乎是共產主義的一種形態。不過得要小心區分他的理念與同代共產主義者布隆基、卡貝、魏特鈴、馬克思與恩格斯等人的用法。蓋後面這一大批人使用的共產主義都為革命性的，以及直接的、暴力的，最終在奪取政權的目標。反之，歐文小規模的合作運動之理念則接近傅立葉的主張。

　　歐文主張以緩進的、和平的手段來致力社會改造，是同聖西門和傅立葉受

到馬克思和恩格斯貶抑爲「烏托邦的夢幻者」之因由。不過歐文卻留下一個可資應用、實用、實踐的重大遺產，他的社區實驗是現行社會的另一雛型的替代群落。從另一眼光來看待歐文的所作所爲，則不難發現他對近代的合作運動和工會運動貢獻非凡（Taylor 1991b: 361-362）。

四、馬克思主義派的社會主義

　　馬克思（Karl Marx 1818-1883）和恩格斯（Friedrich Engels 1820-1895）把社會主義放在嶄新的基礎之上。不只在時間的縱貫線上，將社會主義看做是封建主義、資本主義的延續和揚棄（保留資本主義注重生產力的提升，而放棄有產者對無產者的剝削），也就是人類進入共產主義最終樂園的前哨站。換言之，以辯證唯物論或歷史唯物主義的眼光來指明社會主義在人類發展歷史上的位置，以及其必然到來的理由。在空間的橫切面上，他們剖析了階級社會的結構、運作方式以及階級鬥爭成爲改變社會結構，導致社會變遷之動力，從而客觀地、「科學地」剖析資本主義社會的來龍去脈，並且使用自然科學精確預測的方法來預言社會主義之終必降臨。這也就是他倆何以宣稱其發現與闡明的社會主義爲科學的社會主義，也斥責、抨擊、貶抑前述同代人、或前代人的社會主義爲空想的、烏托邦的社會主義底原因。

　　1840 年代青年馬克思與恩格斯曾經是黑格爾左翼門徒，儘管他們當時年幼無法親身受教於黑格爾本人。他們不只思想上是左傾，還因爲痛恨普魯士政權的專制，而倡導激進的民主（馬克思稱之爲「真正的民主」）。透過了政治經濟學，馬克思自認掌握到科學的方法，配合黑格爾的辯證法、費爾巴哈的人本主義，法國哲學家的物質主義，他們遂大力批判烏托邦的社會主義。認爲後者企圖以道德說教，新創人文宗教，通過教育的方式來進行和平的、緩慢的社會改革，是唯心主義者、理想主義者的白日夢。

　　與早期的社會主義相對照，馬克思主義者（下稱馬派）的社會主義有下列幾種特色：

　　　1. 藉由對當代資本主義社會的政治經濟之批判，才能理解資本主義制度並非永恆存在的現象。理解了資本主義制度的社會與經濟關係，以及其必

然的走向（社經本身的矛盾導致工人階級最終的暴力革命，摧毀了資本主義的剝削機制），才能落實社會主義者之要求——廢除私產、公共擁有、人人平等。

2. 過去的社會主義只強調：社會底層大眾（農民、工人、奴隸、貧民、賤民等等）是對抗強權的力量，但馬派人士卻把推翻資產階級的重責大任交給勞工階級、無產階級、普勞階級。是故馬派社會主義最重大的突破是企圖把工人轉化為革命者，強調無產階級的革命，以及革命完成後，短期間的無產階級專政。

3. 堅持普勞階級的戰勝資產階級，就是社會主義的實現。這點與早期社會主義者，強調社會的緩慢與和平改革截然不同。換言之，前期社會主義者儘管有理想，甚至也在英國與北美進行社會主義的實驗，卻不像馬派講究先鋒隊、前衛、革命黨之組成，以及奪權謀略、造反步數之步步為營。至少在俄國，以及中國成功地打倒舊政權，掌控國家的權力。

4. 未來社會的民主架構。過去烏托邦社會主義者對未來理想社會的藍圖，不是強調人人平等、富裕、溫飽，便是期待社會和諧、快樂。這些理想馬派也談及，至少馬克思說到未來的人類，不再受分工的侷限，而可以隨心所欲做一個「真正的人」（「完人」，*eigenlicher Mensch*），既是獵人，又是漁夫，又是牧民，更是吟詩作詞的文人或文學批評家。不過有關未來共產社會的民主結構，馬克思本人雖然沒有言明，但其徒子徒孫在 20 世紀的社會主義中已呈現兩種模式：共產黨專政的舊蘇聯、舊東歐諸國、當今的中國、北朝鮮、越南和古巴，這是真實存在的社會主義國家（actually existing socialist countries）。另外一個模式則是推動社會民主的德國、法國、北歐諸國（以上為 Fetscher, *op. cit.* p.425 之引用）。

對民主的解釋之爭辯關鍵是階級鬥爭的政治形式，這是無產階級獲得勝利之途徑，何者為重？何者才符合民主的要求？毫無疑問馬克思與恩格斯會偏向於無產階級組成獨立的政黨，俾使「自在的階級」變成「自為的階級」。恩格斯在晚年表示民主的共和國是資產與無產兩階級較量對抗的理想戰場，也是為其後無產階級勝利、推行無產階級專政而鋪路。恩格斯對社會主義者透過選票的

擴大而取得的自治權力極感興奮，這也預告了 20 世紀初社會黨人選舉中的獲勝。當修正主義者伯恩斯坦（Eduard Bernstein 1850-1932）和改良派的社會民主運動者大力讚賞恩格斯這一慧見時，列寧卻唱反調。他採用布隆基和雅各賓黨人的搞陰謀、成立祕密社團、研究革命組織與策略。這也就是說他以革命菁英來代表尚未成熟、尚未覺醒的俄國工人階級，從沙皇的專制下，奪取政治權力，其間聯合工農兵形成統一陣線大有必要。

對於社會主義的菁英而言，馬克思與恩格斯所強調科學的社會主義，變成了正當化任何的（甚至是暫時的）黨綱之理由，只要這個黨（布爾什維克黨、共產黨、勞動黨、社會黨）能夠指引無產階級，能夠掌握無產階級之命運的話。

在 1880 年代，馬、恩的理念透過拉沙勒（Ferdinand Lassale 1825-1864），而滲透到德國的勞工運動之中。拉氏本身對政治經濟學所知極為有限，更不要說對它有所批判，他對馬克思與恩格斯學說的理解也是很膚淺。在涉及勞工階級究竟應當與誰聯盟，以及國家所扮演的角色方面，他與馬、恩大異其趣（洪鎌德 1997b：117，192-194）。當時德國的兩個勞工黨派，社會民主勞工黨（埃森阿赫派）與德國工人聯合總會（拉沙勒所創立），在 1875 年 5 月的哥達大會上合併為社會主義勞工黨，其後改名為德國社會民主黨（Sozialistische Partei Deutschlands；簡稱 SDP）。在馬克思逝世後二十年間，社會民主黨大肆宣傳擴張，也贏取不少選票，而成為德國最大的政黨。由是可知馬克思不僅是共產主義理論的奠基者，更是德國社會民主黨（後來師承社會民主的理念，不限於德國，也擴大到北歐、英、法、俄及世界其餘地區）的創立者與精神領袖。在第一次世界大戰爆發之前，社民黨不只是在德國，也在全球各地，成為最具聲勢，最有權力的社會主義之政黨（洪鎌德，前揭書，頁 194）。

關於階級的聯盟方面，拉沙勒認為同那些反布爾喬亞的貴族締結默契性的盟約，對革命的推進有助，但這種構想受到馬、恩激烈的反對，認為這樣做是革命的倒退，是反動的。有關國家的角色方面，拉氏師承費希德和黑格爾的看法，認為國家的存在才是改變社會秩序、促成公平落實的機制，也是協助生產合作社成立的助力。反之，馬克思終身攻擊國家是資產階級的統治工具，期盼國家早晚的消亡。由於拉氏在德國工運中被視為一位了不起的宣傳家，他強烈的道德意識與情緒性的風格，使他成為德國工運中最具影響力、最有魅力的領

袖。所以馬克思對他的不滿不敢太公然、太囂張。

　　拉沙勒的門徒大多出身手工業者（技匠）與小布爾喬亞（小資產階級），因之，對拉氏道德上的訓誡，都能真誠接納。是故馬克思和恩格斯對他們的批評，僅止於一般的說法，而少了「科學的」批判。就是馬克思的科學社會主義之學說也要靠恩格斯的大力鼓吹，特別是《反杜林論》（*Anti-Dühring*, 1878）中把馬克思的思想系統化、教條化。在這本爲各方熟讀的作品中，恩格斯提出馬克思的世界觀爲一種辯證的物質（唯物史觀）之哲學，這部分雖不合工人的胃口，但卻爲馬氏學說奠下「科學的」基礎。除此之外，考茨基（Karl Kautsky 1854-1938）所撰《馬克思的經濟學說》（*Karl Marx: Ökonomische Lehren*, 1887），對馬克思的政治經濟學及其批判有推波助瀾的作用。考茨基把馬克思《資本論》首卷以通俗的筆觸，予以簡化解說，他還把恩格斯所編的《資本論》卷二、卷三，加上了卷四《剩餘價值理論》（又是三大巨冊），使馬克思的巨作呈現更爲壯觀的模樣。

　　在上述德國社會主義者聯盟建黨的 1875 年發布了《哥達綱領》（*The Gotha Programme*）。馬克思對此文件非常不滿而有所批評。可是在馬氏 1883 年逝世後六年召開的埃爾福特（Erfurt）黨大會上，其通過的埃爾福特綱領（1889），則無疑地是馬派的傑作。討論社會民主黨的原則是由考茨基執筆，至於有關黨對局勢的看法與採取的措施，則由尚未變成修正主義者的伯恩斯坦撰述。伯恩斯坦同考茨基後來竟告不合與分離。但這卻埋下德國左翼陣營分裂的種子成爲主張改革的修正主義和「正統」的、搞革命的馬派社會主義之分別（Fetscher, *op cit.* pp. 425-426）。

　　社會主義與共產主義的不同主要依賴馬克思的分辨。而他這種分辨，是在他逝世後八年（1891 年）才正式刊載的〈哥達綱領批判〉文獻中看出。這種分辨成爲馬派學說的核心，還得等列寧在《國家與革命》（1917）一書中的闡釋才確定下來。馬克思將共產主義社會的組成分成兩個階段。第一個階段是緊跟在資本主義崩潰之後，工人成爲新的統治階級；因之，需要建立工人國家，實施無產階級專政來防止資本主義復辟。這時工人們心態多少仍受布爾喬亞渲染。這時工人們的勞動報酬要按其工作之價值，這就是各盡所能，按值計酬。但不久之後生產力迅速而又全面的提升，早期資產階級所橫加的限制一一清除，社會進入「共產主義社會更高的階段」。至此階段，國家作爲壓迫的工具之角色逐

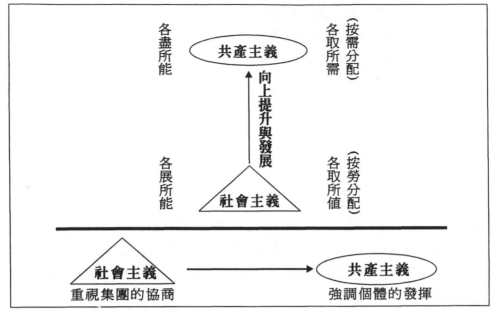

資料來源：本書作者自行設計。

圖 4.3　社會主義與共產主義之分別

漸褪失，最終國家枯萎了、消亡了。人群對勞動的態度完全改變，工作不再是苦差事，而是賞心悅目的創造，有如藝術家之創作活動，屆時社會可以在其旗幟上大書特書：「各盡所能，各取所需」（洪鎌德 2000：371-375）。

　　列寧在《國家與革命》一書中指出：「通常大家稱謂的社會主義是馬克思用來描述共產主義社會『第一』或低階的用詞」。這也說明馬克思主義者有時使用「社會主義者」，有時使用「共產主義者」，而不發生矛盾，完全看他們在革命奮鬥過程中追求的目標為近程或遠程而後定。這也說明許多標榜自己是社會主義的國家，其統治者卻稱呼為共產黨人（Sweezy 1991: 500-501）。

五、非馬派的社會主義

　　在 19 世紀末馬克思主義幾乎成為歐陸每個角落社會主義浪潮的主流。只有在西班牙還剩下一股安那其（無政府主義者）的社會主義之思潮。在俄國偶

有無政府主義者的呼號，但大部分則爲造反的農民的社會主義之吶喊。

　　與歐陸截然有別的是馬派的社會主義在英國工人運動中幾乎無發言權可言。其原因可從荷共領袖潘內可克（Antonie Pannekoek 1873-1960）和列寧的帝國主義理論中找出來。英國提早工業化使其最早出現的勞工運動一開始便和擴大選舉的憲章運動（Chartism）結合在一起，致力於法政的改革。英國工人以爲只要能夠擁有普遍的投票權與平等權，便可以解決經濟與社會之不平等。

　　可是法國外交家兼政治學者托克維爾（Alexis de Tocqueville 1805-1859）早就看出政治上的民主同經濟上的不平等一樣可以長期並存，這就意謂他對英國工人投入憲政改革，而無法短期提升經濟地位，有先見之明。現代的保守主義也證實很多的工人可以被遊說來投保守黨的票，或其後出現的工黨，而證明英國工人的保守性格。但造成英國勞動階級缺乏革命的熱情也是因爲早期工人騷動所受血腥的鎮壓，英國政府勞動時間的訂定（1847 年國會通過每日工作不得超過十小時之法令），也是使英國的工運走向改革之途的主因。

　　19 世紀英國經濟在世界市場上的主導地位，使其部分工人獲取特權，有如勞動的貴族。此外，英國工人可以移民到大英帝國的海外殖民地區發展，也是個人的另一條出路。移民不失爲減輕母國社會人衆地瘠的緊張關係之藥方。值得注意的是英國不受上級束縛、不肯同流（non-conformist）的各派教會對工人的照顧，使得宗教的偏激主義得以發揮，而取代政治上的抗爭，甚至造反。列寧對派系不同的牧師之講道頗有微詞，蓋他們雖然講授社會主義，卻灌輸給工人偏激的宗派思想，反而不鼓譟他們造反有理的政治思想。

　　英國社會主義的特徵爲：一方面是現實的工會同消費者合作運動之聯盟；另一方面工人卻也與慈善組織或自由派知識份子，像費邊社、蕭伯納、韋勃夫婦等改良派密切來往。因之，對 19 世紀末、20 世紀初的英國人而言，社會主義意爲激烈的改良主義，也就是對資本主義社會的結構進行改善，而不欲取消自由主義所擁護的議會民主，更不想把生產資料社會化、公有化。時至今日英國的社會主義只是一種社會改革運動，而突顯其道義上的淑世救人（慈善）的色彩。

　　歐陸上也發生馬派與非馬派社會主義的分裂，這主要是社會民主黨對正統馬克思主義的維護，以及對情勢改變而提出的修正主義兩者之間的爭執。伯恩斯坦本來是恩格斯所高度欣賞的《社會民主人》（*Sozialdemokrat*）機關誌的主

編，卻深覺時移勢易，有必要修正馬克思部分的教條，俾理論與實踐能夠一致。在1890年俾斯麥廢除反對社會黨人的法條（*Sozialistengsetz*），社民黨發生了黨內革命理論與改良實踐之間的落差。在南德諸邦邦議會的社會黨議員經常與自由派議員合作。這種做法依據教條的革命理論是對無產階級有害的。不過在社民黨中央的操盤者，無論是考茨基，還是貝倍爾（August Bebel 1840-1913）卻死抱革命教條的大腿不放，認為這種革命性的理論是一項意識形態，可以迅速凝聚、擴展的工人群眾及其活動，是故教條派當權，而修正派遭抨擊。在他們致伯恩斯坦的信上，這些黨的領導多少表示局勢的變遷為主，理論的正確為副。只有黨內的偏激份子，像潘內可克與盧森堡（Rosa Luxemburg 1871-1919）才會把修正主義視為社民黨中央的主義和工運的官僚化之結果。

伯恩斯坦的理論說明卻是靠經驗性的考察，也就是靠商業與收入統計來指出社會貧富的兩極化。但也指出馬克思教條中令人啟疑的部分，包括資本主義的必然崩潰、社會兩極化為資產階級與無產階級、暴力革命可否為改革運動所取代、國家的角色等等。他甚至認為辯證法對社會主義無益。他也採用新康德主義的立場，認為理論與實踐的合一會造成機械性、自動演變的宿命觀。伯恩斯坦說修正主義「這個詞僅僅在指示改變的需要，而非在事先就躲避改變，改變的趨勢是不容質疑。修正主義意為在進化論的方向裡，社會民主的理論與實踐之延伸」（Bernstein 1961: xix）。

在第一次世界大戰結束後，伯恩斯坦的社會主義看法在德國的社民黨人中贏取廣大的擁護。對德國與西歐的社民黨人而言，社會主義已縮小到民主議會中的爭辯與立法，其主旨在為工人及其他群眾爭取社會保險、充分就業、教育機會之大增的有利條件而已。在1929年至1933年世界經濟大蕭條之際，這種為工人爭取權益的努力，取得巨大的成果。只有在第二次世界大戰結束後，西方在採用凱因斯的充分就業理論，方才知道國家的財金與經建政策，可以克服大規模的經濟危機。

就在修正主義引發爭論的當時，人們提出社民黨是否只靠選票和議會的抗爭來爭取工人階級的權益，還是採取其他路線（像總罷工）來進行鬥爭。但自從蘇維埃聯邦共和國誕生，社會民主黨人士只好更倚賴議會作為與資產階級對抗的工具與場所。社民黨在20世紀初（特別是1918年）曾模仿蘇聯大搞工人議會（蘇維埃），但成果不佳，德、匈、義的工人革命紛告失敗。自此之後高舉

議會民主的大纛（包括承認多黨參政、自由組黨與聯盟等）成爲社會主義不可或缺的一部分。即便是在納粹統治時期，政治的民主仍舊是社會主義者與共產主義者堅持的原則。不過共產主義與社會主義者對納粹之崛起有相反的解釋：對共產黨人而言，納粹是法西斯主義在德國領土上的惡勢力，這個惡勢力不過是資本主義脫下民主外衣的赤裸裸醜態。對社會民主人士而言，德國的法西斯主義之崛起，顯示工人階級更迫切需要維持民主的形式。是故法西斯主義的竄升正是社會主義缺乏民主造成的惡果。

　　社會主義勞工運動其後發展的趨勢儘管被歸類爲「非馬派」，但並不意味它完全反對馬克思的理論。這裡必須留意國家功能的改變，以及景氣循環、資本主義轉型這類避免經濟危機的措施（後者爲馬克思所不熟知的新現象）。列寧主義的信徒曾經把現代的資本主義界定爲壟斷的資本主義，這種說法與馬克思科學的嚴謹治事標準相去甚遠。不過非馬派的、講究修正主義的改良式的社會主義，對於宏觀的經濟程序，也不見得能夠有效掌握，更不必說提出令人滿意的理論。

六、作爲社會型塑的社會主義

　　自從馬克思撰述〈哥達綱領批判〉（1875）和列寧出版《國家與革命》（1917）之後，社會主義一詞才被看做是描繪普勞革命完成之日出現的社會之稱謂。社會主義被當作社會的秩序來看待，在這個新的社會秩序裡生產資料歸公、人人必須操勞工作、消費品按勞計酬。在形式的平等之下隱含了實質的不平等，因爲個人及其家庭不同程度的需要仍舊無法獲得滿足。爲了保證這種人與事的秩序得以維持，法律、法庭和家庭權力之運用仍屬必要。與社會革命的階段相配合，這一時期的國家爲工人的國家，實施無產階級專政，目的在保障絕大多數的工人之權益，並且壓迫殘留的、舊統治階級的成員，而防止資產階級的復辟。

　　由於這一專政名義上是絕大多數工人的當家作主，所以表面上取得民主的形式。不過這種民主的形成其程度的深淺和以何種的形態來實現卻是疑問重重的。這也就是導致列寧與盧森堡之間的爭辯，後來發展爲列寧同托洛茨基（Leon Trotsky 1879-1940）的爭執。盧森堡反對列寧以專業革命家權充工人階級的急

先鋒，反對採取黨菁英的民主集中制。她認為工人的自我活動與創意應加以發揮，而擴大工人組織的民主基礎。托洛茨基提出「不均等與合併的發展」理論，以及由此衍生的「永續革命論」。落後國家克服其貧困落後不是師承先進國家所走過的路線及其發展的階段，而是設法超越、混合、合併而呈現新貌，這是西歐與北美之外的國度與地區的發展新途徑。例如過去西方帝國主義統治的殖民地區，勞工階級迅速壯大，資產階級相對微弱。是故殖民地的普勞階級應當不用等到該地的資產階級推翻封建勢力，便可逕自發動革命，直接走向社會主義社會。一旦落後地區或國度的普勞革命成功之後，特別應該向先進國家輸出革命。總之，永續革命的理論在挑戰列寧等人的觀點，後者視推翻封建的革命後有一段資本主義之形成階段，在此階段中不是像西方由資產階級統治，便是像蘇聯建國初期所實施的「革命民主的工農專政」，都非真正的民主政治之落實。

　　事實上，列寧主義片面地強調生產力的提升和經濟成長的極大化，俾為轉進共產主義做好必要條件的準備。其結果無法實現馬克思所嚮往的社會主義之型塑旨在達成人類的解放之目的。馬克思一開始深信社會主義主要地牽連到人群關係之改變、敵峙、仇恨、匱乏、相互妨礙等等限制等之消失，但他未料想到由於社會型塑或形構之改變，這些負面的人群關係將會為新的道德所取代，也就是新人新政、新人新德的出現。這是因為少數人的官僚統治需要道德來加強其統治，並且合法化、正當化其統治。新領導清規式的道德要求是革命成功後必然的結果，卻不是馬克思與恩格斯始料之所及的。在這種情況下，未來共產主義社會的面貌也須重新修改。舊蘇聯在 1956 年以後出現的大批文獻，就是檢討未來共產主義可能的發展與樣貌。

　　很多學者都變成了不同意蘇聯（包括中國、東歐、西歐在內）教條的異議馬克思主義者，他們自從 1956 年以後便抨擊史達林移花接木式的社會主義概念。其中柯拉克夫斯基（Leszek Kolakowski 1927- ）、費雪（Ernst Fischer 1889-1972）和加魯第（Roger Garaudy 1913- ）等波蘭、奧地利和法國的馬克思主義理論與實踐者，便指摘史達林大肆擴增生產的拜物教是社會主義理想的扭曲。與此相反，作為社會型塑的社會主義之特質在於促成個人的更為自由、更為快樂、更富創造的活力與精神。

　　以毛澤東為首的中國則批評舊蘇聯與東歐社會實施不同等級的薪資，中國認為激發人們的道德動機比物資獎賞更為重要。為此原因中國在建設社會主義

的階段，盡量把薪資的不平等調整在一定的限度內，其目的在凝聚全國的向心力。不過自從改革開放之後，鄧小平採取「先讓少數人富有起來的」社會主義商品與市場經濟之後，中國大陸貧富的差距不減反增。事實上在 1978 年十一屆大會的三中全會裡，中國自稱其社會制度進入「初級階段」。所謂的社會主義初級階段是指生產力水平相對落後於發達國家的、年輕的、尚不完善的社會主義（薛漢偉 1987：182）。1982 年鄧小平在中共第十二屆代表大會上論述，有必要把馬克思主義的普遍真理同中國的具體實際結合起來，因之必須走自己的道路。首先要建設符合中國國情的社會主義，其次進行「現階段的民主建設和政治體制的改革」，最終不忘社會主義精神文明之建設。1984 年的經濟體制改革強調「社會主義經濟是公有制基礎上有計畫的商品經濟」，是推行「計畫與市場內在統一的體制」。1992 年鄧小平的談話促成中共在十四大確立了社會主義市場經濟的理論（洪鐮德 2001a）。

　　無論是舊蘇聯，還是當今的中國所推行的社會主義，顯然地同馬克思原來的構想相去甚遠，其中最明顯的是馬克思對商品與市場絕無好感，都是他要求社會主義尤其是共產主義廓清的對象（洪鐮德 2001b：72-77）。換言之，馬克思認為在共產主義階段必須徹底消滅資本主義。可是舊蘇聯也好，如今中國也好，為了與資本主義先進的科技作一個比賽，工業、甚至商業的大力發展變成當急之務。早期蘇聯的大力工業化、城市化，導致城鄉發展失衡，貧富差距擴大，而農村人口的盲流，今日中國大陸也是重蹈覆轍。可以這麼說，馬克思心目中的社會主義既不是前蘇聯、前東歐共黨國家所實行的社會主義，也與今日具有中國特色的社會主義相距甚遠。唯一保留的部分特徵是生產資料的歸公，但以今日看待中國的外資、台資、僑資與個體戶企業，不只經營權非公家得以聞問，就是財產的擁有權也非公有、國有。

　　除了真實存在的社會主義國家所曾落實的社會主義之外，在西方也有社會民主理念下的民主的社會主義。這一社會主義拒絕共黨對政治問題的處理方式，但也要求同資本主義劃清界線，但事實上這個界線卻不易劃清。一般而言，凡是盡量達成人民機會平等，並提供全面的社會安全（包括疾病保險、失業保險、年金等）之國家，才算是社會主義的國家。至於生產資料是否歸公，反而很少論及，把財產公有視為長程的、或是最終的目標。這一西方民主的社會主義，偶然也會動用自由民主的改良策略，像國家減少干預，容許私人財產增加

等等。公家擁有生產資料只有在平衡市場的偏頗（像瑞典運用的合作社經營方式）時，或是某一經濟部門自我調節的功能失效時，方才採用。就其實踐的層次觀之，歐洲幾個工業國家（瑞典、英、法、荷、比、德、義）不能算是純粹的資本主義國家，也把地區、社群的經濟涵蓋進去。不過資本主義運動的價值律與市場的機制仍舊占主宰的角色，則社群或社區的因素對整個國家的經濟只有略加修改的職能而已。同樣採取中央計畫經濟的共黨國家，也無法純粹推行其中央監控的經濟，偶而也讓部分的市場去發揮調整的功能。這造成學者一度提出「合流論」（匯合論 theory of convergence），認爲東西陣營的科技、政經有匯合之可能，這是無視於兩大體系的重大差異，也高估各種體系中小部分元素可能發揮的作用。

　　捷克在自由化、民主化之前一度倡說「具有人性（人臉）的社會主義」，既不同於官僚化的共產國家，也不同於西方福利國家。它只是以道德爲基礎，希望藉政經改革而提升人民的生活水平。但布拉格之春維持不久，便遭受蘇聯紅軍鎭壓，人性化的社會主義來不及實施便走入歷史，實在遺憾。

七、社會主義豐富的遺產及其傳承

　　自由主義是在對抗封建主義而產生；反之，社會主義卻是在反抗資本主義的情況下崛起。自由主義與社會主義都是對現在社會與經濟的秩序之批判，而提出未來可欲的、理想的社會之藍圖，自由主義較之社會主義提出比較圓融的思想體系，其理論或多或少落實在資本主義與自由民主體制之上。反之，從社會主義衍生出來的政治體制有目前中國、朝鮮、越南、古巴或過去舊蘇聯與東歐的社會主義國家，也有自稱爲社會民主的北歐、西歐國家，以及第三世界不少奉行社會主義理想的落後國家。無論如何觀察就理想與實踐的關係，自由主義與社會主義這兩者，都有理論與實踐之間落差的問題。

　　儘管社會主義理論的發展可以推溯到 19 世紀初葉，但其最開始的理論家對工業主義的成長抱著驚嘆與憂慮的含糊態度，企圖把生產力的提升導向福利國方向而裨益貧困大眾；有些作者則以排斥工業主義，而另建新的社會與經濟秩序爲職責。他們的理論儘管彼此有異，卻對其後以社會主義爲名稱，而進行

的社會與政治運動產生了重大的、一致的影響力。

在很大程度上，社會主義受到馬克思遺產的衝擊，而成爲活力十足的意識形態與社會運動。馬克思與恩格斯提供社會主義跡近宗教般的狂熱，全力排斥資本主義貧富兩極化，不只在國內的範圍，甚至擴大到殖民母國與殖民地的壓迫與剝削關係之上。另一方面馬克思主義提供給社會主義的爲所謂的科學的世界觀、歷史觀與社會觀，也就是分析階級的對立與鬥爭，以及資本主義的必然崩潰的理論說詞。

馬克思主義含有宗教性質的說詞，在於強調工人們終究要從人爲的壓迫、異化、剝削和貧窮釋放出來，社會最終會變成無階級、無鬥爭的社群。其科學成分則在向普勞階級宣稱資本主義必然在其內在矛盾重重之下走上自我毀滅之途。馬克思所言未來的社會是高度人道主義的，是由資本主義所轉化成爲所有人可以自由選擇豐富與快樂的生活。一旦壓迫消除，個人的自由和社會的協和，以及人人的平等便可以獲致。這部分理想的生活之情況，馬克思不欲細談，不欲預言，正顯示他的社會主義比起烏托邦的社會主義更富烏托邦的色彩（Self 1995：335；洪鎌德 2000：407-413）。可是馬克思主義者這種混合科學與理想，把實踐綴以對社會不義的憤懑，卻成爲強而有力的意識形態，爲工人階級及其領袖提供造反或改革的動力，也使社會主義由空洞的理論，變成改革歷史的實踐。

儘管有馬克思主義的支撐與推動，社會主義的發展卻是多方向、多領域，而不爲任何一個政治教條或政治詮釋所範圍。英美的工會運動就對馬克思主義的教條與革命煽惑無動於衷，而費邊社也走實用的路線，追求善意的國家計畫和福利得以落實。就費邊社成立（1883）與伯恩斯坦的修正主義宣布（1895）的同時，社會主義者中的無政府主義也形成一股強大的勢力。無政府主義者向來就想用暴力來摧毀既存的政治秩序。第一國際的失敗便是由於馬克思主義者與無政府主義者的角力，無政府主義者大多活躍在壓迫性與封建主義殘留的國家，像19世紀的俄國與西班牙。反之，主張和平與緩慢改革的基督式社會主義者生活在英國。

第一次世界大戰和俄國的十月革命把社會主義分裂爲共產主義和民主體制。布爾什維克黨人的奪權，表示十月革命是菁英的革命，而非普勞階級的造反。它暴露馬克思政治理念的缺陷，誤把國家僅僅視爲主流經濟階級（資本家）

的統治工具，而忽視國家可以是分開的、獨立的權力之一種。史達林證明了政治權力與經濟權力徹底的合一，以及獨裁與暴政之濫用。東歐與俄國的共黨專政與一人獨裁，使得社會主義的意識形態走向死胡同，也使老百姓對革命政黨的共產黨之信心徹底幻滅。

在第一次世界大戰中的民主的社會主義（democratic socialism）遭受了雙重的打擊，其一爲工人不肯團結反戰；其二俄國革命的成功造成的知識份子之霸權。一方面是國際工人團結力量的渙散；另一方面在兩次世界大戰之間，蘇維埃的共產主義及其領導的第三國際全力打擊西方民主的社會主義之成長。特別在德國與義大利，由於共產黨的杯葛，民主的社會主義不敵法西斯主義而完全慘敗。

民主的社會主義倚靠長期的療養，才把社會主義與極權的共產主義政權分開，而恢復其體力。就在共產主義逐步征服俄國與東歐，而西歐的共產黨人，卻在採取民主形式與社會路線之後，擺脫舊蘇聯的糾纏而變成歐洲共產主義。最大的改變則爲1959年德國社會民主黨在哥德斯堡所通過的新黨綱，徹底揚棄該黨強烈的馬派傳統，而採取逐步的、緩慢的社會改革之策略。加拿大學者麥克佛遜（C. B. Macpherson 1911-1987）認爲自從霍布士和洛克以來，便認爲每一個人都是其身體與能力的擁有者、占有者。人人擁有這類事務完全靠他（她）本人，與社會無涉，這便是所謂的「占有的社會主義」（Macpherson 1962: 3）。

各國的工黨與工會都能隨機應變，盡量在實用方面同資本主義的利益配合，俾便分享經濟成長的好處。事實上英美的工黨與工會已能接受市場經濟之地步，而把原來的社會主義的理想縮減爲福利政策（welfarism）。這種發展的趨勢造成民主的社會主義與社會的民主之間界線模糊。在批判資本主義之際，馬克思主義依舊是不可忽視，但其實存的社會主義國家經濟之混亂落後，卻肇始於黨政官僚資源控制、計畫管理之不當。

1980年代社會主義思想的再生又告浮現。過去民主的社會主義曾經辛苦地走過一條崎嶇的長路，也從馬克思主義的侷限、共產主義的衰落得到教訓。社會主義的哲學不斷在摸索一條新途徑，企圖把其原則與可能的應用做一嶄新的綜合。首先人們重新發現社會主義豐富的遺產，還包括社會主義的多種樣貌，適合不同的時空背景而發展的可能性，與當代講究自由、多元和實驗的精神若合符節。其次，「倫理的社會主義」的再度浮現也引人矚目。所謂倫理的馬克思

主義在強調社會主義在於反映良好的社會之道德原則。馬克思主義一向排斥道
德的訴求，儘管馬派人士對資本主義的罪惡憤憤不平，但現在人們逐漸獲得一
個共識，不認為實現良好社會的道德目標是一種烏托邦，反而視馬克思無階級
社會的實現是一廂情願的空想。

　　當然只討論抽象的道德原則是不適當的。必須研究這些原則怎樣能夠實
現，這就涉及社會轉型有效理論的建立。這些理論靠過去豐富的遺產之傳承，
也靠對變遷之世局的注視。在這裡先討論一下倫理的社會主義，然後檢討社會
主義者對經濟、國家與社會的看法。

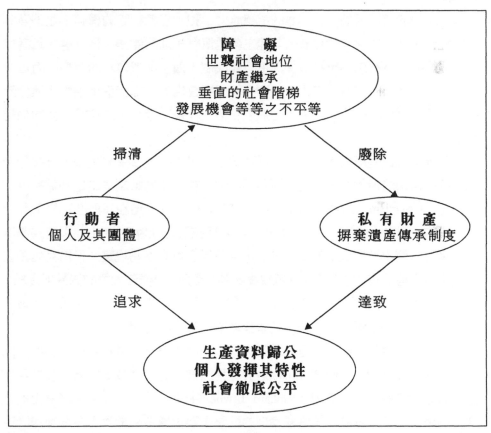

資料來源：本書作者自行設計。

圖 4.4　社會行動者對平等的看法

八、倫理的社會主義

　　比起自由主義和保守主義來，社會主義對人性持相當樂觀和正面的態度。其中最顯明的看法是認爲人人具有相等的道德價值。這種理念係受到長期基督教與人文主義傳統的影響，而表現在康德的哲學裡。康德認爲每個人不分男女都應當視爲目的、而非手段。而道德的平等和個人的自主是宇宙中最寶貴的兩大特徵。

　　「相等的道德價值」、「相等的道德能力」和「思考相等的權利」並不僅僅限於社會主義者才擁有的信念。其他主義也懷有相同的看法，但社會主義者對此主張態度較爲嚴肅與堅持。保守主義贊成個人因才華或傳承的特權，而可與別人有上下高低的差異。自由主義固然贊成機會均等，卻接受市場體系運作產生的經濟不平等。社會主義則大力追求政治、社會、經濟、道德等方面的絕對平等。

　　社會主義還倡導人人合作、而避免競爭。民主的社會主義主張，社會的合作立基於自由的道德選擇之上，而非經濟的、或形體的壓制。這是基督教佩拉箴派（Pelagianism）信條的活用，佩拉箴派相信人性的潛在（而非現實）部分是善良的。因之，社會主義者也指稱「好人活在壞的社會中」，由此引申爲制度的改良可以釋出社會成員的良知良能。這種信念也許不夠現實。但馬克思派要摧毀惡貫滿盈的資本主義體制，就要靠鼓動「善良」的勞苦大眾的覺醒與團結。可是社會主義從開頭至今所實驗建立的「理想社群」（實驗村、模範公社）最終仍以解散、消失收場，正說明人性善良之不可靠、不可信。

　　倫理的社會主義的靠山是基督教與人本主義的傳統。這也是曾任英國工黨秘書長的費立普（Morgan Phillips）敢於宣稱該黨得力於清教徒的精神多於馬克思主義的教條底原因。妥尼（Richard Tawney 1880-1962），是英國經濟史與社會史的學者，也是社會改革者兼倫理的社會主義倡導者。他兩本主要著作《平等論》（1920）和《爭取而得的社會》（1931）把費邊社社會倫理的社會主義做了最佳的詮釋。他抨擊資本主義的剝削制度，主張宣揚市民權利（citizenship）、機會平等與集體主義。1980 年代從紀念費邊的思想至妥尼社會改良理念的復

活，都可從一本文集中（Pimlott 1984）看出端倪。妥尼早就看出社會主義要走的途路甚為坎坷，社會主義要求其信徒有良好的行為規矩，也要求社會組織的嚴密、以及群眾的遵守原則。他主張社會成員無私的建立起社會規範，俾進行社會改良，最終建立起一個合作的、平等的、「安分守矩的」（decent）社會。不過這些社會規範卻也有可能遭受自私的、懶惰的社會成員之破壞。是故合作的契機和個人的能力是可以洞開與釋出，只要社會主義的擁護者真正能夠形成「信眾」、「跟隨者」之同契關係（fellowship）的話。

雖然法蘭西大革命「自由」、「平等」和「博愛」三個口號中，以平等這一價值為社會主義所特別推重。但這三項價值並非可以個別分離、彼此無涉的人群所追求之目標。剛好相反，現代的社會主義正是努力把三個價值融合為連貫的哲學體系。

社會主義之特別推崇平等，乃是國家能夠擁有與控制工業，卻並沒有為眾多的勞工帶來真正的平等，更不用說均富。極端的平等忽視了個人的才華、興趣和需要的不同，要求其實現，除非是烏托邦社會的降臨，否則只有動用極大的鎮制手段。是故要求人人完全的平等是有違需要與績效（merit）的標準。那麼社會主義的目標在哪裡？一種說法是盡量加強平等、或傾向平等之措施，同時又不忘個人會受到不同的對待。因之，理由必須在道德尚可為人群所接受者，這些理由包括滿足大眾承認的基本需要。這種說法下，人們又要回到社會主義的起點，也就是人性的共同因素在哪裡？有無這種善良人性之存在？這種回歸原點的爭論是走不出死胡同的。

另外一種作法，也就是務實的、實踐的解決問題之方式。經濟的不平等在今日資本主義的世界是那麼明目張膽，要加以縮小是無法顧慮到人人之間細微的差別。只能概括地說，在英美占有全人口 10%的富人之總收入，是社會底層眾多人口合起來財富的九倍。百萬富豪與億萬富豪的人數之激增，導致英美富裕國家中有六分之一的人口生活在貧窮線以下。更嚴重的是貧富國家的差距愈來愈嚴重，全球有三分之二的國家之人民陷身於飢餓死亡的邊緣。是故對平等的要求就表現在對不平等的抨擊之上，這種不平等斷傷了個人的尊嚴與個人的價值。妥尼曾經指出，當一個知書達禮而又合乎人性的社會一旦成立，它比較能夠去分辨不同的需要與要求如何細加分析、細加明辨。在今日人們離這理想還很遙遠（Tawney 1935: 27）。

　　對自由之追求常呈模糊不清之樣貌，這是把平等混同爲不斷的經濟成長之緣故。在社會主義者眼中，個人的自由常被自由主義者加以扭曲。像柏林（Isaiah Berlin 1909-1997）分辨了正面的與負面的自由，便被極端的自由主義者（號稱無爲放任的自由主義者 libertarians）扭曲爲只有負面的、消極的自由才是真實的自由。還被定義爲沒有遭直接鎮壓下，個人享有的自由（洪鎌德 2002b）。柏林說正面的自由、積極的自由連奴隸也擁有，那就是他的自由意志和道德上的自主，這是不需特別的條件也可以使一個人去運用的自由。雖然他說出了這個正面自由的條件，我們便可以說，自由的享有是靠一連串開放給個人的機會來決定的，也是個人所擁有的地位，能夠自由去選擇其生涯與生活之道。

　　對個人自由的壓制一向便存在，而且來自國家、經濟體系和輿論（穆勒所說的多數意見形成的社會壓力）。不過這些壓制的來源有時也會提供有利的機會，讓每個人得以發展。自由主義只認定國家和政府是唯一壓制的來源，而歷史上國家以暴君的形式侵犯了個人或群體的自由。但資本主義體制間接的壓迫權力，以及它與國家的勾結，藉法律的執行來實施的壓制，或剝削個人的機會，卻也是吾人必須提高警覺的所在。柏林雖然對經濟的個人主義之沾滿血跡懷有戒心，卻奇怪地指出資本主義這隻怪獸已被國家馴服與駕馭，也無視極端的自由主義者之囂張。在這種情況下，社會主義有必要重新把自由立基於人群的經驗之上，而非執迷於財產權之占有。

　　在這種情況下，排斥國家於事無補。反之，應當要利用國家來修正經濟權力、擴大個人的機會，特別貧窮、弱勢者之機會。海耶克主張自由的男女不必擔心不公平的經濟體系之運作，因爲經濟體系一旦受到干涉會導致國家壓制的膨脹。這種說詞不過是霍布士自然狀態之下人人廝殺的重演，是人類恐懼之因由。事實上，在今天我們要衡量的是壓制與自由孰重孰輕的問題：究竟富人付重稅與窮人無力送子女上學，兩者之間那件更急迫？更重要？

　　葛林（T. H. Green 1836-1882）就在自由主義陣營分裂爲新古典派與福利派之前，把國家當做「移開良好的生活之絆腳石」的機關看待。這話可以爲倫理的社會主義作註腳。蓋倫理社會主義體現亞理士多德所主張的助長個人發展之潛能、達成自我發展之信念。這裡所指「良好的生活」究竟是個人主觀的意見和主觀的抉擇，還是大家公認的、接受的生活之道？這點仍存著爭議。

　　早期社會主義者強調教育與文化發展的重要。但如今在資本主義大眾媒體

昌盛下，個人只要能夠溫飽（麵包）與娛樂（馬戲團及電視電影的表演）便忘記自我進修與精神提升了。但依個人特別才華、趣味、需要而發展個人的能力，俾追求「更高的目標」卻應該是當代社會主義者高懸的理想。這種社會主義的世界就在把娛樂休閒豐富化，也使工作體系有了根本的轉變，使每人有「充滿榮譽、又合適的工作」，而其工作環境是怡情、養性、優雅，而又適當的氛圍（decent surroundings）。

博愛的精神源自兄弟情、或姊妹情，是社會主義也應該擁抱的價值，而不讓法蘭西大革命專美於前。妥尼不稱兄弟或姊妹的情誼，而視爲同夥、同契的價值（fellowship），這意指諸個人自由地接受彼此的關懷。在早期使用兄弟情誼是適當的，因爲大家都同屬於工業勞動階級，這有異於布爾喬亞彼此爭權奪利的自私表現。但兄弟情誼帶有男性沙文主義的意味在今天已受到女性主義、少數族群之挑戰與質疑，以夥伴關係、同僚關係或友誼取代兄弟情誼或姊妹淘關係，應屬必要。

但性別、職業、種族的分歧與阻礙一時難以清除，社會主義的支持者，要培養彼此的認同與情誼殊爲不易，況且群落間的緊張、誤會、地區的限制、空間的距離還有待克服。當今社會主義者強調地方社區的凝聚價值，可以視爲從廣大的地平線抽退回來的策略，也可以說是直接夥伴關係的社會主義傳統之復活。

社會主義道德問題之一在於追求博愛、或夥伴關係中，造成團體的摩擦、爭執、火拼應當如何來解決。這表現在革命的社會主義當中，而以史達林主義爲最壞的典例。史達林對同黨的摧殘和迫害，可以說是「社會主義以摧毀社會的連帶關係而到達發展的高峰」（Nowak 1983: xvi）。不過民主的社會主義經常也陷身於自動自發的人民合作的理想同國家權力廣泛使用的矛盾中。在不平等與不穩定的情勢下，強力護衛財產權，會產生民主的社會主義所不該有的暴力和壓制性的國家行動。很多社會主義期待世界有朝一日進入富裕、解決「經濟問題」，並使每個人對休閒與工作有真正選擇的自由，屆時人的真正解放與平等的夥伴關係之建立，也許可以落實，這是馬克思的想法，也是烏托邦社會主義者如王爾德（Oscar Wilde 1854-1900）等人之想法。

在無法達到這種完善的烏托邦之境，使很多人、包括神學家布柏（Martin Buber 1878-1965）一樣，要求把政治權力逐步轉化爲社會權力，這是由下而上

的和平式革命，也就是草根的層次形成合作社，使社會從內部自行轉化。這也是寇爾（G. D. H. Cole 1889-1959）「基爾特社會主義」的想法，其重點在建立工人的自我管理機制，由工業的基層做起，往上提升。這種提議不只在生產單位推動，還可以擴大到消費性合作機構，和工業社會其他單位，而不像福利國那樣從上向下指揮，還是計畫經濟那樣死板僵硬。

在社會主義陣營中一直有所爭論，也就是爭論集中的計畫（講求平等與效率）和基層的社會主義（強調自由與夥伴友好關係）孰重孰輕的問題。此外中央政府與地方政府的平衡、公家商團與基爾特社會主義的取捨也是爭論的焦點。

社會主義者曾被指摘除了擁有同儕、同志、博愛之情，其他事務一概闕如。追求平等思想激情的人士常會發現與別人相互容忍的程度不足。是故在社會主義陣營中，對目標和手段不只辯論激烈，還會因為爭論而失和。是故這成為對夥伴關係的道德層面、或民主層面之理解，或是對公共唱反調（異議）之容忍、之保障。只有懂得自己、也為自己著想的公民才會對抗來自國家權力的干擾。

儘管社會主義的定義多得無可勝數，但以下的定義包括了平等與自由的概念，是柏托謨（Tom Bottomore）所界定的：

> 社會主義旨在創造一個社會秩序，在其中容許所有的人類可以進入最大量能夠實現的平等，進入經濟資源、進入知識、進入政治權力之最大量平等當中。另一方面在這個新的社會秩序裡，任何個人或群體對別人的宰制，縮小到最低的程度。（Bottomore 1984: 190）

這個定義強調社會的內部權力的擴散，這是重視市場機制的自由主義者所主張的。這個定義也強調政治權利有限的本質，當它與高度不平等的經濟權力相結合，或受後者影響之時。這個定義也表明民主的有限性，當工作場域、或會議室沒有民主的參與或決定的話。這是馬歇爾（T. H. Marshall 1893-1982）所期待公民權從政治領域擴張到社會與經濟領域的構想。這將是與傳統的社會主義相輔相成，甚至追求這一理想者企圖把夥伴、友儕的關係（博愛）轉換成負責任的公民關係（新的民權觀）。

九、社會民主與黨的角色

在一個世紀之前「社會民主」代表了有組織的馬克思主義,但在今天社會民主卻是有組織的改良主義之稱謂。同樣的,「民主的社會主義」在其命名之初,是故意同 20 世紀共黨集團所實施非民主的社會主義做一個區隔,但在今日民主的社會主義卻有別於改良式的社會民主,而多少蘊涵對現行體制的轉型之意圖。社會民主同社會主義在今日幾乎沒有什麼分別。事實上社會民主爲西方世界(北美例外)社會主義的主要形式。它反對了政治的保守主義,也反對資本主義的政治組織。社會民主一方面反對現狀的保持,他方面也與馬派的意見不合,後者否認社會民主具有社會主義的屬性,也批評它缺乏嚴格圓融的理論和政治上更富生機的改變可能。是故社會民主一個重大的問題爲它可否看做馬克思主義的修正,也就是說它是否擁有本身的政治傳統,還是馬派理論與實踐的延伸(Wright 1999: 80-81)?

社會民主政治(簡稱社會民主、或社民),是在歐洲 19 世紀工會的政治活動崛起時就出現的名詞。開始之時只是布爾喬亞的民主人士在民主的旗幟之下,率先推行出來的政治與社會的改革運動。就在這一意義下 1840 年代在法國出現了 "democratie sociale" 這個概念。這個名詞後來在日耳曼 1848 年與 1849 年的革命中廣泛地被使用。1848 年 3 月西南德民主人士施楚偉(Gustav von Struve 1805-1870)和賀克爾(Friedrich Hecker 1811-1881),便自稱爲「社會民主人士」(Sozialdemokraten)。1850 年馬克思與恩格斯批評主張共和的小布爾喬亞,居然敢自詡爲社會主義者或社會民主人士。他們認爲只有代表普勞和革命的志士才配稱爲「社會民主人士」(SW 1:108ff.)。但社會民主事實上只有在其後相當長的時間之後才與普勞階級的解放掛鉤。原因是這個名詞在 1850 年代與 1860 年代被政府的反動官僚看做是「顛覆〔政府〕傾向的本質」,也就是革命者的代名詞。

瑞士人巴普梯士特(John Baptist)是將工會運動貼上「社會民主」標籤的第一人。他在 1864 年出版《社會民主人》(Der Sozial-Demokrat)一刊物,並且開始把全德勞工總會(Allgemeiner Deutscher Arbeiterverein 爲拉沙勒所創立)

組成社會民主黨，以對抗保皇黨羽組成的自由黨。可以說拉沙勒的黨徒在 1870 年代便以社會民主的名義來成立社會民主工黨，以示區別。這兩個工人黨派終於在 1875 年合併成爲德國社會主義勞工黨（*Sozialistische Arbeiterpartei Deutschlands*）。可以說此時在德國社會民主等同於社會主義。但在 1890 年哈列城的黨大會上，決定去掉工人黨或勞動黨之名稱，而更改爲德國社會民主黨（*Sozialdemokratische Partei Deutschlands*，簡稱 SPD）。1894 年恩格斯還公然指出「社會民主」作爲一個志在推翻政府機構，建立超越民主的共產主義之政黨（共產黨）而言，是不適合作爲黨的名稱。

由於布爾喬亞與保守份子提出「社會民主主義」，用來奚落與嘲笑左翼份子，以致第一次世界大戰後的共產國際（第三國際），也使用社會民主主義來對付西方馬克思主義者。是故麥爾（Gustav Mayer）和葛倫貝起身衛護社會民主的字義，而反駁共產黨人之攻擊，兩人都把社會民主視爲鼓吹工人階級進行階級鬥爭，俾實現社會主義理想的機制。有人還大膽地說，社會民主是社會主義的應用，也就是在民主的基礎上落實社會主義。

第二次世界大戰後，東西陣營的對峙成型，世界陷入冷戰中，德國政治學者布拉赫（Karl Dietrich Bracher），強調有必要把社會民主同共產主義做一個區隔。社會民主是在法治之下社會主義與民主認同體的綜合。凡是願在法治之下與布爾喬亞政黨和平共處與合作、以改革爲職責之政黨才有資格使用社會民主政黨的名號。由是把革命的、暴力的內涵從「社會民主」一詞中剔除（Bracher 1962〔7〕：202），社會民主黨的理論可以說是黨的理想與實踐緊張交織之產品。其源起可推溯至馬克思早期的政治理論，一開始馬克思在尋找有意識的歷史過程（人有意的創造歷史之過程）之主體時，他找到了普勞階級。這一無產階級欲改變現勢的主觀意識應提升到客觀的層次，而瞭解其所處的歷史情況（從自在階級變成自爲階級），然後把其所知轉變成政治的革命實踐。普勞階級與歷史運動的合一與認同，要靠政黨來推動，這個政黨正是 1848 年革命之前，偏激的布爾喬亞所認可、所堅持的。因爲當時偏激的布爾喬亞認爲作爲革命運動推手的政黨並非特殊的政治組織，而是特定時期出現的趨勢，其最終在達成革命的目標，也消除政黨的存在。這是年輕的馬克思在其青年時代把普勞階級的發展等同於「黨」的發展。他在致友人的信（1860. 2.29 致 Ferdinand Freiligrath）上指出：「我所指的黨，便是偉大的歷史意涵中的黨，是現代社會的沃壤裡自動茁

長的黨」。

在《共產黨宣言》（1848）中，馬恩認為共產黨與普勞群眾的關係乃是與群眾的溝通，能夠照顧多數群眾的利益。共黨在普勞階級自動自發的運動中，也就是歷史創造的過程中，只扮演次要的角色。共黨與群眾之不同，不在其組織，而是對可能的情勢發展有共享的理解。

馬、恩等人對於黨的概念一直維持不變，直到 1848 年革命失敗之後。其後給予黨更明確的樣貌，特別是涉及其組織方面，同時使黨更能符合新的策略。1850 年 6 月以後，馬克思不再奢談無產階級在階級鬥爭中是自動自發的組織。反之，他認為黨成為普勞的先鋒隊，為一個獨立的機構，有其集中的權力，垂直的組織，旨在奪權。不過對黨持這種看法也僅在共產黨聯盟崩潰之後的一個插曲。他當時發現在歐洲中部獨立的無產階級的政黨逐漸地形成。在具體的組織過程中自由派所慣用的「運動」，被大規模政黨的組織所取代。

拉沙勒所組織的全德國勞工聯盟（ADAV）是第一位把只有理想的烏合之眾轉化為以黨員為基礎的群眾政黨之領袖人物，這是組織嚴密的政黨而有異於共產黨人聯盟鬆弛的組織。馬恩與拉沙勒的失和主要在於全德勞工聯盟不接受馬恩第一國際的中心領導。終馬克思與恩格斯一生都未曾成功地創立任何一個工人黨，更不用說成為新成立的工人黨之頭目。其實他倆對黨的看法視情況而變易，隨著英國工會的自行發展、巴黎公社的崩解、和第一國際的分裂，他們把注意力移到德國，這是他倆希望之所寄，也是嚴屬抨擊的對象。對埃森阿赫社會黨人的批評，對哥達綱領的批判，都是企圖把他倆的理念注入於新生的德國勞工黨之上，而引起的不滿。

恩格斯在晚年目擊自由民主黨透過選票而贏得國內外舉足輕重的政治地位，遂改變其早期與馬克思一樣堅持理論正確的立場。換言之，群眾政黨的自動自發比黨綱教條式的完美更為重要。此時的恩格斯不再強調勞工的發軔是理論的掌握；反之，卻是群眾意識的覺醒與自動自發的精神。從此之後，恩氏不把黨當成群眾圍繞的核心，連同 1890 年社民黨黨綱不符合馬派理論，也不再受到他的抨擊。事實上社民黨組織方面的實踐遠較 1890 年黨綱所規定的更富韌力與彈性。

恩格斯樂觀群眾運動可以激發工人階級的意識。不過這種樂觀並沒有傳染給他的弟子兼秘書之考茨基。後者深信社會主義的科學性格，他本身也研究自

然科學，欣賞布爾喬亞知識份子對科學之貢獻。考氏甚至讚賞布爾喬亞的知識份子把社會主義灌輸給普勞階級，原因是社會主義的意識不是天生，而是在從事階級鬥爭時從外頭灌輸工人的腦中，「社會民主的職責在使普勞階級完全意識到其處境與任務」。

不過早期靠布爾喬亞的知識份子來教育群眾的任務，應當轉到黨的手中。比起恩格斯來，考茨基認為黨更要負起教育的職責。這不過說明社會民主的職責之改變。只有完成教育使命，才是真正的政治性權力鬥爭。由是可知除了奪權之長程目標，社會民主還被賦予散布革命的階級意識之職務。

與考茨基不同，列寧認為專業革命黨是必要的。它的組織嚴密、紀律分明，集權中央、基層討論，與西歐的革命黨截然有別。於是西歐民主工黨或社民黨被列寧轉化為好戰的、以革命與組織為重心的先鋒部隊，也成為活動頻繁的秘密社團，而遊走於普勞階級的邊緣。列寧不但動用馬克思在 1850 年短期間的黨概念，還引用了拉沙勒中央集權的黨理念，為的是使俄國的工人政治化（接受政治洗腦）。

當列寧提出這種黨的理念時，他不但受到西歐社民黨份子的反對，也遭到俄國舊民主主義者阿克塞爾洛德（P.B. Axelrod 1850-1924）的抨擊。就是革命派社民人士如帕吾士（Parvus 真名為 Israel Helphard）和盧森堡都予以嚴厲批評。帕氏說：凡是只關心煽動者之組織，而忽視工人之組織的人，必然相信他可以把工人充當革命的煙灰，一如軍隊的砲灰一般。

盧森堡的抨擊是認為列寧的先鋒隊不過是布隆基式的陰謀份子之集合。對她而言陰謀份子的組織原則無法機械性地轉移到工人的社民運動之上。她認為列寧築起一道分隔的牆來割開以黨務人員的完善組織為核心同普勞階級鬥爭業已點燃的外層之關係。對她而言，「客觀的歷史過程之邏輯」比「主觀的捲入是非的個人之邏輯」優先。是故黨的策略不是為眼光獨到的革命者而設計，而應為幼稚無知的群眾，參與階級鬥爭的創造性舉動而設計。盧森堡的黨觀念超過了考茨基的看法，對她而言，讓群眾理解其歷史任務更為重要。與列寧不同的是她不認為群眾是黨的工具，而認為黨是有意識的階級行動之工具，她這種強調群眾的自動自發，在俄國 1905 年的革命裡得到證實。就像列寧以拉沙勒的黨中央集權制來正當化其黨理念，盧森堡卻以埃森阿赫派戰勝全德勞動聯盟為例，說明鬆弛的黨組織也會贏得最終的勝利（Lademacher 1973〔7〕：404-412）。

十、社會主義與經濟制度

社會主義所關心的平等，不只是政治上的平等，更注意到社會與經濟的平等，因之特重社會的福利。社會主義者不只關懷這一代人類的處境，還關心未來下一代兒孫的需要。要之，注意生活品質的提升遠較注重經濟的成長[1]，成爲社會主義的課題。此外，社會主義致力於個人自主和負責參與政治與公共生活之提高，是故社會主義盡力推廣與深化社會福利與民主程度之概念。

放眼當世，社會主義者深知這些優先的社經政策與政治進程，常被主政者與一般大眾所忽視。傳統的舊社會主義者批評資本主義的浪費與無效率，是從不負責的「賭場資本主義」（casino capitalism）衍生的，也是從大規模的企業、資本體制的不穩定性所衍生的。更是由中央對地方的操控，資源的濫用和環境的破壞滋生的。

資本主義擁有比較完整連貫的經濟理論，宣稱在競爭的市場上由於人群自動自發的交易而均蒙其利。可是當代資本體制卻離原來的理論一大截，不只進行交易的個人或群體完全處於不對等的地位，而且市場的交易被大公司、大財團、大工業聯合所宰制。今日有誰會相信市場上是完全競爭呢？新古典的市場理論只是替資本主義的利益正當化、合理化，俾使這些經濟的新貴能夠擴大其私利而已。

資本主義的靈活和彈性表現在提升西方人民的衣、食、住、行之物質享受程序。海耶克（Friedrich A. Hayek 1899-1992）和福利民（Milton Friedman）相信資本主義的繼續操作可以大大增加更多人的福利，這種看法只是把眼光放在過去的發展路數，以及他們所演繹抽象理論之上，而不是放在社會與制度的改變之上。究其實，福利的社會中，市場的貨物所產生的回報必然日漸減少（報酬遞減律的結果）。再說非衣食住行基本需要的產品之增加，導致社會更大的不平等，也使貧苦大眾對基本物資的土地與水源更不易獲取。此外，資本主義應用科技去生產精緻的器材、用品，而大大減少勞力的使用，與減少對環境的保

---

[1] 關於經濟成長與生活品質孰重孰輕的爭辯，請參考洪鎌德 1999c：405-420.

護、對城市設備的更新、對救貧撫孤的公共設施，這些在在令人感受資本主義泰山壓頂的恐怖。

在批判資本主義的缺陷方面，社會主義理直氣壯，但如何建構一個取代資本主義制度的新方案方面，社會主義的理論不但眾說紛紜、莫衷一是，而且不夠圓融，缺乏連貫。有些社會主義抓住凱因斯的學說，認爲是替代資本主義的良好主張。須知凱因斯的關懷爲儲蓄與投資對不攏，以致造成失業的結果，其補救之道爲政府的對大工程的投資與大舉開銷。這種診斷有相當的效率。可是在凱因斯策略奏效的戰後、充分就業下，另外一種制度性的「黏膠性」（stickiness 滯留不前、卡住）卻出現了，那就是工資同價格的水漲船高（膨脹）。傳統的市場理論家和右翼政治人物會論稱：只要把某一個市場的「扭曲」（譬如說工資過高）壓縮到「自然的」水平，那麼經濟體便可以恢復原有效率運作，即便是造成短暫的失業，也在所不惜。

這種結構與凱因斯原來的構想有很大的差距，他是要揭發經濟體系（而非工資公平與否）所充滿的制度性僵硬與不平等。假使不適當和錯誤的投資可藉國家的大量開支來矯正的話，那麼對付通貨膨脹、價格上升的醫治良藥就是國家收入與價格的政策之制定，而非降低工資或讓工人短期失業。這種社會主義的凱氏學說之解釋與新古典綜合的說詞相反，後者只是要把凱氏的理論同正統的市場理論調和而已。但這種社會主義的新詮釋，只是制度性的調整，仍未涉及新的經濟秩序之提升。

即便是凱因斯學說做了最大的修正與擴充，也只是在保存資本主義體制，這只是空洞的改良主義。這種改良主義就是社會民主體制的落實，是故裴澤沃斯基（Adam Przeworski）說：「假使社會主義旨在達成充分就業、平等和效率的話，那麼瑞典社會民主人士已合理地達到這個目標，特別是他們把很多工業都社會化了」（Przeworski 1985: 243）。裴氏認爲瑞典的例子只是改良主義，而非社會主義。但恩（John Dunn）把社會主義定義爲人群關係中徹底的文化改變。這種社會主義即便是魅力十足，但缺乏實現的藍圖，終究是一種烏托邦。不管如何瑞典的例子雖未抵達財產歸公的境界，畢竟已實現了社會主義的三個主要價值：自由、平等和博愛。

在資本主義體制中要實現社會主義的理想，除瑞典社會民主的做法之外，便是要鼓勵工人積極參與工作組織的細節（管理、經營），也使個人的自主得以

培養。先進的科技提供工人更多操作上的自主，不過管理層常常偏好採用限制工人角色與技術的科技設備（Harrington 1989: 188-212）。

此外，經濟的民主也是可採行的辦法，這不限於社會主義所要推動的策略，因為喊出「經濟的民主」之口號者為自由主義者的達爾（Robert Dahl 1915- ）。這包括工人所舉辦的合作社。工人之擁有合作社可以促進社會主義者「共同擁有」（common ownership）之理想目標。這一做法之理論相當於生產的社會化、公有化，這是由於現代生產所依賴的是多層的、多樣的技術，和研究與教育的累積資源。由於技術和組織結合的形式多種、選擇不易，因此只限於小規模的生產與消費部門，而非涉及整個產業的管理之規劃。

近年間各界也在熱烈討論「市場的社會主義」，這好像把市場運作的重要性納入社會主義體制中，而使向來視市場與資本主義劃成等號的社會主義者深感困惑。不過競爭市場所呈現的價格指標卻提供有效的方法來使消費者獲取他們偏好的貨品，這些貨品不是集體勞動的產物。在任何經濟體制（自由的或是計畫的）中，消費市場的存在有助於把生產的決定同消費的決定隔開。假使生產是在工人合作社的手中，則產品的售的利益可以讓社員均分，這樣一來利潤不至歸少數人獨享，而社會的分配也趨向平均。

社會主義的經濟制度會造成經濟民主的擴展，也會把投資引向社會的與環境的優先需要之上。這尚需一個計畫，俾把剩餘的勞動轉向有利於全社會，而非賺取利潤的事業方面。在靠稅金支撐的社會當中，應該在私人的消費之前規定基本的經濟要求與社會要求（特別是在時機壞的當兒），也就是先滿足公家的要求，然後才考慮私人的消費。這些不同的經濟活動不一定非由國家去操控，當然政府有協調與提供便利的責任。

一個社會主義的經濟有必要把資本主義的市場體系做徹底的修改或轉型，為的是防阻濫用和引入過去被輕忽踐踏的社會價值。這種社會主義的經濟可以保留市場競爭的和分配的功能。米勒（David Miller）心目中的「市場的社會主義」就是保留工人自行管理的合作社之間的市場競爭，這些合作社要動用它們存放在公家擁有或控制的銀行裡之資金。這樣一來資本就會社會化，而生產器材、設備將會被工人所擁有，不過這種新的經濟體系之運作仍舊靠價格機制與利潤賺取來激發。為了保持高度的競爭能力，米勒認為對資本分配的控制仍有必要，此舉也可以保護中小企業，而增加工人自治的機會。資本的基金還

可以挹注到區域的發展和環境的保護之上。

這種計畫遭受的困難是在現代科技條件之下，如何有效來管理投資性的銀行和保持小型的工人合作社營運。這牽涉到由現制度轉型為新的制度，以及新制度產生的公權力之膨脹。要之，這是政治問題，而非僅僅是經濟問題。這種由舊式經濟體制轉型為新式——新社會主義——的經濟體制，不只使工人的自由與自主大增，也使一般消費者得到好處。

這種類型的計畫已超過改良主義，也超過對資本主義的修正。這種目標的激烈性質，可從瑞典相對友善的環境下倡說工人擁有生產財而向資本主義說聲再見中看出端倪。不過資本主義體制所產生的市場力量之累積卻對工人要興辦的中小合作社極為不利，只有在西班牙巴斯卡（追求分離獨立）的地區，經濟氣氛良好，可以順利建立投資銀行，工人合作社（稱為 *Mondragon*）才會運作順利。

很多社會主義的理想者對「可能實現的社會主義」（feasible socialism）不懷好感，因為在這種社會主義裡頭仍舊保有了市場、利潤和競爭。但要工人自動自發地進行合作，其先決條件為豐饒、為富裕，這卻是當前世界尚未到達的境界。在心存遠景的社會主義之理想中，生產的問題彷彿已解決了，個人可以自由選擇他自己的願望，求取實現。自馬克思以降，社會主義者偏好經濟的發展在於縮短這個願望或夢想的距離，提早降臨人間。達成這個目標，物質的豐饒、境況的富裕是不可少的必要條件。

超過這個實質豐富的理想狀態之外，現代的社會主義者卻很同情而支持「後物質」的社會。為此他們接受環境維持與保護的必要之說法，也關心生活品質重於消費品的大量與繁複的生產。在這種返璞歸真的呼喊下，社會主義面對的挑戰為限制經濟成長的代價如何平均負擔，特別是目前的重點還停留在優先處理物質欠缺者獲取滿足之時。這種理念既要回顧過去社會主義運動的歷史，也要瞻望未來可能的發展，也就是強調比較淳樸簡單，而容易滿足的生活方式。

由於當前資本主義的世界所呈現的缺陷與遠離社會主義者的理想，是故可以推行的社會主義之經濟體制度困難重重。誠然在今日國際金融掛帥的世界，我們看到富國的驕奢，也看到第三世界的掙扎，若再仿照史達林搞「一國的社會主義」，就要貽笑大方。另一方面資本主義對景氣循環之無法控制，對失業嚴

重之無從解決，對日益敗壞的環境之束手無策，勢必重啓社會主義尋求自救之道的呼聲，而促成地球村絕大多數群眾邁向社會主義理想而運動、而前進。這一運動或需借助「混合經濟」的方式來完成也說不定，當務之急就是要爲未來進行鋪路的工作。第一步在於斥責資本主義盲目禮讚與推行「經濟成長」，在忽視社會基本需要之下，助長浪費、奢侈、糜爛的歪風之狂吹，使得有識之士的大力抨擊與撻伐。是故社會主義要對短程與長程目標之誌明、評估以及指出有效實現這些目標之步驟。

　　因之，一個可行的社會主義經濟的設計是項充滿挑戰、爭議，而又是實用的大事，它牽涉的不只是中央計畫與地方倡議之間的平衡，經濟組織形式及其關係之調整，稅賦、補助款之規定。有效的挹注與分配、估價與評值都是社會主義者與資本主義者截然有別之處，如何拿捏、掌握絕不可掉以輕心。社會主義向來的優點常是建立在方法論的幻想之上。新古典經濟學優點的連貫性在於脫離社會與制度的真實條件，而完成的抽象理論。凡是涉及集體行動的理論多少比較務實，也與制度有所牽連。不過我們也知道集體行動決定性的理論至今尙不完全，原因是理論的結果依靠是的動機與手段，也依靠了人類社會要重新塑造其命運的最終之關懷與能力（洪鎌德　1999c：345-353）。

十一、社會主義的國家觀與社會觀

　　反對社會主義者一向敵視權力龐大、官僚充斥的國家。像米塞士（Ludwig von Mises 1881-1973）和海耶克就大力鼓吹「自由市場」來對抗國家的「中央集權之經濟」。舊蘇聯與東歐社會主義國家的紛紛崩潰，使這一論說找到有力的證據。不過自由市場與計畫經濟的比較，在現代世界裡實在很難獲得準確的結果。原因是西方組織良善的資本主義之所以行得通，是由於國家支持的緣故。不過西方的民主之社會主義，而非東歐集團的共產主義，總算多少往邁向社會平等與福祉的目標奮進。

　　不過，現代的社會民主之國家不太願意像從前的社會主義者，只爲了反對政治的策略，而形成始終連貫的哲學，甚至嚴厲批判國家的角色，社會主義無法割捨政治權力的有效使用。這種權力是唯一可以改變經濟體制，更正資本主

義錯誤的有效途徑。在某些方面，社會主義者甚至會指陳現代文明的國家，並非太強而有力，反而顯示軟弱。因為西方國家在國際廣大的範圍與影響下，太依賴某些市場的勢力和有組織的資本主義之緣故。

此外，社會主義者認為政治權力的運用不再是壓迫的，而是「使能的」（enabling）。所謂「使能的」權力，在幫助個人達到物質充足的境地，也協助個人得到成長的機會，避免失業的痛苦，發展有利社會、滿足個人才華的工作機會等等。為達成上述目標，國家正在積極地、正面地運用其權力，俾在徵稅、教育、研究與技術諮詢等方面發揮公權力，而次第實現這些理想。

社會主義者至少相信國家應該提供健康與教育的基本服務。在大家公平地分擔危險、分享機會與增加文明的「公共資產」之際，強調「夥伴關係」（博愛精神）是值得做的事，目標在於清除私人消費的髒亂、浪費與不公等等社會負面的現象。巴利（B. Barry）說，這種信念不需要引用有機的、或理想的國家理論、或否定個人有選擇的自由之說詞，便可以讓大家接受（Barry 1989）。事實上並不存在著未經結構的個人選擇。國家的角色就是在改變個人進行選擇的參數（parameters 境遇、脈絡、機會），或是提供同享的文明之共同利益與私產與不斷獲利的權力兩者之間的選擇可能。

民主的社會主義一個令人深思的問題為社會轉型到何種程度才會被民眾自動接受？過去的傳統顯示社會主義都是從上面（菁英、領袖、政府）往下面灌輸其目標，這種作法與右派的政府之作為毫無分別。西方社會主義的新形貌在於強調，政治與經濟的各級參與和控制之民主形式。民主的社會主義也相信工人合作與參與工業決定之形式，地方政府擁有更為廣泛與裁量的權限，以及受益人對健康和教育服務的參與之重要性。

這種新的信念可以說是社會主義思想史上的「大騷動」（bouleversement）。不過必須加以保留的是權力去集中化，在當前的世界之現實情況下是否可行仍屬未知。須知地方政府的自由活動、工人合作社和地方教育機關的擴權常常導致重大不平等的再度浮現，予以適當的節制、或資源的重新分配有時成為必要。再說，許多經濟的、環保的目標，只有在更高層次的政府協調處理下才能達成。盧阿德（E. Luard）在其作品《無需國家的社會主義》一書中，雖鼓吹社會主義的推行，可以不必國家的介入，但卻把地方和國際機構的角色加重（Luard 1979）。當前社會主義的政治權力應當與其經濟權力相當，而且在歐洲業已將各

國的權力移往歐洲聯盟。

如果以社會主義最終的發展來著眼，那麼權力過度集中的問題仍舊可解。社會主義可以尋求對經濟體制的重新設計，並且利用現代科技高度變化能力與創新特性來創造幾個比較小規模、而又能自足的政治社區（社群）。它們可以相互聯繫，但並非彼此依賴。這種觀念係從舒馬赫（E. F. Schumacher）「小而美」的理念中引申出來（Schumacher 1974），俾建立穩定的和自主的，也更能培養夥伴精神的政經單位（社區、社群）。在這些小規模的政經單位中，勞動與休閒體系之設置旨在促進個人的創新，又能兼顧環境的保護。這是真正的社會主義之偉見與願望，不亞於俄國無政府主義者克魯泡特金（Peter A. Kropotkin 1842-1921）的主張。因為後者宣稱早期社會主義者均認為人的創造力與志願合作在小規模的單位容易實現。不過這種「小而美」的自由與自主社群之建立，以目前大國的爭霸與區域經濟的統合之情勢來觀察，是不易落實的。

以英國韋勃夫婦（Sidney Webb 1859-1947; Beatrice Webb 1858-1943）為主的費邊社，與德國的社會民主黨似乎對官僚體系情有獨鍾，以為藉此富有理性而辦事效率高的行政體系之助力，可以順利將社會轉型。可是近期對民主的強調，以及實踐上發現官僚運作之不善，已使民主的社會主義者改變態度。不過對社會主義長遠目標之實現，官僚體制仍舊是法律管理與行政準確與有效的利器，也就是說民主需要官僚來避免政治上的分贓與圖私。此外，社會主義最大的優點在能夠吸收有理想、有才華的個人投入公共服務。在此情形下，社會主義需要獎賞有創意的官僚，俾他們的技巧足以勝任政策的執行，也以中立的態度，排除政策的偏祖。

但要建立這種大公無私、中立不阿、效率奇佳的官僚體制，對社會主義而言，是一項極具挑戰性的難事。原因是「技術統治」（technocracy）、專家帶頭是各方所畏懼的政治現象。可是社會主義假使要建立滿足人人需要、減緩部分人士的套利之社會，而設計一套充滿創意的工作體系的話，那麼為達成這些目的之建言與支持的力量予以集結和重組乃屬必要。配合社會主義的理念，取而代之的是鼓勵官員與專家進行公開而具創意的意見爭辯，而把決定權交給政治人物。反之，公正與清廉比實際依法行政更為重要。不管分權措施如何推行，公共服務與公家利益的優先，是走向民主的社會主義之一個重要的起步。

在馬派人士期待普勞階級成功地作為全社會的代表性與主導性的階級之

夢落空以後，社會主義要再尋找一個社會改變的理論，就更形困難。現今社會階級愈來愈零碎，就算是「階級意識」也變成無影無蹤。現代資本主義社會底層的階級包含的是社會弱勢團體、邊緣人、失業者，是最無法凝聚團結、無法採取集體行動的人群。勞動階級人數的縮小有可能造成社會主義基層的改變。中產與專業階級的擴大可以看做是資本主義一手拉拔，成爲勞工的布爾喬亞化。但也有可能這批新興的階級成爲偏激行動的後備軍（Bottomore 1984:143-144）。

西方左派的政黨早已把普勞階級排除於社會主義的載體（革命的主體）之外。取而代之的是寄望新的社會運動，像環保運動、女性運動、少數族群，能夠延續社會主義的香火。不過新的社會運動卻各自有其獨立的動力與目標。這對社會主義是一個冷酷的現實，它只能聯合這些新運動共同批判資本主義。就是這種鬆弛的聯盟也會遭受資本主義利益的衛護者所抗衡。對資本主義的失望固然可以使社會黨贏得選票，但黨派的利益、投機性的政策，卻會在經濟不景氣時發作，使社會主義者面對政黨競爭而立場改變，知難而退。更何況社會黨人在其政綱中明示尊重民主的同意決定，一旦要採取斷然的措施之前，如何贏取民眾的支持，也是極爲棘手的問題。

民主必然成爲現代社會主義的勝券。附和民主的多元主義變成了政治理論的常規，而不是社會主義的新信仰而已。社會主義比起其他主義對民主這個概念加以深化與廣化，採取的途徑乃爲把平等的理想從政治推廣到經濟，也深化到社會各個部門、各個角落、各個氛圍。這也就是使每個人擁有更大的權力，獲得更大的授權（enpower）。根據杜爾斌（E. Durbin）的看法，分配更趨向平等，並不意味民主的施行更爲徹底（Durbin 1940）。原因是輿論可能更爲專權、更爲肆虐，或是更爲懶散、更爲冷漠。在此情形下，自我選擇的社會主義就要倚靠負責任的、有嚮應的民群眾，他們不只熱心參與公共事務，還要形成堅強的支持力量，來對抗強而有力、敵視民主的勢力。

社會主義所需要負責的（responsible）公民社群，這是明顯地與耽溺於私人消費又偏好特權階級統治的西方布爾喬亞式之公民大異其趣。這些社會主義的公民並非自由主義者所假設的、所讚賞的公民。負責的公民是把政治以及社會共同的理想加以嚴肅對待的人。是故社會主義者應該首重教育目標，首重媒體改進、俾輿論形成多種樣貌、多種主張，在可靠的訊息之下，對社會問題有

充分的認識，然後設法謀取合理的解決方式。

寇諾理（W. Connolly）曾經提出政治變遷「解釋的」（interpretative）的理論，這或許有助於社會主義的轉型。他認為社會是「制度相互依存，可以彼此滲透、吸收、洞穿的集合體（a porous set）。在這個整體裡參與者保留了彈性、揮灑自如的能力」（Connolly 1981:43）。這種說法意謂現存體系強而有力的支撐點為：個人的機會與期待的特定組合體可提供公然辯論的空間，同時諸個人對其所處社會不但覺得可以接受，而且也覺得逍遙自在。不過這種體系也非完全由結構來決定，因為諸個人有能力慢慢看出既存體系的意識形態和他們實際的經驗之間存有落差。

十二、社會主義的四個趨勢

儘管我們同意羅賓遜把社會主義的起源推溯到中世紀天主教會各種派別，但社會主義畢竟是 18 與 19 世紀西歐的現代產品。它是一大堆的理念，用以表達現代精神、或是加以否認的現代企圖。是故有人指出社會主義是現代世界的產品，在古代與中古都不具出現社會主義的條件，儘管窮苦者的反叛、與被壓迫者的反對時有所聞（Click 1998: 1）。

社會主義是對劇變中的現代人類社會之反彈與反射。這是近世以來重大的政治事件，如法國的大革命、美國的獨立與 19 世紀歐陸幾次的起義，所帶給西洋人的重大的衝擊，包括激發人群對自由、正義和富庶的熱望。這些歐美的革命表面上雖稱是資產階級，或布爾喬亞的革命，卻帶動群眾的騷動、覺醒和熱烈參與。但群眾不久之後便對世局的改變大為失望，因為啟蒙運動帶來的覺醒與古典自由主義的發展，把歐洲轉變為一個布爾喬亞（資產階級）的世界。這個資產階級的世界雖然掃除了傳統的世襲位階、封建秩序與土地財富，但卻成為新興階級的暴富聚斂，而陷廣大群眾於貧窮、困苦的大災難中。儘管社會主義與古典自由主義的思潮幾乎同時湧現，但自由主義與資產階級的結合，形成社會金字塔的塔尖，享受人間的榮華富貴。反之，群眾特別是農工等勞動大眾淪落為社會的底層，在社會上與經濟上失去安身立命的的穩定生活。是故社會主義成為自由主義、資本主義的對立面，開始之時為涓涓細流，不久便匯成澎

湃激越的大河主流。

　　社會主義由於是從諸種思想源頭的支流匯聚而成，是故在滂薄的大河水流中，隱藏各種激湍、漩渦和緩流。換言之，社會主義有多種多樣形態與趨勢，這些形態涉及真實的理念與信仰，也包括操縱各流派發展方向的潛勢力。曾任英國哈爾大學的政治學系教授的柏爾基（R. N. Berki）歸納成四個範疇、四種類型、或稱四種趨勢。其一為平等主義（equalitarianism）、其二為道德說法（moralism）、其三為理性主義（rationalism）、其四為放任自由主義（libertarianism）[2]。我們加以引用而說明如下。

■ 平等主義

　　這是古典的自由主義之重要原則。其追求之主要價值為平等（equality）。要理解平等的意義，必須把它放在「社群」（community）的概念中，去體會集體生活較之其孤獨生活的成員之全體、之累積還重要。平等在邏輯的推演中，必然會導向群體生活的社群，也就是社群成為成員共同與集體生活的場域。在社群中成員要放棄自私自利的打算、放棄比較競爭的念頭，在群體中超越本身、認同整體、自認為團體之一員，是平等理念的落實。是故平等主義乃為重返「公共的」生活之道。最顯著的古典例子為古希臘城邦的公共生活。在平等主義的理念運作下，社群的共同成員共同擁有財產、貨品成為整體的價值，成為公共生活最終的目標。

　　以平等主義的眼光來看待資本主義，批評的重點在於資本主義對於在這種制度下生活的社群強行「分裂」（division），也就是把社會分裂為貧者與富者兩個截然有別的社會階級。是故平等主義成為無可妥協、無可讓步的好戰主張，它號召人群戰鬥、起義、造反、革命，直到根除罪惡的分裂，而重返真正的社群為止。

　　在政治上平等主義明顯地要求落實民主政體。這種激烈的、真實的民主，是沒有政黨競爭、奪權的民主。其中馬派甚至要求過渡時期無產階級的專政，

---

[2] 放任的自由主義為美國哲學家諾錫克（Robert Nozick）、經濟學者羅特巴（Marray Rothbard）等人所倡說的激進思潮，強調個人的自由與權利，認為限制政府的職權至最低程度，才能保障個人的權益。參考洪鎌德 1998a：81-104；2002b：88-94.

企圖藉教育宣傳來把社群的意識灌輸給全民。平等主義所提倡的人性為勇敢、獻身、同僚情誼、單純、自我犧牲等等美德。平等主義乃是吾人所見社會主義中最堅決無情、最令人難以消受的趨勢、或原則，但同時它也是最具悲壯、最有英雄氣息、最具活力和最為崇高的社會主義之原則。

■ 道德主義

這是社會主義中所含蘊的基督教精神。其精神是廣義的、非僅天主教信徒或新教（誓反教）信徒所擁抱的宗教虔誠之信念而已。原因是道德主義不只為基督教新舊教派所堅持，也曾經是宗教存疑者與異教徒所懷抱的情懷。此外，相信基督教價值，而又追求社會主義的理想者，不必憂心這兩者所產生的價值觀有發生矛盾、或衝突的困窘。道德主義的主要價值觀包括了社會公道、和平、合作、博愛等項。它對資本主義的批判集中在後者的非人道，亦即利用制度來剝削人群，加給社會財富生產者的工人不幸與災難。資本主義體系的不人道，表現在造成人人相爭、人人對抗之上，卻美其名為「自由競爭」、「適者生存」。反之，堅持道德的理想者，主張以相互幫助來取代敵峙，鼓勵兄弟情誼、宣揚博愛精神，來建立社會的公道。他們反對聚斂暴富，鼓吹珍惜物力、愛護同僚，以犧牲奉獻來化解人性之私。關懷別人的福祉之責任感成為吾人言行的指引。此外，人們應該在其「工作」、「勞動」、「生產」中發現正面的意義，也就是以創造有用與賞心悅目的事物，來自娛娛人、來獲取個人的滿足。

在政體上與道德論說的社會主義較為契合的仍舊是民主體制。這種民主體制可能不是徹底平等、完全自由的民主，而可能是帶有威權、父權色彩的民主，主張個別公民的自制與責任，以多數決取向的小規模社群，或稍大的國度是實現道德主義理想的場域。此外，道德主義傾向於說服的方式實行漸進的改革，主要訴諸同情與博愛的精神。道德主義重視人的生命，但也承認人性並非完美、人容易犯錯，需要不斷的修正與關懷。

■ 理性主義

這種主張代表了啟蒙思想在社會主義中的顯著影響。其主要的價值為個人的快樂、理智、知識、生產中的效率，為追求社會進步，進行合理的、有目的之組織，乃屬必要。理性主義者認為人類的成長與開明已揚棄了傳統的無知與

迷信之枷鎖。人類目前擁有對自然規則的知識，發展了科學與技術。人類可以有效駕馭自然、利用自然，進一步塑造社會、改良社會。由於人們可以開物成務、利用厚生，也可以把駕馭自然的能力應用到技術面、經濟面之上，而使人群的社會活動合理化、科學化、進步化。對資本主義的抨擊方面，理性主義者攻擊資本主義生產的混亂與浪費，以及它藉典章制度的助力，來維持少數人的專權與權利，而使勞動群眾陷身於無知、無力、無助當中。

理性主義追求的政體仍舊是民主體制，因為它基本上肯定人人平等的價值，也相信個人理智的自給自足。不過它也主張民主應該摻雜「績效政體」（meritocracy），也就是靠專家、學者、知識份子之參與，提高行政的效率，才能增加全民的福祉。理性主義也傾向於排除暴力、革命作為改變社會形式的手段，而趨向於理性的辯論與說服。但說服的焦點轉而訴諸個人之私利。對理性主義者而言，社會主義是社會的理性組織、是啟蒙運動價值與熱望的落實，只需普通的常識和適當的教育方式，便可以讓群眾接受這種理念、並求其實現。

■ 放任的自由主義

這可以稱為浪漫的社會主義之原則。這是最近的、也是最極端、最具野性，而又偏激的社會主義之趨勢。這還可以說是社會主義思潮最為荒謬（reductio ad absurdum）的主張。它不只是當代社會主義運動最晚出現，也是最詭異（outlandish）的流派，儘管它的根源可以推溯到人心神祕的、深層的結構裡。

放任自由主義集中在「自由」的理想之上，這與平等主義集中在平等之上截然相反。放任自由主義者所要求的自由是內心與外在的限制、拘束之徹底消失（total absence of restraints），其主要的價值是天性，也就是人性的尊重、本真（authenticity）、個體性（individuality）、變化（variety）、多樣性（diversity）和快樂。放任的自由主義要求人從合理性（rationality）與規範性（convention）解放出來。它要實現「真實的人」、「自然的人」之熱望。人是有情有欲、充滿情感的動物。也可以說平等主義者視人可能為「天使」，而理性（合理）主義者視人為「機器」，至於道德主義者則視人為「赤子」，最後放任的自由主義者視人為「動物」。

放任自由主義批判資本主義壓迫的、壓制性的性質，對人們慾求的系統性打擊、或系統性錯誤化（falsification）。它無特定偏好的政體，因為一向排斥政

治之緣故。比較接近其理想的爲無政府狀態，只是不可把放任自由主義等同爲無政府（安那其）主義。基本上，放任自由主義者也接受平等的理念，只是在其最終的分析裡，平等失掉其關聯性、重要性而已。原因是平等會導向人群結合爲社團、社群。但放任的自由主義者之社群卻是重視個體性、重視個人，而非成員組合的社群、團體。他們偏好的社會改變方式是內在的改信（inner conversion）、和效法前例的折服。在社會主義各派當中，以放任的自由主義派最具紳士風度、最友善，但也是最不穩定、最不具實效的流派。

　　以上爲柏爾基所臚列的社會主義四大趨勢，這正反映了社會主義對現代世界不同的態度。社會主義與資本主義的社會是針鋒相對的。不過這兩種主義的針鋒相對，隨著上述四種趨勢、四種派別之不同，有了不同程度、不同種類的對抗情形。先以對抗的程度來細分，可以粗略分成極端的對抗與緩和的對抗之不同。前者以革命的方式來推翻資本主義，後者則以改良的方式來改變資本主義。在上述四個流派中，以平等主義和放任的自由主義贊成革命的方式，主張以改變人的意識來徹底顛覆資本主義的社會。但這兩者也有分別，如推到極端，平等主義會接近「極權主義」，而放任的自由主義則走向「虛無主義」。

　　道德主義和理性主義這兩個趨勢、或兩個流派則採用緩和、非直接的、「軟化」的方式來反對資本主義。換言之，這兩派所反對的資本主義只是其部分，而非全部，因之傾向於達成妥協、修正，逐步的改變程序。就因爲態度過於溫和與消極，不免摻雜了機會主義的色彩。理性主義接受了資本主義的經濟基礎，甚至靠經濟的發達而壯大其理論。原因是理性主義視生產技術與資本主義社會的經濟組織爲當然而順勢的發展，把這種本質視同爲物質主義與個人主義的落實。理性主義所追求者爲如何把物質主義和個人主義在「合理的方向」內往前推動。

　　道德主義企圖把其價值鎖住在現存社會上，它對道德價值的堅持比資本主義更爲看重。它企圖把這些價值轉化爲日常可以遵守的規範，而不只把這些價值當成表面的口號、或裝飾的門面。道德主義與理性主義視社會主義的重要任務在於建構性的操作，也就是在業已鋪排妥當的基礎上繼續營構，是故它們不希冀拆除舊建築而營建新大廈。

　　談到社會主義與資本主義對抗的種類方面，上述四個不同派別又有不同的

組合。道德主義與平等主義含有反自由的傾向。它們是回顧以往的、回溯的、返祖的。它們的理想在理智上與情感上藉回憶祖先過去完美的社會，而獲得支撐的力量。道德主義的養分來自中世紀的基督教義，強調群落、鄰里的團結、單純與工藝、工匠的惺惺相惜。平等主義則以古代光榮的理念為取向，也就是古代式微與基督興起之際西洋人持久的夢想：人與人的完整結合之夙願，個人徹底溶入社群的渴望。

　　理性主義與放任的自由主義之反對資本主義的社會，靠的是未來的展望── 前瞻與建構新的社會。它們比較不會反對自由，甚至採取超自由的手段，俾去除社會的各種桎梏，是故其立場是大膽、前瞻，而趨向樂觀的。這兩派激發的力量靠現實社會的改善，希望未來的世界與過去和現在有別，而不希冀過去完善之再現。理性主義者深信理性與進步，認為資本主義之失敗在於未能兌現其人類解放之諾言，亦即人雖在資本主義之中獲得自由，卻未獲得幸福。

　　放任的自由主義者進一步攻擊資本主義社會中的價值與慣習，他們要追求的自然人乃是以資本主義社會中的個人為出發點。原因是現代人的「天性」（自然的本性）乃是現代所型塑的人性，是故放任的自由主義所展示的無非是現代精神的最高峰。它對過去的徹底反對，正是倚靠現時、展望未來的對立面而已（Berki 1975: 23-33）。

十三、後工業時代的社會主義

　　正如前面所提起的，社會主義是針對資本主義的弊端而發展出來的意識形態。在資本主義中經濟的理性只是在孜孜求利，並沒有注意到社會的公平、生態的平衡（保育）、政治的理想（均富、正義）。是故在 20 世紀末葉，隨著「蘇東波的變天」、共產主義的式微，真實存在的社會主義之沒落、殘餘共產政權之改革、開放，社會主義面對重大的衝擊。有人因而預言歷史的終結，資本主義征服寰球，以及社會主義走向窮途末路。

　　但是社會主義不可能從人類的政治、社會、經濟、文化之舞台消失，剛好相反，唯一能對抗與制衡資本主義的力量，除了社會主義，尤其是最具理論與實踐經驗的馬克思主義之外，再也無任何更有效的勢力（伊斯蘭教的基本教義

派以及基地的恐怖主義之反抗力量有限,其手段難獲世人普遍的認同)足以制裁或防阻資本主義的擴張。是故在 20 世紀秒與 21 世紀初的當代重大之思潮與運動中,不提社會主義就等於放棄人類最終要超越資本主義的期待與熱望。以為民主體制的空洞理想就可以阻卻資本主義的倒行逆施是幼稚、不負責的想法。須知資本主義的存在是一切宰制、剝削、異化、暴力之泉源(Gorz 1994: ix)。

資本主義的核心視經濟為人群社會活動的焦點,也就是把人群的社會活動看成以經濟的追求為最高的目標。須知將經濟當成人間生活中神聖的事物,對經濟活動的執著與堅信,都是錯誤的。哈伯瑪斯在 1990 年夏的一篇文章中,就痛斥世人視經濟體系為各種神聖事物中的神聖之不當。反之,經濟體制只是社會主義策略的「測試場地」(testing ground)。其企圖在「尋找經濟體制如何擁有張力(strain),俾能引導人群走向正途,而有利於社會的需要〔之滿足〕」(Habermas 1990: 18)。

哈伯瑪斯認為經濟體系涉及金錢的運作與貨物的流通,就如同政治體系牽連到權力的運作、政府機關與官僚的操作與活動,這兩體系都構成現代社會的基礎——體系界。可是現代世界的困局,亦即當代人類的厄運,卻是由於本來連為一體的體系界與生活界之仳離:體系界從生活界溢出,獨立發展而發揮其功能。這些政治的或經濟的體系不再依靠溝通行動來求取人際的理解;反之,卻靠著駕馭性的媒介:金錢與權力,來發揮其影響,甚至造成體系界殖民(宰制)了生活界之現象(Habermas 1987:338-343;洪鎌德 2001b:306-308)。

在採用慎思明辨(審議)的民主(deliberative democracy)以及同激進的民主(radical democracy)接觸與較量之後,哈伯瑪斯相信社會主義者會更趨向團結,而把經濟理性加以限制。這一限制雖不致塑造決定論的社會化之經濟體制,但卻能夠形成一種過程(或經濟的一部分),最終導向經濟操作受到某種程度的節制。

經濟之所以必須加以節制,主要的原因,是向來的社會主義者都認為自由派份子所鼓吹的平等,不過就是法律之前的人人平等,而非在經濟活動方面享有平等。特別是放任市場的運作導致經濟活動的無計畫、無管制、無政府狀態,造成惡性的競爭,而剝奪了公平發展的機會。更何況經濟問題圍繞著生產與流通打轉。說到生產,便涉及人群的勞動。而現代人若沒有工作,不只個人的存活立即成為問題,連其家屬親朋也會一同遭受生活的威脅。至於貨物的流通牽

連到貨物的交換與消費，也影響到參與生產與流通的人之收入的多寡。是故固定的收入、合理的（符合生活水準的必要）收入，也成為當代人嚴重關切的問題。

　　當代的社會主義，可以稱做後工業的社會主義，主要的關懷就是廣大群眾的福利，而這些福利要落實便要首先解決兩項最急迫、也是相當棘手的問題，其一為工作、其二為收入，以及工作與收入掛鉤的問題。

　　工作與收入，以及這兩者的掛鉤關係就是資本主義的工業主義（capitalist industrialism）底基本結構之焦點。處在後工業社會主義的時代，人們會認為一方面利用先進資本主義在科技、生產技術與管理、全球化等新成就、新表現的好處，來超越資本主義對文明的貢獻；他方面把工作收入當成新的主題來處理，並設法把工作與收入掛鉤之現象打破，重建經濟與社會的新秩序。

　　首先提出後工業社會概念的人是美國社會學者貝爾（Daniel Bell），他於1973 年出版的《後工業社會之降臨》一書中，強調當代西洋先進的工業社會，由於階級結構的改變和工會勢力的消退，使得馬克思主義者（馬派）對社會的改變之看法完全被否定。貝爾以樂觀的看法預言未來即將降臨的社會為後工業社會。在後工業社會中，富裕的消費者將生活在尖端發展的科技中，也生活在以服務業為基礎，以及以知識為根基的社會中。

　　自從 1970 年代以來，新的發展使學者有肯定、也有挑戰貝爾對於後工業社會所抱持的樂觀之看法。左派人士懷疑在該書出版後的 30 年間的世界中，特別是富裕的先進工業國家，一如貝爾所言，第三級產業（服務業）有大幅的增進。但與相反的是低階藍領工人與低層從事服務業者並未因為改善收入爬升社會階梯，而告消失、或人數減少。這不只是先進工業國家的現象，也是發展中第三世界第二級產業（手工與製造業）普遍的情形。貝爾所持日漸增加富裕的看法，不免低估資本主義國家人數有限的資本家的財富之暴增和廣大勞工群眾由於社會不平等、邊緣化而帶來的窮困，也就是這兩者貧富對比的懸殊。貝爾的理論更忽視了第二世界，也就是共黨執政的社會主義國家之一窮二白，與第三世界人民生活在饑饉的死亡邊緣之事實。是故只擁抱科技的權力，而無視世局結構性的失衡，是後工業社會理論家的誤謬。顯然後工業社會在描寫高度發展的科技、蓬勃的服務業、高效率的運作與管理、資訊知識的活用，反映了西方資本主義社會的部分特徵，但對世局不均衡的發展無法通盤掌握。

那麼人們是否應該放棄貝爾樂觀的、保守的「後工業社會」這一概念呢？1990 年代一批新馬環保、或左派放任自由主義者（left-libertarians）如 Michel Marien, A. Dobson, Claus Offe, André Gorz 仍主張使用「後工業」這個名稱，而予以激化、左翼化。特別是綠黨、環保人士對政治的生態學之大力倡導，主張藉環境保護、保育運動之推行，提升以人為中心的新環境觀。法國新馬派理論健將郭茲（André Gorz）更營構後工業的社會主義之理論。主張結合以人為中心的左派環保主義，配合現代個人從工作枷鎖下解放出來的熱望。他堅持在現存工業體系下，重新界定工作的意義，視工作為個人自覺的潛勢力，重新確認工作，俾把工作看成個人自主的活動，因之也擴大這些自主的活動之範圍，使工作成為個人有用的部分之生產，也是每個人自我實現的手段（Gorz 1994: 64）。

既然西方工業社會最近的發展為產業的第三級化（tertiarization），也就是服務業成為工業生產方式的優先重點，則人群對工作與就業的態度也有待重新調整，這種調整的極致就會產生「以工作為基礎的社會之終結」底概念，也就是後工業社會主義最終要落實的目標。在今日科技迅速而全面的進展下，這種未來的新理想、新目標之實現不是遙不可及的幻夢。

隨著第三產業，也就是服務業的日益擴大，工業先進國家的勞動市場變得流動性愈來愈大，也成為缺乏組織的市場。人們工作的變動也愈來愈大，不少兼職工作的出現，以及就職者避開工會，或不受工會約束，這大概也是導致工會勢力漸衰的主因。換言之，當工作表示人受社會的尊重，也是公民行使其就業權利，而顯示工作在公眾的重要性之際，企圖團結工人，衛護工人利益，而採取工業行動的工會陷於無力衰微中。當馬歇爾在 20 世紀中葉鼓吹就業、工作為公民社會權利時，他無法想像後工業社會中的人們還有第四個權利——經濟權。換言之，現代人之經濟的民權並未獲致，這就成為今日後工業社會主義追求的新目標。

事實上，馬歇爾所提出的民權觀念，便受到 20 世紀末理論家的批評，人們或批評他把權利與機會混為一談，人們可擁有財產與就業的機會，但在工業社會未必真正享有財產與就業的權利。馬歇爾的民權之權利概念太抽象、無法具體分析個人可以在擁有市民的、政治的與社會的權利之外，又能夠獲得經濟的權利。事實上經濟資源的適當分配，才能保證人人之間的平等關係，有此平等關係做基礎，才能建立公民身分。馬氏視工作為市民權利尚未發展的部分，

但它應該是人的經濟權之核心,是故把他主張的三種(市民、政治、社會)民權,另加第四種經濟權利是有必要的。

哈伯瑪斯認為人們只擁有形式的權利,而無實質的權利來對抗國家、對抗官署,或實際參與公共政策的制定,則使自由的權利(追求個人的自由)與社會的權利(實現社會安定)成為曖昧不清的空洞概念,也使所謂的公民身分、公民權利成為口號而已。這些空洞的權利反而使個人退避公共事務,把公民的角色「顧客化」、「矮小化」(clientelization)(Habermas 1994: 31)。

但上述批評並沒有使後工業的社會主義者對公民身分(citizenship)的忽視。剛好相反,他們有意建立社會主義新範疇的公民身分。進一步鼓吹人群新需要的滿足與自主自立之確定,視其為公民身分衍生出來的權利。左派要求的福利政策乃是保障與保證人民有基本的收入,同時也要求稅賦與益處的統整合一。基本的收入也就是政府或官署對個人所提供基本生活要素的保障,尤其是新經濟的流動性所帶來的震撼,可藉這種公家的補助讓個人渡過失業、待業、無業的難關,這是找不到工作個人的生活的一種支持力量,也是對企圖壓榨員工的雇主之變相津貼,好讓雇主和低收入的員工另有收入來源,而使其剝削得到部分公家的補貼。

這種基本收入的計畫會變成更為激進的改變社會之力量。郭茲指出其原因有三:1.由於社會對個人收入的補貼,使工資相對降低,則工人要求減少工作的承擔,也就是工作時數的減少成為合理的要求;2.在工作時數減少之下,工作會重新分配,且公家會要求無工作者或工作邊緣者重新接受教育和接受新的工作崗位;3.由於新設施的成長與發展志願性、或社區性的活動必須有增無減,其結果促成社群活動與意識之抬高。獻身為公共氛圍而工作是經濟的公民身分與充分的社會參與所不可或缺的特質。在現代社會中任何人參與了生產的社會過程,就是使他成為社會一個成員(也就是個人的社會化)必不可少的因素,哪怕工作的時數比現時操勞的時數還減半(Gorz 1992: 182)。

在新經濟的脈絡下任何有關福利政策的研討,如採用傳統的、或稱正統的途徑,都會引發各種爭議。只有訴諸左派的放任自由主義(Left-libertarianism)討論人的權利、自主與需要,才會為後工業的社會主義引入嶄新理論框架,也為當代先進工業社會的福利政策開闢新的思路。不過後工業社會主義當中意見也相當分歧,有主張採用市場的社會主義,發揮後福特主義的潛能,甚至發展

後工業主義、後現代主義的理論。但這些新見解、新主張只是提出大而無當的構想，無法衝破現時的困局。

左派的放任自由主義演繹出需要的理論，可以活絡國家福利的計畫。由此基礎發展的深具活力與精緻的研議，就是草擬一個符合新經濟的工作範型，包括減少工作時數，提供基本的保障收入，俾向來把工作與收入結為一體的傳統作法打破。要之，對後工業的社會主義者而言，有三個主要的問題（Little 1998: 134），牽連到資本主義體制下的福利，以及替換之對策，值得吾人注意：

1. 後工業社會主義的社會政策之特徵為何？
2. 這些社會政策與經濟政策之間的關係如何？
3. 在新政策的網絡裡要實現什麼樣的原則呢？

後工業社會主義的社會政策，仍舊離不開福利政策。其中郭茲「公民的工資」（citizen's wage）理論尤富創意。他認為要把收入與工作的連結打破，也就是維持生活最低程度的收入，是政府要向所有公民提供的保證的工資，不過政府在給人民這一公民的工資之同時，也要同時減少工作的時數。目的在擴大機會，而讓願意工作的任何人在任何的時間中都能如願去工作。在這種觀點之下，任何公民都獲得一定的收入，而不必顧慮到他在目前工作崗位上的表現。

郭茲所以使用公民的工資，其原因為公民身分旨在對社會或社群全體之維持有貢獻之機會，同時公民身分也表明個人對社會的財富的產生有參與的可能。這就是說每個人透過其在社會或社群不同的部門，從事各種各樣的工作，也參與了公共氛圍（public sphere）的決策。這些公民的活動，雖然以工作採取薪資的形式出現，但卻是個人在社會中獲取承認與認同的手段，也是個人對社會貢獻的方式。在工作中個人表現了自尊、自主、自立，其重要的意義在於發揮工作本身內在的價值，而非物質上的報酬。這種想法正是羅嘉克（Conrad Lodziak）所稱呼「善用時間的新政治」（new politics of time），也就是每個人都能給予最大的自決權而進行了時間的調整，從事各種的活動，同時人群擁有權力來討論如何用民主的方式來組織國家、社群、民間社會等集體（Lodziak 1995）。

像郭茲等後工業社會主義理論家，他們堅持社會福利政策必須與經濟政策掛鉤才能達成人群追求的目標。在決定公民的工資之同時，應該課給國家與雇

主某些條件，諸如提供給願意工作的人充分的工作機會，而且也要求諸個人爲社會整體抽出特定的時間來作出貢獻。後者還可以從公家獲取「第二張支票」（第一張支票爲公民的工資），以示社會對其獻身公共事業的承認（獎賞）。要之，公民的工資、基本的收入、減少工作的時數都成爲政治性的決策，也就是政府的介入兼及考量經濟政策之下所做的社會政策（福利政策）。雖然人群對生產力無法精確地預測出來，但其意涵並非否定的，也就是說社會與經濟部門不只靠純粹的專家去決定。反之，有賴群眾藉民主的方式來進行政治性的決策，特別是涉及工作時數的減少。只是政治性的決策也有待經濟條件的改善與轉好。而經濟之臣屬於政治的控制一直是左派人士信守的原則。換言之，不是經濟的理性（利潤、生產力、效率），而是環保的理性（生態平衡），也是政治的目的（均富、共利、公平）才是組織與指導經濟的動力。

　　但在目前西方政經體制之下，社會政策與政治政策必須在流動性很大的勞動市場、或是逐漸自由化的市場之脈絡上進行改造。這意味著政治不只能夠重組社會，更能改變經濟，且能夠指引市場和管制經濟體系。在資本主義社會中，對左派人士而言，經濟的社會化（受社會的監督與控制）是大有必要。由是可知經濟決策，是政府在徵求廣大的社會之同意下所做集體性之決策。這意味經濟之社會化，也就是使經濟活動變成透明化、變成可以預測，而決策本身也變成負責的、可以追究的。

　　公民工資的理論表示人們有責任去保證他人同享福利、保證他人有工作機會。因之，這種後工業的社會主義要在人群滿足其需要的權利之外，也負擔人人同享工作的權利與義務。但當今美國在討論福利時，卻視擁有工作的機會是一種社會的義務（social obligation），這是以工作爲基礎，認爲推進與正當化工作之意識形態爲新大陸向來勤奮致富的傳統，殊不知像英國等其他國家工作機會不多，凡沒有工作的人便被邊緣化。在此情形下福利只贏得負面的看法，變成對懶散者之補助、對勤快者之懲罰。這種負面概念下的福利設施使政府拘泥於經濟理性，也貶損公民之間的團結與凝聚。這不是後工業的社會主義者所樂見的福利，因爲對他們而言，福利不是一組社會政策，而是促進自由與平等的政策之結果。

　　是故後工業的社會主義新政策的網絡中要實現的原則，不是社會義務的原則。不是視工作爲義務、不是把個人的生命降服於工作的意識形態之下，而是

把個人工作時數減少，俾沒有工作的人得有機會來用吾人割捨的鐘點數去從事其工作。郭茲甚至把自我限制不當個人的選擇看待，而當成「社會的規劃」（social project）看待。也就是凡是公民應當比從前更少工作、也更少消費；他方面更為自主、更享社會安全。「也就是提供諸個人制度性的保證，俾人們過去所追求工作的時數之減少，如今人人皆可享有，亦即享有更為自由、更為輕鬆、更為豐富的生活。尤是自我限制將從個人選擇的層次移向社會規劃的層次」（Gorz 1993: 65）。

要之，過去談福利政策似乎成為自由主義最擅長的主張，但在後工業時代的今天，社會主義也在追求福利政策的落實，只是其福利政策，是在資本主義經濟成就的基礎上，以政治力量來操控經濟活動，實施新的工作規劃。使很多人不必有工作才有收入。在基本的工資、津貼之下，個人與眾人視工作為發揮個人潛能、增進大眾福祉和貢獻社會的職責。這種的社會主義與馬克思所想像、所期待的「假定我們是以人的方式來進生產〔工作〕的話，那麼每個人會在他的生產中雙重地證實他自己，也證實其夥伴人群……在我的生產活動〔工作〕中享受我生命的個別表現，同時看見我的產品……既能滿足他人的需要，又能把人的本質加以客體化……在我表現我的生命之時，我也引導你去表現你的生命。因之，在我本身的活動〔工作〕中，我得以實現我本身的性質，亦即實現我的人性和社群的本性」（*CW* 3：224-228，華文翻譯 洪鎌德 2000：338-339）。

馬克思認為不只是傅立葉的社會主義，就是普魯東（Pierre-Joseph Proudhon 1809-1865）[3]的社會主義對未來社會的描述，都是空想的、不符合科學的，其原因在於不瞭解社會主義是從資本主義誕生出來，而這些法國的社會主義者對資本主義卻一知半解，不懂用科學的方法去研讀、去批判，不知用唯物史觀去解剖支配資本主義動力的法則。馬克思對未來社會所談極少，唯一透露的是未來將是計畫經濟盛行，可惜在 20 世紀的蘇聯、東歐、越南、朝鮮、中國計畫經濟都紛告實施失敗。因之，馬克思認為社會主義為計畫經濟乃是錯誤的想法（Arnold 1989: 160-161）。

---

[3] 普魯東為法國社會主義哲學家，他主張的社會主義為溫和的、相互協助（mutualism）的理想制度。互助的社會是一個社會成員協力合作，而排除國家強制的社群，含有無政府的主張，雖然他也贊成政府維持社會秩序之必要。因為反對私產與市場制度，遂倡言「私產為竊盜」，而遭馬克思抨擊。

　　不過後工業社會的社會主義，雖然不再強調計畫經濟，但認爲政府或國家利用政治的力量來控制經濟，使經濟的活動能夠滿足公民的需要，正可顯示對經濟問題的優先處理不失爲當代社會主義的當務之急。

第五章 馬克思主義

一、馬克思貧病悲壯的一生

作爲 19 世紀與 20 世紀影響人類的命運最爲重大而享譽遍滿全球（謗亦隨之）的思想家和革命者，馬克思的一生充滿傳奇性與戲劇性。他是德國唯物（物質）主義哲學、辯證方法的理論家，也是一位極爲深邃的哲人。由於他才氣縱橫、見聞廣博、思慮深刻，因之，他也是一位傑出的歷史學家、時事評論家、經濟學理論家、策略家與革命者。近年來西方學者的重新評價，認爲他的政治經濟學理論對當代經濟學主流（英、美、歐陸）的衝擊不大。反之，他卻是社會學思想一個重大流派的創始人（Ritzer 1992: 44），甚至被尊爲古典社會學奠基者三傑（*Canonical trio*）之一（另兩位爲涂爾幹與韋伯，見 Giddens 1971；1991a，洪鎌德 1997b：105，153）。

(一)出身、求學與早期的報業生涯

馬克思於 1818 年 5 月 5 日出生於德國西陲陌瑟河的小鎮特利爾(Trier)市。該市傳統上受到日耳曼與法蘭西文化的影響。馬克思的祖父與外祖父爲猶太教士，屬於德國由中歐移入之少數族群。其父執業律師，受普魯士政府管轄。全家在政府規定下（出任公共職務如律師者，必須是基督徒）被迫放棄猶太教，改奉路德新教。這種宗教信仰上的改變，以及 19 世紀前半葉受到黑格爾神學著作與哲學衝擊下的激進青年黑格爾門徒，都抗議政權與教會的勾結，倡說思想從宗教的桎梏下解放出來，以致在柏林大學就讀的青年馬克思，對宗教，尤其是他祖先信仰與執業的猶太教，有嚴厲無情的抨擊。後來，在〈論猶太人的問題〉（1843-44）兩篇文章中居然把宗教斥責爲「民眾的鴉片」。對猶太本族的抹黑與對宗教幾近病態的痛恨，只有在猶太人「自恨」（*Selbsthass*）情節中找到病因（Padover 1978：171；洪鎌德 1991a：67；蔡淑雯譯，2001：30，39-44，52-54）。

少年時代的馬克思在他出生的本城進中學，求學時代成績平平，只有畢業論文抒寫一點抱負：認爲謀求人類的幸福，歷史上的偉人不惜犧牲本身的利益

不斷打拼奮鬥，這多少透露他後半生的志業。十七歲的馬克思首先進入波恩大學唸法律，因為酗酒、夜遊、欠債、荒廢學業，被其嚴厲而有遠見的父親斥責，而轉學柏林（1836 年 10 月）。這時他已與其青梅竹馬的鄰人燕妮（Jenny von Westphalen 1814-1881）私訂終身。這位大馬克思四歲的特利爾美女堅貞的愛情，成為馬克思憂患與病痛的後半生之精神支柱。

一反他父親的殷切期待，馬克思在柏林大學九個學期並沒有修習法律學（洪鎌德 2001b：92-93），反而浸淫於德國經典哲學，特別是在與新黑格爾學派（青年黑格爾門徒）交遊裡，馬克思深刻地認識到德國經典唯心主義（觀念論）的神髓，尤其是自康德、黑格爾、費希特、謝林到費爾巴哈的思辨哲學之精要。這成為他後來以通訊方式取得耶拿大學哲學博士學位（1841）的根源。博士論文題為《德謨克里圖與伊壁鳩魯自然哲學之分辨》，係討論古希臘兩位原子理論家學說之差異。他的結論是認為伊壁鳩魯原子曲折運行的理論反映了個體追求自由的意識與意志，比起德謨克里圖僵硬的帶有唯物主義的原子學說來，更勝一籌。這種觀點反映了馬克思當時擁抱黑格爾唯心主義的心態，也為他日後追求人類解放的理論埋下伏筆（洪鎌德 1990：12-13，44-47；1997b：41-42）。

1841 年 4 月剛取得博士學位，二十四歲的馬克思，雖衣錦還鄉，卻賦閒待業在家將近一年，才於 1842 年 5 月投稿《萊茵報》，而被報社看中，旋於五個月後被聘為該報主編。這份由萊茵河流域工業家與新興資產階級創辦的報紙，最先採取的是自由主義的辦報路線。但在馬克思對普魯士專制政府不斷批評與攻擊，該報訂戶雖然激增，卻引起同業與政府的忌恨，而遭到當局的封閉（1843 年 3 月）。擔任主編未超過一年半的馬克思再度失業。

(二)結婚、撰稿、巴黎與布魯塞爾的流放

經過七年之久的戀愛長跑，馬克思與燕妮於 1843 年 6 月在新娘的住家克羅茲納赫鎮成婚。除了女方的母親與弟弟出席之外，男方的親人（父親早已逝世，剩下的母、姊、弟、妹）無人參加婚禮。就在新婚妻子的娘家，馬克思重讀黑格爾《法律哲學批判大綱》並且邊讀邊批，而成為發揮他哲學批判精神的重要遺稿之一。

　　此一遺稿評析黑格爾《法律哲學》一書第 261 節至 313 節。係涉及國家法政部分，包括國家機關的組成部分，政治國家與市民（民間、公民）社會之關聯。也論及政府、官僚體系與民主政制之問題，可以說是馬克思平生第一部藉批評別人而彰顯本身法政理念的專著。馬克思批評黑格爾誤把國家的「理念」當作現實來處理。依他的主張國家的基礎在於社會，在於滿足人民各種需要的市民社會。進一步，馬克思揭發黑格爾政治體系的內在矛盾：國家並非「合理性」的建構體；反之，民間社會才是人群真正生活與發展的場域。此外，他批評黑格爾的政治國家無法調解市民社會的分裂，無法化除社團、階級、族群之間的衝突。最後，馬克思批判黑格爾把官僚階級，美化為不偏不倚、依法辦事的普遍階級（universal class）之失當。真正的普遍階級，乃為普勞階級（洪鎌德 1997 a：63-65）。

　　新婚後的馬克思夫婦一度興起離開歐陸遷居北美的念頭，但未付諸行動。剛好友人路格（Arnold Ruge）在巴黎發行《德法年鑑》新雜誌，亟需一名副編，於是馬克思在 1843 年 10 月攜帶大腹便便的妻子前往花都，在那裡一住就是一年半，直到 1845 年 2 月遭法國政府驅逐為止。在巴黎這段為期十五個月的逗留，是他一生中最快樂的時光，也是他一生中的轉捩點。由於這段期間中，他與恩格斯（Friedrich Engels 1820-1895）重逢（首次在科隆見面，甚至更早期在柏林青年黑格爾門徒集會上）與傾心交談，使得馬克思從哲學的美夢中醒轉過來，他發現英法的政治經濟學比德國的思辨哲學對現世更具深刻的析述與批判（洪鎌德 1999：51-59）。顯然，比馬克思年輕兩歲的恩格斯，是一位早熟的青年，由於其父在英國曼徹斯特開設了一家紗廠，使身為資產階級後裔的恩格斯最早便認識到新興的工業資本主義之面貌。在恩格斯的著作《英國工人階級的條件》（1845）與談話啟誨之下，馬克思開始體認遭受資本家剝削壓迫的工人階級之生活慘狀。馬克思從黑格爾的思辨哲學和費爾巴哈的哲學人類學，轉向人道主義與自然主義，其後更皈依物質主義（唯物主義）與共產主義。當然使成年的馬克思放棄觀念論而擁抱唯物主義，除了恩格斯的影響之外，還有聚集在巴黎街頭談天說地，攻擊本國政府的各國流亡人士，特別是在地人的法國社會主義者，對他思想的轉變產生重大的作用（Callinicos 1983: 36-37）。

　　《德法年鑑》原先的設計是由德法及其他各國流亡人士共同撰稿，每年推出十二期，以德法雙語刊出，而聯繫德法激進理論人士。不料因為財源欠缺，

投稿者銳減，只出兩期的合訂本，便因銷路奇差，又遭受普魯士政權沒收與查禁，弄到血本無歸而停刊。在合訂本上，馬克思發表了兩篇涉及〈猶太人的問題〉的文章，力陳猶太人不要妄想從信奉基督教為國教的普魯士人之下獲得宗教的解放與政治的解放，這種的解放是一種奢望。只有當人們從金錢崇拜和金錢控制下擺脫出來，也就是達成人性的解放，甚至人的解放，人類才能享有真正的自由與幸福（洪鎌德　1990：16-17；2000：43-64）。

在巴黎逗留期間馬克思最重要的一部遺稿，就是號稱《經濟學哲學手稿》（一名《巴黎手稿》，1844）。這部殘缺不全的手稿標誌了青年馬克思濃厚的人文氣息和人道精神，是融合了他有關英國政治經濟學研讀的摘錄與心得、費爾巴哈的人本主義的認知之不滿和黑格爾唯心主義哲學的批判與反思三部分構成。在這一遺稿於 1930 年代出土，1950 年代末英、法等譯本分別出版後，西方世界的馬克思主義者（「西方馬克思主義」）與東歐馬克思主義理論家（特別是南斯拉夫的「實踐學派」）都視為是馬克思研究（所謂的「馬克思學」Marxology）與馬克思主義理論發展史上的突破。人們更可以發現在青年馬克思的思想中，有存在主義、現象論、心理分析、人類學、心理學等等的影子。特別是這份手稿中分析了勞動與資本之間的衝突：勞動者出賣勞力，把其本身貶抑為商品的情形（第一部），描述勞動與資本鬥爭的結果（第二部），以及論述私產與共產主義的關係，都成為馬克思中年以後撰述政治經濟學之批判的藍圖，更為《資本論》的引申與發揮奠下基礎。手稿中令人最為矚目的無過於「異化勞動」，或「勞動異化」一概念的提出。它把黑格爾思想和觀念的異化，透過費爾巴哈轉型批判法，而轉變為人（勞動者為主，資本家為副）的異化。

在資本主義的制度下，工人面對四種異化：其一，工人的生產品為雇主所剝奪，人從其產品中分離出來、異化（*Entfremdung*；alienation）出來；其二，人從單調乏味，或艱險困苦的勞動過程中異化出來；其三，人從其勞動與生產的「種類本質」（*Gattungswesen*）中異化出來；其四，人從其同僚、同事、同仁中異化出來。異化論成為馬克思在 20 世紀後半葉最引人討論而仍具時效的學說，因為不管是資本主義，還是在社會主義（中共、北韓、越南、古巴）之中，人們的異化、疏離仍舊是哲學與社會思想力求解決與改善的核心問題。顯然，馬克思從早期論異化到後期論剝削，以及中間的析評物化，商品崇拜，都有脈絡一貫的軌跡可尋。

　　由於馬克思、列士克、彪格士等德國共產黨人士在巴黎的言行日趨狂激，甚至批評普魯士王室、俄國沙皇與法國政府，遂遭巴黎當局的驅逐。1845 年 2 月初馬克思等三人經由比利時利支城抵達布魯塞爾。燕妮帶著未滿週歲的長女（也取名燕妮）隨後跟至。在靠友人間歇性的接濟之貧窮下，在比京一住就是三年，全家（又添了一個女兒名叫勞拉，共有四口之家）一度住在貧民窟與「窮人巷」中，備嘗無業無錢之苦。由於長期和經常的舉債，馬克思一家遂陷於貧病交加的惡性循環中，不僅馬克思病倒，就是燕妮也時常輾轉床褥之間日夜呻吟。1846 年夏，馬克思因為氣喘疾發、一度陷入沉痾中，引起家人與朋友極度的憂懼。這是他們流亡生涯一連串病痛與宿疾的開始。在流亡布魯塞爾期間，馬克思與恩格斯合撰了他們平生第二部作品：《德意志意識形態》（1845-1846）。同之前兩人合撰的第一部作品《神聖家族》（1845），這兩本著作都在批判黑格爾青年門徒的誤謬。

　　《德意志意識形態》在馬恩生前未獲出版的機會，而成為一篇重要的遺稿。攻擊的主要對象為青年黑格爾門徒，包括施提訥（Max Stirner）、葛林（Karl Grün）和那些自我標榜為「真實的社會主義者」在內。該稿第一部分對費爾巴哈強調人本的物質主義有所評析，可以說是馬克思宇宙觀與歷史觀的唯物歷史主義之首次揭示。因此，被當代新馬克思主義者，法國思想家的阿圖舍（Louis Althusser 1918-1990）視為馬克思「認知論上的突破」，也就是標誌馬克思告別哲學的玄思而邁入科學的分析之第一步。

　　不過我們不認為可以將馬克思的一生分解為前後兩段；反之，我們只能指出他理論的先後重點之不同。例如前期看重個人，後期看重集體（階級）；前期闡述異化，後期詳論剝削；前期重視哲學思辨，後期注意科學分析。但從頭至尾黑格爾的辯證法貫穿其一生的論述。黑格爾式的辯證方法之影響不亞於達爾文的進化論之衝擊。這也就是說批判思想與科學主義（多少有實證主義的色彩）構成馬克思學說的兩大支柱，也是造成他的思想內在緊張動力，從而使其學說呈現批判的馬克思主義與教條（崇尚「科學」）的馬克思主義兩分化之因由。

(三)《共產黨宣言》的起草與 1848 年革命的始末

　　1845 年夏，馬克思在恩格斯陪同下第一次離開歐陸，而旅遊了資本主義的

大本營之英國。他們與流亡倫敦的各國左派激進人士與團體有所接觸。返回比京兩年後,成立了秘密社團「共產主義者聯盟」(Bund der Kommunisten),馬克思任聯盟比利時分會的主席。來往的友人中有德國首位共產黨主義理論家魏特鈴(Wilhelm Weitling)與俄國自由人士安念可夫(Pavel V. Annenkov)。他們也成立共黨通訊委員會而與歐陸各地的共產黨人聯繫,其中最著名者為流亡巴黎的俄國無政府主義者普魯東(Joseph Proudhon)。由於後者對馬克思搞黨同伐異的國際組織有所批評,馬克思出版了一本專書《哲學的貧困》來大力抨擊與鬥臭普魯東。原來普魯東在 1846 年底出版了一本名為《貧困的哲學》論資本主義經濟體系矛盾之書。馬克思指摘普魯東連起碼的政治經濟學之範疇,諸如分工、市場、壟斷、競爭都一無所知,居然妄評經濟體制的矛盾。撇開馬克思好狠愛鬥、恩怨分明的個性不談,此書展示他批判力的銳利,以及他對社會經濟情狀、政治經濟學知識的良好掌握。

在恩格斯鼓勵下,馬克思於 1847 年 11 月再度赴倫敦參加在倫敦召開的共產黨聯盟第二屆大會。大會授權馬克思撰寫一份「理論兼實踐」的黨綱。在與恩格斯反覆通訊商量下,該一重要文獻《共產黨宣言》終於在 1848 年 2 月交稿,最初德文版本共印五百冊分發給聯盟成員,係不具名之宣傳手冊。兩年後英譯本上始放入馬克思與恩格斯兩位作者之姓名。事實上該本震撼世界之重大文獻,主要是出於馬克思的手筆,但卻是參考恩格斯事先擬妥的共產黨「信仰告白」(Glaubensbekenntnis)二十五條問卷並加以吸收,溶入這一小冊中。在這一文章中難免出現兩個革命同志不同的觀點,譬如受到啟蒙運動的感召,且對英國工人階級較具瞭解的恩格斯,其看法便對革命情景充滿樂觀與命定的說詞。反之,馬克思與法國人較有接觸,遂大肆強調政治組織活動與鬥爭之重要(McLellan 1973:180;洪鎌德 1997a:103)。

《共產黨宣言》共分四部分。第一部分敘述社會發展史都是階級對峙與階級鬥爭的歷史,最終普勞階級必然戰勝資產階級,而建立無階級的共產主義社會。第二部分描述共產黨人在普勞階級中之地位,駁斥資產階級對共產主義的反對,繼而指出走向勝利之途上無產階級所應採取之革命步驟,以及未來共產社會之面貌。第三部分抨擊其他各種社會主義之流派,包括反動的、小資產階級的、和烏托邦(空想)的社會主義。第四部分指明共產黨人對於其他反對黨派的策略,並呼籲「所有國家的工人們團結起來!」(CW 6:519;洪鎌德 1990:

32-34；1997b：103-106）。

由於此一宣言內容翔實、文筆奇佳、氣勢磅礴，極具宣傳效果。因此這也是馬克思與恩格斯的著作中，流傳最廣、閱讀民眾最多的作品，其政治意涵實大於哲學意義。

1848 年 2 月巴黎的工人與學生暴動，結束了法國路易‧腓力普的資產階級政權，而催生法國第二共和。但左右派共治只維持四個月，1848 年 6 月便遭軍隊鎮壓。不久拿破崙之姪兒路易‧波拿帕崛起，在 1852 年廢除共和，恢復帝制，自稱拿破崙三世。

當 1848 年法國發生 2 月革命之際，歐陸各大城也爆發了工人革命，馬克思在聞訊之餘，精神抖擻、興奮不已，以為布爾喬亞的喪鐘已經敲響，普勞階級的解放迫在眉睫。他遂發動比國民主協會向布魯塞爾議會陳情，俾讓工人可以武裝，他甚至把父親遺產分給他的六千法郎中，撥出五千法郎為德國流亡工人購備槍械、彈藥、短劍。但比利時當局聞訊先發制人，宣布戒嚴，召集軍人圍捕工人。3 月初馬克思一家遭下令驅逐，他正好要赴巴黎籌設革命總部，遂與妻女重返法京。他嚐試勸德國流亡人士先協助法國工人奪權，再把革命火焰擴散到柏林及德國各地。這種務實的革命策略，不為民族主義烈火高燒的德國流亡人士所接受。在科隆友人的勸告下，業已喪失普魯士國籍的馬克思終於有機會利用法國警署所發給的護照重返故國。

為宣傳革命理念給一向畏懼共產主義的德國工人與農民，馬克思與恩格斯決定創辦一份新的報紙，訂名為《新萊茵報》，副標題為《民主機關誌》。該報首日刊出為 1848 年 3 月 31 日，至 1849 年 5 月中旬遭柏林當局查封為止，前後只維持一年多而已。主編馬克思與恩格斯還因撰寫社論被控以「侮辱」（檢察官）和「叛國」兩大罪行，被勒令驅逐出境。《新萊茵報》的結束標誌馬克思作為一位戰鬥力極強的報人生涯之結束。一貧如洗的馬克思只好倉皇重返巴黎，化名匿居。但不久之後為法警查出居處，又再遭驅逐之厄運。一家大小只好移居倫敦（1848 年 8 月）。這一暫時避難的霧都，卻變成馬克思一家後半生定居生息之處。

(四)倫敦的定居與初期的貧困

　　馬克思和妻女於 1848 年 8 月與 9 月分別抵達倫敦。最初住在倫敦徹爾西安德遜街一間小公寓。在這裡全家備嚐貧窮、憂患、病痛接踵而至的悲運。這時燕妮又生了第四個孩子（之前長男埃德嘉出世），是馬克思暱稱爲「小狐狸」的次男。因爲付不起房租而遭房東脅迫與掃地出門。全家搬遷至索荷區狄恩街一間小套房。在這個破落的寓所一住就是六年。就算流亡異鄉的難民，居住條件比起英國的貧民區之慘狀還略勝一籌。這就成爲馬克思後來主要作品《資本論》所描述在資本主義剝削下，英國工人與貧民被剝削的血淚實況。馬克思一家所受資本主義體制的迫害，從他們貧苦的異域流亡生活中就可以看出端倪。對他們而言，這種迫害是刻骨銘心的（洪鎌德 1997b：119-121）。

　　生活雖充滿貧困與疾病，但馬克思夫婦卻開始認識英國人的民情風俗，而逐漸懂得欣賞其文化生活，女兒們也陶醉於英國文學與藝術。作爲世界資本主義的核心的倫敦洋溢商貿企業的活力，雖無巴黎的浪漫嫵媚，卻自由而穩定。警察從不過問流亡者的言行。馬克思可以自由宣揚其共產主義的理念、撰寫他喜愛的書文而不遭干涉。於是馬克思利用居留霧都三十三年期間，接待各國流亡的革命志士。和他交往的人士非常多，較爲知名的有拉沙勒（Ferdinand Lassalle 1825-1864）、李普克內西特（Wilheim Liebknecht 1826-1900）、巴枯寧（Michael Bakunin 1814-1876）、布隆基（Louis August Blanqui 1805-1881）和馬志尼（Giuseppe Mazzini 1805-1872）等人。

　　1850 年代初，雖有恩格斯不時的接濟，馬克思一家的貧困、憂患（債主的討債）、疾病卻無改善的跡象。馬克思家的女傭常進出典當店，把女主人的嫁妝之珠寶、銀器典售賣換現金，以挹注急需。馬克思本身體質向來不佳，身罹肺病、肝疾、皮膚病（皮下出血）、癰癤，都逐漸變成後半生無法治癒的宿疾。出身大家閨秀的燕妮也爲丈夫沒有固定職業與收入而憂慮，也爲本身無就業賺錢能力，而抬不起頭來。更因爲次子「小狐狸」罹患肝病的早夭（1850 年 11 月），而傷痛不已。1851 年 3 月底她又產下第五個孩子，是一名女嬰。此女只活一歲多便於 1852 年復活節時，支氣管發炎而早逝。當時幸好一位法國友人伸出援手，才把小女兒草草埋葬。但悲劇卻如影隨形接踵而至。1855 年 3 月燕妮在產

下馬家名為愛麗諾的么女（暱稱塔絲）之後，因為身體虛弱無力照顧他們唯一
的男孩埃德嘉（時年七歲），以致這名家中的寵兒在 1855 年 4 月因腸疾而夭折。
埃德嘉的遽逝使馬克思一家長期陷於憂傷、痛苦與絕望之中。這個悲痛使滿頭
烏髮的馬克思一下變得蒼老，髮色由黑變白。他遂又生搬家之念，舉家跑到曼
徹斯特去寄住恩格斯的公寓達三個月之久，暫時忘懷喪子之痛。

　　1851 至 1861 年的十年當中，馬克思只有靠撰寫新聞稿來賺取一點稿費。
他擔任了《紐約每日論壇報》通訊員的工作。最先他英文不靈光，要靠恩格斯
充當槍手代打。但由於他語文天份很高，不久之後便能掌握英文基本語法與文
態，所以從 1853 年 2 月之後，他投稿《論壇報》的文章已不需恩格斯捉刀，而
可以自己撰寫。為跑新聞，馬克思偶會到英國國會旁聽，但主要靠英國《時報》
與歐陸新聞做二手報導。有關政治與經濟的評論則是利用大英博物館閱覽室的
資料。他在博物館的工作時數是上午十點至黃昏七點。從官方出版品中抄錄有
關的統計數字，把它們穿插在其時論、或通訊稿中。他把資料帶回家中整理，
常為撰稿而工作至凌晨四點。在十年的撰稿中，馬克思共寄出了三百二十一篇
的稿件，但居然有八十四篇（占四分之一）被報社以編輯部、或不具名方式盜
用，也遭退稿十五篇。這些通訊稿中有一半的文章在討論各國外交事務，涉及
的除歐洲各國之外，兼及俄國、土耳其、克里米亞戰爭、印度和中國。另外有
五十篇討論財經、貿易等發展情況。可以說馬克思在《論壇報》發表的文章並
非以經濟學家的身分，而是以政治觀察者的立場在評析時事。隨著《論壇報》
的關門（1861），馬克思這段辛苦生涯也告結束。

　　儘管生活困苦、收入微薄、一身病痛，馬克思好學深思的個性從大學時代
以來迄未改變。1850 年夏以來，一向喜好哲學、政治、歷史、社會的馬克思轉
而有計畫地研究政治經濟學。他從亞丹・斯密、李嘉圖以來的英國古典經濟學，
至當時有關銀行、價格、經濟危機的理論新作，一概潛研摘錄。甚至法國經濟
學家薩伊（Jean-Baptiste Say），瑞士經濟學者席士蒙地（Simonde de Sismondi）
的著作也耳熟能詳（洪鎌德 1999c：51-59）。他閱讀速度與吸收能力超人一等，
閱讀之書文既眾多而又深入，且作了大量的筆記。他不只眉批，抄錄摘要，還
進一步做出精確的評論。看了他所寫的《政治經濟學批判綱要》（1857-1858，
簡稱《綱要》Grundrisse），以及《資本論》第四卷（另名《剩餘價值理論》又
是三大厚冊，身後由考茨基編纂出版），便可知他抄錄之勤與批判之精。

1863 年年尾至 1864 年年中，馬克思得到兩筆遺產，才逐漸擺脫貧困的脅迫。全家搬往邁特蘭公園路的別墅，過著舒適資產階級的生活。剛好為人精明但又慷慨好義的恩格斯，搞革命無成之餘決心改變生活方式，遂致力他父留下的紗廠產業的經營。只稍過了幾年事業便蒸蒸日上，甚至因為購買了英國水電、瓦斯公司的股票，而獲得鉅額的財富。自 1869 年春開始，恩格斯在替馬克思一家償還所有的債務之後，特撥出每年三百五十英磅的年金（一筆在今日看來極為可觀的金錢），供馬克思一家使用。他也從曼徹斯特搬來麗晶公園的公寓，與馬克思隔鄰而居、朝夕相處，談天說地。由此可看出恩格斯的慷慨濟助與全力支持，是使馬克思揚名立萬永垂不朽的最大動力。

(五)《資本論》的撰寫與出版

馬克思一直有意撰寫一部有關政治經濟學的專書，卻因忙於賺取微薄的新聞稿費糊口，而一再延宕寫作計畫。1857 年他決心撰著系統性的新作《政治經濟學批判》，其準備的資料為厚達千頁的《綱要》（1857-58），在 20 世紀中葉才付梓。該書於 1859 年 1 月完稿，為他第一本經濟學的著作。該書篇幅不長，卻有長達二十五頁的《導言》（遲到 1903 年的新版上始出現）。全書討論了商品、價值、價格與貨幣等經濟學主題。該書除了開頭的〈前言〉精要地勾勒馬克思的唯物史觀，而膾炙人口之外，全書立論平庸，可謂無甚精闢。出版後各方反應冷淡，令他十分憤慨與沮喪。出版商甚至拒絕續約刊印此書計畫中的續集。在此打擊下，馬克思在其後一年半中提不出精神來寫作。也在此時他首次感染肝炎，成為他後來致死的病因之一。

但在恩格斯與其他同志鼓舞下。馬克思在 1860 年代初重燃創作的火花，決心對政治經濟學重加研究，並自訂新書寫作計畫。他本來打算以一系列數卷的作品方式來分別論述政治經濟學各大範疇、各種學說與各種理論。現在則致力於把他各項觀念組織在一本巨著中，使它成為單一但卻具綜合性的經濟學作品。這冊被全家大小稱為「該書」（das Buch）的作品，就是後來震撼世界，使馬克思永垂不朽的《資本論》（das Kapital）的卷一（1867）。其副標仍舊為「政治經濟學批判」（卷二於 1885 年，卷三於 1894 年由恩格斯出版；卷四由考茨基以《剩餘價值論》之名，共三大冊，分別於 1905 至 1910 年出版）。

　　對馬克思而言，《資本論》是他既愛又恨，是他絞盡腦汁、嘔心瀝血的產品。一個嬰孩在母體懷胎九至十個月，但馬克思卻花費十八至二十年來構思撰述這部鉅著。這本書是他一生中的力作，不只是他生命的加冕成就，也是他此生的志業。《資本論》的生成史無異是他知識演進的記錄。這是他給自己定下的職責，是他存在的焦點，也是造成他最後崩潰的精神負擔。恩格斯在該書出版的通訊中告訴馬克思：「（你）這本始終不寫完的書將在身體上、心靈上、財政上把你壓迫地喘不過氣來」。這是他人生的目標，也是他一生的災難（Raddatz 1978：225；洪鎌德 1997b：157）。

　　《資本論》卷一寫作延續達六年之久。其間馬克思停停寫寫，其原因或為貧病的煎熬，或為思想散亂，無法集中意志；或寫作過程上的不順。在給恩格斯的信上，他指出撰寫「該書」自己像牛馬一樣的苦幹。事實上《資本論》出版的主因為心理障礙。馬克思不少著作都是有頭無尾，未及終頁。像《黑格爾法律哲學的批判》、《經濟學哲學手稿》（一名《巴黎手稿》）、《政治與國民經濟學批判》、《工資、勞動與革命》、《法國階級鬥爭》、以及現在的《資本論》，都使馬克思成為一位有頭無尾、無法完成作品的大家。換言之，他的多數作品都是斷簡殘篇，而非完整。這是因為他求好心切，是一位帶有病態的完美主義者，不斷挑戰自己寫妥的作品，因之作品也就無法及時完成（Künzli 1966:281-283）。原來他在經歷幾次出版失敗的經驗後之後，極力避免成為中傷批評的對象。因之，有意無意間以搞謔謗訴訟（與一位瑞士學者佛格特興訟，促成馬克思寫了一部厚達三百頁，名為《佛格特先生》的無聊文集）和搞國際工人運動（「第一國際」1864-1872），來遷延其學術著作的撰寫與出版。又加以包括黑格爾哲學的殘遺因素在馬克思心靈中的發酵，以及它們與馬克思物質主義發生的衝突，此外馬氏對理論問題採取保留的態度，可以溯及童年時代經歷的挫折等等（Seigel 1993: 329-392）。

　　在撰寫《資本論》的 1860 年代初，馬克思尚未擺脫貧困的陰影，更因為貧窮帶來的憔悴憂傷造成慢性的疾病，加上頭痛、失眠、皮下出血（癰、癤等皮膚病）的毛病，這也導致馬克思經常在數週或數月間無精神寫作，也把他折磨得坐立不安。在「該書」全稿即將殺青的前夕，1867 年 3 月馬克思致恩格斯的信上說：「我希望布爾喬亞〔讀者們〕，在他們的餘生中會銘記〔在撰寫此書時〕我正患了皮下出血的癰」。抱著「同世界苦戰」的心情，也給「布爾喬亞一

個理論上的重擊，使他們一蹶不起」這種堅強的信念，馬克思在病痛煎熬下完成《資本論》的撰述，並親自把稿件送到漢堡出版商的手裡。為此馬克思於 1867 年 4 月初重新踏上德國故土。並為了親自校稿，而在漢堡與漢諾威停留一個半月。該書終於在 1867 年 9 月 14 日付梓。

馬克思在這部曠世鉅著中耗盡了接近二十年的心血，引用多達一千五百篇的專書與論文，它不僅是一部論述經濟範疇頗多、理論分析深到的學術作品，更是一部充滿道德熱情與他自稱有個人文采的「藝術之作」。事實上，這也是馬克思生前正式出版的最後一本著作。

該書有幾段話令讀者（尤其是第一位讀者，亦即作者的太太）動容，像書中第 24 章第 7 節的原文：

> 暴力乃是每個社會的催生婆，蓋舊社會正懷孕著新社會之緣故。暴力本身就是一種經濟力量……今日尚來不及領出生證〔尚未誕生〕，而出現在美國各種各樣的資本，乃是昨日英國兒童的鮮血〔底凝聚〕……當錢幣的一面還帶著血漬出世之際，資本卻是從頭上到腳趾淌著鮮血與污穢。（CI：第 24 章第 7 節）

的確，這本著作不但是心血的結晶，在學術上更是富有創意的文學作品。儘管有時採用官方文獻的工廠報告，或勞工統計、或財政資料，但處處透露作者智慧的光芒和諷世的警語。要之，全書特有的體裁、反諷與道德的批判，洞燭時務的社會關聯，使此書成為世界經典之作。這也說明何以在英美主流派的經濟學者眼中視為理論失敗的作品，卻是震撼人心，也是「改變歷史」的曠世名著。

當《資本論》第二版德文原著面世時，馬克思送給達爾文一冊以示敬意。達爾文回信表示他對經濟學理解有限，謙虛地、也友善地指出「儘管你我研究的對象不同，但我相信我們兩人都真誠地希望擴大知識，最終對人類的幸福有點貢獻」。

1880 年當馬克思進行《資本論》第二卷寫作計畫時，他要求達爾文允許他以續卷獻給這位時年七十一歲的進化論的大師，可是達爾文還是禮貌地婉拒，因為馬克思的唯物史觀與無神論，可能會損害到達爾文家族的宗教感受。

　　為了避免像《政治經濟學批判》出版後毫無反應之前例，恩格斯與馬家準女婿拉法格（Paul Lafargue）大力策劃進行「未演先轟動」的宣傳把戲。對《資本論》加以嚴肅批評，未曾出現在英國的報刊之上，甚至在他死後此書的英譯版本才面世（1886）。連馬克思期待的法文版（1875），還遲了俄文版（1872）三年才出版。俄國經濟學者與知識界熱烈討論此書，激進份子甚至引述該書某些章節作為 1872 至 1873 年城市暴動反對沙皇專制的宣傳資料。馬克思知悉後喜出望外，從此加緊學習俄文，閱讀俄國書報，而成為當時西歐極為少數洞悉俄情的專家之一。出乎馬克思意料之外，此書不僅影響到俄國學術界、思想界（普列漢諾夫等），更造成激進革命份子如列寧、托洛茨基、史達林等積極參與造反，推翻沙皇專制政權，而建立世上第一個以馬克思主義為信條、為立國精神、為人民必需遵守的意識形態之社會主義的國家。事實上有俄國馬克思主義之父之稱的普列漢諾夫，更有意無意間同恩格斯聯手，把馬克思龐雜散亂的著作與理念加以組織化、系統化，而塑造馬克思主義這一思想體系。

　　依據美國學者塔克爾（Robert C. Tucker）的研析，《資本論》外表上是部政治經濟學的評析專著，討論資本對抗勞動，透過必然產生的無產階級革命，而便利勞動者最後自資本束縛、剝削中解放出來。但其內在的精神則符合《聖經》中聖神與魔鬼之間的搏鬥，更是黑格爾經《精神現象學》中主僕關係的辯證發展。因之，是一部善（勞動）與惡（資本）的對抗史。馬克思早期的「哲學的共產主義」是一種世俗化的宗教，也是實踐性的倫理，而非政治經濟學的分析（Tucker 1972；洪鎌德 1997a：317-340）。

(六)第一國際的參與和巴黎公社的評述

　　1864 年 9 月在倫敦召開的國際工人聯合會，史稱「第一國際」。當時馬克思與流亡倫敦的各國人士雖有聯絡，卻各懷鬼胎，交往已不如從前的密切。加上 1848 至 1849 年歐陸革命的失敗，使馬克思對政治十分消極。在聖馬丁堂集會的各國激進工人團體之代表，有英國歐文主義者、憲章民權運動者、法國普魯東徒弟、布朗基份子、愛爾蘭民族主義者、波蘭愛國主義者、義大利馬志尼的信徒和德國的社會主義者。這些目標志趣迥異的歐洲「偏激」人士之集會，正是出於失敗與流亡共同的宿命，大家找一個傾吐塊壘發發勞騷的場所。這個

鬆懈的烏合之眾的團體，其後靠馬克思的努力，而苟延殘喘達八年之久，至 1872 年（名義上至 1876 年）才糊里糊塗地解散。

第一國際成立大會召開後，設立臨時委員會，並草擬團體的目標、宗旨、策略與組織章程。馬克思就被選為委員會的一名成員，後來委員會仍嫌龐雜而難於運作，遂再縮小為小組，馬克思仍被選為小組成員。小組開會地點為位於摩登納別墅的馬克思寓所。由於他足智多謀，被委任起草章程與大綱之重任，也負責起草第一國際的〈成立講詞〉，當中馬克思對國際工人聯合會的宗旨、性質有平鋪直敘的描寫。這份文件與《共產黨宣言》火辣辣的革命熱情相差甚遠。這反映了馬克思對當時局勢的看法已有與前大不同的轉變。從此他一頭栽進這一國際性工人團體之事務中，以致耽誤了他鑽研政治經濟學的志業和出版專書的計畫。

第一國際的臨時委員會後來變成中央委員會，再改名為「一般事務執行委員會」，是這一國際工人組織的執行機關。在政治上與社會上欠缺舞台表演的馬克思如今躋身於執行委員會中，遂力求表現，想藉此機會來宣傳與貫徹他的革命理想。可是第一國際的致命傷為成員的內在鬥爭。他們相互猜忌、詆毀、揭發對手的瘡疤，加上各國政府為提防左派工人的搗亂，也差遣間諜進入組織中施行滲透、分化、權鬥的陰謀，以致該組織最終分裂而潰散。

在其後第一國際的活動與文件撰述方面，顯示他務實的處理方式。這與他年歲漸增、經驗豐富和轉趨成熟有關。這也是他居住英國十四年來對議會制度的運作有較為充分理解的緣故。一開始馬克思以其高瞻遠囑、堅定信念和淵博學識成為第一國際的精神領袖和實際操盤的執行者。這也是他一生當中唯一可透過組織管道而與歐洲、乃至美俄的普勞階級建立聯繫的機制，自然他緊緊抓住此一機會不放。對他而言，重返歐陸展開宣傳、啓蒙教育，乃至再搞煽風點火的革命活動都是奢望。反之，身在倫敦偶然外出開會，第一國際能提供他政治實踐的機會，事實上，藉此發揮某種程度影響政局之作用。

是故第一國際對馬克思私人的重要性，在於讓他脫離過去孤獨的存在，擴大社交的範圍，而忘記本身的貧窮與病痛。在這八年當中馬克思不但出錢出力，把自己的寓所當成執行委員會開會的地點，還無怨無悔地執行各種任務。這時他對革命也產生新的看法，不再依賴普勞（無產）階級人數的劇增來推翻資產階級的政權。隨著政治經濟學研讀的慧見，使他發現科學和技術對社會的影響

重大。換言之，他這時還逐漸相信當代社會形式、或政治制度的改善愈來愈依賴經濟的發展，而非憑藉魅力領袖的振臂高呼。

馬克思對革命的新看法，引起歐陸激進人士的不滿，懷疑他已喪失革命鬥志。他們尤其不滿第一國際的總部設在倫敦而非巴黎、也非日內瓦，有遭馬克思挾持之嫌。1868 年由於馬克思與巴枯寧王不見王的兩雄對峙，而使此一國際性工人組織出現嚴重的裂痕。馬克思與巴枯寧的分歧在於有秩序與無政府理念的衝突，也是集體主義與個體主義的爭衡。巴枯寧反對無產階級的專政。這對一向重視共產主義者講究組織、紀律、權威的馬克思，自然是一項嚴峻的挑戰。隨著普法戰爭、法國戰敗、新共和政府的成立（1872 年 3 月），第一國際被宣布爲非法的組織，於是馬克思賴以爲發輝他領袖群倫的表演舞台遂告崩解。後來有恩格斯、列寧、史達林繼續搞「第二國際」、「第三國際」，托洛茨基黨徒搞「第四國際」，都有頭無尾、不得善終。

巴黎公社的遽起與速退，不但促成第一國際的解體，也使馬克思革命的幻想粉碎。1870 年 8 月法皇拿破崙三世被普魯士擊敗投降，德軍長驅直入入巴黎，包圍花都近郊。法國陷於群龍無首、政局潰散。後來臨時政府成立與普國簽訂和約，答應割地賠款。反對向普魯士屈服的巴黎市民自組國民衛隊對抗法國昏庸的臨時政府。1871 年 3 月法國當局派遣殘餘的法軍進攻巴黎國民衛隊，於是法國內戰爆發。不過軍民並不相殘，反聯手殺害兩名將領。巴黎一度落入市民之手，在自衛隊保護之下，自行選出官員成立市政府，號稱「巴黎公社」（The Paris Commune）。法文 *commune* 本有市區、社區、共同體、社群之意，但經過其後的流血暴亂，遂爲左翼激進份子（包括馬克思、恩格斯、拉法格在內）看做「共產主義」（communism）的同義字。這一混同其實和馬克思的言論、著作不無關係，也就是說馬克思把公社刻意看做他理想中的共產主義社會。事實上，巴黎公社革命性的組織並非共產主義的落實。不過巴黎公社的大部分成員雖非工人出身，他們卻代表與捍衛工人階級的利益。

年輕的巴黎公社活耀份子（the communards）對政府實際缺乏知識與經驗，在奪取公共資產之後，並沒有沒收私人財產，所以其共產主義化毫無進展，他們甚至沒有接管法國銀行。馬克思也坦承巴黎公社並非有陰謀、有計畫的革命產兒，而是巴黎激進者自動自發的努力所建立的體制。它不久之後，便被頭腦愚鈍、野心勃勃的布朗基信徒、巴枯寧支持者與普魯東份子所把持。他們除了

痛恨保守的法國政府與仇視現存社會秩序份子之外，根本沒有共同的理想與目標，也發展不出一套治國的理念與策略。他們所要求的無非是把巴黎建成獨立自主的市邦，最多與法國其他省市組成一個鬆散的政治聯盟，使每個地方公社享有充分的民主權利，絕對的自由和避免中央政府的干涉。這種政治安排與馬克思的基本哲學相去甚遠。而在其實際運作方面，也引不起一向習於中央集權的法國人民之興趣。

自始至終馬克思非常同情與支持巴黎公社的起義與運作，他甚至促成第一國際執委會要求英國工人表態支援巴黎公社。他在數百封致海內同志的信上，把公社起義當作共產黨人 1848 年 6 月以來「最光輝的壯舉」。其重要性就長期的角度來觀察，乃代表普勞對抗布爾喬亞的的階級鬥爭。法國當局於 1871 年 4 月出兵巴黎近郊，5 月底便攻下公社各分區。戰火薰天，血流成渠，所有活耀份子悉遭殺害。爲期兩個月的巴黎公社以悲劇收場。有關巴黎公社之悲壯史實，馬克思把他涉入此一震撼法國乃至歐洲的重大革命事件之文章、分析、評論結集，編爲《法蘭西內戰》（1871）一書，成爲一部膾炙人口，廣受閱讀與稱讚之作品。此書重點強調未來社會主義，甚至共產主義之社會爲一分權的社會，也是一個極講究整體之社會分工的社群。近年來西方學術界對社群、公民權利之研討，涉及未來人與社會之關係，更彰顯了馬克思社群觀的重要性（洪鎌德 1997a：253-289；2000：327-417）。

馬克思一生中關於法蘭西的政治演變有三本著作。除《法蘭西內戰》外，他曾撰述《路易‧波拿帕霧月十八》（1851）來分析拿破崙三世之野心與狂妄，以及更早一年出版的《法蘭西階級鬥爭》（1850），都是觀點極爲犀利，而具真知灼見的政治分析。

(七)病痛與悲哀的晚年、馬克思的逝世

1872 年第一國際在阿姆斯特丹舉行最後一次大會，宣布歐陸的組織解散之後，馬克思以爲可以卸下肩上的重擔終可卸下，可以回到書房中繼續他學術與知識的追求，可是這一想法很快地幻滅。他無論體力還是心理都無法像從前那樣隨心所欲，勤奮工作。偶然重返大英博物館閱覽室看書、尋找資料，也只能爲《資本論》第二卷的撰稿作出準備。他的創造力開始直線下降。此後十年間

備受病痛折磨和無望地旅行各地尋找治療之方，最後在逝世之前嚐到人間最大的不幸，也就是他愛妻與長女（他最鐘愛的掌上明珠）相繼死亡的悲痛。

1873 年他一度病得相當沉重，以致德國的友人與論敵紛傳他逝世的謠言。連《法蘭克福日報》也報導「馬克思博士病情沉重」。為此馬克思於 1873 年初夏還特別走訪曼徹斯特，接受名醫昆博特的治癒。同年 11 月在么女愛麗諾陪同下到鄉下養病三個月。次年 4 月，赴英國海濱療養地渡假三週，希望能解除頭痛與失眠的痛苦，結果情況更糟。7 月赴外特島（Isle of Wight）靜養，卻獲得他最疼愛的外孫肚瀉夭折之噩耗。傷心之餘還得盡力安慰喪子之痛的長女小燕妮。

在昆博特醫生勸告下，馬克思與么女於 1874 年 8 月前往歐陸奧地利著名的溫泉療養地卡爾士·巴德治皮膚宿疾。經過一個月的療養，父女取途萊比錫、柏林、漢堡而返回倫敦。雖然奧地利的療養對馬克思的宿疾並無療效，他其後（1875 年 8 月與 1876 年 8 月）仍兩次到卡爾士·巴德靜養。1877 年 2 月馬克思又染上風寒，咳嗽不止，不得不讓醫生動刀割去小舌頭。但此一手術反而造成其後不斷的喉痛。在病魔折磨下他無法寫作，只限於閱讀。返回倫敦之後，馬克思卻把時間花在研究代數與人類學之上。自 1878 年至 1882 年他又作了大量的筆記，包括近年後發現的《人類學筆記》。事實上從 1878 年至 1881 年之間，馬克思為尋求解除病痛，很多時間盤桓在英國海濱療養地。

在馬克思最後十年內，令人比較感念的是他扮演了催生德國社會民主黨的產婆角色。換言之，馬克思不只是現代共產主義的奠基者，也是以工人階級為主體的社會民主運動之肇始者。原來 1870 年代中，德國社會民主人士分為拉沙勒（Fedinand Lassalle 1825-1864）的門徒與地處埃森阿赫（Eisenach）的人士所形成的兩大派系之競爭，馬克思與恩格斯促成這兩大派的統一結合，也就是造成後來主導德國政局發展的社會民主黨（簡稱 SPD）之產生與茁長。1875 年 5 月下旬，假哥達（Gotha）城召開建黨大會，完成了這個號稱社會民主黨，其實是德國工人黨的建黨宣言《哥達綱領》。馬克思對《哥達綱領》並不滿意，於是對此次在哥達召開的大會之議題作出評論與建議，就成了有名的〈德國工人黨綱的邊註〉一文，後來稱為〈《哥達綱領》批判〉。這個文件被後來的馬克思主義者，視為「科學的社會主義」之理論源泉。

在這一文件中，馬克思批評對象主要的是拉沙勒及其門徒的主張。譬如馬

克思認為《綱領》指稱的「勞動是所有財富的泉源」，而改為當勞動加上自然，且以社會勞動的面目出現時，才有可能構成社會與文化的財富。此外，他反對《綱領》認為只有在民族國家的架構之下，工人階級才能獲得解放。反之，馬克思指出：只有當工人在其家鄉認同與組織其階級，並積極參加鬥爭，才可望求取解放。馬克思還在〈批判〉中強調資本主義與共產主義的過渡時期為普勞（無產）階級的專政。以及社會主義與共產主義之分辨，亦即初階與高階的共產主義之不同（洪鎌德 1997b：192-194；2000：368-375）。

1881 年底，馬克思夫婦前往曼徹斯特接受昆博特醫師的檢驗。醫師診斷燕妮患的是肝癌絕症。馬克思延聘各方專家來拯救愛妻，甚至為搏愛妻的歡顏，夫婦不辭舟車之勞前往巴黎探視長女與其法國籍的女婿及幾位外孫，但一趟法國之旅卻令一向堅強的燕妮從此臥床不起。1881 年 12 月 2 日，燕妮在歡笑聲中離開人世，她在臨終前交代馬克思的一句話居然是英文發音：「卡爾，我的生命力已潰散了！」（"Karl, my strength is broken."）。她的斷氣不像臨死者的掙扎，而是輕輕地逝去。她的一項遺言是要求以簡單的方式埋葬，不要有任何的宗教儀式（Raddatz 269）。趕來見死者最後一面的恩格斯居然喊出「墨兒（對馬克思的暱稱）整個人已經死掉了！」他的意思是說，馬克思因喪妻悲慟至極，幾乎像死人一般呆若木雞，毫無反應。她的遺體於 12 月 5 日葬於倫敦市郊的海格特公墓。

燕妮死後的十五個月裡頭，馬克思心如槁灰，茫然漫遊外地。1882 年 2 月他前往巴黎看女兒小燕妮及四個外孫，然後搭火車至馬賽，再改乘渡輪到北非阿爾吉爾（阿爾及利亞的首都），接受支氣管炎的治療，住了三個月之後離開。1882 年 8 月在次女陪同下前往瑞士療養。1883 年 1 月初他咳嗽加劇。喉嚨為積痰阻塞，每天有嘔吐現象。不幸其最疼愛的長女小燕妮竟因腎癌於 1883 年 1 月 12 日逝世巴黎，留下四個小孩與一個四個月大的女嬰。當噩耗傳抵倫敦時，么女愛麗諾不知如何啟口告訴老爸。當馬克思從小女兒的表情窺知，哀嘆一聲「我們的小燕妮去世了！」

對病入膏肓的馬克思而言，長女的早逝無異是他生命盡頭最後一次的重擊。他在病痛折磨憔悴，勉強掙扎了兩個月之後，也步其愛女的後塵，離開這個災難重重、病痛不絕、哀傷無已的世界。死亡以安詳的與驟降的方式突襲馬克思，那是 1883 年 3 月 14 日下午三點，當他坐在房內安樂椅上休憩之時。馬

克思享年六十五歲。恩格斯在發布死亡公告給各方人士之餘，也寫了數封信給
他倆共同的友人。其中一信他透露：馬克思在世之日喜歡引用古希臘哲人伊壁
鳩魯的話，那是說「死亡對死的人而言不一定是不幸，對後死者而言卻是不幸」。
在信尾恩格斯下結論：「人類又少了一個〔會思想〕的頭顱，亦即我們時代最偉
大的一個頭顱」。

　　馬克思的葬禮於 1883 年 3 月 17 日禮拜六下午舉行。他葬在海格特公墓其
愛妻燕妮的墓邊。參加葬禮的人不超過二十人，包括么女愛麗諾，以及兩位法
籍女婿拉法格（次女勞拉之夫婿）與龍居（長女小燕妮之夫婿）。次女勞拉以病
重無法出席葬禮。

　　恩格斯以英語致弔詞，其重要的幾句話爲：

> 卡爾・馬克思是歷史上極少出現的傑出人士之一。查爾士・達爾文發
> 現我們星球上有機自然的發展規律，馬克思則發現決定我們歷史過程
> 與發展的社會基本律……。要之，他視科學為歷史的大槓桿，也就是
> 其本意為革命的力量。在這一意謂下，他應用廣博的知識，特別是歷
> 史知識，在他精通的領域之上。因而他是一位真正的革命者（就像他
> 自稱的一樣），是故使受薪階級從現代資本主義體制下解放出來〔而
> 從事〕的鬥爭，是他真正的使命……。（CW 24: 463-464）

二、馬克思主義的內涵與析評

(一)馬克思主義、社會主義、共產主義

　　在馬克思生前，在其同代與後代都有各種不同流派的社會主義和共產主義
在流行。因此，我們只能說馬克思主義是以馬克思與恩格斯的思想與行事爲核
心的「科學的」社會主義，因此不可將馬克思主義等同爲社會主義、或共產主
義。另一方面主張共產主義，消滅私有財產，經營公社群居的理想，這種理想

國的主張，早便由古希臘哲學家柏拉圖所提起。中古時代摩爾（Thomas More 或 Morus 又譯爲莫魯士）在其撰著的《烏托邦》（*Utopia*, 1516）一書中，更企圖建立一個世上從未曾實現過的完美社會。聖西蒙、傅立葉、歐文、卡貝（Étienne Cabet 1788-1856），都各建構他們烏托邦式的社會主義、或共產主義的實驗團體，甚至把理想付諸實施，但卻以失敗收場。

是故馬克思主義主張以普勞階級爲主體，發動暴力革命，進行階級鬥爭，來完成共產主義的目標之激進共產主義底理論、實踐和運動。此外，依據馬克思的說法，社會主義只有在資本主義被推翻，暫時由無產階級專政而過渡發展的時期。這時所能達到的只是共產主義的初級階段（社會主義）。其後才進入共產主義的高階（真正的共產主義）。社會主義的社會只能要求每人「各盡其能，各取所值」。只有在其後發展更高的階段，在「直接生產者自由的組合」運作下，未來的人類才有可能進入真正的共產主義。處在此一人類發展圓熟完美的社會裡，每個人都是「發展圓滿的個人」，也才達至「各盡所能，各取所需」的理想境界（洪鎌德　1997a：201-210；2000：392-417）。

由此可知，馬克思主義雖追求初期社會主義與最終共產主義的落實。它本身與社會主義和共產主義的理想目標，始終保持一致；但也與社會主義和共產主義各流派不同，那就是從過去人類社會的演進歷史，分析目前人類社會制度（尤其是資本主義體制）之弊端，而確認未來社會主義與共產主義必然降臨之策略（資本主義內在矛盾造成的經濟危機與體制崩潰、無產階級、展開的階級鬥爭與奪權革命）。易言之，馬克思主義就是左翼（社會主義、共產主義等等）思潮與運動當中，最講究理論與實踐的統一，最理解手段與目的之辯證發展，而建立的「科學的」革命理論和思想體系。

馬克思在 1860 年代與 1870 年代初搞「第一國際」而遭受政敵與論敵圍剿下，一度對他法籍女婿，也是他革命追隨者的拉法革（Paul Lafarge 1842-1911）說過一句令後人驚訝與困惑的話：「我不是一位馬克思主義者！」。這並非知識與歲月日增、才氣上一向傲慢自大、睥睨群倫的馬克思自謙之辭，好像他不好意思權充一個學派、一套思想體系、一個革命運動的開山鼻祖。事實上，當時國際工人團體中，如巴枯寧派、普魯東派都諷刺或抨擊馬克思及其信徒之言行（尤其在 1879-1880），他們心目中的「馬克思主義」就含有內鬥認真、外鬥無力，只搞宗派主義、個人崇拜之貶抑涵義。這就是促成馬克思否認他是一位馬

克思主義者的說法之因由。

顯然，馬克思主義脫離不了以馬克思的思想言行、著作爲心中的一套革命學說這個框架。嚴格言之，馬克思主義是馬克思與恩格斯兩人的思想與行動，這也就是原創的馬克思主義（Original Marxism 爲美國普林斯敦大學塔克爾〔Rrobert C. Tucker〕所倡說）。隨後，俄國哲學家普列漢諾夫，革命家列寧、托洛茨基，史達林，理論家齊諾維也夫等，次及德國思想家考茨基，奧地利學者如歐托‧鮑爾、阿德勒、希爾弗定，政治家卡爾‧雷涅等，乃至 20 世紀初西方馬克思主義者（盧卡奇、寇士、葛蘭西、法蘭克福學派、沙特、梅樓‧蓬第、阿圖舍、朴蘭查、英國與北美新左派等），對馬恩學說的系統化、組織化與多方詮釋，大體而分，都構成了馬克思主義體系龐大，流派眾多、理論紛雜的情況（洪鎌德 1997b：387-440；1995；2004）。

20 世紀的馬克思主義分解爲當權派意識形態的「官方的馬克思主義」（Official Marxism）和認同黑格爾的思想爲馬克思所繼承，並由後者加以踵事增華之「批判的馬克思主義」（Critical Marxism）兩大陣營。前者成爲舊蘇聯，中共、北韓、越南、古巴的立國精神、統治教條與共黨一黨專政的合法化利器。後者則爲歐、美、日、澳、印等資本主義盛行的地區之學術界、思想界、文化界一股反思與批判的力量。

隨著「蘇東波變天」，共產主義熱潮的消退，官方與教條的馬克思主義已逐漸趨向沒落。反之，資本主義的擴大與「新經濟」瀰漫下，寰球資訊科技之躍進，使得 21 世紀人類心靈的孤獨空虛、生活的疏離異化成爲當代嚴竣的課題，人們更迫切期待安身立命的新思維、新信仰。以強調文化研究爲主旨的「新馬克思主義」（脫胎自「西方馬克思主義」），遂在西方世界獲得重視。事實上，在新世紀，新時代中，馬克思主義在西方世界的文化、思想、學術各種社會圈中，仍會發揮它反思與批判的精神，而扮演有別於資本主義的替代方案，也扮演全力攻擊資本主義的反對者角色（洪鎌德 1995；1996；2004）。

(二)馬克思主義的淵源

在政治、經濟與社會方面，馬克思主義產自歐洲 18 世紀與 19 世紀的工業革命與政治革命。固然英、荷的工業革命在更早之前便已爆發，但歐陸各國（法、

德、奧、捷等）走向工業化、商業化則遲到 18 與 19 世紀。美國的獨立戰爭、法國大革命、英國的憲章民權運動，1830 與 1848 歐洲大城的工人暴動與革命，都是西方大眾覺醒與造反的起始，也是歐洲封建主義崩解後，工業與競爭的資本主義興起之際的，許多從莊園、農地湧入城市討生活的技匠、求職民眾，不但造成城市的擴大、工廠、礦場的林立，也促成工人住宅區與貧民窟的出現。初期工廠與礦場非人道性的經營方式，雇主對雇工的壓榨，形成少數資本家對工人大眾的剝削。這種血淋淋的殘酷生活現實，是過去封建地主控制下的農莊所未曾有的社會新現象。如今進入陌生的大城，在工廠中、在礦坑裡每天辛苦操勞十四小時以上，還無法糊口與養家，只好強迫妻女、幼兒擔任女工、童工幫忙掙錢。這便造成工業化、城市化的英國與歐陸大城小鎮充滿貧窮、疾病、文盲、娼妓、盜竊各種罪行的原因。而社會政策、社會改革的公布與推行，更助長新興工人階級的怨懟。各種流派的社會主義可以說是針對工業化帶來的社會弊病之批判與改善之道的倡說。馬克思主義就是歐洲社會、政制急劇變遷中的產兒。

在思想上和知識上，馬克思主義更是 18 世紀橫掃歐陸的啟蒙運動的狂飆之產物。啟蒙運動強調人定勝天，靠著人的理性，可以改造社會，推動歷史的進步。是故「理性」與「進步」成為 18 與 19 世紀激進社會運動（改革或革命）者的口頭禪。在 18 與 19 世紀之交，英國、法國與德國對於工業革命與法國大革命的反應不同。其中又以美國為主的自由主義，法國為主的社會主義和德國為主的浪漫主義，對實業與政治劇變有不同的解釋與批評。這三種主義均脫胎於啟蒙運動或是對啟蒙運動的反彈。它們不僅為人類心智的活動，也蔚為引導經濟政策促進民主推動、啟發群眾覺醒和建立社會新秩序的社會運動。馬克思主義產自於這三種不同的社會思想與實踐，而又企圖加以綜合、批判與超越。

■ 浪漫主義與唯心主義

19 世紀初日耳曼新興的資產階級既不滿本身封建的社會秩序，又不願接受法國大革命帶來的社會紛亂之新模式，於是在無力推翻普魯士為主的「舊政權」（ancien regime）之下，才智卓越之士紛紛走向文藝、思想領域發展，企圖搞文化再生運動，於是「浪漫主義」（Romantizismus）遂告產生。其在哲學上的表現為康德、費希特、謝林、黑格爾的思辨哲學，亦即唯心主義、或稱觀念論；

在歷史學方面為歷史主義（*Historismus*）與歷史科學之推廣；在藝術、美學、文學創作與文學批評方面，為歌德、席勒、列辛、賀德林等人之作品的表現。

浪漫主義界定現代與浪漫的分野是以藝術與宗教為準繩，而非以科學發明為標準，浪漫主義以美學取代政治學、以文化批判取代社會批判，它所追求的是藝術的自由，而非政治的自由。對馬克思而言，單靠理性無從謀取人的解放。要言解放，理性必須接受實踐的指引，而無產階級為實踐的主體，是故馬克思說：「哲學是解放的頭，無產階級是它〔解放〕的心」（*CW* 3: 183, 187）。馬克思反對分工、反對外化（異化），主張人的整體化，認為所謂的「本真的人」（*eigentlicher Mensch*，真人）就是早上打獵，下午釣魚，傍晚飼餵牲口，晚上討論詩詞、搞文藝活動那種享受田園樂趣的完人，亦即勞心又勞力，進行美感與認知活動的人。易言之，是人本主義（humanism）與自然主義（naturalism）合而為一。這種主張無異為浪漫主義之落實。

康德以人為目的而非手段的無上命令和黑格爾追求精神之絕對自由的主張，更構成馬克思主義最終追求之目標——人的解放（洪鎌德 2000：155-157）。黑格爾視歷史為精神從開始的主體，化為中間的客體，最終提升到絕對的地步之正、反、合過程。這一辯證過程最為馬克思所激賞。不過他把黑格爾以精神為主體的錯誤糾正過來，也就是把黑格爾顛倒的思想扶正過來。馬克思宣布：改變社會和創造歷史的主體，不再是心靈或神明，而為人類、為群眾、為普勞階級。這就是說馬克思的歷史觀、人生觀、社會觀是脫胎於黑格爾的《精神現象學》與《法律哲學的批判》。馬克思的辯證法更是黑格爾《大邏輯》與《小邏輯》的引申與昇華——把黑格爾的「理念辯證法」（*Idealdialektik*）轉化為馬克思的「實在辯證法」（*Realdialektik*）、或稱為「社會辯證法」（*Sozialdialektik*）。取代唯心主義的是唯物主義的辯證法（Miller 1998: 148-149）。

■ 早期的烏托邦社會主義

社會主義並非由工人或勞動階級主動提出的社會訴求，而是由進步的貴族（如聖西蒙）與才智之士（傅立葉、普魯東、歐文等）所倡說的。1830 年代左右，在馬克思出生地的特利爾城便有一位傅立葉的信徒嘉爾（Ludwig Gall 1794-1863）在宣傳：凡人皆平等的社會主義思想。德國第一位共產主義者赫斯（Moses Hess 1812-1875）曾撰書，指明貧富階級的兩極化與闡述無產階級革命

之降臨。魏特鈴（Wilhelm Weitling 1808-1871）則倡說窮人接受教育與分享幸福的權利（洪鎌德 1997a：13，45，70）。馮斯坦（Lorenz von Stein 1815-1890）有關法國社會主義與共產主義的介紹與抨擊，反而助長社會主義的學說在德國激進份子之間蔓延開來，馬克思就是從馮氏著作裡初步認識社會主義。

馬克思 1843 年 10 月至 1845 年 2 月在巴黎的居停時間，也與流亡在巴黎的德國共產主義者，以及法國社會主義者有所接觸與來往。他對這些烏托邦社會主義者的著作、組織與活動，都耳熟能詳，尤其曾與普魯東爭辯通宵達旦。1860 年代以後，在法國那些脫胎於空想社會主義者（如卡貝、戴查米、魏特鈴等）自稱其學說爲共產主義。這些人的說詞都遭到馬克思的嚴厲批駁與抨擊。但他們曾宣稱唯物主義爲共產主義的基礎，人類的歷史爲階級鬥爭史，又自稱普勞階級爲第四階級，普勞與市民階級之關係有如早期市民階級與地主、貴族之關係。這些說詞與馬克思和恩格斯的看法，並沒有太多的分歧，所以都構成後來馬克思主義的骨幹。

在烏托邦社會主義者當中，聖西蒙的學說對馬克思有很深的影響。前者演繹一套「物理政治學」，強調「政治爲生產的科學」，並主張以科學體系取代宗教與倫理的地位。馬克思透視科學以及相信社會不同階段的演變，是受到聖西蒙的影響，也是襲取孔德社會三階段演變（神學、玄學、科學）的說法，予以修改和補充。

傅立葉建議創立社會主義合作社與信用貸款機構，俾收集足夠的資本，從事社會賑濟安貧的事業，又主張公有農場與工廠的集體經營。他對資本主義的批判純由倫理學的考量，而不像馬克思以經濟學的觀點爲之。此外，馬克思對宗教的抨擊、對道德的非難，都使他與傅立葉等早期烏托邦社會主義者分道揚鑣。

曾努力推動英國社會勞工立法，並以人道精神創立模範村與合作社的歐文，是早期傾向於改善工人生活環境，俾提高其道德水準，最後解決社會問題的改革者。馬克思接受他的環境決定論（*Milieutheorie*），相信環境對人性塑造的影響。不過他指摘歐文輕視政治鬥爭，不懂組織與團結渙散的工人，以致階級鬥爭與奪權革命無從展開，社會主義只落到空想的階段。

普魯東主張設立「人民銀行」、「貸款合作社」，提供無息貸款給人民，俾便利產品的公平交易。他也反對暴力革命，相信人民的「互助論」（*Mutualismus*）

能夠達成社會的和平轉變，而最終使法政與統治消弭於無形（最早無政府主義者之一）。馬克思對這種腐蝕民眾鬥爭意志，便利統治者攏絡控制的主張猛烈抨擊，逐造成 1860 年代兩人與兩派的纏鬥，終而拖垮了第一次國際工人聯合會（第一國際）的組織。另一無政府主義者的巴枯寧以搞暗殺、恐怖手段、「宮廷式」革命與罷工著名。馬克思雖然贊成無政府主義者最終取消國家的權力之奮鬥目標，但反對這種無組織性、非全民性的即興動作。

總之，在馬克思與恩格斯心目中，初期社會主義者，以說教、道德或宗教的觀念來抗議社會的不平不公，而不懂就歷史的演變、經濟勢力的起伏，加以科學的、客觀的分析，這就是烏托邦社會主義缺乏理論、缺乏組織、缺乏策略而流於空想與失敗的原因。為避免重犯錯誤，馬恩認真學習資本主義代表性的學術——政治經濟學。盼望從政治經濟學的理解與批判中發現資本主義運作的律則，從而證明資本主義的敗亡潰散是無可避免、是必然的。在這樣理解下，兩人要建立的是科學的社會主義。

近年以倡說「黑色馬克思主義」（Black Marxism）著名之非裔美國教授羅賓遜（Cedric J. Robinson），質疑馬克思主義思想源泉的烏托邦以及無政府的社會主義。依他看法，早期與中古的反對基督教之流派（「異端邪說」）、以及恤貧鄰孤得各種天主教教會宗派，才是社會主義的源頭活水。其出現早在 13 世紀之時，而非 17 與 18 世紀工業革命發生後才要求廢除私產、主張人群平等、財富由國家合理經營與分配的烏托邦社會主義，或廢除國家之無政府式的社會主義（Robinson 2001: 16, 32-61; 2002c: 33-48）。

■ 政治經濟學與自由主義

馬克思比恩格斯還晚了好幾年才體認政治經濟學的重要性。不過他最早所接觸的亞丹‧斯密與李嘉圖的學說，卻是透過黑格爾的哲學間接來獲知其大要。事實上這兩位英國古典經濟學家所演繹的勞動價值說，是構成馬克思主義經濟理論的基礎與政經批判的起點。斯密強調：並非土地或商業是創造價值的來源，反之是人的勞動力。他又倡用「資本累積」一詞，為馬克思所襲取。此外，馬克思因循斯密的說法，認為貨物在市場上的價格取決於成本的價值，這包括了把勞力當成商品來買賣時，其價格（工資、薪水）取決於勞動的價值（維持勞動者及其後代的存活之成本，以及雇傭市場上對勞力供需的大小）。

　　可是，馬克思反對斯密自由放任的主張，也反對後者個人或國際分工的說詞，認為這種經濟活動的自由開展，助長惡性競爭，便利資本家或強國的聚斂與剝削，而使工人與貧國陷於更深沉的貧困中。斯密指出在政治經濟的領域中有一隻「看不見的手」，在指引「經濟人」追求自利，從而使社會大眾均蒙其利。馬克思雖不贊同「經濟人」這種的說法，卻相信追求自利所引發的競爭與矛盾會導致社會階級之間的衝突中，階級的鬥爭是推動歷史向前邁進的動力。這點與黑格爾稱讚的「理性之詭計」若合符節。換言之，斯密「看不見的手」對馬克思而言，就是推動歷史演變的辯證法（洪鎌德 1999c：11-13，51-56）。

　　在其時代裡，亞丹・斯密雖倡導自由放任的市場經濟學說，他本身卻高度關懷勞苦大眾，因之鼓吹工資的抬高，這點卻為其學生李嘉圖所反對。李氏繼續斯密的主張建構勞動價值說，這也影響了馬克思後來剩餘價值論與剝削論的提出。由李氏農業收益遞減律引申出工業、或資本利潤率遞減律。可以這麼說馬克思遺著《剩餘價值理論》（共三卷），第一卷取材自斯密的《國富論》，第二卷與第三卷則涉及李嘉圖的地租說，以及其他學派的主張（洪鎌德 1999c：30-32）。

　　總之，英國古典經濟學者的思想觀念融入馬克思主義的部分主要有二：其一，闡明一個完全自由的經營者（資本家）經濟之發展規律；其二，提出純經濟主義的看法，認為人類的行為取決於經濟活動，而經濟活動歸根於經濟律，歸根於供需關係。當時的馬克思只深信資本主義為一個短暫時期獨立自足，不生變化的經濟體系，沒有想到資本主義會受到社會政策、金融政策、外資政策、徵稅政策以及景氣循環的衝擊，更沒有預估到資本主義內在的韌性與彈力。這種堅強的生命力使資本主義體制在幾度崩潰邊緣上起死回生，甚至在 20 世紀最後十年征服了全世界。連曾經是社會主義的國家也得倡導改革開放來擁抱市場經濟。

　　除了經濟學說之外，馬克思自啟蒙運動獲得有關自由進步的思想，也得到人類行為不取決於理想，而取決於利益的說法。只要遵循利益的指引，人類必然走上理性之途。這種自由主義的影響，使 1841-1843 年間的青年馬克思成為一名激進的自由主義者。不同於自由主義者的個人利益之主張，馬克思強調整個社會、集體的利益或普勞階級的利益。英國古典自由主義者，從亞丹・斯密、李嘉圖、馬爾薩斯至約翰・穆勒對人類的物質進步、人口增加初抱悲觀看法。

但其信徒卻配合資產階級的興起，改變了想法，認為物質進步有助於改善人類的生活，以及相信工業革命會帶來好處。於是自由的物質主義（Liberal materialism）逐與工業主義（industrialism）結合為一。自由主義與邊沁的功利主義有相通處，對資產與中產階級頗具吸引力，難怪年輕的馬克思一度對它傾心，認為這是黑格爾繁雜抽象的哲學走向實用的途徑，也是每國家、每一民族、每一階級如何自求多福、自我解放的正途（洪鎌德 2002b：34-63）。

　　基本上，馬克思主義與自由主義在各個領域裡追求進步性的改革。馬克思主義不同於自由主義之處為涉及經濟秩序的處理，以及激進、暴力的社會革命，還是緩慢、和平手段的社會改良之策略的差別。正因為自由主義與社會主義同為面對實業與政治改革以來，歐美的兩種不同之反應方式、兩種不同的政策。因此，一開始便針鋒相對、競爭激烈，其追求的重點逐告完全不同：一重自由，一重平等，是故一個半世紀以來，馬克思主義為自由主義的歷史性伙伴，但也是彼此競爭、相互排斥的死對頭（洪鎌德 1997a：20-23；2000：125-128）。

(三)馬克思主義的內涵及其批判

　　馬克思在 1859 年的著作《政治經濟學的批判》（*Kritik der politischen Ökonomie*）一書的〈前言〉中指出：

> 在人們從事的社會生產中，人群進入特定的、必然的、不受其意志左右的關係裡。這種關係可稱為生產關係。它與物質的生產力一定的發展階段相搭配。這些生產關係的總體造成了社會經濟的結構，亦即實質的基礎。在此基礎上矗立著法律與政治的上層建築，並且有與實質基礎相搭配的特定社會意識之形式底存在。物質生活的生產方式絕然地決定著社會、政治的與精神的生命過程。並不是人群的意識決定其存有，而是其社會的存有決定其意識。在發展的某一階段裡，社會的物質生產力與其現存的生產關係——以法律的字眼來表達，即財產關係——造成矛盾難容……這種生產關係突然變成生產力發展形式中的桎梏。於是社會改革的時期不旋踵而降臨。隨著經濟基礎的變遷，整個巨大的上層建築跟著作出或慢或快的變化。（*SW* 1：503－504；華

文翻譯　洪鎌德　1997a：25-26）

上述這段話可以說是馬克思學說的精華，也是馬克思主義的中心議題。一般所謂的馬克思之人生觀、社會觀、政治觀、歷史觀等等，都可由這段引言找出源頭與概覽。我們不妨把馬克思的學說與馬克思主義的精要轉化爲下列六個範疇來簡述：

1. 人類學體系──勞動中人的自我異化說；
2. 哲學體系──辯證唯物主義；
3. 歷史學體系──唯物史觀（歷史唯物主義）；
4. 經濟學學說──政治經濟學說與資本主義的批判學說；
5. 社會學體系──「科學的社會主義」；
6. 政治學體系──國家學說與政治理論。

在上述六大範疇中，除了政治經濟學，馬克思與恩格斯曾作系統性的長篇論述之外，其餘的主題散落在兩人龐雜的著作、宣傳手冊、言談與通訊裡，由本書作者予以組織化、系統化（洪鎌德　1997a：25-80）。

■ 人類在勞動中的自我異化說

受著黑格爾界定人爲勞動的動物之影響，馬克思也相信開物成務、利用厚生，人與自然的互動。人與人之間的關係主要的是生產關係，把人視爲社會生產的動物看待，是使人異於動物之處。唯一異於黑格爾之處，馬克思認爲勞力比勞心更爲重要。作爲有意識、主動、能動，而又能自由創造的人類，使他們自成一種「種類之本質」（*Gattungswesen*），有別於禽獸。「種類之本質」爲費爾巴哈所強調的詞謂，也是其人本主義的基礎。青年馬克思不只浸淫於黑格爾思辨哲學中，還借用費氏哲學人類學和轉型批判法，把社會與歷史的主體從神「翻轉」爲人。要之，征服自然，改變社會、創造歷史的主體，不再是基督教神學所宣揚的上帝，而是古往今來的人類。

可是人的勞動、生產、創造並非隨心所欲、自由自在，每受著至今爲止的階級社會之束縛與限制，這就是造成人類異化、疏離、外化（*Entfremdung*）之主因。在資本主義之下，人類勞動的異化尤其嚴重。人不但從其產品、從生產

過程、從人性本質中異化出來，更因為人人相爭，從其同僚、同儕中異化出來。要揚棄異化，回歸人性，就要靠勞動者的覺醒與努力。其先決條件為工資勞動的取消。要達成工資勞動的取消，則必須發動普勞階級的革命來推翻資本主義的體制。

要之，在馬克思的心目中，黑格爾所發現的現代人是片面的、主觀的、特殊的資產階級之成員（所謂的「公民」），而非生活於市民社會，努力工作、生產的活生生之諸個人（「市民」）、活潑潑之群眾。為了使群眾與個人不再受制於現代資產階級社會的分工、私產、交易、市場、資本、剝削等等異化現象，馬克思遂高喊人的解放（洪鎌德 1997a：27-32；2000：1-7）。

馬克思發現了勞動異化觀，可以說是集盧梭、費希特、黑格爾、布魯諾‧鮑爾，和費爾巴哈學說之大成，他還把異化論從哲學的思辨轉到社會學的分析，以及政治的運用（革命策略），可以說是思想上、實踐上的突破。整個 20 世紀證明異化不只存在於資本主義之中，連號稱以馬克思主義治國的舊蘇聯和當今共黨一黨專政的社會主義國家（中共、北韓、越南、古巴）仍瀰漫異化的現象。是故異化問題仍舊是人類當前嚴峻的問題。這一問題之嚴重性早已超越資本主義、社會主義與第三世界之區隔，而成為 21 世紀寰球性人類所面對的挑戰。馬克思主義在新世紀、新時代如有任何的貢獻，那就是藉勞動異化說吸引各方的目光，研擬更佳的策略，來克服與揚棄異化之無所不在。

不過異化的克服是否只解決人際的緊張關係，也就是去除階級的壓迫與剝削，便可以達到？還是需要分析人性內心的結構，解剖人的精神底層，藉內心與靈性的提升，來獲致個人真正的解放與自由？這部分馬克思忽視或賤視的所在，卻是新世紀人類亟待解決的課題。

■ 辯證唯物主義

這是馬克思把黑格爾的辯證法應用到法國唯物思想之上，而製造其自然的宇宙觀，以及政治、經濟、社會的社會觀。其後經恩格斯、普列漢諾夫、列寧的引申與綜合，而成為正統與官方馬克思主義的教條，也成為師承馬列主義的共黨之宇宙觀與世界觀。恩格斯稱辯證法為「自然、社會與思想〔三者〕普遍運動與發展的規律之科學」，為「從思想至存有，從心智至大自然之間的聯繫」。

馬克思主義者強調經驗世界的科學研究，而排斥形而上學之哲學思辨，世

界是由物質所構成，物質的特性是在時間、空間和向度中自動與無限的展延性，物質具有運動與變化的特性。

物質的自動變化是循正反合三個辯證的過程、有規律的進行。易言之，每一事物在瞬間首先處於「正」的階段，可是正面的外表卻潛伏了內在矛盾、否定的因素。在量方面卻因為矛盾而發生變化，每至臨界點遂由量變跳躍為質變，成為新的事物，也就是達到「反」的階段。然而「反」中的否定，亦即否定的否定，導致物質提升與綜合上述過程進入第三步，亦即「合」的境界。可知矛盾導向衝突，衝突導向發展。至此事物並不停止往前或向上發展，於是「合」成為新的「正」之起點，繼續經歷新的「反」與更新的「合」，也就是像螺旋一樣向上迴轉，而無止境地發展上來。

在認識論方面，辯證唯物主義肯定兩點：(1)人類的意識是從較低的有機物質經過長期反覆辯證的發展過程躍進產生的；(2)意識忠實地，像鏡子一般地反映外頭的實在。在實踐方面，辯證唯物主義主張人的實際活動（包括反思的、批判的與革命的活動）構成了「實踐」（*Praxis*），而實踐乃為驗明真理與證實知識的準繩。實踐一方面是指科技、勞動、實業、以及其他人造客觀實在之轉變，而形成的經濟活動，以及消費品的生產與流通；他方面又指投身共產主義的革命奮鬥。因之，辯證唯物主義在方法論上兩個基本信條為：理論與實踐的統一，以及哲學的黨性原則（由共黨成員嚴守紀律，遵從黨之領導，而貫徹世界革命之主張）。

辯證唯物主義顯然在說明世界演變的經過、趨向、目標，但也強調矛盾的對立與解開，使事物朝向自由與理性之途發展。在這一意義下，我們看出馬克思認同黑格爾的歷史目的論（*Geschichtsteleologie*），承認世界史的發展為動態，且朝向一定的目標——人的解放，以及迎接理性。馬克思的辯證唯物主義含有濃厚的人文主義之色彩與倫理道德的精神。其唯物主義不失為另一種的唯心主義、觀念論或比較妥當地稱為實在論（Callinicos 1983:114-126），至少可以稱呼為「理想主義者之唯物論」（*Idealistischer Materialismus*）（Theimer 1976：15；洪鎌德　1997a：35）。

辯證唯物主義主要出於恩格斯（曾撰有《自然辯證法》一書，撰於1873，出版於1925）與列寧，甚至史達林的手筆，充滿機械性、教條式的僵硬律則，似乎比較不適合馬克思多疑好辯、刁難成性的性格。要達致歷史的辯證解釋，

有必要把每一社會、或每一時代所有因素統合成一個完整體,然後確定每一完整體有其獨特的性質可資辨識,這樣辯證的發展才能指出在不同的階段所呈現的不同樣式。

盧卡奇反對恩格斯、列寧機械性的辯證運動之說詞,而強調無產階級發展階級意識,認識自己本身為歷史創造的主體與客體,讓主體與客體合一,也讓部分與總體互動合一,才是辯證運動的所在。

柏波爾(Karl R. Popper 1902-1994)認為馬克思所標榜的唯物主義並非一元論;相反地,是強調心身兩元論。原因是他師承黑格爾將自由比擬為精神的說法,追求人精神上的絕對自由,因而肯定人為靈性的生物。再說,柏氏雖然同意馬克思強調人類物質生產的重要,但不同意把辯證唯物主義化約為經濟主義。原因是經濟活動固然是人類維生不可或缺的活動,但在某些場合裡,理念的影響力凌越於經濟力量之上。這是對教條的辯證唯物主義重大的批判。

■ 唯物史觀(歷史唯物主義)

把辯證唯物主義應用到社會發展與歷史變遷之上,便獲得了歷史唯物主義。這個名稱為恩格斯所倡用。他指出使用此一名詞在於表明對世界史演變的一種看法,也就是說重大的歷史變化之最後原因與基本動力,在於社會的經濟發展、在於生產與交易形式的變動、在於社會分裂為各種階級與鬥爭。馬克思本身則沒有使用「歷史唯物主義」(*Historischer Materialismus*),而使用了「唯物史觀」(*Materialistische Geschichtsauffassung*)這一稱呼。馬克思師承黑格爾,認為歷史發展充滿理性與進步,是自由的進程。只是推動歷史進步的不是上帝或世界精神,而是人群社會中的經濟勢力。經濟勢力包括經濟的生產力、生產關係和社會結構。換言之,世界史是以人群社會的變動為主要的內容,因此經濟的社會形構(*Ökonomische Gesellschaftsformation*)及其變遷,便成為歷史的主題。在特定的歷史階段中,社會的下層建築(經濟基礎)與其相搭配的上層建築(法政、文化、習俗、風氣等)之總和,便構成該時期中的經濟的社會形構。馬克思和恩格斯曾經把西方自古以來的社會以及未來的社會分成五個不同的歷史型態;(1)原始社會(公社);(2)奴隸社會;(3)封建社會;(4)資本主義;和未來(5)共產主義社會。包括資本主義在內前面四個時期,被稱為「史前期」。只有進入共產主義的第(5)期,才是人類靠本身的努力,左右自己的命運,

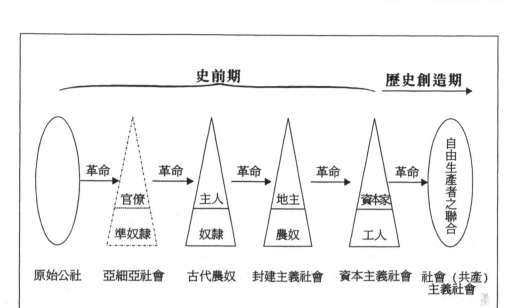

資料來源：作者自行設計。

圖 5.1　馬克思唯物史觀圖解

也是人們創造新世紀的「歷史期」。

　　所謂社會的下層建築是指經濟基礎而言，也涉及生產方式。生產方式包攝生產力與生產關係。生產力是指涉勞動者的勞動力，也包括其他生產資料（土地、工廠、機器、原料、資本與經營方式等等）在內。生產關係則是擁有與不擁有生產資料者之間的關係，以法律的字眼來解釋就是財產關係。生產力與生產關係之間存在著制約的關聯，有怎樣的生產力，必然就會出現怎樣的生產關係與之搭配。譬如手搖紡紗機代表中古時代的生產力，與其搭配的生產關係，便是封建社會中地主與農奴的關係、或是師徒制中師父與學徒之關係。及至蒸氣紡織機出現，它代表了近代資本主義社會的興起，於是生產關係變做廠主（資本家）與雇員（無產階級的勞工）之間的雇傭關係。下層建築的經濟基礎之所以發生變化，實肇因於生產力發展的急速，衝破了生產關係進步的緩慢。下層建築一旦有所變化，上層建築隨後也跟著變化。

　　要之，馬克思的唯物史觀說明社會之所以變遷，經濟的社會形構之所以產生變化，其原因在於生產力的躍進，衝破了生產關係的藩籬。其結果導致下層

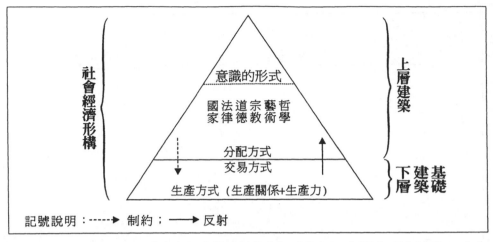

資料來源：馬克思 1859《政治經濟學批判獻言》〈序言〉（*SW* 1: 503-505），由作者設計繪製。

圖 5.2　社會經濟形構示意圖

建築的生產方式之改變。作爲經濟基礎的下層建築之改變，自然影響與衝擊上層建築的典章制度。換言之，經濟的率先變化，是造成法律、政治、哲學、文藝、宗教，乃至一社會的風習民情改變的主因。對馬克思而言，上層建築更是一個社會的精神表現，也就是它的意識形態。馬克思談社會的存有在決定人的意識，因之，經濟基礎，也就是人的物質生產、交易與消費）活動，決定了社會的意識形態（思想、信念）。其結果統治階級、優勢階級擁有物質勢力，所以「統治階段的思想，成爲每個時代統治（主宰）的思想」（*CW* 5: 59）。

　　此外，促成歷史進步的動力爲階級鬥爭。1879 年馬克思與恩格斯指出：「階級鬥爭是歷史直接的動力」（*CW* 24: 269）。這就是兩人在 1848 年的《共產黨宣言》中所說：「至今爲止的人類歷史乃爲階級鬥爭史」（*CW* 6: 483）的再度宣言。這表示生產方式的變遷與階級鬥爭成爲馬克思主義唯物史觀的兩個支柱。馬克思的唯物史觀是聯繫他關懷人類自我實踐、自我完善的條件，也就是他以經濟學家與歷史學者之關心，以及他作爲工人階級組織者與革命家從事的革命實踐之橋樑。換言之，他的理論與實踐之結合關鍵就是這一史觀（Wood 1986: 230）。

　　馬克思是否賦予普勞階段太沉重的改變社會與創造歷史之事實呢？很多政治行動、革命動作不是由開明的菁英與進步的商人，或是搞陰謀鬼怪的革命

之士挑起的嗎？這點不只是在馬克思的時代，而是更早的時代由傅立葉、布朗基所提出（Callinicos 1999: 95），就是後世也質疑普勞的紀律與能力（Antonio 2000: 134-135）

此外，強調經濟基礎對上層建築的制約與決定，是否容易陷入唯經濟主義（*Ökonomismus*）或經濟決定論（economic determinism）的弊端？是否忽視了上層建築對經濟基礎的影響？或排除了國家、法律、政治的自主性、或半自主性？這都是引起後人爭議的所在。恩格斯在晚年的通訊中，雖一再強調經濟的最終影響力，但也承認政治、法律對哲學、宗教及其他意識形態的決定作用。他所持的主要觀點為上下層建築之間的辯證互動關係（*SC* 396-402）。

最後，馬克思唯物史觀引起的爭論，主要在於歷史的發展是否遵循一定的規律、朝一定的目標在邁進，還是歷史發展是隨意的、無目的的現象？再說，除了下層建築會「制約」上層建築之外，很多的情況下是上層建築會決定下層建築。自葛蘭西、阿圖舍到朴蘭查，甚至在上下層建築之間放置中間層次的民間社會、政治的國家機器（措施）等，俾為準政治團體（工會、教會、利益團體的活動）與政治勢力對社會變遷之左右、操控、提出有異於馬克思與恩格斯的主張（洪鎌德 2004：176-216；271-280）。

■ 政治經濟學與資本主義的批判

馬克思對政治經濟學的鑽研與批判，主要在於發現當代資本主義的興起、運作與消亡的歷程，是他有生之年抨擊資本主義體制，與預言這一體制必趨崩潰消失的理論基礎。資本主義的社會特質為財產的擁有（私產）與支配、自由的工資勞動與廣泛的貨物與勞務之生產與流通。資本主義的基本矛盾為一方在進行「社會的生產」與他方的「個人的獲得」之對比。這一矛盾造成廣大勞動群眾的血淚打拚之結果落入少數資本家手中，不但造成社會貧富的懸殊，更導致正義公平之蕩然。要之，社會主義者與資本主義者的針鋒相對，源於他們對財產看法的迴異，尤其是對私產的道德基礎持完全相反的立場。

儘管馬克思反對談仁說義，視倫理道德為統治階級的意識形態，但在他的《資本論》中，對資本家之「竊取」、「壓榨」、「剝削」勞動者，仍有嚴厲的批評。特別是在涉及工人把勞力當成商品出售給資本家時，他分辨了勞力買賣的流通圈中買者與賣者之交易之公平。可是在生產圈中，由於工人在生產過程中，

不只創造了產品的價值，還進一步創造多餘的價值（剩餘價值）。此一剩餘價值卻為資本家完全占取、完全剝削，這就造成生產圈中買賣雙方（雇主與雇員；資本家與工人）交易的不公平（洪鎌德 2000：203-292）。工人對資本家的剝削無力反抗，這是由於社會秩序、法律制度站在保護資本家的立場所造成的結果。愈來愈多的工人，會因為技術落後、或被機器擠掉工作崗位，而陷入失業後備軍中。但馬克思卻在預言工人愈來愈貧窮（因為工資愈來愈低），而失業後備軍人數愈來愈多之後，接著指出這批除了失掉鎖鏈之外別無甚什麼可再喪失的現代奴隸，將鋌而走險，參加無產階級的革命。「於是資本主義私有財產的喪鐘已告敲響，剝削者終被剝削」（*C* I: 714-715）。

　　除了普勞階級的覺醒，起而推翻資本主義之外，還因為資本主義本身矛盾重重，遭逢不景氣的襲擊有可能引發經濟危機，而導致體制的崩潰。但有異於馬克思的預言，資本主義從他的時代的工業與競爭資本主義，轉變為壟斷資本主義，再演變為 20 世紀組合的（corporate，法人的）資本主義，甚至跨國的資本主義。這顯示資本主義本身的韌性與彈力之堅強，早已跳脫馬克思的預言之外。更何況工會勢力的膨脹，國家公權力的介入，福利國政策的推行，都減少了資本家與勞動者尖銳的對抗。更由於科技生產力的突飛猛進，勞務與資訊創富的「新經濟」之崛起，所造成「寰球化」商貿依存關係之提升，使馬克思寄望普勞革命終告落空，也使他對資本主義消亡的期待化成泡影。

■ 科學的社會主義

　　有異於所謂烏托邦（空想）的社會主義，馬克思與恩格斯標榜及提倡的為「科學的」社會主義。蓋前者所追求的社會主義或共產主義之理想，本質上是唯心的、是浪漫主義的。烏托邦者不懂發展謹嚴的科學律則，來證明資本主義的必然敗落，尤其無視於普勞階級對本身的解放之熱望是導致資本主義崩潰之原因，更不懂組織勞工作為革命的主力（洪鎌德 2002c：49-63）。

　　在瞭解普勞階級所扮演的歷史角色之前，首先應知道階級如何產生。階級是由於社會分工、分化的結果，也是私產制度建立後，社會分裂的必然現象。因此恩格斯強調分工律成為階級的基礎。他又說：「普勞階級一直遲到產業革命之際才產生，而產業革命則是由種種重大的發明所引起的」（*CW* 6: 34）。普勞階級的特徵為完全靠出賣勞力以維生的階級，而非由資本之運用套取利潤，以

維生的階級。

　　由於社會中每一階段所重視的是本身的利益，因之，爲著爭取與擴大利益，各重要的階級紛紛投入競爭之中，並使用暴力進行鬥爭。於是馬恩宣告「我們得到一個律則，即所有歷史上的鬥爭，不管是政治的、宗教的、哲學的、或其他意識形態領域內的爭執，事實上或多或少爲社會階級鬥爭的表現」（*CW* 5: 46-47）。在過去的歷史上，曾經出現奴隸階級對抗奴隸主階級的鬥爭，在中古封建主義的社會中則出現農奴階級對抗地主階級的鬥爭，至於處於資本主義時代中的階級鬥爭爲「整個社會逐漸分裂爲兩個大的敵對的陣營，兩個重大的、彼此對峙的階級：布爾喬亞〔資產階級〕與普勞階級〔工人階級、無產階級〕」（*CW* 6: 485）。

　　在此一人類有史以來最大一次，也是最後一次的鬥爭中，普勞階級應打倒布爾喬亞，並奪取權力。因爲這也是一項世界史的使命，結束人類從前史以來一階級宰制另一階級的史實。亦即廢除財產制度、剷除階級分化與對立的制度，揚棄工資勞動（取消異化與剝削的源泉）與商品交易（把人當成商品買賣的放棄），使生產資料回歸聯合的生產者所共同擁有，也讓使用價值克服交換價值。就世界史的眼光來觀察，階級鬥爭已達致一個轉捩點；「被壓迫的階級的解放必然包括新社會秩序的建立」。「一旦普勞階級宣布解除現存世界秩序，則它也揭

表 5.1　有史以來階級的對立與對抗

特徵＼社會類型＼階級		奴隸社會	封建社會	資本主義社會
財產（生產工具）的擁有與否	有產階級	奴隸主	地主	資本家
	直接生產者	奴隸	農奴	勞動者
自由的程度與權力的有無	統治階級	絕對的權威與權力	高度的權威與權力	相對的權威與權力
	被統治階級	絕無自由	部分自由	表面上的自由
生產方式		奴隸勞動	農奴勞動	工資勞動

資料來源：洪鎌德　1997a：214.

開其存在之秘密」（*CW* 3: 187）。要之，馬克思堅持工人階級的解放必須由工人階級自身來完成（*CW* 24: 269）。

　　為達致推翻資產階級並建立共產社會秩序，普勞階級必須訴諸暴力。問題在於邁向社會主義之途，除了暴力之外，可否靠其他的手段（像和平演變）呢？對此馬克思一度指出，可以藉不同途徑來推翻資本主義：「我們不否認有些國家，像英國、美國……甚至荷蘭的工人可走和平之路而安抵目標」（*MEGA* 18: 160）。不過在革命剛成功之際，為了消滅資產階級殘餘勢力，有必要實施短暫的「革命性無產階級專政」。

　　要之，馬克思主張研究社會必須注意階級結構的經濟基礎，也應聚焦於社會階級的社會關係與政治關係。他認為社會結構（生產關係）與經濟勢力（生產力）陷於矛盾，是導致社會變遷的主因。另一方面他又以社會分裂為兩大敵對階級，構成革命的要素，也是其科學的社會主義之核心。

　　但此一標榜為科學的社會主義，也是客觀的社會分析之理論，卻也遭受後人質疑與挑戰。一方面究竟是人（工人、普勞）主觀的努力（包括積極參與鬥爭、革命）才會改變社會結構、建立社會新秩序，還是客觀的經濟勢力（裡頭也有人主觀的努力在內），無可避免的社會內在矛盾造成社會的分裂、鬥爭、改變？前者多少含有意願論（voluntarism）的成分，後者則多少保留了決定論（determinism）之色彩。換言之，這是馬克思階級論，所呈現兩種內在觀點的歧異與緊張關係。這與馬克思對唯物主義抱有「軟性」與「硬性」的兩種看法有關。所謂的軟性的物質主義是認為影響歷史與社會變遷的力量或因素，除了經濟活動之外，尚有其他文化、觀念的因素。硬性的唯物主義則堅持社會關係與生產力結合，科技扮演決定性因素、階級鬥爭退居其次。這種軟硬觀點的歧異也是造成其後馬克思主義分裂為兩個重大的類別；批判的與西馬的一方與堅持科學與必然性的教條的另一方之對立（Antonio 2000: 119-121）。

　　此外，社會階級，是否必然兩極化為布爾喬亞與普勞階級兩大陣營，而排除中產階級及其他各種各樣的階層？階級意識能否形成？怎麼形成？社會衝突除了兩大主要階級之外，是否還包括國家與國家、種族與種族、以及兩性之間？這些都是引發爭議，而尚未定讞的議題。

■ 國家學說與政治理論

　　馬克思對於社會結構的分析、社會變遷的解說與社會發展律的指明，使他進一步演繹成一套有關政治行為的指導綱領，這便是他「理論與實踐合一」的表現。他認為政治行為不是人群盲目的意志本能、心象的產物，而是透過科學的認知，結合客觀情境與主觀判斷的實踐。

　　馬克思師承黑格爾的看法，把國界之內的社會（national society 民族國家）當做政治國家與市民社會兩者合起來的構成物。在政治國家中，人的團體精神得以發揮，以公民身分過著「種類（族群）生活」（Gattungsleben）。但在市民社會中個人為滿足其維生的需要，不惜與他人展開激烈的競爭拼鬥，「人們乃為自私的個體，以別人為手段，也把自己貶抑為另一手段，而成為外在權力玩弄的對象」（CW 3: 153-154）。政治國家與市民社會的對立，有如天堂對待現世，一為精神、一為物質。因之，早期的馬克思深受黑格爾國家學說的影響，相信在國家中，個人雖喪失個體、個性，卻融化於群體中，人的真正自由只有在國家中才會體現。後來的馬克思在受普魯士政權壓迫下認清黑格爾法哲學擁護現實政權之不當，於是他開始批判黑格爾的國家學說，認為國家是社會權力相爭，為排難解紛與息事寧人而做的政治安排。因之政治國家產自市民社會，但卻竊取優越的地位，最終遂凌駕於社會之上。

　　其後國家發展為階級國家，「它不外組織的型態，目的在為市民階級、財產與利益的相互尊重提供內外的保證而已」（CW 5: 90）。這已表明馬克思對國家只保護資產階級、統治階段的利益有了新的體認。在《共產黨的宣言》中，馬、恩兩人居然宣布：「現代國家的行政機構無非是處理全部布爾喬亞共同事務的管理委員會」（CW 6: 486）。對他們而言政治權力，也成為「僅僅是一個階級壓迫另一個階級、組織性的權力」（ibid., 505）。

　　馬克思的法律思想強調法律是資產階級壓迫與剝削無產階級的統治工具，因而期待有朝一日普勞革命成功後，創造了共產主義的社會，而使法律歸於消亡（洪鎌德 2001b：91-128）。成年之後的馬克思把國家看做不僅是護衛資產階級利益，還是壓迫與剝削無產階級的工具。因之，他看出國家具有鎮壓的、暴力的本質。是故在《資本論》卷一中，他把國家當成「社會集中的與組織性的暴力」（C I: 703）看待。

　　馬克思所理解的政治權力，一如前述乃為經濟權力的化身，正如同他所說

的政治、法律、道德、宗教的利益也是經濟利益的化身一樣。因此政治領域裡的爭權奪利，無非是階級間經濟利益衝突的表現。同理權力鬥爭的輸贏並不取決於參與者的策略是否高明，而在於生產力的發展與階級意識的高漲對哪一階級有利。因之，他特別指出社會階級結構與政治體系、政治黨派之間、社會鬥爭與政治鬥爭的密切關聯。馬克思與恩格斯還進一步預言國家的消亡，這是由於將來無階級的共產主義實現後，資產階級的壓迫者被消滅，鎮壓性的機器喪失其存在，則人對人的統治將轉化為人對物的管理，政府的功能將轉變成行政的功能（洪鎌德 1997b：307-342）。

馬克思的國家觀與政治理論招致不少的批評。首先，一個社會中資產階級與無產階級之分割是否等同於統治階級與從屬階級？如果答案為否，則很難把國家當成資產階級壓迫與剝削無產階級的統治機器來看待。其次，社會是否陷於兩個敵對階級的兩極化鬥爭？揆諸人類歷史並非普遍現象，更何況不管是有產抑無產階級，無一親自執拿統治的權杖，施行統治。統治常是極少數的菁英、或官僚所搞的名堂，與階級群眾扯不上關係。

此外，馬克思政治思想，也引起後人的質疑，這包括以下五組問題及其解答。第一、政治是不是除了權力鬥爭之外，還視同為凌虐、壓制、剝削？第二、政治是否只牽涉到國家為單位的統治關係？是不是一階級對另一階級、組織性的暴力？第三、政治只能化約為經濟，而不能還原為人的權力慾、榮譽心與使命感？第四、政治只受制於經濟，而本身不統御經濟、宰制經濟嗎？第五、無階級、無剝削、無敵對的未來共產主義社會，只有行政的執行與生產的規劃，而再也沒有政治的作用嗎？以上種種問題便足以批評馬克思主義中經濟決定論之不是。更何況奉行馬克思政治觀的現代革命者，其言說行為常從教條框架中跳脫出來。列寧推翻沙皇的專制統治，靠的不是俄國新興的資本主義體制本身的矛盾與崩潰，而是專業的革命黨、紀律嚴明的菁英之黨性原則（*partinosti*）與民主集中制。換言之，他堅強的革命意志與非凡的組織能力，才是促成俄國十月革命成功的主因。由此可看出政治的勢力常常凌越於經濟勢力之上（洪鎌德 1997b; 377-382; Callinicos 1983: 69-70, 73-74）。

三、馬克思逝世之後的馬克思主義

(一)正統與官方的馬克思主義

　　儘管馬克思拒絕承認自己是一名馬克思主義者，但在他 1883 年逝世之後，特別是恩格斯大力推動第二國際期間（1889-1914），由於普列漢諾夫（Georgii V. Plekhanov 1856-1918）、考茨基（Karl Kaustky 1854-1938）等人的宣揚，馬克思主義者終於成爲歐洲與俄國左翼工人運動與激進革命黨徒奉爲思想與行動的圭臬、理論與實踐的指導綱領。早在 1878 年恩格斯便受到德國工人黨領袖邀請在該黨機構誌《前進》上刊載《反杜林論》的首章，便是一部有系統介紹、闡揚馬克思的歷史觀、社會觀、政治觀思想之專著。此書對德國與歐、俄國社會黨人的影響遠超過《資本論》第一卷，可以說是把馬克思的學說推向馬克思主義的頭一步。

　　正因爲馬克思堅持哲學家的任務不只在解釋世界，更要改變世界。這一理想在他死後，獲得許多激進分子的賞識與落實。其中包括德國社民黨、第二國際、俄國布爾什維克黨和第二國際之左翼人士，他們都各以不同的方式嘗試把馬克思主義轉化爲革命的指導綱領。1890 年考茨基銜命起草的社民黨黨綱，在次年大會上通過。該黨綱立基於對馬克思主義「正統的」（orthodox）的理解，強調資本主義勢力的膨脹，導致階級鬥爭的密集加劇，私產的擁有與科技的運用愈來愈無法配合，這將會造成更大的經濟危機，是以呼籲各國工人更爲團結合作，致力打倒資本主義之革命活動。

　　這個號稱「正統的馬克思主義」，主要的是由恩格斯和考茨基大力推動，而成爲社民黨的新黨綱。但這一黨綱卻有其內在的矛盾：一方面要走革命的路線；他方面又無法忘情社會改造的必要。1895 年恩格斯提出以合法掩護非法的鬥爭策略，其本意仍在導致最終的武力衝突。但這種策略卻變成社民黨長期的作法，該黨遂由革命路線轉轍到改良路線。

　　就在 19 世紀告終，20 世紀浮現之際，社民黨機關誌《社會民主人士》主

編，伯恩斯坦（Eduard Bernstein 1850-1932）已發現該黨理論的激進與策略的溫和之間的矛盾，於是開始批評馬克思盲目相信資本主義的必然崩潰。他質疑工人薪資愈來愈少、趨向貧窮的貧窮理論，也不相信無產階級的革命即刻爆發。反之，他看出透過普選的勝利，國會席次的增加，工會與合作社的積極活動，社民黨一定會為德國民眾導向社會主義。伯氏對馬克思主義這種激烈的批評，被視為「修正主義」，而遭到社民黨的譴責。

波蘭的革命家羅莎·盧森堡（Rosa Luxemburg 1871-1919）也大力抨擊社民黨黨綱。她更精巧細膩地將馬克思主義轉化為工人階級政治發展的理論。她認為改良社會、改革政府不能動搖資本主義的根基。原因是資本主義為達成社會和諧與穩定的假象，會做出某種讓步，卻絕不交出權力。只有把經濟鬥爭與奪權政爭合為一體，才能達成社會的徹底改造。評及馬克思的人性觀，盧森堡認為人是自我活動、自我轉變的動物，是故「主觀因素」的心理準備在革命過程中非常重要。可是歐洲在兩次世界大戰之間雖有少數社民黨的領袖掌權執政，卻都無法撼動資本主義的根基。

儘管俄國社會落後，但沙皇政權為了急速現代化，超過西歐各國，所以在 19 世紀末大力推動工業化，其結果創造一批人數雖少，但高度集中的勞工階級。他們在經歷了過去地主與農奴的衝突之後自然戰志高昂，遂有 1905 年革命的爆發。最後藉退出第一次世界大戰，俄國國力衰敗之際，布爾什維克黨遂於 1917 年 2 月與 10 月發動革命、奪權成功。從此，馬克思主義變成馬列主義和史達林主義，也就是有別於歐美等國社會主義的「蘇維埃馬克思主義」。蘇維埃馬克思主義利用第二次世界大戰結束後的蘇聯帝國的得勢，而大肆擴張，成為毛澤東思想、金日成思想、胡志明思想與卡斯特羅主義的圭臬。這些靠槍桿子獲取政權，或仰賴蘇聯坦克大砲掩護下的東歐共黨集團的意識形態，都跳不出共產黨一黨專政的框架與教條式馬克思主義的枷鎖。他們對馬列主義的遵守，實大於對馬克思主義的理解。因之，稱呼它們為東方的馬克思主義、官方的馬克思主義似無不妥。

(二)西方馬克思主義的崛起與演展

相對於東方馬克思主義（特別是相對於蘇維埃馬克思主義），便是 1920 年

代起源於歐洲中部與南部的歐洲馬克思主義、黑格爾式或批判的馬克思主義，一名「*西方馬克思主義*」（Western Marxism 簡稱西馬）。這個由早期盧卡奇（Georg Lukács 1885-1971）、寇士（Karl Korsch 1886-1961）和葛蘭西（Antonio Gramsci 1891-1937）等人所開端的馬克思學說之新解釋，他們反對把辯證法從歷史擴張到自然。反之，他們強調「主觀因素」，主張對批評及批判的開放、對上層建築的重新思考、反對經濟決定論、對文化現象的留意，在在使他們與教條的、官方的蘇維埃馬克思主義不相容，這是因爲他們所標榜的是批判的馬克思主義之緣故。寇士首先把馬克思最津津樂道的批判應用到馬克思主義本身，而成爲鮮活而富有創意的新觀點（洪鎌德 2004：2-34）。

要之，西方馬克思主義一方面在批判資本主義，他方面則批判蘇維埃的馬克思主義（或稱列寧的共產主義），而企圖重新掌握馬克思主義的真理。儘管上述三位西馬的奠基者只有短暫時期涉入領導群眾的革命活動，而大部分時間則致力於馬克思批判理論的闡釋，但他們的理念卻影響 1960 與 1970 年代西方的激進政治（Gottlieb 1989：110；洪鎌德 2004：362-384）。

西馬的創始人除了前述盧卡奇、寇士與葛蘭西之外，還有法蘭克福學派的幾位理論家（霍克海默、阿朵諾、馬孤哲、賴希、卞雅敏、符洛姆等）、法國 1950 年代的沙特、梅樓·蓬第、列費伏爾、1960 年代的阿圖舍、高茲等都成爲西馬學說的中堅，企圖賦予馬克思學說新的解釋，分辨馬克思與恩格斯不同的主張（反對恩格斯把辯證法從社會、思想擴張到大自然）（洪鎌德 2004：1-34）。他們留意文化現象，進行文化批判，強調批判精神，其中尤其是法蘭克福學派的後代如哈伯瑪斯，把批評文化發展爲批判社會學，對現代思想影響尤大（黃瑞祺 1996）。

要之，西方馬克思主義一方面繼續馬恩傳統大力抨擊資本主義，他方面則大力批判列寧主義、史達林主義（馬列主義），而企圖重新掌握馬克思主義反思與批判的精神。他們強調馬克思承襲自黑格爾不只是辯證法與「科學性」，還汲取黑格爾主客體關係總體論、「歷史性」的傳統。他們對西方資本主義的結構與轉型提出新的評析、對國家的角色、普勞階級的意識、政黨與群眾的關係有新的詮釋。更多分析擺在上層建築與意識形態之上。

寇士在《馬克思主義與哲學》（1923）一書中批評第二國際的馬克思主義者企圖超越階級分別與對峙，從事純粹的學術研究，因爲那是受到資產階級實

證主義崇尚科學的影響。真正的馬克思與恩格斯所標榜的科學的社會主義,是與布爾喬亞社會的純粹科學(經濟學、歷史學、社會學)截然不同(Korsch 1971: 69)。將社會各種不同的科學加以分開,甚至把他們從革命實踐抽象出來的作法是與馬克思唯物史觀無法相容的(*ibid.*, 32)。在寇士心目中,馬克思的理論是直接牽連到革命的政治實踐之上,而不是什麼價值中立的純粹、空洞之「科學」理論。它是以改變社會生活為其動機,它必須融入政治實踐之中,它是以其實踐的結果而受到不斷的評價。第二國際的領導人便犯了這種錯誤,一心一意要把馬克思主義轉化為實證主義的科學,而等候不可避免的資本主義之崩潰由天而降。其結果造成馬克思的批判理論脫離現實,也脫離革命運動(洪鎌德 2004: 132-174)。

　　盧卡奇則以另一觀點攻擊崇尚實證主義之科學的馬克思主義者,因為實證主義的模型所產生的是無開創性、無突破性的心態,原因是這些消極性、無創造性完全是從「物化」(*Verdinglichung*)的社會現象流露出來。「物化」是指布爾喬亞的思想家把社會的各種面向當成給予的、客觀的事物看待,忘記社會的各種典章制度、組織、過程,都是人類所創造的,也是可控制與修改的。不只如此,無從改變社會的挫折感也是由「合理化」的觀念所產生的,也就是只能觀察、考慮到社會總體的部分,而看不到社會的總體。於是社會的部分,都能盡量改善,使其走向合理完善之途,但整個社會卻變成愈來愈不合理。看到科技進步對生態的破壞,我們便不難理解「合理化」反而造成社會不合理的怪現象。

　　盧卡奇要求把社會的實在看成人類活動的產物,它是主體行動之表述。把知識和實在結合為一體,也就是把理論和實踐加以統一,就是真正的階級意識之基本特徵。如果馬克思的理論不是這樣去結合理論與實踐,其結果將把工人化成為社會實狀之消極的「觀察者」,從而無法改變社會實在(洪鎌德 2004: 36-85)。

　　葛蘭西在 1917 年發表於《新秩序》(*Ordine Nuovo*)刊物上讚賞列寧奪權成功的〈對抗《資本論》的革命〉一文,顯示他對第二國際倡說的經濟決定論之反彈。換言之,列寧推翻沙皇專制的成功,表示政治意志的重要,也表示奪權組織與策略的必要。革命不是靠經濟條件成熟,而是靠革命領袖改變現狀的堅強意志、「主觀因素」來發揮作用。在葛氏後來的《獄中札記》中還特別指出:

經濟結構只提供「場地」（terrain），在該場地之上政治的問題與文化的問題亟需加以決定，換句話說，經濟結構只提供某些境況與脈絡（context），俾政治與文化的問題獲得澄清與處理，達致解決的優先次序及方式（Gramsci 1971: 184, 410-412；洪鎌德 2004：176-216）。

作爲 1930 年代法蘭克福社會研究所所長的霍克海默（Max Horkheimer 1895-1973）也提出他的批判理論，成爲其後法蘭克福學派的開宗文獻，他說：

> 社會批判的理論……其研究的對象為人群，為其全部歷史生活之道的製造者〔人為其生活之創造者、生產者〕。向來科學視為出發點的真實情況，〔在批判理論者眼中〕不再被視為可資證實、可以遵循律例變化的資料。每一份資料並不只靠其自然生成，而是靠著人加在資料之上的權力。客體物，對其觀察認知的方式、對其提出問題的方法、以及回答的意義等等，都表示與人的活動息息相關，也反映了人對它們控制的權力之大小。（Horkheimer 1972: 244）

換言之，凡致力改變社會的批判理論，必須是肯接受批評，不斷修正、開放而非封閉的理論，其所追求的不是學術的客觀、中立，而是帶有價值（value laden）的社會現實之評斷，只有藉著這種批判的理論，吾人才會發現社會何以存有不公不平，何以吾人必須打破這種不公不平（洪鎌德 2004：220-227）。

對西馬的理論家而言，以實證主義爲取向的思考方式必然產生獨裁，而不可能獲致社會主義。他們也認爲任何的馬克思主義者之理論，一旦與普勞階級政治發展無關，就造成把此一階級當成科學研究的「對象」看待。要之，西馬已發現科學與技術在 20 世紀對人類宰制之嚴重性，以及當代心靈對科技盲目崇拜之危險。

原來布爾喬亞把古典哲學所禮讚的「理性」視同爲「科學」，又把原來對抗封建主義的「科學」轉化成宰制群眾的工具。這種「科學」就是霍克海默所稱的「傳統的理論」，亦即與他倡說的「批判的理論」相反之物。這種「科學」也是馬孤哲（Herbert Marcuse 1898-1979）與哈伯瑪斯（Jürgen Habermas 1929- ）所指摘的「工具理性」或「科技理性」。這種理性講究的是行動的有效與消息的正確，而自詡爲「科學的哲學」。事實上卻企圖與人群追求的目標與價值分開，

造成人對社會典章制度批判能力的喪失（前揭書，pp.222-234）。

西馬的理論家不但反駁第二國際以來馬克思主義者對科學盲目的讚頌與仿效，也駁斥馬克思本人對工業化與經濟危機的頻頻出現有利於工人革命的階級意識之塑造。反之，他們致力探討資本主義體制下個人的經驗，從而發現革命的階級意識受阻卻的因由。同時，西馬亦對先進資本主義的政治結構，特別是國家的角色認真檢討，在先進資本主義國家中，統治階級的權力如何取得、維持與擴大。

葛蘭西首先發現生產方式帶來各種不同的上層建築可能的發展方式。一個國家發展的方式仰賴政治鬥爭、民族文化和重要階級的集體經驗。因之，生產方式在西馬思想家眼中並非孤立的可量化的經濟活動。寇士認為經濟與意識形態、物質與意識、下層與上層建築是相互影響的，是辯證地聯繫在一起，它們彼此制約也相互決定。換言之，布爾喬亞的經濟、法律、政治，甚至文化、理念，無一不與其社會實在結合成一個整體。亦即其精神結構是與其經濟結構合為一體（Korsch 1971: 98）。

這種強調總體、或整體的說詞，尤其為盧卡奇所鼓吹。他甚至指出馬克思主義的正統不在經濟決定論，而在其總體說。亦即並非經濟關係決定人群的意識，因為經濟體系不可能脫離意識形態和政治而獨立自存。經濟基礎變化足以使上層建築的政治與文化跟著發生改變，這種情形並非常態。

西馬理論家雖強調上下層建築的辯證性互動，但仍然賦予生產方式優先的地位，這也就是他們何以仍自稱為馬克思主義者的原因。另一方面，由於仍然重視經濟體系，所以對當代資本體系下勞工的生產關係、財產關係特加留意，遂跟隨馬克思一樣仍寄望普勞階級為改變社會現狀、創造新歷史的主力。這種寄望直到 1960 年代逐漸落空，於是隨著西馬變成新馬克思主義（Neo-Marxism，新馬），革命的主力遂由勞工轉變為學生、婦女、少數民族、弱勢團體、被迫害的族群等等（洪鎌德 1995；1996）。

西馬的理論家比馬克思更清楚看出歷史的改變，不只是經濟的條件之變化，而更重要的是工人階級的信念、態度和人格結構。誠如葛蘭西所說，要把資本主義終結，不只是靠被壓迫者的勞工「在經濟與政治的目標上團結一致，而更重要的則是他們擁有知識上和道德上的統一」（Gramsci 1971: 181-182）。他們不僅要積極參與左派政黨活動，批判現存社會不公不平，更要逐漸形成一種

常識，內化社會主義的理想，而擺脫資本家的羈縻、控制，不受資本主義「霸權」的制約。

「霸權」的概念，不只是在說明資本主義的統治者利用國家機器，宣揚統治的合法性，透過老百姓的同意，而非經常使用暴力威脅使被統治者俯首聽命。這一概念同樣顯示葛蘭西對列寧菁英政黨的組織原則之反對。列寧企圖藉專業革命者來帶領群眾起義、搞革命。一旦革命完成，最終卻造成少數控制多數，使群眾陷入黨官僚的統治，甚至個人的獨裁。在這一轉變下，革命已喪失其本意。

盧卡奇認為階級意識有兩種形式，其一為「現成的」階級意識，乃為工人大眾在某一時期中思想、感覺、信仰之總和。其二為「灌輸的」、或「設定的」（imputed）階級意識，也是「實在的」意識，這是在生產過程中工人在某一特殊情勢下對其命運之適當與理性的反應。原來工人在體驗到資本家的剝削和宰制時，他一方面發現自己淪為商品，變成物化的客體，他方面了解自己是人類的一份子，是行動的主體。這種客體與主體的矛盾，是個人自覺的開始，也是實在的階級意識之型塑。這時工人將發現人與人之間的關係變成物與物之間的關係。他們將會理解他們的物化乃是資本主義權力運作的結果。要之，在資本主義之下，這種矛盾將會促使階級意識出現，而最後導致革命的爆發，「當工人知道自己是一件商品時，他的知道變成實踐的……〔它〕會在所知的客體中產生客體結構的變化」（Lukács 1971: 169）。

其後法蘭克福學派將精神分析的學說注入階級意識的解剖當中，企圖突破階級意識無法成形的屏障。賴希（Wilhelm Reich）則指明性的壓抑造成群眾的乖順柔弱，無力反抗。賴希在1934年撰寫的一篇題為〈何為階級意識？〉的文章中指出，為了喚醒工人的階級意識，我們首先必須要假定資本主義體制無法滿足人群基本的需要，在這種社會中到處呈現不滿足的現象。極端的、偏激的政治必須對潛在於人心的不滿煽風點火，把此不滿的星星之火轉化為階級意識革命的熊熊烈焰。這種意識不需革命領袖加以鼓吹而讓工人終身奉獻。反之，只需集中在平時家庭需要的滿足，包括性慾、休閒、人際關係和工作經驗等是否獲得滿足的考察。政治的組織在於揭發工人對工作與日常生活之不滿，以及指明其需要之滿足無法在資本主義體制下獲得即足。當人群的需要與利益真正獲得重視與處理，他們才會自覺抵抗資本主義剝削的必要，也懂得反抗共黨官

僚的壓制。

　　要之，西馬不只詮釋馬克思對剝削的概念，還把這個概念擴擴張，也擴及到宰制與壓迫。也就是涉及種族、兩性、族群之間的宰制、歧視、迫害。在這種情況下，當代左派份子公認威權主義、性的壓抑、知識上的菁英主義、文化上與心理上的宰制面向，都是阻礙階級發展其意識的主因。

　　第二次世界大戰結束後西方國家普遍性的經濟繁榮，將人群完全綁死在資本主義體制之下，在群眾無法拋棄其價值與需要時，也就無法排斥這樣的社會體系，從而人類要求解放的美夢更難成真。

　　嚴格說來，西馬不但批判西方資本主義的體制，也抨擊蘇維埃馬克思主義為主的歐陸激進思潮，故又名歐洲的馬克思主義。又因為這一派大力指陳馬克思的學說受到黑格爾哲學的影響，因此又稱為黑格爾派的馬克思主義。它不是以一個完整的、有系統的面目出現，除了法蘭克福學派形成一個小群體之外，其餘的理論家都在不靠政黨支撐、不靠雜誌宣揚、單打獨鬥地思想表述。

　　在西馬的名義下，分別出現佛洛伊德的馬克思主義、存在主義的馬克思主義、現象學的馬克思主義、結構主義的馬克思主義、日常生活剖析的馬克思主義、新工人階級的馬克思主義等（徐崇溫 1982；洪鎌德 1990，1995，1996，2004）。

(三)新馬克思主義與後馬克思主義

　　提到當代左翼與馬克思的思潮之關係，就要先介紹在 1960 年代末崛起於西方學院、論壇的，脫胎自西馬的新馬克思主義（Neo-Marxism，以下簡稱新馬）。嚴格地說新馬與西馬並沒有什麼重大的不同，其間的分界線尤其不很明顯。我們可以(1)時期、(2)地域、(3)主題、與(4)方法來分辨這兩者的歧異。基本上，西馬於 1920 年代流行於中歐與南歐；以哲學、文藝、國家機器、文化霸權等上層建築為研究對象；企圖以復活與彰顯黑格爾重歷史、主批判與趨辯證的方式，來重新闡釋和建構原始的馬克思學說。至於新馬則為 1960 年代杪至 1980 年代中流行於歐陸、東歐（「華沙學派」、「布拉格學派」、「南斯拉夫實踐學派」）、英倫、北美、南美（「解放神學」）、北非、日本與印度等地之左派馬克思思潮。在更大的範圍內還包括歐共主義、拉丁美洲解放神學與激進的革命策

略。西馬進一步把研究主題放在上層建築的建構與其衍生的問題，還留意到經濟活動、生產方式、階級結構、資本主義的世界體系、新殖民主義、新帝國主義所牽涉的剝削理論與依賴理論。在方法上，除了應用辯證法、歷史法、語言解析法之外，還特重社會科學與生態學所提供的訊息，俾進一步理解人與人之間、人與社會之間、人與自然環境之間，乃至人與其自身之間的關係（洪鎌德1996：9）。

新馬不只重視上層建築、意識形態，還把西方主流思想的語言與文化解析、生態與溝通理論等議題與討論的方式以西方先進的社會科學的理論與方法（如瞭悟法、現象論、詮釋學、語言分析、控導學〔cybernetics 神經機械學〕等）加以運用，而成為嶄新的思潮（洪鎌德　1995：75-200）。

自 1985 之後，在戈巴契夫上台推動透明化（*glasnosti*）的改革開放，並為其後蘇聯的解體與東西對抗的結束鋪下伏筆之後，西方思想界出現了後結構主義、解構主義、後現代主義幾種重大的思潮，加上社會學理論方面（哈伯瑪斯對歷史唯物主義的重構；紀登士批判歷史唯物主義的弊端—本質主義、進化論、化約論；卜地峨提出文化資本—有異於經濟資本）的新學說之出現，嚴重地震撼馬克思主義的基本說詞和核心論述（basic discourses）。是故在西方學界竟有「後馬克思主義」（Post-Marxism，簡稱後馬）之浮現（高宣揚　1998）。

後馬，又名符號學的馬克思主義（Semiotic Marxism），乃為 1980 年代中，由阿根廷學者拉克勞（Ernesto Laclau）和比利時學者穆芙（Chantal Mouffe）所主張的左派學說。在兩人出版的《霸權與社會主義的策略》（1985）一書中，他們不再強調生產方式以及階級結構的變化可以決定上層建築的說法。反之，由於受到語言分析的影響，他們聲稱社會與經濟形構（socio-economic formation）已為言說（論述）形構（discursive formation）所取代。換言之，對他們兩人而言，世上並沒有物質利益之類的東西，只有透過言說、論述（discourses）構成的牽涉到物質利益之理念（Laclau and Mouffe 1985: 69）。

要之，拉克勞與穆芙屬於新社會運動的理論家，不認為社會主義的實現依賴階級的敵峙與鬥爭。原因是社會不再分裂為針鋒相對的兩個階級；反之，社會到處充滿各種各樣（種族、兩性、職業團體）的敵對與鬥爭。階級既無可能團結一致，自然缺乏「統一的言說（論述）」；普勞階級已陷於「眾多的雜音」（polyphony of voices）中，因之，馬克思主義期望普勞階級在革命意識的覺醒

與團結之上是要落空的。反之，鼓吹基進（激進）的民主（radical democracy），關懷廣大被剝削、被壓迫的團體與個人、像婦女、有色人種、環保人士，才是社會主義搞霸權、反資產階級可行的策略。其結果，使當代馬克思主義的理論喪失了中心（de-centered），也去掉總體性（de-totalized），不再以普勞階級作為革命的主體。有異於右派民主理論家強調個人權利的維護，兩位後馬學者主張「創造一個新的霸權（稱霸）活動，這是大量的民主鬥爭之結果」。民主鬥爭最後的目標在建立「基進與多元的民主」（洪鎌德 1996：75-79；97-119）。

但是對於拉、穆兩位而言，社會主義者不必如馬克思要推動共產主義運動來解放，而是聯合自由主義份子大搞「激進〔基進〕的民主」。有異於右派民主理論者強調個人權利，兩氏主張「創造一個新的霸權活動，這是最大量民主鬥爭之結果」（Mouffe 1988: 41），這應是涉及民主價值之活動，也就是使民主的實踐多重化，在社會各種各樣的關係中讓民主的實踐廣化與深化，而成為制度之一環（洪鎌德 1996：75-77，99-119）。

與後馬同時出現於西方世界的有 1970 年代以來的「生態的馬克思主義」（Ecological Marxism）與「解析的馬克思主義」（姜新立 1997）。前者以關懷生態的保護為主，與綠色運動接近；後者則重新解釋馬克思的歷史觀與階級理論（有伍德、柯亨、艾爾斯特、羅默、米勒等人）。1980 年代則流行女性主義的馬克思主義，認為恩格斯對婦女的尊重影響當代婦女解放運動、促進女性主義的抬頭（黃瑞祺 1998；洪鎌德 2003c：59-147）。

(四)馬克思主義與女性主義

當代激進的思想與運動，無論是新左派、歐共主義、解放神學、新社會運動，還是有色人種的民權運動（黑色馬克思主義）、反戰和平運動、綠色環保運動、女性主義、同性戀團體、少數民族、弱勢族群、文學評論、文化批判等，無一不是受到馬克思學說的影響。由是可知馬克思的陰魂不散，不時遊走於當代的人間。

在 1950 年代末資本主義的大本營，首先爆發了民權運動，特別是黑人要求與白人擁有相等的民權與自由，接著反政府、反建制（establishments）左翼積極份子抗議核戰的威脅將導致敵我相互瘋狂的毀滅（MAD）。接著在 1960 年

代則爲激進的知識分子與學生捲入反越戰學潮之中。至此，新左派乃把馬克思主義注入美國政治和知識活動諸領域，讓美國大眾與菁英開始注意這個產生於歐陸、而征服俄國、中國、韓、越的思想體系。在 1970 年代群眾反政府活動漸趨低潮，主要的原因是他們對外交、種族關係、教育、醫療保險與健保和環境的問題意見分歧之故。

不久，女性的解放運動接踵而至，女性主義擁護者開始質疑現代社會對女性不平對待的基本假設。她們集中在兩項事件之上，其一爲豐富女性主義和馬克思主義開創性的互動，而創造了社會主義的女性主義；其二爲從女權運動的意涵去發現當代解放運動牽連的問題，如墮胎合法化，女同志或男同志同性戀的權利之保障，乃至少數種族文化、語言、傳統之衛護，要之，推行「歧異的政治」（politics of difference）。

在民權、反戰和學生運動中女性認識到她們是自有傳統以來受迫害、受壓榨的一群。她們被排除於運動的權力與領導之外，而只能作爲男性積極份子的附屬品。有異於勞工、黑人、少數民族，受雇主、白人、美國人的欺侮，女人的壓迫者是來自於戀人、丈夫、父親、同志，亦即更多的個人或身分的關係（personal）。因之，女性要求解放就要倡說「身分的關係也是政治的關係」（the personal is political）。過去對工人與有色人種的壓迫之批判擴展到對女性身上。此外，政治將不限於官廳、工廠、辦公場所，而是凡有宰制之處，不管是公是私的場合，都是政治活動所在。換言之，女性主義者要求從男性沙文主義、家長制以及兩性不平等的建制下解放出來（洪鎌德 2003c）。

所謂「歧異的政治」是指女人、有色人種、同性戀者、猶太人等不同受迫害的族群或團體，曾經擁有歧異的、不同的經驗與利益。因之，其推動的政治不是同質的政治，不是一致的目標，而是各盡所能、各取所好的政治活動。爲此緣故，他（她）們會認爲在爭取平等與自由時，如馬派所言社會最後變成兩個主要的敵視和對抗的階級之說法是不正確的。事實上，人們在面對權力者與優勢者之時，絕對不是以階級一份子的身分，而是以不同的生活經驗、文化價值的群體之一份子來面對的。在此情形下，不管是女性主義者、少數民族、還是弱勢團體成員，當其企圖組織本身來對抗加在他（她）們身上的不公不平時，他（她）們將會企圖聯合各種各樣受壓迫、受欺負的人群與族群，把他（她）們凝聚爲像彩虹那樣充滿五顏六色的聯合陣線。但由於女性主義者，以及其他

種族、弱勢團體等的積極份子彼此意見不合、觀點有異、容忍有限,其所追求
的「歧異的政治」,終究無法促成其理想之實現。

(五)馬克思主義與後現代主義

把馬克思主義的核心界定為人的解放,顯然是接近人文、或人道主義的、
或批判的馬克思主義之傳統,而違離了官方的、正統的馬克思主義。與正統馬
克思主義相對立為西方馬克思主義。可是,即使在西方馬克思主義不同的流派
之間,像沙特存在(人文)主義的馬克思主義,便受到阿圖舍(科學)的結構
主義底馬克思主義之激烈抨擊與批判。後者堅持個人或集團不可能是改變社會
的主體,更不可能是歷史變遷的動力。在「人的空場」中,造成社會形構的更
易,主要的是社會結構的變化,而造成社會結構的變化乃是整個社會中經濟、
政治與意識形態三個「國家設施」之間的相激相盪,是這三者之間彼此的「泛
層規定」(over-determination)。易言之,阿圖舍根本否認人是社會改革的推動
者,更不是歷史的創造者。在這一理解下,對阿氏而言,馬克思的學說只是在
「科學地」分析當代資本主義社會的運作情況,指明資本主義社會的生成、運
作與消亡的歷程,而非以人為中心,以人為主體,追求人的最終目標——解放
與自由(洪鎌德 2004:271-277)。

至於官方的、正統的、科學的馬克思主義則批評人道主義的馬克思主義為
唯心主義、主觀主義、溫情主義,為陷溺於唯心哲學和觀念論,而違背唯物主
義科學原則的錯誤意識。他們批評人的解放之觀念接近資產階級;講究個人主
義、自由主義、享樂主義,而忽視集體的利益,忽視全社會的福祉。

人文、或人道主義的馬克思主義是在 1950 年代受到法國左派理論家推波
助瀾的影響,迅速匯集而成的一股思潮,這與沙特的存在主義、梅樓・蓬第的
現象論、列費伏爾的日常經驗說、郭茲的新工人說等等有關。此外,影響的因
素也包括德奧理論家對存在主義之馬克思主義、佛洛伊德的精神分析學說、佛
洛姆、馬孤哲、賴希等性解放的理論在內。1960 年代人文主義的馬克思主義不
只結合英國的新左派,也與北美的反越戰、反種族歧視、社會與學生運動,乃
至 1970 年代崛起的女性主義結合成為一股澎湃激越的左翼思潮與社會激進改
革運動。可是隨著 1980 年代英美政局的右轉、保守主義的抬頭,新馬克思主義

與左派勢力在西方世界漸有式微的趨勢。同時，剛好後結構主義、後現代主義與後馬克思主義的出現，使人文主義的馬克思主義面臨最大的挑戰。1990 年代隨著「蘇東波變天」、東歐共黨政權垮台與蘇聯的解體，中、越、古巴擁抱改革開放的市場經濟，於是官方馬克思主義面臨空前嚴峻的挑戰。是故分析檢討馬克思主義在世紀交替之際，對人類的意義，也就變成更為迫切的課題。

女性主義、後結構主義[1]、解構主義[2]、後馬克思主義[3]的出現，標誌著對古典與當代各種馬克思主義（老馬、西馬、新馬）的內容與形式之質疑和批評。它們批判性的觀點也構成了後馬克思主義的骨幹與血肉。一言以蔽之，都在否認馬克思學說的中心在於人的解放。

我們討論後現代主義的主要特徵與論題，它與馬克思主義之間的離合，尤其指出後現代主義也有其特殊的解放觀，儘管它與馬克思主義的解放觀有很大的歧異。在當代人文學科，特別是哲學、文學、藝術與建築的領域，在語言科學、文化學和社會科學諸範圍內，我們都碰到「後現代主義」這個名詞，但它卻缺乏一個共通的、嚴謹的定義。造成這一困境的原因，是因為後現代主義並不囿限於某一學科，而是科際的、多科目的，同時對它的字源也出現在不同的時代與情況之下。一般而言，1870 年代英國畫家查普曼（John Watkin Chapman），曾首先使用「後現代主義的繪畫」這一個名詞，目的在指出它比法國印象派的畫派更為現代。此外，「後現代」這個概念也分別在 1934 年與 1942 年出現在文學評論之上，用以描述當時西班牙式（不限於西班牙，包括墨西哥等拉丁美洲使用西班牙語文的）文學，特別是詩詞之走勢。

另外，大約從 1917 至 1960 年代，不少的書與文都使用過「後現代主義」這一概念。它是被當做社會與歷史的概念來使用，目的在描述這段時期西方文

---

[1] 後結構主義為阿圖舍結構主義之後，對結構主義之批評，參考洪鎌德《跨世紀馬克思主義》1996: 56-64.

[2] 解構主義主要為德希達（Jacques Derrida）對哲學與社會科學的攻擊。他藉文本的剖析，解開傳統概念、理論與意旨的意義，不認為任何作者的著作是可以直窺本意；反之，認為文字與講話，講話與心意之間存有重大的落差。解構主義有異於社會學，不認為主體、結構、社會體系有無客觀、不變的認同體。它關懷的為人們在生死存亡重大時刻的經驗之剖析。

[3] 後馬克思主義屬於符號馬克思主義之一種，原流行於 1980 年代中期之西方左翼激進思潮。參考洪鎌德 1996：69-110.

明的狀況（Best and Kellner 1991）。儘管使用這個概念的作家各以不同的評價來看待當代的社會與文化，但幾乎普遍認為新的時代業已降臨。這個年代有異於現代，是一個改變當代人社會生活至深且鉅的時代。像美國社會學家米爾士（C. Wright Mills 1916-1962）就曾經指出：「新的〔社會〕事實已取代了我們對社會與〔個人〕本身所下的基本定義」。此外，他又說：「我們眾說紛紜的解釋都是從中古到現代歷史大轉變裡產生出來的」，「我們正處在所謂的『現時代』之終端。正如同古代之接續幾個世紀東方的崛起一樣，而被西方人目為黑暗世紀。同樣當前的『現時代』也被『後現代』所承繼」（Mills 1959: 165-166）。

要之，米爾士等人強調 1950 年代，也就是第二次世界大戰結束之後西方先進的資本主義社會進入一個嶄新的時代。在新時代中，由於電影與電視為大家廣為利用，人們的社會生活起了根本上的改變。人們完全浸淫在視聽覺等感官文化裡，這種後現代社會的感官文化充滿矛盾的現象，像過去與現代界線的泯滅，在對未來充滿幻想企望下，卻對以往美好的日子的眷戀，同時也對當前真實的事物緊抱不放，進而把「真實的」事物重加界定、重加表述。其結果造成色情具體而微的表露，大眾消費是以男性的欲求為主旨而展開的低俗的、膚淺的生活方式。事實上，處於後現代社會的西方群眾，其生活經驗完全由焦慮、異化、憤怒與漠視別人所型塑的（Denzin 1994: 184）。

除此之外，1960 年代美國文學家和文化評論者也動用了「後現代主義」的概念，他們（Irving Howe、Harry Levin、Susan Sontag、Leslie Fiedler、Ihab Hassan 等人）或是惋惜現代文藝形式的消逝，或是讚賞後現代文學的產生。

至於美國社會科學界討論後現代主義則是遲至 1980 年代之後，也就是受到法國後結構主義沖激之後。人類學家馬枯斯（George Marcus）與費雪（Michael Fisher），把後現代主義定義為「表述的危機」（crisis of representation），也就是傳統的標準已無法應用於對事物的描寫與表達之上。因之，在一連串「後工業」、「後敘述」、「後結構」出現之後，跟著有「後現代主義」之產生（Marcus and Fischer 1986）。

由於後現代主義的作品是科技混合的結果，包括了哲學、文藝批評、人類學、社會科學理論、建築、文化評論等等。因之，要分析與評價任何一家有後現代主義的學說，也會牽連到各種各樣的學科，從而每家自有其主張與立場，很難一概而論，更不用說把他們加以歸類。不過為了討論的方便，有必要把後

現代主義各理論家劃歸成三類：其一為涉及歷史與理論的部分，可以暫且稱呼為「處身」或「位置」（situating）的後現代主義、或理論的後現代主義；其二、對後現代社會加以解剖的，涉及方法論之「解析」（analyzing）的後現代主義；其三為後現代思想對當代政治與社會之意涵的「評價」（evaluating）之後現代主義（Dickens and Fontana 1994: 3）。這三者並非互不關聯的流派，而是把其論題、或討論的層次勉強加以分類，它們之間的重疊交叉是在所難免的。

　　至於後現代主義與馬克思主義的瓜葛，有後現代主義者如福科、布希亞、李歐塔、拉坎等不滿馬克思關懷歷史與社會總體的炎炎大言（大敘述 grand narrative），以及強調人勞動與生產，卻忽視人的消費之說詞，大表不滿，但馬克思學說主體的「人之解放」，仍舊成為新時代、新世紀中馬克思最足鼓舞人心的源頭活水。原因是一個半世紀以來，馬克思主義不只是資本主義的死敵與良友，也可以說是舉世激辯與爭論之焦點。詳言之，馬克思以「歷史的整體論」（historical holism），把社會演變用歷史來分期，而企圖將每一時期、每一社會中物質的、社會的與規範的階層靠著有系統的概念一一聯繫起來，企圖把至今為止人類以階級或階層為中心的社會加以終結。馬克思偉大的成就在於指出現代社會相互依存的網路。這是他所創造的整體思想，亦即他有關人的解放之理論。這種人類相互依存的網路便是造成人類幸福、或受難的因由與境遇。這些人需要藉整體的表述來衝破社會愈來愈大的分歧性、文化愈來愈多的零碎性，也是衝破由於財富與權力的持有者，對人群的貧富、不平等、不自由的操控。馬克思的解放學說就是能夠提供言說、論述、話語，讓身處後現代的大眾明瞭彼此依賴共存之必要，這便是馬克思主義在 21 世紀可能的貢獻（洪鎌德 2000：449-451）。

(六)馬克思主義與哲學

　　在柏林大學求學時代的馬克思一頭栽進思辨哲學的鑽研，尤其是他在黑格爾哲學的觀念論中找到「實然」與「應然」矛盾的化解。很快地他與恩格斯變成為左派的青年黑格爾門徒。馬克思的博士論文，更以古希臘兩位原子論者學說的比較為主體，把黑格爾的治學精神——自由與理性之追求——應用到古希臘哲學的論爭之上。可以說馬克思一開始便是與哲學建立深厚的關係，也是一

位激進的青年哲學家（洪鎌德 1990：44-47）。

　　直到馬恩在 1845-46 年流亡比利時，而合撰《德意志意識形態》一長稿時，他們才從抨擊黑格爾門徒，評論費爾巴哈的人本主義，發展到與黑格爾的哲學劃清界線。阿圖舍強調這是馬克思「認識論的斷裂」之始，是他建構唯物史觀的開頭，以科學的研究方法排斥哲學的思辨。但馬恩在其後的生命史上，並沒有把黑格爾當「死狗」看待。因之，大力擷取黑格爾哲學精華的辯證法，而揚棄唯心主義的糟糠。更在《資本論》中彰顯了主僕易位的《精神現象學》之辯證發展。

　　儘管我們可以說馬克思最先以哲學來批判宗教與神學，其後以社會學和經濟學來批判哲學，最後企圖以國家學說與政治理論，甚至革命策略來推翻資產階級的社會學說與政治經濟學，但他的思想仍舊是以哲學為主軸對現世的解釋、批評與改變。因之，他的思想事實上為宗教批判、時代批判（政社經的局勢之批判）與理念批判的批判性哲學，也是對近世啟蒙運動以來政經社會發展的「現代性」（modernity）之哲學反思與批判。

　　依據馬恩的看法，近兩三百年以來歐洲社會的劇變，也就是「現代性」問題的產生，並非如洛克、穆勒、費居遜等自由主義者所宣稱的是由於市民（民間）社會之崛起，以及抽象權利之制度性的保障；也不是聖西蒙、孔德、傅立葉、歐文等烏托邦社會主義者誤以為現代社會為工業社會，工業的力量可被人的知識、道德之抬高，而受到控制，而最終造福人群。馬克思相信現代社會為資本主義社會。馬恩反對思辨哲學，把現代性歸結為抽象的精神之自知自覺，化約為宗教之復興。他們兩人更反對亞丹‧斯密把現代性的動力當成資本家追求利潤的動機，以及市場上之「一隻看不見的手」（Delanty 2000: 33）。

　　馬克思早期的著作，顯示亞理士多德「實踐」的概念對他深刻的影響。實踐表現在現代資本主義中為勞動，但這勞動卻為資本主義所壓迫、所異化。是以倡導異化的揚棄、人性的回歸，以及人的自我實現，成為馬克思早期的理想，這也是美國普林斯敦大學教授塔克爾稱呼它為「哲學的共產主義」之因由（Tucker 1972）。

　　但後期馬克思的著作集中在分析與抨擊資本主義體制之上。取代實踐與異化的析評，改為商品化、剝削、政治經濟學批判之上。分析現代性最重大的問題為「利潤」如何產生，怎樣運作，怎樣造成當代多數人困厄的因果分析，成

爲馬克思後期經濟哲學與社會哲學探究商品拜物教、物化、剝削、階級結構的主題。對馬克思而言,現代性的特徵爲人與人社會關係,轉化爲物與物關係。因之,作爲分析對象的「社會的」(the social)不能化約爲民間(市民)社會、不能化約爲權利義務,而必須進行分析與批判。馬克思的社會理論是批判性的理論,強調對現在秩序的批判之科學認識,目的在於揭發宰制的體系(Delanty 2000:34),它強調地在於顛覆與推翻這一宰制的體系。

馬克思主義後期的發展,雖然政治運動(政治掛帥)壓倒哲學思辨,而形成以德國社民黨與北歐民主社會主義爲主的改良路線,以及俄、中、韓、越、古巴爲主的奪權革命路線,但西馬、新馬、後馬、或「離馬」(「告別馬克思主義」Ex-Marxism,也包括後馬與後現代主義),仍舊從「科學的社會主義」回歸到「原創的馬克思主義」,認真檢討現代性的問題,也就是始終不懈地進行現代社會的哲學反思與批判(Callinicos 1983: 1-8)。在很大的程度內一反馬克思的本意,科學家又回到解釋世界的老路上去。綜觀上述,馬克思主義始終圍繞著人的解放與社會現代性的主題在做哲學的思考、評析與批判(洪鎌德 2000:1-157;419-451)。

馬克思與恩格斯企圖從哲學躍進科學,但這一努力證明失敗,這是由於政、經與社會劇變造成的結果,更是由於其後的馬克思主義者想藉形上學來保證馬克思主義符合真理,以及社會主義必然降臨底結果。事實上自 20 世紀初尼采與佛洛伊德以來便推翻了理性作爲推理與尋求真理之工具的想法,也質疑對外頭的實在信以爲真的說法。是故哲學思維代表對實在的理解與表述底看法也遭到相對論、量子論、語言分析方法論(科學哲學)等的摧毀。

在這種情況下,阿朵諾把哲學思維當成不同的觀念、異質與矛盾的實在觀念之篩選,而尋找一個與理性比較能夠相容的觀念,可說是馬克思主義者對哲學的新評價、新實踐。至於阿圖舍一度否認有哲學的溝通,否認有哲學的質疑辯證,而呼應康德視哲學爲唯心與唯物觀念之「戰鬥場」(Kampfsplatz),認爲哲學是「理論中的階級鬥爭」,尤其令我們玩味。他還宣稱:「馬克思主義對哲學的貢獻,在於提供一個『哲學的新實踐』」,這都表示哲學的用語是受到哲學之外的政治、社會、經濟、意識形態的制約。換言之,馬克思主義強調思維所受現世的挑戰,理論活動與革命實踐之不容分開。「環境的改變與人類的活動(自我改變)之合一,可以被視爲,也是合理地理解爲『革命的實踐』」。(CW 5: 4)

這是馬克思〈費爾巴哈提綱〉中重要的啓示，爲西馬理論家兼革命者的葛蘭西所服膺。因之，馬克思主義的哲學並非僅在意識形態上求取工人階級，乃至人類的解放，而是企圖以革命的實踐來改變世界（Callinicos 1983: 154-158）。馬克思還認爲哲學的實現，意味著哲學最終的揚棄，也就是哲學最終走到盡頭，而消弭於無形。

第六章　民族主義

一、民族主義的字義、界定及其發展

　　凡有國家出現的地方便有民族，也會出現民族主義。不過古希臘的市邦、中古時代歐洲的神聖羅馬帝國，以及橫跨歐亞的蒙古帝國、與印度蒙兀兒統治的帝國，都是包含諸種種族、諸種文化、諸種宗教的龐大集權之政治體制；在這種體制之下，民族主義出現的機會就不太多。但歐洲在 17 世紀中葉隨著三十年宗教戰爭(1618-1648)的結束所浮現的「民族—國家」(nation-state 或是 national state)，講求以語言、宗教、文化或大部分住民的種族為特徵的主權國家，才是催生近代意義的民族主義，或稱國族主義（ nationalism ）之動力。在這一意義下，民族主義可被稱為近代、甚至現代的文化與政治發展底產品。

　　民族主義所緣起的民族（英、法文 nation，德文 *Volk*），常看成是相同的血緣、文化、語言、宗教的集合體，這一集合體在政治上就是一個國家。因之 nation 既含有國民（民族），也有國家的意思，近年間又被譯為國族、或族國也甚妥當。英、法文的 nation 是從拉丁文 *"natio"* 衍變而來，這個名詞卻是拉丁文 *"nasci"* 的字根轉化而得， *"nasci"* 是動詞「出生」之意，用來描述某一「蠻」族之出現，是指某一部落、某些人群的「繁殖」而言，這種用法是對照「高貴」的羅馬人之出生，因之，含有貶義。在中世紀巴黎大學剛出現時， *"natio"* 用來描寫來自歐洲不同的同學群落，相當於我們今日在大學校園中所看到的「竹中同學會」、「嘉中同學會」等校友組織。所以 *"nasci"* 最早是指同一出生地的人群，而不含政治的意義。直至 18 世紀末，它才沾上政治的意味。這些出生相同、文字、血緣、宗教、風俗相近的人被稱做「國人」（ nationals ）。反對雅各賓暴民政治的法國教士巴盧厄（ Augustine Barruel ）可能是首先使用「民族主義」（「國族主義」）這一概念的。

　　要為民族主義下一定義並不容易，也難以周全，且以牛津河（ Oxford Brooks ）大學現代史教授葛力芬（ Roger Griffin ）的說法，勉強把民族主義界定為：

　　　一種的意識形態，其情緒上的驅力為對某一國族的社群之隸屬感與服

從感。這種意識形態的載體〔持有人〕把國族當成獨特的文化認同體，用以與別的民族有所區別，而把本族置於歷史過程特別的位置之上。這一社群（共同體）認同了一連串獨一無二的特徵，包括來自憲政（建構）的、歷史的、地理的、宗教的、語文的、族群的、基因的種種現實。隸屬於某一社群的感受會激發了情緒，包括對本族的文化與傳統之驕傲，這種情緒與政治組合可以掛鉤，也可以沒有關聯（「文化的民族主義」）。另一方面，如果這一情緒在政治運動的活力中扮演重要的角色，那麼民族主義一般會推動把國族的社群建構為一個「符合自然要求」的國家（不管是聯邦的自主國家、或其部分，甚至邦聯的成員國）。這種民族國家的主權握在人民手中，由人民選出，或自封的代表形成政府，在占有一定的領土之下，受到國際社會的承認。由此產生的「民族國家」只要堅持其立國基礎為市民（文明）社會，在此基礎上所有的住民獲得公民身分賦予之人權，而不管種族的標準，那麼民族主義就與自由主義緊密掛鉤，而產生了「自由的民族主義」（有時又可以稱為「公民（civic）的民族主義」）。事實上，一個主觀的但「次要的」民族認同就是「愛國」（或稱「愛國主義」）。這種主觀的感受與族群認同的首要感覺並非同一意思，不過所有的自由民主國家社會之凝聚與政治之穩定關聯重大。無論如何，在後傳統〔現代〕的諸社會中，歸屬感的落實表現在個人對自己的「鄉土」情緒的眷戀之上（這會導致「沙文主義」），也表現在對自己同胞無上的擁護之上（這會造成「民族中心主義」）。其過分之發展或是把他國卑視化或他族妖魔化，或是在本國之內對其他社群之排斥、歧視。這種戀慕、執著之情所激發的情緒常被濫用。濫用者或是國家的寡頭領導（形成了「官方的民族主義」）、或革命運動的煽動性領袖（可能造成「革命性的民族主義」）。在這種個案中，民族主義會合法化其變態的仇外舉動（憎恨外人）、或以種族、族群之歧異而歧視其他族群（「種族主義」）。不管是仇外或種族主義都否認了人權的普泛性、寰宇性，而產生了「非自由派（illiberal）的民族主義」。這會導致內政與外交政策偏向壓迫與擴張，也就是以征服、迫害、甚至殲滅那些被視為外族的、樸拙的、墮落的人群。在這一形式之下，民族主義成為敵視諧和的國際社會之

　　元兇，威脅寰球社會的政治穩定與經濟繁榮。（Griffin 1999: 154-155）

　　上面的定義未免太冗長而不合初學者的胃口。現任教倫敦政經學院，終身致力於民族主義研究的英國學者史密斯（Anthony D. Smith）提出以下簡單的定義。他說：民族主義是「一種意識形態的運動，俾獲取與維持一群人（a population）的自主、團結與認同。這群人當中有人認為有組織實際的或潛在的『國族』之必要」。這是強調民族主義最終的目標在增進國族的福祉，為達此目的，先行完成民族的自主、民族的團結與民族的認同（Smith 2001: 9）。

　　19 世紀中葉歐洲及其餘地方，人們廣泛地承認國族主義是一種政治的學說、主張和運動的表述，特別是橫掃歐陸、震撼各國王朝的 1848 年革命，便含有濃厚民族主義，追求市民階級的自由與權利的企圖。是故此時歐陸的民族主義已發展為相當成功、有力的政治信條，並隨著海外殖民的帝國主義擴散至世界各大洲，甚至成為 20 世紀殖民地人民追求解放、獨立、建國的力源。總的來說，在全球過去兩百年間，造成國際的戰爭、國內的騷動（各國的革命）、經濟與科技（戰爭、國防工業）的躍升、生活方式的遽變、歷史的創造與改寫、文化思想的創新，諸種重大變化的動力，無疑地屬民族主義最為重要。它雖然比自由主義、社會主義、保守主義只早一點出現，但深入民心的程度比起其他的意識形態來，有過之而無不及；因之，民族主義可以說是當代各種各樣的意識形態中影響最大、勢力最強的一種。

　　儘管 1648 年標誌了歐洲民族國家的興起，但真正促成民族主義發芽生長的卻是 1789 年爆發的法蘭西大革命。因為在革命爆發前歐洲的民族國家寥寥無幾，大部分的政治單位或稱「王國」、或稱「侯國」，其人民則稱做「庶民」、「子民」（subjects）。後者對統治的君王、元首只有輸誠與效忠的義務，而沒有國民、公民的權利，人民對國家或國族沒有認同、忠誠（愛國精神）的感受。可是參與 1789 年法國大革命起義，是名義為「法國的國民」之抗暴人士，他們參與推翻法王路易十六世。這一理念來自盧梭主權在民的說詞。於是民族主義成為革命的與民主的信條，一夕之間把法國人從「國王（皇冠）的子民」提升到「法蘭西的公民」之地位上。這意味國民是國家的主人，把其本身從庶民、子民提高到主人的身分上。

　　法國人自抬身價的作法，隨著拿破崙在歐洲的征戰（1792-1815）而擴散到

德、奧、匈、波、俄、義諸國。儘管拿破崙兵騎所至，戰火綿延、生靈塗炭，但法蘭西大革命的精神：自由、平等、博愛也到處散播。向來小國林立、內訌不斷的德、義兩國在企圖擺脫法國占領而獨立出來，更期待國家的早日統一。於是國家統一的意識、語言族群的合一，便成爲德、義民族主義崛起的濫觴。在 19 世紀初，南美也出現偉大的「解放者」波立瓦（Simon Bolivar 1783-1830），在「新格雷那達」（New Grenada）驅逐西班牙殖民政權，而建立了獨立自主的哥倫比亞、委內瑞拉、厄瓜多爾、秘魯和玻利維亞等新的國家。

在民族主義與自由主義交相爲用之下，多種族、多文化的三個歐洲古老帝國（土耳其、奧匈帝國與俄國）紛紛崩潰。1848 年歐陸革命使義大利諸小國更爲分裂星散，捷、匈也產生民族主義者的分裂暴動。德國要求統一的呼聲一度出現在法蘭克福短暫的議會之上。19 世紀建國、統一的呼聲不斷，連遭受奧地利首相恥笑爲「地理名詞」的義大利，也在馬志尼（Giuseppe Mazzini 1805-1872）愛國主義影響下，使米蘭脫離奧國而獨立出來。其後在 1861 年啓動義國統一的列車，而於 1870 年光復羅馬、完成全國的統一。另一方面擁有三十九個大小王國、公國、自由市的日耳曼邦聯，由鐵血宰相俾斯麥（Otto von Bismarck 1815-1898）發動普丹（1864）、普奧（1866）、普法（1870-1871）三次戰役，而建立了德意志第二帝國。

不過吾人不要將歐洲 19 世紀的民族主義當做各國全民參與、或由民粹主義者領導的下層人民之群眾運動。剛好相反，熱衷於族群獨立、國家統一的人士爲新興的資產階級、中等階級，他們一方面期待國家的統一，便於貨暢其流，更熱衷於憲政的推動，企圖效法英國成爲立憲的民主國家。德、義兩國統一大業的成功，除了新興資產階級民族主義、愛國主義的推動，更與兩國之外的霸權如普魯士，以及如皮特蒙（Piedmont）的稱霸有關。

直到 19 世紀末民族主義才發展爲群眾運動，原因是國旗、國歌、愛國詩詞、文學作品、國定假日等次第推行，配合基本與強制教育的風行、識字率的提高、大眾新聞的廣播，使民族主義變成群眾政治的標籤。一項與自由主義和進步理念（啓蒙思想以來的理性與進步之說法）相結合的民族主義，有了性質上的轉變。也就是保守份子和反動政客將民族主義轉化爲社會團結與凝聚、秩序與穩定，特別是對付社會主義膨脹的利器。民族主義也企圖把強而有力的勞動階級整合在國族的概念下，分散了工人階級的國族聯合，而擁護已建立的社

會結構，保障資產階級的權益，俾分化日益團結之工人階級的覺醒、或革命之訴求。

這時民族主義愛國的狂熱不再為政治的自由、經濟的解放、民主的實現而激起。反之，激發愛國運動的動力是鼓吹過去的光榮、國家的富強，進而變成沙文式、或仇外式的擴張主義，或盲目的排外主義。這種自我膨脹、排外的狂熱情緒下，海外殖民的擴張，在 1870 年代與 1880 年代推到高峰，到了 19 世紀末，歐、美以外的地區與國度多數被控制在歐洲人的手中。在國際相互猜忌、競爭、狠鬥之下導致 1914 年的第一次世界大戰。

第一次世界大戰的結束見證了中歐與東歐的建國過程，也目睹四個（德、奧匈、俄與土耳其）古老帝國之解體與轉型。在巴黎和會上，美國總統威爾遜提出十四點的建議，主張「民族自決」，也就是把俄、德、奧三帝國崩潰後新產生的芬蘭、匈牙利、捷克、波蘭、南斯拉夫，連同轉型的俄、德、奧共八個國家建構為新的民族國家，盡可能使其國界與現存的種族或民族的界線相符合。但巴黎和會並沒有解決民族之間的緊張關係，凡爾賽和約反而導致戰敗國的悲痛與不滿，埋下了 1914 年至 1939 年之間德、義、日本法西斯勢力的崛起。是故變態的民族主義又為第二次世界大戰進行鋪路的工作。

在 20 世紀當中，發源於歐陸的民族主義，不久之後已擴張與散播於亞、非、大洋洲與拉美諸地區，特別是歐美的殖民地後來變成反對殖民統治的另一股重大的勢力。歐美的殖民過程，不只在擴大政治的控制、經濟的剝削，還有意無意地在散布西方的觀念（包括基督教的傳教、白人優越的文明的灌輸，也就是把未開化的亞、非、拉美民族予以「開化」、「教育」，而自承負荷了「白種人的負擔」）。在西方傳入的富國強兵與自由民主理念之外，要屬獨立建國、掙脫外國殖民與統治的民族主義最為在地的菁英與群眾所歡迎、所擁抱的理念。孫中山為推翻滿清的「異族」、「韃虜」的統治，也為了對付東西洋列強與外族的侵略，特別標榜他的革命為民族的革命，雖然他後來也講求民權的提倡與民生的改善，但其革命建國的核心，仍舊是訴諸一向缺乏國族觀念的中國人之愛國精神，企圖以掙脫舊政權、擺脫列強控制的民族主義為其革命之動力。

1919 年出現在埃及的民族主義之反叛，很快散布到中東其他伊斯蘭教的地區。英國對抗阿富汗的戰爭也在 1919 年爆發。反抗英國殖民的起義出現在印度，反對荷蘭殖民的暴動也出現在荷屬東印度（今之印尼），以及反對法國殖民

的革命也發生在印支（中南）半島。1945 年第二次世界大戰結束之後，亞非獨立運動有如雨後春筍地展開，英、法、荷、葡的殖民統治紛紛解體，民族主義激發了民族解放的鬥爭，導致列強在時勢逼迫下，逐漸放棄海外殖民地，而讓新興的國族（newly emerging nations）宣布自治和獨立。

反殖民主義不但見證西式民族主義的蔓延廣布，也產生了新形態的民族主義。在新發展的地區與國度，民族主義包攝各種各樣政治、經濟社會和文化運動。中國、越南、柬埔寨、寮國、朝鮮、南葉門，和非洲部分地區，把民族主義融合了馬列主義，形成激烈的反帝、反封建之政治與社會運動。另外以宗教為核心，特別是在 1979 年伊朗革命之後，伊斯蘭教基本教義派的勢力橫掃中東、北非，成為反美帝、反基督教、反資本主義、反自由民主體制的一股新興勢力，也是另類的民族主義（洪鎌德 2003a；2003b）。

很多人誤會民族主義只盛行於 19 世紀的歐美（北美和拉美）和 20 世紀的亞非，是國家建造（nation-building）的動力。一旦各國人民獨立建國的目標達成，那麼民族主義會成為明日黃花而不再發生作用。這種說法是昧於事實、囿於本位與短期的淺見。事實上，自從 1960 年代以來，表面上趨向穩定的民族國家之體系，常遭擴張的民族主義之騷擾。尤其是新興國族急於擺脫列強的殖民與帝國的控制，於是在原先殖民地的社會未發展成熟之下，也就是國內的部落、族群、語文、信仰未能先行協調統一之下，便貿然從過去的宗主國取得主權與治權，先行成立全國性的政府、建立國家，然後才設法硬性灌輸給分裂的族群以一統的國民、或公民的意識；這無異先有國家、才有國族，亦即有異於歐洲的民族國家（nation-states）而變成了國家民族（state-nations）。這就是新興國家在戰後五十年間，仍舊陷於內戰頻繁、分裂主義猖獗、貧困、飢餓、災難橫生底原因（洪鎌德 1977：88-92）。

就算歐美先進的工業國家，北愛爾蘭的爭端、巴斯卡分裂活動、魁北克獨立的情況、以阿長期的戰爭、北非伊利特安的內戰、捷克與斯洛伐克的分離（1992）、塞爾維亞與克羅西亞的戰爭（1991）、波士尼亞的內戰（1992-1996），在在都是民族主義作祟的結果。舊蘇聯的解體固然主要是馬列主義、共產主義實行中央監控的計畫經濟失敗為主因，但也不可低估俄國多種族、多地區所滋生的地方主義、民族主義擊敗泛斯拉夫主義。另一方面東西德的復歸統一、歐洲聯盟的一體化，其背後也有民族主義的身影在發號施令。

二、民族主義產生的文化與知識之背景

　　從前面民族主義的生成與發展可以看出，這一思潮與社會運動產生自近代歐洲政經、社會與思想的劇變。首先是民族國家的誕生，以及各國為盲目擴張海外勢力範圍的殖民競爭，最終產生了殖民主義與帝國主義。其次，由於美國獨立戰爭與法國大革命，人民當家作主的主權思想大增，新興資產階級的崛起，使王權和貴族、地主、僧侶的特權大受打擊，選舉權的擴大，使民間社會成長急速，也加強人民對民族國家歸屬感和公民意識。再其次，工業革命帶來的科技發展，使國家財富累積，國力躍升，而導致列強在世界範圍內的競爭與稱霸。最後，兩次世界大戰的結果催生更多的民族國家與國家民族的出現。這與民族自決、民族解放、分離、獨立、以及統一整合的各國分合過程密切攸關。民族主義就成為立國、建國、獨立等各種解放運動、復興運動、統合運動的動力。

　　假使我們把目光轉移到知識、思想、哲理等抽象層次，那麼歐洲 18 與 19 世紀型塑啓蒙運動，本身也受啓蒙運動影響的幾位思想大家的說詞與學說，對其後民族主義思潮的推波助瀾起著重大的作用。

　　首先提到促成法蘭西大革命的精神領袖盧梭（Jean-Jacques Rousseau 1712-1778）。在他龐雜而又廣泛（涉及文藝、教育、科學、哲學、政治、社會）的著作中，討論了人類不平等的源起、文明與制度給人類帶來的束縛與敗壞，因而強調「自然人」的善良與「社會人」的墮落。他主張主權在民的極端民主。這種全民主權的觀念不但影響了其後的民族主義，也對社會主義、自由主義，甚至極權主義的形成起著決定性的作用。換言之，盧梭的民權思想打破法王路易十四的狂言：「朕即國家」；盧梭認為國家真正的的主人為人民，這也就是把向來國王的子民轉變為國家的公民、國家的主人之思想源泉。

　　以另一個角度來觀察，自由主義是英國君主立憲與議會民主的精神；社會主義則彰顯法國大革命的自由、平等、博愛的口號。德國在 18 世紀與 19 世紀前半，由於王國、公國、自由市林立（多達三十九個政治單元），加上普奧稱霸，國家統一大業推遲完成，是故只能鼓吹文化上的民族主義（cultural nationalism）聊以自慰。於是賀爾德（Johann Gottfried von Herder 1744-1803）和費希特（Johann

Gottlieb Fichte 1762-1814）便大力宣揚德國語文、道德、文化之獨特與優越，以有別於法國的推翻王政。賀爾德相信每一國家擁有其特別的「民族精神」（*Volksgeist*），做爲各國人民創造力的能源。費希特本來很讚美個人主義、人本主義和法國的大革命，但在拿破崙擊敗普魯士、兵臨耶拿市之後，他轉而大力倡說愛國思想，認爲只有健全的國民性格與熱愛鄉土的靈魂，才能對抗外敵的入侵。這時他符合賀爾德對德國「原始語文」（*Ursprache*）保存的呼籲，大力讚美德文、排斥法文，視法文爲拉丁文的變種。他認爲德國人將會爲人類啓開歷史新頁，拯救那些邁向衰敗的精神生活之俗人。他在 1808 年〈告德國人民書〉中，把這些訴諸情緒、缺乏理性、缺乏容忍的主張散布給同代人。他談話的結語居然是：「〔德國人〕假使你向下沉淪，受害的不只是你本人，整個人類也會跟你一樣沉淪下去，且是萬劫不復的境地，再也沒有重生的絲毫希望可言」。結果下一個世紀之後的納粹份子，把費希特的說法推到極端，成爲造禍世人的極右派民族主義（ultra-nationalism）。是故民族主義乃是在理解、欣賞本國的文化與傳統的長處發展出來的意識。格林兄弟的童話旨在發揚日耳曼的地方軼聞、傳說、神話，而華格納的歌劇，更是以古老的神話、傳說、秘思爲主題，目的在激發日耳曼人的鄉土戀情和愛國思想。

　　德國的哲學家中，經典唯心主義的開創者康德（Immanuel Kant 1724-1804）主張衝破民族或國家的界線、講求大同思想、倡說超越國族之強盛而致力世界永久和平的思想家。他崇尚人道、理性和寰宇的大同思想，使他在尋找如何建立和平共存的世界秩序之際，有意無意間爲民族主義注入自由的、容忍的、寬大的精神。

　　能夠把自由主義的理論作淋漓盡致的發揮，而使民族主義披上自由的外衣──稱爲自由派的民族主義（liberal nationalism）──的思想大師，無疑地爲 19 世紀英國人穆勒（John Stuart Mill 1806-1873）。他在 1840 年的一篇文章中，就攻擊「粗俗名詞下的國民性〔國家精神〕」，那就是「敵視外國人、漠視人類的整體福祉，只偏袒本國的利益」。他接著說「國民性（nationality）是政治社會穩定的基本條件，因爲它包括那些生活於同一政府，也受到同樣自然與歷史的疆界所範圍，而懷有共同利益的感受之眾人」。國民性之重要在於能夠「使社會通過擾攘的時期，而不致弱化其和平存在的安全性」（Mill 1977: 134-135）。

　　在這裡穆勒視民族主義對文明社會的創造與保持扮演了穩定的角色。1848

年 2 月的巴黎革命中，群眾結束了路易・腓利普的「資產階級的君主制」，穆勒支持這一強調主權在民的革命。反之，對同一時期在日耳曼和東歐發生的革命則表示他的不滿，這些地區「國民性的情緒遠超過對自由的愛好，因為當地民眾樂意慫恿其統治者粉碎種族與語言有異的他族之自由與獨立」。

穆勒在《立憲政府的省思》（1861）一書中，提出人民自決的說詞，值得我們加以引述。

> 只要有國民性的情緒存在之處，便明顯地出現族群聯合的成員所組成的政府，也就是治理這些人群的政府。這只是說政府之問題應當是由被統治者自行決定。假設無法決定怎樣來使人類隨著其自由選擇的聯合方式形成各種群體的話，那麼吾人幾乎無法知道，人類的任何部分〔任何民族、任何國民〕享有自由去做其想做、所能做的任何事情。
> （Mill *ibid.*, vol.19: 547）

以上說明國民性，也就是民族主義，應當造成國民自行建立政府，接受人民自行選擇與決定的政府之統治。但穆勒並不忽視在同一政府與同一國家的管理下，有出現不同的民族、不同的國民性之可能。在此情形下，他主張在公平與相同的權利與法律下，各種族相互容忍、和平共存。他也批評小族動輒訴諸分離、或分裂主義的活動之不是，對他們不知返回「流行的理念、高尚的文明與教養的人民之感受中」，有委婉的指摘。他對先進民族受到人數較多，但文明較差的民族之合併表示遺憾，他甚至預言，一旦俄國併吞歐洲某些大國，那將是「世界重大的不幸」（*ibid.*, 550），這正確地預言了波蘭後來被併吞與遭受瓜分的歷史悲劇。

能夠發揮康德大同與人道思想，又能忠實體認穆勒對自由的民族主義，當今的名人中，只有曾任捷克斯洛伐克總統，幾次到過台灣訪問的詩人兼政治家之哈維爾（Vàclar Havel 1936- ）最值得稱道。在捷克尚未自由化之前，他以詩歌和戲劇表述對人群基本的自由之訴求，使他成為共黨統治下的著名異議份子。在 1989 年捷克不流血的「天鵝絨革命」（Velvet Revolution）後，他全力宣揚民族自決的理念。1991 年在獲得美國賓州雷海大學（Lehigh University）名譽博士學位的典禮講詞中，強調人們身邊瑣屑，但卻對生活產生極為重大影響

的「家」之觀念。因為家的存在對個人的認同、歸屬和目的影響重大。不只是吾人有形的家，就是我們的族群意識、國家意識也是「家」的一部分。當人們擁有廣義的「家」之意識時，千萬別破壞別個民族、別個族群對其自由與獨立的渴望。對哈維爾而言，「家」應當是每個人多層多圈的同心圓，從本人、在地（家庭、親友、教會、職場）而至所屬種族、國家、超國家組織，甚至整個人類的文明。這個多層認同感的唯一基礎是人類的主權，這個主權在政治上表現為「公民的主權」（civic sovereignty），他說：

> 我當然不願壓制個人身分認同的民族層面，也不會否認它，也不會拒絕承認它的合法性、不否認它自我實現的權利。我只是拒絕那類的政治概念，它企圖以民族性〔國民性〕來壓迫人類「家」的各種面向〔側面〕、壓迫人性和人的權利之各種面向而已。（Havel 1991: 49）

幸運的是鼓吹不以種族為中心，而符合寰宇的人群的民族主義者之精神也成為聯合國人權宣言的主旨。其中心思想是認為在今天一百九十多個成員的聯合國及其附屬機構之下，全世界的人民都能和平共存，享受基本的自由與人權，而不管其國籍、種族和國民性之不同。聯合國教科文組織（UNESCO）在 1978 年 11 月 27 日發表了有關種族與種族偏見的宣言，其中提到：「各種不同民族成就的歧異，完全歸因於地理的、歷史的、政治的、經濟的、社會的和文化的因素。這些歧異無論如何不能做為國家與民族上下排列的次序之藉口」（引自 Crawford 1988: 191）。

三、民族主義的中心議題

把民族主義或國族主義當成政治的意識形態來處理會引發一些爭論，其中至少有三個問題需要澄清。首先，民族主義當成政治學說來看待，而不是看做廣義的意識形態（包括人生觀、世界觀、宗教觀在內）。當代重要的意識形態都是一連串有關聯的理念、價值的綜合。唯獨民族主義既無系統性的理論與組織性的架構貫穿在這個意識形態當中，而又是群眾擁抱的心情、情緒、簡單的看

法與想法而已，最多是指只要有政府（擁有主權的、或是擁有部分主權的自治政府，像早期的巴勒斯坦自治政府）之存在，而這個政府在管理某一住民（國民、國族、人民），便會體現其族群、或立國的精神，這就是把民族主義當作政治學說的問題。其缺陷為這種說詞只描述了「經典」的民族主義，而忽視了沒有統治機構、沒有領土國家的民族主義、包括文化的民族主義和族群的民族主義。這表示民族主義的核心不限於自治政府和民族國家，也包括復國主義、收回失土的企圖（irredentism）之理念與運動。

其次，把民族主義只當作群眾的心理現象、當成愛國情緒或仇外心態，未免低估民族主義演變的歷史與發展邏輯。這種說詞並不否認民族主義與群眾及其領導的情緒訴求關聯密切，不過只強調它的心理層面會誤把民族主義當成愛國主義來加以看待，這也是一偏之見。

最後，民族主義有其精神分裂的政治性格，在不同的時期民族主義呈現不同的面貌，它可能是進步的、開明的，也可能是反動的、排外的；它可能是自由的、民主的，也可能是霸權的；它可能是理性的、容忍的，也可能是反理性、反自由的；它可能是左翼的、反封建的，也可能是右翼的、保守的。是故人類學家葛爾涅（Ernest Gellner）指出：

> 民族主義傾向於處理它本身為一個顯示的、自明的原則，能夠為所有的人所接受，而只有在對此原則盲目無知時，才知道違犯了這一原則。事實上，民族主義存在的可能性和其強制性的本質完全歸因於特殊的情況，這種情況只能當下理解，而對人類歷史而言，絕大部分都是陌生的、無關的。（Gellner 1983: 125）

葛氏就在強調民族主義出現在歷史上特殊的情況之下，是故既沒有良好的（自由的）與變質的（非自由的）民族主義之前後相隨，也沒有好的（發揚民族文化）與壞的（擴張的）民族主義之循環的問題。可以這麼說，民族主義因循世界之演變常常伴隨其他的意識形態而有各種的面貌。大概只有安那其（無政府）主義要取消國家與政府，遂與民族主義分道揚鑣。

無論如何，儘管民族主義的學說呈現自由的、非自由、擴張的、守成的面

貌，但其理想仍舊圍繞領土、人民（國族）、社群、自決與認同打轉[1]。

(一)領土

民族國家又名領土國家（territorial state），強調的是主權國家所管轄的土地以及其疆界。這是人與地的互動，也就是環境因素對人群政治行爲的決定、或制約之影響關係。理想的民族國家爲其領土和國界注入了同一血緣、種族、語言、宗教、風俗、文化的人群，也就是涵蓋了其國民（nationals）。但事實上由於政治的干預，地理與氣候的因素，常導致一民族跨越其他的國界而分居，像庫特族散布於土耳其、伊拉克、伊朗與敘利亞諸國之間；維吾爾族分散於新疆、吉爾吉斯等中亞幾個伊斯蘭教國家的接壤上；巴斯卡族跨越法國南部與西班牙北部的庇利牛斯山脈，這些都說明國家疆界的劃分，並非完全符合民族居住的散布的空間範圍，以致民族主義的激發導致這些民族尋求統一行政區域（領土），以及建立自己的國家（像巴勒斯坦民族企圖建立巴國，以及以色列的占領、干預、壓制所引發的以巴軍事衝突），造成分離主義、民族解放、獨立建國的世局之擾攘。

前面我們提及盧梭談論全民主權。主權的觀念最早創始於中古時代波丹（Jean Bodin 1530-1596）的學說。他認爲主權爲超越於國家法律以外，也是國法之上的至高權力（*summa potestas*）。戴瓦特（Emer de Vattel 1714-1767）把波丹的主權說加以引申，認爲主權包含兩個面向：國家對內有自治權（制訂法律與命令進行統治），對外有主權（不受他國干涉）。黑格爾的哲學強調國家爲人類自由精神最高的表現，國家爲現世最高的法律秩序。由主權引申的對人（本國人、國民）統治之對人高權，以及對領土管轄之領土高權，都是民族國家主權的表現。法國大革命以後，人民主權說抬頭，於是國家被視爲其有共同血緣、語言、文化、歷史命運、生活方式的民族之生存空間（*Lebensraum*），而不再是君主行使統治權的場域，於是 18 世紀的領土與君主國家變成了 19 世紀的民族國家。隨著柏林會議（1885）與海牙和平會議（1899-1907）的次第召開，歐洲

---

[1] 以下敘述採用海屋德（Andrew Heywood）的説詞，不過海氏不談領土，而由本書作者予以增補。參見 Heywood 1998：156-167.

各國逐漸形成一個國際社會，或說是歐洲國家共同體（*Staatengemeinschaft*）。此時主權已不僅是民族國家對內自主的象徵，而且是對外獨立的標誌（洪鎌德 1976: 116-118）。

從領土的保持，要求領土的完整到對外滲透、侵略，甚至發動戰爭，使民族主義變態成為擴張性的國族主義，甚至殖民主義與帝國主義。一言以蔽之，擴張性的民族主義不只在擴大對別的國家、別的民族之侵占，也會藉口種族的優越、歷史的光榮、文化的成就、稱霸的必要（護衛國家的利益、維持區域的安全與權力的平衡、抵抗「邪惡的勢力」、完成白人啟發有色人種的歷史使命、宣揚基督教等等）來正當化其主張。

此外，堅稱復國的必要（以色列的復國運動與錫安主義），或反猶太主義、對猶太人的打壓與迫害，以及光復故土的想法、主張（irredentism），都是與領土密切有關的民族主義，其以理性、和平的方式而求取解決的範例不多；其以暴力屠殺、引發戰爭、製造糾紛，而破壞和平者比比皆是。尤其是以阿的衝突在 2002 年隨著巴勒斯坦人以自殺炸彈對付以色列的軍人與百姓，導致了以國政府的殘酷轟炸巴勒斯坦政府與人民，而使中東和局完全停擺，更顯示雙方民族主義之走火入魔。也說明這個極端的、偏激的意識形態禍害之重大。

(二)民族

英文的 nation 固然含有民族、人民的意思，有時也用來指示國家，是故 The United Nations 是聯合的國家，簡稱聯合國，而非指聯合的民族。為了對 nation 一詞有較周全的使用，我們在此使用「國族」或「族國」，這也是我們把民族主義有時稱為國族主義之原因。國家與民族的混用，使人們無法分辨一國的人民是由多元種族構成，還是由單獨的一個種族（像日本的大和民族，但也包括琉球人等等）合組而成。今日世界的大勢為每個國家很少由單一民族（種族）造成，而由多種族（像美國融合了盎格魯‧撒克遜、非洲黑人的後裔和西歐與東歐的移民，以及今日來自世界各地的移民構成了「種族大熔爐」）之匯聚。這不只是英、美、加、澳、法、德、義、俄、中等大國如此，就是小國如新加坡也是以華人（76.8%）、馬來人（13.9%）、印度人（7.9%）及歐亞混血兒（1.4%）合組的多元種族、多種語言、多元文化與多元宗教之城邦。另外一種情形就是

血源、文化、宗教相同的民族如盎格魯‧薩克遜族可以建立英、美、加、澳、紐等國，接受中華文化的華族可以成立中國、台灣、新加坡等國家；同樣講德語的日耳曼族可以建立德、奧、瑞士三國。由是可知同語文、同文化的民族無需鼓吹大一統的國家。那些強調「血濃於水」、「不可背祖」的人都是昧於歷史的事實、不瞭解世局演變的「整合性」(integral)民族主義者。

　　由是可知，很多有關國族主義的爭端都是肇因於是什麼因素構成國族之不同看法。國族是血緣、地緣所形成的文化單位。這是一大群人由於分享價值與傳統，特別是擁有共同的語文、宗教、歷史，在一定的地理位置上長久相處，而發展出來共同隸屬感之團體。是故民族含有客觀因素（膚色、聲音、文字、土地、歷史、制度等），也含有主觀因素（個人的隸屬的感受、共同崇拜與效忠的情緒）。但要把一群人界定爲由於共同文化與傳統而結合的集體，卻缺乏民族賴以成立的必要條件，也就是上述所謂「客觀因素」的判準在哪裡？結合的藍圖與原則在那裡？

　　以語文爲例，一般而言，是成爲民族最清楚不過的象徵。每一種語文都有其特別的、與眾不同的態度、價值和表達方式，用來產生歸屬與熟悉的感覺。以致加拿大分裂成講法語的魁北克和使用英語的其他地區。是故英語和法語的使用，是導致加拿大分裂成兩個族群、各自發展其地方主義、分離主義和民族主義的因由。但使用同一語文的幾個國家之人民，像澳、紐同英美的國民都使用英語，卻沒有合併或統一成一個英語帝國的意願，這就使人們懷疑客觀因素的語文是否構成民族的必要因素或條件。

　　宗教也是成立民族客觀的因素之一，宗教表達人群共同的道德價值和精神信仰。同一北愛爾蘭的人民卻分裂爲天主教徒與基督（誓反）教徒。天主教徒主張與愛爾蘭共和國合併組成一個統一的國家。反之，誓反教徒卻自稱爲大英（不列顛）帝國的聯盟者(Unionists)，期待早晚與英國合併。伊斯蘭成爲北非、中東、中亞、印尼、菲律賓南方諸島、巴基斯坦等地區人民形成國族的意識。自從1979年伊朗革命之後，什葉派的穆斯林基本教義興起，他們不只反對英美的資本主義、帝國主義，還企圖輸出革命，俾信奉伊斯蘭教的國家早晚都轉化爲「伊斯蘭國」。這說明同是阿拉的子民可以建立不同的國家（洪鎌德 2003b）。反之，同樣信仰天主教的波蘭、義、西、葡，同拉美各國，以及菲律賓，並沒有建立同一國家的企圖，這表示宗教雖是民族、或國族客觀的因素之一，但並

非民族主義唯一的、必要的、充分的條件。

　　同樣的情況,可以把種族、歷史、傳統文化、價值等等「客觀因素」加以
檢視,其結論都說明這些因素或有助於某一民族之形成,也可能促成這一民族
與其他民族的同時存在、相互並存。既然客觀因素無法確定形成公式,那麼吾
人是否應當訴諸主觀因素呢?是否把民族當成心理兼政治的單元
(phycho-political entity)呢?也就是一群人主觀地認同他們屬於一個自然生成
的政治社群。這時領土再小、人口再少、資源再缺乏也阻止不了他們追求獨立
自主建國的決心。這個例子可以用只擁有二百六十萬(其中半數屬於拉特人
Lats)住民的拉脫維亞在 1991 年成為獨立的國家來證明。

　　由於民族是從客觀因素與主觀因素組成,因之,構成民族最重要的成分究
竟是客觀還是主觀因素,便引起重大的爭議。像台灣人強調獨立自主,不願被
北京統一,便導致台灣海峽兩岸的分裂狀態。儘管客觀因素指出台灣絕大部分
的住民來自中國大陸沿海的漢族,但因移民性格,又受到葡、西、荷、日本先
後殖民,其文化認同已不限於明清時代的中國,在政經與思想上接近日本、美、
歐的體制,又受到「新興民族」觀念的洗禮,與以馬列主義立國的中華人民共
和國有極大的差別。在人種上勉強可以認同「台灣人是華人」,但政、經、文化
思想上,台灣人自成一個的國族與擁有極大比例的華人之新加坡自稱為新加坡
國民並沒重大的不同(施正鋒 1994;1997;1998;2000)。

　　除了主觀或客觀因素孰輕孰重引發爭議之外,國族的概念也是模糊不清,
種族的單純性隨著交流、通婚,而呈現混雜的情況,住民對共享的歷史也懷有
不同的看法。因之,國族與種族的分辨愈來愈不清楚。一方面以愛國精神、對
國家效忠,成為凝聚國族方法;他方面不同種族、不同族群、不同宗教、不同
語文的各族(如新加坡的華人、巫人、淡米爾人、歐亞混血兒)反而有認同他
們是同一國家的同胞,把多種多樣的歧異分別轉化成同一的政治訴求(華人、
巫人、淡米爾人、歐亞混血兒都自稱為新加坡人、新加坡的國民)。

(三)社群

　　儘管民族主義者不同意有關國民、國族、民族的定義之構成要素,但他們
的團結與聯合卻是基於一個有機的(organic)社群之信念,這是指一個團體像

生物一樣由各種器官組成的生命共同體。既然民族是有生命的社群，且人類是由具有特殊的性格、認同所組成多種多樣的社群合成，這無異說明民族是人類自然成長的團體，難怪其成員要對民族、國族表示忠誠、赤忱與擁護到底。在這種情況下，組成人們成群結隊的其他因素，像性別、地緣、階級、宗教、政黨認同、職業忠誠，都比不上對民族效忠的深入。在所有的社會中，民族的聯繫和效忠到處可見，歷久彌新，可以說是根源人的本性，或原始的情緒裡。

史密斯（Anthony Smith）考察前現代族群的社會與現代國族之延續，而指出國族的根源出於共同文化與共同語文的傳承，這比國家的出現、獨立的要求還早。相反地，葛爾涅強調民族主義是現代化與工業化的產物，原因是工業社會強調社會的流動、競爭、奮鬥，而需要新的文化凝聚，於是民族主義用來取代以往農牧社會強調封建的結合與人際的忠忱。正如前面所提起，葛氏指出國族是隨特殊的情勢與條件所產生，但國族的社群卻是根深蒂固而盤根錯節、經久不衰，而不可能再回返早期（從前的封建社會）那種強調人際的效忠與血緣、地緣的密切之舊想法與舊作法。

德國社會學家杜尼斯（Ferdinand Tönnies 1855-1936）曾分辨「社群」（*Gemeinschaft*）與「社會」（*Gesellschaft*）的不同。後者出現在工業化的城市中，人群的結社是人為的、非自然的，而血緣與地緣的重要性由業緣來取代。對民族主義者而言，國族不是人造的、暫時的「社會」形態，而是天生的、久遠的「社群」形態。這就是安德遜（Benedict Anderson）所指稱的：「想像的社群」（imagined communities）構成了諸國族、諸民族的因由。他說諸民族之並存大部分存在於人們的「意像」、「想像」（images）當中，而較少是吾人親眼目睹、每日親自見面交往的人群之集合體，而這一集合體號稱是具有共同的認同感。在國族中諸個人每日碰見的都是那些小部分，卻是認為有國族相同的國民。假使人們認為有所謂的諸國族的存在，那麼他們是以想像人造工具（imagined artifices）而存在，也就是通過教育、傳媒、政治社會化（政治洗腦）而灌輸到人的腦中和心裡（Anderson 1991）。

把國族當成想像的、而非有機的社群之理念，遭到對民族主義有所批判的人之矚目而引申。例如馬克思主義派史學家霍布士邦（Eric Hobsbawm）論述了某一程度之內民族可視為「捏造的傳統」。霍氏不認為現代的國族是從長期建立與演變的種族社會生成出來。以為國族是經由歷史的傳承與擁有文化的純質之

信念無異為一種神秘的想法，也就是民族主義所創造的迷思。在這種理解下，是民族主義創造了民族，而非民族創造了民族主義。民族主義是統治階級藉效忠國家來對抗社會革命的威脅，化解無產階級的團結，把工人階級綁死在現存權力結構裡頭，而便利資本主義的暢行無阻（Hobsbawm 1990）。

(四)自決

民族主義以政治的意識形態之面目出現，只有當民族社群的理念碰上了全民主權的學說之際，才有可能。這是法國大革命發生之時的情況，也是受到盧梭鼓吹主權在民的影響。儘管盧氏並未特別論及民族或民族主義的問題，但他以「普遍意志」、「總體意志」來表述一國人民的意識與心意，卻是民族主義理論的根源。他認為波蘭人掙脫普魯士統治的獨立鬥爭，乃為一個文化上統一的民族爭取自由的表示。此外，他主張政府的基礎並非君王的絕對權力，而是全民不容分裂的總體意志。在盧梭新觀念的衝擊之下催生了法蘭西大革命。法國人民是擁有不可割讓權利與義務的「公民」，不再是「皇冠的子民」。主權落實在「法蘭西國民」之上。從此顯示民族不只是種族的、文化的、自然的社群，更是自治、自管、自立的政治社群。

在民族主義這一傳統中，民族本體（nationhood 民族性質）與國家本體（statehood）是合而為一。民族認同體的試金石就是獲取政治獨立的意願，這便是民族自決原則的確立。民族主義的目標遂為建立「民族國家」。達成此一目標有兩條途徑可以走：其一為涉及統一的過程。首先，德國的歷史見證了多次統一的努力。在中古時期散落於歐陸中西部的德國蠻邦，便靠法蘭克領袖查理曼大帝在 9 世紀初加以統一，名為神聖羅馬帝國日耳曼聯邦，是為第一帝國。俾斯麥在 1871 年完成德國第二次的統一，是為第二帝國。1930 年代希特勒把奧地利合併於「更大的日耳曼」，是為第三帝國。但第二次世界大戰德國的慘敗，遂於 1949 年為聯軍瓜分成為東西德，至於奧地利獲取獨立與中立的機會，直至1990 年兩德才又重新統一為德國聯邦共和國。

另一個途徑是從外國的殖民強權統治下解放出來、建立新國、或復國。位於歐洲中部的波蘭在 1793 年遭受俄、普、奧的瓜分而亡國，雖然 1918 年在凡爾賽和約之下，波蘭得以復國。可是 1939 年納粹與蘇聯簽約，波蘭又被俄德瓜

分，直到 1945 年戰後才勉強恢復國家主權，卻受到蘇聯的嚴密控制長達四十四年。1989 年波蘭人以選舉的方式推翻共黨專權，國家的主權得以恢復。

前面提起威爾遜總統在第一次世界大戰結束後提出十四點計畫，俾民族自決原則得以實現。不只威爾遜，就是列寧也曾經主張民族自決。

對民族主義者而言，民族國家是他們心目中最可欲的最高政府組織之形式。民族國家的好處在於提供文化的凝聚和政治的統一。這就是說一群擁有共同文化與種族認同的人群一旦獲得自治、自決的權利，那麼他們的社群與公民權乃合而為一。此外，民族主義合法了政府的權威，政治上的治權為國民選出的官員所形成的政府。因此，民族主義代表了民眾自治的政府之理念，這一理念說明政府是人民的代表，也是為人民與國家的利益所成立的統治機器。這也是民族主義者何以相信造成獨立的民族國家之勢力為自然的勢力，為不可抗拒的勢力之原因。除了民族國家之外，再無其他社會群體能夠構成這般政治意義重大的社群了。民族國家遂成為唯一存活而有力的政治單元。

不過把民族主義永遠與民族國家和民族自決連繫在一起，也有誤導吾人思想之嫌。因為有些民族並不以脫離母國另建新國為其最終目標，像英國的威爾士、中國的壯族、法國的布列登，都有其民族主義，但他們卻以自治為足。不過民族主義與分離主義、分裂主義聯結在一起，也有不少例子，像加拿大的魁北克、西班牙的巴斯卡、中國新疆的維吾爾和西藏、菲律賓的摩洛、印尼的西伊利安與亞齊都有脫離母國追求獨立自主的趨勢，有時不惜訴諸暗殺、投彈、暴動、血腥鬥爭之手段，而引來本國政府的暴力鎮壓，遂造成地區性的紛擾。

凡能採取聯邦、邦聯、分權、自治的國家，特別是承認與尊重國界的少數民族自治、自決的國家，可以避免民族主義惡化為分離主義或民族解放戰爭。這可以用英國讓蘇格蘭成立議會，享有高度自治，而避免雙方的衝突看出。當然也有人認為蘇格蘭議會的成立會使該地的民族主義的壯大，最終會要求英國成為聯邦國家，或從英國分裂出去（Heywood, *ibid.*, 164）。

(五)認同

所有的民族主義都討論了認同的問題。認同不只是個人、鄉土、族群的認同，更是國族的認同，這是一種集體的認同，常與愛國主義相混淆。愛國主義

（patriotism）來自拉丁文 *"patria"*，意謂祖國。也就是對自己出生的，或入籍同化的國度之熱愛、忠誠、獻身。愛國主義則集中在情緒、心理的層面，成為民族主義的支撐。凡是追求國家獨立、民族自主的人（民族主義者），鮮少不訴諸有時是盲目的、情緒性表現的群眾之愛國主義與吾族意識。不過過度的愛國主義，像是清末義和團的排外狂熱、或納粹的反猶太主義，會把國家推向戰爭，或引發與外族的衝突。

民族主義在認同政治的敦促下，成為推動各國政治實踐，包括內外政策、財經政策、文化政策的源泉。透過政治認同與認同政治，民族主義為人民指出其發展軌跡的歷史、塑造社會聯帶關係、形成社會團結，而把現代人與其先世和未來子孫串連起來，而形成所謂的「生命共同體」，讓個人的存在變成國族的命運之一部分。這種訴諸人民忠誠與愛國之情緒，構成民族主義的強力，但在說理方面則相對的減弱，無法圓滿地說明民族主義何以是成功的意識形態。

在談到文化與種族的民族主義時，這類意識形態與人民的政治訴求（獨立、自主、建國）的關聯就顯示不出其密切。文化的民族主義旨在標榜某一民族在人類文明的貢獻方面之卓越，而非追求這一文化覆蓋的地區（例如講德語的德國、奧地利和瑞士以及部分波、捷、匈）合併成一個政治社群（將上述地區與國度聯合成大日耳曼帝國）。在此情況下，我們可以分辨政治的民族主義和文化的民族主義。前者是「理性」的，符合人民集體生活的組織原則；後者則是「迷思的」、「神話的」，建基在傳統與浪漫主義的情懷之上（就像台灣、新加坡、馬來西亞的華人對中華文化的嚮往，是屬於文化的民族主義之信徒）。

如前面所述，18 與 19 世紀的德國哲人與文學家，對德國語文傳統、習俗、神話、童話等風俗文化之推崇，使他們誤認有所謂的「民族精神」（*Volksgeist*）之存在，並謂這是德國文化最高的表現。在 20 世紀中文化的民族主義也是一股不容忽視的勢力，只是它表現在某些國族維護其傳統文化，以及害怕其本族文化受到他族之威脅。這主要出現在多元族群、多元語文、多元文化的國家，特別是少數民族、少數族群擔心其傳統與生活之道會被大族侵蝕掉、淡化掉。像威爾士人擔心其語言和文化被英國的語文和文化所同化。這個威爾士的文化民族主義在 1979 年公民投票中以四比一的多數反對成立威爾士議會，表示文化的民族主義尚未發展成為政治的民族主義，但在 1997 年的自治（移權）公投中，贊成票則險勝反對票，這也說明這一地區的民族主義逐漸從文化層面轉向政治

層面（洪鎌德 2003a：57-61）。

就某些側面來觀察，種族的、族群的民族主義與文化的民族主義有所不同，儘管文化與種族常有重疊的現象。族群性（ethnicity）是強調某一群落的膚色、語言、風俗等有異於他族，而把忠誠交給其認同的文化群體、或地域團體。這個名詞含意複雜，不但有種族、膚色、血緣、地緣、風俗、習慣、文化在內，還包含對內群體與對外群體的分辨、偏好與歧視的愛憎心理、親疏態度。族群的成員常假定源之於共同的祖先（「黃帝的子孫」），彼此有血緣親屬的關係，這種感受常深植於心裡與情緒的層次，而表現在對傳統、價值的尊重，並以此血緣、地緣之代代相襲，做為與他群儼然有別、卓立不凡的因由。在相當程度內，種族的民族主義有明顯的排他性。

事實上民族與種族（法文 *ethnie*，相當於英文 ethnicity）還是有區別，英國學者米勒（David Miller）認為民族（他不使用 nation，而偏好使用 nationality），由(1)共享的信仰與彼此的承諾所建構；(2)在歷史上展開；(3)有積極活動的特徵；(4)與某一特定的土地（領域）牽連在一起；以及(5)由於其特殊的公共文化而與其他的共同體區分開來（Miller 1995: 27）。這個定義對史密斯而言，未免太重視主觀的因素，且與種族的共同體不易區分。根據史氏的說法，「種族」（*ethnies*）是由共享的信念與承諾構成，成員有共同的記憶與連續感。他們致力共同的行動，與特定土地牽連。民族與種族的不同之處為種族並沒有公共的文化；反之，民族則有。為此史密斯指出民族為「被命名的人群共同體，占有一個鄉土，共同的迷思（神話）和共享的歷史，為擁有一個共同的公共文化，有單一的經濟，有共同的權利與義務」。反之，種族為「被命名的人群共同體，與鄉土有牽連，擁有對祖宗的共同之神話、共享記憶、共享的文化之某些因素、相當程度的團結，至少在其菁英中有諧和的跡象」。

在對待種族與民族的態度上，我們彙整表 6.1 加以比較。

西方黑色的民族主義（black nationalism）當中帶有強烈的種族性格。在美國與西印度群島的黑人多是從非洲遷移入境奴隸的後裔，他們從小到大的文化養育就強調卑屈、順從、忍耐與忠誠。黑人意識的發展強調其本族驕傲、自尊的培養，也在鼓吹黑人超越白人的文化與教育，並返回其原鄉的非洲尋根。牙買加的政治思想家賈維（Marcus Garvey 1887-1940）是最早倡導在美國與加利比安海諸島的黑人回到非洲挖掘文化根源之活動家。賈維曾成立了非洲正統教

表 6.1 對待種族與民族態度的異同

種　族	民　族
特殊的名字（譬如條頓族）	特殊的名字（譬日耳曼族）
共同的祖宗傳下之神話、迷思（西格弗利的神話）	共同的神話（日耳曼族之優異）
共享的記憶（北方各族的活動）	共享的歷史（日耳曼族所建立的神聖羅馬帝國）
文化的歧異（德、奧、瑞、波的不同條頓族文化）	公共的文化（同一語文、生活習性、宗教）
與鄉土聯絡（中歐講德語之區域）	鄉土的占領（納粹對德奧統一、占領捷克德語區）
菁英的團結（從賀爾德、費希特、經由華格納至希特勒）	共同的權利與義務（日耳曼民族的歷史特徵與使命）
分散的經濟活動	單一的經濟

資料來源：Smith 2001：13. 由本書作者（括弧中引例說明、闡述）增添。

會（the African Orthodox Church），希冀為新大陸的黑人灌輸原鄉的信仰與意識，他甚至還贊成黑白的隔離。1960 年代美國黑人反抗運動如火如荼展開，出現了黑色權利運動，以馬爾康（Malcolm, X. 1926-1965）為首的黑色穆斯林自稱其奮鬥的目標在建立「伊斯蘭族國」。無論如何，黑色的民族主義所強調的是黑人意識的提高，也是黑人文化自尊的鼓吹，與黑人種族的民族主義相比有其正面的作用。後者在強調膚色、體型、人種結構的特徵，容易摻入返回老祖宗受迫害、被販賣為奴的那種恐懼與仇恨，其排外的、仇外的心態，極容易走火入魔，而與沙文主義、種族主義相勾結。其變態的發展不是對外發動侵略、征服之戰爭，便是對內造成族群衝突、社會擾攘不安之情況（Heywood 1998: 164-167）。

四、自由派色彩的民族主義

　　民族主義一開始便與自由主義有共生共榮的關係，因為這兩股思潮都產生自法國大革命，也是促成法國大革命的動力。法國大革命不只在推翻路易十六的暴政、建立主權在民的共和政府與國家，更講求個人的自由、參政權的落實，也是統治者合法性與正當性建基在普遍的民意之上。另一方面自由主義也在保護個人的自由與權利。這種自由與權利的觀念擴大到整個民族、整個國家，便是民族主義者所主張的民族解放、國家獨立與民族自決。是故這兩股意識形態合流之自由派的民族主義是一項解放的勢力，反對各種各樣的外人宰制與壓迫，不管這種宰制來自外國的帝國主義者，還是新型帝國主義的跨國公司。對內方面，則為人民的當家作主、自我統治，也就是藉著人民自己選出的代表，組成政府來實行憲政。是故威爾遜的民族自決，不只希望歐洲成為獨立主權的民族國家之組合，也希望剛獨立、剛建國的歐洲國家，如同美國一樣，成為主權在民，民有、民治、民享的民主共和國（洪鎌德 2002b）。

　　自由派的民族主義不只要把國家視同個人獲得解放與自由，而且視每一個國家都能靠民族自決的同等權利建立自主平等的國家，但其終極目標在於透過平等獨立的主權國之合作與和平共處，達到國際權力的平衡和穩定之國際新秩序底建立，而實現康德兩百年前所提出世界永久和平的偉大理念。

　　自由派民族主義招致的批評是認為它太理想化現實的世界，也就是這種類型的民族主義之理論是富有浪漫的色彩，或是幾近幼稚的素朴。原因是它只看見民族主義解放的、進步的、開明的一面，而忘記民族主義種因於部落主義（tribalism）、地域主義，為反對性強烈、敵我區別的情緒之另一方面。此外自由派民族主義誤認民族國家為世界秩序、國際和諧的基本單位，無視追求國家利益、「生存空間」、勢力範圍、海外市場，是造成殖民主義、帝國主義稱霸侵略，導致區域、甚至全球戰火不熄、生靈塗炭的禍首。

　　在過去數百年間民族主義所展現的自由與反自由的面向，並非前後相隨、或是循環變化的現象，而是開明與野蠻勢力同時出現、或是進步與反動的形態同時並存。這等於說明自由主義與民族主義是歐洲啟蒙運動的產物，一方面相

信理性與進步是歷史變遷的方向，他方面啓蒙運動也隱含盲目擴張、乃至自我毀滅的種子（這是法蘭克福學派的阿朵諾與霍克海默對啓蒙運動的批評）。啓蒙運動還有一個基本的原則是堅決要求落實共同人性的權利原則，這種權利只有在明確劃清疆域與法律盛行的文明社會中才有可能落實。這就意味自由主義只有在民族國家中才能大力發展，儘管最終目標是平等的，和平相處的諸國所形成的大同世界。在這種信念下、計畫下，民族性被認同爲國家的性質（statehood）、公民身分與普遍的自由，而非種族、語文、或歷史的同質與特殊。這也就是 18 與 19 世紀的思想家盧梭、康德、邊沁、約翰·穆勒等人何以致力闡述個人的自由、福祉與世界和平的原因。

　　20 世紀的自由派民族主義之特徵爲視民族國家爲現代主要的政治單位，進一步承認社群的感受和種族的認同可使民族國家趨向穩定，也就是族群一旦形成是否進一步發展爲國家還有待國際社會的承認。只靠單一相同的民族和種族認同便要擁有國家的主權，是今日民族主義者所不敢苟同的。因之，哈維爾提出「公民的主權」（civic sovereignty）的概念，也就是鼓吹公民權利，這是相當於公民身分（citizenship）。是故公民身分與權利，而非種族、族群特徵，成爲主權與國家性質的功能。只因爲種族的同質性（膚色、體型、血緣、語言、信仰、風俗的一致），而要求分裂（捷克人與斯洛伐克人屬於不同的兩種種族）在國際社會中難獲支持。反之，由兩種種族所形成的兩種市民社會由於有其法政結構、公民權利的不同，就造成捷克與斯洛伐克兩國的分開。

　　不過自由派與非自由派民族主義的界線是人爲劃分的，因此界線模糊。開明如同穆勒，在談及英國殖民印度和英國統治英倫三島時，仍不免以歐洲中心主義的眼光來評論，視殖民主義與稱霸爲「有益的」傳播文明之舉動。之前賀爾德以上帝平等創造人類的觀點論述了各族儘管膚色、樣貌不同，仍舊可以和諧交往。他的世界觀之核心爲各族具有獨特的「民族精神」，從而爲文化的民族主義啓開大門，成爲後來納粹大肆宣傳德國民族的純粹與優越之章本，也證明開明與自由的民族主義之慧眼變成排外與擴張的民族主義之狹窄心胸。

　　義大利的馬志尼在承續賀爾德的學說之餘，激發了他追求義大利統一的運動。他對國際協和到來的看法是充滿激情：

　　　當年輕的歐洲逐漸湧現，那麼舊世界的所有祭壇將被摧毀，取而代之

的是兩個新的神壇，也就是聖神的金言所建立的兩個新的神壇之出
現。在那兩個神壇上雕刻了兩組字，其一為「祖國」；另一為「人類」。
作為同一母親的子女，也就是同胞兄弟姊妹，所有人類將圍繞著這兩
座神壇，以和平相愛來頂禮膜拜。

　　在這裡可出看出馬志尼的理念會加強非自由派的看法，他認為每個國家必
須建立在民族之上，也就是讓該民族首先完成統一，正如同義大利民族的統一，
然後才倡說人類的和平。難怪在馬氏死後六十年法西斯的崛起，就奉他為先驅
與精神領袖。

　　自由派的民族主義也會在無意間淪落為反自由的逆流。像保守主義先鋒的
柏爾克（Edmund Burke 1729-1797）便過分強調傳統的重要，視國家為有機性、
官能性的組織，鼓吹文化為種族的同一性。這些特徵的大力主張會蓋過不同種
族的公民之平等權利，而使民族主義之自由、開明淪落為保守、狹隘、排他的
非自由主義。

　　在 20 世紀自由的民族主義之鼓吹者中，細加考察其學說、論述、言說，
仍舊發現自由思想與保守（甚至反動）觀念相互混雜。威爾遜、邱吉爾、柴契
爾夫人、戴高樂都不免陷於此一毛病。西方大政治家戴高樂在其回憶錄的開頭，
便透露其民族主義非理性的部分，把法國當成「童話中的仙女、教堂雕刻中的
聖母，命定要扮演傑出稀有的角色〔命運〕」。他認為法國民族在每個時代都有
其特別的使命。認為存活於宇宙核心的法國將會連貫其過去、現在和未來，形
成不可分裂之民族（De Gaulle 1970: 1）。從這個形而上學的譬喻，不難想像他
的主政在提高法國的政治與文化優勢。他對阿爾吉利亞在 1962 年獨立，並非出
於真心讓北非這一民族獲得解放，而是迫於現勢對法國不利，而不得不採取的
作法。

　　因此可以知道連戴高樂都不免把歐洲中心主義和非自由主義融入民族主
義的思想中，那麼把這種觀念拿來與第三世界思想家作一對照，便顯得區別之
重大。例如法農（Frantz Fanon 1925-1961）在他童年經歷著殖民統治與種族壓
迫。其後以醫生身分在阿爾吉利亞行醫，正是該國對抗法國殖民母國慘烈的民
族戰爭如火如荼展開之際。鑑於他親眼目睹殖民母國的壓迫與資本主義剝削的
聯手，無怪乎他接受馬克思主義。他認為只有通過革命的鬥爭，被咒詛、被判

罪的大地災民,才有獲救、才有解放之時。他以個人為中心的解放哲學用來攻訐與批判白人或黑人菁英的濫權,使他的學說更富有自由派民族主義的色彩,而非反自由、非自由的偏激性社會主義,他也是人道主義的代言者。

法農明顯地體會到種族的意識固然有助於殖民的鬥爭,但會很快變成「過分的民族主義、沙文主義和種族主義」(Fanon 1967: 123)。他警告所有即將變成自由的戰士:「民族主義……沒有因為快速轉變為社會與政治的需要,而豐富其內容和加深其意涵的話,也就是不受人本主義的型塑的話,它將躍進到死胡同裡」(*ibid.*, 165)。他瞭解從白人殖民下承繼的非洲民族國家是人造的、人為的,必須發展本身集體命運的意識,否則新獨立的國家民族很快要受到部落主義的影響,陷於種族的內戰,或是在地的布爾喬亞的獨裁。果然他的預言一一兌現,所謂的非洲團結運動,變成了本土成長的種族主義、變成了地方出現的暴政,也就是「安那其〔無政府〕狀態,壓迫和部落的再現」(*ibid.*,)。法農的說法對第三世界,以及解體中共產主義的第二世界之新興、解放的民主政體可說是再貼切、再適當不過。

是故民族主義如果保持真實的自由主義之精神,亦即成為一股善良勢力的話,那麼它應致力於諸民族與諸個人從各種各樣的暴政中解放出來。在民族認同的深刻感受與對本國和全世界各國的民權之真摯敬重兩者之間求取平衡、兩者兼顧。在這方面從穆勒至哈維爾的主張,都是可大可久的呼籲。遺憾的是自從 20 世紀初至今,這些金玉良言大多被忽視與遺忘。在選擇性的自由主義之下,本族的利益高高在上,而排斥別族的生存與發展之權利。有的甚至視自由主義為衰敗的泉源,而非健全之成長的根本。由是非理性、非自由派的民族主義逐告囂張。

五、反理性與非自由派的民族主義

以往重要的思想家幾乎沒有預測到非自由派的民族主義躍登 20 世紀的政治舞台,並且成為主宰世局的蠻狠角色。自由主義者迷信啟蒙運動人類理性與進步的傳承,輕忽非理性與反理性——人類的動物性與野性——的坐大,無視民族國家訴諸本國與本族的需要與利益,而形成的獨裁政權,表面上尊重憲法

與司法體制，實質上進行個人崇拜與極權的統治，最終成為鎮壓、對外發動侵略的禍首。至於倡導革命的社會主義也低估沙文主義的重要性，這種沙文主義也成為替人民行道的革命領袖擁權自重的手段。是故左右兩派的反理性與非自由的民族主義演變成東方專制式的共產主義和西方的法西斯主義。這兩者都是20世紀極權主義的表現方式，其與西方文明傳統的人本主義、人文思想與人道精神不但相去甚遠，而且幾乎是針鋒相對。

在理論的層次上，極端的民族主義（ultra-nationalism）的想法最先出現在費希特的著作裡。他為了保衛個人主義而做的哲學論述，在拿破崙征服德國時轉變為日耳曼民族翻身的預言家。在《告德意志民族書》中，鼓吹普魯士致力於教育，企圖把愛國精神灌輸給青少年。此外在拿破崙東征時，另一德國文人阿恩特（Ernst Arndt 1769-1860）也藉著《愛國者的問答書》（1814）一小冊，宣傳德國各地神賜的風光，也在《祖國之歌》中宣揚了各地學生兄弟會（Burschenschaft）的沙文主義，讓德國青少年徹底受到愛國主義的洗禮。更離譜的是阿恩特居然在1848年歐陸爆發反政府革命中，指摘猶太民族為國族「分裂」（Zersetzung）的來源，這為八十年後納粹屠殺猶太人埋下伏筆。

除了上述這類非理性而又反自由觀念的偏激性、極端性的民族主義之外，尚有像法國新共和主義主張者的巴烈（Maurice Barrès 1862-1923）。他藉德雷弗事件[2]宣傳社會集體反猶太主義。他把民族比擬為大河中的石頭沙礫之分散與凝聚。個人無異砂石，早晚被大水沖毀，只有沉澱累積的層層河床——一個民族，才會長年累月地在時間洪流下歷久不衰，反而沉積成堅實的基礎（引自McClelland 1970: 163）。對他而言，民族成為「水底泥土與死亡的祖先」的遺產。這種極右派的觀點當然痛恨多元主義、理性的個人主義、大同思想的國際主義（包含馬派工人無祖國說）。他所偏好的是天生的、同質的、有機的的民族社群。這種過分、偏激的民族主義滋生了種族主義與仇外心態，甚至會倡說陰謀論，認為某些群體在瓦解社會。由這種學說所形成當代極權政府之政策為「重建」民族、「更生」民族、把外族徹底「吸收」、「同化」、或是予以「放逐」、「清洗」（肅清）。可以說這種反理性、非自由的民族主義當中摻入了偽裝的精神力量，

---

[2] 德雷弗（Alfred Dreyfus 1859-1935）為猶太裔法國軍官，1894年被法國法庭審判為觸犯叛國罪、監禁終身，後來證明為一樁羅織罪狀的冤獄，遂告無罪開釋。

把浪漫與神話混雜,俾爲獨裁統治者的爪牙,來迫害「非其族類」。

除了巴烈之外,法國在第一次世界大戰之前,尚有一位稱爲穆拉(Charles Maurras 1868-1952)的極端民族主義之政客,他的民族主義混雜了沙文主義、天主教教義、君主制、反猶太主義、仇視日耳曼人,曾經發動了「法蘭西行動」(*Action Française*),贏得海外法籍天主教徒之盲從,但到第一次世界大戰結束之前,穆拉的極右派民族主義在法國的政治主流中毫無地位可言。只有在第一次世界大戰後,才對比利時和西班牙的極右政治運動產生衝擊,最後爲葡萄牙獨裁者薩拉查和在維希成立的法國僞政權之貝當,以及巴西極右翼領袖瓦嘉斯所效法。1945 年之後,穆拉的理念又被排除於西方政治邊緣之外。

極端民族主義的現代變種,也可以說是政治非理性主義最爲囂張之產品,乃爲捏造國家再生的神話,特別是在新世界秩序中之「復興」的說法。這就是義大利形態的法西斯主義,也就是利用義國工業與軍事集團結構的薄弱,使墨索里尼從疲軟的自由主義手中奪取了政權,把其反人道的暴力發洩到北非傳統的、無力防衛的阿比西尼西亞(後來的衣索比亞)。這也是英、法的「自由民主」國家在競相奪取非洲(1871-1914)之後,義大利的東施效顰。這個一度造成國際危機的情勢,卻因爲兩個世界級的工業強權,德國和日本的大肆擴張國土、對外發動侵略戰爭,而變成微不足道的小事。而德、日兩強爭取「生存空間」與「大東亞共榮圈」,正是納粹主義與軍國主義囂張膨脹的正當化理由。日本神化的昭和天皇(1901-1989)和德國人盲目崇拜的獨裁者希特勒可算是東西彼此「輝映」的兩大禍首。

德、義、日這三個極右派的軍事政權就是藉工人與社會之力把乖順的民眾熔冶成同質性社群。德國的特工(SS 衛隊)與日本的神風特攻隊自殺飛機駕駛員正是這種「極端式」的民族主義個人化、人身化。事實上,真正的法西斯運動,不管是納粹主義、法西斯主義、軍國主義,都在企圖創造新的社會秩序,也創造新的人種──「法西斯人」(*homo fascistus*),一個只會獻身給民族、爲民族之繁榮,不惜殉身自殺的「新人」。

希特勒的著作《我的奮鬥》透露這些非自由與反理性的民族主義之本旨。他說:

> 對我們而言,國家除了具有形式,什麼都不是。它的主體、或稱它的

內容卻是緊要的。這就是指它的民族（*Volk*）而言。由是清楚明白的
事實，就是指所有的利益完全隸屬於民族之下。（Hilter 1939: 470）

實際上，這個聲明意謂德國民族所有腐敗的泉源都要加以清除，包括否認
少數民族，其次消滅官僚所指摘的「無價值者」（*minderwertig*）、或「不值得存
活的生命」（*lebensunwertes Leben*），包括猶太人、吉普賽人、共產黨徒、同性
戀者、俄國士兵、身心殘障者，以及德國再生運動中其他的敵人等等。

我們把費希特、巴烈、穆拉、墨索里尼、希特勒、昭和天皇、東條相提並
論，並不是說他們所寫的作品對極端的民族主義都有相等的、直接的衝擊。他
們只是眾多主張克服民族失敗、平庸、自卑感，而思反擊、或力圖振作的眾多
意識形態家中明顯的幾位。他們因為國族一度淪落於外人的統治、或受到列強
的侵擾（像美國佩里將軍以船堅砲利打破日本的鎖國政策），而企圖打動人民心
坎中神秘的要素，激發人民對本族特異性格的幻想，甚至渲染祖先和前人光榮
的事蹟，來正當化對他族的侵凌暴虐。要之，將本族當成活生生的生命體來創
造、增強、擴張，這種勇狠、好鬥、嗜殺的暴君，包含了中東的薩達姆‧海珊、
柬埔寨的朴布爾、非洲的阿敏、塞爾維亞的米洛塞維奇等人，他們最終難逃天
理和法律的制裁。

第二次世界大戰雖然已經結束半個世紀以上，但是新的法西斯主義、新的
納粹主義仍在世界的其他角落潛伏滋長。不說別的，英國新法西斯主義的代言
人，也就是《蠍》雜誌的主編歐爾克（Michael Walker）居然還說出這些狂囈，
怎不令人對非理性、反自由的民族主義警覺與寒心呢？他說：

現代世界並未提供吾人任何的認同，儘管西方的人民享有財富和不受
暴政的自由，他們都是鬱鬱寡歡。假使我除了自己之外，什麼也不是，
那麼生存有什麼意義呢？我如果沒有敵人，那裡有朋友？假使我沒有
仇恨哪來愛人與被愛？只有當人群為一個共同的使命團結起來，則認
同的危機（造成今日世界混亂的主因）可被克服。民族主義把個別的
人再度統合起來。只有靠國民的革命，一個民族才會重新發現它本身，這
樣他們才能從生活中重獲快樂。（Walker 1983：4，引自 Griffin 1999: 166）

六、保守的、擴張的、反殖民的民族主義

在非自由派的民族主義當中,我們發現保守的民族主義、擴張的民族主義和反殖民的民族主義對歐洲、亞洲和其後非洲、拉丁美洲與大洋洲的政治局勢,社經結構、思想文化產生了最大的影響作用,所以有加以詳細分析的的必要。

(一)保守的民族主義

在 19 世紀初保守份子在批評法蘭西大革命之後,視民族主義爲激進的、危險的勢力,因爲它威脅了社會的秩序和政治的穩定。可是隨著時間的消逝和世局的變遷,保守的政治家如狄斯累利、俾斯麥、甚至俄皇亞歷山大三世卻逐漸同情民族主義,認爲這一意識形態可以當成維持社會秩序和保護傳統制度的助力。在現代中,民族主義甚至變成最爲保守的人士之信條。最明顯的是英國柴契爾夫人企圖煽動民族主義的情緒,來排斥「聯邦的歐洲」,而保護英國的國家主權不致被侵蝕。她更利用 1982 年福克蘭戰役,打敗阿根廷,而重振早已沒落的大英國威。同樣雷根總統爲掃除美國人從越戰失敗以來,對國際事務趨向孤立無力的挫折感,重新引發民族主義在人心中的星星之火,居然大搞炮艇外交,出兵格蘭納達、轟炸利比亞,指摘共產主義爲「邪惡力量」。老布希總統效法雷根進軍巴拿馬,甚至發動 1991 年波灣戰爭,派兵進擊伊拉克。小布希總統也在 911 紐約世貿雙子塔遭賓拉登的信徒摧毀後,發動反恐戰爭,使阿富汗人民飽受烽火之災。其後更鼓動全球輿情,進一步推翻伊拉克的海珊政權,並予以活捉,造成舉世的震撼與惶惑。

保守主義的民族主義向來便在業已建構完善的民族國家中發展,而比較少出現在新興國家裡。保守份子比較不關心盛行的民族自決之原則,與建立在這個原則之上的民族主義。反之,卻大力鼓吹愛國熱情來促進社會的凝聚和公共的秩序。對保守份子而言,社會是有生機的、如同器官一樣有生命的組織。他們認爲國族是在一定領土上,具有相同觀點、習俗、生活方式、外觀相似的人群在長時間中自然成長的有機體。人是有限而非完美的動物,必須成群結黨,

在民族的共同體中尋求生活的意義與安全。是故保守的民族主義主要的目標在通過愛國情操之培養和作爲「國民之驕傲」來維持國族的統一。這與社會主義宣傳階級對立、階級鬥爭完全相反。的確，把勞動群眾併入國族中，是保守主義防阻社會革命、社會分化的捷徑，也是民族主義的功用。在戴高樂主政（1958-1969）期間，他巧妙地利用民族主義來推銷他保守治國的目標。他以法國過去的光榮、法國文明的優越、法國人的自信與驕傲來制衡美國的霸權，以及阻斷前蘇聯的西侵。他甚至從北大西洋公約組織撤回法國的部隊，來標榜他中立、反美的外交政策。他還企圖爲法國的社會生活恢復秩序與權威，而在擴大總統的權力之下使法國成爲歐洲乃至世界的強權。這種政策使保守勢力控制了法國達二十三年之久，也就是 1958 年第五共和建立至 1981 年密特朗出任總統爲止。在某一角度來觀察，柴契爾首相也是藉強勢的領導，在歐洲追求獨立的外交政策，訴諸民族主義的魅力，這是戴高樂主義英國式的翻版。而在英美進軍與侵占伊拉克之後，法、德的首腦也以抵制英美之作爲來彰顯歐洲的獨立、中立與自主。

民族主義具有保守的性格係在於利用國家與民族過去歷史的輝煌（或是遭受慘敗的羞辱），以及卓越的傳統（文化之攸久、文明之創造、文學、藝術、哲學之優異等等），來鼓勵人民對族國的眷戀、思慕、效忠，從而以保衛傳統的制度與生活之道爲急務。在這一意義下，保守的民族主義是懷舊的、思鄉的，只會憶念過去的光榮，而不是對未來展示高度的企圖心和幻想式的希冀。這以英國的民族主義之表現最爲明顯。其最大的象徵乃爲英國的皇室。不列顛就是聯合王國，其國歌爲「天佑皇后」，而皇家在國家慶典中扮演重要角色，包括「終戰日」（Armistice Day）[3]以及英國女王出席國會開幕典禮的致詞。柴契爾首相甚至還倡言「維多利亞的價值」，也就是把 19 世紀中葉大英聯邦國勢強盛當作英國「黃金年代」來吹噓。

當國家的認同遭遇失落、或可能失落時，保守的民族主義便更爲突出、更爲囂張。這時想像、幻想會使這種形式的民族主義更爲明目張膽與活躍奔放。

---

[3] 每年 11 月 11 日爲「終戰日」（停戰日、休戰日），係紀念 1918 年第一次世界大戰結束之日，英、美都當成國定紀念日，不過美國自從 1954 年之後把停戰日與後備軍人紀念日合併。

由於大量墨西哥移民遷入美國，造成很多美國保守份子，深懼英語要受西班牙語的衝擊，所以要求國會進行修憲，明訂英語爲第一國語。1968 年英國保守黨影子內閣成員包威爾（Enoch Powell）甚至因出言不遜而被迫辭職，原因是他認爲大英聯邦各邦人民不斷湧進外國移民，會導致英國的種族衝突與暴亂。同樣荒謬的主張，也可見於 1990 年英國離職的保守黨黨魁戴比特（Norman Tebbit）的說詞，他認爲外來移民要通過「板球測試」（Cricket Test）才能入境定居。也就是在運動觀賽時，一定要支持英國的球隊，而非移民祖國派出的隊伍。

原則上，保守份子懷疑多元種族、多元文化、多元信仰的社會能夠穩定與歷久不衰，因爲這種社會缺乏文化與社會的凝聚力，也就是缺乏強韌的國族認同來產生共同的、團結的意識。但實際上，他們對國族認同不是重新發明、便是重新界定，也就是制止或減少移民遷入，或是強迫移民同化於新國家中而被新文化所融化。這種的民族主義可以說是排外的，只以狹窄的國族觀來區分本族與外族。

儘管保守的政治人物和政黨從民族主義的訴求中得到許多的政治利益，反對者常指出：保守政治家的理念都是從誤導的假設引申而來。首先，保守的民族主義可以說是菁英操縱的方式。這裡所指的「國族」顯然是政治領袖發明或界定的概念，爲滿足其需求而設定的標準。例如當國際危機出現時，政治菁英鼓吹人民的愛國心來爲「祖國」賣力、殉職。其次，保守的民族主義鼓吹偏狹、不寬容、不諒解等狹隘心態。由於其持本族文化的純潔和傳統的清高，保守份子經常把移民、或外人看做次等人類、或敵人，其結果造成仇外心理與種族主義的偏執。

(二)擴張的民族主義

在許多的國家中，民族主義最囂張的形象若不是對外侵略、便是講究軍國主義，這剛好與各民族擁有的自決權利針鋒相對。民族主義侵略的面目呈現在 19 世紀末當歐洲列強醉心「非洲大獵」之時，他居然以增進國族的光榮爲名，「在陽光下搶得一席之地」。而 19 世紀末帝國主義與前者最大的不同在於前者獲得人民的首肯，也就是藉口群眾性的民族主義之支持，來使國家的威望提升，擴增帝國版圖，這一切都是國民所贊成、所認可的。極端的例子是，在英國居

然出現了「勁國主義」（jingoism）[4]的詞謂，用來描寫擁護好戰的、囂張的、膨脹的民族主義和對外侵略擴張的帝國主義之狂熱群眾之作爲。

在 20 世紀初歐洲列強日漸形成競爭與對抗，遂分裂爲英、法、俄組成的三國協約（Triple Entente）和德、奧、義的三國同盟（Triple Alliance）之對立。當 1914 年 8 月第一次世界大戰在歐洲連串戰備競爭和國際紛爭之中爆發。戰爭之初，各國人民無不狂喜雀躍，正印證了勁國主義的流行已不限於英倫，而及於歐陸，乃至北美。侵略的與擴張的民族主義在兩次大戰之間（1918-1939）達到巔峰，這是日本、義大利和德國的法西斯政權發動了帝國主義式的對外侵略與擴張，以及對整個世界宰制與稱霸的企圖，而於 1939 年引發第二次世界大戰，這種形式的民族主義含有沙文主義的成分，一種自認比別人優越、而企圖宰制他人的心態與舉止。這一種概念來自法國士兵沙文（Nicolas Chauvin），他盲目效忠拿破崙，爲拿破崙帝國的擴張、法國的光榮而賣命。由是沙文主義便是極端愛國主義，是強調本國的優越，而可以宰制其他族國。歐洲 19 世紀稱霸各方的列強，也就是形成帝國主義的英、法、德、俄、義，加上 20 世紀初崛起的美國、稍後崛起於東亞的日本，都是膨脹的民族主義與沙文主義的產兒。更爲荒腔走板的是歐洲人把帝國主義描繪成白種人傳播基督教福音的使命者，由是受到歐美文明洗禮的殖民地人民也變成了「白種人的負擔」（white man's burden）。

俄國和德國分別發展更爲特殊的民族沙文主義，在俄國一度倡說泛斯拉夫主義，有時稱作親斯拉夫族（Slavophile）的民族主義，這是 19 世紀末與 20 世紀初在俄國與東歐產生的現象。俄國人也是斯拉夫族，因之在語文和文化方面與東歐和東南歐的其他斯拉夫人連結起來。泛斯拉夫主義在強調分散於各地的斯拉夫人之統一和團結，其目標成爲俄國人自我承擔的歷史使命，在 1914 年之前，這種理念導致俄國與奧匈帝國的衝突，因爲雙方都企圖控制巴爾幹人。泛斯拉夫主義的沙文主義之特色，在於俄國自認爲斯拉夫文化的正統傳人，也是領導分散於各地的斯拉夫族自然的領袖。且進一步相信斯拉夫的語文、宗教（東

---

[4] 1877-1878 俄土戰爭，當時在英國反俄愛國流行歌曲盛行。歌詞中有 by jingo（天啊！真是！）被用作發誓、感慨之詞。熱心唱些歌的人被視爲勁國主義者，也就是盲目愛國主義者。據說 jingo 是 13 世紀英國國王麾下作戰巴斯卡人（Basque）的語言，其意爲神。

正教)、道德、沙皇制度、封建制度比起中歐或西歐各族來要優秀得多。儘管「蘇
東波變天」,使舊蘇聯瓦解為獨立國協,但在 1990 年代西方人仍有擔心俄國的
民族主義有死灰復燃之勢,至少俄國本位與正統的思想會使侵略和擴張主義的
理念繼續活躍。

　　傳統的日耳曼民族主義也帶有沙文主義的胎記,這是產生自拿破崙征戰導
致了德國的慘敗。費希特的著作充滿強烈的反法國精神,也反對法國的大革命。
在他的作品中到處讚揚日耳曼文化與語文的舉世無雙,以及日耳曼民族的勤樸
純正。在 1871 年日耳曼從三十九邦變成單一的帝國(第二帝國)之後,德國的
民族主義披上沙文主義的新裝,而出現了泛日耳曼聯盟這類的壓力團體,力主
使用日耳曼語文的奧地利合併入德國的版圖中,實現德人浴在「有陽光的地方
中」的美夢。由是可知泛日耳曼主義是民族主義最具侵略與擴張性質的意識形
態,其目的在製造德國對歐洲的宰制。日耳曼的沙文主義則表現在種族主義和
反猶太主義之上。其中郭比諾(Joseph-Arthur Gobineau 1816-1882)的亞利安人
(Aryans)種族優秀論,加上作曲家華格納(Richard Wagner 1813-1883),及其
英籍女婿張伯倫(Houston Stewart Chamberlain 1855-1927)的條頓族優秀論,
結合了傳統上基督徒對猶太人祖先出賣耶穌之痛恨,而成為第二次世界大戰中
的納粹殺害六百萬猶太人暴行的理論根據。不只對猶太族如此,納粹黨也對東、
西歐其他民族毫不手軟,希特勒自捧德意志民族是唯一可以當「主人的民族」,
其他民族則為劣等和屈從的族群。1945 年東西德分別成為獨立的國家,已明顯
放棄了為擴張或侵略的稱霸政策,不是投入前蘇聯的懷抱,便是落入西方自由
民主的陣營。可是 1990 年兩德合併統一之後,卻產生極端右派的與反猶太人的
新納粹份子,使人擔心統一後的新德國並未徹底埋葬過去膨脹的民族主義。

　　國族的沙文主義是熾熱的、甚至從歇斯底里的執迷感覺中發展出來。當做
分開的、理性的個人會被愛國情緒的狂潮所衝擊,而跟著盲目的、激情的群眾
搖旗吶喊,顯出擴張和戰爭的慾望。前面所提法國極端的民族主義者穆拉稱呼
這種群眾愛國激情所造成的民族主義為「統合的(integral)民族主義」,也就
是個人及其群體一時喪失其本身的認同體,而溶化於聲勢雄厚的國族當中,誤
認國族自具生命與目的,比個人或群體更為重要。軍事的勝利、國力的揚威成
為國家偉大強盛的明證,而且促成向國家做出承諾與效忠的契機。在這種情況
下,全民都軍事化,軍國主義所崇尚的武德(絕對服從、不惜犧牲)取代了講

信修睦、相互尊重、回歸忠厚的民德。一旦國族的榮譽和統合發生問題，則普通公民的身家生命變成不重要。這種情緒激化的情況便展示在 1914 年 8 月，而導致第一次世界大戰的爆發。近年來信奉伊斯蘭教，而極端仇視西方文明的回教徒所發動的「聖戰」（jihad），也是另一種激情的宣洩，造成賓拉登與阿富汗基地恐怖份子的滋生事端與殺害無辜（洪鎌德 2003b）。

　　國家的沙文主義對孤立無援的個人與團體常具有強烈的吸引力，因為它提供他們安全、自尊和驕傲的可能機會。好戰的和整合的民族主義標榜了一個特殊的、明確的國族團體，俾盲目信從的群眾之歸屬感能夠激發與提升。要激發這股歸屬感與愛國熱忱，常要採取「負面的整合」，也就是找出一個與本國本族有別，且是虎視眈眈的假想敵。在面對一個或真或假的敵人時，本族的成員自然會團結一致，在外族「威脅」下，大家會上下一心、凝聚團結意識和認同感。這就是國族的沙文主義所孵出「我群」與「他群」之嚴格區隔。只有在嘲笑與痛恨「他群」時，「我群」才會塑造起來。由此看來沙文主義的政治信條所滋生的是種族主義的幼苗。不管是泛斯拉夫主義還是泛日耳曼主義，最終會將矛頭指向猶太民族，而成為反猶的急先鋒。

(三)反殖民的民族主義

　　民族主義擴散到世界各地的原因是殖民統治與帝國主義把這一意識形態帶到非洲、亞洲、拉丁美洲和大洋洲的緣故。殖民統治的遭遇使殖民地的人民感受為次等族群、是異國異族統治者的刀俎，是故最先反抗歐美日殖民政權的亞非諸民族，在引用威爾遜與列寧的民族自決之下，產生結束外族統治與本土獨立的熱望，因此也促成反殖民、反帝國主義的民族主義之誕生。當西方開明人士開始醒覺民族主義造成的禍害之際，新興的國家和初次形成的民族卻把民族主義當成國族解放的手段。且不談甘地、尼赫魯、蘇卡諾、納瑟為推翻外族殖民統治所倡導的民族自尊與展開的獨立運動，就是孫中山的民族革命，旨在推翻滿清「韃虜」，然後聯合世界「待我平等的」各族對抗西方的帝國主義。要之，孫中山的民族主義在結合中國漢、滿、蒙、回、藏以及世界各國受壓迫的民族共同打倒封建主義、帝國主義，而力求各族平等和睦相處，這應該屬於反殖民、追求建國理想的民族主義。

　　英、美、法、荷、義、德、日的殖民帝國之一百多個殖民地在第二次世界
大戰結束後紛紛獨立，從殖民的宗主國獨立出來建立新興的國家，使後來加入
聯合國作做為會員國的數目激增至一百九十二個。印度在 1947 年獨立，同年南
亞次大陸又分裂為印度與信仰伊斯蘭教的巴基斯坦。而東巴基斯坦於 1971 年近
一步獨立為孟加拉國。在對抗日本侵華的八年抗戰結束之後，1949 年中共擊敗
國民黨政權而建立中華人民共和國，標榜中國大陸完成真正的獨立。1949 年印
尼脫離荷蘭的殖民統治，成為東南亞人口最多、面積最廣的新興國家。胡志明
領導的越盟在 1954 年奠邊府一役，迫使法國從印支（中南）半島撤軍。但 1961
年引發的越戰，使美軍取代法軍，成為越南勞動黨（共產黨）的頭號敵人。經
過十四年的慘烈戰爭，南北越於 1975 年美軍戰敗撤離之後重歸統一。

　　東南亞各國民族主義高漲，他們展開的反殖民與反帝鬥爭激勵了非洲各
國，於是迦納的恩克魯瑪、奈及利亞的阿齊奇維、坦甘尼喀的奈列列、馬拉威
的斑達都成為獨立建國的領袖。他們在印尼蘇卡諾、印度尼赫魯、埃及納瑟的
領導下，在 1955 年齊集萬隆，而召開二十九個（包括中國在內）國家的萬隆會
議。會議齊聲譴責殖民主義並相約結合，而成為第三世界不結盟運動的肇始。
自從 1950 年代末開始，非洲各殖民地紛紛宣布脫離殖民母國而獨立。奈及利亞
於 1960 年從英國獨立出來，阿爾吉利亞在也在 1962 年脫離法國而獨立，肯亞
於 1963 年、坦桑尼亞和馬拉威於 1964 年獨立。而西南非洲也於 1990 年以最後
一名的殖民地獨立成為納米比亞。

　　事實上歐洲的殖民母國，一開始便因為宣揚民族主義的說詞，而埋下終結
殖民的種子。其中最明顯的例子便是新興國家的領導人，也是致力民族解放運
動的革命者，多為接受西方教育與訓練的殖民地菁英。依據奈恩（Tom Nairn）
的分析，民族主義的產生與資本主義發展之不平均息息相關。資本主義從歐洲
中心移向「落後」地區的邊陲，靠的是帝國主義的「枷鎖」，也就是殖民母國的
資產階級藉行政人員與軍事武力對殖民地實行榨取壓迫。殖民地的菁英面對這
些強勢的殖民霸權完全束手無策，他們既無槍砲、科技，也無資源、金錢來還
擊，唯一的是擁有廣大的民眾。在完全無助與「缺乏發展」之下，煽動百姓對
抗異族的侵凌與迫害，成為自救的唯一出路。是故把群眾情緒導入反抗運動、
這便是反殖民的民族主義，可以暫時按下族群、階級之歧異，而形成敵仇同愾、
民族的、浪漫情懷的革命運動（Nairn 1977a, chapter 2 and 5）。

　　反殖民主義的鬥爭不只以膚色種族之不同，不只以語文、習俗之差異，也就是不只依賴文化的民族主義，卻常常也利用歐美的世俗原則，如「去除殖民化」、「多數統治」、「民族自決」、「社會正義（公道）」作爲動員本國人民對抗歐美殖民統治與帝國主義的理由。在這種說詞之下「民族」常是獨立建國的領袖所界定的人群，從早期殖民母國限定的疆界內成立新的國家。在此情況下，新興獨立的人民、或稱爲國族，不過是剛好住在國界裡的民族。這個國家中不乏不同文化、習俗、語言的群體之存在，他們當中的少數民族如反對新興國家的統治族群之併吞，會被貼上部落主義、區域主義（communalism）的罪名，而遭迫害、或歧視（Jay 1994: 168）。

　　反殖民的民族主義之激烈追求，居然同社會主義、馬列主義、共產主義的意識形態掛鉤。在歐洲民族主義與左派的社會主義是死對頭，但在亞、非、拉美等洲，左翼的意識形態卻能吸引殖民地的菁英與群眾（包括民粹主義者），作爲團結對抗殖民統治的主力，而發揮了三個功能：其一、馬派反帝國主義的理論，提供殖民地人民強力的思想指導，視歐洲帝國主義爲資本主義發展到頂端的產品，也是把殖民母國對國內工人階級的剝削輸出到對殖民地百姓之上。其二，左派指出殖民統治正是歐洲最爲腐敗與不公的畸形發展。人類的解放先由歐洲的多次革命引發，但最終爲亞、非、拉美「落後」的民族來承擔反殖民、反帝國和追求民族的解放。是故這些鬥爭都符合人類社會進化的原則。其三，激烈的、極端的社會主義，像俄國、中國、越南的革命，與西方自由的資本主義之貧富懸殊、階級對峙的明顯對比不失爲另一條出路。更何況通過集體的計畫，而使經濟現代化、生產力提高、人民生活改善，乃是過慣貧窮的殖民地人民的渴望。左翼學說中一黨專政、防阻官僚腐化的說詞，符合亞非缺乏自主、自決的廣大民眾的胃口。於是非洲、阿拉伯和伊斯蘭的社會主義遂與反殖民的民族主義掛鉤，成爲現代與傳統的結合。

　　後殖民國家的獨立革命與國族建構之路線與成果各個不同，但不少新興國家在獲得獨立之後仍陷於分裂、區域擾攘、甚至內戰的漩渦中。原因是人民反對壓迫強制的願望，並未隨著國家獨立而實現，而傳統與現代的衝突，更因爲殖民地人民教育不普及、識字率偏低、傳統迷信、地區勢力之挾持，使經濟現代化如牛步般地緩動。在反西方文明方面，要數刻苦自勵、堅守清規、本土生成的伊斯蘭文化最爲明顯，連美國黑人領袖多有改信回教者，來表明與西方文

化價值斷交，也釀成近年恐怖主義囂張、影響國際穩定的因由（Jay 1994: 169-170）。

七、民族主義的理論

(一)意識形態與社經發展

　　曾任教英國倫敦政經學院，阿拉伯裔的學者克杜里（Elie Kedourie）強調民族主義為 19 世紀初歐洲人所「發明的」學說，他說費希特《告德意志人民書》（1806-1807）為這一學說之開端。費氏承續德國浪漫主義運動的餘緒，闡揚康德意志的自主，文化與語文的重要，以及賀爾德本土文化真摯的經驗，可以說是啟蒙運動之下對道德與知識的確定之理性追求。另一方面民族主義為德國人國家不統一、政治趨向專制（普魯士為一典範），使得年輕的知識份子對其父執輩的固守傳統建制表示反彈，是故民族主義成為青年反叛運動，為「孩子們的十字軍東征」（Kedourie 1960）。

　　克氏的同僚葛爾涅（Ernest Gellner）則反駁他這一學說，指出：第一、康德不能視為民族主義學說的開山鼻祖；第二、民族主義為社會運動意識形態之工具；第三、這一運動固然由知識份子領導，卻受到離鄉背井的勞工階級大眾的擁護與支持；第四、同意克氏所言民族主義為現代的產品，但並非「發明」之物。換言之，在邏輯上民族主義的出現是偶然的，但在社會學方面，卻是近世工業主義出現後必然的結果（Gellner 1964, chapter 7）。

　　作為人類學家的葛爾涅視近代工業革命可以媲美八千年前新石器時代的革命，都是人類歷史上大躍進的表現。工業革命所產生的工業社會，要求人群變為移動的、識字的、能夠計算的城市動物，這與農業社會不識字、拘泥鄉土、受封建制度的社會結構所指定的角色（基於血緣與地緣）之群眾大異其趣，是故現代人以「文化來取代結構」。而文化中最主要的是語文。因之「語文與文化」成為現代雞零狗碎的社會之凝聚劑。這批現代化所製造的人群，為廣義的「書記」（clerks）與「公民」（citizens），這是統一的、強迫性的國民教育之產品。

現代化的潮流雖然向四方擴散而產生衝擊，但在各地的氾濫之時間與強度卻各個不同。因之，也把住民也分裂成久居城市的老市民與新湧入的普勞群眾，由是遂引發市民階級與資產階級之間的階級鬥爭。如果新移入的人不是同一種族文化、語言的族群，那麼又要增添種族的敵對。這時普勞階級必然加入其領導人的知識階層，而要求建立新的國族、新的國家。於是民族主義分裂成為維持傳統與封建之民族主義，以及要求分裂、建國的民族主義。於是在其花俏的說詞之下，民族主義成為客觀上必要的、可供實踐的綱目（黨綱、建國大綱、指導路線）（Gellner, *ibid.*）。

其後葛爾涅多次修正他這一說詞。第一說明何以在前現代（premodern）時期不出現民族與民族主義，因為在農業社會，人數極少的知識份子無意傳授知識給分散廣大的眾民（封建農奴）。第二、他進一步分析工業社會的文化特徵，包括專家訓練的「高度文化」。第三、他嚴格分辨永存論（perennialism）與原生論（primordialism）的不同。前者強調在民族主義出現前便有民族的存在，民族是永久存在的。後者強調民族最早出現在「自然狀態」中，順從自然的號召與遵守自然的秩序，就像上帝是創造世界萬物的原始。是故民族主義乃為「自然化」（naturalizing）的論述，也就是視民族為有機的、官能的共同體。在這種分辨之下，民族與民族主義變成工業化的現代必然的、具有功能的事物，也就是一種特別的社經形構（socio-economic formation），需要靠文化與意識形態來支撐（Gellner 1997）。

換言之，葛爾涅認為是「現代性」（modernity）不可避免地轉化為民族主義的外形。「民族主義……發明了民族，很多民族根本就不存在，但卻擁有與別人不同的特徵，也就是否定的、消極的特徵」（*ibid*., 168）。也就是說經由工業主義而呈現的現代性擁有被稱為民族主義的特定文化形式。在此種情形下，民族主義乃是「高度文化」，現代性必然產生的文化形態。這種說詞會導致無法分辨好與壞的（侵略的、擴張的）民族主義之弊端，也無法說明何以民族主義既創建民族，也消滅民族。也就是不把民族主義當成指導民眾追求其民族之統一、認同和自主的意識形態與運動，而只是便利工業現代化的操作，完全無視個人或群體的理想所能產生的改變命運之作用（社經發展決定論）。這與克杜里視民族主義為人群意志的表現（意識形態決定論）南轅北轍（Smith 2001: 66-68）。

(二)理性與感情

　　何希特（Michael Hechter）以「理性的選擇」之角度看待民族主義。每個人在從事某些活動，難免受到其處境結構的侷限所範圍。因之，其行動只有在境遇的限制中，衡量得失，做出合理的選擇。種族群體是一個團結的群體，能夠藉賞罰和控制消息來使團體協和以及繼續滋長。想要脫離某一族群而獨立、而分裂，常要估量本身的力量，與分裂和獨立活動要付出的代價，這包括該民族所寄住的母國反撲力量的大小（Hechter 1992: 273-275）。

　　至於民族主義的暴力則是國家對反對群體壓迫的結果。也就是擁有強烈民族主義的群體在策略上採取暴力、俾產生共同成果的手段；在這些成果中以主權的浮現最爲明顯。北愛爾蘭的造反與訴諸暴力比起其他國家（例如印尼軍隊對抗亞齊獨立運動）來，顯得較爲軟弱，那是由於本身不夠團結的北愛共和軍受到堅強的英國激烈鎮壓之緣故。

　　何希特進一步闡述，他說民族主義就是一個民族應當與其統治（governance）之單位符合一致的原則。這一原則之所以只產生於現代，而不出現於古代，乃因爲全球現代的步驟移向直接統治的緣故。在前現代的封建時代，邊緣地區的菁英，在皇帝授權之下間接治理的人民，能夠滿足各方的需求。但在現代的世界，邊陲地區人民常由不瞭解地方現勢的外人來統治，這就導致邊陲菁英的不滿，而紛紛擁抱民族主義，追求獨立自主（Hechter 2000, chapters 2 and 3）。由此看出他放棄早先「理性選擇」論，而改爲權威更改說。這種說法還是離不開個人主義的理性原則，也就是拋棄了集體價值、記憶與情緒，而只追求菁英個人的地位、權勢與財富。

　　對康諾爾（Walker Conner）與費雪曼（Joshua Fishman）而言，民族主義絕非理性的追求集體好處，反而對本族的熱愛（而非愛國）才會產生民族主義。對康氏而言，愛國主義產生了「公民的民族主義」，它是對國家採取理智的輸誠。與此不同的是對本族效忠的「種族民族主義」（ethno-nationalism），則無法用理智、合理來解釋，也就是政治人物以「分享的血液〔血緣〕之感受，進入同族心理深層而發出訴求」（Conner 1994: 1994）。他認爲民族乃是一群人「自認」他們的祖先連結在一起，也就是擁有同樣信念的一大群人所形成的團體（ibid.,

212）。也就是感覺、信念，自認與別族有異，而使成員自認為同一種族、同一族群。其實這種親屬關聯與生物學上繼承遺傳並非一致。顯然有親屬、血緣的關係，並非基於歷史、或事實，而是成員之間的「感受」、「確信」，這些不是靠理智、理性便可以發展出來的。

在這裡族群同民族似乎有所區分，前者是民族形成之前（或具民族潛勢力）的群體。後者則為自我感覺、自我意識到的共同體，要成為該民族之一份子還得要經由認可、授權（enfranchised）的手續。換言之，只有當 20 世紀初，絕大部分包括婦女的國民透過選票參與公共事務，才是民族誕生之時。當然 1789 年法國大革命爆發時，「外人的統治為非法的統治」就說明民族已意識到自治自主的重要，也應該是現代民族出現之時，是故現代大眾溝通是促成民族覺醒，自我意識塑造的觸媒。

康諾爾顯然是以群眾心理學和感覺到的親屬關係來討論民族與民族主義。他把民族的現代主義建基在種族的永存論之上，這就造成偶發的、不時出現的現代論。他的民族說尤其與種族群體說沒有太大的差別──民族是從族群體蛻變而成，只要其成員充分意識到彼此的親屬關係便足矣。

費雪曼指出種族性（ethnicity）是經驗到的親屬現象，是存在於個人及同僚感覺的延續之上，也是共同感受擁有同一祖宗、血濃於水的感覺。是故種族性被感覺到存在於人體的血、骨、肉裡頭（Fishman 1980: 84-85），這是以血緣為主的生命共同體。

這些說詞與康諾爾的學說如出一轍，都強調感覺、情緒、信念等主觀因素是構成民族的要件，而無法以合理的、知識的方式，使用結構的、或文化的詞謂來加以解釋。換言之，用社會心理學的名詞既無法界定民族與民族主義，也不能用合理的詞謂來加以解釋。換言之，吾人在權衡究竟以理智，還是以情緒來解釋民族或民族主義時，應當注意到「解釋」包含了文化、社會、歷史與心理的各方面，特別是涉及人的意志、情緒等等在內，才能對研究的對象做周全的探究。

(三)政治與文化

影響民族與民族主義的因素除了知識理智、情緒之外，當然離不開政治與

文化。其中現代國家及其推動的政治影響更爲深遠。這方面可視爲廣義的文化的民族主義（也包括狹義的政治的民族主義在內）之學說。

　　自從 1980 年代初開始，幾種後馬克思主義的理論強調國家的相對自主和政治的首要性（受韋伯學說影響）。它們都以討論現代性、或工具性來論述民族主義。不論是曼氏（Michael Mann）還是紀登士（Anthony Giddens）都指出集權的、專業分工的和擁有領土之現代國家把民族主義炮製出來，而造成「在疆域明確的民族國家中，主權的文化敏感和行政權力的協調之必要」（Giddens 1985: 219）。曼氏在討論英法兩國的民族主義有賴國家來支持時指稱：「把民族主義當成國家的同義字使用的聚焦之意思，爲要求以政治來加以解釋」（Mann 1995: 48）。

　　曼氏早期的主張將歐洲民族主義的崛起分成四個階段加以論述：第一階段爲宗教性質的階段，以宗教改革者和天主教的反改革之 16 世紀爲起始。雙方動員人馬，特別是運用識字的菁英來互爭雄長。第二期爲 18 世紀初，商業擴充與國家軍事力量的展現，因而產生上層社會階級，也就是「文明的公民人士」。第三期開始於 1792 年軍事的危機把典型的國族轉化爲跨越階級的國族，此由徵兵、徵稅、戰爭貸款的推行，促成有產者要求參與政治活動和明確的國族定義。第四期爲 19 世紀末，工業發達的資本主義社會要求國家分官設施，發揮國家多種功能，而創造了代議制的、同質性與「國族」的國家，因之鼓舞了更爲侵略、更爲瘋狂的民族主義（Mann 1993: 216-247）。

　　在這裡看出曼氏強調國家是依賴軍事與財政的權力，而賦予民族重要的角色。至於爲何國家要這樣做呢？更何況在 16 世紀時，英、法、西班牙和瑞典的貴族與中產階級大致擁有國族的感受，何以必須等到 19 到 20 世紀選舉權普遍擁有之後，才有真正的民族之出現呢？這些疑問足以反駁了曼氏政治性的解說。

　　對布婁理（John Breuilly）而言，民族主義爲單純的現代政治運動，政治在現代世界意謂對國家的控制。民族主義乃是攫取與保留國家控制之論據。民族主義的重要性在於爲各種各樣的次等菁英提出共同的論壇，也就是透過動員、協調、正當化其目標與利益而供大家討論。民族主義的運動或是統一國家、或是更新國家、或是在對抗既存的國家。因之布婁理說：

〔一個民族主義的論據〕是一項政治的學說,建立在三項的訴求之上:
（1）存在一個民族,該民族有明顯與特殊的性格;
（2）這個民族的利益和價值超過其他的利益和價值;
（3）這個民族要盡可能的獨立。為此該民族要獲得起碼的政治主
　　　權。(Breuilly 1993: 2)

　　民族主義的論據之所以具有廣大的吸引力,在於現代的國家(專制的國家)
從社會(民間社會)分離所形成的新條件,導致受教育的人民異化與挫折的感
受。如今在民族主義的學說鼓吹下,民眾對國家與社會的再度結合懷抱希望。
賀爾德歷史主義的論調所以能夠打動人心,其原因在此。他企圖把真正的自我
再度發現,把共同體回復到自然的國家之上,使文化的國族與政治的國族合而
為一。

　　這樣說來好像意識形態對民族主義的產生關係重大,但布婁理卻不以為
然。他仍舊認為政治關係和政治制度型塑了民族和意識形態,也就是日耳曼文
化傳統同日耳曼民族國家的建立無關。反之,德國的統一完全是普奧之間權力
政治、地緣政治、經濟發展的結果。俾斯麥的第二帝國贏得講德語的諸邦之信
服與效忠。雖然德國的統一是靠普魯士俾斯麥的弄權與稱霸,但他卻只是統一
日耳曼諸邦、形成德國,而非形成普魯士的「民族國家」。再說,後來德語民族
的激情已不限於德國境內,也包括德國境外(捷克的西北疆域、奧地利和瑞士
大部分地區),可以說同講德語的人,被文化(語言、種族、宗教、風俗、習慣)
激發到狂妄自大的程度,才有泛日耳曼主義之出現。由此可見文化與政治的力
量都有介入,而非如布氏只重政治、而不重文化的說法。

　　此外,我們再討論胡洛赫(Miroslav Hroch)對東歐民族主義的考察。他認
為東歐各國在民族主義的形成中,首先是學者、作家、藝人對民族的概念之營
構(第一期),不久這些概念為煽動家、教育者和新聞記者大力傳播(第二期),
最後經由中產階級、下層階級而深入廣大的群眾(第三期)。這是由上而下垂直
的發展,從文化到政治菁英、到群眾,但文化並沒有被政治所割裂(Hroch
1985)。

　　但在東歐以外的別處,情況可沒那麼簡單。哈欽遜(John Hutchinson)在
考察愛爾蘭的民族主義時,發現政治的民族主義與文化的民族主義相輔相成,

前者在追求國家的獨立,後者在把本族的道德共同體汰舊更新。文化的民族主義主要關心文化認同的問題,也關懷社會和諧以及道德的目的。政治的與文化無關的民族主義常先後出現,當政治的民族主義無法達成其目標,文化與政治行動的民族主義便趁隙而入,建構社群的文化資源、提升文化精神。一旦它的活力減退,政治的民族主義藉政治運動而介入。是故民族主義不能拘泥於政治的領域,把政治同文化對立起來,把社經活動與意識形態對立起來,都無法掌握民族主義複雜多樣的面貌(Hutchinson 1987, chapter 1; 1994, chapter 1)。哈欽遜的論述也涉及文化與現代主義的關係。文化的復興運動與倫理的更新雖然在現代較常出現,但過去也屢見不鮮。現代的文化民族主義者為了教育與動員群眾去振興國族,常要在種族的象徵、神話和記憶裡挑選某些東西,特加表揚和突顯。他們之所以必須這樣做,其實表示了

> 儘管前現代與現代的社會有重大的差異,但長期建立的文化資產(神話、象徵、記憶)卻為強而有力的制度(國家、軍隊、教會)「帶入」現代,而且被振興、被再發展,這是由於人民不時要為其有形與無形的生存而面對同樣的挑戰之緣故。(Hutchinson 2000: 661)

這種說法無疑是反駁上述布婁理對「回顧式」的(retrospective)民族主義之懷疑,以及對從古傳承至今某些文化認同因素的持續有所質疑。

事實上很多的制度仍舊能夠把族群的認同與文化傳播與承繼給歷代的群眾,這些制度也包括語文的符碼、儀式、慶典、市場、軍隊、「家鄉」等等,都會把共同的種族性傳承下來。是故文化與認同不必與現代之前的傳統割裂,也不會停止成為相續的國族提供立國的基礎(Smith 2001: 73-78)。

(四)建構與解釋

很多民族主義的知識分子聲稱國族(民族)是他們創造出來的東西,但另外許多學者指出民族是從過去文化的「實質材料」與種族情感上重新再建構起來。這究竟是怎麼一回事,是史密斯最後一項要探討的理論問題。

不錯,民族是「社會建構」(socially constructed)的東西,因為不論是永存

論，還是原生論，都是在論述各種形式（政治的、文化的、保守的、擴張的）的民族主義都有共同接受的觀點。對於民族是由人群的社會互動建構出來的說法，可以說毫無新意，是人人都知道的「真理」（truism）。不過新的理論增添了幾項元素，第一是強調社會工程，第二講究技術翻新，它們對文化製品和文本加以型塑，因之為民族主義增添新的外觀。這種社會建構的「強烈」形成比之葛爾涅說詞有過之而無不及。民族既然是社會建構的人造體，那麼也可以由人們的想像與敘述的停止而消融或失蹤。認為民族是文化的人造品，其彼此分別只在於「想像」的風格以及敘述（表述）的方式之不同，是與後現代主義同一調調，儘管它最先出現在後馬克思主義的理論框架下。

對安德遜（Benedict Anderson）而言，民族主義主要的是論述的形式，一種「敘述」（narrative）的形態，是想像政治社群是人們確定的、擁有主權的和橫的方面超越各階級的人群組織。民族是立基於世俗的「印刷（印版）共同體」之上的團體。也就是使用平白易懂的文字，由印刷出來如小說、新聞的文字與文學之閱讀大眾所組成。

這些閱讀大眾在生動的和確認的方式之下，把它們想像的政治社群（共同體）藉由文字與文學描繪出來。這些印刷的社群之出現，係拜賜印刷的書籍和報紙之流通，使僵硬的、晦澀的拉丁文市場融解為暢通易懂的方言市場，閱讀大眾人口的激增，另一方面也是誓反教白話聖經的推出與流通和國家中央語文政策的制定和推行。這使領土國家內的語言因著國語運動的風行而趨於統一。此外，對時間觀念的改變：從日出日落和季節運轉的天象觀念和事件發生起迄的感受，轉變為直線的先後與同質性時間的延續。也就是把事件連結到時鐘和日曆的測量之上（Anderson 1991，第 3 章）

安氏指出在現代降臨之前，有幾項重大的歷史發展促成民族的誕生，這包括神聖的文字（聖經）之社群（教會）的變化，以及神聖君主高高在上之中心（大帝國）的解體。這些大宗教與大帝國的衰落把政治與文化空間騰出來，而有利於民族之誕生。但與民族問題的關聯卻要依靠兩項永恆的條件：全球語文的分歧（根據《聖經》舊約〈創世記〉記載，上帝因著人建造巴別〔Babel〕塔與城，為要宣揚人的名，而變亂其口音，使人類停工不造）和普世對不朽的追求，俾忘記死亡的恐懼。只有藉代代相傳，而另建新的社群（或延續舊社群），才會達致不朽的期待。這也顯示在人們對無名戰士墓之前的「鬼魅之想像」，把

生人與亡者代代加以聯結。甚至想效法先烈殺生以成仁來使民族長存不朽。

　　這裡安德遜碰觸到原生論者把激情與輸誠交給民族所涉及的問題。原因是個人常有為家庭與民族犧牲的偉大和高尚的情操。不過是否由於家庭與國族對個人而言是那樣純潔與不懷私心，使個人可以為其犧牲而無怨無艾？剛好相反，是由於我們對家國的認同、需要和利害與共，而使我們同家庭、同民族、同國家綑綁在一起。在這一意義下，民族不但是想像、認知的社群，更是感情和意志的社群（Smith 1998: 140-141）。

　　與安德遜《想像的社群》初版（1983）同時出現的書，為霍布士邦（Eric Hobsbawm）與藍傑爾（Terence Ranger）合編的文集《傳統的發明》，對霍氏及其合作者而言，民族和民族主義不過是文字工作者與歷史學者所發明的產品。這些作家與學者發明了本國的歷史、神話詮釋和象徵事物。在 1914 年之前數十年間，這種「發明的傳統」到處流行，包括節慶、逝世者的紀念儀式，國旗、國歌、雕像、運動競賽之類。與早期的傳統不同，新的傳統是受到文化工程的精心設計與製作，刻意製造現代群眾所需的象徵、神話、歷史。這些群眾正是工業化與民主化時代國家灌輸給他們，讓他們成為順民。要之，這類發明的傳統及其內容乃是執政黨社會控制的手段。霍氏說，發明的傳統之研究是

> 高度關聯到最近新創（innovation）之物，亦即「民族」，也關聯到與它聯合在一起的現象，亦即民族主義，民族國家、民族象徵、歷史及其他。所有這些事物都靠社會工程（social engineering）而存在。社會工程常常是刻意的和永遠是汰舊換新。原因是歷史的新鮮處正隱涵著更新的事物。（Hobsbawm and Ranger 1983: 13-14）

　　使用「發明」這個字眼意謂民族和民族主義的歷史運動是離經叛道，也是群眾錯誤的意識。問題是民族是不是被發明出來的新事物，創新的事物？霍氏把這種人群現象與工程師的創新與發明相提並論（是故有「社會工程」（social engineering）一詞）未免太機械化、太簡單化認為文化工作者可以隨意炮製這種複雜的人文產品。這樣做便完全排除民族和民族主義中的人民之感情和意志，彷彿群眾只是被社會菁英隨意擺布而已。

　　霍氏覺察到他由上向下的理論之缺陷，遂提出早期「原型民族（proto-nation）

之聯結」與現代「民族」不同之解釋。早期的人群聯結靠的是區域的、宗教的、語言的相同。反之，今日的民族最大的特徵在追求領土與實行政治的組織。至於早期原型、民族的聯結延續到後來的民族，使兩者有必然的關係之例外，在歷史上也有幾個，霍氏指英、法、俄、塞爾維亞等國，它們重大的制度（國家、教會）得以存活下來，或是它們過去的歷史所形成的記憶能夠續存在現代中，成為其後群眾的民族主義之基礎。不過除了這四族之外，其他各族都缺乏「有效的歷史承續」（effective historical continuity）。這正說明民族主義是現代的現象，而與前現代無必然性的關聯。

對霍氏學說的批評是「有效的歷史承續」對民族的創造真的那麼重要嗎？就算客觀的歷史性扮演重要的角色，但群眾對歷史的敘述一定會有感情上的「回響」（resonance），這就是「種族象徵論」（ethno-symbolism）的主張，為史密斯所服膺、所堅持的學說。此一學說之主旨為民族與民族主義的權力與持久之解釋必須要能夠打動人心，群眾才會被說服、被吸引。此外，這一學說還指出民眾及其文化對民族之重建也有貢獻。一民族的菁英要能夠提出讓該族的群眾可以接受的民族形象與敘述時，他們才能夠領導群倫、發揮其影響力。

這一學說的中心論據為認知（cognition）與感情（emotion）之間的關係。吾人如想掌握民族主義深刻與廣泛的訴求（吸引力），我們不能只在認知方面，或是以利益為根據的理論模型中去尋找。我們必須理解民族主義涉及集體的行為，且立基於一個道德社群的集體意志之上，以及推想的祖先群體共享的感情之上。這就是說我們有必要去理解民族是一個諸公民形成的神聖社群，這一社群帶有政治的形式。

民族象徵主義把分析的焦點，從研究對象（民族與民族主義）的外部之政治、經濟、社會生物的的因素，轉到包括象徵、記憶、神話、價值與傳統的文化因素。這是社會歷史與文化的分析。它脫離現代主義只重菁英的研究，而注意到菁英與群眾的互動；其次，它的研究集中在長期考察與比較之上，才能把種族與民族在歷史上的地位，以及過去、現在和未來的關係加以釐清；再其次，為了分析目前的民族，有必要把民族的起源，追溯到早期文化集體，也就是種族群體或簡稱「種族」（*ethnie*）。此外集體的激情和輸誠也是象徵論所關懷的。最後，這一新的研究典範（paradigm）關心的是種族與民族認同體之群眾的、道德的與感情的面向。這些可以稱做是文化認同體（cultural identities）。那麼有

關文化認同體是否保持不變，還是有所變遷，是種族象徵論者企圖掌握之所在。

　　史密斯的種族象徵論關心的是歷史當中的民族之本質與角色。他承認了民族主義的現代性、意識形態、運動和象徵主義，以及大部分民族近期才告形成之事實，但他卻注意到民族主義出現之前民族存在的可能性，但這只是個個別案例。一般而言，他所聚焦的是前現代種族連繫和種族對其後出現的民族之影響，以及對其後出現的民族主義之影響（Smith 1986；1991；2001: 57-60）。

　　象徵論首先討論文化繼續（承續），其次解析再現（recurrence），最後研討與解釋這三項涉及民族與民族主義的問題。要了解一個民族是否擁有文化的持續，只要觀察其專有名稱（譬如：漢族）、語言符碼（漢語）和種族景象（漢族分布的區域），這些文化構成要素常會繼續流傳，即便該民族已消亡，例如迦太基早被消滅，但其所屬普尼（Punic）文化仍舊存留下來。

　　種族和民族的再現是複雜的。這不能只在中世紀或更早時刻尋覓某族之根源，而是討論集體文化認同有無具有民族的形式，而該族群在某一洲（例如居留在美洲的華人）、某一時間有無再度出現的情況。換言之，民族的概念牽連到任何歷史階段某族的文化資源的形態與人群結合的方式。這種形式是結合過去、現在、與未來。例如猶太族出現在古代，其後喪失了民族的形式，及至現代才又重新出現，甚至重建國家——以色列。在這一意義之下，民族是不斷再現的人群組織，而非社會與政治體之延續。

　　最後談到再解釋的問題。這是某族的知識分子與領袖嘗試為其族群尋找「本真的」（authentic）歷史，企圖將這種歷史聯結到過去輝煌的「黃金時代」，為的是使社群更新振興，而恢復「光榮的命運」。他們為每代選擇在其種族文化的範圍內之重大事故，將之去蕪存菁，終而炮製有利本族發展的資料。這種再解釋無異為意識形態的宣揚，卻是鼓舞人心、動員人力、造成人民認同本族的手段。它進一步燭照個人在群體中之地位，以及本族之異於外族的特徵。

　　種族象徵論與一般的社會建構論不同，在於強調民族脫胎自種族，只有觀察前現代的集體的文化認同體之「種族」（ethnie），也就是有特定名稱的族群（聯繫到某一領土，同享祖先的神話、歷史的記憶和共同文化的要素），才能瞭解由此種族生成的民族。這裡所提及的種族，除了血緣之外，最重要的是語言，是故安德遜曾經說過「一開始民族便是以語言，而非血液被感知的」（Anderson 1991:145）。也就是說民族是由一群種族群體特殊發展而成，種族的社群在歷史

上先於民族而出現，成為民族發展的基礎（Smith 2001: 78-86）。

八、民族主義和現代性

在強調民族主義與歐洲 18 與 19 世紀啓蒙運動的關係時，顯示部分學者把西洋近世新轉機——現代化（modernization）、或現代性（modernity）——看成為民族主義湧起的源頭。另外也認為民族主義的興起推動了現代化與現代性的向前邁進，是故民族主義和現代性有相互影響的辯證關聯。

現代性、現代化都常牽連到現代主義（modernism）。現代主義以兩種——歷史的先後與社會學意味——的形式出現。作為意識形態、運動和象徵主義，民族主義出現在 18 世紀美國獨立與法國大革命之時，應當算是近代或現代時期，所以是當代的產品，這是歷史編年體（chronology）的說法。其次就社會學意義而言，民族主義的思潮和運動具有全新的性質，它是與過去封建社會分開，並以完全新創（innovation），而非新瓶裝舊酒的現象出現，也可以說民族主義是現代的產品。不只民族主義，就是民族、民族國家，以及國際關係、國際共同體都是現代性的產品。法國大革命產生的不只是新的意識形態，而且是新的國族、新的集體認同、新的政治體（polity）、新的民族國家之秩序。這些新事物的聯結反映了現代性的新秩序，它們也反射了現代性的諸特徵（Smith 2001: 45-49）。

正因為民族主義與現代性關係密切，所以研究現代性與現代化的史學家、哲學家和社會科學家也紛紛把民族主義當成研究的對象。只是在第二次世界大戰後的四分之一世紀（1945-1970）中，致力民族主義研究的人士，絕大部分為歷史學家。這些歷史學家有雷農、寇恩（Hans Kohn）等人。雷農雖是 18 世紀下半葉巴黎大學的教授，但他對「民族特性」（nationhood）與「國家特性」（statehood）的分辨仍具深意。前者涉及一大群人的「道德意識」，後者則指涉政治組織；他又指出民族認同的構成要素為「歷史特性」（historicity）。民族雖是歷史過程中建構的事物，卻是人群每日行動的指針，無異為「天天的公民投票」。這是涉及集體行動自願的自動的指導原則。個別行動者對先進社會的族群之認同，是經由自願行動，自動自發去達致的地位（achieved status），而非別

人橫加配置的、賦予的、指定的地位（ascribed status）。

　　如果以雷農這個說法來看待歐洲的現景是相當的貼切，因爲今天歐洲各國的國族認同正處於結構（歐洲統合）與相互主觀（二十五個成員國的擁有主權，堅持本族的文化、語文，但也尊重其他成員國的主權、文化、語文、習俗）的轉變階段，這種的民族主義絕非狹隘的國家主義，而毋寧更重視人群自動自發的認同、選擇。這種雙重的認同，在超國家的層次上，認同歐洲聯盟，使成員的國民自稱爲歐洲人。但在國內的層次上則認同地區的族群，自稱爲德國人、或巴伐利亞人、英國人或威爾士人。

　　歐洲或一般西方國家在遭遇經濟衰退、景氣不佳的時候，發現外來移民與授與公民權的問題趨向嚴重。這些涉及移民與新住民身分的問題，已超越了內政與經濟，而涉及社會與文化的政策，甚至導致右翼黨派聲勢的重振，企圖訴諸民族主義、排外主義，而限制外人的遷入定居與同化。

　　「蘇東波變天」不只使共黨一黨專政垮台，也使自由化與民主化深入社會各角落，更使過去被共黨強力壓制的民族，像雨後春筍般地茁壯起來。滯留波羅的海等地的俄國人，與當地住民勢如水火、相互殘殺。而高加索地區的格魯吉亞以及莫爾道瓦等地之族群紛爭，以及車臣、韃靼等族抗拒俄人的壓迫，尋求獨立建國，加上傳統上烏克蘭人與俄人之嫌隙都演變成慘烈的種族衝突。更嚴重的是前南斯拉夫的解體，使塞爾維亞一國稱霸，塞國強人，也是今日國際社會頭號戰犯的米洛塞維奇，便以種族問題而引發戰爭，包括藉口科索沃地區塞族受當地多數民族的阿爾巴尼亞人之壓迫、欺侮，展開對阿族穆斯林的血腥屠殺（Ballentine 2001: 81-86）。

　　巴爾幹半島，在兩次世界大戰之後，再度成爲歐洲的火藥庫與屠宰場。直到歐盟和聯合國的介入，才勉強維持和局。此外捷克與斯洛伐克分裂成兩個國家，正說明 20 世紀最後十年間，東歐、中亞的民族主義的火焰之高張。

　　季理諾夫斯基（Vladimir Zhirinovsky）在 1993 年俄羅斯選舉中之勝出，特別是中壯年人的盲目擁護，顯示舊蘇維埃帝國僞民族主義（crypo-nationalism）的死灰復燃，企圖要把獨立的波羅的海三國再度消滅，而收入俄國版圖中。由此可知 20 世紀最後十年，以及 21 世紀的開端，被視爲歷經四十年之久冷戰期間被「冷凍」的民族糾紛，再度解凍，重新活躍起來。這不只是國家的分裂或統合，國界的重新分劃，更是集體認同、民族與種族重新界定所滋生的問題。

　　嚴格地說，過去半個世紀中至少有三波民族主義運動出現，第一波為二戰結束後，第三世界脫離殖民地獨立建國，在 1960 年代達到高峰，這也包括推翻本國腐敗舊政權的國家（伊朗、尼加拉瓜）。第二波則發生在 1960 年代至 1970 年代中，這是地區自主的社會運動（包括反越戰學生運動、少數民族追求平等的社會運動、婦女與環保運動），發生在一向自稱為自由民主的西洋先進國家（美、加、德、法、英）中，包括實施民主化不徹底的國家（西班牙）中。第三波則為 1989、1991 年蘇東波的變天，其引發的是宣揚共產主義，實施共黨專政的蘇聯與東歐所形成之第二世界（共產世界、社會主義國家組成的陣營）的解體與重組。

　　戰後這三波的民族主義運動與傳統上對民族主義造成的禍害相比，這三波的民族主義運動在較短的時間中完成，也沒有造成廣泛的軍事衝突與大量的血腥屠殺。但其中也有例外，像北愛爾蘭、西班牙的巴斯卡、斯里蘭卡、喀什米爾、印尼的亞齊（北蘇門答臘）、菲律賓的摩洛、俄國的車臣、以巴糾紛等。這些地區雖有大規模的流血衝突與廝殺，但大體上沒有溢出國界，造成鄰國或臨界區域的戰爭。

　　值得注意的是，無論是第二波西方資本主義國家中的新社會運動，還是第三波先進的社會主義國家的民族主義運動，都是在同一時期中以成雙成對成組（set; cluster, clustering）的面目出現，而較少是單一的、孤立的現象，這一事實應該會引起社會學者的注目。換言之，比較工業先進的自由社會，與社會主義發達的共黨社會所產生的兩種民族主義之異同，進一步觀察其間的關聯，是最近用社會科學方法來研究民族主義與現代性的學者之關心所在（Tiryakian 1995: 210）。

　　民族主義運動在過去半個世紀中已經歷了上述三個時期（三波），其研究同樣可以分成三代的學者不同的詮釋。第一代為歷史學家寇恩、海伊斯（Carleton Hayes）、夏佛（Boyd Shafer）和霍布士邦。第二代則以阿姆斯壯（John. A. Armstrong），布婁理和史密斯、葛爾涅為主。1990 年代以後出現的第三代則為布拉斯（Paul R. Brass），卡爾漢（Craig Calhoun），寇諾爾（Walker Connor），葛林飛（Liah Greenfeld）等為主的新學說與新理論。

　　第一代的學者對民族主義在先進工業社會的再度浮現沒有心理上的準備，他們把民族主義當成集體的行動中情緒性的力量看待，也就是以負面的眼

光看待它，視它爲社會破壞社會進步、反進步的力量。寇恩視民族主義伴隨民族國家而興起，卻一再分化國際互賴與合作的勢力，也是造成緊張關係的原因，對國際衝突的合理解決沒有幫助，當然也是阻止任何國家稱霸、或宰制寰球的重大因素（Kohn 1968〔11〕: 63-70）。夏佛則強調西方的舊民族主義與第三世界新興國家的新民族主義之不同。他承認民族主義對民族與國家的現代化起著重大的作用，他說：

> 民族主義是個人對安全與社會接受內在的需要、經由學習而得的現代反應，也是對外頭要求同形（conformity，隨波逐流，而非標新立異）與公共服務的刺激之回應。……對一些個人而言，民族主義產生自挫折與創傷的經驗。……不容忍的民族主義可以限制人民物質的發展與創造力是無人敢予以否認的。但這並不是它主要危險之所在。民族主義常導致諸人群之間的衝突。……〔它的〕吸引力是強大的，因為它提供或可能提供（給公民的）的是安全、自由和希望。（Shafer 1996: 31-42）

　　在敘述民族主義導致個人無法適應社會、無法參加社會活動之外，夏佛指出它是國際衝突的導火線。只有穿越民族主義、超越民族而成立「世界國家」、或「世界宗教」，人類才能達致永久和平之希望。

　　霍布士邦追溯過去兩百年間西方民族主義的演變，早期爲民族性與民族的愛國主義之發展，其高峰爲 1918 至 1950 年，這段時期並非好戰的民族主義，而是「排外的民族主義」之出現，也是「右派的政治運動」，它們排開其他政治與社會的認同，而霸占人民的認同。右派的論述因爲同法西斯主義和殖民統治牽連，因此在 1930 至 1970 年代被左派的論述所揭穿，蓋左派所談之民族主義爲民族的解放，而 20 世紀上半葉右派的民族主義運動，「基本上是負面的、或是分裂的……它們大部分拒絕政治組織的現代方式，不管是國家的、還是超國家的……它們像是對虛弱與害怕的反彈，企圖爲現存世界的力量樹立阻礙，予以拘束」（Hobsbawm 1990: 164）。

　　霍氏把魁北克獨立運動視爲違反歷史潮流的「小資產階級」語文之民族主義。他又把南斯拉夫共黨之控制，而防阻種族不和視爲典例，正顯示這位馬克

思主義的歷史學家眼光之短淺。因為他著作出版不久，加拿大舉行公投，魁北克要求獨立聲勢大好，同時舊蘇聯崩潰後，南斯拉夫緊接著爆發了內戰。上述諸人對民族主義是採取一種形而上（後設）的理論（metatheory）加以體會，因之可說是「黑暗的傳說」（dark legend）之引申（Tiryakian 1988: 1-17; 1995: 211, 215）。在這種理解下，民族主義是型塑現代的民族國家的主力，是法國大革命衍生出來的進步力量，可是在這段「創造的時刻」之後，這股力量不是在國內攻擊民族國家（分離主義），威脅民間社會（排斥某些社群對社會的參與），便是對外擴充領土，由是民族主義變成退步，甚至反動的勢力。作為鼓動群眾的力源，如今民族主義成為破壞穩定、製造糾紛的勢力。它成為反現代化、反民主、反國際合作與反大同思想的價值取向，強調特殊主義比普泛（寰宇）主義更為優先，這種看法與第一代學者在兩次世界大戰危疑震撼的歐洲之經驗有關。尤其是法西斯主義在法、義、中歐的橫行，使得民族排外的情緒高漲，都是第一代學者對民族主義評價極為負面的原因。

對柏林（Isaiah Berlin）而言，民族主義同種族主義不會消失於人間，這兩者都是當代「最具威力的運動，穿越各種不同的社會體系」（Berlin and Gardels 1991: 19）。不過他分辨侵略的與非侵略的民族主義，後者也是賀爾德反對把法國革命寰宇化的說詞。蓋賀氏主張民族主義奠基在文化、語文與共同記憶，而非血緣、種族之上。他理想中的大同社會為中古時代的普世教會與拉丁語文，成為各族溝通的橋樑，但是他也說：「我們無法把歷史的時鐘撥回過去。不過我不想放棄這個信念，那就是世界為諸多彩色繪製的和平外套，每一部分有各族特有的文化認同之色彩，大家都容忍他人的認同，這種信念不會是烏托邦的美夢吧！」（*ibid.*, 21）。

1970 年代與 1980 年代出現的第二代學者，卻採用社會科學分析的、比較的、經驗的價值中立之方法，對民族主義進行鉅細靡遺的探究。其中有兩方面值得注意，第一，學者從事大量精緻的、多學科的經驗研究，其採用的理論模型與分析工具，對當代民族主義的復活有解析與燭照的作用。第二，在處理民族主義現象時，有「素質上的變更」（qualitative shift）。也就是企圖觀察現代民族主義運動，在組織上與行為上的特徵，行動者的理性考量，如何從情境的劣勢下，修改行動路線，而不像第一代學者把民族主義當成集體「偏離正道的行為」（deviant behavior）來看待，而是就集體所呈現的行為予以觀察描寫、分析，

把民族主義運動當成現代化過程的一部分來解析。

　　1968 年在歐美所掀起的學潮與中國文化大革命隔海遙唱。學潮之主旨在反對「建制」（establishment），反對政治上與學術上的權威，對現代的、工業的、資本主義的社會所呈現價值的全盤否認，由這一學潮引發衍生的女性主義、環保、反核等運動終於使西方世界經歷了民族主義新的波濤洶湧。與過去民族主義在建立「中心」，而忽視「邊陲」不同。這一波新潮流的民族主義鼓吹邊陲地區保留其文化特色，振興經濟活動，以有別於「中心」的專橫。地區不再是遙遠的地理疆域，而是列入國界的領土。其住民由於歷史、文化、制度，而化做一個「國族」，是故在政治參與的過程之外，也進行串連與組織，俾獲取政治、經濟與文化的自主。這種要求常是表現在集體的埋怨與憤懣之上。也就是對中心不肯照顧、不肯公平處理的反彈。這與過去只圖民族獨立和建國的民族主義不同，可以稱爲「少數〔族群〕的民族主義」（minority nationalism），或是「次民族主義」（subnationalism），或是「族群民族主義」（ethno-nationalism）。

　　少數民族，或一國的社群對中心（中央政府）有關資源合理分配的要求、自治甚至自主的要求，常表示對多元文化、多元種族的社會之同化與吸收的拒絕。這些運動的首領使用的論述（言說）、基本上與反殖民的民族主義（戰後第一波）沒有重大的差別，也就是要求區域被壓迫的住民及其文化的「解放」。在第二波的民族主義運動中還使用青年馬克思的口頭禪「異化」（alienation）。指出一個異化的社群，就是工業社會中過分放縱的個人主義，俾與去掉異化（本真的 authentic）的社群——一個與民族合而爲一的人群團體——做對照。這種本真的社群正是左派所強調的社會，一個重視社會正義和社群價值、反對社會垂直上下統屬關係和權力集中的群體。

　　簡言之，在 1970 年代和 1980 年代歐美的學者爲民族主義運動重加評價，穿越舊的評價（transvaluation）。民族主義運動轉而像當時的新社會運動一般，企圖在「後工業時代」擔任民主體制的保證人和振興者之角色。

　　與新的（第二波）民族主義運動攜手共進的爲第二代的學者，其著作圍繞著兩項的研究焦點：其一爲現代化與現代性，另一爲理性（合理性）。在他們的心目中，新的民族主義運動既是現代的，也是合乎理性。傳統的看法強調民族主義的崛起爲現代化的過程，其重點擺在經濟發展之上。由於經濟的快速發展，而帶動政治與文化的變遷。在現代化的過程下，地區的、文化的、世襲的差異

對行動者而言最終都是毫無作用，因爲現代的工業體系會造成愈來愈大的廣泛體系（「世界體系」）。個人與群體的認同也會隨著分工與市場上占據的位置而改變。不只在國內區域或賦予的歧異在時間過程中逐漸消失，甚至隨著後期資本主義的發展，國族之歧異也遲早會消失，這正反映在生產和消費模式全球化、一體化之上。

　　第二代的學者在討論民族主義時，並沒有排斥現代化，反而視民族主義的崛起不但聯結到，而且導致社經發展諸特徵的顯現。葛爾涅認爲民族主義同「初民因素」（幼稚心態、食古不化的觀念）無關，反而是「社會創新形式之後果，這種社會組織的新形式係立基於內化的、受教育的高級文化之上，而受到他們的國家之保護」（Gellner 1983: 48）。他便認爲民族主義是一種主要的力量，用來「規定現代世界中政治單元合法化、正當化的規範」（ibid., 49）。民族主義是現代性用來正當化高級的文化的函數，這種高級文化乃是由於工業革命產生後，勞動力的流動，與勞動技術普遍化、一致化，而產生知識水平的提升。不過它也不是現代性經常的勢力，因爲在工業化初期邊陲地區藉民族主義之鼓吹、來抵抗工業中心所賦予的壓力。是故民族主義成立的國家，最先「並非是高級文化的保護者，而是剛剛〔工業化〕開始時脆弱的經濟之保護人」（ibid., 12）。

　　奈恩（Tom Nairn）的分析與葛爾涅相似，不過他借用葛蘭西的霸權學說來爲邊陲的民族主義運動加一把勁。他以蘇格蘭爲例，指出民族主義是邊陲地區「社經與政治進化強制的模式」。民族主義動員了廣大的文化戰線，包括種族、語文及其他有異於中心的事物，俾沖消資本主義核心所產生出來不平均發展的弊端。藉由民族主義的發展，也就是「典型的落伍地區、或早期的省份在覺醒過去的退化落伍之後，而躍進現代中」（Nairn 1997: 141）。這說明了民族主義與現代性之間的辯證關係。

　　奈恩指出 19 與 20 世紀蘇格蘭民族主義的成長，與其他地區、或國度推動之民族主義運動大異其趣。原因是後者發動民族主義運動，或是在補償其地區之落伍，或是動員民眾迎頭趕上，直追工業中心之現代化。但蘇格蘭的資產階級和知識份子早已融入英國的建制之中，所以要遲至現代，當蘇格蘭的資源（石油）落入他族掌控時，而其發展又較英國緩慢時，蘇格蘭的文化認同才罩上一襲政治的新衣，也就是由文化的民族主義轉變爲政治的民族主義。蘇格蘭「新民族主義」（neo-nationalism）崛起之容易，是由於缺乏競爭的對手、以布爾喬

亞為主宰的自由主義已告消退，而在國家層次上倡說的社會主義失效所造成的結果（Nairn 1977b: 179）。

由於民族與國家是相互一致、重疊的民族國家，在今日世界中為數不多，因此視民族國家為人類最終團聚的組織形式，還有待商榷，儘管當今之限制民族國家的獨立自主之國際約束尚未出現。過去使民族國家得以存在的安排，包括某一種族因為建構認同與制度而進行文化稱霸，至今尚未確定。這些民族主義牽連的安排常受著很多因素的制約，其結果或是有效控制、造成穩定，或是企圖建立民族的文化，俾為國民的認同和團結提供象徵。

可是近年間在不少國家中這些因素的實現卻引發爭論，原因是先進社會總人口中，所占比例愈來愈小。在國內占有優勢地位的稱霸（主流）族群的人口比率降低，使他們有瀕臨絕種的憂慮，從而在先進的社會裡出現了保守的民族主義，也就是多數族群居然發展「圍城心態」（siege mentalry），遂主張限制外人的移入，並限制外人的種種權利。這種「圍城心態」也產自少數族群要求平等待遇之上。滯留在波羅的海三國以及中亞信奉伊斯蘭教共和國的俄羅斯人，便發展出這種心態和保守的民族主義。

另一方面歐洲聯盟的出現對現代性的發展途徑有了新的定義。一旦泛歐洲的認同湧現，表示一方面返回中古歐洲一統的舊傳統，另一方面由於經濟、法律、政治、教育等新制度的建立，而使歐洲進入嶄新的現代性之中。在廣義的歐（亞）洲大陸上將出現兩種互動的社會經濟體：一為歐盟，另一為獨聯體（前蘇聯瓦解後十五個成員組成的獨立國家聯合體 The Commonwealth of Independent States）。這是集體認同（包括多種族、多地區認同體，超越傳統民族國家疆界的組織）之多樣選擇（multiple options）。

因此，在未來五十年中歐洲的集體認同將有重新結構之趨向。美國社會學家狄掠建（Edward A. Tiryakian）樂觀地指 2050 年所可能呈現的場景為一個立足於政治上聯合（合眾的邦聯 confederation）的統合經濟體系。在這個新體制之下產生了新的泛歐認同，擁有平等的政治權利和地域兼文化的認同。歐洲的統合將需要新的制度、新的安排、新的象徵與新的機制，為的是既可統合又可與世界其他國家區隔。這將是 19 世紀民族國家發展潮流以來現代化的另一波高峰，它不只要求集體認同的轉變，也要求政經結構的改變。

除了歐洲之外，北美自由貿易區、東南亞自由貿易區、拉（中）美自由貿

易區紛紛設置，東亞自由貿易區也在倡議中，這些都可能效法歐洲聯盟的作法，而使區域經濟的認同超越國族的認同（Tiryakian 1995: 223-224）。

九、民族主義與後現代主義

　　歷史學家麥克內（William H. McNeill）曾預言民族的失蹤和民族主義的消亡，因為這兩項事物是 1789 至 1945 現代歐洲的產品，也是現代文明的產品。文明是以城市為中心集中財富與權力，而吸引外來勞工遷入，造成多樣種族（polyethnicity）的現象。在西元 1000 年左右歐洲出現了「騎士的革命」，之後文明的社會屢次受到游牧民族的侵襲與征服。城市瘟疫死亡的市民需要鄉下移民來補充，形成多種族的城市文明。其後貿易的互通使遙遠地方的商人社群帶著其本族的宗教和文化到處散居。是故現代之前的文明及其勞動專門化造成多元的文化，以及技術好壞造成的種族上下不等的垂直結構。只有離開文明中心遙遠的國度像英國、丹麥、瑞典、或日本才能夠維持種族的單純與同質性（homogeneity）。

　　只有在 18 世紀初才產生了種族同質的人口所形成獨立民族的想法，這是由四種因素造成的。其一為古典的人本主義，以雅典、斯巴達、古羅馬的市邦中市民的團結為顯例。其二，通曉方言，及能夠閱讀與寫作的人群之出現，成為其後崛起的民族菁英。其三，西歐人口的迅速膨脹，使鄉下同族的人口遷入城市，也成為後來造反、革命的多餘勞動力。其四，軍事上的徵兵與訓練，使服役的民眾重視團結與同袍情誼之重要。這四項因素在 18 世紀末促成民族主義的誕生，由法國擴散到整個歐洲。其後民族國家彼此征戰，為鼓勵本國士兵勇敢犧牲，民族團結、民族統一的神話遂到處飛揚，既可以維持國內的和平，又可以加強國力（McNeill 1986: 51, 56）。

　　所有的民族與民族主義高唱入雲之景象，在 1945 年第二次世界大戰結束之後便消聲匿跡。兩次世界大戰中暴露民族與民族主義所支付的慘重代價。納粹的殘暴與戰爭的慘烈所引起的反感，導致人們認識到戰爭的恐怖，成千上萬的役男走上戰場，為獨裁者、軍國主義的頭目流血流汗。這是多種族群的聚集，也為戰後幾百萬「客工」（Gastarbeiter）湧入德、法、英、義等國家的先驅。

由於生育率高和大眾傳媒的報導,使土耳其、前南斯拉夫、甚至中東的阿拉伯人大舉侵入歐洲土地。稍後跨國公司和國際化部隊的進駐,也使自給自足的強權難以閉關自守。這些都是顛覆民族國家的權力與統一之主要因素,也為民族的多元化之先聲。

對許多學者和麥克內而言,民族的統一是歷史長流中的一個小水滴,是人工刻意炮製的意識形態。社會的實在(實相)只有多樣種族的垂直存在(polyethnic hierarchy)。這種情況甚至出現在民族國家誕生地的歐洲,其他地區更勿論矣!

史密斯認為麥氏視多種族垂直關係為取代民族統一的說法有商榷的必要。因為這兩者是可以並存之事項。原因是種族特性含有「蒜頭的特徵」,是可以形成認同與忠誠的好幾圈「同心圓」,外圈包圍中圈,中圈再包圍內圈,層層地組成。這不是「多項的認同體」,蓋多項的認同體為人群不同(階級、信仰、性別等)的忠誠之相互競爭、相互排斥。反之,種族特性可以在不同的層次上操作,外面較為寬廣的種族性可以包涵內部較為狹隘的種族。例如一個人可以是氏族、族群、民族國家的成員,同時也可以泛國家聯盟的一份子,他是一位蘇格蘭人,也是一位英國人,乃至一位歐洲人(Smith 1988: 200-201)。

史密斯不認同麥克內以「零和」觀點來看待種族特性與民族,因此他也不贊同 1945 年以後,甚至 21 世紀為民族與民族主義消失的世紀。不過他認為麥氏的歷史三期說——現代之前多樣種族的垂直關係,現代民族的統一和後現代的多樣種族垂直之再現——都為 1990 年代研究提供歷史的脈絡。其中涉及的議題有以下四項:

1. 目前民族遷移對民族國家的影響,造成國家認同的粉碎和多種文化的出現;
2. 女性主義的分析,以及性別的議題影響了國族計畫認同與社群,從而性別關聯的象徵主義與婦女咄咄逼人的要求也引人矚目;
3. 居於主流地位的規範性與政治性的爭辯,也就是涉及公民身分和以種族有關的自由之爭辯,以及它們與自由民主之關係,成為學者關懷之處;
4. 全球化趨勢的衝擊和「後現代」超國家的計畫對國家主權與國族認同的影響。

事實上最近十年間西方學者對民族與民族主義議題的討論，並不是完全拒斥這兩者與現代性、現代化的關係，而是企圖超越民族與民族主義現代論，預想「後現代」社會可能的發展。不過這種預想、設想會把現代主義的假設打破，或化做爭議性的事物，原因是現代主義建立在視民族為一社會實在，而民族主義的意識形態有其存在與力量。

(一)民族認同的粉碎化與混雜化

巴布哈（Homi Bhabha）質疑有所謂的「民族認同體」之存在。這個首先出現啓蒙運動中的概念，企圖把他者、他物（other）收編在任何一個概念中。是故民族主義者認為民族是「他者」、「他物」所建構、所界定的，目的在把他者收編在本族裡造成民族與文化的同質性，這是子虛烏有的要求。須知文化的歧異是無法消除。是故每個國家中的民族認同體有混雜的性質和模糊曖昧的地方（Bhabha 1990）。

巴布哈認為民族認同體是人們的敘述組成的，它們在「雙重的」和「分裂的」指意（指標）之下操作，也就是分裂於過去和現在、本身與他者、教育性的與表現性的敘述中。民族主義者的民族認同體之說法常被後來成立的社群成員言行所挑戰，甚至分解為文化成分。過去殖民地的人民、移民，政治庇難者會把同質的民族認同體之傳統的敘述腐蝕掉，而暴露這種認同體的零碎化與混雜化，今日每一集體的文化認同體（例如漢族的中華文化）都是複雜的、多元的。民族認同體是置入於「憂心的國家」中，遂變成為變動不居、險象環生，而又混合濫交的事物。民族認同體包攝了邊陲（前殖民地）的文化要素（這些邊陲文化要素既無意併入，也不願被同化），所以既零碎化，也無法吸引人心，成為凝聚人民的黏合劑（Bhabha 1990, chap. 16）。

與巴氏相似討論文化的雞零狗碎化為查特基（Partha Chatterjee）的著作。他敘述西方稱霸的民族主義與第三世界本土菁英特製的民族主義之關係。在其早期作品中，查氏發現亞、非的民族主義論述衍發自西方模型，但卻反對對「物質」世界之宰制，而對照 19 世紀中葉以來亞、非本土菁英所鼓吹的深植於本族文化的「精神」領域之論述（discourse）（Chatterjee 1986）。

稍後，查氏在另一本書中，透過詳細分析語言、戲劇、小說、藝術、宗教、

學校與家庭，把印度班加爾邦的民族主義勾勒出來。印度的菁英利用本土與西方的模型，把「民族文化內在的領域」塑造成一股新的、具有創意的力量，既是現代的，又是非西方的。同時這個主導性的印度民族主義之論述卻是受到政治上的邊緣群體所影響，這些群體包括班加利人、婦女、農民、化外之民，也就是「民族的零碎份子」。他們的熱望終於落實在印度的民族主義之內。這種印度的民族主義及其文化的創造早於印度爭取獨立的運動之前，早於引發國際衝突之前。因之，同他者的碰面、銜接固然重要，但衡諸印度民族主義的產生，這個他者不一定是西洋人，也可能是本土社群的傳統文化，以及主流之外的邊緣人（Chatterjee 1993, chaps. 1 and 5）。

　　文化的不同使民族雞零狗碎化。但後現代主義的理論家像霍爾（Stuart Hall）和巴利巴（Etienne Balibar）等人卻全力支解或分化種族特性。對他們而言，種族特性乃是像泥巴或橡膠一樣可以捏塑的建構物，其意義完全視引用人所處的情境和個人同群體的權力關係而後定。它是在很多相互競爭的認同體當中的一種，其意義也在與其他認同體（特別是階級與性別）分析辨別之後而得出的。種族的特性由於不斷在改變，具浸透性和隨情境而變，因此沒有本質和中心可言，沒有藏在背後的特徵，也無共同說法。對巴利巴而言，只存在著「幻想的種族特性」之論述。他不認為任何的民族在自然方面擁有一個種族的基礎。當一個社會形構變成了一個國家，其人民會根據種族而分裂或被宰制，也就是根據過去或未來假定會形成一個自然的社群，擁有起源、文化和利益之認同體。總之，種族特性是經由兩條道路產生出來，其一為語言共同體，其二為種族。這兩條路創造了先定的、自主的社群。

　　同樣霍爾也指出，種族特性之感受不過是稱霸的民族認同之表述，例如「英文族」（Englishness），是因大英帝國一度揚威寰宇而得名，事實上它包含了愛爾蘭、蘇格蘭、威爾士以及加、澳、紐海外講英語的各族在內，但這個英文族卻突顯了不列顛英國人的霸權地位。不過霍爾卻也看出西方國度中有關表達、代表、表述的「認同體政治」（identity politics）用來建構「邊緣的、邊陲的種族特性之正面看法」。這類自願而非被迫的種族特性牽連到「新的文化政治，其主旨不在壓制〔彼此的〕歧異，而是正面接觸這些歧異。這個文化政治部分仰賴新的種族認同體之文化建構來展開」（Hall 1992: 257）。

　　總之，民族或種族認同體之優勢的論述（言說）受到邊陲種族特性的論述

（言說）之挑戰，這些邊陲種族特性乃是一般民眾經驗的產品，也是促成大家對多樣不同種族、文化多樣性（diversity）的矚目。這也是多元文化論（multiculturalism）的基礎。不可否認的事實，古舊的、傳統的單一與純質的民族觀，逐漸讓位給國族中含蘊多種文化群體、血緣與地緣群體，以及各種族群之後現代分析，這是西方民族塑造最近階段所研讀的。不只在西方，就是東方的印度和中國，對民族的指認、標示、看法和解釋也要隨局勢之變遷而更改。

(二)性別與民族

由於民族的零碎化，一個與零碎化重疊的問題為性別與民族的相互衝擊。女性主義出現之後，一直到 1980 年代中才出現一大堆相關的著作。女性主義者開始埋怨民族主義的理論忽視婦女在涉及民族的事務中扮演的角色，以及忽視性別的裂痕對民族與民族主義的瞭解。

首先涉及婦女在民族主義中的角色。在非西方的民族主義中，婦女曾積極參與反抗運動，俾政治獨立、國家自主和社會現代化得以展開。不過民族主義的運動對婦女的解放卻持不同的看法，歐爾比（Sylvia Walby）指出：西方古老的民族之成形拖延很長的時期，以致婦女的解放只有在「再結構的後期之會合」中出現。反之，亞、非的婦女在國家獨立之後，馬上獲得充分的公民身分與權利，她說「提供所有的人以完整的公民權，是從前受異族」統治的殖民地人民能夠主張它是一個國族的途徑之一（Walby 1992: 91）。

與此主張不同的講法是由於古代土耳其便是男女平權，因此婦女有特別的訴求，土國的民族主義者才會讓步，而給婦女完整的權利。特別是土國民族主義者的持續關懷結合伊斯蘭教婦女的論述，視婦女的行為與地位和集體的真正認同合一，故土耳其獨立之後，真正做到男女平權的地步（洪鎌德 2003b）。

其次，論及民族的女性之象徵主義。象徵主義和意識形態把婦女置入於民族和民族主義的行列中。這兩項事物是把婦女當做種族與國族計畫的創造與繁殖（再生產）之中心看待，原因是婦女是種族集體的產生人；種族／民族群體界線的再生產者；為集體的意識形態之再生產和文化傳承的主要人物；為種族／民族的分別之標示者；為國族政、經、軍事鬥爭的參與者。總之，婦女成為文化創造、維持、傳承、擴散的再生產，這也是文化所以趨向異質、龐雜、廣

泛的原因。政治體（國家）的中心一般擁有強大的文化與稱霸的象徵，而受到邊陲的質疑和反抗。民族主義說法是男人要捍衛祖國及其女人（女人成為國族象徵、也是國族「純潔」的代表）。民族主義要求男人為保衛女人與小孩而犧牲，這樣他才會被婦女所讚美、所愛戴，一如古希臘普魯塔克筆下斯巴達婦女對男人士之頌揚，也是盧梭心目中值得讚美之事。因之，尤娃–戴維斯（Nira Yuval-Davis）指出：婦女「常被建構〔視為〕集體認同與榮譽的象徵持有人」（Yuval-Davis 1997: 45）。

這個女人的形象，常以母親的身分出現，在俄羅斯、愛爾蘭、印度都有過以擔任母親的婦女代表這些國家，特別是在國族面臨外敵入侵之時。這是與民族主義所建構「家庭」的觀念相符合，在家庭中兩性的關係成為文化的精粹，也是生命代代相傳的場域，包括飲食、家事操作與床邊的童話等等。

不過在性別與民族的關係之另一分析層次上，卻注意到民族和民族主義主要的是男人所組織的事體。這使得歐爾比聲稱男人與女人捲入民族與民族主義大不相同的說法，更可以理解。像綠色運動與反核運動中婦女所表現的是更親近國際主義，而遠離軍事主義。正因為女人更關心和平與國際協和，所以不像男人那樣熱衷民族與民族主義。

(三)公民的和種族的民族主義

自由民主的國家所採用與實行是容忍的、開放的和鼓勵參與式的公民的（civic）民族主義，這就是把民族主義當成「建國」（nation-building）的動力，以對照一味講究種族的本位、帶有排外意味的「種族的」（ethnic）民族主義。前者為自由主義者與社會民主者所贊成，後者為擴張主義者、甚至極權主義者所擁護的民族主義。

關於自由主義、或民主體制與公民的民族主義之間的關係，論述的作品頗多，其中以米勒（David Miller）的哲學與規範性的析述為各方所推崇。他使用「民族性」（nationality），而不喜歡使用「民族主義」這個字眼。前面我們曾經提起，對他而言作為共同體的民族至少要擁有下列五個特徵：(1)成員有共享的信念與彼此的承諾；(2)在歷史中擴散；(3)有積極活動的性質；(4)與特定領土相關聯；(5)擁有公共的文化而與其他社會共同體有所區隔（Miller 1995: chap. 1）。

　　米勒認為人們所以肯保衛民族是基於以下三個理由：第一、它是個人認同的有效來源；第二、它是成員對其同胞關懷與負責的倫理社群；第三、成員有權自決其事務，民族成為自決的集體。雖然道德要求常是廣泛的與普遍的，但人群卻是特殊的、受時空制限的動物。民族提供個人在普遍與特殊之間一個適當的場域，讓個人的義務與社會的正義得以履行與伸張。此外民族提供人群達致自由與社會民主的目標，這是激烈的多種文化主義所能獲致的，因為後者容易造成社群的雞零狗碎化。民族特性比起公民身分更為優越，也比哈伯瑪斯所主張的「憲政愛國主義」（constitutional patriotism）更為良好，因為它把政治原則與政治實踐聯結到共同的歷史與文化之上，使人群擁有空間與時間的感受（ibid., chaps. 2 and 3）。

　　不過米勒的民族自決傾向於對擁有現實權力者的低頭，會容易低估多元種族的社群。其公民的民族主義之理論仰賴國家及其開明自由的實踐（政策、措施）。此外，對少數族群之追求獨立、或與失聯之同胞的聯絡，甚至恢復失土的要求，是否一概要持負面的評價呢？

　　對種族特性（ethnicity）的政治權力之承認，有許多理論的爭辯，大部分是在政治科學的領域中展開的學術辯論，包括控制與消滅種族的歧異和衝突之方法：像分治、人口遷移、種族屠殺、同化等等在內（McGarry and O'Leary 1993）。有人主張以採用「共礎或協商的民主」（consciational democracy）來解決種族、族群、階級引起的衝突（Lijphart 1997）。

　　在研究像加拿大這種移民社會，如何逐漸從種族的民族主義轉變成公民的民族主義時，布列騰（Raymond Breton）指出：「加拿大，包括比魁北克省，法語和天主教逐漸脫離魁北克族（Quebecois）種族文化基礎，其成員不再以文化的特性，而是以公民的身分來界定。在講英語的加拿大，集體的認同是把非法語源頭而法律上視為政治體成員的〔加拿大人〕一併加入，而重新界定」（Breton 1988: 99-102）。

　　事實上現代只有少數幾個國家還在倡說單一形式的民族主義。不過各國移民政策之不同，也是造成種族的、或公民的民族主義之不同，例如法國採用「屬土法」（jus soli），外國人只要長期居住法國領土的，便可以申請為法國人。反之，德國採取「血緣法」（jus sanguinis），只有祖先是德國人（例如東德）之外人，才可以申請德國公民身分，所有客工無論在德國居留多久，都只能是居民，

而非公民。

　　不過在現實與政策措施方面，公民的與種族的民族主義之各項要素，也在現代國家中同時出現，或是在歷史的不同層面上先後出現。這就說明這兩個形態的民族主義有重疊交錯的現象。這兩種類型的民族主義各有優劣點。種族的民族主義趨向於排外，而公民的民族主義對各族群文化的歧異顯示躁急，也就是急於把外族同化為本族。移民社會如澳洲與加拿大，雖然歡慶文化之多采多姿（diversity），但政治上的團結卻多少受損，在國家不穩定時容易引發反動的民族主義（像澳洲「單一種族黨」之仇視新移民，而大力疾呼對移民之限制，就是仇外心理的表現）。

(四)民族主義和全球化

　　我們可否想到有朝一日民族國家和民族主義完全會消失在大同的文化和超國家的世界政府之統治下呢？這大概只有在後現代全球化徹底施行之後，才有出現的可能。要取代目前民族國家及其意識形態的民族主義，大概有三項彼此糾纏而不易釐清的因素需要我們去加以注意和思考。第一、民族國家的消失；第二、民族主義的式微；第三、種族特性的超脫。這三項因素正以全力趨向消失之途，為超國家的組織（例如歐洲聯盟）、或全球性的機構所取代。

　　除了霍布士邦之外，絕大部分學者視民族主義為現代主義的一部分，因而絕口不談民族國家和民族主義的前景。只有主張「後現代主義」的理論家才會預言民族國家的消亡，其原因為政治的結合、經濟的互賴、科技的流行、溝通的頻繁和文化的混同造成全球化潮流的到處泛濫。在經濟與文化的層次上，由於全球經濟上的互賴和文化上的同質化，民族國家愈來愈起不了作用。像澳洲不再有英雄式神話的，而又受到外來移民的文化之衝擊，要回返早先的初民的民族主義幾乎是不可能（Castle et. al. 1998: 140-144）。

　　另外有些學者指出民族認同體的零散、經濟主權的衰落和國家之間日益增加的相互依賴，使人們更容易擁抱「超國家的民族主義」和「全球的文化」。此外，大眾傳媒、電子科技、資訊溝通、知識經濟的迅速與全面的征服世界，造成了全球一體化的消費模式，也形成「寰球的文化」，這無異為新型的帝國主義之侵襲。其原因為它發源地幾乎是單一的國度——美國。另一方面寰球文化不

過是雜揉的仿冒品（pastiche），是庸俗膚淺毫無深度的事物，使人群感情淡薄，自我逐漸掏空（去中心化），而變成活在虛擬的電子世界之人群、視仿冒品爲保命丸與營養劑。在這裡寰球文化變成全新的科技產品，是有異於本族的歷史根源、神話、生活形態之外，既無時間、又無地點，更無真實內容的虛幻事物（Smith 1955, chap. 1）。

不過強調寰球文化的一致性，也不見得正確。有人就指出電子文化媒體和資訊科技對不同的地區和族群造成頗大差異的效果；或是指出電子傳媒的使用反而加強某些族群語文與文化。另外有人指出在民族國家衰微聲中，種族特性反而突顯，其原因爲提供只講究個人活動與需要的現代人認同和團結別人的機會。

> 當其他群體成員的標準（例如階級）逐漸消退變弱之際，種族的認同回應了象徵性質的認同之需要，它提供立基於語言、文化和古代歷史的根源，這是對一個族群的特殊條件加以取消的要求之回應。（Melucci 1989: 89-92）。

如同宗教運動的復活（洪鎌德 1999b：397-400）一般，這並非種族特性的消失，而是其再生。例如新加坡脫離馬來西亞，孟加拉灣國（班加拉什）脫離巴基斯坦，都說明種族特性影響到分離主義，而分離主義也得到國際社會之贊成、或容忍。

十、結 論

歐洲民族主義與 17 世紀中葉民族國家的崛起是同時發生之事，18 世紀下半葉美國獨立戰爭與法國大革命促成了民族主義的壯大。19 世紀德、義的國家統一與國民教育的推行，以及國慶日、國旗、國歌的制訂，愛國詩詞、文學、藝術的傳播，造成民族主義與群眾民主的結合。19 世紀末民族成爲國界之內的社會之核心，以致假民族之名而實行的國家統治與權力行使得到普遍的承認，這就意味著民族主義主張成爲國家權力正當化的理由。

在殖民主義、排外主義、沙文主義的狂熱激動下，反自由（illiberal）的擴張主義與帝國主義又改變了溫和的、公民的（civic）民族主義，變成推動西方列強擴張海外殖民地的侵略與稱霸之動力。民族主義精神的過度昂揚，便產生殖民競爭、領土擴張、形成帝國主義，而帝國主義引發的國際衝突，導致 20世紀前半葉兩次的世界大戰，使千萬無辜的平民捲入戰火的煉獄中。

殖民地人民反抗殖民帝國的壓迫、爆發於第一次世界大戰前後，而在第二次世界大戰之後擴散到亞、非、大洋洲等地區，造成新一輪的國家建造與獨立自主運動。

值得注意的是第二次世界大戰結束後，企圖維持世界和平的寰球性政治組織——聯合國——並非各民族的聯合，而是透過民族自決的原則而建立的主權國家的聯合。這意味著只有列強承認為國家者，才有資格成為聯合國的會員，這也促成很多新興民族使用各種手段，包括民族解放鬥爭來力求獨立、自主和建國。這就說明反殖民、反帝國主義的第三世界的人民藉著民族主義來求取本國民族的解放，排除新與舊殖民主義與帝國主義的侵凌。

當亞、非多數國家恢復或成立新的國家之時，在歐美舊民主國家中卻產生少數民族、邊緣族群、婦女與青少年的擾攘、騷動，他們結合反戰、反核、環保、女權、黑人覺醒與民權運動，在 1960 與 1970 年代對抗西方世界的建制之主流，形成各國地區對抗中央、邊緣對抗中心的鬥爭。目的在彰顯族群與地方（在地）的特色，而贏取人們對少數民族、邊緣族群的傳統、文化、忠誠之尊重，其目標不一定是分離、不一定是獨立，而是自主與自治。

1980 年代至 1990 年代發生了「蘇東波變天」，前蘇聯東歐自由化與民主化的新一波民族主義之熱潮翻滾。由於「重建」（perestoika）與「改革」（glasnosti）的倡行，使俄國與東歐民族的界線的嫌隙擴大，而各族遭受共產主義壓制的民族意識覺醒，於是從波蘭、匈、捷、波羅的海三國、烏克蘭、高加索、中亞、以及東南歐激起新一波的民族主義高潮，配合各國共產黨紛紛垮台，把龐大的蘇維埃帝國支解為十五個獨立的國家，也使東歐擺脫由蘇聯控制的「附庸國」——獨立，甚至進一步又分裂成為幾個小國（像捷克與斯洛伐克的分開；南斯拉夫分裂為塞爾維亞、斯洛維尼亞、波士尼亞、克羅地亞等國）。特別是車臣與韃靼的獨立鬥爭困擾了俄羅斯這隻死而不殭的大蟲。

考察寰球民族主義緣起，其原因有世局變遷，此外顯然還與西洋霸權思想

有關。這包括盧梭的主權在民之觀念，德國浪漫主義下的語文、民俗、民族精神之宣揚。其間雖出現康德的大同思想與穆勒的個人自由主張，但終不敵民族主義的國族至上觀和民粹主義的色彩。

民族主義的中心議題離不開領土、同文同種的民族、關係密切的社群、統一的政府與自決的人民，以及愛護鄉土、族群的愛國情操、鄉土意識和本族認同。

近半世紀的世界與歷史似乎說明民族與民族主義並未隨著科技文明的翻新、經濟關係的扣緊、政治局勢的改變，而趨向式微。儘管霍布士邦認為當前寰球的種族紛擾促成民族主義趨勢的升高，但他認為這是一時的現象，因為人類歷史的運動最終還是要朝向更大的組合體來邁進。因此，雖然民族主義會繼續存在，但重要性將大為降低。

民族主義的強弱常繫於民族國家在領土、經濟、文化等方面所扮演的角色而後定。像 20 世紀末、21 世紀初表面上裁減核武的談判順利，使美俄之間緊張關係大為緩和、世界和平的趨勢日增，但 911 恐怖襲擊卻印證了杭廷頓文明的衝突有取代資本主義與社會主義之間的抗爭底預言，使極端的、好戰的伊斯蘭基本教義派所形成的恐怖主義取代了傳統的中亞與北非的民族主義，來對抗基督教文明的英、美、西歐等資本主義國家。這說明了新的民族主義與恐怖主義的合流導致世局的紛擾與不安。至於民族國家經濟角色的降低、跨國公司對國家主權的侵蝕、西方科技與文化的泛濫、知識與資訊經濟的崛起，在在都使第三世界的政經、社會、思想、觀念歪變，外加消費社會的降臨、寰球文化的出現、民族主義的國際化，都對民族國家與民族主義產生重大的衝擊。這裡至少涉及三種論點或看法。其一為全球化的過程所產生民族及民族主義之後果；其二為後現代時期民族主義的基礎之種族根源與文化遺產之再考察；其三為民族認同及其長程的意涵。

首先談全球化。紀登士曾經指出在世局逐漸邁向寰球主義（世界一體化）之同時，在地的、地方的重要性（稱為地方主義）再度浮現。這就是愈受國際影響、愈受全球化的衝擊，會更引起當地人重視在地的問題。這可以說明為何超國家的民族主義（像歐洲聯盟、世界性政府與非政府組織之數目趨增多）之興起，居然伴隨了小型的、零碎的種族的民族主義（像巴斯卡族、蘇格蘭民族、愛爾蘭民族的之間的獨立、自治）之成長。這是過去以階級為基礎的政治（「階

級鬥爭」）轉向「認同的政治」（包括種族、性別、區域、環保綠色的認同）之因由。為此形成三個層次的認同政治：最下層的為本地種族的認同，中間層次為民族的、國家的認同，最上面的層次則為洲際的、超國家的社群（共同體）之認同（Giddens 1991b）。

儘管全球化的浪潮侵襲世界各地，但種族和國家並未被徹底淹沒，這主要是因為前現代的種族特性（ethnicity）之傳承不絕。這種傳承是指各族之分布與分配之不平均，各族歷史演變之歧異，種族特性發展之不均衡。種族歷史與普遍歷史不同，含有對同族、同團體深厚的感情，包括各種事實的、或各種想像共同體之偉大、優秀、美好之「黃金時代」的深厚的眷戀之情。

除了懷舊之外，就是企圖把過去歷史的光榮投射到未來，希望這些種族美好的事物有再現的機會。縱然一個民族沒有什麼特別的種族歷史，但仍舊會設法去發掘、發現、甚至「發明」過去，來作為本族卓越不群的特徵。由於本真的種族史分配之不平均，以致造成各族競爭、模仿。事實上，正是經濟的貧困、文化的低落，驅使民族主義擴散至全球；另外，也不是「真材實料」（hard-data），而是對本真的「看法」、「感受法」（perception）構成民族文化被人看重。很多尚未成形、或未受別人承認的「種族」（*ethnies*）成為其後「民族」和「國家」的雛形。因之，種族的民族主義並不會隨全球化而減退；反之，可能會增加，其出現的機率不斷地在增大。

最後談到民族認同的神聖基石（sacred foundation）。因為它的存在造成民族認同與國族續存之綿延不斷。當代人群活在世俗物質的世界中，但卻嚮往以往的和神聖的信念。這是說我們所追求的認同是實用的，係建立在經濟基石之上，用政治來加以表述，俾這些物質上的利益都包羅與涵蓋在一起。現代的消費文化也是受到商業考慮所影響，缺乏任何神聖的與超越的境界，現代大眾對政治的冷漠造成對國家、民族和對民族主義愈來愈失去眷戀與熱情。隨著國家的獨立自主，人民的民族主義之激情也告降低，因為民族主義對經濟的迅速發展、對科技與文化的提升沒有直接的作用，這就說明了民族與民族主義只能立足於神聖的、超越現世價值的理念之上。

為此「宗教的民族主義」，在政經社會不發達的國度與地區崛起。這是由於世俗的國家之民族主義無法處理宗教、領土的紛爭（像印巴為喀什米爾而戰）、斯里蘭卡的內戰、東帝汶脫離印尼而獨立，終而激發起種因於宗教的民族

主義勢力之暴漲，也就是失效的國家與民族主義之挑戰。這些回返古老的宗教動機、舊式的禮儀、典禮、象徵的「政治性宗教」卻在今日世俗化、大講理性的世界中宣揚唯一拯救之道理。神聖的基石是指：(1)認為本族之擁有特性與特徵，係神明的特別安排，也是本族受到神明的挑選所造成，故視本族為與神明關係密切的社群（共同體）；(2)對本身占有之領土、鄉土乃為神賜的地方（中國人稱其土地為「神州」）；(3)共同的、共享的歷史與記憶（中國人動輒談「五千年中華文化」）；(4)共同的神明、祖先、英雄、聖人（「黃帝」之於中國人）等等而言（Smith 2001: 144）。

有了這些神聖的事物，其看法深入民心，便構成了人民的民族認同。民族認同是有力的與富有彈性的勢力，可以分辨本族與外族之不同，也對新入境者持存疑或敵對的態度。反之，上述神聖事物一旦減緩其影響力，則集體的文化認同也告式微。

總之，民族是諸公民神聖的共盟（communion），而民族主義成為政治、宗教的形式，有其經典禱祝、聖人和儀式。就像宗教有各種彼此競爭的形式一樣，民族主義也碰上民族緣起與民族發展的不同而又競爭的神話。就像宗教一樣，民族主義成為各族集體良知、集體理念的神聖事物，這就符合了涂爾幹所強調世俗（profane）與神聖（sacred）在人類社會中所扮演的重要角色。只要民族的神聖基石沒有崩壞，那麼世俗化的物質主義和個人主義就不致顛覆人們對共同體的信念，這種共同體既是歷史的，也是命運的（「命運共同體」）。只要這些信念長存，民族主義便會繼續滋長發達，並提供人群對民族的認同。而民族認同將是建構當代世界秩序的基礎。

日裔美國學者福山（Francis Fukuyama）在 1980 年代末大肆鼓吹「歷史的終結」，不但相信資本主義最終要擊敗共產主義，還相信自由的民族主義會戰勝新興的「年輕的（young）民族主義」。他還大膽地預言「一旦民族的認同受到更多的承認和變得更自信自在」，人類將進入更「成熟的階段」。在民族認同之後，「民族團結感」將跟著興起，這種民族團結感將完成其角色，成為「穩定的民主出現必然的前提條件」（Fukuyama 1991; 1992）。這是福山過分樂觀的歷史看法。

近年來英語世界有關民族主義的理論極為繁多與龐雜。有人視民族主義為文化獨尊的意識形態，有人則認為民族主義為西方近世工業革命後社經發展的

結果；另外有人視民族主義關聯到理性的選擇；更多人則認為民族主義是群眾情緒與情感的表露。其次，把民族主義定位為現代國家推動的政治統合之一環，而不只是宗教、藝術、民俗、語文、膚色等文化現象的凝聚而已。最後，把民族主義當成菁英與群眾、想像的與建造的、甚至是解釋的社會集體心像，也成為最近發展的理論趨向。這就是種族象徵論所要詮釋的標的。

　　總之，處在 21 世紀初，也就是「蘇東波變天」之後，資本主義對共產陣營的冷戰結束、東西文明發生衝突、基本教義（洪鎌德　2003b）興起與恐怖主義肆虐之時，俄境車臣、前南斯拉夫、北愛、印尼的亞齊等地之分裂活動與戰爭，甚至以阿衝突、美英進侵伊拉克等等震撼寰球人心的擾攘不安，無一不與民族主義滋生的問題糾纏難解。為了理解這一兩百年來的歷史變遷，吾人把民族主義的緣起、議題和理論做一個綜合性的概述，這是本章主旨所在。看來民族和民族主義在 21 世紀依然是吾人難以擺脫的夢魘和必須面對的議題。

第七章　基本教義

一、前　言

美國哈佛大學國際政治學教授杭廷頓（Samuel Huntington）曾經指出：隨著前蘇聯紅色帝國的崩潰，東西兩個陣營的「冷戰」對抗將會埋葬於歷史教科書中。但冷戰的結束並不意謂意識形態爭執的消失，接著而來的是全球八至九個大文明之間產生文明的衝突（the clash of civilizations），這將取代國際戰爭，而成為 20 世紀末與 21 世紀人類的宿命（Huntington 1993, 1997）。

造成當前人類文明衝突的原因多端，其中宗教勢力的復興是最不可忽視的（洪鎌德 1998b：397-400），這包括宗教基本教義的理念與運動的興起。在 911 恐怖事件發生後，人們似乎只注意到激進的、極端的、好戰的伊斯蘭教（回教）基本教義派與恐怖分子的結合，而忘記了基督教、佛教、興都（印度）教、錫克教、猶太教中也有狂熱的、侵犯性的基本教義派之蠢動與猖獗。

「基本教義」的英文 fundamentalism 一字源自拉丁文 *fundamentum*，係為「基礎」、「基石」的意思。fundamentalism 最初出現在 20 世紀初美國誓反教（Protestantism 新教）的辯論中。也就是在 1910 至 1915 年間宣傳福音的新教教徒，以「基本要點」的頭銜刊布一系列的福音手冊時，來解說教義與教會的活動，目的在堅持《聖經》裡故事的真實性與無邪性（無懈可擊 inerrancy）。這可以說是面對現代世界（現代化）基督新教的解釋。在今天「基本教義」（或譯為原教旨主義）已出現在世上主要的宗教當中，成為信眾復古迎新的運動或計畫，它是把宗教教義結合政治活動的一股新型意識形態，是群眾性思想的新形態（style）。其中強調教義中不容改變的某些真理，以及具有至高無上的權威之某些教條。因為每個大的宗教都有基本教義派的存在，因之，在實質上基本教義各個不同，不過在吸引信徒、激發其宗教狂熱與對教義之盲信盲從，卻是有別於其他宗教的心態與活動之處。

儘管各大宗教的基本教義派各有不同的看法與表現，但它們仍有其相通的地方。它們是有關精神性、靈性受到打擊的種種形式（embattled forms of spirituality），這是對其信仰感受危機的反應。基本教義者認為正在與敵人做生死的搏鬥，這些敵人使用世俗的政策和信仰來對抗宗教。基本教義者不認為這

種戰鬥是通常的政治鬥爭，卻是看做善與惡存亡性的、寰宇性的戰爭。他們害怕被消滅，所以藉選擇某些教條、某些過去的實踐來保留他們的認同體。為了避免被世俗政權與世事所污染，他們從現世主流中撤退，而形成反文化。不過他們雖是從世事撤退，但並非是不講究實用的夢想者。他們大力吸收現代世界的理性，在魅力領袖指導下，將「基本的事物」加以精緻化，進而創造一套意識形態，俾供信徒行動有所依循。他們最終要回擊，而對日漸走向懷疑的世界重新加以神聖化（resacralize）（Marty & Appleby 1991: 814-842）。

基督教的基本教義派關心了教義核心之《聖經》的詮釋（釋聖嚴　1993）。但猶太教與伊斯蘭教的基本教義派則非如此。阿拉伯文 *usuliyyah* 相當於英文的 Fundamentalism，這是對伊斯蘭律法、原則的來源之研讀。不過西方的基本教義活動者，並不從事伊斯蘭律法之研究，因此「基本教義」一詞，容易滋生誤會。但今天大多數人都採用此一名詞，我們只好從俗沿用（Armstrong 2000: x-xi）。

基本教義正像人類歷史上每個時代人群對其處境的反思、檢討，都是人類生活在緊張、害怕、疑懼的環境下，對個人與群體如何安身立命，如何看待內心的靈性生活，如何調整人與天（自然）之間的關係，如何在危疑震撼、無所適從的情況下，繼續存活下去的深思慎慮。因之，基本教義固然在 20 世紀，甚至 21 世紀不斷湧現、四處流布，但在人類歷史長河中，這種思想、宗教、文化的洶湧浪潮，卻不時驚濤裂岸，捲起千堆雪。

在遠古的時代，也就是史學家稱做「軸心的時代」（Axial Age 700-200 BC），不只在中東（伊拉克）出現了蘇末人的文化，也在印度恆河流域、中國黃河流域、北非尼羅河流域以及古代希臘半島，出現了猶太教、興都教、佛教、儒教、道教、古埃及的文明與古希臘之哲學與文藝。主要的是這段時期農業的發達，使農產品在消費之外，尚有剩餘可供市場買賣。在群際商貿溝通下，古老的異教和地方神祇的護祐，已無法滿足當時與當地人的心靈之滿足。加上物質生活的改善，休閒時間的充足，使軸心的時代世界東西各地的人群開始發展內心的生活、探求靈性的底蘊。在發展一種相當於中國人強調的「仁」之觀念，也就是博愛與同情之後，有識之士深覺直接生產者的勞苦群眾，也有直視聖神的能力。於是本真的虔誠（authentic piety）成為內心告白的信念，也成為各大宗教紛紛出現的主因。儘管諸大宗教的教義內涵各個不同，但都圍繞著超驗的理念，

主張培養內心的靈性，和強調行善、施仁、同情的重要。

　　這種人類歷史的重大轉折，不只發生在古代軸心的時代，歐洲 16 與 17 世紀也經歷同樣的過渡移轉。這次的轉型與前次依賴農業生產的剩餘不同，而是倚靠了科技對財富的創造。過去四百年間經濟的躍進，造成政治、社會、文化與知識的重大改變，也使人們對真理的科學性與合理性有了新的體認，由此帶動了宗教觀念的更新。在周遭環境劇變下生活的人群會發現其信仰已不符合現實的需要，既不能啓發新知、也無法提供安慰。於是檢討過去、正視現實與希冀未來，就會產生如何把過去的良好經驗付諸現實生活的實踐，這也就是基本教義出現的主因。

　　其實前人的生活之道，與吾人今日的生活方式有很大的差別。前人無論是在思維、講話、獲取知識方面靠著兩種方法：其一爲「迷索思」（*mythos*），其二爲「邏格斯」（*logos*）。這兩種方式交互爲用、不可偏廢。迷索思也就是迷思、神話，是最基本的，是當成超越時間、恆久存在之物。它們追溯生命的源起，是文化的基礎，深存於人的心靈底層。迷索思爲男女日常生活提供意義的脈絡，它指向永恆和寰宇，立基於潛意識深層之下。所有古代的神話都是古人的心思與心理學之樣式。古代神話中善惡勢力的對抗，雖不合理性的剖析，卻是影響人群經驗與行爲的重大因素。今人缺乏神話，所以必須仰賴心理與精神解析去探察吾人內心深沉的世界。

　　就像藝術、音樂、詩、雕刻一般，神話也可以靠理性的證明來展示其意義。藉著祭拜、儀式的助力，神話可以在崇拜者心中復現出來，也就是其神聖的感受之召喚與生命潛流的體認。神話與祭拜兩者如影隨形、不易分開。神話牽連到神秘的特性（mysticism），各大文化或多或少得靠神話的闡釋以進入眾人內心的潛思冥想，最終獲取「豁然貫通」的直覺性洞察。

　　前人不像現代人對歷史只重其因果關係，而是在探討歷史事件的意義。任何事件並非單純、獨一的事故，而是永恆的、無時間限制的實在之外部展示。是故歷史乃循環重複之事。歷史的敘述對前人而言，乃爲其永恆面向的捕捉。

　　除了迷索思之外、邏格斯也是前人思想言行不可少的工具。它是合理性的、實用性和科學性的想法，幫忙世人在現實世界中順利生活下去。今日西方人對迷索思興趣缺缺，轉而擁抱珍惜邏格斯。要使邏格斯適用有效，就必須講究事實，並與外面的實在相符合。這種推理方法是吾人創造事物，使事物能夠

運作，也是教導別人採取行動路線的方式。與迷索思回顧過去、返回基本不同，邏格斯注重當下事物，而設法尋找新的事項，靠著舊的見識來控制當前的環境、發現新的事物，或發明新工具、尋找新途徑。

在前現代的世界裡，迷索思與邏格斯缺一不可，但兩者是本質不同的方法，因此將這兩者混為一談既不方便，也是危險的。迷索思無法藉經驗事實來證明為真，它只提供意義的情境，使人的實踐變成值得。但邏格斯卻也有侷限，由於成功應用科學與技術，使歐美人士誤信邏格斯是通往真理唯一的道路，因此把迷索思看做是錯誤與迷信。他們所創造的新世界與古舊的神話精神體相互矛盾。西方人現代宗教經驗業已改變，是因為相信科學的理性主義是真實的，甚至包括基本教義者在內也都企圖將迷索思轉化為邏格斯，這種混淆只有治絲益棼。

西方從 16 世紀初至今經歷了五百年的現代化，然而過程並非一帆風順、波浪不興。剛好相反，它卻是令人驚悚與險象環生的痛苦過程。原因是劇變中的世界，使生存其中的人群見到新異、陌生、無法辨認的事物，而使他們陷於危疑不安的困境裡。要之，基本教義者感覺他們被迫向威脅其神聖價值的惡勢力奮戰，而他們難以體會別人的心態與處境。因之，理解現代化怎樣導致社會的兩極化是大有必要的，特別是對別人遭受或感受的痛苦，更要設身處地去感同身受。感受現代化好處的人，應當去體認因著現代化帶來折磨、災難與痛苦的人群。對基本教義者而言，現代化並沒有帶來解放，而是帶有侵略性的攻擊，是令人畏懼疑慮的（Armstrong 2000: xii-xvi）。

基本教義的重心在於對嫡傳宗教的古老經典、神跡、禮儀的敬重和嚴格信守，但它也拘泥某些政治信條，從而使政教合一、國家與教會不分、個人信仰變成公家事務。基本教義隱涵負面的意涵，變成頑固非彈性、不懂臨機應變的同義詞，也和教條主義、威權主義，甚至極權主義畫上等號；但另一方面基本教義也顯示遵守原則、認同群體、袪除自私自利的想法與政治等等優點（Heywood 1998: 799）。

由是可知，批評者與擁護者對基本教義的看法差異極大，因此這也是一個爭論性極高的概念。批評者認為基本教義缺乏寬容、迫害異己，大大威脅了自由民主的價值和個人的自由。隨著共產主義退潮，特別是伊斯蘭的基本教義已取代馬列主義而成為對抗西方的主力，也是威脅當前世界秩序的亂源。由於前

述，基本教義被視爲教條主義等，因之，有人主張採用另一種名稱，像「傳統主義」、「保守主義」、「正教」（orthodoxy）、「復活主義」（revivalism）等等。不過「基本教義」比較能夠說明它政教不分的內涵，也爲大眾所熟知，所以爲當代人所採用。

在 20 世紀末最後十年間，西方人多數接受工業化、城市化、現代化帶來了世俗化（secularization）的說法。世俗化的意思是指人類利用理性與科技的進步，將生活的時空觀念集中在現世當中，把臨終的關懷、死後的天堂、來生的輪迴一概拋在腦後。這也意謂擁抱科技與現實生活，而棄置宗教，也就是理性戰勝了迷信，這是物質生活重於精神生活的說法。可是縱觀全球，世俗化固然加快其腳步，隨同資本主義與商貿活動征服第二與第三世界，但宗教的復興運動卻瀰漫在發展中的落後地區，連西方社會也出現了宗教復活的現象，並形成政治要求的新形勢。由於這些基本教義者堅持宗教和法律、和政治分不開，而社會的重建、人群的再生又不能不依靠重新宣揚原始的教義，因此把基本教義視爲政治的思潮、政治的意識形態來探究，也成爲當急之務。

基本教義雖然是崇古、回顧過去，帶點落伍的外觀，並且處處展示厭惡與敵視現代事物，但它卻是現代的產品。在西洋史當中，要找復古的先例固然不少，但像基本教義這樣聲勢浩大的群眾運動結合了現代的科技利器（像激進基地恐怖分子研製自殺炸彈、駕駛客機衝撞高樓、試圖竊取核彈頭、研發生物科技和神經毒氣等等）可謂少之又少。勉強舉個例子，16 世紀初日耳曼的傳道士兼安納巴普梯士派僧人閔徹爾（Thomas Muntzer 1489-1525）領導農民對抗封建政權與教會，釀成農民戰爭。以及法國新教改革者的喀爾文（Jean Calvin 1509-1564），在日內瓦建立基督政權，管理所有世俗的事務。此外，17 世紀清教徒在英國所引發的憲政和人權革命，以及對現世關懷所表現的移民北美，在新大陸建立「新英格蘭」，都可以說是復古主義初露頭角，在西洋近代史上的少數典例。

20 世紀末基本教義派活動的猖獗和深具特色，乃是它與現代化過程曖昧的關係。表面上基本教義派反對現代的文明，它卻從現代文明世界中獲得其理念、看法和利器，它大聲抨擊與指摘現代社會的墮落、腐敗、物質主義、享樂主義、遠離神明，卻又對現代科技、傳播媒介、國家機器、核子武器、生財秘方（操縱石油價格）興趣盎然與緊抱不放。這也使阿拉伯裔英國學者帕列克（Bhikhu

Parekh）稱宗教的基本教義為「現代性」（modernity）的「私生子」（Parekh 1994）。
要為各種各樣的基本教義之崛起指出共同的理由是不容易的，原因是各種宗教
因地而異，有不同的反應，加上教義的分歧與文化的殊異，這就難以找出共同
的原因。唯一可以指出的是出現基本教義的社會普遍都出現了認同的危機，這
種危機有真實的、客觀的，也有人為的、主觀的。造成這些危機在 20 世紀末的
紛紛出現大概有下列四個要素比較值得注意：(1)世俗化；(2)後殖民主義；(3)
革命性社會主義之失敗；(4)全球化。

■ 世俗化

　　現世的講究、理性的理念和價值的散布、擠迫與取代宗教的、神聖的理念
與價值等等，是造成傳統宗教式微的主因。隨著宗教約束力量的消退，作為東
西方社會「道德韌帶」（moral fabric）的宗教乃被削弱，是故基本教義自稱對現
代墮落與虛偽的道德之抗議，主張重整道德，並重新架設人與神的溝通橋樑。
這種道德的保守主義出現在 1930 年代美國右派基督教活動中，也出現在埃及、
土耳其、巴基斯坦與阿富汗（塔利班統治時期 1997-2001）。換言之，世俗化是
基本教義所宣布為深仇大敵的對象，儘管世俗化帶給第三世界的人民物質生活
的改善。

■ 後殖民主義

　　殖民統治的結束，使殖民地脫離殖民母國而獨立，但不少殖民地在建國初
期因為缺乏凝聚公民意識或民族認同，以致地方主義、部落主義死灰復燃，採
用非西方，甚至反西方的方式來進行國家的重建。蘇卡諾作為印尼建國基礎的
建國五原則中（*Pancasila*），便混合著民族主義、社會主義、伊斯蘭宗教等等成
分。1979 年伊朗的革命推翻了巴勒維王朝，改建「伊斯蘭共和國」，更採取反
美、反英、反蘇的外交政策，這標誌著伊斯蘭基本教義對殖民的西方列強之強
烈反彈。這也說明反殖民主義、或稱後殖民主義是使基本教義在發展中國度急
速崛起與擴張的主要原因之一。西方勢力若是以新的姿態（新帝國主義、新殖
民主義）重新介入殖民地之後，當地土著藉以抗拒的力量，只剩下傳統的信仰、
古老的文化，特別是根深柢固的民風舊俗，便促成了基本教義和民族主義的結
合。是故在發展中的第三世界，基本教義是反基督教、反西方文明的在地與土

著勢力之崛起與展現（洪鎌德 2003a）。

■ 社會主義之失敗

　　社會主義有多種樣式，其中以西歐、北歐的民主社會主義推行福利政策最為成功，是一種採用和平與漸進的方式，在尊重憲政體制之下進行社會改良的社會主義；反之，則為採用馬列主義進行社會革命的激進的社會主義。這一社會主義在第二世界，也就是共黨一黨專政的國家推行了三、四十年（在舊蘇聯則長達七十四年），結果證明徹底的失敗，也導致舊蘇聯與東歐共黨國家的解體。同樣模仿舊蘇聯或毛澤東式的「民族解放」鬥爭，在第三世界進行奪權的各國共產黨紛紛失敗，這就說明企圖替中下階級請命的激進左派革命政黨在新興國家搞武裝反叛的困難與無效（洪鎌德 2002a；2002c）。要吸引第三世界的城市貧民與鄉下貧農已無法倚靠社會主義所描繪的美景，於是土生土長的宗教勢力遂乘隙而入，成為他們期待拯救的出路。1980 年代與 1990 年代黎巴嫩抵抗以色列的激進戰士，係由「真主黨」（Hezbollah）或「希望黨」（Amal）等團體領導，而這些黨團與伊斯蘭革命成功的伊朗有所連繫。另一方面，巴勒斯坦解放組織意圖求取巴勒斯坦早日建國，但由於其領袖阿拉法特縱容組織內好戰的基本教義派哈馬斯的坐大，甚至採取自殺炸彈攻擊以色列，導致以阿衝突益形擴大。2004 年暮春，以色列擊殺多名哈瑪斯領袖，造成以巴更大的火拚。這一切在說明馬列主義的失敗促成了基本教義派的崛起與壯大。

■ 全球化

　　全球化是由於資本主義從工業先進的國家藉由國際商貿、資訊、交通便利而侵入發展中國家，進一步透過跨國公司、資訊科技、知識經濟而企圖宰制後進的社會，而達到國際的相互依賴，與寰球生活方式的一體化（洪鎌德 2002d）。全球化削減了「公民的民族主義」企圖建立安全穩定的政治認同之能力。這就表示宗教逐漸取代民族主義成為集體認同的主要泉源，另一方面也意謂基本教義以種族的民族主義之面目浮現。對於某些民族認同尚未建構完成之族群，基本教義的湧現形成一大威脅。像斯里蘭卡居民的辛哈力人中好戰的佛教徒便在基本教義派唆使下，壓迫少數民族的淡米爾族，導致後者暴力相向，甚至醞釀分離主義與獨立運動。這也就是何以 1970 年代以來錫蘭島北方出現「淡米爾之

虎」游擊隊，對抗斯里蘭卡人民解放陣線的政府軍之原因（王樹英 1999）。

　　同樣的情形發生在信奉基本教義的猶太西岸住民之暴行。例如 2002 年夏天爲了報復一名住民遭受巴人殺害，以色列政府不惜對巴勒斯坦人進行屠殺。興都教與錫克教中的極端份子在對付不同教派（特別是伊斯蘭信徒）的同國公民，以及爲了爭奪喀什米爾對付巴基斯坦人所表現的好戰行爲，在在都令人髮指。在歐洲北愛爾蘭新教教徒的共和軍，也就是反對天主教徒企圖與愛爾蘭統一所挑唆的暴動、殺掠，也使人對基本教義中的暴力傾向難以苟同。無論如何，全球化的產生對基本教義的散播或有幫助。但在一個日益相互依賴的世界中，任何一個族群要依賴一項種族的、或一個信仰的、一椿政治的藍圖來建立認同感，卻是困難重重。即使是以何梅尼教長（Ayatollah Khomeini 1900-1989）至高無上的治國命令，也無法使伊朗人民擺脫貧困與落後。這個靠基本教義主政的神權政體在何氏逝世以來標榜了「實用的基本教義」路線，卻也無法從與伊拉克長達八年的血戰中復甦出來。基本教義必須被迫採取實用主義的招牌，就可以看出這一政權的誠信正受到何等的質疑（Heywood 1998: 290-293）。

二、基本教義的主要特徵

　　在當代幾種的思潮與主義當中，要數基本教義最爲特別。其中有兩點值得吾人注意。第一、它並不區分宗教教義與結構的不同，幾乎沒有一個宗教不出現基本教義的宗派。要研究宗教的基本教義，或是要把它當成大宗教的次級體系、流派來看待，首先就要瞭解各種宗教的教義與演變情勢，也就是理解它們是否相信一位神（上帝、真主、神明）、擁有一本經典（《聖經》、《可蘭經》、佛典等等）、有怎樣的教會組織、對個人與社會持何種的看法、對來生（死後）抱持怎樣的關懷等等。此外，這些基本教義份子，或是採取反憲法、搞革命與暴力的立場，進行武裝鬥爭；或是遵守國法、贊成體制（尊重財產權、採行金錢交易）、主張與別人和平相處。

　　這種看法與作法的不同使我們意識到一項事實，那就是宗教的基本教義本質上爲政治思想的一種形態，而非許多政治的理念和價值之實質內涵。例如大部分的基本教義都反對自由派的個人主義，但北美新教的基本教義卻主張「粗

放的個人主義」（ "rugged individualism" ）。又《可蘭經》反對高利貸與銀行
的借貸，這使得伊斯蘭的基本教義無法接受市場經濟體制，但美國的新教基本
教義之中心論旨或主題在可以被認明的情形下，它們各有其承認與遵守的原
則，包括對私產與貸款的尊重，這是被它們視爲不容挑戰的「真理」，不管其內
容究竟是什麼。

　　第二、既然宗教的傳統關懷爲神聖的精神和「來世的」事物，因此認爲宗
教的教義和價值構成了政治的意識形態之說法，未免顯得突兀。當然從宗教的
理念引申出意識形態是自古皆然的。像倫理的社會主義取法基督的善行，或是
從伊斯蘭教和猶太教取得提供其價值體系的基礎，這些都是耳熟能詳的事。保
守份子向來讚賞宗教提供社會價值的基礎和共同文化，是穩定社會的基石。無
政府主義份子反對政府的存在與價值，因之視道教與佛教爲自然和諧的楷模。
至於環保人士強調萬物爲生命之一體，都說明了這些意識形態擷取宗教的精神
與理念。

　　但基本教義派與上述其他意識形態不同之處，並不是把宗教的理念當做手
段來維護；反之，這些宗教理念與價值便成爲其政治思想的材料。由於基本教
義有其重建社會整套的理想與計畫，因此稱它爲意識形態或主義也無不妥。有
人把基本教義看做是民族主義之下的一個次級種類，這固然符合事實，但基本
教義主要牽涉到宗教信仰的基本問題，其範圍與界線，常常超出民族主義之外。
必須指出的是基本教義常在強調民族、種族、族群的特徵與特性之外，涉及神
聖的、精神的、來世的最終關懷。其中像伊斯蘭的基本教義，甚至對種族、族
群的差別毫無興趣，只要是信奉阿拉的穆斯林都可以結盟與稱兄道弟（吳武天
1990：66-67）。

　　依據英國學者海屋德（Andrew Heywood）的分析，基本教義的中心議題（基
本特徵）有下列四項：宗教與政治的合一、基本教義的衝力、反對現代主義和
勇狠好鬥的好戰性。

■ 宗教與政治的關係

　　基本教義的核心議題便是拒斥政教分離。事實上，何梅尼教長曾經說過：
「政治就是宗教」，也就是把政治現象歸類爲宗教信仰延伸出來的權力鬥爭。不
過，就西洋近世政教分離的觀點來說，強調政治是宗教的一部分不免使人有退

居神權時代這種顛倒與錯亂的感受。那麼什麼是宗教呢？宗教應當是共享現世之外、超驗的來世信念之人群有組織的社會群體（organized community），他們有其特定的、被認可的活動與實踐。對超驗事物的信仰敬重與頂禮膜拜，幾乎是各個宗教的主旨，至於這個超驗的事物是最高主宰、還是萬物的創造者、抑或常人化為聖靈，都難以一概而論。更何況超驗的事物也包括個人的拯救與解放，甚至像信奉佛教的人士要達到解脫與涅槃的境界。一般社會學家對宗教的本質持有各種各樣的看法，其解釋並未趨向一致（洪鎌德 1998b：363-402）。

法國社會學家涂爾幹稱宗教包含了社會自認為「神聖的」事物，以及與它們視為「凡俗的」事物之相互對照。宗教主要的功能在為群眾創造集體的良知、集體的意識，把信眾團結起來，形成一個「道德的社群」。在此之前，馬克思認為宗教是對現世的非人化與異化的抗議、是「被壓迫者的歎息、是心靈盡失的世界之心思」。馬克思甚至把宗教當成群眾的鴉片，也就是統治者與剝削者麻痺群眾的手段，從而把宗教當作統治階級欺騙人民的意識形態來看待（洪鎌德 1998b：368，376-377；1997a：317-340）。

韋伯不認為宗教只具負面的功能。反之，他從誓反教（新教）的勤勞、節儉等宗教倫理中，看出資本家理財營業的企業家精神，從而認為宗教的理念和實踐有助於社會的改變。事實上，企業家重視工作與勤儉，而鼓勵人們從祈禱與勞動中達成人身救贖的目的，無疑地為歐洲資本主義的興起奠定基礎（洪鎌德 1999b：166-172；2001b：201-205）。

宗教對政治生活的衝擊逐漸減少，原因是自由的文化與理念之散播，是西方進步的工業社會之作為。不過自由主義所倡導的世俗化起初並沒有反對宗教的本意。像洛克和穆勒強調宗教信仰與行事之容忍，反而促成自由民主、多元社會的發展。在西方政教分離之後，逐漸形成宗教自設氛圍、自創天地之求取發展。其後公私生活的劃分也意味公眾政治的事務交由官署、法律去管理。反之，私人的、宗教的生活則歸個人自行處理。以自由主義者的眼光來看待，這種公私分辨的好處是個人自由得到更大的保障。把宗教「私人化」之後，世俗化擴充到為政治與宗教劃清界線。教會與國家的分立載明在美國憲法上面，也為英國政治實踐所尊重，儘管英國的大英公教在與國家打交道時仍舊享有特權（洪鎌德 2002b：34-41）。

然而基本教義的精神卻是拒斥公私的分開，其原因有兩項。其一、基本教

義是政治認同的表現。當前公眾範圍的不斷擴大是建立在世俗與合理的基礎之上，但公權力、公事務的增大卻逐漸削弱傳統的社會規範、價值，也剝奪很多人的認同體，造成現代人成為當今世界的「孤兒」（霍布士邦 Eric Hobsbawm 語，Hobsbawm 1994）之原因。基本教義積極的、熱心的的特徵在於建立宗教成為主要的集體認同體，俾給予成員與信眾一個認同感與歸屬感。嚴格言之，正是基本教義拒絕把宗教看做私人良心的事業，使它有理由、有資格另建意識形態。在基本教義派眼中把只將宗教看做私人的、精神的事物，會招致肆虐於公共部門的罪惡與腐化。當今社會的腐敗、物質享樂、貪婪犯罪正是宗教私人化的結果。基本教義的解決方法很簡單：要把世界更新，就要把既存的社會結構廢除更新，也要把整個體系立基於宗教原則之上，其範圍包括了法律、政經、社會和文化。

　　其二、基本教義派認為世俗化的公共領域之所以腐敗，必然產生兩種回應。第一、消極的作法，也就是從社會主流生活方式中抽退下來，嘗試重建理想的信仰者之社群。這可以美國阿米什（Amish）自建特殊社區，或是在以色列過分正派的猶太人所建立哈列定（Haredim）為例，來指明宗教確定了社會、政經的原則。這些信眾比較關懷這些原則是否被遵守，而不計較整個社會是否徹底更新。第二是積極的基本教義派。他們採用反對與戰鬥的立場，因為採用政治的手段，故可視為一種意識形態。他們所理解的不過是傳統定義的政治，也就是認為政府的政策和國家的行動就是政治的本質。他們還企圖奪權、或企圖影響政治，把現代國家當成道德重整的工具來加以奪取。批評者認為這消除了政治與宗教的分離，使得基本教義擁有極權主義的面貌與衝力。由於以宗教原則立國的國家不再分辨私人與公家，因此公共勢力滲入社會的每個角落，其走上極權之途勢難避免。

■ 基本教義的脈動與衝力

　　從廣義上來看，基本教義牽涉到理念與價值的信持，這些理念與價值乃為「基礎的」、「基本的」。由於基本的信念與價值被視為理論體系的核心，因此這些理念與價值通常具有歷久不衰和不能改變的性質，也連結到體系原始的或「古典的」的形式之上。基本教義遂被認為是同相對主義相反之事物，因為相對主義向來有客觀、絕對的標準。假使以絕對主義和相對主義做為兩端來看待，那

麼基本教義就如同共產主義和法西斯主義一樣，接近絕對主義的那一端。反之，自由主義建立在理性與懷疑之上會趨向相對主義的另一端。不過所有的意識形態都包含或大或小的基本教義，那就是維護其原始的、古典的主旨與精神。在這種說詞之下，基本教義成為修正主義的反面。古典的馬克思主義因為大力主張取消與取代資本主義，便具有社會主義基本教義的形式。反之，民主社會主義無意堅持廢除私產、市場和物質報酬，便可以視為社會主義的修正，是一種修正主義。

在宗教的基本教義中，所謂「基本的事物」（the "fundamentals"）經常衍生自神聖經典的內容，並且以句斟字酌、符合真理的說詞來獲得支撐。事實上，美國誓反教的基本教義便以墨守《聖經》而返回「基本面」。其牧師至今仍舊在說教「創世論」（creationism）、或「創世科學」（creation science），宣稱人類正如《聖經》舊約的〈創世記〉所言，都為上帝所創造，他們也拒斥達爾文的進化論。這種情況可以從三種具有經文的宗教（基督教、伊斯蘭教、猶太教）中看出，每一種宗教都引經據典，號稱是上帝話語的披露。不過基本教義也不等同於泥守經文者。原因是每種神聖的經文包括了各種的理念、教義和原則。要把經文當做社會更新和群眾動員的政治意識形態來看待，必須從經文裡頭擷取其「基本的事物」，這些基本的事物必須以簡潔的原則來提供宗教認同的、精確的與不含糊的定義。

諸教派中過分泥守教條，而為過分的正教（ultra-orthodox）者，其主要的目標是使生活與經文完全相符。但基本教義者強調將經文活學活用，也就是把複雜深邃的經文簡化為政治兼神學的行動綱領。在伊斯蘭教中，這稱為「伸縮性的解釋」。這樣有選擇性、有解釋性的作法，會滋生何種選擇或解釋才是正確的「正本」、「真解」之問題。基本教義派便決定由「何人」去進行選擇與解釋來求取解決。在這種情況下，神職人員與宗教官署扮演的角色並不重要，反而是負責解釋的人必須是德高望重、有鬥爭經驗的魅力領袖，如同伊朗革命的何梅尼教長。這就是何以宗教的基本教義會伴隨魅力領袖而俱來，也使此教派充滿了權威性格的原因。

20 世紀末基本教義的運動到處流竄，其力量表現有能力產生政治活動與動員信眾。因此，基本教義不只在心理層次，也在社會層次運作。在心理層次上它提供不確定的世界一份穩定的力量。由於是宗教，它能對人群遭逢深沉困惑

的問題提出直截了當、實用的化解之道。在社會層次方面，它的吸引力已推廣
至受教育與專業人士，但訴說的對象為更廣大的、下層的、邊緣化的大眾。在
為發展中的國家提供確定的認同與社會秩序的同時，它取代了更新社會與伸張
正義的社會主義，把本身轉變為簡化與直截了當、了無牽掛（stripped-down）
的特性。這種特性使它無法處理繁雜的、困難的世事，更無法發展出全面的解
決方案。由於缺少政治的藍圖，基本教義者像是伊朗的神職人員在解決問題時，
不是臨時起意，便是從政治實踐的傳統中尋找妙方，光是妙手回春都不容易，
更遑論扭轉乾坤？至今尚無立竿見影的經濟理論或軍事謀略出現，就可以看出
基本教義主政之力不從心。

■ 反對現代主義

　　基本教義最明顯的特徵就是斬釘截鐵地反對現代世界。現代化對基本教義
派信徒而言，代表了衰敗與腐化，其典例為不信神明的世俗主義之瀰漫。為了
使人類能獲取拯救與更新，遂主張重返古代的「黃金時期」，接受古代精神與傳
統的薰陶。只是對這種主張的印象未免太簡化而容易被誤導，原因是基本教義
者並非全盤接受傳統，而是有選擇性的接受。另一方面他們並非徹底排斥現代
性，也是有選擇性的拒絕。換言之，他們對現代化的產品既愛又恨、既羨慕又
嫉妒。無論如何，基本教義的一個面向就是反現代主義與現世主義，而贊可傳
統價值，接近了道德的保守主義。

　　西方社會因為屈服於私人的頂禮膜拜和滿足個人的需求，在道德上被看成
敗德，甚至墮落、濫交、嫖妓、同性戀、色情、吸毒之氾濫等等，正是道德污
化的象徵。因之，自由的個人主義和基本教義最大的分歧為道德的鴻溝，前者
鼓勵個人進行道德的選擇，後者則嚴厲要求個人遵守既定的、神賜的道德要求。
伊斯蘭基本教義甚至要求恢復古代的宗教法（Sharia 神法）；與此相當的是基督
教的基本教義者，呼籲重視家庭的價值與宗教的價值，來驅除色情的氾濫。

　　這麼說來是否要把基本教義等同為保守主義與傳統主義呢？事實不然，它
們的內涵（教義）或形式（作法）或有重疊相同之處，卻非一體的兩面。在美
國基本教義與保守主義曾經聯盟，透過「道德的多數」（Moral Majority）之組
織宣揚道德的重整。但保守主義卻是較為謙卑與謹慎；反之，基本教義則咄咄
逼人和熱情奔放。保守主義旨在保護菁英和衛護上下尊卑、垂直不平的關係

（hierarchy）；反之，基本教義則向貧困大眾訴求，也以民粹主義者之方式力求社會的平等。保守主義除了遵守傳統價值與規範之外，還要求其繼續繁榮滋長；反之，基本教義者是極端的、基進的（激進的），甚至不惜訴諸暴力，講究革命方式。

　　另一方面，傳統主義和基本教義也有所分歧。前者相信行之有年的典章制度，不可將傳統輕易作廢；反之，基本教義只注重信仰的宗教傳統，和對該傳統的新解釋，求取社會徹底的更新。不過基本教義派與新右派反動的基進（激進、急進）主義（radicalism）有相似之處。只是基本教義派份子比起反動份子來更為反動與回顧過去，原因是新右派的反動份子多少著眼於清淨的未來，而不若基本教義派迷執於過去。基本教義傾向於魅力領袖的領導、偏好民粹主義、注重心靈與社會的更新，使人想到這與法西斯主義神似，但最大的不同為法西斯主義者以國族的光榮、文明的卓越與擴大領土的要求、崇拜領袖、獨裁鎮壓並施，來達到政治對社會與經濟之嚴控；反之，基本教義卻以激發宗教狂熱、重建神權國家與政治為目的。

　　基本教義所以把現代性（modernity）等同為「大撒旦」（the Great Satan），主要是因為現代化代表急遽的社會變遷。這種遽變與劇變威脅了獨一的上帝創造世界（人與社會）的傳統說法。由於社會角色與社會遷徙的變化與時遞增，使道德與超自然秩序的看法更加零碎化。宗教傳統的零碎化產生了世俗化的國家，最後導致國家與教會的分離、政教分離。隨著現代化而來的便是合理化，儘管合理化有其宗教上的起源（Berger 1969: 115）。歐洲 16 世紀的宗教改革便要為世界去除神秘化、去掉神話，把上帝可藉祈禱、告解而使世人贖罪的迷思打破。倫理的合理化過程，使道德與倫理脫離神明而獨立發展。不僅道德與倫理走上合理化，科學、技術的進步也拜合理化之賜。科學與技術的發展對確立與不變的真理之存在不但質疑，並且加以顛覆。由是對神明的信仰日漸縮小，加上現代化帶來平等主義、文化的多樣性，都使人們的注意力從宗教轉向世間的各種新奇事物，而大大降低上帝在人心裡的地位。更糟糕的是，現代化對第三世界而言就是西化，而西化代表西方殖民主義與帝國主義的侵略、壓迫、剝削與不平等的待遇，這個枷鎖自然引起當地人民的反抗。是故現代世界被視為宗教的最大仇敵、最大的撒旦，由此看來是可以理解的（Bruce 2002: 16-39）。

　　不過並非所有的基本教義都排斥現代化的產品，像科學、技術、通訊設備、

國家管理機器、武器（特別是核子武器），都是基本教義信徒企圖接受與擁有的現代產品。伊朗在革命後擁抱西方科學，而不再是「伊斯蘭的科學」，誠如帕列克所言：「基本教義是在現代性的侷限內企圖重建宗教，也可以說在宗教的侷限下用來對付現代性」（Parekh 1994: 121）。

■ 鬥志昂揚、好戰成性

宗教的基本教義採用傳統的、以國家為中心的政治觀，但卻也追求特殊形態的政治活動，那就是鬥志昂揚、好戰的政治實踐。基本教義份子也樂意被人稱為好戰性、鬥志極高的「聖戰士」，因為這種稱謂可以標誌信徒的熱心與激情。基本教義信徒的好戰性來自幾項因素。其一、宗教牽涉了人群的核心價值與信念，攸關個人與團體的生死大事，因此為了堅持宗教的信仰就必須全心投入。凡涉及宗教名目的行動，必有神明的旨意，比其他的考量更為重要，這也說明人類有史以來，各種各樣的宗教興衰迭起，從未中斷之因由。

其二、基本教義為認同政治的一種形式，它用來界定信眾屬於哪種哪類的人，也為信眾提供集體的認同。所有的認同政治，不管立基於社會、種族、宗教的不同，都在分辨「內群」與「外群」、「我們」與「他們」的不同。其中基本教義者又常把自己當成處於敵對的、不友善的他群中，那些孤立無援者，如此有助於本群的團結，與加強對抗他群的戰鬥意識。他群被妖魔化為撒旦的化身，他們如果不是世俗化的產品，便是反對本族信仰的異教者、資本家、或是帝國主義者。

其三、基本教義派常持摩尼教（Manichean）的世界觀，強調光明與黑暗的鬥爭、善與惡的纏鬥。從而把自己幻想為善良、為正義、光明的化身，而把對方看做罪惡、不公、黑暗的勢力。對基本教義而言，政治的衝突乃是決鬥與戰爭，其中信仰者或不信者總有一方要獲勝，沒有騎牆中立的可能。

這種鬥志昂揚、好戰成性的結果，就是動輒採取法律或憲政以外的手段、去從事政治活動。儘管神的法律高於人的法律，但有些基本教義派，像基督教右派還是遵守世俗的法律與秩序。比較引起爭論的為基本教義對暴力的使用。把基本教義派視為賓拉登與開打（凱達、基地）的恐怖活動，或是將巴勒斯坦的暴力分子當成人肉炸彈看待，都是以偏概全的謬誤。須知基本教義派一般是採取和平的、合法的手段抗議。當然也有例外，可以指出基本教義派濫用暴力

的事件，像 1981 年埃及總統沙達特遭基本教義急進份子刺殺身亡，1984 年印度總理甘地夫人爲錫克教徒暗殺，1995 年以色列總理拉賓遭受猶太教狂熱份子槍擊，以及 1991 年魯西迪（Salman Rushdie）的作品《魔鬼的詩篇》的義大利文和日文翻譯者都遭殺害，難怪台北出現的華文翻譯，只以佚名來處理，都是顯例。

對於採取暴力做手段來達成其政治或其他目的，基本教義的正當化理由是要殲滅罪惡，也是要光大神明的旨意。伊斯蘭挾炸彈自殺的激進份子相信爲真主阿拉而犧牲個人的生命，是一條馬上進入天堂的捷徑。基本教義派使用暴力的頻繁與增多，乃是革命熱情與期待的升高，也是受到世界終究要毀滅，天國遲早要降臨的末日大災難（apocalyticism）之影響。基本教義的信徒尤其相信千年神國之降臨，隨著西曆公元 2000 年之到來，各種宗教的、各種教派的活動更爭先恐後地在世上出現，就表示這種末日的心態。

三、伊斯蘭教的教義和傳播

伊斯蘭教是以先知穆罕默德（570-632）一生的行誼和《可蘭經》爲主，不只涉及信徒的精神生活，也包含政治經濟、社會活動的內涵，可以說是政教合一的、靈魂與肉體不分的、現世與來世結合的信仰體系。就像基督教的信仰成全了猶太教的律法，伊斯蘭的信徒（稱做穆斯林，意爲受到真主降福的人）也號稱他們要超越猶太教與基督教，他們意圖將真主阿拉的啓示去除被扭曲的部分，而還原本來的真面目。伊斯蘭教教義的一部分顯然衍生自基督教及猶太教，但卻也是反基督教與反猶太教。它們之間有一些相同的歷史和聖地，而引發了彼此的衝突。

穆罕默德自稱爲真主所選擇的先知，「爲人類帶來上主的訊息，也就是有關獨一的、權力極大的真主之存在的訊息，也帶來即將降臨的末日與裁判的警告，和遵守有德的生活之鼓勵」（Ellias 1999: 33）。穆罕默德誕生在今日沙烏地·阿拉伯的麥加城，出身於商人家庭，後來與富商的遺孀結婚而家財萬貫。當麥加的市民對他日漸增大的權力有所疑慮時，他率眾離城而往北方的耶特立卜（Yathrib，後來易名爲麥地納）營建新的權力中心。成爲該城的政經、宗教大

權在握的領袖。麥加曾發動三次戰爭企圖攻下麥地納，結果戰敗，而於 630 年向穆氏投降稱臣。

在穆罕默德逝世之後二十四年間，其繼承人把先知與國王的頭銜融合成「卡立發」（Caliph）這一稱號，這時伊斯蘭教已從阿拉伯半島擴散到鄰近各地。先知穆氏前後的三位繼承人都稱為卡立發，但第四位的女婿阿里卻遭人暗殺。由於選舉卡立發無明文規定，因此穆氏的兒子哈珊（Hassan）企圖接掌阿里的職位不成，而從政治舞台消失。十九年後哈珊的弟弟胡賽因（Hassayn）企圖登位為新的卡立發，結果因為擁護者不多，而在克貝拉（Kerbela）被殺。

穆斯林信眾其後分裂為兩大派：遜尼派（Sunnis）與什葉派（Shites），前者為多數派，後者為少數派（只占回教徒十分之一）。遜尼派接受繼承先知的烏邁亞德（Umayyad）王朝的統治正當性，什葉派則堅持繼承人的正當性必須追溯到阿里、哈珊、胡賽因諸人的後代，什葉派後來又因為繼承人正當性的問題再度分裂為胡載地派（Huzaydis 分布在今天的葉門）與分布在北非的伊斯邁爾（Ismail）派。什葉派尊稱其領袖為教長（Imam），其中第十二代教長穆罕默德·阿·馬地（Muhammad al-Mahdi），號稱並未在 874 年逝世，而隱藏於一秘密之處，他將在世界的末日以彌賽亞（救主）的身分重臨世間。

伊斯蘭教有兩大特徵，這對吾人瞭解其基本教義有幫助。其一、神明力量與宗教力量缺乏區分的界線。不像基督教剛開始並未奪取政權，伊斯蘭教在教主生前便已建立政權、擁有政治權力。是故其精神、靈性的社群不曾與世俗的、政治的社群分離，甚至相互對抗，這就是一開始伊斯蘭教不區分教會與國家的原因。

其二、法律在伊斯蘭教扮演核心的角色。先知的啟示和他一生行誼的內容，都列入《可蘭經》的經文中。另外把信仰與道德結合的《哈地特》（the Hadith），也與《可蘭經》一樣，既是教義、也是律法。嚴格言之，伊斯蘭並沒有神職人員的制度，它只靠精通聖神法（Shariah）的法律專家引導。與基督新教激進派相似的地方，就是伊斯蘭教講道者與禮拜引領人和一般俗（信）眾並沒有明顯的區別。講道者與信眾身分之相同，也就說明沒有專職的僧侶存在的必要。

伊斯蘭教除了有派別的區分之外，還有「高」伊斯蘭與「低」伊斯蘭之分。主要是以信眾的社會地位和文化水平來加以區分。高伊斯蘭的「載體」（信仰者、

傳播者）爲城市中出身商貿家庭與中產階級學者。他們反映了中產階級的品味、遵守秩序與規則、講究嚴肅認真，而避免走入狂熱與極端。他們強調真主的獨一性，不贊成崇拜聖人，因爲反對在人與真主之間需要一位仲介者來幫助人與神的溝通。他們贊成清淨戒慾、以律法爲行事的指引。反之，低伊斯蘭卻有點像天主教，爲鄉下群眾所信奉，特重法術（魔法）而輕學習，特重宗教的狂喜而較少律法的遵循，對地方聖人的崇拜成爲這派人的制度性特質（Gellner 1992: 11）。

我們再談伊斯蘭的歷史。卡立發的地位逐漸衰弱，其原因爲在卡立發權威名義之下的軍事指揮官權力大增、據地稱王，而建立了三個帝國：波斯、莫臥兒（Mogul）和奧圖曼帝國。這三個帝國分別掌控當時世界大片土地，不過隨著達伽馬繞過南非好望角，而於 1588 年抵達莫臥兒帝國所在的印度之新航線開通，伊斯蘭的勢力開始衰微。西方的遠洋貿易爲其殖民奠下基礎，在船堅砲利之下，保守落後的東方神權帝國遂逐漸敗退，然而奧圖曼帝國的勢力卻很快伸展到歐洲中。

在 1550 年之前，穆斯林鐵騎抵達匈牙利，威脅著中歐大城維也納的安全。但不久西方的財富與科技的發達，便把入侵的穆斯林擊退。18 世紀末奧圖曼人已意識到他們不如歐洲人，所以在統治階層產生改革的企圖。19 世紀末伊斯蘭的統治者要將國家「現代化」，特別是軍隊與武器、鐵道，甚至是自來水設備。及至 20 世紀也仿效、輸入與應用西方的先進產品，像是汽車、工廠等西方的發明便受到賞識與利用（Watt 1988: 46）。

在這些發展中，宗教的制度聯結了先知的啓示——代表著不容修改的真理——傳給後代。當生活在奧圖曼帝國的猶太人與基督徒在 16 世紀時就使用了印刷的經典之際，穆斯林的領袖仍然排拒印刷品，因此土耳其文或阿拉伯文的印刷品，要遲至 1784 年之後才問世。

與西方世界的接觸，爲伊斯蘭的宗教制度增添新的制度。在奧圖曼統治的歐洲，除了神法法庭之外又增加了商事法庭，這是由於神法（Shariah）的法庭禁阻非回教徒出庭。伊斯蘭神法法學家在面對世俗化過程的挑戰中逐漸喪失權力。在土耳其和埃及宗教法庭，只能處理個人糾紛、兩性道德與家庭有關的事務，而對商務、財務等事務無力管轄。

在同樣的情況下，大部分的伊斯蘭國家開始發展教育體系。第一項新政便

是訓練軍事與外交人才。1868年奧圖曼帝國學院設立，以法語爲教育語言，來訓練政府官員與外交人員。不久這種世俗法的設備已擴展至小學、中學與大學。向來的教會學校（*madrassas*）反而成爲教育的支流。

西方的剝削者並未將現代化橫加在伊斯蘭統治者的身上，而是奧圖曼帝國的執政者自行追求的，因爲他們深感若不現代化就無法追上西方的發展。的確，奧圖曼帝國管轄下的社會有許多弱點，譬如社會的結構與文化的架構中就沒有企業者的地位，也不加以鼓勵中產階級。奧圖曼所容許的四種職業爲任職於政府、宗教、戰爭與農業。由於鄙視那些與外人來往的本國人，使其經濟發展更爲緩慢與脆弱。他們瞧不起市民階級與營商致富的人，而封建又與理性商業的心態相反。結果是工商業完全由非回教徒所操作。經濟的失敗，只好靠輸入外國貨品，造成本國財富的流失，1875年奧圖曼帝國被宣布破產。

在前面我們提及，伊斯蘭信徒受摩尼教對世界兩分法的觀點所影響，這種觀點在第9與第10世紀伊斯蘭勢力膨脹時還有意義。但在19世紀奧圖曼帝國衰敗之際，統治者被迫承認敵對的西方的優越時，就難以向百姓解釋。在1914年這種視西方爲「戰爭的氛圍」的譬喻終於變成現實，它開啓了世界第一次大戰，奧圖曼帝國與德、奧一同對抗英國與法國，結果慘敗，還連帶造成帝國的崩解。

1924年凱末爾在奧圖曼帝國崩潰的殘基上，將土耳其創建爲現代化國家，他支解與重構伊斯蘭，而引進新的世俗化制度。這種外力強制介入的現代化計畫一部分是爲了破壞宗教制度的權力，其他部分則爲大力建設民主的制度。但由於缺乏本土資本、缺少企業文化，而不利歐洲人投資的環境出現，使健全的本土經濟無法發展，其結果軍人的干政難以避免，他們要求國家要有效控制社會（Bruce 2000: 40-46）。

人數多達十二億人的伊斯蘭教是世界上第二大宗教，其擴散與增大之迅速令人驚訝，他們分布於七十個國家之中。其中大部分居住在亞洲與非洲，並且不出幾年，非洲一半的人口都會變成爲穆斯林。伊斯蘭不只是一種宗教，它更是道德的、政治的與經濟的訓誡；它是一種宇宙觀、社會觀的結合；它也是一種生活之道，目的在使個人與國族遵守教義而行動。今日伊斯蘭活動最頻繁的地區與國度是伊朗、黎巴嫩、巴勒斯坦、伊拉克、敘利亞、阿富汗、中亞五個舊蘇聯的成員國、巴爾幹半島科索沃地區、巴基斯坦、印尼、菲律賓南部等地。

這些地區或多或少都受到好戰的基本教義者所鼓動而發生戰亂。其他如土耳其、埃及、北非、中非、孟加拉，以及印尼大部分地區等地的溫和派伊斯蘭，則沒有堅持要效法伊朗的革命，建設「伊斯蘭國家」（「伊斯蘭共和國」）。當然這些溫和的國家也存有極端派基本教義份子在不斷鼓噪，如印尼的「伊斯蘭祈禱團」涉及 2002 年 10 月的峇里島恐怖炸彈襲擊，使印尼的經濟雪上加霜，也影響了東南亞地區的穩定與發展。

四、伊朗的伊斯蘭大革命

1979 年伊朗爆發了大革命，由流亡國外的何梅尼教長爲中心的伊斯蘭基本教義派推翻世襲的巴勒維國王，創建「伊斯蘭共和國」，成爲 20 世紀末中第一個政教合一的神權國家。伊朗革命成功的例子，激發全球穆斯林信徒群起效尤，紛紛以暴動、造反的方式，企圖顛覆建制，來建造伊斯蘭的國家。

值得注意的是伊朗伊斯蘭教是屬於少數的什葉派，而非占絕大多數的遜尼派。在 16 世紀初伊朗王國便被一位教長（Imamite）所征服，而把分散開來的什葉派教徒凝聚與團結起來。正如前述，什葉派認爲阿里與穆罕默德的女兒法蒂瑪（Fatima）及其子孫，代表先知合法無瑕的繼承人，因此擁有絕對的宗教權威與政治權力。什葉派認爲歷史的發展愈來愈朝向拯救人類的目標邁進，特別是馬地的重回人間，標誌著救世主在世界末日的降臨。這種最終拯救的馬上

表 7.1　什葉派與遜尼派之分別

	人　數	領袖的正當性	領袖的清白與無犯錯性	理想的社群	歷史發展	救贖之道	政治參與	傳　播
什葉派	1 億少數派	阿里與法蒂瑪之後歷代教長	所有領袖具有此種特質	出現在當前或未來	走向世界一體化	忍受苦難過簡樸生活	積極獻身	伊朗、伊拉克、敘利亞
遜尼派	10 億多數派	只有最先的四個卡立發才從先知獲得神聖智慧	只有早期的先知及其四位繼承人	出現在過去	愈來愈墮落	崇拜真主、勤念《可蘭經》	消極、不熱中、溫和	土耳其、埃及、北非、沙烏地·阿拉伯、印尼

資料來源：Heywood 1998：306　；經作者修正。

到來，給予什葉派信徒解放的熱情與期待，使他們轉趨積極與動作頻頻，這點與遜尼派的消極、沉著截然有別。就宗教的心態而言，什葉派認為個人可以藉忍受苦難與簡樸的生活方式來除掉犯罪的污點；遜尼派則無此種受苦受難冀求救贖的想法。當什葉派將這種宗教熱忱應用到政治目標的追求時，便會全神貫注地參與，甚至赴湯蹈火也在所不惜。因之，傳統上什葉派比遜尼派更重視政治，並積極參加政治活動，也受窮困潦倒的底層民眾之擁抱，蓋民眾認為神的智慧的再現，就表示社會的淨化、不公的消除和解放的落實。

除了伊朗的穆斯林為什葉派教徒之外，傳統上教長享有財政的獨立自主，這有助提高宗教領袖地位。更何況 19 世紀中葉的新觀念是認為每個穆斯林要自找一個「模仿的源泉」，這便利了伊斯蘭學者可以自行解釋《可蘭經》與《哈地特》經文。他們遂在法律理解的高低地位上被定位，也成為宗教權威垂直不同的層級，甚至有權力反對國王的決策。1891 年波斯王把販賣淡巴姑（菸草）的特權售給一名英國人，卻遭到當時教長的反對，而迫使國王收回成命。在 1935 年之前伊朗通稱波斯。

就像土耳其和埃及一樣，伊朗擁有權力很大的宗教制度。不過與土、埃兩國不同的是，伊朗曾經是一貧如洗的國度，夾在英俄兩列強之間，飽受侵略與壓榨之苦。英俄同意讓伊朗成為農礦的國家，而不欲見其工業化。1930 年代伊朗領袖著手進行現代化，其發展速度卻比其他伊斯蘭國家快速，就像 19 世紀俄國西化派與俄化派之爭論一樣，伊朗的統治階層也面臨西化與本土化的爭辯，也就是接受西方的文化與社會組織才能夠國富兵強，還是走自己的道路來振興本土的文化傳統？

雷查・汗（Reza Khan）於 1921 年從一名軍事領袖變成首相，甚至在 1926 年自稱為波斯國王。他在操縱世俗的民族主義者與宗教的傳統主義者之爭鬥中企圖漁翁得利。他選擇了波斯信奉伊斯蘭教之前的統治者之名稱：巴勒維（Pahlavi）為其王朝的稱謂。於是他快速地把波斯建設為統一的民族國家，他不但驅除外國駐境的部隊，還勒令遊牧民族定居。經由興建貫穿伊朗全境的鐵路而達成國族的認同。他禁絕男女穿著阿拉伯長袍與戴上頭蓋。他設置許多世俗的法庭，任命德黑蘭大學研習法律畢業的學生為法官來取代伊斯蘭宗教學說的學士。1928 年教長曾抗議宮廷婦女穿著隨便，卻被雷查・汗當面羞辱與斥責。1935 年甚至派兵鎮壓群眾的祈禱會（會上教士埋怨國王推行現代化計畫之不

當），造成數十人被殺，幾千人受傷。

　　國王這種激烈的改革措施得罪了宗教的傳統主義者，他專制的統治方式也使擁眾自重的世俗化民族主義者離心離德，原因是傳統派的權力並未轉交給世俗民主制度的擁護者。在第二次世界大戰中，軍隊的進侵終於迫使雷查‧汗讓位給時年二十二歲的兒子雷查‧巴勒維，他是巴勒維王朝的第二位國王，也是最後一位伊朗國王。

　　新的國王繼續其父親未竟的現代化建設計畫，也遭逢激烈份子的抗爭。他被迫任命莫薩德（Mohammad Mossaddeq 1880-1967）爲首相，並於 1951 年沒收英伊石油公司的財產，把石油的生產與買賣國有化，英伊關係之緊張可想而知。不過在東西集團冷戰的高峰，西方不樂意見到蘇聯勢力侵入波斯灣，故在伊朗王巴勒維 1953 年出走後，設法恢復他的王位，其手段爲美國與英國所導演與資助的苦迭打（軍事政變）。在依賴西方的資本與政治的支持之下，巴勒維推行「白色的革命」，既不靠共產黨，也不靠軍人，而是依賴全國性的政黨、婦女與青年組織去從事社會全面建設，此外，也以民族主義做爲立國的精神和政治的信條。1975 年，在紀念伊斯蘭教進侵前阿契米尼德（Achemmenids）二千五百年紀念會上，他在波斯城的大留斯與克塞斯（Xerxes）的宮殿遺址，展示了史無前例的豪華之帝王慶祝典禮。但民眾的冷漠相對，使伊朗王變成更爲獨裁、壓迫與狂妄的獨夫。

　　石油的財富本可改善中東與北非的伊斯蘭國家人民的生活與促進經濟發展，但弔詭的是石油的營運卻與西方「巨大的撒旦」的合作分不開。事後的說法，表示西方數世紀發展的努力，無法在伊斯蘭國族一代人的匆促推動下一步登天。事實上，巴勒維並不熱心推動高等教育，原因是大專學院成爲密謀、叛變、異議人士的搖籃，所以他把千萬年輕人送往國外留學，結果很多人迷戀西方生活的舒適安全，多數滯留不歸，或是大多帶著西方惡習，特別是帶回「西方流行病」（occidentosis）歸回本國。

　　石油毀壞了傳統的經濟，導致在傳統市集（bazaar）做買賣的小生意人與手工匠生意更難做、生活更貧困。可以說石油的營運使伊朗更倒向西方、倚賴西方，而造成經濟無法獨立自主。國家全面控制效率不彰，對於國內好意的規勸與批評，巴勒維不但不聽，反而採取高壓手段來壓制。

　　反對的力量也來自宗教方面，但宗教的反對最先出於自利自保的心態。神

學士（Mullahs）雖然贊成國家獨立自主，但反對世俗化的改革，他們覺得君主的專制對他們的宣教更爲有利。其後宗教反對目標漸形擴大，位於科姆（Qom）的何梅尼長老之影響力的增大就是明證。

何梅尼在 1941 年第一次公開的批評，也就是雷查‧汗被迫下台不久，在《揭開秘密》一書中，他指摘伊朗王巴勒維的失敗，蓋後者「刻意採用輕視伊斯蘭原則的政策，並企圖顛覆宗教的社群」（引自 Bakhash 1985：23），這時何氏尚未建議以神權統治代替君權。不久他的批評轉趨激烈，當 1962 年地方理事會通過法律允許婦女和非回教徒可以擁有投票權，科姆「信徒團體」（ulama）發動群眾要求取消該法律。何氏指稱該法律爲「猶太與猶太復國運動的間諜所設計……從而危害了《可蘭經》。國家與經濟的獨立有被猶太主義者篡奪的危險，猶太復國主義是以僞裝的巴海（Baha'is）派之面目出現」（引自 Bakhash, *ibid.*, 26）。所謂的巴海派是 1860 年代從什葉派分出來的教派，在伊朗人數有限，但卻因爲給予婦女較高的地位，也反對一夫多妻制，因而受到什葉派的抨擊和抵制。

基本教義派的一個特徵便是在敵對勢力中挑選出一個主要敵人。換言之，當年巴勒維對「信徒團體」發動攻擊，當時正醞釀調整男女關係，國王容忍巴海派的存在、伊朗國際地位的式微，加上以色列剛立國不久，這些國內外的因素，都不利於什葉派，但何梅尼卻獨挑巴海派爲當年最大的敵人，意圖置它於死地。

而外國人在伊朗的豁免權，也成爲何梅尼攻擊政府的一個藉口。1964 年伊朗國王同意美國與西方軍隊在伊境享有部分的豁免權，便受到諸教長的攻訐，認爲這是侮辱伊斯蘭和國家的威嚴，遂發動群眾反對。在伊朗好戰精神受到亞非新興國家獨立與建國運動的鼓舞。把這種國際革命精神輸入伊朗的代表人，爲 1960 年代初在巴黎留學的夏掠悌（Ali Shariati）。他在花都認識了北非反對帝國主義之理論家法農（Franz Fanon 1925-1961），以及阿爾吉利亞爭取獨立的北非知識份子。夏掠悌把法農的著作《世上受難者》一書譯成法西文（Farsi，第 9 世紀以來通用的現代波斯文）。夏氏回國後八年間雖受情治人員騷擾，但仍藉著演講和錄音宣傳其革命理念，直至被捕下獄。夏掠悌的嶄新作法在把伊斯蘭復活主義極端化，而把它連繫到國際反帝國主義之上。他堅稱爲社會正義而奮鬥乃是伊斯蘭的精義，這種說法對諸長老而言雖然有危險，卻成爲反對伊王

運動的主力。何梅尼遂說:「伊斯蘭是鬥志昂揚的諸個人之宗教,他們只認得跟真理和公義而走。這是追求獨立的人之宗教,是進行反對帝國主義的鬥爭之學府」(引自 Watt 1988:135)。

對諸長老和諸教長而言,西方帝國主義所以勝利,並非其船堅砲利、科技卓越,而是伊斯蘭的領導者對自己信仰之脆弱,也是對其本身宗教之出賣。

> 伊斯蘭是被自己的統治者所打敗。他們〔統治者〕以西方形態的世俗主義之名,而忽視神聖的法律〔神法〕。西方抓住我們大部分民眾的想像〔心靈〕。那種的征服,對伊斯蘭的災難比國土的喪失還嚴重。並非安達魯西亞之喪失〔意指信奉伊斯蘭的穆爾人被逐出西班牙〕使我們每晚哭泣——儘管這是淌血的悲劇。更嚴重、更大的喪失為我們大部分的青年沉溺在西方意識形態、裝飾、音樂和〔簡速〕食品中。
> (引自 Taheri 1987:13)

總之,對伊王的反對是可以找到各種理由。但簡單地說,他的白色革命曾激發了人們的預期與希望,卻以失望與失敗告終。主要因為對傳統職業群體及其網絡的威脅,而對群眾的支持未加以充分的回報。伊王企圖藉小群體形成的全國網絡來落實講究理性的官僚國家之建立,卻被基本教義者以私自家庭的集會來應對。其結果這些小團體的串聯,成為人們尋求自我價值、自我尊嚴的場地。從私人集會的基地出發,基本教義派奪取了各地的清真寺,而讓青少年的衛隊監視群眾做禮拜、進寺院的次數,來迫使人群遵守伊斯蘭的清規。此外,他們也設立伊斯蘭銀行、男女分開的巴士。他們遊說民眾不進國家設置的法院,而把爭端交給傳統的神學士、神法者去解決。

伊朗的基本教義並非保守的、或傳統的,也並非回歸過去,也不是以鄉間取代城市。基本教義派利用過去作為修詞(大言炎炎)與象徵的工具。他們的宗教也不是地方聖人的崇拜。儘管控訴伊王患了「西方文明病」,基本教義派無意把時鐘回撥。教長或長老對過去的引用與教誨目的在為現時全社會灌輸清淨的「高伊斯蘭」精神。事實上一大堆無法阻卻、無法復原的發展趨勢——像城市化、政治集中、勞動力的遷移等等——使人群從其古老的世界移出,也使在地的父權的連繫削弱,這些都會使宗教的關聯減弱。假使白色的革命能夠推行

成功的話，那麼西化或會跟著成功，可是它卻失敗了，因為伊王只是以增加鎮壓來應付。人們在走投無路之下，只好響應長老們重建過去的號召。

1979 年伊朗革命之前，伊王施行殘酷的壓迫與鎮制。在 1970 年代，他的秘密警察手段之殘忍、迫害之兇狠，只有舊蘇聯與東歐共產政權的情治單位（格別烏）能相比。其結果遠走法國巴黎避難的何梅尼教長登高一呼，群眾便推翻伊王。返國的何梅尼遂成為革命後伊朗的最高領袖，革命完成後，國政則交由十五名成員成立的伊斯蘭革命理事會處理。立法機關為民選的伊斯蘭諮詢議會。其通過的法律條文尚需憲法保護理事會的批准才能成立。理事會由六名宗教神學者與六名世俗法學者組成。

在迫使巴勒維海外逃亡、客死他鄉的 1979 年，革命後的伊朗，反美的狂熱在學生占領美國大使館、監禁美國外交人員長達四百四十四日當中達到最高點。何梅尼藉反美與仇美而度過驚濤駭浪的革命初期，終於把政局穩定下。隨著被狂熱伊斯蘭革命黨徒斥為親美的巴查甘總理之下台，反對何梅尼神權統治的勢力逐一被清除。何氏也以「打敗」世界最大的帝國主義——「最大的撒旦」而沾沾自喜。但伊朗與伊斯蘭激發了全球的痛恨與畏懼，也使何氏體認了伊斯蘭革命的脆弱性。俘虜與虐待人質違反了伊斯蘭教對待犯人的人道精神。這大概是因為何氏患有被迫害妄想症引起的，這顯示基本教義是一個受盡打擊的信仰，遂鼓勵其信徒不計利害，只圖在險阻敵對的環境中存活下來。至 1983 年伊朗境內政府仍主張解散與禁阻民族主義、民主政體的黨派及活動。何梅尼也變為像巴勒維的獨裁者，強調意識形態的同型性政治之「表達的統一性」。這點事實上與伊斯蘭基本教義相乖離。因為伊斯蘭如同猶太教，只強調實踐（行動）的一致性、同形性，但卻允許教義有不同的表述、解釋。可是何梅尼如今卻不管伊斯蘭之傳統，完全隨心所欲去做其個人視為方便的事（Armstrong 2000: 318-323）。

在革命後，伊朗新政權推行嚴厲的伊斯蘭法律，從 1981 年起，婦女被迫戴著覆蓋頭面的頭蓋，不得穿著時髦衣裳，只能披上寬鬆而覆蓋軀體的長袍。一夫多妻制的規定復現、節育的藥物被禁絕，通姦者被公開鞭打、或判死刑，同性戀者也會遭受極刑。

直至 1989 年伊朗國會議長選為共和國總統之後，伊朗的政治方走回實用的道路，而教義的緊控才有鬆綁的跡象。曾在倫敦大學接受過神學史教育的索

魯什（Abdolkarim Sorush）在革命政府中擁有重要的地位，經常在星期五的禮拜日對大學生與群眾演講，他對西方有比較深刻的理解。他指出伊朗人有前伊斯蘭、伊斯蘭和西方之神不同的看法，必須相互調解通融。並非所有西方的事物都是有害的、病態的，不過科學的理性主義不能取代宗教，人類永遠需要靈性的東西來補充物質生活之不足。伊朗人必須學習去欣賞西方的科學，但也要緊抱什葉派的宗教傳統。換言之，伊斯蘭也需要改變、發展民權的哲學和經濟理論，俾能夠應付 21 世紀之挑戰（Armstrong, *ibid.*）。

　　要之，革命一旦完成，世俗與宗教聯合的政體跟著產生，可是一夕當權，基本教義派的執政者便把矛頭指向世俗的極端份子，以及反對何梅尼建立伊斯蘭國家的其他人。基本教義派當年反對勢力完全建立在小團隊的社會連繫之上，其作用相當於西方的「市民（民間）社會」。可是一旦掌權，便利用伊王所遺留下來的國家機器，把它轉變爲落實「神法」（*Shariah*）的神權國家。「基本教義派對民間社會最大的貢獻，在於把它變成反對的勢力……他們從來未曾視國家的解體或削弱爲其奮鬥的目標……〔反之〕以維護國家集中的權威爲職責，爲的是把它轉化成一個工具，俾實現伊斯蘭的法律」（Sivan 1992: 102）。

　　如前所述，一個復活的宗教並非是對落後（低度發展）所引發的社會紛擾唯一之回應方式，另外一種可能性則爲泛阿拉伯的民族主義。這種民族主義在 1950 年代由納瑟在埃及提倡，而一度頗爲成功。他把泛阿拉伯民族主義發展爲巴阿梯主義（Ba'athism），也就是將民族主義與伊斯蘭文化結合。但是這種巴阿梯主義的信條，很快的爲敘利亞和伊拉克軍隊所建立的巴阿梯政權轉變爲向外稱霸的沙文主義。顯然，泛阿拉伯的說詞無法僞裝其民族主義之外的傳統解釋。像伊拉克擁有相當多什葉派少數民族，也不時提供庇難所給伊朗的流亡人士。伊朗的革命者視伊拉克爲與其爭取國際伊斯蘭領導權的大敵。兩國遂在民族主義的基礎上展開爲時八年（1980-1988）的戰爭。1988 年 8 月在聯合國調停之下，伊朗接受了聯合國停戰決議，兩伊戰爭才告結束。但緊接著伊拉克坐大並進軍科威特，又釀成另一次波斯灣戰爭。在美英軍事干涉下，伊拉克從科威特撤軍，但撒達姆·海珊的狂妄自大，乃至資助恐怖主義，再度引發英美的報復。中東地區在以阿衝突之外，又增加美國推翻海珊的軍事行動，而使局勢變得非常的緊張與危急。

五、黎巴嫩的內戰與基本教義的輸出

伊朗的伊斯蘭革命不限於本國，還輸出到國外。第一個基本教義輸出國就是黎巴嫩，這是奧圖曼統治者所命名爲中東黎巴嫩山脊的地名。其主要居民爲曼洛尼基督徒（Maronite Christians），及少數的德魯茲人（Druze），此外還有散落鄉下的伊斯蘭民眾。在第一次世界大戰結束後，法國控制了該地區，把鄰近遜尼派與什葉派教徒聚居地併合在一起，建立了一個國家。由於種族與信仰的分歧，法國對黎巴嫩國家的控制，政治上依其人種與信仰群落的大小而分配國會的席次。當地人把法國勢力驅逐後，政治上的權力分配大抵上也仿照法國殖民的先例，依人口比例分配國會的席次。

但在經濟權力的分配方面則沒有種族與信仰的考量。1950 年代黎巴嫩成爲阿拉伯世界銀行與商務中心。基督徒菁英長袖善舞，攫取了極大的財富，但卻堅持付出低稅賦，導致社會貧困大眾得不到戰後繁榮的好處。這些貧困大眾大部分爲生活在鄉下的伊斯蘭教徒，特別是位在貝卡地區的貧困回民。1958 年黎巴嫩爆發內戰，肇因於基督徒總統對議會選舉的操縱與不公，結果埃及的納瑟和美國都曾介入。於是德魯茲人戚哈卜（Fouan Chehab）被選爲總統，他曾致力教育改革、大興工業以取代商業與服務業。儘管 1960 年黎巴嫩的經濟大興，但統一的國家意識卻未建立。

黎巴嫩國家第二度的崩壞肇因於巴勒斯坦人的遷入，爲數三十萬的巴勒斯坦難民遭到約旦驅離後，湧入接近以色列北疆之黎巴嫩南方。保守的黎巴嫩人認爲這些難民的湧入對黎國主權是一大威脅，且會啓開以色列入侵的藉口。果然在 1975 年黎國爆發內戰，敘利亞軍隊於次年也企圖干涉。黎國軍隊因種族與信仰不同而四分五裂，因此無法對抗敵軍。1978 年以色列軍入侵黎南，設立傀儡政權來維持暫時的治安。1982 年以軍再度進侵，兵力迫近黎國首都貝魯特，並曾大肆壓制轟炸黎南巴勒斯坦難民營。在美國斡旋下勉強達成停火，而使巴勒斯坦解放組織（PLO 簡稱巴解）撤退。不久在敘利亞支持下，巴解迫使美國撤兵。在敘利亞強勢介入下，1989 年停戰協訂簽字生效，總算結束了十四年的黎國內戰，一般稱爲黎巴嫩的內亂與危機。這中間正是伊朗輸出革命的大好時

機。

原來在 1921 年在黎境才占人口 19%的什葉派，到 1975 年已增加爲 30%，他們集中位在黎國最貧困的貝加地區，後來遷移到貝魯特南郊。當內戰於 1975 年爆發之際，什葉派遂組成希望黨（Amal）。希望黨原是改革黨派，卻在伊朗革命成功後放棄了改革的路線，而走向革命之途，其原因爲大批伊朗革命軍的遷入，把黎巴嫩廢棄的軍營改造爲真主黨（Hezbollah 赫茲波拉黨）的堡壘。

在成立真主黨的宣言裡，其黨徒宣稱將遵循真主唯一的、有智慧的命令，「也就是化身爲至高宗教領袖與指導者偉大的教長何梅尼之命令」，不只要征服黎巴嫩，還要建立一個伊斯蘭的國家。這種建國的任務之具有急迫性乃是「末日」的降臨。一位巴解的神職人員甚至說：「正義的神國不限於地理上的疆界，而是救世主馬地的降臨世間，他要在土地之上創建一個伊斯蘭的國度」。爲達此目的必須把美國這個最大的撒旦摧毀。

使真主黨令人矚目的地方，乃是對黨徒的洗腦，讓他們以殉道的精神來正當化其恐怖行動。也就是使年輕的男女以自殺攻擊來殺死「敵人」。1983 年春在攻擊美國在貝魯特的大使館中，自殺炸彈者奪取六十九條人命，同年 10 月的攻擊中，有二百四十一名美軍陸戰隊人員與五十八名法國傘兵慘遭殺害。1985 年一名少年人以一卡車的炸藥炸死十二名以色列士兵。兩個月之後其母親與長兄出現在德黑蘭受到何梅尼的召見，伊朗國都的市街名稱也易以這位「聖戰烈士」的姓名。

爲什麼巴解的部分成員、或什葉派的信徒會走上這條絕命之途？其動機或者可以在其社會的貧困與絕望中找到，也就是在走投無路的貧困中尋找出路。既然世界不再提供存活的條件，那麼從激烈的和千年得救的意識形態中找出路成爲頗具吸引力的動機。什葉派在尊崇阿里與胡賽因的殉道時，對殉道者崇高的地位與榮寵懷有幻想與希冀，每個人都可以藉殉道而直升天堂。

要成爲真主黨的神職人員並非易事，他們受到年齡的限制，又必須接受神學的洗禮。在 1970 年代沒有完成神學教育就被伊王的下屬（教育機構負責人）驅除出境，當他們返回黎巴嫩，既無學歷證件，又受當權的什葉派領袖排斥，遂成爲被唾棄的下層群眾，他們的忠心遂無法確定要擺在那裡。於是在 1982 年當伊朗使者抵達貝卡地區大談革命的必要時，這些年輕的神職人員馬上表態擁護何梅尼，也在真主黨中獲取領導的地位。這些人成爲伊朗革命輸出的第一

批接受者。真主黨的黨徒以自殺炸彈震撼世界，這似乎是 1980 年代之事。但不幸的是，在 2002 年上半年自殺炸彈事件在黎南，在以色列約旦河西岸的墾殖區與大城小鎮層出不窮、愈演愈烈。以色列採取以暴易暴的激烈措施，卻無助於消解以巴的血海深仇。由是看出基本教義派最終與恐怖主義聯手，而造成中東更大的騷擾與不安。

真主黨及其恐怖運動雖令世人寒心、震驚，但其影響力並沒有想像中之大，原因是它縱然可以影響黎巴嫩的政治，卻無法奪取黎國的政權。

觀看一下中東的地圖，便可以發現黎巴嫩離伊朗還隔著幾個什葉派的國家，因而看出伊朗輸出革命給其鄰國，並不算成功。這也說明基本教義的擴散，環境與情勢扮演相當重大的角色。像伊朗曾經嘗試煽動沙烏地・阿拉伯哈薩（Hasa）地區的什葉派份子反抗遜尼派的統治者，但除了 1979 與 1980 年造成當地的騷動之外，很快便被沙烏地政府的安撫措施所平靖。當地什葉派信徒都知道何梅尼的激烈講道聽來令人爽快，但改善生活水平的權力卻操在沙烏地官員的手裡，更何況沙烏地的阿拉伯人一般而言是溫和與善良的伊斯蘭教徒。

這種說法使我們回憶前面所提起的事，伊斯蘭的基本教義只有在找到一個真正的、或是想像的大敵當前時，才會引起信眾的心悅誠服。是故美國的大撒旦、以色列的猶太復國主義、蘇聯的共產主義，或是巴阿地黨的民族主義，都被視爲窮兇極惡的敵人。基本教義派或指摘或控訴沙烏地・阿拉伯成爲美國帝國主義的幫兇，但卻無法攻擊沙國實施伊斯蘭神法，沙國統治階級的生活符合伊斯蘭的規範。只有當基本教義派擁有獨特的傳統時，他們才振振有詞，但當別的國家也有這種傳承時，要加以抨擊、指摘，就無法奏效。他們只能自吹是真實的、勤快的伊斯蘭信徒，但究其實絕非唯一的、有效率的伊斯蘭信徒。

伊斯蘭基本教義的勢力常被內在分化所削弱。由於穆斯林分屬不同種族與國度，因之也分裂爲各種的派別。何梅尼的文集《伊斯蘭的政府》，便仰賴什葉派的權威文獻而使遜尼派大感意外，而有疏離、異化的感受。是故他們之間的紛爭不一致，無法團結統一是可以想知的。

由於基本教義派信徒既是教條者、又是盲信者，因之對芝麻小事予以誇大者常有所聞。另一方面我們也可以說，對基本教義者而言，沒有任何的事是小事。是故在其宣教、奪權革命運動過程中幾乎是錙銖必較、爭執不休。恐怖組織也犯同樣的毛病。恐怖活動沒有法制的規範與節制，只求運用致命的暴力，

常使恐怖份子歇斯底里（發狂、急躁、缺乏理性的判斷）。同僚的存疑、個人爭
吵的言詞過當常被他們視為對教義的背叛，其結果革命的英雄變成了出賣祖國
的間諜（如伊朗總理巴查甘被當成美國間諜來抨擊）。基本教義同恐怖主義構成
混合體，這種混合體使承諾具有犧牲的層面，但也使承諾變成飄渺而不可靠。
1994年南黎巴嫩真主黨領袖哈珊‧拉馬爾（Meezer Hassan Rammal）因為傳聞
與伊朗反政府的敵對派系有所連繫，而遭伊朗的間諜殺害。1999年阿爾吉利亞
基本教義派領袖被謀殺，因為他有意同政府謀和。總之，因為某些基本教義派
之過度熱心，反而使其運動弱化。

　　使基本教義無法推動成功的阻礙來自於民族國家靈活的行動。其原因為基
本教義只能在國家不穩定、不發達的地方滋長。不過對這種的說法仍需做某些
限制與修改：其一、儘管不健全的政治結構與社會制度便利基本教義派的崛起
與活動，雖然這些活動僅限於部分人士對國家的忠誠，卻破壞整個國家協和與
建立統一的意識形態；其二、由於基本教義的運動常發生在特定的國家，也牽
涉到國家的大事，但隨政治局勢的推移，基本教義派的路線也常變更，這就造
成其意識形態難保穩定與連貫；其三、基本教義常受某國政府之利用，為了國
家的利益，必須左右逢源、隨時改變。

　　原則上，世上主要的宗教，除猶太教之外，都是寰宇性、普世性的。基本
教義特別具有寰宇性與普遍性，因為信徒堅稱宗教優於世事、優於種族或國界。
其次是對上主真理的侮辱可以容讓而不加深責，因為這樣做才能被視為對多姿
多樣、不同看法之寬容。不過他們也信持，真主的真理早晚會超越所有的虛妄
與謊言。何梅尼說：「就伊斯蘭教而言，沒有庫德族、土耳其族、法阿族、巴魯
支族、阿拉伯人、或羅爾族、土庫曼族之分別。伊斯蘭教擁抱每一個人、伊斯
蘭共和國遵守伊斯蘭法制下所有群落的權利……每個人都獲得伊斯蘭教的保
護」（引自 Halliday 1986：102）在某種角度來觀察何梅尼的淑世主義與其說是
使伊朗走向穩定，還不如說他要打破世俗的民族國家，以營建一個或數個伊斯
蘭的國家。

　　由於基本教義必須在一個民族國家中產生和發展，也對其始終連貫構成重
大的問題。伊朗的盟邦為敘利亞與利比亞，這兩國的成立與伊斯蘭的正統無關，
也與何梅尼建國的理想相去甚遠。為了聯手攻擊伊拉克的巴阿地教派，只好將
伊拉克的巴阿地主義當成最大撒旦的產品看待。但巴阿地派也出現在敘利亞，

爲了資助黎巴嫩什葉派建軍,又需敍國巴阿地黨的支持與協助,這就說明基本教義派的作法沒有原則可言。一開始伊斯蘭教就被高舉爲寰球革命的推力,但1984年何梅尼居然宣稱除了美國、以色列和南非之外,伊朗要與其他各國建立外交關係。這個運動也支持巴勒斯坦人反對以色列。弔詭的是真主黨卻與巴解發生戰爭,爲的是奪取貝魯特南部的控制權,不少什葉派傭兵也參與南黎巴嫩的軍隊。而南黎的軍隊卻是以色列爲保護本國利益而建立的,巴解也與以色列商討和戰事宜。這顯示基本教義派的每一言行都以宗教的意識形態來衡量,故其改變只有造成信徒的混淆,而使群眾無所適從。

民族國家顛覆基本教義的另類作法,就是伊斯蘭國家爲了競取區域的好處,而不惜資助極端份子彼此廝殺。像擊敗另外一個「撒旦」的俄國之阿富汗,在塔利班得勢前後,也是派系紛爭頻繁。先是穆加哈定趕出共產黨之後派系鬥爭轉劇,結果政權落入沙烏地·阿拉伯所支持的塔利班手中,而塔利班與奧薩瑪·賓拉登的緊密合作,導致國際恐怖活動的猖獗,最後釀成2001年9月11日的攻擊紐約世貿雙子星大樓與華府國防部五角大廈的恐怖攻擊事件,也導致英美歐聯軍進擊阿富汗基本教義的政權。塔利班代表著伊斯蘭保守的一派與沙烏地·阿拉伯瓦哈比(Wahhabis)信徒有所連繫。總的來說,由於伊朗、沙烏地·阿拉伯和巴基斯坦的介入,塔利班政權垮台之前,仍舊是派系林立、鬥爭不斷。

基本教義也由於其內在的活力、冒進而呈現力量的分散與軟化。激情與狂熱無法永久持續下去。中共的毛派份子早便發現永續革命難以爲繼。宗教的外爭內鬥與政黨的火拚纏鬥之事實,說明偏激作法不能持久。現實生活逼得每人必須工作、營生,而無法日夜鋌而走險,靠幻想、期待、織夢而活。一個顯例便是一旦敍利亞在黎南壓制有效,貫徹和平(停戰)命令,真主黨的好戰言行便被迫收斂。領導者也體會改善百姓生活條件的實用計畫比空呼喊革命更急迫、更優先。神職人員也開始考慮自殺使命和人質拘禁的適當性與正當性。

伊斯蘭基本教義曾刻意強調社會的、政治的、經濟的困厄必須當做宗教的問題來處理,也從宗教中求取答案。這種看法與作法容易誤導讀者認定宗教是附屬於社會災難與困厄之中,也就是宗教理念不過是生活現實、物質基礎的修飾,是物質基礎的意識形態之上層建築。這是馬克思主義者唯物史觀所津津樂道的。布魯士(Steve Bruce)不贊成這種看法,他認爲文化與物質情勢是難分

難捨地糾結在一起。宗教的傳統主義者在反對社會西化之際，把它當成宗教問題來看待。假使凱末爾、納瑟和巴勒維改革的成效更為成功、社會分配更公平的話，那麼基本教義者就不可能有那麼多的聽眾，而伊斯蘭溫和的、自由的解釋也會讓更多群眾接受（Bruce 2000: 64-65）。

六、伊斯蘭基本教義的理論架構

顯然，伊斯蘭的基本教義便是把伊斯蘭教以政治體系的面目重建於現代世界中。其作法為把伊斯蘭主要的因素重加解釋，或是發明新的範疇，以彰顯伊斯蘭教旨的獨特性。在創造新詞與重新闡釋傳統的同時，伊斯蘭基本教義形成一個生機活潑、自具生命的官能性組織。如同其他的意識形態一樣，伊斯蘭的基本教義每受歷史變遷與文化歧異而呈現體系結構中的緊張關係，也就是說隨著國度的不同、局勢的發展，基本教義展現的運動之韻律也各個不同。像巴基斯坦與埃及的基本教義，對西方的認知、政治權力的性質與宗教在人事上的角色持相同的看法，可是在政治的層次上，每隨國家政策與實踐之不同，而有重大的分歧。

當做政治運動和思想體系，伊斯蘭基本教義的出現是對現代西方的挑戰之反應，特別是殖民與後殖民所呈現的國內外之現代化是導致這個反應的主因。工業革命和法蘭西大革命所促成的現代性產生了一連串的社經、政治與文化的改變，這些改變對全球各種社會之演化產生了衝擊。伊斯蘭的諸社會也在這波劇變中被波及，它們對於西方而言在戰略上、經濟上與軍事上具有重大關係的區域，而成為西方殖民主義、帝國主義覬覦的對象。是故伊斯蘭的基本教義乃是伊斯蘭共同體（Islamdom）的社會群落與政治菁英，面對現代世界產生的制度、概念、理想之反應。

現代的伊斯蘭並非鐵板一塊，而是各種各樣官方教條、群眾信念、蘇菲（*sufi*[1]）實踐與現代詮釋之集合體，也是對文化霸權與政治道統（正當性）競

---

[1] 蘇菲 *sufi* 係阿拉伯文 *tasawuf* 之簡稱，為遜尼派的伊斯蘭教之神秘主義，遵守穆罕默德行誼的習慣與風俗。

逐的諸思潮之一（吳云貴、周燮藩 2000）。官方的伊斯蘭幾乎是國家、官員、僧侶每日研究、設計的官方教條，它落實在對民眾與信眾的精神與物質生活管理之政策與法條當中。儘管官員與僧侶在解釋教義方面強調不同的重點，他們卻強調對國家正當性、民間秩序、與政治穩定之維持。是故為信眾注入保守的倫理觀念，讓人民愛國、守法、避免暴力相向（劉靖華 2000）。

以上為溫和的、傳統的伊斯蘭。但在過去二、三十年間，卻出現了好戰的、鬥志昂揚的伊斯蘭，這是由於「蘇東波變天」、前蘇聯帝國的崩解、東歐民主化，造成美國獨霸全球的趨勢，而使南歐（巴爾幹半島）、高加索和中亞地區基本教義派的崛起，更是由於 1979 年伊朗革命所帶來中東伊斯蘭民族主義的高漲。

以上或可以看做是社會領導層所推行的高級伊斯蘭，另外尚有社會中下層，也就是群眾所信奉、所實踐的低級伊斯蘭。這是混合著傳統的智慧、地方文化與個人虔誠所形成的信仰生活。由於文化脈絡、人際關係、歷史背景之不同，導致這種民間信仰派系之分歧，更因為社會階層隸屬的分別，使經商致富的企業家花錢建造華麗莊嚴的清真寺，而贏得倡導公益與慈善之美名。另一方面他們的孜孜求利，賺取利潤與利息、投機套利之奸商行徑卻大大違犯伊斯蘭的清規與教條。社會底層的農工大眾卻歡迎基本教義者對伊斯蘭的解釋。他們也履行每日祈禱、上清真寺禮拜，一生至少赴麥加朝聖一次的教規。鄉下的信仰與精神生活揉雜了地方色彩，包括風俗迷信與僧侶的指引，而顯示低級伊斯蘭與高級伊斯蘭的分別。就在這種變化萬端、樣式龐雜的信仰體系中，基本教義以去繁存簡、去蕪存菁的方式清理教義中不合時代要求，以及諸個人的紛歧，進而提出一套嚴謹的、精簡的、抽象的體系，俾揭露伊斯蘭的前提、基調與重要原則。

把伊斯蘭文化多姿多彩和變化萬千拿來與西方單一的世俗化主義（現世的作為）相比，未免太簡化了問題。事實上西方的世俗化也不是單一的現象。雖然宗教與世俗之間鴻溝頗大，但現代世界都在同一社會中讓來世和現世的觀念與制度可以和平共存。世俗化主義在涉及宗教與國家的關係中顯示了幾項意義與功能。就像自由主義和民族主義，世俗化主義為現代世界的寵兒，它是現代性計畫中主要的成分，也是與現代世界的制度聯結在一起。世俗化的歷史同歐洲民族國家的崛起，同美國與法國、以及工業等革命緊密關聯。這些革命顯示了理性的勝利，也顯示了科技對政治組織、經濟發展和文化成長的應用。針對

宗教談普世化，這些革命卻在確定國土的疆界，宣示國家主權的至高無上。一旦領土的完整與國家主權的伸張獲得大家的承認，立法不再是出於神明的意旨，也喪失了它形而上學的起源。於是公民權取代宗教的區分、地方的不同、社會背景的歧異，而引導國民進入法律之前的人人平等。有些國家（美、法）把國家與宗教之分離列入憲法，另外一些國家（英、土耳其）則把宗教融入國家機關（宗教部、宗教法處）當中。

世俗化是把世俗主義的原則，應用到國家對內與對外的行動中。由於現代國家擁有一大堆涉及政策與制度推行之職責，因此世俗化也出現在教育、法律、工商、金融、社會福利、文化發展之上。

可是在伊斯蘭世界中我們卻發現好幾個國家致力於去世俗化、解除世俗化（desecularization），這要如何解釋呢？社會科學家遂提出幾種模型來試圖說明這種去世俗化的現象。第一個模型為響應了基本教義派的說法，召喚出混沌未明的古代伊斯蘭教義。它原始的力量在於反擊壓制，也反對世俗化理念的散播。有兩項因素造成它在現代世界中依然能存活下來：其一、伊斯蘭的復活是傳統的社會與政治結構堅定不拔、歷久彌新的象徵；其二、伊斯蘭的更新顯示了深層的循環變化之型塑，有些現象在時空當中反覆呈現，值得人們去觀察與遵循。

第二個模型為受韋伯學說的影響，把伊斯蘭文化放置在全球變遷與適應的脈絡之上。它主張伊斯蘭的復興是特殊的社會對資本主義與工業化稍遲的，卻是嚴肅的反彈。伊斯蘭主義為集體願望之表示，這個願望在於再度搜尋工業的文化與工業的規範之誕生過程。以這一觀點來觀察，基本教義在於堅定一個信仰體系，或一組價值體系，其情況無異為宗教改革之初期，或誓反教（新教）倫理出現前之情況。

在這種理論模型中，伊斯蘭對世俗化也有免疫的作用。有異於基督教、儒家學說（儒教）、興都教，伊斯蘭教被看做能擊退啓蒙運動的進襲，也有辦法抵擋理性時代的降臨，因為它緊抱純淨的教義與律法（解釋過於精緻的回教神法）而不放手，就是它的教義與律法使它一開始便杜絕把宗教與立法做出區隔。伊斯蘭律法的最終性與神聖性保證了信眾組成的共同體之地位在國家以上，國家只是信眾社群的執行單位而已。此外，由於神職人員（僧侶）制度之不存在、或不講究，使伊斯蘭成為真正平等的宗教，落實在其信眾日常生活步調之上。基督教政教分開的兩元論，使教會與國家分立而又彼此對抗，這是伊斯蘭所沒

有的現象。換言之，信眾的共同體就是上帝的國度之化身。

　　回到前面提到的低級伊斯蘭與高級伊斯蘭。高級伊斯蘭加上民族主義提供穆斯林一個擁有疆域和領土完整的國家。在此情形下高級伊斯蘭和基本教義派連貫了現代經濟與文化規範。高級伊斯蘭專業人士的理性與節儉、遵守秩序與接受自由市場制，與新教倫理促成資本主義的出現有異曲同工之妙。

　　這兩種理論模型儘管內容與歷史詮釋不同，但都把伊斯蘭冷凍在過去（第一個模型）、或現代（第二個模型），也都是在其發展的步伐所受世俗主義之影響，也被徹底排除。由於伊斯蘭社會既不講究社會契約，也不談民權自由，更不涉及宗教的容忍；因此使人聯想到伊斯蘭膠著於孤獨絕緣的世界，視世俗化為宗教的大敵。這種強調國家與社會的相激相盪、現代性與本土化的抗爭、同化和異化等等，都會忽視或漠視了更高層次、更為廣包的理論。

　　新的理論之基礎為把伊斯蘭及其歷史變遷當成宗教來討論。這便涉及基本教義者常提到的一大堆問題。首先，伊斯蘭是什麼？其次，在今日科學的世界中，它主要的原則如何還具有效力？再其次，在不倚靠現代性及現代制度之下，伊斯蘭如何恢復其昔日的光榮？

　　為了進一步瞭解伊斯蘭的理論基礎、有必要把先知穆罕默德一生的行誼，包括他如何接受真主的啟示，與伊斯蘭的教條及演變、伊斯蘭教義的內容及其詮釋神法與神學做一個簡要的說明（雖然先前稍有敘述，但這裡更為深入地加以析述）。

　　穆罕默德出生於麥加，當地是商業與宗教的中心，也是異教徒聚集之地，異教徒所奉祀最高的神明為阿拉。由於商貿的發達，麥加人熟悉其鄰近波斯、拜占廷、阿比西尼亞和印度的文化、宗教、政治。阿拉伯也曾經是羅馬人與阿比西尼亞征戰的對象。除此之外，阿拉伯半島上還有猶太人與基督徒散居，當時阿拉伯夾在薩沙尼亞與拜占廷兩大帝國之間，麥加表面上尋求中立，實質上則在發展其不同於兩大帝國的認同體，而伊斯蘭就成為第 7 世紀阿拉伯半島的新宗教與新文化。穆罕默德出生為孤兒，由其後繼承他的四個卡立發之一的伯父養育成人。穆氏在二十歲左右便有抽象思考的傾向，喜愛形而上學的問題。在他四十歲時得到啟示要他複誦真主的名，而排除信奉其他的神明。初期感覺不適與困惑的穆氏，在與其妻子商討之後才體悟真主把先知的聖職交給他，由是可知伊斯蘭的誕生和其意涵的確解釋為智力與情緒的交織，也是丈夫與妻子

的合力。但這個事實為現代基本教義者所抹煞與忽視（Choueiri 1991: 261）。

在多元的啟示與闡釋之下，對真主的新概念終於誕生了伊斯蘭教，這威脅了異教信仰與麥加商人的利益。早期的啟示從 610 至 622 年之間，主要在顯示末日審判的景象、地獄與天堂、真主的慈悲等教示。真主是一位道德之神，要求對貧苦者、孤兒、弱者給與公道和公平，這是宇宙創造者與管理人的真主。仁慈的阿拉呼籲個人不需經由仲介者（教會、僧侶），便可以直接崇拜祂的全知與恩惠。

在麥加遭受名士與富商的敵視脅迫，穆罕默德率眾北走耶特立卜（後改名為麥地納）。在排解麥地納部落之間的爭吵後，他不久便成為該綠洲社會與政治生活的最高領導人。《可蘭經》有關立法的詩篇便是麥地納活動時期先知言行的明確寫照。它的主題涉及婚姻、留置、喝酒、賭博、商務和「奮鬥」（jihad）[2]。穆氏在麥地納的成功，達成基本法的設置與新的政治體之建立，也將每日五次禮拜的方向，從耶路撒冷轉向麥加。他也宣告伊斯蘭為最終的，也是最完善的福音，以及它是先知穆罕默德的行誼記錄。在此一意義下，伊斯蘭繼承了猶太教與基督教，但卻超越這兩者，代表了純淨與最終的宗教。易言之，伊斯蘭是亞伯拉罕事業的再度展現，也是他獨一無二的真神的信仰之再現。此外穆罕默德並不宣稱擁有超自然的特質，也沒有行神蹟的能力。他只是閃族（Semitic）諸先知之一，與亞伯拉罕一樣為一個宗教的創立者，也是與耶穌一般力主獨一之神。最重要的是穆氏證實與複述一神教不受扭曲的教條。伊斯蘭由於其實踐的性格和包舉完善的性質，這兩重特性，使它在中東、北非、中亞與南亞贏得廣大的群眾的信奉與接受。

在其後數世紀的擴張解釋裡，《可蘭經》的規則與誡律在配合習慣法之下發展為伊斯蘭的神法（Shariah）。對神法的解釋是立基於幾個原則。在遜尼派中有四個法律派系加上什葉派的神學說作為闡述《可蘭經》原則之機制。法哲學的源泉包括(1)《可蘭經》；(2)先知的言行（alsunna）；(3)先知幕僚與學者的共識（ijma）；(4)邏輯上的比擬（giyas）。

在理論結構的底層為個人依法律要求和社區利益，有權來解釋教義

---

[2] Jihad 應該譯為抗爭、爭鬥、掙扎、打拚之意，不只是「聖戰」而已，見 Armstrong 2000：37.

（*ithihad*），這種作法可以避免神法對新發生事件無力或規定的不周延。除了法律之外，便是神學，這成為解釋生活各個面向的學問。神學在建構形而上學的信仰體系，在把真主的特性做細緻地描繪。它也與哲學的思辨結合起來討論本質與偶發、必然與偶然等問題。這些伊斯蘭法律的、神學的、哲學的學問，可以說在回教黃金時期便粲然大備，也從第 8 世紀而延伸到第 10 世紀末。這與世俗文化與工商業的發達同時產生。除了純科學之外，世俗文化（文學、藝術、天文、地理）一向為基本教義派所賤視。

真主的生活、知識、意志和單一性，在第 10 世紀之後，受到蘇菲學者的詮釋與描繪，把它們信仰與實踐聯絡為一個無所不包的體系，及至 12 世紀而成為社會與政治的重大勢力。伊斯蘭的神秘主義發展成修鍊與清規，成為吸引群眾的力量，但卻缺乏了神學與哲學的深邃。

立基於博愛與敬畏真主，伊斯蘭揉雜了道德體系與早期的神秘主義，而轉變成宗教。是故上層社會靠《可蘭經》的訓誡和神學的研讀來保持高級伊斯蘭之面貌，而下層社會（鄉人與平民），則以蘇菲神秘主義來推動低伊級斯蘭的教義，使它成為有力的群眾運動。蘇菲主義的特色為對教派大師的讚頌與絕對服從。是故當代伊斯蘭運動中「大師」常被冠以「指揮者」（*amir*）、或領導人（*murshid*）的美名。

政治上，在先知逝世之後，伊斯蘭的國家體系便落實在卡立發之上。可是 1258 年蒙古人征服了巴格達，破壞了卡立發的制度。其實在卡立發消失之前的第 10 世紀早有蘇丹制度與之並存。蘇丹制度係以軍事領袖為首，成為伊斯蘭國家政治與世俗的組織。至於精神與文化方面則交給卡立發去處理，從此卡立發地位式微，直至 19 世紀仍未恢復舊觀。19 世紀奧圖曼帝國的蘇丹自稱為國族政治與精神的領袖。不過隨著 20 世紀奧圖曼帝國的崩解，蘇丹制度在 1922 年、卡立發制度在 1924 年先後被廢除，但當代伊斯蘭基本教義派卻企圖復活卡立發的神權政治。顯然卡立發的消失標誌著伊斯蘭世界進入現代性的門檻，也聲明民族主義和世俗主義的來臨，而這兩者都是基本教義的敵人。

現代民族國家及以工商為主的民間社會變成政治與社會的兩種制度，導致近代伊斯蘭教的式微，私有財產的觀念之到來，加上歐洲人的進侵，以及國內的改革，使伊斯蘭式的經濟失掉吸引力、也失掉活力。伊斯蘭基本教義對現代經濟完全使不上力，特別是銀行、保險、投資、營利的事業幾乎是一竅不通。

是故伊斯蘭進入 20 世紀時，便發現早期發展與建立的制度和結構完全無法應付現世的需要。爲了吸引信眾恢復人民的自信，只有走上宗教更新之途。官方的高級伊斯蘭以遵守教義五信條爲目標，基本教義派（包括低級伊斯蘭）卻以建立極權國家、擁有科技和工業創新爲急務。

所謂伊斯蘭教義的五信條、五個支柱（*rukn*）是指：(1)真主和穆罕默德先知地位的統一之信守；(2)每日五次禮拜；(3)爲窮苦者施捨（*zakat*）；(4)遵守齋戒月（Ramadan）的禁食；(5)一生當中至少一次至麥加朝聖（*haji*）。

在 20 世紀的開端，穆斯林領導者與學者呼籲信眾要做內心的更新運動。這種更新的心理建設便要激發瓦哈卜派之作爲。瓦哈卜（Muhammad Wahhab 1703-1792）爲阿拉伯的宗教改革領袖，他在 18 世紀要求伊斯蘭掃除幾個世紀以來的積弊，包括腐敗、扭曲和罪行。他指摘區域的信眾陷於異教（邪教）與迷信當中，而蘇菲教派與官方的伊斯蘭爲罪魁禍首。爲了使伊斯蘭從迷信的枷鎖中解放出來，遂鼓吹個人直接與阿拉溝通。爲達此目的，排除中介者與聖人崇拜乃屬必要。要之，復活主義者是藉時代之主人馬地·彌賽亞（Mahdi Messiah）的領導，把伊斯蘭清淨化，俾其訊息在簡單明白，在沒有其他的負荷之下直達信眾的心坎。這一派的伊斯蘭主要出現在西方軍事與商業擴張侵略下，政府權力衰弱，或尚未獨立成爲國家的回教地區。就在工業革命與歐洲擴張主義橫行全球之下，這一復活（復興）主義完全潰敗。

1745 年宗教領袖瓦哈卜與阿拉伯統治者沙烏地形成聯盟，前者要宣傳他伊斯蘭的正統，後者要將沙烏地各地的部落統一起來，而成爲政治的統率。於是這種結合至今仍舊是沙烏地政權穩定的力量。

歐洲列強開拓海外市場，尋找廉價原料與人工，使它們走上殖民主義與帝國主義之路；於是亞、非、拉美政經不發達、社會與文化發展遲緩的國度與地區遂被侵略宰制、被剝削。伊斯蘭政治菁英與社會賢達在面對歐風美雨的侵襲下，也著手展開內心的掙扎，討論是否與歐洲文化對話。他們不得不承認歐洲文明在科技、工業、軍事組織和政治制度上超越伊斯蘭，於是取代伊斯蘭復活主義的就是改良主義，要求跨越宗教的純淨與現代世界之鴻溝。於是改良主義承續復活主義，成爲伊斯蘭基本教義第二波的努力，目的在力挽狂瀾、阻止衰敗。這大概是在 1839 至 1924 年之間，伊斯蘭在精神的、儀式的和法律的面貌上作出改變。這方面雖有長進，但在政經與軍事制度上卻喪失了傳統的規範與

價值。這表示創造一個世俗化的社會,而有其民間的制度第一次在伊斯蘭的長遠歷史中湧現,凱末爾在 1924 年宣布建立一個世俗的民族國家——土耳其共和國——就是顯例。

官方世俗化(採用西方現代政治制度、辦理基本的國民教育,婦女也能參與政治)剛好在昔日卡立發與蘇丹王制之核心地區產生,其意義自然不同凡響。因爲卡立發和蘇丹制度爲當年伊斯蘭震驚世界、建立霸權之象徵。就在世俗化認真推動之下,伊斯蘭的基本教義進入理知(知性)的和政治的舞台上,這是第三波的變革。這波變革的主旨與職責在於重建伊斯蘭來面對世俗化主義、民族主義和全民主權的民主觀念。

第三波的伊斯蘭改革可以視爲伊斯蘭的極端與激烈主義,簡稱偏激主義(radicalism)。它一方面復古,引用伊斯蘭的文化遺產,企圖把現世的和來世的事務連結在一起,強調政治涵蓋與併合各種制度高高在上的地位,企圖使伊斯蘭恢復其政治動力,在現代性的意識形態繼承之下,塑造新的宗教。

由是可知伊斯蘭經歷了三波的改革運動,從改良主義、至世俗主義、至偏激主義,使一個保守溫和的宗教在外力衝擊壓迫下變成反現代、反西方的極端思潮與暴力運動,這便是伊斯蘭基本教義派的三個不同的反應方式與三個不同的面目(Choueiri 1999: 264-266)。

七、基督教的基本教義

基督教(包含天主教在內)號稱擁有十五億的信徒,算是世界最大的宗教。這一個宗教起源於巴勒斯坦,通過古羅馬帝國的爭戰擴展,而散布到歐洲。其後靠通商、傳教、殖民的方式把基督教傳播到世界各個角落。但在上述眾多的信徒當中,住在西方(歐美、也包括澳紐)的基督徒截至 1900 年止一共占 83%,因之可視爲西洋人的主要信仰體系。不過 20 世紀基督教在西洋,特別是歐洲逐漸的走下坡,反而是發展中的幾個大洲如亞、非、南美卻有跳躍性的增長,以至當今絕大多數信徒是住在第三世界。

基督教發展之初,可以說是脫胎自猶太教,它與猶太教不同之處在於相信耶穌是《聖經》〈舊約〉所預言的彌賽亞,而其生命經歷和教誨卻展示在〈新約〉

的四個福音書中。雖然多數的基督徒承認《聖經》的權威不容置疑，但三個宗派的分立卻因此出現：天主教、東正教和誓反教（新教）的教會之分立。羅馬天主教會服從梵蒂岡教皇爲現世的和精神的領導，認爲1870年宣布的教皇不可能犯錯之說法可被接受。東正教則出現在1054年拜占廷和希臘的東方正教。誓反教（基督新教）則是16世紀初歐洲宗教改革時，拒絕承認羅馬教皇的權威而形成以國族爲中心的改革性教派。誓反教中最具勢力的是流行於瑞典和北德的路德教，另外還有被日內瓦人與蘇格蘭人所擁抱的喀爾文教和英國人信奉的大英公教。儘管新教中宗派繁多，但誓反教的信徒都相信《聖經》就是真理的源泉，也相信個人可以與上帝直接溝通。

自從宗教改革以來，羅馬天主教的政治地位江河日下、日薄西山。自由派的憲政主義主張政教分離，從而把教會與國家分開，並使政治生活徹底世俗化。在西方基督教逐漸變成個人信仰的宗教，注重個人靈魂的拯救，而非社會道德的更新。這種改變有助於20世紀末基督基本教義性質的型塑。面對穩定的社會、經濟和政治的結構以及規範、價值、目標的現世取向，西方的基本教義者滿意於多元和憲法的架構下所進行的宣教工作。他們不再妄想建立神權統治，而是就個別的問題進行討論、宣傳、運動，把其精神改革的焦點放在道德重整運動之上。

造成基督教的基本教義之爭辯、分析，以及活動之一個原因爲種族或族群的民族主義（洪鎌德 2003a）。這一現象特別出現在北愛爾蘭，該地宣傳福音的誓反教崛起於1969年，造成風波不斷、動亂不安。裴黎（Ian Pairley）所倡導之自由的長老會（Free Presbytarian Church），加上民主聯盟黨政治性的組織，使得貝爾發斯特（Belfast，北愛首都）的基本教義者，爲著與北愛的天主教聯盟，而與英國當局展開血腥的革命與戰爭。雖然裴黎並未直接涉入積極的暴力活動，卻警告其信眾一旦北愛新教與天主教合一，他將領導其分離的教會進行武裝抗爭。在向勞工階級新教徒與基本教義者進行宣傳時，裴黎贏得他們的支持，也阻卻了北愛與愛爾蘭共和國的統一。但裴黎反抗的神學基礎卻是來自北美新基督右派的理論。

如果以進出教堂的人數爲評估的標準，那麼美國的基督徒爲全球國別人數最多者，大約有六千萬的美國信徒自稱經歷了「重生」，而其中的半數聲明爲基本教義者。這反映一個事實，那就是美國立國之始便是宗教派別與運動的庇難

所，他們是英國與歐洲避免遭受信仰迫害的難民之後裔。在 19 世紀美國誓反教當中，現代派與保守派之間曾展開過激烈的爭執。前者對《聖經》採用自由的看法；後者，也就是基本教義者，卻對《聖經》字斟句酌、字字信從。不過這種宗教的激情與觀點大部分限於教會中的討論。宗教的團體甚少捲入政治活動，縱然如此，他們成功的機率也不高，1920 年至 1933 年禁酒令的推行，可以說是一種例外。1970 年代新基督右派崛起，可以被視為嶄新的運動，因為它企圖把宗教與政治合一，「使美國重歸基督的懷抱」。

「新基督右派」是一個屋頂式的名詞，其下包括各種派別，主要關懷道德與社會的問題，企圖在維持、或恢復「基督的文化」。造成它的產生有兩個原因。其一、在第二次世界大戰後美國及西歐經歷了公共領域的擴大。例如 1960 年代美國最高法院判決學校中不得有祈禱的儀式，因為它與美國憲法第一修正文保障宗教信仰的自由相左。此外，民權立法導致僱傭依人口大小而有其比例、學校不得有種族分離。這些措施與詹森總統「大社會」的倡議有關，也就是增加社會福利與城市建設等等。這些新政策、新政治為南方保守份子帶來疑懼，擔心傳統的生活方式和價值有被破壞之虞，從而華府的自由派當權者成為被譴責、被攻擊的對象。

其二、少數族群（黑人、婦女、同性戀、環保人士等）的轉趨活躍，使傳統的社會結構，特別是鄉村和小鎮純樸民風遭到威脅。是故 1970 年代新基督右派在倡導「傳統的家庭價值」聲中逐漸浮現。他們攻擊的對象還包括偏好黑人利益保護之「肯定性行動」（affirmative action）、女性主義、男同志運動。1980 年代和 1990 年代道德的政治凝聚為反墮胎的話題。

許多組織常常是藉電視福音的播傳，把他們的關懷作出細膩的辨析與研討。這些包括「宗教圓桌論壇」、「基督教之聲」、「美國傳統價值聯合會」等等電視台與節目。其中最具規模與影響力的當推 1980 年費爾威（Jerry Falwell）所推動的「道德多數」（Moral Majority）。雖然天主教在反墮胎方面拔得頭籌，但新基督右派的群體卻在福音新教中，特別是「聖經相信者」中的各種人群，使他們重新接受《聖經》無瑕說，以及信基督而經歷「重生」。在福音派當中仍有各種各樣派別的分裂，包括自認為基本教義者和魅力派者之分別，前者力主該派與不信仰團體應當隔離，後者相信聖神能夠透過個人擁有預言與治病的恩賜。在 1980 年代道德多數及其他群體為選戰捐獻金錢，來打擊自由派與民主黨

候選人，而協助共和黨競選，並鼓勵後者提出新的社會和道德政見，包括反對墮胎與恢復學校中的祈禱活動等等。雷根在 1980 年表示接受這些政見，顯示新基督右派變成新共和黨聯盟策略重要的一環。該聯盟在強調道德問題之重要性，也表示它在經濟與外交政策方面重視傳統的作為（洪鎌德 2003c）。

自從 1980 年代以來，政治的誓反教活動之侷限愈來愈明顯。其原因之一為宗教復活運動遭受一連串帳目不清與主事者的打擊（如史瓦嘉 Jimmy Swaggart 涉及性醜聞）。另外，主要是雷根總統未能把道德議題付諸政策實施，儘管他任命了反對墮胎、而「贊成生命保護」（pro-life）者為新的最高法院法官。而福音傳播者當中又對雷根繼任者的老布希不屬於其陣營，憂心忡忡。是故 1992 年共和黨總統候選人，新基督右派推出羅伯琛（Pat Robertson）來對抗布希，結果提名失敗。從另立共和黨總統候選人之失敗，至雷根和老布希不肯盲目採用新右派的主張為政綱，顯示新教基本教義推動政治活動之阻礙重重。這也反映新基督右派之政治基礎侷限在中產階級，而對多元與民主社會的美國上層與下層缺少吸引力，蓋後者對單獨之社會的、種族的、宗教的議題興趣缺缺。在對待這些問題時，福音派採取了更為尖銳的、挑戰性，乃至好戰性的策略。例如 1987 年 11 月，特里（Randal Terry）為了反對墮胎採用「拯救行動」（Operation Rescue），模仿 1960 年代民權運動之作法，率領了三百人至醫院抗議，也就是以公民不服從的戰術，引起大眾的矚目。至於基督教愛國主義者在奧克拉荷馬 1995 年春天的炸彈事件，則無異為恐怖主義的手段，反而造成民眾的不滿，為走火入魔的卑劣行徑[3]。

八、其他宗教的基本教義

伊斯蘭和基督教的基本教義都能夠提出廣泛的政治更新計畫，而顯示這兩者的特色。其他宗教的基本教義者則更狹隘地關懷民族或種族的認同，包括重

---

[3] 1995 年 4 月 19 日，受到反猶太復國主義，誤認美國聯邦政府是受猶太人所挾持（Zionist Occupation Government）的美國人，也是基督徒認同體（Christian Identity）極端份子 Timothy MeVeigh 以炸彈攻擊奧克拉哈馬市聯邦大廈，企圖殺害美國官員。

新界定、重加釐清它們教派的屬性。在這種說詞之下，很多的宗教基本教義可以看做是種族的民族主義之次級體系。有些是對民族認同改變的反應，歸因於不同信仰者彼此權勢的消長，或是領土的變化。同樣是民族與宗教發生變化，有人就不顧國族的改變，而繼續堅持其宗教信仰，在於表示宗教是人群初始的文化力量，也是凝聚某些群落，使他們有生死與共的感受，而不致為政治的統獨所分散與左右。貝爾發斯特（北愛爾蘭首都）的誓反教者就是其宗教給予他們政治的認同、自稱隸屬於不列顛，與美國福音派的誓反教徒大異其趣，後者不帶族群種族的色彩，隨著其祖先遠渡重洋，在美國營建「新英格蘭」。興都教、錫克教、猶太教和佛教的基本教義也帶有種族動員的形式。隨著國族之不同，而表現為各該宗教之特色。

　　作為印度主要宗教的興都教表面上對基本教義不抱友善的態度，它是一個以族群、或種族為主的宗教。其重點擺在風俗習慣與社會實踐之上，而非形式的教義與經文之上，這就說明風俗與社會實踐是因地而異的；反之，教義與經文則相差無幾。由於公共與私人的分別與興都教的精神相左；因之，公共領域的擴大並不會造成信徒的抗爭。與世俗政黨的印度國會黨相比，基本教義的運動雖居下風，但卻是在印度謀取獨立的鬥爭中崛起，而在 1947 年印度獨立之後獲得群眾更大的支持。其基本目標在於挑戰印度多種族、多文化混合拼裝的社會，而企圖以興都教作為印度統一團結的黏合劑。這種主張與要求並沒有排除其他「異教」和不同的文化，也就是不要求把穆斯林、錫克與賈因（Jain）等教完全興都化。隨著 1980 年代尼赫魯—甘地王朝的衰落和國大黨勢力大衰，印度各種特殊的群體和族群的團體一一出現，興都教和其政治代言人的賈納他黨（Bharatiya Janata Party；簡稱 BJP）成為獲利最大、竄升最快的宗教與政黨。興都教的好戰黷武表現在 1992 年摧毀了阿育德哈城古代遺留下來的馬士吉德（Babri Masjid）清真寺，因為信徒認為該寺址為興都教拉瑪（Rama）神出生的所在。這種爭執連同喀什米爾主權之爭造成十年後，也就是 2002 年初夏印度與巴基斯坦劍拔弩張的關係，兩國幾乎在核子戰爭的邊緣上對峙，標誌了興都教基本教義派在政治領域的斬獲。

　　不過興都教基本教義的弱點，就像其他族群運動一樣，必須與其他的群體與運動聯盟。因此其政治勢力的擴大，除了本身的教徒及其支持者之外，還要聯合其他宗教與政治群體，這並非一樁易事。

　　錫克教的基本教義與興都教不同。他們還要大力爭取到宗教信眾脫離原來
隸屬的國家（印度），而自行建構獨立自主的民族國家，而不是在既存，而又隸
屬的國家中重新締造國家認同。錫克人關懷的與自由派民族主義相同，其唯一
的分別，爲視國族（nation）爲本質上宗教的單元，而非政治的組織。是故錫克
的基本教義派企圖建造「哈立斯坦」（Khalistan），其位置爲今日印度的旁遮普
（Punjab）省。這個哈立斯坦將爲錫克族本身成立的政府管轄，其信仰體系則
爲錫克教。就像興都教民族主義者本質上有反伊斯蘭教的傾向，錫克教則以反
興都教爲特質。1982 年錫克教塔克沙爾（Damdami Taksal），在頑強的首領賓
撰瓦爾（Bhindranwale）領導下，曾於阿姆立刹（Amritsar）用武力占據黃金廟
（the Golden Temple），兩年後並刺殺印度總理甘地夫人，報復印度軍隊以暴力
奪回黃金廟的事件。在印度次大陸上興都、錫克和伊斯蘭輪番上陣，相互耀武
揚威、互爭長短，這表示它們之間的稱霸是彼此有關聯的。它們的恩怨鬥爭都
受到一項事實的鼓舞，那就是種族（族群）的認同連結到宗教的狂熱。宗教與
族群這兩項都是人群中最原始、最具衝力、最容易激發盲動與暴力的力源。

　　不過猶太與佛教的基本教義也牽涉到種族衝突之上。與過度的、自稱正教
的猶太人不同，其中也有些猶太人不認爲〈舊約〉中所預言的猶太復國就是今
日的以色列。猶太的基本教義派把猶太復國主義（Zionism）[4]轉型爲「以色列
更大的土地」之衛護者，其特徵爲領土的向外擴張與對他族之侵略性。以色列
著名的猶太基本教義派「信徒的整塊」（*Gushmun Emunim*）鼓吹在 1968 年「六
日戰爭」中占領的土地爲猶太移民新居地，並把它併入以色列的領土之內。更
爲激烈的卡齊（Katch）群體，在教士卡尼（Meir Kahne）領導下，宣傳猶太人
與阿拉伯無法和平並存，因之企圖把阿拉伯從上帝的「應許之地」儘速趕走，

---

[4] 猶太教復國主義（Zionism）係由希伯來文 Zion（錫安）轉變而成，Zion 意為天
堂之國。猶太復國主義在為流浪世界各地的猶太人尋覓一個長遠居住的鄉土。此
一觀念最先由赫哲爾（Theodor Herzl 1860-1904）在 1897 的巴塞爾世界猶太復國
會議中提出，乃是由於反猶運動所造成的反彈，是保護猶太人免於到處受到迫
害。其後魏茲曼（Chaim Weizman 1974-1950 以色列立國第一任總統）力主在神
應許之地的巴勒斯坦地區重新建立以色列國，作為散落於世界各猶太人之新國
家、新家園。是故在列強協助下，以色列於 1948 年完成建國。這個猶太復國主
義就靠著猶太教的基本教義之協助得以坐大。對阿拉伯人而言，這一主義為反阿
拉伯而帶有擴張主義之別名。

卡尼在 1990 年遭刺殺身亡。

　　以色列與阿拉伯之間的衝突，主要是猶太復國主義在英、美、法列強撐腰之下，硬在中東重新建立以色列國，所引發半個世紀以上的區域動亂，乃至全球的擾攘不安，在很大程度內便是猶太教與伊斯蘭教的對抗，也是 20 世紀的宗教戰爭。在這波牽涉信仰、聖地、領土、文明的衝突中，各種慘絕人寰的手段都曾派上用場。雙方的極端基本教義派更在幕後操控、策劃。這包括 1970 年代與 1980 年代殺害以色列、巴勒斯坦溫和派，和西方支持或同情以色列的人士多達九百餘人的法塔革命理事會（Fatah Revolutionary Council）。該理事會是在 1974 年不同意阿拉法特對付以色列不夠強硬，而由阿氏領導的法塔運動分裂出來的極端與偏激組織。其頭目尼達爾（Abu Nidal 1937-2002）以搞暗殺、恐怖、炸機等事件而惡名昭彰，可以說是奧薩瑪．賓拉登的前身，卻因為反對巴格達政權，事跡敗露，而於 2002 年 8 月中旬自殺身亡。

　　斯里蘭卡的佛教民族主義之所以坐大，是由於多數信奉佛教的辛哈力人與少數信奉興都教、基督教、伊斯蘭教的淡米爾人之間緊張關係的升級。儘管佛教講究個人修行、信仰寬容、不殺生、不使用暴力，但南亞特拉瓦達（Theravada）的佛教卻支持基本教義派的發展，當民族主義伴隨著宗教復興主義出現之時。斯里蘭卡佛教徒推動辛哈力化，要求斯里蘭卡錫蘭島上的居民接受佛教為國教，從而取得辛哈力的認同。這種作法由斯國人民解放陣線大力推動。這種以大吃小的作法激發淡米爾人的反抗，甚至醞釀分離與獨立；自從 1970 年代以來，獨立與分離運動的主體便是「淡米爾之虎」的游擊戰。這造成斯國內戰數十年而綿延不斷，使人民更為貧困與痛苦。

九、各種基本教義之比較與析評

　　英國阿伯丁大學社會學教授布魯士（Steve Bruce）認為世界各大宗教都出現過基本教義派，因為不斷更新教義以適合現世局勢的變遷者大有人在，也有不少人死守宗教的經文與傳統。但在各大宗教中，又以伊斯蘭教和基督教產生基本教義派較為容易，其原因有二：其一、只相信唯一的真主或獨一的上帝；其二、這兩種宗教本身含有明確的教條使信徒相信唯一的神明，於是教長或牧

師可以使用特別的論述來表達神明的意志和性質，而要求信徒無條件地接受。一神與教條成為基本教義缺一不可的必要條件。

興都教和佛教當中也有宗教復活或復興運動，這些運動有時也會與民族主義運動掛鉤。但這種政治與宗教掛鉤的情形，比起伊斯蘭和天主教的政教緊密關係還差了一大截。像興都（印度）地區的民族主義就很難靠興都教的力量來加以正當化，原因是興都教傳播太遼闊、信眾太分散，很難找出教義中那種是真正的核心，也就未讓所有信徒心服口服，甚至為之赴湯蹈火、在所不惜。更何況興都教神明眾多，教派傳統互異，須知基本教義者大多只相信一個神明、一個傳統，而發現周遭環境的變遷威脅其安身立命與傳統之遵守。因之，只有教義的內容、儀式的形態有確定規矩可以遵循，信徒的生活在私在公都有規範的約束之宗教，才會產生出基本教義來。

不過只有教義、教規、道德等意識形態的凝聚，並不足使信仰系統與宗教傳統綿延傳承，而是信仰系統與其外部情勢的相激相盪之互動，產生了對宗教之認同。

只有在南亞的印度與巴基斯坦分裂之後，甚至為爭取喀什米爾的領土主權，而發生衝突與戰爭之後，興都教的信徒才會產生興都的印度，以對抗伊斯蘭的巴基斯坦之文化與政治認同。換言之，神明眾多的興都教被其信徒認同為共同的信仰體系，只有在面對外敵（伊斯蘭、基督教、佛教）之際，才迫使個人去認同其宗教信仰。因之，對興都教者而言，外頭（特別是穆斯林）的威脅大於對本教教義的遵守，驅除「外人」（異教之徒）比教義的純淨更為重要，世俗化對他們的精神生活影響不大。是故興都教如同辛哈力（斯里蘭卡佛教徒）的民族主義為種族或民族的衝突之表示，而非如伊斯蘭（中東、伊朗的回教徒）或基督教（像北愛的誓反教）那般，以宗教復興為主旨的基本教義之復現（洪鎌德 2003a）。

總之，任何的宗教認同都會變成為政治動員的焦點，宗教的凝聚力愈大（強調「正統」，以對付「偏離」、「叛教」），其信徒在回應新情勢（更新、現代化）時，產生基本教義的可能性也愈大。在這種說詞之下，伊斯蘭、基督教和猶太教產生基本教義派的機會大於興都教與佛教。蓋前面三種宗教都崇拜唯一的神明，也信從唯一的經典，對信徒與非信徒劃分的界限清楚。

但獨一的、教條的一神教卻不是產生基本教義的充分條件。因為在天主教

和路德新教中,比較少出現基本教義派。在 1970 年代,天主教會中有些保守主義的運動反對梵蒂岡第二次理事會改革,堅持在祭拜的聖禮中仍舊使用拉丁文。不過 20 世紀末的天主教傾向於更為開放自由和信徒的直接參與(不再凡事靠聖職人員的中介干預)。保守者反對這種改革,認為舊式的禮儀較能取悅天主。其實舊式的作法表示對教皇的效忠,如今教皇本身倡導改革,而不再拘泥遵守古法,則保守主義者的反對改革就是對教皇的不忠。這就說明復古無法使天主教的守舊派變成基本教義者。基本教義者的作為要能取信於大眾,必須其所呈述的正教,為該教千真萬確的「真理」。至於信眾是否可以輕易地窺見和進入「真理」,是基督教和伊斯蘭教有異於興都教與佛教之處。前者堅持任何有神明正確指引的凡夫俗子在閱讀《聖經》時,就會認識到神明的旨意,當然勤學勤念的人要比一知半解的人更能體會上天的意思。天主教的繁文縟節與上下垂直的教階結構,多少倚重教會與神職人員來解釋上天的意志,這是梵蒂岡可以決定何者是正教,何者是邪教的原因。是故與教會觀點偏離者,便被破門排出,也造成天主教分裂的頻傳。

天主教在凝聚信徒、保護國家認同方面,曾經有所貢獻,以波蘭和立陶宛為例,該兩國天主教會曾在 1965 與 1989 年分別對抗共產黨政權,而取得重大的勝利。但天主教無法容忍教會內的派系,以致阻擋了基本教義有出頭、有挾眾壯大的機會。加上天主教會擁有國際性的架構,任何地方教會的問題發生,最終會由教宗及主教解決。任何的解決都在保持教會的團結與持續性、一貫性,使其超越於地區或國界之上。這種作法與基本教義者解決地方情勢所引發的問題之方式大為不同。可以這麼說,基本教義是一群地方傳統的人士,在不受國際性的官僚體係(教會組織)干涉或管制下,自行處理地方性的事務,也就是對現代化帶來的威脅、剝奪的反彈。他們在無力對付之際,企圖以重新解釋宗教的傳統來謀求應對之道。解釋之權並非在集中化、控制化的宗教權威(像是教宗)手中,而是在民眾的手頭,他們自認可以自由進出宗教的知識之領域,而不得有權威的僧侶、神職、學者之仲介。

儘管福音派的誓反教信徒和伊斯蘭教之信徒都有潛在的實力,可以產生基本教義的運動,但他們的基本教義卻因為是否訴諸暴力,而有重大的不同。這兩個運動都強調宗教信仰體系的優先性,但在達成相似的目標前,在方法上卻有所差異。伊斯蘭認為有必要採取強制的手段,因為奮鬥、鬥爭、「聖戰」是戰

勝「撒旦」必要的方法，繳納宗教稅以購買軍火、炸藥也是適當的。誓反教的基本教義者則持守基督教反對以牙還牙、以眼還眼的容忍訓誡，連教友會（Quakers 貴格會）信徒講求和平方式或良心反對，都顯示避免使用暴力。基督教的基本教義信徒也依照《聖經》訓示而遵守世俗的憲法與法律。這與伊斯蘭遵守真主的神法表面上看來相似，但其背後的情勢完全不同。企圖把意識形態（服事神明）放在世間的風俗、習慣、律例之前。但落後地區或國度的伊斯蘭卻以攻擊世俗的法律範圍內來追求其宗教的目的。

此外，我們不免想到：究竟是宗教使人群去做某些事（如行善避惡），還是世俗的需要與慾望驅使人群去行動，然後藉宗教把這些行動合理化、正當化？一位伊斯蘭的學者曾經把這一宗教視為大海，是價值、象徵、理念的淵源與倉庫，可以從中獲取各種魚蝦：包括現代政治與社會規範的出處。「回答何以把這樣或那樣的解釋都交給伊斯蘭，其答案為不存在於〔伊斯蘭的〕宗教或其經典中，而在現代的需要裡，也就是需要伊斯蘭大搞〔這些世事〕的政治」（Halliday 1994: 96）。

談到伊斯蘭的政治，必須記住伊斯蘭的政治行動與政治思想都以宗教為核心，也就是說：伊斯蘭的宗教在現代伊斯蘭社會中扮演重要的角色。一位埃及基本教義的理論家、伊斯蘭的學者顧特卜（Sayyid Qutb）曾經說：「阿拉伯人沒有伊斯蘭會變成什麼模樣？如果他們放棄了伊斯蘭，還能夠給世人何種的意識形態呢？假使一個國族不能給世人提供意識形態，那麼這個國族還有什麼存在的價值呢？在任何歷史的關頭領導群倫的國家都要提供一套意識形態」（引自 Choueiri, ibid., 255）。因之，伊斯蘭成為穆斯林提供世人現實政治的意識形態。但令人困惑或是遺憾的是，許多伊斯蘭學者排斥西方式的自由與民主，認為這種體制是違犯伊斯蘭的教義，因為伊斯蘭的社會凡事以真主的意志與願望為第一、為首要，而非群眾的想法與期望。

伊斯蘭國家的政治同基督教傳承下來的國家之政治，其不同之處並非形式上政治結構的差異，而是對其背後潛藏的個人自由看法的不同。法國選民不以依其個人意志投票，伊朗的選民則限於信奉伊斯蘭教者。伊朗的法律受到憲法保護委員會的檢驗、核准，必須符合伊斯蘭教旨的法案才能公布為法律。也就是說穆斯林沒有個人的自由可言，而基督徒則享有自由。對穆斯林兄弟會而言，「政治是宗教的一部分。屬於凱撒的東西，最終還是要歸全能的真主所擁有」

（Lawrence 1990: 216）。這就造成政教不分。反之，出現在自由民主社會的基督基本教義者享有憲法信仰自由的保障，對各種文化（分歧與多元主義）大多有接觸和見識，而且把救贖看做是個人的體驗，而非群體的拯救。因之，視宗教與政治的分離，教會與國家的區隔為理所當然之事。

談到基本教義者的心態時，布魯士指出：第一、他們很少花時間去思考沒有預期、沒有心意造成的後果。譬如說造成西方世界男女性別角色的改變，其理由可以在現代人壽命的延長、嬰孩死亡率的降低、家庭規模的縮小、工作性質的改變、婦女出外工作機會增大等等找出。但對美國的基本教義者而言，這些改變來自於女性主義者的鼓吹、婦女不再接受傳統角色。因之，他們在指摘婦女權利團體的盲動之外，就是要重建「家庭價值」。這種把社會變遷轉化為人身化的問題視為婦女之激進；反之，把社會問題當成道德問題（「不守婦道」）來處理，正是基本教義者典型的思考方式和保守心態（洪鎌德 2003b）。

基本教義者思想的第二項特徵為視其他人群為壞蛋、惡人之團體。像電視製作人、自由派的法官、自由言論的捍衛者、性自由的主張者、出外工作的婦女、天主教徒、工會職員等等都被美國的基本教義者混為一談，視為權力獨大、狡猾成性的敵人。北愛爾蘭基本教義者裴黎也同意，在無力影響北愛的政治時，將主張共和者、愛爾蘭民放主義者，貝爾發斯特主張與英格蘭聯盟者、愛爾蘭政府、英國政府，甚至向英國遊說的愛爾蘭人通通視為一堆混合的敵人。有時在不同的群體當中，在不同的時期找出基本教義的敵人。19 世紀之敵人為國際秘密社團、或共濟會（Freemasons[5]），20 世紀則為猶太人或共產主義。對美國的基本教義者而言，共產主義不是各國共黨份子信奉的政治哲學與組織形成，而是一個「單一的陰謀」。更有把猶太人與共產主義視為一體的怪誕想法。到了1980 年代共產主義運動式微，於是猶太人被選為頭號的敵人。伊朗的教長把美國帝國主義、猶太主義、猶太復國主義和基督教通通看成同樣是罪惡、魔鬼的化身。

基本教義者第三項特徵為喜歡對符號進行解碼，而探究現象背後的牽連關

---

[5] Freemasons 為 the Free and Accepted Masons 之縮稱，是以友愛、互助為宗旨的秘密社團，會員原為石匠出身。但至 17 世紀時，非石匠也可被接受為會員。共濟會在世界各地設有分會（lodge），以捐款給醫院，或捐屋給無殼蝸牛之博愛精神，來實現理想社會為其行善之目標。

係。譬如裴黎宣稱耶穌會的神父不是離經叛道的基督徒，而是異端邪說的代言人。原因是耶穌會標誌的 JHS 在耶穌會士的解釋是「拯救世人之主的耶穌」（*Jesus Hominium Salvator*）的縮寫。但是裴黎卻說是古代埃及邪神的符號。這種思想方式當然有其價值，那就是對複雜、惱人的世界諸面向簡化成「一個可以讓所有人都合身的尺寸」（"one size fits all"）之策略，以一當百來使用，對任何的動作都可以提出各種各樣用途的合理化工具。把所有的威脅不快想像為一個大敵，這種作法使基本教義者有一個富有伸縮性的方法，來隨時找藉口、隨時找台階下。

這樣把敵人簡化、一體化，也容易在其信徒中獲致共識、贏得支持與效忠。假使神學士所痛恨的每件事都是撒旦用來冒犯先知的工作，那麼所有良好的穆斯林都要效法神學士。此外，簡化敵人也可以掩飾本身的錯誤與疏失。

在指出基本教義者的思維方式有異於西方人，進一步可以看出基本教義本身就建立在錯誤的推理之上。這種非理性的思考方式，甚至跟隨大家做出愚妄的舉動，是否可以從小時的耳濡目染、家庭教育去進行心理分析，甚至用以解釋第二次世界大戰期間德國人盲從希特勒與納粹的「權威人格」——對上盲目遵從、對下欺侮壓制的變態心理，這方面或者勉強說得通，但對伊斯蘭群眾的狂熱與盲從，則尚無系統性的分析可加說明。

另外一個研究基本教義行為的分析途徑為視他們為「外人」（aliens），也就是指出其信徒行為的起源不是來自家庭的教養，而是他們對其社會地位的憂心。像美國 19 世紀末主張禁酒的人（基本教義的先驅），並非憂慮酗酒造成家庭貧困、社會墮落，而是擔心他們中產階級的社會地位會受到新遷入的、邊緣化的、農民的中產階級生活方式所顛覆。再者，1970 年代美國守舊的份子（接近基本教義立場的人）反對色情刊物之散播，不過是擔心另一種理念（開放的性理念）與生活形態（男女關係之隨便、性的浮濫）會影響傳統居於主流地位群體之「安全」、「安定」。而參加反色情者常常是收入高、文化低、生活品味不足的人群，他們是「過高報酬者」（over-rewarded people），他們害怕暴富和竄升的地位被別人識破，遂在憂慮中加入反色情的運動，以保護某些價值來對付「濫用自由的人」（喜歡色情的人）。總之，這種解釋視基本教義者為地位不相符合（status-inconsistency）的人群。

上述解釋的可靠性雖有待商榷，不過卻是一項分析的工具，那就是基本教

義者的心思是異常的。他們凡事力求簡化、對每件事灌入道德的評價、隨時把反對者妖魔化、視別人爲搞陰謀的人。這麼一來豈不是把西方人的思維當成正常，而把基本教義者的思想當成反常呢？這是很具說服力的二分法，但卻是錯誤的。原因就是不能把別人不同的看法當做違反正常性（abnormality），而是他的想法是否適合他自己，也就是他是否前後連貫一致？對外人造成驚訝和不可思議的是，基本教義與其宗教傳統的邏輯始終連貫，因爲它是源自於宗教成長。對社會學家而言，世上每件事的發生背後都有事主在發號施令的說法是難以接受。但對那些深信有創造萬物的真主存在的人群來說，這是完全合理的看法。對吾人而言，世界史分成過去、現在和未來，而受不同邏輯的管轄，甚至上帝用六日創造世界是不可思議的。至於陰謀論的說法對現代世界有理性的人來說，也是荒誕不稽。把世界各種壞人壞事歸結爲一個「最大的撒旦」之惡作劇。只有擁有全心全力相信上帝的敵人是撒旦、魔鬼的人，才會對使徒約翰的啓示，不懷絲毫神怪的疑問。

　　過去視爲神秘、神聖的宗教，在現代化浪潮下，都成爲世間平凡無奇之事，這點對基本教義而言倒是很特異。是故神聖與凡俗、神奇與平凡在人類歷史長河上互爲出沒。在這種長遠的歷史觀中，吾人沒有必要視基本教義爲異常的、或是反常的現象，是故對宗教嚴肅以待並非特殊。今日被視爲宗教的極端主義、偏激作法，在二百年前的西方習以爲常、見怪不怪。就是今日在西方之外仍舊有這種極端主義或偏激行徑在不斷出現。主張聖書是神明啓發的真理，而要求全社會接受這種的福音，這些教條主義者固然令人側目。但那些主張經典不過是懷有不同的道德想法，而由人群所創寫的自由派人士，不主張經典必須讓社會其他人真誠信守，這些學者難道不也是另類的怪物，值得我們另眼看待嗎？換言之，自由派人士嘲笑基本教義派之言行，豈非五十步笑百步？

　　那麼吾人如何來解釋基本教義呢？一言以蔽之，基本教義是傳統的宗教信眾對社會、政治、經濟的改變（因而在公開的世界中把宗教約束的角色降低）所採取理性的回應。自由派人士或不免發現基本教義叫囂怒罵的音調咄咄逼人，但基本教義者並沒有誇大現代文明威脅其所尊崇的價值。性別角色已改變，兒女的地位與權利的膨脹大大削減雙親的權力。工作的世界也已改觀：由中小企業轉變爲寰球的跨國企業。同性戀被同意與核准爲「生活形態的另一選擇」，且在大眾媒體中以正面性、積極性來曝光。何梅尼並沒有發明了伊朗國王巴勒

表 7.2　各種基本教義派之分別

教別＼事項	誓反教	伊斯蘭教	天主教	猶太教	興都教錫克教佛教
產生基本教義	易	易	難	依情況而定	依情況而定
神明	一神	一神	一神	一神	多神
經文	《聖經》	《可蘭經》	《聖經》	〈舊約〉	各種經典
教會組織	與天主教相比顯得鬆散	雖有教長、神學士干政，但無教階體系	視教宗為領袖	不嚴密	寺廟
個人與神明之關係	直接溝通	直接溝通	透過天主教會	間接	直接
政教關係	企圖影響政治	政教不分	政教分開	政教分開	不定
遵守法律	遵守世俗法律	遵守神法與教長批准之法律	守世俗法	守世俗法	世俗法之遵守
暴力化之間的選擇	反對使用暴力	不惜使用、甚至訴諸恐怖手段	反對暴力	和平	重視和平
個人作用	有	無	有	有	有

資料來源：Bruce 2000：94-118，經作者增刪。

維，更沒有造成巴勒維「白色的革命」之失敗。這一切說明是世界的變化造成基本教義，而非基本教義造成世局的劇變。

顯然社會變遷與現代化對所有的宗教傳統都是一大對抗與挑戰。在反應中有適應妥協的，也有反對抗爭的。不管採取何種作法，其目的為在政經社會的驚濤駭浪中，返回宗教的傳統是其中的一個求生的辦法。為何某些群體應付天地巨變的方式為回歸傳統，變成基本教義派；另外一些群體則隨波逐流，只求安抵彼岸。這種不同的作法完全視群落所處的情境而定。是故把基本教義當成高度違犯正常性，為人類歷史的逆流，則大可不必，也就是基本教義不需作反常的解釋（Bruce 2000: 94-118）。

十、基本教義的現狀與未來

如同先前所言，基本教義是傳統的宗教群體迎擊西化與現代化之挑戰，企圖為其政經、社會、文化、科技之落後尋求解脫、重生、復興的契機之政教不分的群眾運動。在這裡我們還要討論基本教義未來的發展，特別在指出它在 21 世紀可能扮演的角色。

首先，基本教義是 20 世紀末全球部分地區發生的特殊現象？還是可以延續，甚至蓬勃發展的政教運動？對此問題可以有不同猜想的景象（scenarios 又譯為情節、劇情）。其一，為探究任何立基於現代世界之政治信念上的宗教其生存時期的長短，也就是當做政治意識形態的宗教基本教義是否遭逢侷限，難以再施展其衝力。在這種觀點下，基本教義被當成為對現代性適應不良的「病徵」（symptom）來看待。認為它早晚要歸於失敗，這是認為它無法配合現代化的腳步繼續前進。持這種看法的人都把現代化視為人類歷史無法阻擋的列車，特別是在經濟全球化與自由民主的生活方式侵襲第二與第三世界之後，只追求宗教的復興，無法與先進國家競存於世上。屆時落後地區的宗教又要恢復到私人的良心的領域，而公共事務將在世俗的政治信條競爭下，從宗教的範圍內脫出。

這一觀點顯示基本教義中心理念的神權政治將會褪色，宗教團體會融入更廣大的民族主義運動中。西方主導的寰球體系將會取向於自決的目標，容許民權的、公民的民族主義之出現，但會制止好戰的、偏狹的民族主義之滋長（洪鎌德 2003a）。基本教義將面對發展的侷限，即使它可以贏取政權，也會面對複雜艱難的政府職務，而束手無策。基本教義既缺乏明確的政治綱目，又欠缺可行的經濟策略，則作為抗議的思想口號或可以繼續存在，作為施政的指標則完全無效。換言之，基本教義如果還能存活下來，不過是大言炎炎的「修辭」（rhetoric），或是作為政權「創建的神話」（founding myth）而已。

第二種的猜測想法是說，宗教的基本教義為「後現代」的未來透露了簡單的一瞥。後現代正是對現代化與現代性的超越、揚棄。現代性為基本教義帶來重大的衝擊與凌虐，但是在後現代，引發危機與災難的不再是宗教，反而是科技、經濟和自由民主的政制。它們的缺陷是由基本教義加以揭露，也就是無法

訴諸人類內心深處的需要，無法建立起權威性的價值，爲社會秩序提供道德的
基礎。表面上看來，全球化雖然爲世界各國的經濟相互依存、科技與信息互通、
文化交流與政治的自由民主提供一體化、統一化的模型，但 20 世紀下半葉的民
主與共產主義之生死戰卻讓位給文明的衝突（洪鎌德 2002d：689-695）。穿越
國界的權力集團終告出現，而宗教將提供給各個權力集團明顯的政治與文化之
認同。因此，宗教的基本教義不是只有缺陷與侷限，反而有其長處、優勢與實
權。基本教義者一旦擁有現代武器、資訊設備和現代精神，他們將不爲傳統的
包袱所壓扁，反而輕快地四處旅遊（travel "fast and light"），重新發明應付後
現代挑戰之種種信條、理念和策略（Heywood 1998: 316-317）。

　　其次，基本教義雖然講究普世主義（寰宇主義），卻無法壓制民族主義的
無上命令，這也就是說基本教義尚無法取代民族國家、接管國家的利益。這是
何以伊斯蘭好戰份子雖屢次輸出革命，卻屢次失敗的原因。就是地方（部落）
的事務，常常會阻擋激進者推行宗教的改革。此外，就算何梅尼曾囚禁美國大
使館的官員爲人質，然而伊斯蘭國家仍舊無法打敗美國這個頭號「撒旦」。再其
次，伊斯蘭共和國無能力做出取代西方自由民主的政治與社會安排。最後，世
界很少國家可以自給自足與世隔絕。即使像伊朗這樣的神權國家，早晚必須與
世界其他國家溝通。德黑蘭的新政權無法禁絕其布爾喬亞觀看歐美電視節目就
是例證。因此，伊朗的革命對穆斯林而言，只是短暫的喘息，而非永久的治療。
事實上 2002 年夏伊朗政府逮捕不少阿富汗基地成員（所謂的恐怖份子），居然
把他們移交給沙烏地‧阿拉伯，可以說是向反恐的美國做出重大的讓步，這也
表示伊朗與美國的和解指日可待。另一方面，企圖對伊斯蘭進行改革的卡塔米
（Mohammad Khatami）總統，雖經歷兩次（1997, 2001）的選舉而穩坐國家元
首寶座，但其改革計畫卻屢遭神職與反動人員組成的前衛理事會（Guadian
Council）之阻撓。該理事會成員爲現任教長卡梅內（Ayatollah Ali Khamenei）
所任命，凡國會通過之議案是否牴觸伊斯蘭法，或牴觸伊朗憲法，完全由此一
保守的基本教義派操控之理事會決定。這迫使卡塔米總統於 2002 年 8 月下旬發
表聲明，要求國會授權他進行改革，而繞過理事會之阻撓，達到伊朗民間社會
重享自主與自由的機會，也使伊朗與美國的緊張、敵對降溫。但他這一努力是
否奏效，要看權力鬥爭是否勝利，畢竟基本教義派的勢力相當地頑強。

　　這裡也必須指出中東的伊斯蘭基本教義勢力的興衰，其實與美國中東外交

政策息息相關。曾經是沙烏地‧阿拉伯皇室支柱的瓦哈卜的後裔與信眾因爲堅持基本教義路線，而與華府的決策者漸走漸遠，這妨礙了美國與其波灣忠實盟友的傳統友誼。自從 911 恐怖攻擊以來，很多美國的官員把瓦哈卜主義（瓦哈卜的信徒）當做死亡、破壞與恐怖的化身。於是瓦哈卜的訓誡與沙國首都利雅德的影響，造成美國人對沙烏地政權產生新印象。過去美國仰賴沙烏地統治者的保守作風來形成美國在波斯灣利益與石油價格穩定的盟友，如今卻看到極端主義在沙國政權的作用嚴重威脅到美國與西方的安全。這種矛盾的看法，也反映在沙國政府再三警告小布希政府不要進軍伊拉克的原因。是故布希政府有必要分辨溫和的伊斯蘭和真正的敵人（極端的好戰份子），否則必定與全球十二億的穆斯林爲敵，因爲他們不願被美國醜化與妖魔化。正因爲伊斯蘭世界不同意美國的中東政策（包括以巴糾紛）和美國攻伊計畫，這就說明美國與中東最重要的盟友沙烏地‧阿拉伯的反目將是得不償失（參考 Ibrahim 2002 一文）。

最後，從短期來說，造成基本教義，特別是伊斯蘭基本教義在中東、北非、中亞、南亞、東南亞勢力的消長，除了這些教派發展的力量大小之外，列強的介入與美國的干預，是一大變數。如果美國的經濟欲振乏力，其經貿優勢爲中國、歐盟所取代的話，那麼 21 世紀的最先十年間，不難見到伊斯蘭基本教義派的坐大。

造成伊斯蘭基本教義派中激進，甚至極端份子的恐怖主義對美國發動的超限攻擊、毀壞代表美國文明的世貿雙子塔大樓之 911 恐怖襲擊，其主因爲伊斯蘭極端份子對美國百年以來（特別是過去十年間）痛恨所造成的。這個痛恨與穆斯林歷史意識的深厚有關。須知伊斯蘭在幾世紀之間曾經是一個偉大的宗教與文明，其軍人、商人、教師走遍歐、亞、非各大洲，爲不信阿拉的非教徒「野蠻人」帶來高度的文明。可是伊斯蘭輝煌的歷史與文明不久便遭遇西方基督教的阻礙與反抗，使他們的自然法和真主的神聖法受到沉重的打擊與挫折。在過去二十年間穆斯林與非穆斯林之間，無論是在巴爾幹半島的波士尼亞、科索沃、還是中東的巴勒斯坦與以色列、在非洲的蘇丹、在南亞之北部的喀什米爾，甚至在亞洲的菲律賓與印尼都有重大的衝突發生。

在各地衝突之後，受害較深的大多是穆斯林，這都是美國偏袒與放縱非回民的結果。難怪伊斯蘭激進派要把憤怒指向美國。尤其是在 1990 年代初「蘇東波變天」之後，美國成爲全球唯一的霸權。部分阿拉伯領袖期待有新的力量可

以取代前蘇聯制衡美國，對此說詞賓拉登持不同的看法。在他及其支持者心目中舊蘇聯之所以會崩潰，主要是因為在阿富汗的戰爭中，伊斯蘭的勢力拖垮了強敵舊蘇聯。另一超強的美國是不道德的與腐化的，它不但腐化自己，也腐化了阿拉伯各國的統治者。因之在憎恨美國之餘，又多了一項瞧不起與污蔑，認為只要給美國一點顏色便可以讓它落荒而逃。於是自從 1993 年 2 月攻擊紐約雙子塔世貿大樓，使六人喪命，接著 1995 年 11 月在利雅德的美國聯絡所受襲，死了七人。1996 年 6 月在沙烏地的科巴攻擊美國軍人營區，殺害了十九人。1998年在東非攻擊美國使館，傷害了更多的美國人。2000 年 10 月在葉門攻擊美國驅逐艦柯爾號，造成十七名水手死亡，最後就是 2001 年 9 月 11 日雙子塔遭到飛機撞擊，造成三千多名美國及世界其他各國在世貿工作的平民喪生。

可以這麼說，由於賓拉登認為美國人完全軟弱怕死，唯有利用這種恐怖的手段，才能迫使美國及其盟友的勢力退出阿拉伯及其他穆斯林的世界，也才能推翻美國所支持的阿拉伯各國之暴君，最後則達成伊斯蘭與美國為首的基督文明作最後一次的決戰。但小布希堅決的反恐態度，以及美軍在阿富汗掃蕩恐怖組織的大本營，卻也使恐怖份子極為震驚，迫使他們重新評估美國人的畏戰、軟弱和士氣低落的情形。也許這是改變激烈派伊斯蘭基本教義者看法的時刻，儘管在悲劇已造成之後（Lewis 2002: 22）。

除了國際局勢的推移之外，伊斯蘭基本教義派還受到民族國家政府的壓迫與禁制（如突尼西亞、阿爾及利亞）、或受到政權的壓縮與邊緣化（如利比亞、摩洛哥、沙烏地‧阿拉伯、埃及、敘利亞、伊拉克）。例如成立於 1981 年的突尼西亞之伊斯蘭趨勢運動因為效法何梅尼的基本教義，而遭突國政府解散，其領袖遭囚禁，後來在 1989 年改為復興黨，雖不能衝破黨禁，但改以獨立人士競選國會席次也獲得 15%的支持。土耳其的伊斯蘭福利黨在 1998 年遭法院判決解散，其領袖厄巴坎反而被推為聯合政府之總理，該黨旋以道德黨的面目復出，放棄暴力革命路線，而擁抱民主選舉制度。其結果使伊斯蘭教的政黨獲得 15%至 25%選民的支持，其政策雖是伊斯蘭取向，政治哲學則採用何梅尼、顧特卜激進者之說詞。

這些發展說明了現實的政治超越宗教的大言炎炎，使其政綱混合了社會民主、宗教虔誠和改善社會的道德基礎。1995 年 5 月印尼蘇哈托政府近親貪污腐化，激發大規模的民變，造成蘇哈托王朝的垮台。其後哈比比、瓦希德與梅嘉

瓦蒂的先後續任總統,印尼的經濟情勢略為好轉,基本教義派企圖在國會輸入神法不果。印尼的例子說明以伊斯蘭為國教的國家,伊斯蘭卻退居反對黨地位,但宗教未必是反政府唯一的勢力。學生、工人、貧民、分離主義者才是印尼政府穩定的大敵。2002 年 10 月峇里島的恐怖爆炸案說明印尼伊斯蘭好戰份子耀武揚威,足以震撼東南亞各國。印尼、馬來西亞、菲律賓的伊斯蘭基本教義雖蠢蠢欲動,但要將國家建立為伊斯蘭國家,恐怕在 21 世紀開端的十至二十年都無法實現。

今日印尼二億二千萬人口中至少有二億人是穆斯林,可謂是世界最大的伊斯蘭國家,其主流派的伊斯蘭講究民主、現代化與和平。主要因為當 12 世紀伊斯蘭從南印度傳入時,已薰染興都教、佛教、甚至儒家思想的寬容多元精神;加上激進基本教義派鼓噪無力(1957-1958 年企圖在人民協商大會上把伊斯蘭定為國教,但是只占國會 43%而沒有通過),引不起親主流派的民眾之響應。主流派透過教育與政教分離的方式,使伊斯蘭成為私人的信仰體系。是故印尼的伊斯蘭如果能繼續抑制激進派的蠢動,甚至與西方合力打擊國際恐怖主義便是最佳的方法,以此使伊斯蘭真正復興,展示這一宗教為一新的楷模,重視人權、民主、公開現代化與和平(Wanandi 2002: 31)。至於中國新疆的維吾爾回教徒之分離與獨立運動能否成功,變數更多,其中尤以他們對漢族大量移入、漢化過程粗暴、漢人高壓統治的不滿情緒為最。

十一、結　論

綜合上面的描述、解析,可見基本教義牽涉到世界主要宗教的教旨、流派、演展與趨勢等問題。其中又以一、二百年以來伊斯蘭的變革運動,對現代世界之政治、社會與理念底衝擊所造成寰球的震撼,最值得吾人注目。

世界各大宗教都出現過基本教義的宗派,它們企圖把信仰體系擴大與包攝在解釋自然、社會和個人的變化之原初宗教當中,是以追尋原教旨、回歸經典、重返傳統、遵循古舊的禮儀等復古的舉動,成為基本教義者的當務之急。特別是近代西洋工業化、城市化與現代化帶來的舊制度、舊思想的解體,直接衝擊著向來以遊牧、漁獵、開礦與農耕為主要生產方式的東方社會。隨著西方船堅

砲利的帝國主義擴張與侵略，位於中亞、北非、南亞和東南亞的伊斯蘭教、興都教、佛教首當其衝，成為西方物質文明擊敗東方精神文化的主要受害者，這也是穆斯林急思反抗與擺脫西方宰制的主因。但面對西方資本主義、工業科技、資源壟斷、軍事優勢的咄咄逼人，一向處於政經、社會、文化、科技諸方面組織不善、發展緩慢的伊斯蘭國家完全無力招架，更遑論抗拒？於是作為政治意識形態與社會運動的伊斯蘭，其基本教義派是對西方挑戰的回應。其方式或是去除世俗化，重返神聖的單純與樸素；或是藉信仰復興的力量使穆斯林的文化調適，期待宗教有所改革，而不致盲目接受西方啟蒙運動所宣揚的理性與進步的理念。

可是從 18 世紀中葉以來，伊斯蘭經歷了三波的改革運動，從改良主義、世俗主義，到偏激主義，都使一向保守、溫和的宗教，在外力壓迫之下，變成反現代社會、反西方的偏激思潮和暴力運動，甚至與恐怖主義掛鉤，而造成舉世提防、譴責、圍堵、打擊的對象，這是伊斯蘭基本教義當代發展路途上不幸的轉折。站在以美國為主的西方立場，因為反恐行動的展開，不免把伊斯蘭的基本教義等同為恐怖份子，這是以偏概全的謬誤。站在受盡西方掠奪、剝削、壓迫的穆斯林群眾，則視美國及其盟友為撒旦的化身，這也是一大偏見。這項兩元思考、與兩端論述都遠離實在、無法掌握基本教義之核心，是我們要努力避免的。

由於有關基本教義的論述方面，華文的資料極為有限，作者只得參酌西方學界的著作，也援引阿拉伯裔以英文發表的極少數資料。可惜東方伊斯蘭世界的解說與主張，礙於語文的隔閡與理解的困難，而只靠部分中國大陸幾位回教專家的著作，而這些著作多數只涉及伊斯蘭的教義與政治運動，而不提伊斯蘭的基本教義。在此情形下，本章的析評不免囿於西方的偏見，尤其在評論伊斯蘭教基本教義運動所衍生的東西衝突時，仍不免陷於兩元思考、兩元敘述的窠臼當中，這方面尚祈讀者先進的指正。盼望筆者今後進一步思索與改善，能為東西意識形態之爭執提供一條比較平衡、穩妥、公正的路線，這些是大家所期望的。

第八章

女性主義

一、前　言

　　女性主義是主張占全世界人口半數以上的婦女的經濟收入、社會地位、文化水平和性的享受應當與男性儘量平等的學說、思潮和運動。女性主義提供婦女一個包括人生觀、家庭觀、社會觀、歷史觀在內的世界觀，俾瞭解婦女的處境和與男人的不平等，乃是政治的核心問題，而不只是婦女個人、家庭、社會、經濟與文化的問題而已。在這一意義下女性主義質疑傳統以男性為主導的政治之性質與範圍。由於質疑而產生對女性的不公平、宰制、壓迫之因由、性質和改善之道，各種看法形成重大的歧異。是故女性主義並非有一個統一的觀點與做法的意識形態，或是學說、理論。反之，卻是好幾股彼此競爭、甚至排斥的思潮之匯聚。這些思潮包括自由主義、馬克思學派、激進的社會主義和後現代主義的流派。現實當然比學派的主張與競合更為複雜。因之，各流派只是以管窺天、以斑觀豹，難一窺婦女受到不公平待遇的全貌，更遑論改革、改善、革命的改變之策略。

　　有了上面初步的理解，我們可以指出自由派的女性主義是主張婦女權力平等的女性主義，它強調婦女不只是感情充沛、愛心十足的動物，更是同男性為富有理性、可以講理的萬物之靈。因之，同男性一樣，婦女應當擁有相同與相等的政治權利與法律權利。是故不只參政方面，在謀生的經濟活動方面，婦女也應當享有均等的機會，而沒有理由讓男人獲得更大的控制權和攫取更大的財產、收入、聲望、地位等權益。馬克思主義（馬派）的女性主義認為婦女之遭受壓迫，是階級社會造成的副產品，也是資本主義盛行的社會婦女作為勞動階級之一份子，受到資產階級剝削、宰制之因由。一旦資本主義被社會主義（或更上一層樓的共產主義）所取代，則無產階級的社會將會為女性帶來解放與平等。

　　以上自由派與馬派的研究途徑採用男性理論的模式，應用到婦女情勢的探討之上。至於激進（基進）的女性主義，則主張用女性的經驗為基礎，發展出女性獨特的觀點與看法。這派學說指出女性遭受男性的壓迫乃是社會上權力分配不平等的原因，而社會權力之不平等分配又與傳統的家庭結構與男女兩性關

係密切相關。這個分析就是要把政治與權力重新界定，特別是把向來人為的公私分劃之不當加以抨擊。現代的社會主義的女性主義則企圖把馬克思主義派的階級分析與激進派這種「身分的就是政治的」理論加以結合，從而考察資本主義與父權制（patriarchy 「家長制」，男性主宰的體制）的勾結。她們既反對資本主義的剝削，又得打破家長制的男性宰制，可以說是雙線作戰，艱困異常。

　　向來女性主義被視為白皮膚、中產階級婦女的爭權活動，而較少留意到有色人種，特別是黑色婦女追求平等、自由的社會與政治運動。因此近半世紀以來在英美、黑色女權運動、黑色婦女運動蓬勃崛起，是黑人覺醒運動的一環。最後必須指出近三十年來，不少女性主義者支持後現代主義去批判西方的哲學與文明，因而有後現代主義的女性主義之出現。原因是處於後現代的今天，社會的科技已進入資訊、影像、虛擬的世界，社會與歷史失掉其進步的動力，人的主體性褪失，社會中心也告失落，人生的價值與意義不斷翻新改變。在這種危疑震撼的後現代，不能以傳統的看法來瞭解婦女的處境，而必須採用後現代諸大師的觀點，重新詮釋個人與世界之關係，釐清存在的意義，才能瞭解當代女性主義追求的目標和採取的手段。

二、第一次世界大戰之前的女性主義

(一)早期自由派的女性主義

　　儘管英文 feminist（女性主義）出現在 1890 年代左右的英國，但現代女性主義則可推溯到 17 世紀末的歐洲。當時初期的資本主義剛剛開始不久，配合著工業革命的發生，而造成很多婦女的法律地位和經濟地位之低落，也促使多位自由主義的思想家討論男性濫權的自由。在法蘭西大革命之時，英國女哲學家歐爾絲敦克拉芙特（Mary Wollstonecraft 1759-1797）遂在 1792 年發表了《婦女權利之辯正》（*Vindication of the Rights of Women*）一書，可以說是婦女平權和女性主義的濫觴，也是自由派女性主義的肇始。這個時候女性不但沒有投票權，甚至被認為不適合接受教育，許多職務的行使都被禁絕，她們的法律地位只與

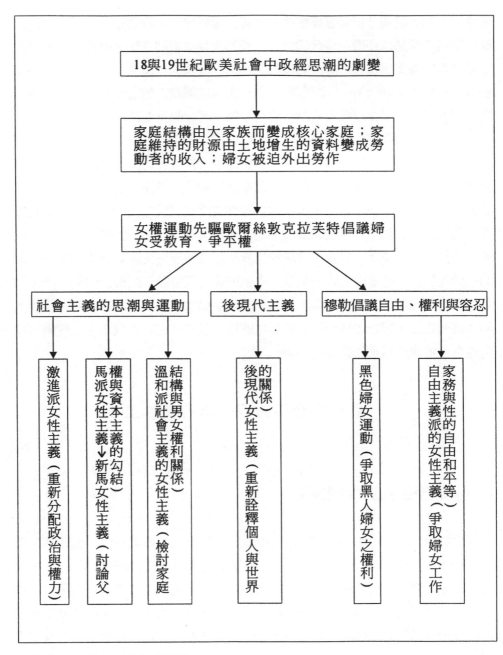

資料來源：由本書作者綜合設計。

圖 8.1　女性主義的產生與流變

兒童相同。已婚婦女不得擁有財產權，其收入皆歸其丈夫所有，萬一遭丈夫欺侮也無權申訴、或離婚。歐爾絲敦克拉芙特大聲疾呼婦女和男性一樣擁有智慧，是講究理性的個人，沒有理由再輕視女人，是故應該與男人一樣擁有各種的權利，於是她所主張的種種原則成為其後婦女努力接受教育、外出就業，享受財產權與投票權的基礎。在她的著作出版超過半世紀之後，1848 年美國席內卡（Semeca）召開的女性權利會議（Women's Rights Convention）終於揭幕，使19 世紀下半葉平權主張的女性主義在工業化國度蓬勃展開。另一方面英國自由主義大師穆勒（John Stuart Mill 1806-1873），在 1867 年把婦女參政與投票的議題引入國會的議程，並在兩年後出版了《婦女的屈從》（*The Subjection of Women*,1869）一書，把婦女社會上、家庭上所受不公的待遇做了全面的報導與分析。他聲稱給予女性全面的法律與政治的權利，對整個社會大有好處。時至今日儘管婦女享有很多的法政權利，但他當年的大聲鼓吹在今日仍具重大的意義。

　　早期自由派婦女的種種要求，終於獲得成功的迴響。19 世紀末在英國與美國女性獲得相當程度的法律地位，能接受教育與就業，她們也不似從前被排斥於公共生活與政治討論以外，但她們仍未取得充分的投票權。在挫折之餘，覺醒的婦女先驅在 19 與 20 世紀交接的時刻，發動了史無前例的抗爭，為 20 世紀前半葉的勝利奠下良好的基礎。

(二)早期社會主義與馬克思主義的女性主義

　　儘管早期自由派的女性主義者當中很多人對階級的不平等也同聲譴責，但一般而言，她們平權的要求都可以在既存的社會與經濟體系中獲得一定程度的滿足，也就是說她們並沒有推翻現實體制的意圖。對 19 世紀初「空想的社會主義者」而言，男女的關係僅能以彼此競爭劇烈的資本家所形成的社會之一部分加以理解，也就是資本主義社會產生了女性的屈從與低微，並且也維持這種男女不平等的關係，因為早期社會主義者持這種否定的態度，使她們不只抨擊男女之間不平等的法律與經濟關係，還指摘這種體制下的婚姻、家庭與性別的分工，由此進一步分析「性」同經濟和政治問題的關聯。從這種角度來觀察女性主義和社會主義的目標相互連結。這些早期的社會主義者相信藉由改良、說服、示範，而非暴力的革命方式去改變現行秩序，那麼一個較佳、較為公平的社會

早晚可以建立起來。

　　但女性主義對馬克思和恩格斯所演繹的革命性社會主義之理想並沒有扮演重要的角色。此外，馬、恩的理論自認在提供人類的歷史與社會一個完整充足的分析，他們兩人並沒有涉及婦女的處境與命運，其學說與主張後來被他們的跟隨者加以應用與發揮，但仍舊忽視女性的特別訴求。馬派的理論隱涵家庭與性活動，就像其他的社會組織是某一時期經濟發展的產品，是故它們必須配合社經而改變，也就是在階級鬥爭和工人革命之後才能全面改變。馬克思本身對男女性事與家庭、婦女勞動所談不多。反之，其終身戰友的恩格斯卻在 1884 年出版的專書《家庭、私有財產和國家》中有較為廣泛和深入的論述。在這本著作中恩格斯說：女性遭受壓迫並非人類史上的常例，而是在私有財產和階級社會中第一次成形出現之時，才發生的。因為只有在階級社會和私產制剛剛出現的時候，男人把他的資產轉給繼承人之際才產生了控制女人的動機。這個動機只有在資本主義被摧毀之後才會消失，屆時婦女在經濟上、家事和養兒育女的事也會由社會來接辦，而使婦女從瑣屑繁雜的家務中解放出來（黃淑玲 1996：29-70）。同樣的理念也被德國國會議員貝倍爾（August Bebel 1840-1913）和社會民主黨幹部齊特金（Clara Zetkin 1857-1933）所主張與發揮。他（她）們的學說也提供俄國的馬克思主義者分析俄國婦女遭受壓迫、剝削的可憐處境。

　　在 19 世紀末，歐洲諸國中出現了「布爾喬亞」（資產階級）自由派女性主義者。她們與社會主義派女性主義者之間存有明顯的鴻溝。前者要求男女平權，後者大談階級鬥爭和暴力革命。在美國和英國這種爭論也持續與擴大。在美國吉爾曼（Charlotte Parkins Gilman 1860-1935）發展了以女性為中心的歷史觀，而大受矚目。她認為社會將朝著以女性價值（womanly value）為中心的社會主義邁進。在英國占主導性的婦運思想並不採用馬克思主義的意識形態，而是朝著以社會公平、眾人生活改善的理念之女性主義發展。對美國婦女而言，性別與階級的議題似乎同她們爭取婦女選舉權的運動有所衝突。

(三)爭取投票權的運動

　　婦女選舉權的大力爭取在 19 世紀下半葉展開，而在第一次世界大戰爆發前達到高潮，這是英國婦女投票權運動戰鼓頻催、展示雌威（suffrgette militancy）

的時期。雖然各種群體都爲女性的參政權而呼號，但爭權運動未能形成統一的女性主義陣線，這一爭權運動成爲政治的意識形態和利益範圍廣闊、各種勢力的集合而已。

這一爭權運動在某一個層次上不失爲自由派女性屬意要求男女平權的理想之落實。但在另一層次上，卻有不少群體聲言女性與男性不同之處作爲投票權訴求的基礎，而不是男人擁有相同的權力爲滿足。她們聲稱女性由於傾向於和平、溫婉之特性，應該讓她們參與政治生活，而改善政治的暴戾之氣。在這種要求之下，女性作爲賢妻良母的傳統角色應當不容置疑。另外又有一些群落，與今日激進的女性主義者相似，不滿婦女所受性的壓抑與壓迫，因之倡導女性應該擁有政治權力來排斥男人不當的性要求（以免性病或懷孕的頻生）。這就變成了潘荷絲（Christabel Pankhurst 1881-1958）著名的標語：「給婦女選票，給男人貞操！」以這個觀點而言，女性的參政權、選舉權不是靠理性說服而取得，而是靠展示婦女的力量，使男性讓步。是故選舉權激烈爭取者（suffragettes）乃向現體系宣戰，認爲它否定與剝奪婦女的投票權。大部分激烈爭取投票權的婦運者事實上也排斥使用非法手段，但燒屋、砸破店窗和示威遊行、阻撓公事進行，卻吸引群眾對其訴求的注意。更何況官署對之殘酷鎭壓，以及婦女絕食抗議和入獄都引發社會普遍的同情與支持。

這一作法暴露了性的壓迫比階級的壓迫更爲厲害，也更爲基本。在平權運動當中有時也會出現保守主義、甚至反動的訴求，認爲給予婦女投票權可以平衡日益囂張的勞工運動（英國）、或美國南方的黑奴、或不斷湧入的亞非移民（美國）。這種情況下，社會主義者對女權運動的態度就不是毫無保留的支持。馬克思主義的女性主義雖不贊成同「布爾喬亞的女性主義者」結盟，但卻視婦女的爭權是階級鬥爭的重要武器之一，而在歐陸許多國家，這一爭權的訴求與運動卻與擁有群眾的社會黨有關。在英國北部，參與婦女投票權爭取運動者獲得勞工階級的支持。工黨中不乏重量級人物（像 George Lansbury 和 Keir Hardy）的熱心贊助，潘荷絲幾代親人的積極參與宣揚，都使社會主義的色彩也在爭權運動中留下衝擊的印記，儘管也有很多社會主義者放棄爭權的訴求。第一次世界大戰期間，女性主義代表一組更複雜的意識形態之觀點，也代表爲追求共同目標而隨意結合的群眾運動。一旦這個目標（也就是美國國會於 1918 年通過婦女投票權成立）達成，婦女再也沒有任何團結行動的基礎，女性主義逐溶解成各

種群體，等於是爲這一主義畫上休止符。

三、兩次世界大戰之間的女性主義

(一)英國與美國的情形

　　世上第一個讓女性可以擁有投票權的國家，並非民主憲政出生地的英國，而爲紐西蘭，時在 1894 年，而大部分的「現代」國家則在第一次世界大戰結束後跟進。英國在 1918 年給予年滿三十歲的婦女投票權，後來在 1928 年才擴大至所有成年女性。1920 年美國憲法修正案承認所有成年婦女可以享受投票權。造成英美婦女獲得選舉權的理由很多。這包括政治人物相信女權的伸張有助於保守的和穩定的政局，也擔心不給婦女平等權又要造成第一次世界大戰前的社會擾攘不安。但最主要的原因則爲承認婦女在第一次世界大戰中與男性平起平坐與對國家安全和振興的貢獻，應當讓她們享有完全的公民權。

　　其實在第一次世界大戰之後一、二十年當中，婦女運動的聲音反而轉小，被視爲「緘默的年代」，但活動的新形式和重大的辯論時有出現。自由派要求應當把婦女放在與男人完全平等的基礎之上，而國家的干涉儘量減少。這種要求與基於生理與心理的特性之特別需要——也就是婦女當起母親與妻子角色的特徵，因此國家應當給予特別照顧與保護——卻產生了正面的衝突。以今日的術語來解釋變成了「平權的」女性主義對抗「福利的」女性主義。當時自由派女性主義者要求政府特訂法條保護婦女不需擔任危險而有損健康的職務，也不要過長的勞動時間。這種訴求基本上的反對婦女在職場所受的歧視，這是自由派的看法。但對福利派而言，勞動的危險、繁重而逾時工作，代表了男性的直接剝削。

　　於是在這段期間平權的女性主義漸被擱置，但有少數中產階級的婦女仍舊堅持這種主張。像美國的婦女黨（Women's Party）自 1923 年每年都在國會提出憲法平權修正條款草案，要求兩性同工同酬，甚至在 1960 年代成爲政治話題而戲劇性地浮現。至於福利的女性主義在英國勢力很大，也與工黨的壯大有關，

更與福利國政策採行的早期有關。賴絲伯恩（Elenore Rathbone 1872-1946）鼓吹政府對家庭的津貼。在第二次世界大戰後國會修正她原提議的方式，最終形成福利政策的一部分。在美國婦女要求福利的運動則一直到 1930 年代推行新政時才獲得部分的落實。

婦女獲得選舉權所造成的效果並不如預期的大，進入公共領域參政的婦女依舊人數有限。政治風氣與道德也無多大的改善，婦女的問題並沒有列入政府施政的要目。不過兩次世界大戰之間無論是平權、還是福利的訴求，多少有點斬獲，儘管這種訴求進入睡眠狀態，但總有覺醒復活的一日。

(二)俄羅斯的馬派女性主義

1917 年俄國革命產生之際，馬克思主義派的女性主義觀點堅稱：女性遭受壓迫乃是階級社會的結果，要結束階級社會就要建設共產主義，而婦女的貢獻對共產主義的建設是大有必要的。在那些動亂的歲月裡，有關婦女的角色、家庭的形式、性的關係成爲激烈爭辯的主題。列寧也十分嚴肅地對待婦女的問題，而於 1919 年支持建立婦女部門，而在開頭幾年表現出把馬派女性主義的理念轉化爲實踐的決心。

其中一位領導角色爲柯隆泰（Alexandra Kollontai 1873-1952），在她 1923 年失勢之前，曾大力宣揚把婦女問題做優先處理的急迫性，她也遭受一大堆個人的、親身的道德困擾。作爲第一位擁有內閣部長職位的女性，她不只給俄國婦女完整的法律、經濟和政治的權利（包括墮胎的權利），並且要俄共承諾夫婦共同處理家務和照顧子女的集體規定。此外她主張性與家庭組織，不待經濟情況的改善，應當讓男女直接去面對、直接去解決。她也有些「極端」、駭人聽聞的說詞，像對性伴侶與孩子的占有慾，乃是布爾喬亞個人主義的遺毒，不適合更富關懷、更懂合作的共產社會。不過有些主張也令人讚賞，例如她主張對小孩施行集體的照顧，避免性事的頻繁，是共產黨員關心、合作的方式，也是同僚情分的道德之培養。

在其實踐方面，要實現柯隆泰的理念，需要相當豐富的資源，而這種資源在俄共建國之初完全闕如，並且這種「由下而上」的革命存活的年代有限。史達林得勢之後，她的理念被判定爲錯誤，業已施行的相關政策也緊急煞車、甚

至逆轉，「婦女的問題」被宣布為業已解決。一旦婦女生產十名嬰孩便可以晉身
為蘇聯的「母親英雄」。無論如何，柯隆泰的理論與實踐把馬派的分析擴張到新
的範圍，她也為現代女性主義演變的大勢拍板定調。

四、戴波娃和當代女性主義的源起

　　法國存在主義大師沙特的伴侶席蒙妮‧戴波娃（Simone de Beauvior
1908-1986）被公認為當代傑出的女性哲學家、婦女運動家和女性主義的理論大
師。第二次世界大戰剛結束不久，大部分女性從兵工廠、戰地醫院、工業職場
返回家中之時，女性主義一時陷入低迷狀態，很多人認為女性回歸廚房與床邊
乃是「回歸正常」。是故戴波娃在 1949 年出版她的著作《第二性》時，引起了
相當的震撼與激情。她一生排拒傳統婦女之角色，反對婦女要挑起家事（庭）
責任，反對女性的「被尊敬、被看重」。她生活在當時法國男性的世界中，有如
一名男人，她一生主要的活動圍繞著存在主義大師的沙特，但這並非以性的關
係來使兩人結合，因之兩人既未正式結婚，也沒有生男育女，還是共持家務住
在一塊。在《第二性》一書中，她收集了哲學、心理學、人類學、歷史、文學
和佚言之資據，用來說明女人的特性（femininity）和家內大小事的特性
（domesticity）。這些特性同婦女的特徵（womanhood）完全沒有天然的關聯。
反之，卻是人為的製造（典章制度的設計），用來限制女性的自由，並否認她們
擁有完整的人性（full humanity）。她說，過去女性的生理（動物學上的特徵）
使得她們對這類次級的、第二級的性別處境無法跳脫。但現代的科技和避孕設
計卻把自然的、生理的、動物的特徵變成不重要、變成無關聯。當前的急務在
於把女子特性的製造過程揭破，而讓婦女可以過不同於從前的生活。在這裡戴
波娃也以科學、學術的方式來討論婦女月經和性事的經驗，這是一般婦女羞於
啟齒的事物。她說：

> 一個人不是因為生為女人，而是變成為女人。沒有任何生物學、心理
> 學、或經濟命運可以決定婦女在社會中之樣式。〔反之〕正是文明的
> 全體產生了這種產物，使她介於男性和太監之間，而被描寫為女性

的。(de Beauvior 1972: 275)

　　儘管戴波娃的理念與存在主義的哲學緊密相隨,但它卻打動不少婦女的內心。她們同意她所講婦女獨立的存在、或自我的感受遭到世人的否認。對她所言婦女將獲取自由來為自己的生命與生活負責,她們極感興奮。她的說詞在今天看來像是毫無新意的常識,有些部分居然帶有男性的假想,更有人批評她堅持「第一性」(動物學上的特徵,或未經文明洗禮的本來之性)的地位,而否認婦女的經驗、忽視男性利益等不當之處。但她能打破圍繞女性經驗的緘默,使女性能夠以不同的方式來看待世界,這應是她重大的貢獻。因此,她為新一代女性主義者鼓吹權益,俾把女性主義的分析轉化為政治實踐,這點是她的功勞。

五、現代自由派的女性主義

(一)符莉丹和美國全國婦女組織

　　現代自由主義的女性主義認為婦女乃為擁有理性的諸個人,因此有權獲取與享有完整的人權,可以自由去選擇她們人生的角色,與男人一樣參與政治並得到同工同酬的待遇。雖然在形式上婦女平權與福利的方面有收穫,但平等參政與就業在 1960 年代的美國仍未實現。是故第二波的女性主義在美國展開,當成自由主義者對社會未履行其承諾的抗爭,這些承諾包括答應婦女獨立、自我表達(表述)、自我實現來圓美國人之夢。於是第二波的女性主義要求婦女從家事操作中解放出來,要求女性享有類同男人享有的「遊戲規則」。這一自由派婦運並沒有推翻現行經濟、社會和政治體制的企圖,也不像戴波娃和其後的激進(基進)女性主義者攻擊傳統道德與家庭價值。

　　這個時期中符莉丹所出版《女性的神秘》(*The Femine Mystique,* 1963)的著作成為暢銷書。她一如戴波娃指出,婦女受到社會化與操縱,而誤認她們一生的志業只限於家庭,也誤認她們一生的目標在抓住與保有丈夫,而滿足丈夫和子女的需要。這就是女性的神秘與迷思散播之廣、鑽入人心之深,以致數百

萬美國家庭主婦所經驗的挫折與絕望無從表達、無從投訴,這是由於每個不幸的婦女誤認其處境為其個人的錯誤(包括遇人不淑)。在指認這個「沒有名義的問題」時,符莉丹大聲疾呼女性要覺醒,因為她相信早期婦女運動者努力的結果為女性的自由開了一扇門,婦女應當勇敢通過這道門,而進入公共議壇,與男人平起平作。

符莉丹承認至今為止對婦女仍舊有歧視的存在,因此必須大力抗爭。為此目的,她與其他婦運領袖於 1966 年成立婦女全國組織(簡稱 NOW),成為美國全國性壓力團體,藉該組織致力平等權利修正案(簡稱 ERA)。近期符莉丹呼籲政府對孩童的照顧、要求男人參與家事的操作、要求就業結構便利、夫婦重新調整家庭責任和事業生涯。其他的婦運也支持學校中加強性別平等,甚至「相反的差別待遇」,讓女性多擔任重要職務、獲取更高報酬,來補償多年受歧視的損失。1993 年伍兒芙(Naomi Wolf)出版《以火攻火》(*Fire with Fire*)一書為新一代的女性主義提供自由派切入的方法。她首先要求婦女們拒絕把自己當成受害者,而要擁抱她所謂的「權力女性主義」,從中認識婦女決定自己命運與生活方式的權利,也養成處變不驚的性格,無懼於女性的成功所帶來的震撼。

(二)李察茲和歐金的自由派政治理論

自由派的女性主義傾向於表述一般「常識」,並將之應用到婦女當前的處境之上,她們比較不喜歡理論的創新。其結果倒也在英、美、法、德等西方民主國家當中影響了國會的立法議題,像 1975 年國會通過的〈兩性排除歧視法〉(Sex Discrimination Act)、和英國成立的平等機會委員會等等,都是設法保障與推進婦女的法律權益。

李察茲(Janet Radcliffe Richards)和歐金(Susan Moller Okin)使用哲學的言詞與理論,企圖營構更為細膩精緻的女性主義學說。在《懷疑的女性主義者》(1982)一書中,李察茲使用當代自由派哲學大師約翰·羅爾斯(John Rawls)的理念,演繹為讓婦女獲得公平的理論。為達成女性與男性享有同等的公平待遇,有必要採取「逆轉的歧視」,稍微優待女性之措施,這也是暫時變通的辦法。歐金則在《性別、公平與家庭》(1990)一書中同意美國婦運積極份子的主張,讓公權力介入照顧養育小孩之上,也贊成就業的靈活調整,和男性平分持家之

責。李察茲與歐金都相信性別的平等並不完全依照公平與理性的指示，而是依據男性與社會全體利益的安排來設法獲致。從這個觀點出發，她倆指出沒有理由反對她們的建議，她們也考察與探究重大的利益衝突會阻止婦女進步之可能性。

(三)自由派女性主義的批判

就其實踐情況而言，自由派的女性主義受到保持現狀的反女性主義者之攻擊，也受到其他（激進、馬派、社會主義派）女性主義者的指摘，認為前者對婦女真正的權益缺乏正確的瞭解，是故無法提供她們被解放的策略。這種批評集中在五個範圍。

其一，就在其所使用的詞彙、概念方面，自由派女性主義早便告失敗。儘管只有少數婦女在公開的得利方面為人所知，但在工作場合與政治界仍非男女真正的平權。權力和權威的位置還是掌握在男人手頭。婦女收入方面遠不如男人的薪資報酬，美國平權憲法修正草案遲遲無法由國會通過、由總統頒布，說明了連完整的法律平等都達不到，更不用說經濟的、社會的、文化的、性事的同等之理想了。

其二，自由派女性主義的理念被批評者所拒斥，其原因為自由派所追求的目標對中產階級的生涯發展機會略具意義；反之，對一個上下垂直不平等的結構所形成的社會、或是競爭激烈的社會則毫無意義，由於階級和種族的存在，連男性勞工都受欺侮、壓榨，則其家庭成員的婦女，受社會與男性全體的壓迫乃屬不言自明的道理。自由派女性主義的目標當然更受大男人主義者的排斥，因為後者向來就忽視或輕看婦女的活動與價值。不過批評者倒也指出「女性的價值」宜保留、宜聲稱，而非放棄，又強調人類社會互相扶持依賴的必要，這樣男性的自主、競爭和理性才會被關懷、合作和同情所補充、或被取代。

其三，批評者認為自由派女性主義者對國家權力的性質和性別利益徹底搞混了。她們相信公平的社會對所有的成員都有好處，是誤把未來的男人視為女性主義者。須知男人對維持權力向來便是興趣勃勃，這種攬權的心態早已進入國家與社會制度的核心。因此，自由派的錯誤在於誤認國家中立的機關能達成男女平權的目標。批評者接著指出：國家不但由男性主控，還反映了資本主義

經濟體系之需要。一旦婦女的利益同男人追求利潤的利益相左，她們便得要挨
轟、便被反對。對國家行動之搞混使自由派女性主義者要求不斷增加國家的福
利政策，這點反而與自由主義者有限政府與國家少點干涉的本意相牴觸。

　　其四，批評者又說，自由派對權力與政治的觀點是立基於盲目接受男性的
界定之上，須知男性所界定的權力同政治都掩蓋了她們對婦女壓迫的潛在動
機。其中一個特例爲刻意分化政治的公共世界與人身關係的私人範圍之區別。
這樣一來家庭生活中親密的男女隱私，本屬性的政治之所在，便成爲大家難以
啓齒討論之議題。家庭暴力、性侵犯被視爲不幸的個人經驗，究其實同社會的
權力結構（男性之野心、侵略性之被容忍，甚至受到鼓勵）完全聯繫在一起。
在這種父權與資本主義的社會中，婦女家事操作的重要性被忽視、或漠視。事
實上，連「女強人」在內都得承認外頭的就業無法把家事視若無睹，也無法迫
使男人平分家庭的工作負擔，結果是自由派女性主義在達成目標（婦女解放）
之前，婦女可能要增加更沉重的負擔。結論是婦女無法同男性競爭就業與政治
方面的真正平等。

　　其五，也就是最後一點，自由主義所強調的個人主義之假設無法同女性主
義的政治之立基於共享的性別利益而相互容納、彼此調解。自由主義的信念是
每個人自求多福、自作決定；反之，女性主義認爲應當爲某團體、某群落處於
弱勢與不利的地位採取集體行動，來尋求妥協或改善。這種個人選擇與集體協
議之間的矛盾和衝突，就是自由派女性主義遭受批判之所在。

　　這些批評顯示，自由派女性主義並非鐵板一塊，其中的緊張、矛盾仍舊不
少。某些批評認爲自由主義的基本假設和女性主義的政治根本無法相容。另外
有人卻認爲自由派的理想像之自由、公平和平等卻可以化做原則，而擴大應用
到對婦女身上，在擴大的過程中也可以再三考察、反思，而求取改善，最後仍
舊能造福婦女。

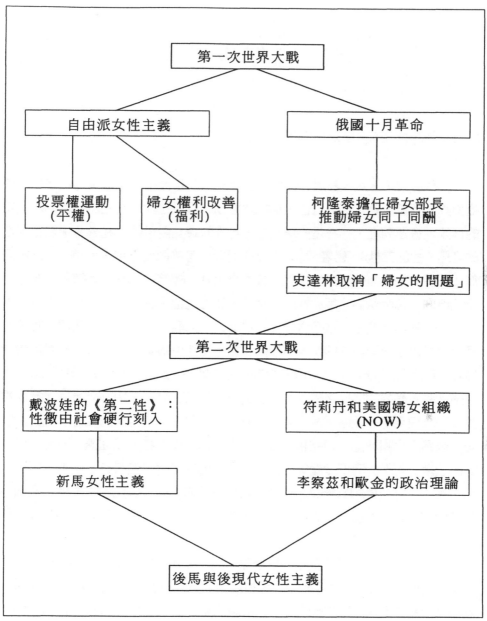

資料來源：作者自行設計。

圖 8.2　近八十年來的婦運與女性主義的演展

六、現代激進的女性主義

(一):父權制的理論及其批評者

現代激進（急進、基進）的女性主義，1960年代出現在歐美婦女參加的民權運動、反戰運動、援助有色人種抗議運動、環保運動、新左派與學潮而湧現的群眾社會運動之上。在這些運動中，年輕的婦女發現她們在社會中被當成性的客體（性的工具）、秘書、家庭主婦，而非平等的政治夥伴來看待，而讓她們無法忍受的是任何的異議與挑戰只會帶來沉默、嘲笑和屈辱。對這種被虐待的反抗導向一個嶄新的、革命性的、意識形態的地位，由此地位尋出直接與基本的對現存觀點之挑戰。這是當婦女發現本來以為屬於她們本身的問題，實際上為更大的群眾所面對的問題。由於問題的包涵性與嚴重性使得參與群眾活動之婦女「意識提高」。她們在只限女性參加的群體裡，討論了切身經歷的問題。這種婦女親身經驗的問題之表達，以及其政治意涵之發掘，使她們發展了行動的策略和改變現狀的策略。激進女性主義從此發展出各種各樣的觀念、說詞和理論。因為觀念和理論之龐雜和分歧，使用激進女性主義加以涵蓋，不免有掛一漏萬之嫌。但至少有四個關鍵因素使它與其他的女性主義者有了明顯的區別。

其一，它是單獨為婦女，也是由婦女設計的理論。因此它主要地、堅固地立基於婦女經驗和體認（認識、感受）當中，而不必與現存的政治觀點或議程妥協。

其二，它視女性遭受壓迫乃是寰球皆然、最普遍與基本的宰制之形式。其目標在理解這種現象，而企求結束這種現象。造成此種現象最具關鍵性的名詞、或概念就是「父權制」（Patriarchy，又譯為家長制，基本上是以男性為主的家長控制一家大小，也就是男性控制、男性主宰的別名）。

其三，由上面第二點引申，當成群體的婦女必然反對由男性組成的群體。婦女利益使她們團結起來對抗男性的群體。婦女團體的組織就是「姊妹淘」（sisterhood）的組織，其目標為穿越和揚棄階級與種族的藩籬。由是遂強調婦

女應團結奮鬥來達到她們追求解放之目標。

其四，激進女性主義對政治重新界定。它認爲男性的權力不限於公共部門中的使用，也延伸到私人範圍的家庭與兩性關係之上。在這兩方面都呈現了家長宰制的真面目。這也是統制的政治性意識形態背後所潛藏的性別歧視、男性宰制的因由。換言之，婦女遭受壓迫絕非個人的不幸，也不是偶發的不幸，而是男性權威維持的過程之發酵。在大聲鼓吹「身分的（人身的、身邊的、個人的）事物就是政治的事物」（the personal is the political）之口號時，激進女性主義的政治觀便告浮現。由是可知女性主義的理論是在揭露女性的角色在生活諸範圍中所顯示的政治特質。過去被視爲身分的種種事物，其實都是男性政治的操縱與宰制之現象。

對不少的婦女而言，這些理念所表達的是實情，而爲傳統的分析所忽視與否認。是故在 1960 年代以來意識抬高的群體在美國與歐洲不斷躍出、不斷擴張。這個新的看法由葛麗（Germaine Gree）的著作《女性的太監》（*The Female Eunuch*, 1970）所披露而風行一時。但米列特（Kate Millet）《性的政治》（*Sexual Politics*, 1970）一書則有系統地論述父權制的理論，更具說服力。

米特列辯稱所有已知的社會，所有兩性的關係都建立在權力的基礎之上，因爲兩性關係不是身分的，而是政治的關係，權力的擁有與行使都在生活各層面以男性主宰女性的形式出現。因此這種現象幾乎是普世的、寰宇的、放諸四海而皆準的現象，因之，被看做是「自然的」現象。男人控制女人的父權制權力之所以能夠維持不墜，是藉由家庭教育開始，擴大至學校、教堂等教育、宗教與文藝的薰陶等一連串社會化的過程。此外男性的宰制也依賴經濟上的優勢，對女性的剝削，以及依靠暴力（性暴力和強姦）來占有婦女、壓迫婦女。

激進女性主義的父權制理論對女權主義者的思想產生重大的衝擊，但這種說詞卻受到另一派女權主張者的批駁，認爲把男人當成敵人是不對的，這種痛恨男人的想法只有造成女人依賴另一女人，而與男人分居，造成「女同志的分離主義」（lesbian separatism）。這對絕大多數的婦女既不具吸引力，也毫無意義。另外一些人批評激進的說詞欠缺歷史事實，而是立基於「錯誤的普世看法」（false universalism）之上，這種說詞只能反映少數白人婦女的想法。批評者又指出這種理論只具描寫性，而欠缺分析性，無法解說男性權力的來源，因此無法提供

防阻它的策略。最後批判的聲音是指摘數世紀以來父權制與男人的錯誤之外，卻忘記女性成為唯一受害者，則女性對歷史的創造完全沒有功勞。

這種批判對部分激進女性主義的理論是正中要害，不過父權制的概念卻不斷修改與發展，而產生了更精緻的分析。特別是多位作者最近分辨了男性宰制的結構與個別的、具體的男人不同。這表示婦女的敵人為男性權力。只是這種權力是在社會上結構顯現出來，而非生物學上每個男人必然具體化的一部分。有些女性主義作者還分析父權制會隨著時間改變，也就是同其他壓迫的女性的形式之間的互動所造成的變化。由此觀之，父權制並非鐵板一塊，也非生物學上決定的體系，而是特殊情況下變動不居中的產品，可能會受到集體的女性主義活動所修改。

(二)父權式權力的基礎

不像其他的政治意識形態，激進女性主義不把國家權力當成主要的政治議題。反之，它把國家看做是男性政治權力的表現之一，可以反映了更深層的壓迫結構。國家的形式化制度把婦女加以排除是性別不平等的象徵，而非其原因。激進女性主義者也排斥經典馬克思主義所認為婦女受到壓迫乃是階級社會的產品，婦女將隨著資本主義被推翻而獲得解放。激進女性主義認為男人的權力不能簡化至經濟的層次，因為這種權力寄生在家庭中、在生男育女之上、在性遊戲上和日常語文之上。

多位激進女性主義者視家庭是瞭解父權制權力的關鍵因素。家庭並非建立在兩性相愛互動之上的「自然性」結合，而是婦女勞動被剝削的社會制度。被壓迫的性別認同體和乖順聽話的行為模式由小至大被灌輸、被培養。而男人的性權力又以粗暴的形式表達出來。這種方式使男性的權力在公開與私人關係上表露無遺，造成了壓迫的泉源。另外一批女性主義的作者則討論生男育女等生育、繁殖和再生產。她們甚至認為懷孕和生產是人類低級發展野蠻性所遺留下來的行徑，因此主張婦女可以藉著避孕藥材，而不必忍受這種殘酷的生育之刑虐。其他人則視懷孕和生育是婦女充實而具創意的經驗，而擔任母親的角色，更是「母性價值」的體現，它包括生養、教育，關懷及和平於母親一手之間。這種說詞會導向「生態女性主義」（eco-feminism）的理論發展。這種理論又成

兩派，一派認爲婦女天生對於生態環境較爲友善、較知愛護。另一派則主張在環境保育方面婦女還要向男人學習，這種分別影響深遠。無論如何，激進女性主義者認爲繁殖下代政治意義之重大，而男人對生育、繁衍進行控制會縮小婦女的自由，在此一共同看法之下團結一致，而大喊「女人有權從事選擇！」

　　一部分的激進女性主義者認爲「性」才是男人權力的主要泉源。因爲堅持男女兩性的做愛，而排斥同志戀情，使婦女沒有獲取滿足的感受，這是男人的詭計，用來分化與控制女人。男女兩性的交接會與男人社會地位緊密掛鉤，是故應予摒棄。這不只是女性個人的選擇，也是具有政治意涵的作法，俾使婦女不必爲取悅男性而活，而從男性控制下解放出來。對某些激進婦運者而言，重點不在性活動，而在性事與暴力的牽連。她們堅稱性暴力是內構於社會與文化當中的常事，而受廣大的色情工業所維持。這種性暴力不只大力限制婦女的生活，還把她們轉化爲性發洩的客體物。她們續稱，所有的男人都從色情與強姦中獲利，因爲這種暴力的頻生，使婦女不得不要求部分男人的保護，以對抗「少數敗類」，從而使婦女與男性無法平起平坐、公平競爭。這種論調也使部分婦運代表變成「極端的」女性主義者——女同志分離主義者。大部分的女性主義者拒絕女同志分離主義，也不願接受把個別的問題簡化爲性事活動。不管如何，激進女性主義的分析對公共輿論產生重大的衝擊。因之，色情的書繪影片、淫具等等之意涵，引起大家的注意和辯論，而性的濫用、誤用也逐漸的揭露出來。事實真相是這樣的，性騷擾不再是「無害的開玩笑」，而是對女性身體、感受、尊嚴的傷害。

　　另外一支激進的流派卻辯稱：婦女受壓迫的基礎不在社會組織、或身體宰制方面，而是男性對文化、語文和知識的控制。通過這種控制，婦女思想、表達、認知的方式受到干擾、限制與扭曲，從而把父權制的種種假設內化而成爲婦女（甚至男性）的價值觀中。女性主義者必須創造或發展一種文化，俾揭露男性的偏軌，而把女性的知識擴張到各方面、各層次，包括女性歷史的再發現，以及性別中立的語文。這是女性認知與知識社會學的肇始（洪鎌德 1998b：353-355）。

　　上述各流派產生許多文獻，幾乎無人敢宣稱她們的著作能夠涵蓋婦女的各方面，也就是對婦女的處境無法做完整的解析。可以指明的是激進女性主義無法統合各派的意見，而凝聚爲單一意識形態的立場。因之，其企圖採行的政治

策略，也未必是建立在痛恨男人或與男性分離的基礎之上。這些必須的而又複雜的問題無法和簡化爲一個單因的理解相結合，同時父權制不能同其他的不平等和壓迫之諸形式孤立起來討論。

七、現代馬克思主義和社會主義的女性主義

有不少激進女性主義者把馬克思主義看做另一種父權式的意識形態。她們強調無論是舊蘇聯、東歐，還是現代的中國、朝鮮、越南，父權制的結構仍舊殘存下來，且改變不多。另一方面西方馬克思主義者又把性別平等的問題看做瑣屑的轉移革命目標，這並非當務之急，而是可以延後討論的。自從「蘇東波變天」之後，馬克思主義派的女性主義聲勢銳減，反而社會主義的女性主義多少還有賣點，代表現代女性主義一股最有理論色彩與說服力的思潮。

對馬派的女性主義者而言，婦女屈從的地位並非永久的、自然的人際關係，而是階級社會特定歷史時期的產品。是故這種屈從地位的改變只依靠抽象的公平概念協助是無法更改的，只有仰賴經濟與社會的改變，更重要的是靠無產階級的革命將資本主義推翻才有可能。這種說詞無疑地帶有馬派經濟決定論的色彩，它排斥性別關係有其運動的動力與韻律，否認超越各階級界線之上的婦女團結。但不少當代女性主義的作家卻爲馬克思主義增添不少活力、大大揭露資本主義和父權制間的辯證互動關係（Bryson 1999: 206-221）。

1960 年代末與 1970 年代初隨著巴黎五月風暴（學生運動）的爆發，北美、西歐、東亞、澳紐都有激烈的學生抗議活動。這些學潮與反越戰運動、反種族迫害運動、反生態破壞運動結合，也與方興未艾的女性主義、同性戀運動結合，而形成新一波的社會運動。這個號稱「新社會運動」的矛頭，對準了資本主義、新殖民主義與新帝國主義。在很高的層次上，可以說是左派的激進（基進）主義（radicalism），與馬克思主義（特別是西馬）有所掛鉤。

女性主義的崛起與第二次世界大戰結束後的半世紀中，女性走出家門、大量投入勞動市場有關。固然倡導女性平權的理念、學說，在 19 世紀早便出現，而在 20 世紀初也促使英國女性擁有投票權，但第二次世界大戰方酣之際，包括蘇聯在內的同盟國（尤其是英、美、法）大批婦女參與國防工業生產，以及重

建遭受戰爭破壞的家園，都使婦女的社會地位抬高。加上核心家庭的流行、傳統婦女與性別角色的改變，使得女性主義再度興起。及至 1960 年代中，主張新左派的婦女在積極參與民權運動、學生權力和反戰示威之後，成為一股新興的社會運動。但她們卻發現婦女無論在家庭、在社會、甚至在社會運動的群體裡，大多成為受歧視、受排斥的一群。這種遭受壓迫的情況無法在革命的理論裡找到合理的解釋，而這種事實也得不到男性革命領袖的同情與理解。於是企圖對此從古至今男尊女卑的現象從事系統性的研究與理論性的探討遂告展開。於是把馬克思主義重新詮釋的西方馬克思主義（西馬），有關階級主宰的理論合併到男性主宰的理論之上，從而出現了社會主義的女性主義及其學說與運動。

　　建立在西馬的理論之上，社會主義兼女性主義者否認性別的角色是單純的經濟體系、或生產方式的產品。工資制度取消或許能化解階級的壓迫，但無法取消包括性別在內的其他壓迫。要理解婦女的經驗和需要，有必要先分析公共的生產方式和私人「再生產」（繁殖）之部門互動的關係，後者牽涉到家庭生活、性活動（性事）、情緒上的依附（感情生活）和養兒育女諸種「私人」領域。事實上，社會的各種面向、各種方面無一不立基於性別之上，而對女性的壓迫也型塑了公共與私人的生活。因此，女性主義的理論家一方面描繪經濟剝削與階級結構的互動；另一方面也分析性別主義（sexism，以性別為中心而展開的學說和主張）與性別分工的互動關係。在其實踐方面，女性主義者把傳統馬克思主義（馬派）對經濟問題的關懷，連結到對婦女施加暴力、婦女要養育兒女、女性在經濟活動上受到不平等待遇等問題之上，她們要求婦女的需要與經驗變成社會主義關心的議題之一。

　　社會主義的女性主義者對政治有新的界定方式。她們也為女性重新認定的種種壓迫下，求取解放並繼續奮鬥。女性主義所提出的響亮口號之一為「身分的就是政治的」，表示任何與人身有關的活動關係都離不開政治權力的運作範圍。這也表示新女性對日常私人的習慣和態度上所受各種壓迫的反抗。因此，她們認為反抗的場所不限於國家和職場，也包括人群的心理。是故「革命」先要「革心」，要從人群對性、婚姻、孩兒養育的態度上做革新的工作。就在上述諸場所與諸領域，布爾喬亞社會的人格結構，完全建立在性別的歧視之上，以致婦女之遭受壓迫和社會主宰之各種樣式得以長久、甚至永續地存在。

　　最後，社會主義兼女性主義者察覺到革命組織中仍舊殘存父權（長老）的

社會主宰之男性沙文主義，因此她們批判的矛頭又指向革命團體中的男性菁英主義、個人崇拜、或是以革命爲志業的生涯主義（careerism）。婦女要求對其個人的、身分的參與工作之承認，亦即承認女性對革命者感覺和需要所做的鼓勵、慰藉、撫慰的貢獻，也就是婦女在革命路線與策略上的正確無誤應得到肯定，而不是把女性只當做革命時期人際關係的勞動者，甚至提供性服務的工具來看待。在把政治融合爲人身經驗時，女性主義者促成西方馬克思主義理論批判的發展，蓋西馬的政治批判不限於資本主義的文化，也涉及具體的革命組織及其專門知識與專精（expertise）。女性主義者證明革命者不只在抬高勞動階級的意識和自主性，也應該隨時反省與體悟革命者本身對現代世界的壓迫與異化之參與，多少沾染了世俗的污濁，成爲腐化惡劣的世風之犧牲品。就在這方面社會主義的女性主義完成了西馬未竟之功——革命與革心同時推動。不過與西馬理論家不同之處爲女性主義者強調婦女在資本主義體制下所受壓迫大於勞工階級（這與自由主義的女性主義忽視勞工問題不同），因此贊成與男性反對運動者作出政治上的結盟（這點與激進女性主義者的主張不同）（洪鎌德 2004：298-360）。

　　女性主義者的關懷和灼見激發當代激進運動，這包括各式各樣的受壓迫者，像是同性戀者、種族、族群、宗教少數派、老弱、殘障者在內。其最激進的看法是認爲，這些運動常牽涉到資本主義體制一般性的壓迫加上每一弱勢群落特殊社會情況所造成的困局。在這種觀點下，她們加入西馬的行列，把教條式的馬克思主義轉變成活生生的理論，俾爲建構一個合理的、自由的、解放的社會而奮鬥。

　　在 1970 年代這一波社會運動中，西馬理論的健將有郭茲、馬孤哲、沙特和哈伯瑪斯。而女性主義則勞珀琰（Sheila Rowbotham）、米徹兒（Juliet Mitchell）、哈特蔓（Heidi Hartmann）、艾蓮萊（Barbara Ehrenreich）和費菊珣（Ann Ferguson）等人。這些理論家的著作多少反映第二次世界大戰結束以來非共產黨推行的革命性（非官方、非教條的）馬克思主義底關懷和目標的奮鬥情形。在他（她）們的著作中，這一奮鬥是具體的、有形象的、值得大書特書的。他（她）們也顯示與馬克思原著或長、或短的差距。儘管西方馬克思主義者，以馬克思原有的理論做爲起點，卻發揮他的灼見、識見，而棄絕他的侷限、缺陷，他（她）們分享馬氏要創造一個無階級、無異化、無剝削的和樂社會，

也同意馬氏認爲這一新社會與資本主義無法並存的說法。但西方馬克思主義者拒絕馬氏把經濟當成社會唯一的優先（經濟決定論）、唯一的首要大事，也拒斥他歷史發展的律則（唯物史觀），也難以苟同他視勞工階級爲鐵板一塊，在無產階級革命中充當政治領導的角色（Gottlieb 1989: 20-22）。

八、勞珀琰談女性的意識

出身英國，進牛津大學研讀歷史的勞珀琰女士是社會主義的學者兼理論家，她曾在 1973 年出版了《婦女的意識、男人的世界》一書，算是 1970 年代初對英國新左派和西馬的理論有所貢獻，而且是對社會主義派女性主義投石問路的人。

勞珀琰回憶幼時在梳妝台前看見自己的鏡影，而尋覓自我的情況，因而想到大部分的群衆對自我的無知覺、無意識。她遂指出每個受到壓迫，而從事政治運動的人有必要自我省思，把對自己的想像、映像呈現出來。這種自我意識的開端常是零碎的、特別的，原因是當前的社會秩序就像許多相互反映的鏡子大廳，它所反映的是圍繞著有意識的個人與群體彼此的影像、以及影像的影像。這個社會秩序不但占據現存世界，也是它所見所聞的世界。今日西方世界的社會秩序是資本主義的體制暢行下的秩序，但這個資本主義並非完整無瑕的鏡子及其映像。剛好相反，由於被壓迫者的反抗運動，這個鏡子及其映像也留下不少創傷的疤痕，也就是鏡子的污點、瑕疵與映像的扭曲、變形。

反對運動者、抵抗運動者爲了創造資本主義之外的另一個選擇、另一個可能性，必須把包圍他們且自我反映的世界之鏡框打碎，然後把自己的映像投射到歷史上面。爲了使自己有別於壓迫者與剝削者，必須凸顯出自己的映像來，這也就是說所有的革命運動都要創造新的看法和觀點。如何使沒有經驗、沒有文化、沒有自我意識的人群，產生新的看法與新的觀點，就需要特別的努力。第一步是與別人連結和建立互信。革命運動中的意識會變成連貫一致，也變成充滿批判，只有當意識到的世界變成清晰可辨，也只有當意識的主體對他自行創造的事物有所覺悟、有所體會之時，當人們能夠看清與意識他（她）們所從事的文化創造、行動、理念、組織歷史與理論的時候，這些革命者才會把他（她）

們融化在新的實在、新的實相之中。只有在革命者理解她們之間的關係,才會認識到革命運動的意義,革命者可以看見從前所不曾看見的事物。

群眾運動在人類歷史的長河中是近期的、短暫的、大河長流中的一小波浪。而女性的革命史更是這波群眾潮流的幾滴水珠。要在歷史潮流中把舵揚帆行舟是相當的艱難,更何況要超越既定的目標,更是難上加難,這就是說我們伸手碰觸以往的歷史,常是毫無所得,更不要說張手要把握未來。環境的變化是那麼迅速,連同人們對待環境的關係更是瞬息萬變。這個世界可以說沒有任何固定不變的事物,我們所熟知的理念與新的現實無法對頭。鏡子幻化成光和影的交互呈現,而革命者就活在這種主體的光和影的相互交織當中。

從政治行動中產生的意識需要與別人溝通,其關聯常是突發性的、沒有協調性的。因而這種意識需要長時間把它與世界關聯起來,從我們新做的行動與同別人連結起來的組織,我們創造了新的實在、新的實相。這時我們也要體認自我、瞭解自我是創造新實在的主體。是故集體的意識可以促成團結,而集體的意識乃是產自個人的意識,以及對個人意識改變的結果。

可是阻止我們集體的團結或共同的認同體的因素頗多。其中之一為權力操控在少數人群手中,或是某一階級的手中,他們就像持有三稜鏡來看待世界。在資本主義當中,傳媒就是一個三稜鏡,透過它人們創造了對革命運動的映像,這種映像常常也幻化在革命者對自己的看法裡。於是外頭的世界(資本主義及其御用媒體)侵犯和扭曲了革命者的組織和意識。像以男性為主導的黑人和勞工運動常在犧牲女性之下展示他們「男人特徵」(manhood),這樣做不但欺騙自己,也喪失人際關係乃是男性,同時也是女性(man-womanhood)的可能。

被壓迫的人一旦沒有希望,常是奇怪地變成緘默、啞巴的一群。他們一旦認為改變無望,便喪失了對不滿的描寫與表達的能力,以致使人誤會到不滿的事實根本不存在。這種誤信肇因於人們無法理解緘默,只有把它打破的瞬間,才知道緘默不語的存在。打破緘默的聲音會使人們理解何以先前沒有人說出、沒有人聽到的事物。我們聽不到並不意味沒有痛苦的存在,而不滿正是這種痛苦。是故革命者應當要小心傾聽無言之語。而女性長期以來就忍受這種無言的緘默之痛苦。

勞珀琰認為,身為女人應當要瞭解自己是透過別人的敘述,也透過親身經歷的種種切切。這個世界就是我們處於其中的地方。對世界只有靠我們的摸觸,

和我們的行動對它的影響而獲知。我們所看的世界是透過男人的設計、所製造的鏡頭來觀察的世界。女性沒有其他的工具或手段來把本身內心與事物外頭的運動連結起來。所有的理論、語文、和理念，足以使女人同不斷變化的連續體〔歷史〕發生關聯，都是別人（男人）設計的、外在於女人的東西。女人在這些製作、設計中幾乎都沒有參與、都不是其中的一部分。女人借用男人設計的概念都未必符合本身的形貌。她們的一顰一笑完全是爲了取悅男性的荒謬舉動，最終她們連自己也不相信。就是她們當中的姊妹有人膽敢誤闖政治叢林，也會變成遍體鱗傷的小白兔，夾著尾巴敗興縮回。

　　只有當女性將本身僞裝得像男性一般，就可以被允許玩著他們的文字、理念、文化。本質上男性在爲某些理論爭吵的面紅耳赤、拍桌怒吼之際，女人只能權充旁觀者無法入場計較，因爲「我們不能負起應接〔對抗〕的責任」。女性常因爲是否要參與男性的種種活動而躊躇。有時對於那些敢於參與男人事業的女性表示懷疑、表示不信任，但很多場合女人卻也樂意扮演這種積極參與的角色。於是婦女常陷於自我分裂當中，既願意固守本我而保持緘默，又喜歡介入而表現另一個自我。這種割裂使得婦女的認同體陷於無言的麻痺中。因之，婦女並非永遠在一地方活動的人，她們是誤闖別人領域的移民。「我們覺得不自在，被人看管，隨時都覺得生病一般。作爲歷史的人，特別是女人，我們瞭解自己的方法、方式，完全與我們本身不同。我們對自己的直接看法完全被封鎖在反對我們社會潛能〔的機制〕中」。

　　那麼女性要如何來找出有異於傳統與現實的意識呢？法國婦女領袖，也是沙特的同居人，席蒙妮·戴波娃就研討婦女這種被塑造的典型之來源，乃是出自嬰孩與少女期，被教育的「被動期」（passivity）。小女孩從小就被教育蹲著排尿、壓抑侵略性和自我表現，從小就被教養著把其精力收斂轉向內在。換言之，一開始便要處處表現「女生」（famine）的氣質，然後強迫她進入陌生的世界。不只是「權威性」家庭，就連資本主義的社會，也不斷在塑造女性的意識。此外，語言也扮演重要的角色。語言把我們帶離本身之外，進入另一個世界，語言也傳達了某一權力。它是宰制的手段之一。上司使用的精練「高雅」的語句使他們永保其優勢。下層社會的語言雖然便於彼此的溝通，但卻把她們限制於仰賴有權有勢的人之鼻息而苟活的人群當中。另一方面理論的語言，卻是壓迫者、統治者、剝削者表達其經驗的事實之工具。只爲其世界而發言，爲他們

所理解的世界而描繪。是故革命運動應該破除統治階級對理論的獨占。須知語言成為統治者政治的和意識形態的權力之一。

　　由於女性把壓迫內化於心中，因之，不能表達的笨拙、遲鈍也深入女性心理的底層。加上語文一向就是男性發明與使用的溝通工具。女性在使用每個字、每個詞的時候，就無法更改其意涵、其意義，像「她」就代表女性，而「他」就代表人類。凡是既存、現用的語文都把婦女排除出去。這種徹底的排除顯示女性從可以概括化、普遍化的任何的文化裡被疏離、被異化出來。連革命運動也不例外，其活動與意識都是把女性排外，讓她們感受異化與疏離之苦。

　　其結果造成女性所看到、所想到的世界是脆弱的、是朦朧的。女性被迫不時返回其本身。但壓迫女性的泉源，就像所有宰制的根源，都應該回溯其業已消失的過去。但婦女對過去的回憶完全空白一片。部落與氏族的女強人的神話、母性社會的傳說，都是男性文化的虛構故事。只有透過男人害怕的、恐懼的投射性，我們才會幻想到自由自在的女人之出現。這種自由自在的女性是通過男性的想像而進入女性的意識裡。這不曾存在於過去任何的歷史中，尤其是近代史中。婦女成為歷史的背景，而非舞台。女性當今的情況就充滿了零碎與孤立。我們內心的分裂和別的女人過不去，就導致形體上與階級上婦女之不團結。「家庭把我們限制在一個內在的世界，我們的男人所屬的階級給我們外在世界的地位。我們反映了他們（男子們）所獲得的地位。我們在資本主義中只成為社會的附屬品」。

　　男女的關係不亞於壓迫者與被壓迫者之間的關係。它是微妙的、也是複雜的，這兩者有時也彼此相愛。這只是委婉的、紳士風度的暴虐而已。男女的親密關係使女性渾然忘我，這種令人激情狂喜的征服，自然不同於雇主與雇傭的關係，工人們可以幻想有朝一日資本家消失的世界終於降臨，但女性無法想像將來的世界不再有男人的存在。

　　因之，女性的政治出現一定要有別於男性，但也與男性有所牽扯。不過女性有異於男性的意識不會來自於外頭世界的工作、或是生活的外頭遭遇。女性革命意識來自無法記憶的嬰孩時期之朦朧（黑暗）狀況。女性的生殖器官、月經、性亢奮、停經這類的經驗都是切身的，是女人生理和心理的感受。但這部分的經驗與感受卻要從壓迫者男性那裡去學習。這就是說把自己切身的經驗交由男人去決定，也就是把切身的、零碎的感受，置入於男人建造的架構裡。

結果女性的所有表現都成爲男人表現的附屬、或次要的事物。造成女性意識之滑溜而不易掌握，也是女性意識變成解體的感覺之原因。

當女人把她獨特的經驗講給男人聽的時候，她會發現男人以其本身的經驗當成正常來加以接受、加以承認。他之認爲女人所敘述的獨特經驗不過是一個正常的、無新奇的，其原因在於主流的意識形態一向支持他的看法、他的承認、他的判斷是正確無誤。是故女人在現存的文化找不到立身之處。不限於女性，連工人階級、黑人、少數民族在內。這些群體都消失在資本主義所投射的映像裡頭，成爲無足輕重的回音，模糊不清的幻影。

對女人而言，她們的問題常被內心化，這是歷史造成的結果，女性求取解放的運動比起勞工階級的解放運動來顯得較爲軟弱，原因是勞工運動喜歡稱兄道弟（brotherhood）；反之，女性所共享的事物，卻常導致彼此意見不合、看法迥異，最後以各走各路而分手。

把問題內心化可能與女性的生理有關。性的分別曾使女性與男人大不相同，但也使兩者緊密綁在一起。兩性的分別侵入婦女的感覺與經驗的層次，這兩者與外界無關。

在這種情形下探察意識的深層是政治上必要的作法。就是致力革命的男人也見不及此，這就是男人何以把政治界定爲外頭（身外）的事物之原因，認爲政治涉及的是示威、遊行、罷工、群眾集會等等。他們視革命爲事物外部形狀改變的象徵，而內心世界則走其向來的老路。這是不完整的圖像。不錯，經驗雖然產自外頭物質的情境，但女人的意識無法與生理上的解剖分家。這點可從生兒育女和性活動上看出端倪。畢竟男人是由陰道而進入女人的身內，所以女人感受到男人的身體是由於他的進入。在床上女人與男人的接觸是女人學習認識自己的方法。

對於婦女有關性事的探索成爲女性革命意識創發的重要契機。女性必須探究自己的全部，而非進入男人世界的那一小部分女性特徵。欲達此一目的，必須彼此相互溝通。沒有參與政治運動，女性連描寫他們的性事的經驗也達不到。只有與其他的婦女溝通，才會使婦女受鼓舞去信任她們孤立的、原子化的零碎感覺。

婦女疾病在男醫師的眼中無非是誇大的埋怨，甚至是歇斯底里的表現。這種說詞的政治意涵必須予以揭露，特別是當婦女希望從生男育女、避孕（優生）、

或墮胎等問題解放出來,「我們對自己身體缺乏控制無異工人對其生產之缺乏控制」。

那麼女人要怎樣打破緘默呢?第一步需要體認當前的一般情勢是強而有力者對弱勢族群宰制的局面。只有當您發覺自己的無能為力時,才會開始直接尋找您的權力之所在。男人主宰女人並非今日才發生的新鮮事,是自有人類出現之後,就無日不有的日常世事。著名的德國社會學家齊默爾(Georg Simmel 1858-1918)就曾經指出現存的文化完全是男性主宰、男性界定的文化。因此連所謂的「客觀性」都無異為「男子氣慨」的同義詞。他認為衡量男性與女性的標準並非中立、客觀,而是以男性為主。英文當中的 human being(人類)和 man(一般人)都是使用男性的稱謂,而所有差勁的、或令人輕蔑的事物(像「婦人之仁」)都使用女性的稱謂。霍妮(Karen Horney 1885-1952)也把齊默爾的社會學理論應用到心理的研究方面,指出任何的意識形態都是社會中強勢的一群為保持其優越的地位,而讓弱勢者乖乖接受的盾詞、藉口,是利用意識形態來否認或掩蓋鬥爭之存在。女性對鬥爭存在的忽視或無視,正是男性主宰的文化所產生的效應。掩蓋事實的方式並不在為女性重塑另一意識,而是透過世界觀來使這種宰制的特殊理念變成模糊不清。於是主宰的群體也自認為融入了文明,是文明的代表。

戴波娃就說「男性代表正面與中立,而女性代表負面。女性的任何一舉一動都以認同男性之作為,才是人的行為」。女性的自卑並非其個人的想像,而是社會文化的產品。一旦對整個情勢——女人被男人宰制的局面——有所認識,對這種不公平的理念就會進入女性的意識當中。但只有交鋒、認識是不夠的,所以要進一步加以理解。理解男性的優勢對女性的影響,這是女性自我承認的第一步,這也是創造女性的語文,發現女性映像的開端。下一步則為透過組織與行動,來證實婦女的理解。

在沒有政治運動產生與推行之下,任何的婦女都是男性共犯結構的一部分。很多婦女的消極態度是造成共犯結構的因由之一。上層階級被解放的婦女享有的自由,就是來自於下層普勞階級婦女的不自由。這種自由的一面與不自由的另一面也存在於性的上面。解放的受教育的婦女是碰不得的,她們獲得與性無關的被保護之尊嚴,這成為傳統婦女惜身如玉的另一方面。她或者接受這種情況,或是進入傳統婦女的內身,變成消極無為者。當女人的一部分從您身

邊躍出，另外的一部分會鑽入您所想像的自我當中。這樣就把自己鎖定爲流血流淚受苦受難的那種婦女典型，於是女性的煩惱繼續發酵醞釀，當女人同一個男人睡覺，妳享受他強迫妳聽話的快活，但妳卻被撕裂在羞恥與愉悅之間。就在婦女被瞭解的片刻得到狂歡，男性雄偉的典型鼓勵女性去享有被虐待的樂趣。婦女誤信忍受各種痛苦與災難最終不會再感覺痛楚，誤認婦女不會也不能被搗毀，因爲她們可以從自己選擇的、自己製造的墮落中拯救出來、生存下去。是故承認婦女是虐待狂的犧牲者，可以是採取政治行動的起步。只有與別的女人、甚至同男人合作才能打破虐待狂的緊箍，也可能經驗到解放運動中集體的肯定的成就。

　　女性應瞭解幻想的、作夢的和亢奮的經驗同政治策略所產生的知識的、認知的經驗之間的關係。這種關係對婦女而言是非常明顯的，原因是婦女所覺識的性高潮，不只是一個女人與其親密男性所有關係的一環，而是她與其肉體、與其他女人、以及同外頭世界的關係之一環。所有這些關係或多或少都會在實質上影響了性高潮的高低。不只一般的事物要同特殊的事物溝通，特別的事物也會爲事情發展的路數拍板定調。婦女政治活動的崛起的一個重要部分爲婦女對其本身的特殊性要及時發覺，可惜向來的教育便教訓女性不要把特殊感受作認真的處理。「假使我們還要繼續生存下去，並且改變事物的情狀，我們有必要做出更多的事，而不只是在理論上對這些事情企圖掌握、理解而已」。

　　婦女總是愛戴假面具，尤其是愛在其所愛的男性面前修飾眉毛，這些面具、這些睫毛有掩飾瑣屑不美之處，但主要在發揮女性嫵媚的作用。一個女人所擁有的面具、睫毛並不重要，重要的是她與它之間的關聯。如果一個人只耽溺於這種化妝，只會把個人一個特殊的部分強化，而對整體一般的、政治的事物不加措意、不加關心，這就是一種非理性的政治。只有理解婦女化妝的需求與大眾政治的訴求之間的分別與關聯，女性政治運動才有崛起的希望。

　　要把馬克思主義當成女性革命的武器，就要首先面對它、並把它現存的樣式與風尙轉變到婦女受壓迫的特殊情勢之上。透過我們特殊性的經驗把馬克思主義的應用延伸到那些男人嘗試過，但卻無能爲力的領域。換言之，婦女的處境充滿了複雜性與各種糾結，因此「我們有必要把我們活生生的女性生活之奇特現象轉譯爲理論的文字」。可是這種理論的意識必然更爲混亂，因爲婦女本身有許多穿不透、混沌不明的事務等待澄清與理解。這是令人沮喪的事實，但沮

喪不能造成婦女使用既有的抽象理論去陳述實相,因為這種自欺欺人的手法更會誤導蒼生。所幸今日婦女生活在聯絡與溝通便捷的時代,尤其是過去遭受踐踏、壓迫的人都有機會出頭天與揚眉吐氣,一旦權力握在自己的手中的話。

當婦女從消極性與緘默中醒覺過來,而對歷史走向共產主義深具信心之際,如何把女性最寶貴而有異於男性的卓越性加以傳播,應該是參與解放運動者要虛心學習之所在(Rowbotham 1989: 279-295)。

九、米徹兒論婦女的處境

出生在紐西蘭,生長在英國,在牛津大學研讀文學,並曾任《新左評論》的編輯,教授英語,也兼任精神分析師的米徹兒在其著作《婦女的財產領域》(*Women's Estate*)一書中,指出婦女的處境不只是傳統馬派所強調的生產這一領域所造成的,而是從她們所處社會的地位產生出來,這包括了生產、再生產(繁殖後代)、性事與兒女的社會化四個領域產生出來,由此引申出來的婦女解放應當是在這四個領域中女人的「性主義」(sexism)之克服,而不是只在傳統馬派強調的生產部門中求取女性地位之壓抑與待遇之不公的改善,使婦女得到解放。

米徹兒首先指出,對激進的女性主義者而言,分析女性受壓迫成為最優先、最急迫的問題,卻沒有強調問題的嚴重程度。人們需要一個妥善的理論來解釋女性何以被壓迫?壓迫的方式為何?這種壓迫與別種的壓迫有何不同?

女性的處境與其他被壓迫群落的情況不同。這是因為婦女占總人口的一半,在很多的情況下,她們遭受的剝削和壓迫不亞於勞工或黑人。在生產尚未發生革命之前,女人的勞動情況完全侷限在男人的世界裡頭,成為男人勞工問題的附屬。女人被賦予一個舉世皆然的負擔,那就是她們的家庭。女人在工作中遭壓榨、或被歸類在持家的範疇中:這就是壓迫她們的兩個場域。她們在生產中的從屬地位,被她們在家中主宰的地位所模糊。什麼是家庭?女人在家庭扮演何種角色,完成何種的職能?就像女人本身一樣,家庭是一個自然的標的物(natural object),但究其實卻是文化所創造(cultural creation)。無論就形式、角色而言,家庭並非必要的制度,把它當做自然的標的物乃是意識形態的傑作。

工作與家庭常被視爲和平與豐盛的象徵，卻也是絕望與暴力的場所。把女人與家庭緊密聯結在一起，並把家庭當成女性最後的歸宿，卻是意識形態所塑造的概念。理論的分析與革命的行動在於把這種必然的、不可避免的聯結解開。

　　過去的社會主義之理論無法分辨女性在不同的、分開的結構下之條件。誤把這些條件當成整個複雜的統一體看待。像恩格斯把女性的條件當做是象徵上等同於社會，卻未能看出女性所處特殊的結構，是各種因素湊合的統一體。在歷史上女性條件的變化繫於幾種因素結合產生的結果，它是整個結構在不同時空中以不同的步調來進行的產品，它永遠是「泛層決定」的。

　　那麼什麼是女性條件或處境的決定性因素呢？米徹兒指出至少有四種：生產、繁殖、性事的動作、小孩的社會化。這四種因素的結合產生了女性地位「複雜的統一體」。但無論何時四種中的任一因素達致不同的「法則」，而造成統一體的前後不相同。

(一)生產活動

　　生理上的歧異導致性別的分工，在人類發展史上成爲必然的現象。體型的嬌小與體力的不足，常使婦女成爲勞動力較差的成員。在人類的發展史的早期，男性體力的優越使他們能征服自然，相反地女性則不被允許做這種粗活，她們被侷限於保存與看顧男人征服與搶得的事物。女人被當成事物看待，變成了男人財產的一部分。馬克思、恩格斯、貝倍爾和戴波娃都證實女性之被壓迫和壓迫之延續，起因於女性體力之差勁和私有財產之建立。但女性的體弱並沒有妨礙某些時期某些文化中女性驚人的勞動量。就是現代女性的家事操作，以生產勞動的價格來衡量，仍舊是大得驚人。以瑞典爲例，每年有二十三億四千萬小時花在家事操作之上，相對的只有十二億九千萬小時花在工業生產之上。曼哈頓銀行估計一個女人平均每週工作時達九九‧六小時。在農耕社會中，女性耕田時數則常常超過男性。

　　女性的服從性並非源於較少能力以從事體力操作，而是體力工作較少之外，女性傾向於和平、而非訴諸暴力。在很多社會中女性不只較沒有能力從事艱難的工作，也較少有能力去從事鬥爭。男人不但有征服自然的能力，也有控制別人的能力。社會控制與勞動分工常是相輔相成，且相互運用，是故婦女被

迫去從事「女人的工作」。原始社會中男人外出狩獵與女性留在家中育兒、做飯便是顯例，這與女性體力不足有關；這種性別分工並非是強制性的。反之，在某些農耕社會中，女性從事耕種這種繁雜艱難之工作，則是被強制性的。在文明的社會中，婦女體力的缺陷似乎被尊重，所以戰事與建城的工作便不讓女性參與。及至工業化降臨，女性進入工廠、市場工作，強制性又告抬頭。是故馬克思認為使用機器的資本家知道婦女與小孩的四肢敏捷，可以取代男工進行勞動生產。今天在非洲鄉村中，婦女做粗工的人數極多，這並非「自然」生成的，而是傳統習慣把她們造成這種角色結構，強制她們去做粗活。強制與剝削不同，前者是政治的，後者為經濟的。並非婦女「自然」方面的弱勢，使她們陷身於被剝削的奴隸群中。

　　恩格斯強調現代的大規模工業的興起，迫使女性走出廚房，進入工廠，甚至把家務變成公共的工業。工業勞動和自然化的科技固然可以使婦女連同男人獲得解放，但工業化的降臨並沒有使女性真正獲得自由。戴波娃還曾經幻想自動化與高科技會使兩性的軀體分別消失。但這種幻想是建立在技術完全脫離人的操作，變成獨立運作才有可能。然而至今還沒有獨立操作的自動機器出現。在資本主義體制下，自動化反而造成更大的失業結構，甚至排除婦女的生產參與。由是可知科技要受到社會整體結構的仲介。科技與社會力之間的關係，決定了女性未來的勞動關係。女性在生產關係中被排除、工作權遭否定，這點說明婦女在職場上地位之低落。不但在職場，就是在家中婦女也遭到強制與壓迫。

(二)生男育女

　　女人從重要的生產部門抽退，不只是因為體力上較差，還是由於婦女被賦予生兒育女、傳宗接代的角色。產期需要靜養而無法勞作，但這不是重要的現象。反之，是由於婦女要在生兒育女、繁殖後代中扮演角色，來使男人負責生計、外出工作、找到精神上「補全」的藉口。生男育女、教養後代、維持家務成為婦女傳統的「天職」(natural vocation)。這種說法與想法變成了信念，而這個信念又藉著家庭是普世的社會制度，而獲得增強。馬克思主義者可以炎炎大言，要取消市場、階級、國家或哲學，而獨獨無法揚言取消家庭。中共企圖以公社取代家庭，最終歸於失敗。因此，凡有家庭存在之處，婦女生男育女、照

顧後代、整理家務便成爲其宿命，無從逃脫。

　　婦女做爲母親的生物功能是普世的現象，不爲馬派歷史分析所關懷，也是自明之理。但從女性變爲母性知識時衍生出捍衛家庭的穩定和安全之說詞，造成婦女社會上的卑屈，也就是婦女的順從變成天經地義的生物兼歷史（biohistorical）之事實，而這一事實也成爲「永遠不能改變、或克服」（insurmountable）。整個因果關聯就是：母性→家庭→職場的缺席（不外出工作）→性別不平等。

　　結合上述四種連結點最關鍵的項目乃爲家庭。認爲家庭與社會並存，或是先進的社會立基於核心家庭之上，這種觀念至今仍廣爲流傳。但問題在於家庭究竟是什麼東西？婦女在家庭中扮演什麼角色？只有在討論到這些問題之後，新的觀點才會出現。原因是婦女在家庭中扮演了繁殖（再生產）、使後代接受社會化（教育兒女）和性事（提供男人性服務）這三樁重要的職能。歷史上這三樣職能相互關聯，到今天情形仍沒有太大的改變。是故討論家庭時，主要在討論家庭做爲諸結構體的綜合，這些結構體並非一成不變，在今日我們可以分析這些結構體，明日可能要把這些結構體解構，而形成新的類別、型模（patterns）。

　　生男育女似乎不受區域與時代的影響，是一個生物學的現象。這種說法其實是一種幻象。「繁殖的方式」（mode of reproduction）並不隨「生產方式」（mode of production）而改變。也就是說不論古代奴隸、中古封建和資本主義時代的繁殖方式有可能保持同樣，而少有變化。原因是繁殖的方式至今主要依然受到天然的影響，而爲生物學的事實。只要繁殖仍屬自然現象，那麼婦女在社會上遭受到剝削也就成爲「不可避免」的宿命。換言之，她們的一生中，成爲自己命運的主人爲時頗短。她們無法選擇多久才產生一個嬰孩來，除非避孕成功、墮胎有效。換言之，婦女的生存基本上受到她本身難以控制的生物過程之操縱。

　　做爲理性的避孕技術係在 19 世紀出現，可謂具有歷史突破的重大發明。在避孕藥有效使用下，人們更可以發現避孕造成的重大後果。這就意謂再生產（繁殖）的方式可以使人爲的技術加以改變。產生後代如果完全變成父母的意願與抉擇時，女性可以從「天職」中解放出來，生男育女成爲她們可以把握與選擇的事項。

　　歷史成爲男性改變自然，包括改變其天性的發展過程。今天「人的形成」（humanization）之改變技術（避孕、生命與遺傳基因之改造工程）出現了，人

類文化中最富自然的部分也就可以改變，這就是繁殖方式的重大改變。不過避孕藥與避孕技術的進步與容易取得，造成生男育女與性的活動變成兩碼事，儘管當代的意識形態（宗教教規、道德、習俗、家教、庭訓等等）企圖阻止兩者的分開，把兩者的結合看做是家庭存在的理由。

當今的世界，一個社會中的再生產（繁殖），常是生產上可悲的複製、可悲的仿冒。在資本主義的社會中，勞動生產是一種異化的勞動，工人的社會產品為資本家占有。不過這種工作有時還會被披上創造的外衣，使工人彷彿覺得其勞動是有目的性、有創造性的。生物學上的產品—嬰兒，卻被視為堅固的產品（solid product）。製造嬰孩的雙親成為另一種工作形式的取代，小孩變成為母親創造的客體。不過有如工人製造商品，而商品卻離開他而跑到資本家的手中，母親的異化感受可能更為嚴重。原因是被視為父母的財產、或所有物的兒女，一旦長大成人（成為自主的人身），便要脫離父母而自立。小孩變成成人的每一動作，對母親都會或多或少造成一些威脅，因為母親在完成本身的繁殖角色之餘，她的自主觀念早已蕩然無存。

在感情上女性縱然能夠一時控制兒女，但在法律上和經濟上，她與孩子都隸屬於男人（丈夫兼父親）。母性的歌頌不敵婦女在社經上的無權無力。男人一旦回到家庭中，便收斂其職業上的面具，而做一家之主，家中的一切都歸他所有、歸他所管，女人什麼都不曾擁有。不像她在勞動、或生產場域沒有地位，女性至少在母性方面是被界定為婦女最重要的特徵，但這只是生理上婦女的定義。這個定義只是便利婦女成為勞動與創造不在場的證明，或是勞動與創造的取代的藉口。家是男人休息、解除疲勞的場所，卻不是婦女歇腳喘息的所在。婦女仍舊被監禁於其種類的特質中，也就是被拘禁於普世的、自然的條件裡。家成為婦女天然的囚籠。

(三)性事的動作

在婦女的活動空間中，傳統上性事被當做最禁忌、最避諱的事情看待。性的自由，以及牽連到性的婦女之自由一向是社會主義者所規避之事。連前蘇聯在涉及舉世的共產主義運動中，避談「社會主義的道德問題」，更遑論直接涉及性的爭議。不如恩格斯的開放自由，馬克思也含蓄的指出傳統對性事的看法，

他說:「……藉排除公開,完全私密來神聖化性的慾望、藉法律來制止性慾、用情緒結合之形式來把自然的驅迫之理想轉化為道德的美麗,這些都成為婚姻的精神本質」。

但十分明顯的,歷史上婦女一直被當做性的客體物,也就是生殖機器、後代的製造者。事實上,性的關係被看做占有物的規定,比起被當成生產或繁殖的工具之關係更容易,也更完整。後期的馬克思甚至坦言「婚姻關係……無可爭議地是排他的、私人的財產關係之一種形式」。他與跟隨者卻不曾分析這種私產關係對社會主義的意涵,也不曾對婦女處境的結構進行分析。馬克思只說共產主義並非把共同財產的婦女「共產化」。但除此以外,共產主義對婦女而言是什麼東西,馬克思就沒有多談了。

社會主義者所不欲談、不敢談的性事,卻被自由主義者所侃侃而談。他們曾討論古代社會與東方社會婦女性事的開放,但比起這些社會中的一夫多妻來,婦女性事的開放並沒有反映她們被宰制、剝削、壓迫的情況。以古代中國為例,父親在家庭中高高在上的地位,使他為所欲為,形成家庭中實行暴政的暴君。在西方一夫一妻制並沒有帶來「絕對」的改善,恩格斯認為一夫一妻制並沒有緩解男人與女人的緊張關係,反而是兩性中的一方被降服,以致歷史初期中兩性的衝突依然延續至今。不過在西方基督教盛行下,一夫一妻制表現了特殊的形式。這種制度同史無前例普遍的性壓迫之管理掛鉤。在保羅眼中,這種貶抑女性的偏見,其出處為猶太教。隨著時間的消逝,這種偏見似乎較為沖淡,表面上社會實行一夫一妻制,但統治階級事實上仍接受一夫多妻的行為。在性的自由方面只限男人享有。16世紀有重大的變化產生,那就是清教徒及其禁欲主義,伴隨著經濟發展而崛起。在喀爾文教派批判之下,貴族享有齊人之福的做法受到攻擊。

其後資本主義興起,新興的資產階級抬頭,他們賦予女人新的地位——做為妻子與母親的地位。女性的法律權利增加,但社會地位引發爭議。雖然毆打妻子會受到譴責,但布爾喬亞的男人視妻子只是其對手,而非完全平等的伴侶。只有貴格會承認婦女的平等權利,並且讓婦女享有自主權。比起其他教派來,清教徒的確提升婦女的地位,但未使婦女與男人平起平坐。做為新的生產方式之資本主義仍保留了家長制、父權制。只有當現代布爾喬亞社會出現後,一夫一妻制才終告落實,這多少表示歷史上人類又邁進了一大步。資本主義社會中

形式的、法律的平等和資本主義的理性不只應用在物質（商品）交易之上，也應用到勞動契約之上。這兩樁事件（交易與契約）上，表面的形式平等卻隱藏著真實的剝削和不平等，但無論如何，形式的平等代表了進步與文明，希望有助於未來更佳的進程。

當今的情勢可以用新的矛盾來加以界定與描述。一旦形式上一夫一妻制確立，性的自由（一度被一夫多妻者所壓榨或濫用）變成了解放的另一種可能手段，這表示夫婦雙方可以踰越目前性制度的限制。歷史上來觀察，曾經出現過辯證的運動，其中在清教徒壓制之下，性的表達（縱慾）被「犧牲」掉，因此造成性角色的對等，也產生性的真正解放之契機，也就是使平等和自由的雙重意義得以落實，這便符合了社會主義的訴求。

這一運動可以在情緒或感情的演變史當中找到證實。對愛情的歌頌與崇拜是在 20 世紀才出現的。自由戀愛有異於法律形式的婚姻，它也抬高女性的價值。愛情的尊重逐漸擴散至四方，也與婚姻連結起來，遂產生了一個荒謬——對生活可以自由選擇。西方的一夫一妻制早就預期到愛情的理念。婚姻和愛情的協調本是官署的做法，但這兩者卻常有爭執，其緊張關係也未消除。婚姻是一種自願的契約，戀愛是自動自發、難以控制的激情，但存在於婚姻和愛情之間卻有一道形式的矛盾。原因是戀愛應是每個人一生中一次奇妙的、狂熱的感受，現在要把這種感受硬套、或整合於自願的契約中，其可能性、被接受性愈來愈低，特別是牽連到日常的經驗之上，也就是對性的壓抑（不許任意發生非婚關係的性行為）愈形放鬆之際。換言之，俗人所說婚姻是愛情的墳墓，就是在透露這兩者（愛情與婚姻）並非時時搭調、長久配合之訊息。

傳統的價值模式（婚姻與愛情兼顧）之破壞，可以從婚前性行為的增多看出。這種婚前性行為之浮濫似乎為當代社會所認可、所合法化。但它的涵意對控制現代社會的婚姻之傳統觀念卻具重大的破壞性與爆炸性。原因是婚姻是排他性、也是永久性的男女結合。以猶太教和基督教的教義來說，婚前的貞潔和婚後的忠實都是兩性必要的倫理規範，但如今這一倫理已被婚外的性氾濫所破壞，是故反對性浮濫的鬥爭愈來愈失利。

性解放的浪潮有可能讓婦女享受更大的普遍性之自由，但也可能造成新形式的壓迫。受到清教徒影響的布爾喬亞既然發明了「夥伴」（並非完全平等的夥伴，係指當代女性而言），雖然為婦女製造了解放的契機，但它卻賦予兩性規範

性的法律上之平等（而不再濫施壓迫），就像對私產的管制一樣，對自由的性事之發展採取緊急煞車的措施。這表示當前婦女性的自由還是要受到法律的限制。假使資本主義的市場體制是產生社會主義的先決條件，那麼布爾喬亞的物質關係（一反《共產黨宣言》的貶損、斥責）可能是女性自由的先決條件。

(四)孩童的社會化

婦女生物學方面的宿命是擔當母親的角色，使她們變成孩子社會化的力源（socializer），也就負起文化培養的責任、成就文化的志業。把小孩養育成人成為女性重大的社會職責。她之適合於後代的社會化是由於她的生理條件：她能夠以乳哺嬰和不善於做粗重的工作（打獵、捕魚、營造）。不過適合做某事並不是意味非做不可。人類學者曾經指出，不少的部落曾經讓男人幻想他們也能生男育女。

文化上的分工，把小孩養育、培養、帶大，固然是女性合適的工作，但這裡不是要加以考慮的本質性問題。比這更重要的是分析社會化過程的性質及其要件。美國社會學家帕森思曾經指出，為了使社會化完善，一個小孩需要一對的雙親，一個扮演「表現」的角色（母），另一個扮演「工具性」的角色（父）。所謂的表現、或表述，就是贊成或反對、愛和關懷，比較是訴諸情緒方面，促成嬰孩感情方面之事。反之，工具性事涉及處理日常生活的技術層面，以及因果關係的邏輯，由手段以達目的之方法等等。男人在現代社會中則扮演能夠生殖的成人角色與出外工作的職業角色。女人的功能則為持家教子，其統合、適應和表現的角色使她很難外出工作，也就是女性要發揮工具性、職業性的本事先天上就受到阻礙。由於社會化過程是任何社會構成所不可或缺的，其重要性不言而喻。帕森思指出，儘管每個人的人格都與他人不同，但在他或她幼稚時期所型塑的「性格」之基本形態，不會受到成年後的經驗引起根本上的改變。「重要的事情是童稚時期的性格形成及其後相對的穩定」，這一事實值得吾人去省思，從而看出母性社會化職務的重要。

可以說現代心理學的重大突破，便是童年對個人生活的歷程之重大影響。有人（像 Malanie Klein）甚至認為：出生到一歲大小的嬰兒，其第一年的心理過程會決定下半生的人格生成。一個嬰孩後來人格的穩定和統合之先決條件繫

於照顧他（她）的人之關懷與智慧，也繫於照顧他（她）的人之先後一貫。這一科學的發現更突顯母親功能重大，特別當傳統的家庭更趨向式微之際。

由於現代核心家庭成員愈來愈少，生育本身重要性大減，反過來養育與教育卻愈來愈重要，加上社會風氣的劇變，使小孩和青少年的身體、心靈、道德的發展問題愈來愈多。而這些養育與教育的責任多半推在做母親的婦女肩上，使她生育功能減少，而撫育責任大增。儘管義務性教育提早（降低學童年齡）實施，母親的負擔依舊沉重。

在結論中米徹兒指出，女性要能夠達成解放的目的，勢必須把生產、生育、性事和社會化這四項傳統結構一一加以轉型改造。這四項結構彼此也有相當的牽扯，例如增大的社會化會使婦女的生育減少；婦女外出工作的機會增多，使她們投入生產行列，有可能使性事更為開放自由，連帶影響了對子女的教育與養育（減少社會化的工作之涉入）。至於婦女還未獲得真正的解放，最多是她們被壓榨、被剝削的形式略有減緩與改觀而已。英國與美國在過去一個世紀以來婦女運動的結果，終於贏得投票權，並參與政治活動。但只有法政領域上的形式平等，並沒有抬高婦女在社經方面重大的地位。俄國的革命則產生另一種景象。1920 年代蘇聯曾有進步的立法，讓婦女性行為得到更大的活動空間，也便利婦女的離婚要求，結果造成婚姻形同虛設。這種鬆軟的法律規定，在俄國大力推動工業化急需人力來參與生產之際，只造成嚴重的後果，這迫使獨裁者史達林改弦易轍，重返傳統嚴格的規範裡，於是允許繼承、反對輕易離婚、反對墮胎。

在中國又是另外一種特例，在中共建政不久大力推動婦女解放，俾女性從廚房走進工廠、參與生產勞動。這種作法大大抬高婦女的社會地位，但在婦女的性自由受到限制與婚姻規定，以及生育（一胎化）規定轉趨嚴格之後，中國婦女解放的夢想也非短期可以實現。

看樣子只有在高度發展的西方社會中，真正的婦女解放還存在一絲的希望。不過要達成解放的目標，上述四種結構一定要轉型，而四種結構又是彼此牽扯（牽一髮而動全身），而合構成一個社會整體。如何把其中的糾葛理清，如何把各種矛盾解開，如何在「分裂中尋找統一」（*unité de rupture*），都需要婦女明瞭與沉思。由於四個結構各自發展的速度不一致，革命運動者界要先行進攻弱處，俾為整體的轉型鋪路，因之革命者應該自問：「今天這些不同的結構所呈

現的情狀究竟是什麼？今日婦女具體的處境是什麼？在這個處境中她們居於怎樣的地位？」（Mitchell 1989: 296-315）。

十、哈特蔓論父權制和資本主義的勾結

出生於美國，哈特蔓為一經濟學家，曾任職國家研究理事會與美國科學院，也曾編輯《女性主義研究》（*Feminist Studies*），討論過科技與家事操作之關係、婦女就職的問題、以及馬派的女性主義之理論。在〈馬克思主義與女性主義不愉快的結合〉一文中，她以唯物史觀來討論男性的宰制，並把這種觀點應用到父權與資本主義的體制之上，俾發現父權與資本主義的勾結如何來壓迫西方的婦女。

首先，哈特蔓論述激進的婦女運動和父權的關係，其次分析父權與資本的夥伴關係，最後討論婦女所受的壓迫情況。

(一)父權制的定義

激進的婦女運動與女性主義的作品都指向一個口號：「身邊（身分）的就是政治的」。婦女的埋怨並不是無法適應新環境、新情勢的女人神經質的呻吟，而是對有系統的宰制、剝削和壓迫婦女的社會結構進行反彈。婦女在勞動市場低劣的地位，中產階級婚姻以性為主的情緒結構，利用婦女從事宣傳廣告，將女性的心理活動當成不正常的心理分析，這一切有關女性在先進與資本主義社會的事項、面向都被學者、或文化工作者一再剖析、一再研究。在這種情況下女性主義的文獻雖是汗牛充棟，但彼此競唱爭鳴，無法理出一個頭緒來。她們或以心理學、或以心理分析來探察婦女的心路歷程，因此有研究「自我的政治」的人。「身邊的就是政治的」口號對激進者而言，是稱最早的階級分化是以男女兩性而劃分，歷史變遷的動力為男性爭權奪利，俾能宰制女人，辯證是圍繞陰陽兩性而展開的說詞。

為此費絲敦（Shulamith Firestone）重寫佛洛伊德的看法，以權力的爭取來描繪男女由小孩發展為成人的經過。男人在成長過程中不斷追求權力與主宰地

位，他是自私自利的人，也是孤獨的個人主義者，好競爭與追求實用，是故「科技的方式」是男性的。女性則懂得養育和看顧後代、富藝術氣息、沉思而懂哲理。是故「美學方式」是女性的。不過這種描寫與分類用到當前兩性的比較之上，也許適當，如果追溯到古希臘的文明，則啓人疑竇。換言之，激進女性主義善用心理分析爲其長處，對歷史之缺乏認知則爲其短處，也就是方法應用之不當。

　　不只激進女性主義者方法有誤，就是父權體制的性質也有謬誤的所在，這是因爲父權制度是社會組織頗具彈性與活力的一種形式。激進女性主義者把父權體制看成是男性宰制女性的社會體系。她們認爲西方的社會，無論是軍事、還是工業、科技、大學、官署、金融等有權有勢的機構都操在男人手中，這還包括具有鎭壓職能的警察在內。這種父權或長老制度，其實不限於今日的西方世界，而是幾乎無所不在。但對馬派和社會科學者而言，長老或父權制度是男人與男人之間的關係所形成的社會體系，這個體系形成封建或封建之前的社會之政經外觀。在這一體系中，上下垂直的不平等關係（hierarchy）是遵從傳統所規定、所賦予的（ascribed）特徵，而非個人憑其能力、表現而爭取的（achieved）成就。布爾喬亞的社會學家所理解的資本主義社會是以業績、官僚和非人身的（不以個人的生產、背景爲考量的標準）所形成的體系。馬克思主義者則視資本主義的社會爲階級宰制的體系。這兩種看法都與激進女性主義者的看法相左，也就是視父權體制與資本主義社會並非男性宰制女性的社會體系。

　　那麼父權體系、家長體系要怎樣去理解呢？哈特蔓說：「我們平常可以給父權制度一個定義，也就把它看成一組男人彼此之間的相互依賴和團結，俾他們可以宰制婦女。儘管父權制度是上下不平等的，不同階級、種族、或族群的男人所形成的組織與行爲定式，但男人在此制度中擁有不同的地位，他們卻爲一個壓制女性的關係，而凝聚起來、統一起來形成了體系。這些男人相互依賴爲的是維持這一宰制。上下垂直的不平等關係對擁有大權在握的人極爲有利。他們藉酬庸、提拔、升遷的好處來使下層人員乖順降服。所有在此上下高低結構任職的男人們有志一同，在享受買收與被買收的好處之餘，全力來宰制婦女。有證據顯示早期掌權者，給予男人家長的職位來換取他們的忠誠，俾統治者能夠發號施令。由此可見男人是仰賴其他的男人，來達到控制妻子與兒女的圖謀。

　　父權制度的物質基礎在於男人對其妻子勞動權力的控制，其方式爲排斥婦

女參與和取得生產資源，同時也限制了婦女的性活動。一夫一妻的兩性婚姻是
近期而又有效的制度，來使男人可以控制婦女既不占取資源、又不搞婚外情。
在控制婦女在上述兩個範圍（資源與性活動）內「不踰矩」之下，男人就達成
控制婦女勞動力的目的，使女人只能滿足男人的性慾、又能看管小孩。女人所
提供的服務使男人不只在家中，也在其職場，免除繁瑣的操勞（例如清洗廁所），
又可以使女職員端茶與煮咖啡、供男性頤指氣使。女性照顧與養育小孩，便利
家長制、父權制之永續經營，正像階級社會的維持需要學校、職場、消費規範
等的再生產、再提供，父權制也需要一大堆的社會機制（教會、幼稚園、運動
場、健康室）來輔導、來支撐。

　　是故父權制的物質基礎並非家庭中小孩的養育，而是全社會的結構，俾有
利於男人對女人勞動的控制。人從出生就帶著性的特質（sex），但人們對男或
女的不同，卻加上男人與女人的特徵之標記，這便是「性別」（gender）。「性／
性別的體系」（sex/gender system）是以社會來改變動物學上的性特徵，是人類
活動的產品。在這個體系中業已改變的性需要獲得了滿足。這意思是指生為男
人或女人本是自然的生物學的生成現象，但人類的家庭、社會、文化卻對男與
女的性別加上了人為的、社會的、文化的區別，強迫男人與女人去隸屬於截然
有別、甚至相互對立的範疇中。是故性是自然的、動物學上的概念，性別則是
社會的、世俗的承認。人類怎樣來被創造成男或女，可以說是「生產方式」的
第二個面向（第一個面向是指人類在歷史過程上，以怎樣的工具、方式和合作
關係從事人對自然的征服、開發、利用而言）。這也是恩格斯所說的「人生產人
的本身，就是人類的繁殖」。

　　人群怎樣傳宗接代、產生後嗣，完全由社會來決定。假使生物學上人們可
以在性方面隨意交往的話，社會的組織必定會讓男女性事自由，這樣一來繁殖
便由兩性的交往自然出現。但人類的社會卻不遵照生物學上兩性的隨意媾合，
反之，卻藉由嚴格的分工而區分了兩種分離的性別人物（男人與女人），並為了
經濟的理由，而創造他倆結合的需要。這種作法便引導了他們以兩性的媾和，
而滿足他們的性慾，進一步保證生物學上繁殖的順暢。人們固然可以幻想使用
人工而進行繁殖的可能性，但以性做分工的作法，卻是從古到今各種社會通用
的繁殖方法。固然性別的分工不一定意涵男女的不平等，可是至今為止分工還
是不利於女性。性別分工還內涵另一個與性有關的次級文化，那就是男人與女

人對其生活、生涯將有不同的體驗。它是男性權力的基礎,這種權力不但在家中做事時發揮出來,就是在職場爭取優越的職位時,也在充分運用。在面對女性時,不只在形體上,就是在心理方面,男性的權力都會適時地運用與發揮出來。

人們如何來滿足他(她)們的性慾、如何來繁殖、如何教育下一代,如何認識性別、如何來感覺其本身是男人或女人。這一連串問題的解答都存在於「性/性別的體系」之中。親族的影響、以及小孩從小至大的耳濡目染都是導致這一體系出現的原因。儘管歷史上有男人為主、或女人為主、兩性平等的種種「性/性別的體系」之分別,但在這裡則只注意將父權制或家長制視為上下垂直不平等的人際關係,以及男性宰制之結合。

馬派人士用來指涉為「生產方式」的經濟方面的生產(以別於人類繁殖方面的再生產)和性/性別的範圍中的傳宗接代這兩者,決定了社會組織(某一時期社會人群所寄生的聚合體)之形態。社會的整體可以看做是人與物的結合,也就是該社會中的人群結合與生產的貨物之總匯、他們生產與再生產(繁殖)的總成績。從這個觀點來看不存在「純粹的資本主義」與「純粹的父權制」,兩者都是合而為一,可以稱做「父權制的資本主義」(patriarchal capitalism)。生產與再生產始終緊密聯結,改變其中一者就會造成另外一方面的緊張、變化與矛盾。

種族的垂直不平等(racial hierarchy)也可以用膚色/種族體系來界定。膚色是生物學上自然的現象,種族則是人為的、社會的認定。種族的垂直不平等同性別的垂直不平等相似,卻構成生產方式的第二個面向。

資本主義的發展替工人們在社會垂直上下不平等的位階上安排地位,但傳統馬克思主義者卻不會告訴我們那個工人會占那個地位。於是性別和種族的上下不平等,便決定了誰可以在社會垂直不平的位階上占有那些空位。父權制不僅僅是上下有別、地位高低的組織而已,而是一個上下不等的位階,其中那些特別的人占有那些特別的位置。只有研究父權制才會理解婦女何以被壓制,以及怎樣被壓制。至今為止幾乎所有的社會都是父權制的社會,但這並不是說父權制可以不管時空永遠長存,也不意味它不會改變。反之,作為男性彼此關係的組合,而讓男性宰制女性的父權制卻每受時間的變化而改變其形式與強度。首先要檢驗這個男人的組合中上下不平等的結構,以及何人可以取得何種特別

的益處。此時階級、種族、國語、婚姻狀況、年齡等等特徵都會扮演決定性的角色。不同階級、種族、國籍、婚姻狀況、性向、年齡等等特徵也會降服於不同程度的父權宰制之下。婦女本身也會運用其階級、種族、或是父權的（透過其家庭關係）權力來控制比她們地位低的男性。

　　複述一遍，父權制是一組男人與男人之間的社會關係，它有其物質基礎，在男性宰制女性方面，這些男人團結一致、有志一同。父權制的物質基礎爲男性控制了婦女的勞動力。這種控制得以維持是由於將女性排除於經濟上必要的生產資源之外，而且對女性的性活動加以限制的結果。男性在運用這一個控制，俾從女性那兒得來人身的、身分的服務，不用爲家務與養育子女而操心，而可以侵入女人的身體而獲得性的滿足，從而覺得很有權力，也變得有權有勢。父權制主要的因素爲異性的婚姻（排除同性愛情的害怕）、女人負責養育下一代與持家，女性在經濟上依賴男性（藉由勞動市場的安排，達成女性收入低於男性），此外還有國家、以及無數男人專用的機構組織（俱樂部、運動、工會、專業、大學、公司行號、軍隊等等），把女人共用或單獨使用的機會排除。

　　上下垂直不平等的位階和男人彼此的依賴，加上女性的降服屈膝，成爲社會發揮功能不可或缺的「統合性」（integral）功能。這就是說上述的諸關係（不平等、男人相扶持、女人屈服）都是體系的、系統的（systemic）。暫時不去談論這種體系的關係怎樣被創造、產生出來，而考察父權關係與資本主義社會之關聯。在資本主義的社會中男人與男人的緊繃關係（bond）之存在，雖被資產階級與馬派的社會學家所否認，但女性主義者還是要詳加考察、深入追究。

(二)父權與資本主義之結合

　　在資本主義社會中，表面上每個婦女都被其男人所壓迫，因爲壓迫是婦女私人的事件，在家庭或其他場合中，男人之間的關係似乎零碎化，而無關宏旨。人們逐誤認男人彼此之間的關係、男人與女人之間的關係與體系性的父權制無關。但女性主義者卻力稱，父權制是男人與女人之間的關係所形成的體系，而這一體系存在於資本主義之中，在資本主義的社會中存在著堅強與緊密的父權與資本的聯繫。不過如果以父權概念與資本主義生產方式爲首來加以考察，卻會發現父權與資本的夥伴關係並非必然、無可避免的，原因是男人與資本家在

利用婦女的勞動力方面常持衝突的看法。理由很簡單,絕大多數的男人都希望
把女人關在家中,只提供給他們個人的身分之服務。少數的資本家則期待婦女
在工資的勞動市場賣力,供他們發財致富。在考察歷史上,這種婦女經歷了持
家或就職的衝突之後,我們才會把資本主義社會中父權關係的物質基礎找出
來,也才會把父權同資本的夥伴關係找出來。

　　馬派曾經將他們親眼目睹到的 19 世紀之社會現象,以邏輯的方式推演出
一些結論。不過他們卻低估了父權的勢力對新興資本的競爭,以及如何駕馭資
本來適應父權勢力的發展。工業革命將所有的人轉化為勞動力,包括女工與童
工。女人與小孩可以有別於男人賺取微薄的薪資,造成工資的普遍下降,也改
變、甚至顛覆了向來的威權關係(男人反抗雇主的抵抗能力減少)。在低工資的
全家勞動下,婦女在持家的負擔之外多了另一層外出勞動的負擔,這對勞動男
性更是受苦,多了低工資的競爭夥伴,少了妻子在家服侍的舒適。於是男性勞
工群起反對女工與童工,不讓他們加入工會,並且要求男工每日至多十小時的
工時。最先通過工廠法改善女工與童工待遇,其後要求「家庭工資」,也就是使
男性的工資高到可以養妻育子。於是在先進的資本主義國家中,家庭薪資制在
19 世紀末與 20 世紀初大致落實。換言之,男工不為女工的同酬而奮戰,卻斤
斤計較家庭薪資的落實,就說明自私的男人不過是要求妻子在家中做全職的女
傭兼免費的性工作者而已。在沒有父權制的情形下,聯合的勞動階級可能有效
對抗資本主義,但父權的關係分裂了勞動階級,讓男人被收買,而犧牲女人。
男人之間的合作與團結(儘管他們有上下垂直的不平等位階)成為解決勞工與
資本的衝突之辦法。換言之,家庭的薪資變成了有關婦女勞動力爭執的解決辦
法,這就是在家長制和資本主義利益掛鉤的時刻所發生的事件。

　　家庭薪資制是在減低婦女、兒童和弱勢人群(愛爾蘭人、黑人等)的收入
下,由工會和資方所協議達成的工資機制。其落實會造成勞工場所的職務隔離,
規定那類工作專屬成年男人做,那類工作由婦女、童工、弱勢族群去做。這種
族群之外的性別隔離,不但在家庭、辦公廳、職場出現,甚至家事的操作也加
以區分(煮飯、洗衣屬於婦女,打掃清潔屬於男性)。由於性別而施行的職務隔
離,以及女性同工不同酬的低薪待遇,使婦女永遠得仰賴男人過活,也把兩性
活動空間區隔開來。對男人而言,家庭薪資在兩方面提供男性宰制的物質基礎:
其一為在職場中男人占有比女人工作條件更佳與收入更多的職務,迫使婦女以

從屬丈夫的家庭主婦爲其專職。第二、婦女被迫在家中操持家務，爲丈夫提供服務，而讓男人直接受益。婦女持家的責任加強了她們在勞動市場低劣的地位。

在 20 世紀初所提出解決衝突的方法，一般而言既有利於資本家的利益，也符合父權制得利者的好處。資本家也看出 19 世紀工業化初期悲慘的工作環境不利於工人的繁殖，最終會使勞動力減少，而不利資本的累積，其後看出女工與童工就比較便宜，但不若受過教育與訓練的成人男工對利潤有幫助。因此家庭薪資的發放既可以使男人心滿意足，也使婦女不必外出工作。是故家庭的功能以及婦女在家中操勞對資本家還是有利。事實上，婦女在家中相夫教子、滿足男性的慾望，也成爲資本家產品的消費者。更不要忘記家庭就是宰制與屈服最佳的訓練所。服從的子女變成服從的工人，在家中男孩與女孩學到其適當的角色。

如果說家庭薪資顯示資本主義配合了父權制的話，那麼孩子改變的地位是父權制配合（調適）了資本主義。兒童如同婦女被排除於工資勞動之外，當小孩賺錢的能力減少時，親子間的關係隨之改變。美國工業化初期，滿足孩子的需要成爲父親的思考要事，也就是造成小孩快樂的發展是父親主要的關懷，因之在孩子養育監督權的爭議時，父親獲得法律的優先權。可是一旦小孩對家庭經濟福利貢獻的能力減退之後，母親成爲小孩快樂的發展之重要支柱，婦女在兒女監督權上取得優先。這裡父權制調整爲配合孩子經濟能力的改變。當孩子們有生產力時，父親可以要求監護權；當孩子無生產力時，則交給母親去監護。

19 世紀的馬派曾經預言，在資本主義即將把工人變成普勞份子的情況下，家長制將會消亡，可是這個預言完全落空。馬派人士不但低估了父權制，還高估了資本的力量。他們只見到資本主義把封建體制摧毀，並產生新的社會勢力。現代的觀察者則能夠看出純資本主義與實際的資本主義發展趨勢的差別、資本與種族秩序的夥伴關係、資本與勞動市場各部門之夥伴關係成爲大家討論的議題。在這個過程上資本主義展示了驚人的伸縮自如和彈性。

理論上，資本家總是大力榨取剩餘價值，但實際上他卻要考慮員工的反抗、社會的控制和國家的干預。國家可能爲了當成整體的社會之再生產（繁殖）而實行干預，它可能監視某些資本家、阻止竭澤而漁，或防阻惡劣情勢之爆發。考慮到這些因素，資本家只能夠在實際上獲取最大利潤上頭採取策略。在此情形下，資本家集團變成了社會上最具宰制勢力的群體，同時也變成了種族偏激

份子或是男性主義者。以這個角度來觀察,資本主義固然推翻了封建主義,卻又承繼封建主義一些指定的、賦與的(ascribed)特徵,也就是主導群體與降服群體的傳承特性。

最近有關壟斷資本能夠為勞動市場分割成各個部門(segmentation)而引發爭論,這可以說是從指定的、賦予的特徵之角度來考察。資本家有目的地把勞動區隔為各種部門,也是使用這種賦予的特徵之手法來分裂勞動階級,並非由於資本累積的需要使然。從這個角度來看資本主義的發展並非無往不利、始終有力,但它卻是伸縮自如、極富彈性。資本的累積碰上既存的社會形式,其結果不是摧毀社會形式,便是與社會形式求取調適。資本的調適可看做是既存社會形式在新環境中,要設法保留本身的力量。但就算社會形式能夠保留,並不意味它們不生變化。瞭解今日重視性以及種族的特徵之意識形態,強烈地被性的分離和種族的分離之特別方法所塑造,而這種特別的方法是在資本累積過程中不斷的加強與形成出來。

上面我們曾經提及,在 20 世紀初資本主義和父權制彼此適應、或調適就表現在家庭薪資制之上。家庭薪資制使家長制與資本之間的夥伴關係穩固地結合在一起。儘管第二次世界大戰結束以後,婦女外出工作機會大增,家庭薪資制仍舊是現代兩性的分工之基石——男主外、女主內之性別分工。婦女工資的低落,加上必須照顧小孩,使男人的收入變成以家庭為單位匯聚的錢財來源。就靠家庭薪資的支撐,家庭的存在就便利了男人對婦女勞動的控制,這種勞動不管是在家中,還是外頭的職場都是一樣。

婦女受薪工作的增加,固然會導致家庭工作無法兼顧的焦慮與緊張,但其結果尚無法達成家庭消失、或性別分工失敗的夢想。原因是性別分工在勞工市場再告復現。職場上的工作仍舊以符合女性的體能與興趣為基本,像烹煮、清潔、服侍人群之類的工作。這類職務乃是收入低、地位也低的操勞,也就是造成仍處於父權制的體系中男尊女卑的關係裡。

以工業為基礎的父權關係(男女之間的不平等關係),藉由幾種方法而不斷在加強。透過工會的契約,刻意壓低婦女的工資、減少其福利、或抑制其升遷的機會,是傳統重男輕女,視男人優越的意識形態之餘毒,但卻是父權制的物質基礎。儘管女性出外工作人數與機會日增,但男女薪資的不等(同工不同酬),卻使父權制永續存在,也使男性永遠控制女性的勞動。薪資的不等把女性

定義爲次於男性者，從而迫使女性在經濟上永遠附屬與依賴男人。是故，職場的性別分工可以被視爲父權永續維持的表徵。

　　有人認爲資本和父權制難以長久和平共存。資本主義可能最終難以忍受父權，而改變了家庭關係和摧毀父權制。另一方面這種說詞也說明婦女最終要擺脫男人的控制，增加外出工作賺錢的機會，而不願待在家中受盡壓迫。不過這項說法仍不具說服力，因爲在家庭中存在數千年的父權關係並不會在一夕之間被資本主義所擊垮、所摧毀，也無證據顯示家庭體制正在解體中。不錯，隨著女性積極參與生產、勞動，離婚率有增大的趨勢，但單憑婦女有限的收入難以養活其本身及其子女，是故預言家庭的解體還嫌太早。

　　認爲資本摧毀家庭的說法，未免忽視其他社會勢力造成家庭的吸引力。儘管批評核心家庭對成員心理的發展常具破壞性，但家庭還是能夠提供成員去滿足其需要，這對於一夫一妻制固然爲真實，對兒女的養育更是真確。單親家庭負荷太沉重的財政與身心的負擔，這些負擔造成就職婦女所奢言的「獨立」變成幻相。是故單親家庭被視爲轉變到雙親家庭的過渡時期，一旦這位單親再結婚的話。

　　或者有人會認爲婦女外出就職的增加不致造成離婚率的上升，而是家中的性別分工重做安排，也就是讓丈夫做更多的家事。不過根據西方調查統計的結果顯示，在職婦女仍舊包辦家事的絕大部分，裡外都要兼顧。期待未來家庭關係有所改變，而讓父權制壽終正寢的這種想法是不切實際的。要之，父權制就像資本主義一樣，具有驚人的靈活性與適應性。

　　通過男人之間上下不平等關係的建立與正當化，俾使各種男性群體得以控制部分女人的父權制是哈特蔓分析的主題。父權制和資本之間的夥伴關係也如上述緊密相扣、難分難捨。可以說是父權制加強了資本主義的控制，而資本主義的價值也界定了父權制的產品之價值。

　　激進人性主義者所描繪的資本主義社會中男性爲愛競爭、富有理性，但傾向於宰制別人。這種男性特徵與資本主義的特徵完全一致，因爲這些是資本主義社會視爲有價值的性質。其理由有二：其一、作爲薪資勞動者的男性在勞動時，被吸入資本主義關係中，身不由己地投入競爭之中，也把這種體制的價值全盤接受。其二、縱然在性事的規定上，男人比女人主動好戰，只求肉體的滿足而不顧情緒的慰藉，爲符合當前的意識形態所尊重的價值，男性也會把充滿

表 8.1　父權資本主義之下人類的不平等

天然與人為的階級 地位的高低	階　級	種族	性別	年齡	國　　別
高	資產階級	白色人種	男	青年壯年	第一世界（工商業知識經濟發達的地區）
低	勞工階級	有色人種	女	幼年老年	第二世界（解體的社會主義與發展中的國家）

資料來源：Hartmann 1989：316-317；由作者加以補充發揮。

競爭、宰制的特徵加以掌握、並運用自如。

　　不只是資本主義的社會造成女性要為男性的宰制和資本主義的生產這兩重目的服務，就是資本主義社會以性為主導（sexist）的意識形態也歌頌男性的特徵與資本主義的價值，而賤視婦女的特徵與社會的需要。在資本主義以外的社會女性被輕視、被認為軟弱無力，為辯解而提出的理由完全不同。只有在資本主義的社會中把婦女看低，貶稱為情緒或非理性的，自有其道理。同樣的稱謂對文藝復興時代的女人則不合適。只有在資本主義的社會稱女人是依賴的眷屬，這種依賴的描繪又不適合封建主義社會的婦女。須知分工使女性在家中既是妻子又是母親，可以大部分關心使用價值的生產。把生產這種價值之活動加以賤視、輕看，模糊了資本的無能，也就是資本沒有本事決定需要，同時來為男人的宰制提供辯詞。換言之，資本主義所重視的是交換的價值，而非使用的價值。男人是進行交換價值的生產者，而婦女只被限囿於使用價值的領域，這說明了何以 20 世紀以性為中心主導的意識形態會輕看與賤視資本主義社會中的女性之緣由（Hartmann 1989: 316-337）。

十一、艾蓮萊談女性主義的新理論

　　艾蓮萊出生於美國，在洛克斐勒大學就讀，獲有生物學博士學位，她曾積極參與婦運，為《密司》雜誌的主編，也是美國全國婦女健康網絡之理事。1983年任美國民主社會機構副主席職位，也為政策研究所成員，其重要文章〈沒有父親的生活：社會主義的女性主義之省思〉在 1984 年刊於《社會主義評論》雜

誌上，係檢討之前十年間社會主義的女性主義的理論與實踐、發展的情況與遭遇的困挫。

　　艾蓮萊指出 1970 年代末，大部分社會主義的女性主義者所接受的理論爲：女性是活在資本主義和父權制這雙重體系、雙重結構當中。這兩種體系、或兩種結構大體上都具相等的重量、或份量。資本主義和父權制以千頭萬緒的作法相互聲援、彼此勾結。它們彼此盤根錯節，可以看做是「整合的過程」。每一體系的特別部分成爲另一體系所必須而不可或缺者。資本主義加上父權制便足以描寫整個世界，而這個世界居然像牛頓想像的宇宙那樣有秩序地、和諧地運作。這當然是一個大膽的理念。可是今天少數的女性卻提出更廣大、更廣包的綜合理論來。結果在早期女性主義的理論大師，多在忙著大專校園出版及著作，以免「不出版、就滾蛋」，所以討論性與階級、家庭操勞與工廠工作、家庭與國家、種族與性別、性與利潤等各種各類問題的人，彷彿只剩下一小撮「不識時務」的女性主義者。假使認爲「資本主義加上父權制」的女性處境太簡化問題，那麼這批不識時務的女性主義者，便要來探討更爲複雜、更爲難解的問題。

　　「資本主義加上父權制」的確曾經是良好的理論，因爲它證實社會主義兼女性主義存在的價值。可是在 1970 年代中期，社會主義的女性主義成爲到處人人喊打的過街老鼠。原因是出現了以文化或以分離主義爲取向的女性主義，從女性現實的苦難飄向精神性、性靈的領域，也就是形成了對偉大女神的崇拜。另一方面卻出現社會生物學的理論，指陳男性永恆的失信與背叛。這些激進的女性主義將社會主義的女性主義者當作左翼的認同男性之騙徒，也就是被她們描繪爲「男性的左派」者。此外，當時左右派陣營中不少人執迷於新興的馬列趨勢，隨時要迫使人人自我普勞化，對每個人都要「矯正」本身的錯誤。於是把社會主義的女性主義打成小布爾喬亞的間諜，企圖把勞動階級的鬥爭分化或轉移鬥爭的目標。

　　資本主義加上父權制是一個聰明的防禦性的心態。因爲世界如果是由資本主義加上父權制所構成，而這兩者又無法簡化爲任何一方的話，那麼要對抗這一體系（或兩個體系所形成的世界）就不能把社會主義從女性主義分開。假使父權制不只是明確分開的，也是一個「體系」，而不是一個態度（例如堅持性別的性主義）或潛意識的結構（米徹兒就主張它是潛意識的結構），那麼反對父權制的人絕不是虛幌一招，而是對「真實的」、「物質的」敵人展開戰鬥。再說，

如果父權制與資本主義彼此相互加強、缺一不可的話，那麼探討其中之一，必然也涉及另一者。因此對抗資本主義加上父權制這一整個體系，只好仰賴社會主義的女性主義者了。

但不是所有社會主義的女性主義者對「資本主義加上父權制」感覺滿意，原因是這個概念不免有點靜態與結構主義的意味。因此艾蓮萊及其合作者便覺得，有必要讓父權制留在未工業化時期的歐洲社會中，一如馬克思所看到的事實，而不是讓女性主義者拘泥於某一時期中。再說，社會主義兼女性主義者也難以信服資本主義與父權制並駕齊驅，成為理論探討的焦點。如果理論無法解說兩項事象彼此的增強或衝突，那麼這個理論就無法說明變化的經過。若把資本主義與父權制看成一體，便無法看出它們的演變，也就當作是缺乏主體的單一世界。

另外一個問題發生了。雖然世事不斷發生變化，但似乎不影響鐵板一塊的資本主義或父權制（最好稱作「父權式的資本主義」patriarchical capitalism），這也難以說得通。是故社會主義的女性主義者已接受這種「體系」的假設一開頭就是錯誤的，不管這個體系是什麼？就讓它自生自滅吧！

社會主義的女性主義之理論所以會同時與馬克思主義結合，其主要原因在家事操作的關鍵問題上。理論上持家的工作包含烹煮、清潔、養育兒女、提供男人性服務以及各式各樣家中的大小事務。激進（基進）女性主義者會指出：這種服務，不限於在家中，就是在職場、在革命運動的指揮部，替男性端茶、煮咖啡、也是為男人的利益服務，這些大多是女性做的工作。是故艾森絲坦（Zillah Eisenstein）說：

> 所有家事工作的過程來協助現存社會的承續：(1)婦女穩定了父權式的結構（家庭、主婦、母親等等），當她們完成這些角色之後；(2)同時，婦女也生殖了新的、下一代的工人，提供付款或未付款的勞動力……；(3)她們在較低的工資下勞動；(4)她們以消費者的身分穩定了經濟。假使生產的對立面是消費的話，那麼資本主義的另一面為父權制。（Eisenstein 1979）

女性家事操作的重要性之被發現，使資本主義和父權制抽象的聯盟有了具

體的內涵。第一、它給虛無飄渺的父權制概念一些「物質基礎」，也就是男人對女人工作的控制；第二、它揭露了「私人範圍」（父權制安放之處）與「公共範圍」（資本發號施令的所在）的並行。在公共場合男人的操勞在於「生產」；在私人領域女性的操勞在於「再生產」（繁殖後代）。女性的再生產不只是繁殖後代，也包括對各類工作態度與能力的再生產——教育子女怎樣「做人」、「做事」。第三、它表現了父權制對資本主義的重要性。大部分資本主義的制度生產了事物，只有父權式的制度藉由婦女的運動產生了可以製造事物的人類。

　　假使婦女在家中的操作對資本主義與父權制的再生影響如此重大，是否婦女不做家事，來使這兩者垮台呢？是不是她們可以抵制呢？1974 年美國開始出現「對家事操勞給付工資」的口號，這個口號給予美國社會主義的女性主義一個策略性的回應和意料不到的勾畫。不只美國，就是義大利的女性主義者也同聲要求對操持家務的女性給付酬勞，因為女性的家務工作對資本主義的發達是「必要的」因素，同時也會為資本主義帶來「剩餘價值」。家庭是工廠的附屬機構，它所產生的勞動力不亞於工廠所需的原料，家庭（和學校等）是「社會工廠」，是使工廠機器運轉不休的力源。婦女的家庭活動不再是陰影般的小貢獻，而是可以計算、估量的生產因素，與馬派所言之剩餘價值的生產可以分別的重大生產因素。至今為止男女的操作之分別只是前者給付薪資，後者沒有報酬而已。

　　這個提議及其附帶的理論使英美的社會主義之女性主義大為震撼。她們開始討論這個要求的可行性，究竟誰要為家務操作付款？此舉是否會造成財富重大的重新分配？在理論的層次上，辯論集中在嚴格科學意義下，家庭工作會產生剩餘價值嗎？家勞付酬的辯論說來說去都離開社會主義的女性主義原本的理論，那就是說：每個婦女在家中所做完全為資本服務，是資本的成長所不可或缺的要素。當母親晚上對子女親吻、說晚安的時刻，她正在生產下一代的勞動力。當沒生兒育女的女性職工在刷牙之際，她也是在生產她自己的勞動力。這是商品拜物教，但卻是心存報復的商品拜物教。因為向子女親吻、道晚安最多只是加強家中父權制的穩固之習俗，卻對公司資本並無直接的影響。最多只能說明父權制始終與資本主義相搭配，這兩者缺一不可。

　　儘管家庭主婦所提供的服務如何有價值，但很少男人能夠賺取足夠的錢，來使全職的太太能夠安心持家，男性「家庭薪資」的有名無實，加上結婚後婦

女外出工作彌補家用，幾乎成爲時尙，其理由多得一籮筐。這裡有一個明顯的事實，那就是在職女性在家中工作時數，由全職主婦的每週五十五小時減一大半而爲二十六小時，其中有部分由家庭其他成員協助操作（但丈夫的貢獻還是微小）。假使一如社會主義的女性主義者所說，婦女對維持現狀貢獻至鉅的話，那麼家事操作的銳減豈不是要大大地削弱了資本主義？但至今無人膽敢指出美國生產力的下降是由於男士襯衫沒有燙平，或是吃了僵冷難吃的早餐所引發的。此外，並沒有任何的資本部門提供恢復家庭薪資制，來使婦女重返廚房。

假使一如女性主義的理論所預言，資本不需婦女的家事操作的話，那麼個別的男人又是如何呢？1970年代中期女性主義的理論，傾向於把男性描繪爲迫切需要女性服務與勞動的人。但自從1975年至1984年的十年之間卻發現一個驚人的事實，那就是男人單靠速食簡餐和短期的感情慰藉也可以活命苟存。其理由何在？以馬派的說詞必有其「物質」的理由。第一，速食店、自助洗衣店到處林立，能使男人無需女性的服侍而可以單獨生活。其二，除了花費「家庭薪資」給真實的家庭需用之外，還存在其他花費的可能性（在吃喝嫖賭之外，找個情婦、買輛跑車、參加地中海俱樂部）。爲此美國的男性已慢慢割捨他們傳統上作爲丈夫的角色、賺錢養家的角色，甚至在「資本主義加上父權制」中放棄作一個小型家長，擁有父權的家長之角色。

1980年代至1990年代的變化，甚至顛覆了女性主義的某些看法，包括過去宣稱的「資本在獎勵勞動力的繁衍」。資本與勞動力都在國際之間竄流，以致美國的大企業、大財團很少依賴本國土生土長的勞動階級。再說資本家不再是工業資本家，他們在生產方面不一定大力投資，而改在房地產上投資，或進行金融投機，他們這種冒險投機的作法，既不聽從善意勸告，也不理會供給方面的利基引誘。在他們的實際行事和政治遊戲中，資本家及其代理人展示了對「勞力再生產（繁殖）」的興趣缺缺，也就是對人生命之永續變化毫不關心。

這並不意味個別的公司或產業忽視作爲消費者的女性生命。剛好相反，一旦女性擁有「買點」，它們便會蜂擁而至，詐取妳皮包中的最後一分錢。只是無法再辨認出資本家或父權者（家長）一體性的關懷而已。資本家早已計算出兩份薪資的購買力強於夫妻相加的「家庭薪資」之購買力。在勞工鬧工潮之際，資本家階級中有眼光的代理人早已仔細研究出普遍人怎樣安頓其生活、持家、育兒，而思索榨乾其口袋的策略。

　　回想一下，艾蓮萊發現「資本主義加上父權制」未免是一個太「仁慈的」體系。為了把婦女隱藏的和秘密的興趣、利益擺放在經濟圖表上，人們不得不假設這些興趣與利益構成了、或反射了更大體系之興趣與利益。由於婦女的努力事實上涉及關懷與照顧方面的操勞，人們又把關懷與照顧的功能投射到巨大的、非身邊（身分）的「結構」之上，認為這些結構對世界具有管轄的作用。在這種投射下，誤認資本主義有鼓勵社會「繁殖」的意願，而把社會轉化為「父權式的社會主義」。這意味著我們的理論乃是世界的譬喻，也把世界當成家庭的譬喻。資本家變成了「父親」、男性職工變成了「兒子」，而所有的婦女不是妻子便是女兒，不管是妻子或女兒都在調解父與子之間的關係。這個女性主義的理論不但把家庭的譬喻擴大到世界，還指出婦女多多生產，俾使資本主義體系與父權制體系可以永續的發展。兒女們雖然是家中的成員，卻不擁有籌碼，而這個想像中的家庭，一如真實的家庭，企圖代代延續下去，其動機似乎不再是與男性控制女性的勞動與資源有關，而是結構、或機制的自動運作使然。

　　艾蓮萊覺得「資本主義加上父權制」的模式不免把資本主義過度人格化、或過度人化，其原因是這一模型把婦女的人格消除、去人格化（depersonalized）。這一模式居然變得太仁慈，因為它沒有給婦女以空間，沒有關心婦女之存在。一旦把婦女養育子女的辛勞簡化成「勞力的再生（繁衍）」，那再也沒有人類企盼熱望的餘地，也沒有人類反抗反彈的餘地。一旦接受了「所有家事操作的過程協助現存的社會之永續化」底說詞，則運作這些過程之婦女便喪失了潛在的自主性與人的主體性。此外，一旦宣布除了生產以外的所有活動都屬於「再生產」的範疇時，婦女要對抗這種無聊的人生大概只有自殺一途，或刻意破壞勞動力的另一途而已。

　　諷刺地說，「資本主義加上父權制」的模型最先的用意在於證實女性主義有效的訴求，也把女性投入於馬派鬥爭的勝算中。但問題是左翼女性主義者對馬克思主義太過敬重，以致社會主義的女性主義者動輒把女性的經驗解釋為商品與交易的過程，也就是使用馬派科學的術語來解析女性的活動，現在該是改弦易轍的時刻了。若要取代下列問題：「怎樣用馬克思主義的詞彙來說明婦女在家庭中的操勞？」那麼就該提出這樣的問題：「怎樣用女性主義的詞彙，來說明男性在家庭之外的勞動？」嘗試把婦女的操勞經驗用市場的名詞來求取解釋，但效果不彰。現在再加上父權制，也一樣沒有幫助、得不出正確的答案。

　　那麼婦女要怎樣往前走呢？難道社會主義的女性主義者就欠缺本身的理論嗎？回答是肯定的，儘管婦女運動者的努力，但至今或許只能找到半個理論而已。事實上，社會主義的女性主義一定要有方法去瞭解她們所處與所活動的世界。除了「資本主義加上父權制」之外，是不是對這個世界還有更新的理論，來作出更好的解釋呢？這個新理論在那裡？呈現什麼樣的樣式？它是不斷變遷更新的、比吾人期待、想像還具暴力性與毀滅性的樣態在進行劇變？須知「資本主義加上父權」的模型是靜態的，它正從吾人的視平線退縮消失，原因是構成這一理論的要素，無論是「家庭」、還是「國家」、還是「經濟」，本來是固定的、堅定的範疇，如今卻成為流動的、幻化的事物。本來視為堅固的、穩定的「家庭」，如今卻發現它可能是臨時起意（improvisation）的男女組合。新的科技革命不但橫掃工業的資本主義，也掃蕩了國家的社會主義，它改變了生產，也轉化了看法（perception）。特別是夕陽工業的劇變，使它成為明日黃花，也成為無人再度記取的、值得回憶的事物。工業一旦成為過時的遺物，各種階級也無情地散落。在此同時，美國國內的種族分裂、國際上的南北對抗裂痕也持續加大增深，造成到處婦女的普勞階級化、貧窮化，大家成為遊民、移民、難民，也淪為「廉價勞工」。大小的強權投入濫殺的競爭中，婦女的自救、鬥爭、運動，各種奮鬥的訴求與期待完全被摧毀一空。於是「所有固體的事物都融化與消失於空中」。

　　艾蓮萊仍舊相信，有一個制高點的存在，用來理解世界，也用來改變我們今日所處的世界，這個理解與改變的制高點顯然是社會主義，也是女性主義。它是社會主義的（或者是馬克思主義的），因為馬派的想法幫助吾人去看出改變（變遷）的力道在於資本的盲目驅力，社會的落差（失據）、科技的更新和全球的重新洗牌。這個制高點也是女性主義的，因為女性主義提供自古以來最難對付的人類共同處境之真知灼見：以性別將人類一分為二，而造成鴻溝。鴻溝不只存在兩性之間，也存在於自然與人性之間。女性主義的灼見是吾人的智慧傳承，可是「我不認為我們已看出它的全部力量，這種力量是我們自己的，〔而非別人的、超自然的力量〕」（Ehrenreich 1989: 346）。

十二、費菊珣論性與工作

費菊珣爲一位美國社會主義兼女性主義的哲學家，曾參與民權運動與反越戰運動。她爲社會主義女性主義哲學理事會（SOFPHIA）會員。在其爲數眾多的作品中討論雌雄同體、女同志的認同、母性與性事、男性宰制等主題。在談論女性在美國可能成爲革命階級時，她指出婦女這種基進的政治潛能，是由於參與公共生活中生產出來的，以及私人世界中性與勞動聚合起來的結果。

她首先指出愛情、性與工作是三個區域，爲激進社會理論家尋找男人主宰的起始與永續之所在。佛洛伊德認爲孩童的伊地帕戀母情結、受到父親權力的壓抑，而創造了性的認同與性慾，造成男人對女性的占有與控制，以及女性之被男性占有與被控制之情形。馬克思主義者對佛洛伊德學說的批判爲其遠離歷史，提出性主義乃爲階級社會的產品，一旦共產主義實現，這種強調性的重要之學說便會消失。激進女性主義左批馬克思主義、右批佛洛伊德學說，強調男性的權力早在階級社會成形之前便已存在，也指出伊地帕戀母受壓抑之前，就有男性的宰制之存在。是故對激進女性主義者而言，社會最基本、最重大的矛盾與衝突（可用來解釋社會主宰的體系），乃爲存在於男人與女人之間的戰爭。

當代的社會主義的女性主義者對上述三種學說多深覺不安，而指出有兩個相互連鎖，但同時卻又各自存在的體系，亦即資本主義與父權制，造成了經濟階級，和男性宰制的情況之發生。只是激進女性主義者對父權制究竟是什麼？爲何持續存在？怎樣同資本主義結合？大家都有不同的看法。費菊珣便是要利用本篇論文澄清男性主宰地位的基礎，解釋它何以持續，而在結論上聲稱在家庭與經濟活動上，男女關係之據點的改變，有可能使婦女變成革命階級的潛在力量。

(一)性與歷史

經典的馬克思主義之教本中獨缺性事的社會生產之歷史理論。性也是辯證物質觀的一種。這點是費菊珣採用馬克思在《德意志意識形態》的觀點，並予

以擴大和超越之所在。馬克思與恩格斯曾避談性是物質的需要之一,是社會組織和物質基礎的部分。在《德意志意識形態》一長稿中,他們偶然碰觸到「日常生活的再生產(這應包括滿足性的需要、生男育女等事)」,將它等同為「日常生活的生產」。另一處他們表示家庭原為社會經濟基礎的起點,變成了資本主義社會上層建築的一部分,也就不再是物質需要的滿足所必要的組織云云,甚至把性慾與生育看成「自然」,而非社會產生的需要。

一言以蔽之,經典的馬克思主義對性事採取曖昧不清的態度,究竟把性當作是一種衝動,不需社會的規範與組織;或是基本的物質需要,其滿足的對象變動不居,只有其滿足的完成才要社會的組織;或是把性事當做一種社會的需要,目的在為其他更基本的需要充當工具(例如為將來社會新的勞動力之出現提供生產準備),這種爭辯迄無定論。於是在接受馬、恩訓示的左派激進女性主義者,就無法提出這樣的問題:究竟不同的性歷史主義者之組織、或後代的產生、或是社會的結合(費氏發明了性/激情的生產之方式 modes of sex/affective production)創造了男性擁有宰制和剝削女性的權益之社會(體系),這種社會(體系)顯然不單是從階級宰制的反覆再生中得出來的。換言之,不單單是階級的宰制產生了男性的宰制,而是性、下一代的出現和男女的結合造成女性長期受到男性的宰制。

費菊珣認為馬派使用諸個人的階級地位是一項無從捕捉的概念。當今以種族、以資本為主的父權社會中,複雜的與矛盾的生產關係之實狀使階級觀遜色。反之,至少有四種歷史上不同的發展之階級關係,用來描繪同一時期中任何的個人,那就是:種族階級、性階級、家庭階級和個人的經濟階級。在任何適當的歷史條件下,每個人所屬的階級角色,都包含上述四種成分,這四種成分的階級角色可為扮演革命者的婦女提供了物質的基礎。

(二)社會主義的女性主義之三體系論

利用階級的概念從事社會的反抗與反對有其重大的意義。要進行的是美國境內反對種族、性別、家庭與個人經濟狀況被壓迫、被剝削的低劣階級地位。欲達此目的,首先就必須瞭解馬克思主義把資本主義中的階級視為個人與其經濟的關係是太過狹隘的觀點,這會模糊個人其他的社會關係(種族、家庭、兩

性之間的關係），而誤認個人的經濟處境是他（她）界定爲隸屬於某個階級的唯一標準。這樣只反對工人階級在生產關係上的不合理，而不反對他（她）在其他群落（種族、家庭、兩性之間）所受的不平等待遇，就是馬派的侷限。

若是以經濟處境來界定某些是工人階級（靠勞動薪資以過活），或是資產階級（靠私產之回報來生活）的成員來考慮，就沒有將婦女的階級屬性界定清楚。她的階級屬性取決於其丈夫，或是其父母的生產關係。

一個縱然沒有經濟階級屬性的女人，至少還有家庭階級的屬性。再說階級屬性與認同的混亂常源於某人職業上的認同（譬如工人），以及由其父親職務關係衍生的認同（富翁之子、被視爲資產階級的一員）之衝突。這種衝突的解決之道爲強調個人本身的經濟階級之體認，比家庭階級的屬性更爲優先。此外，個人所認同的階級常也依賴教育、生活方式、社會認同與社會結合，因此我們不能把家庭階級看做只是個人經濟階級穿鑿附會的因素。因之，一個人可能是一間雜貨店的老闆（資產階級成員），其妻可能幫工或全職家庭主婦（名義上的老闆娘，也是資產階級的成員；事實上卻是一名勞工），但她也可能外出在某一工廠做工（工人階級的勞動婦女）。無論如何就這一家庭的階級認定方面，既不是大資本家，也不是勞工階級，而可稱爲小資產階級，或今日通稱的中產階級之家庭。

與此情況類似，在薪資勞動、家庭管理和社區生活中我們也看出性別分工與種族分工成爲歐美社會生產組織的面向。這種分工造成男與女、白人與非白人之間利益的不平均。婦女和少數民族在收入方面比男性與白人爲少爲低，在地位、聲望上也不如男性與白人，可以看做是資本主義社會中經濟階級對抗的表現。換言之，資本主義社會重視男性與白色皮膚爲性別與種族，就會製造新的、敵對的階級。區隔性別與膚色的勞動便利了男性的勞工，而使女性、少數種族之勞工吃虧，這挑戰了馬克思所宣稱資本主義把勞工同質化的說法。把種族主義、性別主義、和資本主義看成社會宰制的半自動體系來看待，吾人便可以看出不單是資本家階級在壓迫與剝削勞動階級，白皮膚的男性工人階級同樣也會剝削與壓迫婦女和少數民族的成員。

由是可知資本主義、種族主義和性別主義是三個相互重疊的社會宰制之體系，這三重體系肯定西方資本主義社會中個人的物質利益。美國的婦女也活在這三重體系的壓迫與剝削中。這三重階級地位的矛盾同矛盾的發展，用來界定

家庭與經濟變化中的個人，也催生了美國婦女轉化為革命的潛力。費菊珣指出：
她這一個理論架構提供社會主義的女性主義覺察，在家庭和薪資勞動方面男性
的控制，是瞭解資本主義控制和男性宰制的鑰匙。種族、性、家庭和經濟四種
階級之間在歷史上發展的矛盾，是導致社會不安的緣由，作為女性主義者在進
行政治組織運動時就要把重點聚焦在這四個階級的相互衝突之上。

(三)馬派的階級觀

　　馬克思主義者研究途徑的優點就是強調社會的改變之理解和透過革命的
手段來改變社會的方法。馬克思和恩格斯為了證實他們的理論而去進行階級的
分析，並且將階級鬥爭當做歷史進展的驅力，從而說明封建主義如何變成資本
主義，法蘭西大革命會爆發，和巴黎公社怎樣會產生。經濟階級的概念不但是
他倆知識活動的起點，也是說服吾人以革命求取改變的必要。他們的理論不但
用以解釋以往的歷史變遷，更指出是當今社會革命改變所要仰賴的政經勢力。
　　應用馬派階級概念來分析當今資本主義的發展會發現問題多多。其中的原
因是他倆用以理解封建主義和初期的資本主義的概念，在今日已成明日黃花，
無法找到一個清楚明白的群體，俾為推翻資本主義、解除人類困境的革命工具。
是故把馬派的經濟階級加以剖析，從中找出仍可使用的因素與標準，是吾人當
務之急。
　　馬派的經濟階級之核心為以政治和經濟的名義來界定的一個群落。也就是
所謂階級乃是一群人，由於其工作而捲入權力關係中，以致他們或是要維持現
存的體系，或企圖改變、甚至顛覆現存的體系。因之，階級必須在某種生產的
關係中特別標明，這種關係是在某一生產的方式中每一個人都要承擔的、無可
推卸的。
　　為了使階級的概念更為具體，有必要把關聯的生產關係以及權力關係說得
更仔細。一般而言，馬派在討論階級的分辨時使用到五種標準。前面三種是馬、
恩、列、史概念架構中常常提起的。

■ 第一個標準為剝削關係
　　據此標準，一社會的剝削階級，乃是擁有或控制生產資料的階級，以致它

能壟斷該社會的剩餘價值。另一階級則爲被剝削的階級，它是生產者所形成的階級。這個階級的成員，像封建社會中的農奴，對其生產品也有部分擁有的權力，或是像資本主義社會中的普勞大眾，以出賣其勞力的商品。費菊珣稱這個標準爲階級的經濟標準。

■ 第二個標準爲政治關係

馬派歷史觀的重點爲階級的鬥爭是歷史往前發展的推手。階級不但是歷史名詞，更是政治單位的概念。這兩大階級被視爲反動的與革命的兩大陣營。每一陣營爲了經濟利益而趨向聯合、團結和型塑共同意識。馬、恩、列、史四位革命者與理論家都認爲第 1 與第 2 標準結合成關鍵性階級（以及相互的鬥爭）乃是無可避免的事實。換言之，客觀條件造成某人成爲某階級之成員（「自在階級」），會導致他及其夥伴發展成對該階級的認同、協力，爲此犧牲生命、自由、勞力而在所不惜的階級意識（「自爲階級」）。換言之，從經濟階級變成（保持現狀、或是改變現狀的）政治階級來看，並非所有的經濟階級都會化做政治階級，例如農民只靠其本身難以轉化爲革命的階級，轉化爲政治群體有賴歷史與社會條件。

■ 第三個標準爲歷史的凝聚性

階級並非社會學家所稱呼諸個人抽象的結合之隨意標籤，而是共享相同歷史背景、共同文化、共同價值的人群。他們甚至擁有集體的自我意識、集體認同感與共同的利益。常常因爲結構或意外的原因，使一個階級無法發展其歷史的凝聚性，也使它無從演變成「自爲的」政治階級。在《路易・波拿帕霧月第十八》一著作中，馬克思就分析法國農民受限於結構因素，連形成階級都有問題，更遑論談到參加革命。因爲小規模自耕農的貧困與彼此溝通不良，他們陷於孤立無援而無法產生社群，也不能形成全國性的結合與政治性的組織，以致於連國會的代表都沒有。費菊珣指出美國勞工階級爲何無法把第二與第三標準結合在一起，是由於一波接一波的移民從不同地區移入新大陸，以致種族主義發酵，形成南方農奴的孤立無援；加上郊區的發展也使工人雞零狗碎化，彼此難以互通音訊。工會運動把有技術的工人大量吸收，而摒棄無技術的工人於工會門外，只有 15% 的美國工人參加工會就是明證。新馬指出國家地位的抬升、傳媒意識形態的洗腦，只有加強先進資本主義社會中兩個階級的政治宰制與屈

從的關係。新馬另一個說詞是指新興階級的出現，藉由管理層的特權地位，可以控制生產、本身擁有自主，而造成現狀的繼續。這些因素可以看做歷史的、非常的、偶然的因素，也是減少歷史凝聚性的抵制之勢力。

■ 第四個標準為宰制的關係

造成階級與階級之間的分別不再是赤裸裸的壓迫、或是經濟上的剝削，而是建立在對工作過程的權威與控制之上，這就是宰制與順服的標準。凡是控制別人勞動力的那群人，像上司、經理人員、領班都屬於宰制的階級。反之，遭人發號施令、銜命工作的人另成一個階級（順服的階級）。不很明顯的宰制與順服關係出現在醫師與護士、老師與學生之間。護士與學生可以說是「現職或未來職務受訓中的工人」。廣義的宰制關係關係出現在家中男人對女人的發號施令、雙親對子女的訓示與教誨。馬克思主義者可能否認夫婦或師生的關係可以看做階級的關係，因為家務和教育並不能生產剩餘的價值。所以丈夫與老師都不是剝削剩餘價值的人，難以列入階級；同理妻子與學生也不屬於順服階級。

■ 第五個標準可以稱為獨立自主

這點與前面四種的宰制與順服有關。也就是說一個工人在生產其產品、以及在生產過程中與其他工人之關係是否獨立自主。凡是能夠控制他自己的勞動和產品的人所形成的群體，便是自主的階級；反之，則是非自主的階級（依賴的階級、受控制的階級）。自主的群體可能與宰制的群體有某種程度的重疊，但不能視為完全雷同的團體。個人們可能會做到控制自己勞動的程度（像自由派的作家、非被僱傭的照相師等），但對別人的勞力沒有控制的機會。此外，一個人也可能對別人主宰（例如領班、工頭），卻要受別人（其上司）的控制，因之並非自主的人。

(四)性／感情的生產

假使女人與男人隸屬相反的兩性階級，那麼他們（她們）作為個人，除了與資本主義的生產有不同的關係，除了作為特殊的家庭和種族的成員，而有不同的表現之外，是什麼樣的生產體系來把男女分開呢？費菊珣的理論是主張性別主義立基於社會宰制的半自主體系之上。這種體系持續存在於、也是穿戳於

歷史上各種經濟的生產方式當中。隨著歷史的變遷，其組織、捏造、型塑人類有關愛情與性之方式有所不同，其結果會形成社會世代之間的親子關係（parenting），以及社會橫向方式的聯結（bonding）隨之各個不同。這些體系費菊珣稱為「性／感情（sex/affective）的生產」，另有人稱為「愛欲的（desiring）生產」（Deleuze and Guattari 1977），或是「性／性別（sex／gender）的體系」（Rubin 1975）。通過這些體系（為人類社會所建構的，也會產生人類社會結合與性慾滿足的各種特別形態），各種的男性宰制或其他形式的社會宰制（種族主義、族群意識、資本主義、等等）得以再生產、不斷繁衍、不斷繼續散開。

　　費氏的研究途徑，也就是理解性事、社會結合和照顧老少的研究方法。這一方法在於將這些事項當作物質的需要，由於缺乏生物學上可以滿足的客體，因此必須靠社會的力量把它們組織起來，藉社會的力量把它們生產出來。在這種情況下，性／情緒的能量（energy）與飢餓與尋求庇蔭一樣，成為人類的物質需要，必須靠社會的力量來滿足、也靠文化的助力來解決。再說兩性的性活動之產品，就是兒女、就是後代，不只在功能上與任何社會的經濟之再生產聯結在一起（孩子成為未來的工人），而且也會為新的性／感情的需要製造了照顧後代的能量，以及製造照顧能量的客體物。

　　因之，性／感情的生產體系就像經濟生產方式一樣，而且在功能性方面構成這種體系的部分，這些都是人類組織的方式，用來創造物質的需要之社會客體物，而聯繫到性／感情的能量之上，並組織人的勞動來達成這個目標。就像經濟的生產方式一樣，性／感情的體系也包括了辯證的方面，它會產生相反的趨勢來阻止體系的再生產（繁衍）。正如馬克思所說，資本主義體系辯證的不穩定會使被壓迫的工人階級產生改變社會的革命運動，當前父權式的性／感情體系之不穩定也為被壓迫的婦女階級帶來革命性改變的可能機會。

　　每個社會必然有一個以上歷史中發展的性／感情生產方式，為的是滿足人群的需要，這對人類社會的操作與發展關係重大，其重要性不亞於飢餓和遮蔽風雨等等物質需要的滿足。人類基本需要的性事照顧生男育女等等，在資本主義誕生後的初期便在家庭中進行。雖然現今的性／感情生產方式、種族主義的公開的父權式的資本主義等等，好像從家庭移向公共的父權制（包括薪資勞動的公共場域、福利國家）和一部分的家庭，但要對資本主義中權力關係和階級關係有一個完全的理解，仍必須要分析家庭生產中的性／階級之關係。

　　要把性／感情的生產同整體的經濟體系之掛鉤和互動加以描述，就要使用「社會形構」（social formation）一概念。社會形構乃是一個特殊的社會所使用的生產體系，其中可能包括數個歷史上發展的生產方式。舉個例子，在美國內戰發生之前，社會形構組成資本主義的生產方式與奴隸的生產方式的結合。這兩者都有相似宰制的生產關係：其一為資本與薪資勞動之間；其二為處在家父制的性／感情的生產中男女之間的關係。另外在美國還存在次要的階級關係，這是從福利國的資本主義衍生的，使制度化的貧窮者自成一個階級，靠著領國家津貼與失業補助而生存。此外，種族的分工與種族分別居住於特定的社區，也造成白人男性工人階級宰制非白人女性家庭婦女階級的現象。最後必須指出資本主義生產方式中占主導的部分是控制在跨國公司手中，其餘資本主義生產的次要部門則由中小企業掌握。這一切說明當今美國的社會形構是由好幾種不同的生產方式所組成，而非只有資本主義、或父權式的生產方式而已。

　　至於父權制是社會中一種社會關係的系統，在該系統中凡是演「男性」角色（例如當兵、下礦坑等是男性的職務、工作）者擁有更多的社會權力，可以壓榨和控制那些演「女性」的角色（操持家務、養育子女屬於女性的工作）的人，這樣的定義比從前把父權制看成受到「父親的控制」之定義要廣闊得多。性／性別的體系組織了物質的工作與服務，也界定了文化尚可被接受的何種工作屬於男性、何種工作屬於女性。它也組織了照顧老少、性事和生殖，這些工作是依照性慾的指示，藉交友、藉父母雙親角色的界定、或親屬關係的建立等等來推行。

　　父權制的關係經歷了各種生產方式，包括前蘇聯、中國與古巴的社會主義生產方式。父權式的性／感情之生產同其他經濟的生產方式之結合，表示工作的內容有所變化。但其他的剝削關係也會跟著發生變化（例如從前的封建主變成今日的男性資本家，他們的被剝削者也從農奴變成工人，其關係隨生產方式而改變）。

　　父權式的家庭生產方式牽連到男女在持家與性／感情的工作方面之不平等和剝削的關係。但在家庭中男人對女人擁有權力之數量，也隨著他們夫婦同經濟的生產方式之關係大小而發生變化。因此假使婦女在經濟階級擁有一席之地（亦即出外工作、有其收入），且其收入不低於男性，那麼男人在家庭開銷之餘便難以私吞多餘的薪水，這就是何以美國核心家庭一般而言較少是父權式

的，至少與從前相比，這種新情況是令人欣慰的。而且美國家長由女性出任者占絕對的少數。不過歷史上父權式的家庭占的比例依舊很高，加上性別分工造成男性收入高於女性。因此縱然婦女當家擔任家長，也非母權式的家庭，像這種女性當家的家庭常生活於貧窮上，而要靠福利補助為生。這一切說明男性主宰的情形迄未改變，而一切機制反而增強這一說法。

(五)父權式核心家庭中女性屬於性徵階級

在今日資本主義社會中，男人與女人隸屬於彼此對立的性徵階級（sex classes）中。她們（他們）構成的階級是由家庭中的性別分工所界定，由於薪資勞動的性別分工所加強的。費菊珣在此討論到在家中的婦女相對於男人是受到剝削的。也就是婦女符合上述第一、第四與第五的標準之下，變成與男性相對，且地位較低、權力較少的劣勢者、弱勢者。

資本主義、父權式的核心家庭乃是由夫婦與子女構成的經濟單位，其中丈夫為全職的薪資勞工（家中生活費的主要賺取者），妻子則可能是全職主婦，也可能是外面做事的、兼職的員工。

那麼在這種家庭中婦女如何受到剝削呢？在性／感情的生產中有四種貨務（goods 貨物與勞務）是在家庭中生產出來的：家務維持、生男育女、養育子女、性服務。由於性／感情的生產體系是一種貨物與勞務交換的體系，我們可以從其中的權力關係來加以分類。例如在夫婦之間交換是否公平呢？假使不公平，那麼是由誰控制交換呢？父權式的性／感情的生產之特徵為男女不平等的交換。婦女所產生的貨務比起男人來回報（回收）更少，而勞動與工作更為辛苦，也就是在更多的時間花在生產這些貨務之上。這時男女之間的關係可以說是剝削的關係，乃是由於男人可以把婦女多花費勞動時間的成果據為己有，而不是婦女占據男人多費時間的勞動成果。此外，男人也把兩人產生出來的產品（勞動成果）之大部分占取。這種關係不只是剝削的，有時還是壓迫的，因為性／性別角色還要傳授給子女，使性別分工導致下代婦女的性格之乖順、認命，也就是女孩內化為母親的這種行為規範，準備將來比男孩接受更少的回報，而不思反抗。

由於照顧小孩的托兒所、育幼院之不夠齊全、不夠普遍，婦女常被迫放棄

全職（即便是全職的婦女，又因爲沒有時間持理家務、養育兒女而受社會指責，引發良心不安）而去接受低報酬、低工資的繁瑣工作。更因爲日夜工作的分劃，使全職婦女（而非男性）感受「第二輪問題」的壓力，也就是持家、養育兒女無法兼顧的痛苦。表面上看來，女性單親爲首的家庭中，婦女不再受男人的壓榨。其實因爲單親的母親還要兼顧父職，更要受到內外工作與收入短缺的煎迫。

通常我們把剝削關係看做擁有或控制生產資料者，對不擁有的人、或是不能控制者所生產的成果之占取。應用到資本主義、父權式的核心家庭之上，男人擁有薪資，因之把性／感情的生產加以控制，俾占取剩餘的薪資、剩餘的照顧、和性的服務。儘管在美國由於福利國政策的推行、兒童照顧福利的增強，使資本主義的、父權式的核心家庭不再成爲維持家庭的優勢聯合的手段，但它對性別薪資勞動的分工之影響仍然在家庭、職場、政壇以及法庭中發酵，繼續發揮其作用。

當做階級劃分的標準之第四爲宰制、第五爲自主的關係。這兩種標準可以用到把男性與女性在家中和其他社會場合當做不同的階級之判斷標準。須要知道權力的關係不只在家中，在職場也在性／感情的工作，以及性事活動與照顧兒女之上表現出來。無論如何，女性在薪資報酬的工作當中，主要與其性／感情之類的工作類似，而男人便成爲被服待的顧客、上司、消費者，他們主控了貨務與金錢的交換。

在性事和照顧方面，男性宰制和控制女人。在性的活動上男人享有較大的自主，不像家庭中性別角色所定義的只扮演性伴侶的身分，還兼作性事的消費者。顯然性活動對婦女而言是工作，對男人而言卻是遊戲。從性徵及其活動上也可以看出男女的不同，把她們（他們）分別隸屬兩個性徵的階級來看待，有何不可？

(六)作爲革命性階級的婦女

馬克思與恩格斯一開始便認定資本主義中的勞工、普勞階級是改變現狀、推翻資產階級統治、推行社會主義和共產主義的革命階級。它不但會成就歷史凝聚的焦點，還會從「自在階級」變成「自爲階級」。

費菊珣認爲她把馬克思的階級理論擴大到不只限於個人的經濟階級，還包

括家庭階級、性徵階級、種族階級之上，從而指出任何一個男人或女人的階級認同牽連到經濟活動（從事的生產行業）、性別、家庭中的地位和隸屬何種的種族諸問題。問題的癥結在於資本主義下，父權式的家庭中是否存在馬派向來主張的運動律，來使一個階級的成員之政治重要性增加到推翻另一個階級之可能？

要找出這個問題的回答，就要打破馬克思認為 1850 年代法國農民的孤立無援、封閉保守的這種想法可以應用到今日的婦女身上，以為她們也是不知團結的一盤散沙。取而代之的，是把婦女推崇到普勞階級的地位，成為革命運動的主力。向來婦女受到文化薰陶與社會觀念的型塑，認為她們屬於性徵階級的意義大於家庭階級或種族階級。如果能夠把男女的文化之不同加以推論，就會發現婦女的性徵階級同其家庭階級之間的矛盾，以及為何婦女認同性徵階級多，認同家庭階級少的因由。

凡是父權式的社會愈明顯，男女不同的文化之發展也更為顯著。但在歷史上不乏性徵階級的結合大於家庭階級的結合，像 19 世紀美國的第一波婦女運動崛起時，由於經濟生產方式的改變，導致家庭階級的轉型。第一波婦女運動的失敗，是由於中產階級的婦女與勞工階級婦女無法團結，也是由於南方黑人同北方白人婦女的聯繫不足，婦運失敗的理由也可以說是中產階級婦女（小資產階級與富裕農婦）的家庭階級認同，阻止她們去挑戰經濟階級的結構，以及種族階級的結構。

但情形大有改變，特別是當今的資本主義社會中，是社會中資本主義的生產同家庭中性／感情的生產之間矛盾激增。這種矛盾的發展之經濟條件包括：(1)提供婦女維持溫飽的薪資勞動職務的出現；(2)國家福利政策的存在，俾為沒有丈夫贍養的婦女與小孩提供扶養；(3)大量避孕藥材與設備便利婦女控制生育；(4)家庭開銷日趨龐大，迫使婦女外出求取專職或兼職，以補貼家用。

這些物質條件造成的結果，就是父權制核心家庭的不穩定性與日俱增，於是離婚的頻繁、三從四德的消失，男女婚外情的浮濫，以及每個伴侶自尋刺激、歡樂的流行不一而足。美式的個人主義鼓勵男性做自己喜歡的事，如今也成為不幸婚姻下婦女仿效的價值觀念。與道德改變平行的是物質條件的改變，婦女可以脫離父權式家庭而養活自己，甚至她的子女。過去父權主義盛行下，婦女除了從事娼妓行業之外，否則難以維生。但日益增加的公共部門、秘書、職員

工作、服務業的興起，使女性輕易在外謀得專職與兼職，於是提供女性財政獨立的機會。外出工作與料理家務的工作負擔，造成夫婦或家中其他成員緊張的社會關係。

不只外頭的工作改變了婦女的地位，就是核心家庭的穩定性下降之後，婦女已無法安心做傳統觀念下的「賢妻良母」，這也導致婦女們更為認同性徵階級，而較少認同其家庭階級。由於外頭的工作使婦女同家庭之外的其他女性有所接觸，加上男女的區隔工作性質，也造成婦女更為認同其她的女性。

此外，婦女逐漸認識到她們正在喪失家庭階級的認同，這也使她們不得不認同性徵階級。婦女可以做的外頭工作，大部分為領取薪資的勞動階級工作。一個女人如為單身，她就是勞動階級的一員，一旦失業便陷於被救濟的「貧女」。而在美國一生中離婚一次也算是常態，離婚者為維持本身或其子女的生命不得不工作，大部分又是薪資勞動的工作。以美國學者的調查，即便離婚前（丈夫、父親）屬於專業與經理階級家庭的婦女，在離婚後多有淪落為本身（單身）勞工階級，甚至落入「窮籍」，而接受國家的福利補貼。由是說明婦女的家庭階級或有起落，但性徵階級則大體一致、少有大的變化。

當代美國婦女的贍養費、子女養育費絕大部分都未履行離婚協約的規定，作為個人及其子女生活的支柱，以加州女方無過失離婚後的調查，顯示離婚後婦女收入銳減 45%，而丈夫卻激增 73%。再說美國社會安全受益對離婚女人的養老並無保障。中年離婚婦女常流浪街頭、無家可歸，因為她們既無一技之長可以單獨謀生，也意興闌珊、沒有心思重起爐灶、尋找第二春。

婦女不再以作賢妻良母來做為她生活的重心，來保障其未來經濟的安全。她們也不能找出養育子女的輕鬆方法。這中間存在一個重大的矛盾，亦即資本主義生產的要求，與父權式性／感情的生產體系對子女養育的要求之間的衝突。通貨膨脹的壓力要求婦女外出工作來貼補家用，但對六歲以下幼童的托育、教育的機關卻嚴重缺乏。以美國 1976 年為例，當時全國擔任職工的婦女一共擁有二千七百六十萬六歲以下的幼童，但只有一百萬的小孩照顧席位可供在職母親託放。至 1987 年情況並未大幅改善。由是可知無論是單身、再婚的婦女由於照顧孩子的問題，就會形成性徵階級的認同。

婦女這種性徵階級的認同，是否會讓她們發展出歷史的凝聚性、社會的團結力，衝破了家庭階級和種族階級的藩籬，而發展為革命階級呢？費菊珣斬釘

截鐵地回答說「是」。這是由於婦女的工作是使資本主義的生產、父權關係的生產得以持續繁衍的性／感情的生產。女性是家庭階級裡頭的「文化載體」（curlural bearers），也是性徵階級提供性歡樂的工具。女性教給兒女人生的期待和目標，訓練她們（他們）尊重權威，在持家之餘讓子女學習如何使父權制與資本主義的體制能夠繼續滋長。再說當女人在操持家務、照顧老少與提供性服務之時，男性也完全依賴她們的勞動力之再生產（繁殖）。

因此，當做性徵階級的婦女，具有潛在推翻現存社會秩序的能力和動力，也就是有打破資本主義同父權式性／感情生產體系聯結之能力與權力。如果女性拒絕把當前組織好的婦女工作繼續承擔的話，則資本主義也好、父權制也好，它們都難以為繼、無從再發揮其功能。

儘管當成性徵階級的婦女穿越了個人經濟階級、種族階級、家庭階級，大多數婦女都有形成革命階級的可能，這是因為作為性徵階級的婦女，對維持現存體制並沒有客觀的利益可言。是故婦女如果能夠組織起來認同大家都是女性階級的一員，那麼婦女可藉由她們目前再生產（繁殖）資本主義的父權制之中樞地位去挑戰父權制家庭的囂張、去提升職業（經濟）階級、勞動階級婦女追求進步與解放的意識。事實上單單作為性徵階級之一的婦女，加上這一階級本身便會涵蓋所有其他種族、職業、家庭等階級，便可以組成進步的各階級婦女大同盟。有證據顯示經濟階級和種族階級滋生的各種問題有助於增強婦女的團結意識，而避免重蹈從前中產階級婦女運動失敗的覆轍。例如把墮胎和生育控制的問題擴大為非強制性，以及由國家財政支援的問題，對婦女結盟的意向必然大增。另外，發展婦女組成工會推展婦女新知工作，也刻不容緩。

費菊珣認為婦女當成革命的階級不是白日夢，更何況婦女並非唯一反抗現存建制的階級。勞動階級中男性的那部分就是古典馬克思主義者所鼓吹的革命後備軍。加上少數民族和專業、經理階級當中的開明人士。今日美國工人革命勢頭大失，主要是因為工人階級與管理層（經理、專業人士）階級之間的矛盾，以及性徵階級、家庭階級和種族階級之間的客觀性矛盾重重，使得階級聯合成為不可能、或不容易，儘管大家都認清美國社會是資本主義、種族主義、男性主宰（家長制和父權制）三合一的體系，也是女性的最大仇敵。至今每一階級都以本身最緊迫的問題為其聚焦之處，因此大家的聯盟、聯合極為不易。並且聯盟的機制究竟是政黨、是草根組織、或是訴求問題之組合，迄無定論，而有

表 8.2 費菊珣的階級觀

主要特徵＼不同階級	經濟階級	政治階級	種族（家庭）階級	性徵階級	自主階級
焦　點	職業	統治	地位	性別	獨立
來　源	個人收入多寡產品歸屬何人	擔任公職或一介平民	種族特徵與家庭收入高低造成的地位	男女性徵有別、感情的施與受不同	自主活動、或聆聽別人使喚
關　係	剝削	政治的上下統屬	膚色、語言、文化、信仰的不同導致種族與族群的緊張關係	男性主宰與女性屈從之主從關係	主僕關係
領　域	經濟	政治	社會	男女	個人日常生活之間
制　度	資本主義	各類政體之統治關係	家長制、父權制	大男人（男性）主義	多元主義、依賴理論

資料來源：Ferguson 1989：348-369，經本書作者修改補充。

待婦女界之不斷努力（Ferguson 1989: 348-369）。

十三、結　論

　　女性主義也可以譯為女權主義，這個詞彙在 1837 年便出現在法文當中，根據《羅貝爾辭典》（*Dictionaire Robert*）的解釋，女權主義是「提倡婦女在社會中伸張其角色及權利的一種主張」（Michel 1986；張南星譯 1991：1）。事實上，女權主義除了對男女平權有所主張之外，也包括擁護這一主張者種種的實踐，以及人群匯成的爭取平權之運動。這一主張與運動在於對抗向來的男性至上論和對待女性的性別歧視，因為男性不只在社會上享有優越的地位，更把男人這一優越地位形成體制，利用它來支配的一切制度（法律、政治、經濟、道德、科學、文化、教育、傳媒等）和意識形態的運作。婦女在人類歷史上、在

各個社會中，除了深受男性至上論的傷害，還遭逢種族中心主義等等的干擾。要瞭解某一時期婦女的社會處境，便要把這類至上論與中心主義打破，也就是把衡量婦女所處地位的絕對標準加以打破，才有可能（*ibid.*, 4-6）。

　　既然女性主義或女權主義的詞源出現在 19 世紀上半業的法國，但經過兩個世紀以來的廣泛運用，這個詞彙增添了不少的意涵。一般人傾向於把女性主義看做是終止女性在社會生活中附屬於男性之主張與努力，也就是跳脫男性壓迫或宰制的企圖。由是可見女性主義的理論在(1)描述男女不平等的現象、或女性作爲第二性之處境；(2)以女性的角度，來解釋男女不平等的因由，特重文化（而非生物學、或交換論）的因素來說明這種不平現象之可能改變、改善；(3)尋求如何來改變或改善婦女之處境，以達致兩性平等或婦女解放之目標；(4)探討如何根據宰制與附庸的權力關係，建立平等共存的新文化、新社會（顧燕玲 1996：vii-viii）。

　　的確，在不同時代、不同社會、不同人種與不同宗教所產生的女性主義之理論，會受到當時和當地主流思潮的衝擊，而衍生各種流派。是故本章一開始便介紹自由派、馬派和社會主義的女性主義。雖然溯及第一次世界大戰前英國歐爾絲敦克拉芙特對婦權的辯證，但馬克思和恩格斯在論述婦女問題方面卻未加發揮。這方面讀者可以參考顧燕玲主編的文集中的一文（黃淑玲 1996）。至於有關社會主義對女權的倡導、對父權與資本主義的批判，也可在同一文集中見到（范情 1996），但這種雙體系論不若本章探討艾蓮萊與費菊珣的論述深入。

　　至於自由派（林芳玫 1996），馬派、社會主義派、激進派（王瑞秀 1996）之外，是否有必要去討論精神分析（劉毓秀 1996）、存在主義（鄭至慧 1996）、生態（顧燕玲 1996；葉爲欣 1998）、後殖民主義（邱貴芬 1996）和女同志（張小虹 1996）等等的女性主義，倒是值得商榷的，主要是因爲這些流派儘管繁多，但其區隔的標準並非絕對，以致討論女性主義、或女權主義的理論者每每有相疊、甚至重複說明之處。

　　至於女性主義與知識社會學的關係，可從女性主義者對世界的特殊看法是立基於女性生活經驗之上得知。她們認爲人們有關周遭的知識涉及到(1)知識乃爲特定的社會結構中，具體行動者有所發現的；(2)這類的知識是部分的，也是對發現者有吸引力的部分，而非全面與客觀的知識；(3)這類的知識常是人人所見不同，隨著發現者與環境的不同而發生變化；(4)這種知識多少受到權力關係

的影響，與福科權力／知識的說法相一致（洪鎌德 1998b：353-355）。

　　另外法律社會學方面，理論家認爲婦女在受到符碼化的知識（codified knowledge）衝擊會變成模糊不清、甚至看不見（invisible）的事物。經典以及透過經典來反映現實的說法，絕大部分都是以男性的觀點來界定，是以變成了以男性爲中心的世界觀。近年間女性覺醒、婦運倡行，從女性主義的研究發現性別的不平等可以推擴到種族的不平等。即使是開明進步如加拿大與美國的法律，常忽略女性與少數民族的權利之下而制訂與推行（洪鎌德 2001b：601-603）。法律應該加強保障懷孕生子的婦女，使她們免於受到家庭暴力、離婚後失去子女與經濟安全的威脅。過去視法律爲男性的保護工具，如今要靠婦女重建平等、權利和責任的概念，來實現婦女追求自由的理想（貝爾 2000）。

　　1970 年代西方女性主義崛起之後，從女性主義的觀點來批評典章制度蔚爲風尚，站在台灣看女性主義的批評，固然要「避免對自身情境的過於耽溺，避免因孤絕的內心感受而陷入過度的自戀與自虐」，婦女們還得「勇敢地把自己的存在落實於外在客觀的環境來省視。除了有人類文化中的性別意識史做背景外，更需調近自己的焦距，密切觀察自身特殊性的地區文化結構。只有把自己擺在周遭的空間與複雜的人事『關係』脈絡網中，她們才能看清楚自己正在怎樣的座標點上。女性的存在就不再是一種永遠的迷思，在具體地觀察性別型塑的過程後，將發現女性神話只不過是一種人爲的定數」（子宛玉 1988：12）。

　　台灣女性的這種覺醒雖然比起歐美、紐澳、日本的婦運遲了一些時候，但能夠發出如此不平之鳴，而致力於提升女權和婦女解放，畢竟是一樁令人欣慰和鼓舞的事情。

第九章　生態主義

一、「生態主義」的定義、目標與發展

　　生態主義（ecologism），又稱環境主義（environmentalism）、環保主義，是一種意識形態和社會運動。其目的在保護人群的生命，使人群的社團（生命共同體）能夠永續經營，也就是通過控制人類的質與量、自然資源的節約與妥善利用，污染的防止與減縮，土地與水、空氣的妥善保持和使用，來減少破壞環境、用罄自然資源，俾下代的子孫能夠存活與擁有發展的機會。

　　生態主義的特徵之一，為避免山林能源及其他各種資源的過度開發與利用，也避免經濟過度發展，以致於傷害人群的生活素質，也避免財富供特定人群或少數菁英的濫用與揮霍。環保主義強調經濟成長有其極限，且這種極限是寰球皆然，不但應用於已開發的國家，也可以應用於開發中國家。為了廣大群眾長遠的益處，環保主義者呼籲對公共交通、高速道路、機場、港灣、煉油廠及其他工廠之擴建，採取限制的措施。對私人用在空調設備、水電的浪費更要大力節制。他們反對人群一味耽溺於物質享受與私人經濟利益的追逐。

　　生態主義首先將地球當成一個整體看待，這是一個大家利害福禍一致，生息發展與共的聚居地——地球村。為此環保的意識形態，其基本目標應達成人口控制、資源保留和污染縮小這三項。這三項環保主義的首要急務，是基於對自然和生態的瞭解之上。這三項主題也扣緊了人的社會與生態網絡密切結合的看法之上。環保主義相信取得每項經濟利益要付出環保的代價。是以在富裕的社會中經濟效益的總值遠遠落在生態的代價總值之後。更嚴重的是環境的破壞與資源的耗盡是無法補救與取代的。有些經濟的利益與環境支付的代價不成比例也就是得不償失。另一方面人群的滋長繁榮，也不一定需要靠物質與能源的大量耗損才能達成。要之，環保運動要追求的目標：(1)控制人口的成長，避免過多的人口數量導致家庭貧困、國家財政負擔太重；(2)保留資源，包括保護野生動物、瀕臨絕種的生物、保護野生動植物的繁殖地區；(3)制止工業、農業、礦業、甚至漁業的污染；(4)提供人群充足的食物、飲料、水、空氣；(5)長期、不虞匱乏的能源（石油、煤電等）的供應；(6)在核子武器尚未完全禁絕和消滅的時代，防止國與國之間，信仰群體之間，族群之間發動戰爭（Rajai 1991:

187-188）。事實上因為恐怖主義的活動，加上反恐的美國進攻阿富汗，與英美聯軍攻入伊拉克，所造成的生態破壞、生靈塗炭，其災難已超越環保主義者所懸的目標之外，而成為舉世愛好和平、反戰主義者要大力抨擊，嚴詞撻伐的非法戰爭與殺戮罪刑——滅絕人類的重大罪行。

環保主義出現在 19 世紀中葉北美的保留運動，對自然的欣賞愛惜與保護使不少人致力於野生動植物的保護工作，其中較為著名的人有歐杜朋（Games Audubon 1785-1851），他成立了北美全國歐杜朋協會。愛好自然，徜徉山水樂而忘返的詩人梭羅（Henry David Thoreau 1817-1862）也是保留生態運動的最早發起人之一。早期保留運動者致力於善加利用自然資源，他們並沒有成熟的生態學觀點，但他們致力於自然資源的妥善管理，而避免對自然的傷害與浪費。

隨後第二批保留環境的運動者，其領袖為西厄拉俱樂部（Sierra Club）創始人梅爾（John Muir 1838-1914）。他藉人群活動的生態學觀點鼓吹環保意識，也為 1960 年代環保運動拍案定調。從保留主義轉變成的環保主義是以保護空氣、水和土地為其開端。保留主義和環保主義都認為資源的損耗與污染的擴大是一個錢幣的兩面，是緊密相隨的現象。其後的運動則把他保護的對象擴大至森林、水源、土質等工業社會賴以維生與發展的種種物質基礎之上。

環保主義不只是意識形態的運動，也形成了政治運動，其面相包括了對科技帶來的物質進步持反對的立場。再說環保運動所關懷的不只是自然資源，野生動植物、礦藏的珍惜，還關心寰球的生物圈存活的問題。除此之外，環保人士還進一步質疑私人濫興土木、大力投資的企圖，也挑戰傳統生產擴大、圖取經濟效益之說詞。他們在清心寡欲的生活之道上強烈質疑北美與西歐消費生活方式的正當性、合理性與人道性。

由於核子污染、空氣污染、水質污染、噪音污染和傾倒有毒的廢物，能源大量消耗、放射性廢物的洩漏、除蟲劑毒素的移轉等的環保問題在歐美的工業國家逐一揭露，導致抗議份子、積極活動份子的覺醒，遂於 1970 年 4 月 22 日展開全球串連的反污染示威遊行，亦即第一個「地球日」的誕生，到 2004 年已是第三十五屆的地球日了。

環保的運動雖然逐漸遍布全球、深入人心，但英、美、日本等資本主義大國，以及趕搭資本主義末班列車、經濟快速膨脹的中國和印度，對這種人類共同關懷的重大議題卻是閃爍其詞、大力迴避。

　　1980 年代在雷根與老布希主政的年代，許多環保的問題都遭漠視、忽視與壓制。這種保守政權只求經濟發展，維持人民物質生活富裕的假象，曾經引起美國有識人士的抨擊、抗議，乃至組織多次的公開抗議活動，但對保守的共和黨政權卻無搖撼的跡象。繼任的民主黨總統柯林頓更在 1990 年代末，以提升經濟繁榮為藉口，表面上雖然同情環保主義的運動，但實質改善不多。

　　1980 年代由於西方主政者對環保與生態保護的忽視與漠視，造成了綠色運動的崛起，他們紛紛成立綠黨，俾把環境問題放上國家大政的議題上。由於環境的議題跨越國界且大量出現，使綠色活動者覺悟到一國政策的不足，而鼓吹跨國界的寰球性生態政策。因為危機已不侷限於某一國度、某一地區的百姓，而是涵蓋了全人類，也就是涉及人類的生死榮枯之生存問題，需要為各國人民的覺醒與各國政府的協調合作，才能克服與改善的重大問題。

　　於是聯合國在 1972 年假斯德哥爾摩召開一百一十四個國家的環保會議。它衍生了 1992 年聯合國環境與發展會議，共有一百七十二個聯合國會員與會，大家同意對地球採取永續發展的做法，一方控制人口膨脹、工業擴大、農業成長，他方面則注意環保，俾資源可供下代享用。從此一會議得出兩個比較有拘束性的要求，其一防阻地球不斷加溫，其二為生物多種類的繁衍，禁止獵殺稀有動物。但由於這兩項規定對美國及其他經濟急速發展的國家不利，雖有一百五十個國家簽字，但仍舊無法發揮其作用。

　　因此我們可以知道，環保會議崛起的因素有下列幾點：

1. 核子戰爭與核子污染的威脅；
2. 二戰後全球的經濟振興，重視物質享受；
3. 1960 年代社會各種運動（反越戰、反種族迫害、反婦女被虐待與歧視）的展開；
4. 科學對環境變化的知識大增，媒體的大量報導；
5. 戶外活動、休閒活動的增加，使人民在與自然直接接觸下發現生態日益惡化；
6. 生態組織，生態人員對與人地關係惡化的提醒，以及人群對環境的問題嚴重性的覺醒。

二、生態主義、環保主義和綠色政治運動

生態主義、環境主義、環保主義和綠色政黨與理念，都是涉及保護人類棲息生長的自然與人為的環境之意識形態，或擁有相似的社會、政治運動的理想與價值。生態主義來自於生態學（ecology）一詞，為 19 世紀德國學者海克爾（Erust Haeckel 1834-1919）結合古希臘文 *oikos*（家計、棲息之地）和 *Logos*（學問）兩字而成的。這是「動物對其有機的與無機的環境之總關係的考察」之學問。20 世紀開端時，生態學成為生物學的一個旁支，成為研究有機物及其環境互動關係的學科。但到了 1960 年代，也就是西方學潮、工潮高漲、反戰示威等要求去除種族、性別歧視的抗議運動最為激烈的時期，生態主義從生物學轉變為社會學與政治學的意涵。保護環境的環保主義，和形成群眾抗爭運動的綠色和平運動、綠色環保運動、綠色政治運動等組成綠色政黨，因此各國的綠黨跟著一一產生，就是一套嶄新的政治性意識形態，以及無數的社會組織與政治運動於焉產生。

「綠色」的概念早在 1950 年代便在社會運動積極推動者當中，致力環境維護的奮鬥聲裡傳出來。其具體的落實，則為 1970 年代在歐洲各國紛紛出現的新政黨。其中又以德國綠黨（*Die Grünen*）的出現，激勵其他國家有志保護自然環境者紛紛效尤，最先組織壓力團體，最後在擬定政綱、致力宣傳與教育群眾之餘，參與中央或地方的普選，而贏取議會的席次。

環境主義事實上當應譯為環保主義，也就是 1950 年代出現的名詞，強調作為生物之一環的人類，其生命與生活脫離不了生息發展的環境，特別是自然界的脈絡。環境主義比綠色運動的信念更為廣泛，包括了科學的、宗教的、經濟的、政治的、文化的人與地共生的觀念。不過環境主義只指涉對環境採取溫和的與改良的態度，只有在生態發生危機時，才注意除弊的手段與改善的方法，而對人群有關自然界的傳統的看法欠缺深刻的理解與反思。

與環境主義和綠色運動相比較，生態主義強調生態學的重要，它還指明以政治的瞭解方式來有別於傳統人與地互動的看法，是故呼籲人群必要時採取激進的社會政治手段，來改善人與自然的關係，其更富有本身的意識形態是可以

斷言的（Dobson 1999: 264-265）。

　　直到 1960 年代，政治思想家都把人群棲息生成的自然界當成「經濟資源」看待，是供人類榨取利用的天然資源。只有當人群發現利用厚生的天然資源並非取之不盡、用之不竭時的維生工具時，人類才恍然醒悟濫砍濫伐、破壞生態、浪費資源可能引起的自然反撲——人為的災難，比天災地變更為可怕，破壞自然只會縮短人類在地球存活的機會。卡遜（Rachel Carson）於 1962 年出版了《靜悄悄的春天》，指出大量使用殺蟲劑的結果導致野生動植物的畸形成長，科類數目銳減，甚至有絕種之虞。此外農業耕種所施用化學肥料也會導致生態危機，最後傷害到人類身體的情況發生。第二次世界大戰結束後西方與發展中國家人口的驚人膨脹，導致全球人口數目暴增，在 1994 年全球有五十五億，預計到 2025 年會增加到八十五億，如果目前趨勢不加以控制的話，則 2050 年世界將會有一百一十億的人口，這使當代馬爾薩斯的信徒，憂心食物的成長追不上人口的增加，飢餓、戰爭又要投入惡性循環當中，而為人類帶來更悲慘的災難。

三、生態主義的今昔

　　把自然或大地當成哺乳人類的母親之比喻，不只出現在東方印度的生活、哲學、宗教、思想上，也包括倡導天人合一的道教、儒教、佛教在內的中國。就是早期基督教控制下的歐洲，不少異教徒也是尊重大地為母親，這都可以說生態的觀念、環境的理念，多少在各大族群中散播。不過自從英國與西歐工業革命爆發，莊園耕作的經濟趨向式微後，使重返自然、回到大地懷抱的聲音變成了哲學家、詩人、墨客微弱的吶喊。時代的巨輪推動工業化的過程往前奔馳。19 世紀英國社會生活起著結構性的重大改變，由農牧轉變成為工商業，從鄉村田園走入都市叢林，為薪資而在廠房、礦坑而緊張勞動的工人群眾也遠離了每日徜徉於陽光、泥土、草樹之間的農人或牧民。於是反映這種生活形態劇變的有小說家哈岱、思想家莫理士（William Morris 1834-1896）、以及無政府主義者克魯泡特金，他們都抗議工業化的步伐把人群從大自然撕開，而留下當代人對鄉土生活的回憶與眷戀。這種對工業化與都市化的反彈之情，尤其存在於那些現代化發展更為快速、更為徹底的地區與國度。像 19 世紀最後三十年內日耳曼

在全國統一之後居然花費不到半個世紀的時間進行工業化，以致其經濟與政治
勢力足以挑戰英美兩大強國。在快速的工業化與現代化落實中，相反的是結合
日耳曼的唯心主義和浪漫主義哲學與文化發展，鼓吹田園生活的美好，勸導青
少年重返大自然。這種浪漫式的田園思想卻爲 20 世紀的納粹主義者所誤用、濫
用，而埋下第二次世界大戰的種子。

　　20 世紀下半葉生態主義的發展可以說是對工業化與城市化步調加快的激
烈反響。對環境的關心轉爲憂慮，乃肇因於各國政府追求經濟成長肆無忌憚。
殊不知過度的經濟發展，固然滿足資本家增大的利潤，也滿足百姓生活水平的
抬高。但無止盡的經濟活動與擴充，必然消耗更多的能源與資源，到頭來反而
威脅人類的存活，也傷害地球的負荷。於是有識之士紛紛撰文著書而提出警告。
如 Ehrlich 和 Harris 的作品《怎樣成爲一個存活下去的人》（1971）、Goldsmith
《存活的密笈》（1972）、聯合國非正式的報告《只有一個地球》（1972）、羅馬
俱樂部的《成長的極限》（1972）都是令人怵目驚心、發人深省的作品。與此同
時新一代積極活動份子所形成的壓力群體（像「綠色和平」、「地球之友」），紛
紛揭露核武力、核子動力的破壞與輻射危險到處污染與生態破壞之可怖，以及
石油資源耗竭的可慮。其後這些小群體的結合與擴大，而組成「舉世的自然基
金會」（Worldwide Fund For Nature），成爲推動環保、保育的寰球性組織，也成
爲跨國性的群眾運動。1980 年代以後環保的問題，有了綠黨的注意與宣揚，在
工業先進的國家，等於找到保育政策的代言人，儘管這一群綠色黨派在各國政
黨競爭中仍居於少數黨、在野黨的身分。

　　一般而言，環保運動注目的問題一大堆，從污染、保育、酸雨、溫室效應、
全球暖化到臭氧層的破壞，都是運動者要大聲疾呼，要求本國政府或國際組織
進行干預、採取行動的主題。此外德國的綠黨還討論婦女的角色、國家的軍備、
福利政策與失業救濟，甚至檢討納粹復辟的罪行與復辟禁止諸問題。值得注意
的是生態學家、生態主義者還進一步發展出一連串的概念與價值，俾瞭解與解
釋世界。生態主義跳脫傳統政治信條，不只考察人在群體中之地位、權利、義
務，還留意人與其他生物聯繫的關係網絡，也就是「生命網」（Web of Life）。
爲此原因，吾人無法把生態主義劃入政治的右派或者是左派之中，而是使用德
國綠黨的口號：「不偏左，也不靠右，而是向前看！」（Dobson, *ibid.*, 265-268）。

四、重返自然的懷抱

　　生態主義者批評向來政治思想的標準乃是以人為中心來處理世事，誤認人類為自然或宇宙的焦點，這是「人本主義的傲慢」（David Ehrenfeld 所言）。原因之一是因為一般學人的傳統的分析便設定幾項基本的範疇。像個人、人群、社會階級、民族國家、全人類等等，以為這些範疇合起來便成了全世界。進一步還指出人類的需要與利益，像自由、平等、公益、秩序之獲取，便是世事獲取的最高理想或最終目標。生態學者認為只關心人類的福祉，而不注意人與環境的關係，更不用說人與天地的協調，都是傳統學說（政治思想、社會學說、經濟理論、文化說詞）的一偏之見。如果沒有時時對地球以及地球上人類以外的生物關懷、敬重保護的話，那就是把人推向「自然的主人與持有者」（洛克語）的狂妄之言上。

　　因此，至今為止的各種意識形態都難免犯了「以人為中心」的偏見。這些意識形態（主義），不過是以不同的角度切入，都要開物成務、利用厚生，完全把自然資源壓榨剝削，而供人類濫用與揮霍。通常對人類資源擁有與利用的財產權之爭議，不管是贊成私產制度的右派（保守主義、自由主義），還是反對私產制度的左派（共產主義、社會主義）使政治陣營分裂成激爭、仇視的兩大勢力。其所關懷者，只不過是對自然資源占有與使用的問題，亦即個人主義與集體主義之爭執而已，並非在於人與自然、人與環境如何保持協調與平衡的問題。不管是私人還是集體擁有自然與人為的資源是雙方應同樣致力的目標；怎樣有效榨取自然，俾對人群（少數資本家或廣大群眾）的物質性福祉有助。政治的爭執可以化約到經濟利益怎樣榨取？怎樣分配？怎樣使某些人得利？這樣一來，自然被視為有別於人群，與人類相對峙、相對抗的外力，只供人類來駕馭、控制、征服、管束、利用的對象。這種視自然為工具、為手段，而痛加宰制、賤污的作法，不只使自然遍體鱗傷，最後也驅淵成藪、竭澤而漁，導致人類的傷亡與滅絕。

　　是故生態主義代表一種嶄新的政治態式。它不從人類的需要出發，而是一開始把自然視為諸生物體（包括人類與大地在內）可貴的與脆弱的關係所形成

的網絡。在這個網絡裡人類不再居於中心的位置，也不再是發號施令的主導者，而是當成與自然共生共榮，不容與自然分開的部分。人類因此必須學習用謙卑、尊重、節制與仁慈，而放棄過去的妄想，不再以為科技可以解決（人與天、人與人、人與自己衍生）的問題。為此生態主義者企圖在人類歷史上尋找各種各樣的新的理念、概念，包括從古代流傳下來的哲學、宗教、神話中找出有關科學的新概念來，為此他們找出幾項基本論調，都是勸人回歸自然，過淳樸生活的主題。這還包括生態學、整體主義（holism）、可承受性（sustainability）、環境倫理、後物質主義（post-materialism）等等概念。

五、生態的平衡

　　所有的綠色保護自然之思想中最主要的原則為生態平衡。生態學是生物學的一個分支，在討論生物與其棲息之地的關係。由於所有生物都是自然體系中自動規劃、自動治理的共生環境系統（ecosystem）之一環，其存續、成長便靠有機（活的）與無機（死的）因素之交互作用才有可能。例如一個湖泊便是一套共生的環境系統，其底層沉澱的污泥能夠產生營養品供水草、或水底植物的生長，小草又成為魚群與蟲類的養料，這便是有機與無機合成的生物鏈與生命網。所有的共生環境系統都會趨向和諧或平衡的狀態。這是由於體系的各成分會自動管理、互相連結、互相支援的緣故。食物、氧和其他的資源會循環反覆，以致動、植物取得維持其生命的食物供給。不過這種環境系統並非封閉的或單純的自我維持而已，每一系統與其他系統有所牽連而有所聯繫。一個湖泊構成了一個環境系統，但它的存活有賴河流輸入新增的流水，也需要陽光的照射，而產生熱能。湖泊的存活提供其岸邊寄生的蟲魚與人類水源與食料。是故自然界由層層圈圈的環境系統統整和組成，其最大的系統就是寰球的環境系統，俗稱「環境圈」（ecosphere），或「生物圈」（biosphere）。

　　生態學的發展一下子徹底改變我們對自然世界的理解，也重大改變了人類對環境圈與生物圈地位的看法。生態學的出現使過去視人類為自然的主人，萬物之靈長的觀念受到嚴重的挑戰。從此以後，人們才覺悟到不管是個人或社區、或社群都存活在一個細膩、精密的生物圈之互動網絡裡。人們也開始驚覺自身

是處在一個面臨空前的生態危機之生死關頭，這完全是過去對自然的濫墾濫伐，肆意榨取利用的惡果，以致自然的反撲迫在眉睫。

向來的各種主義與意識形態都不像生態主義那樣準確地把自然的真面目、真性情展示給我們知曉，以致過去對自然的看法是錯誤百出的。

自由主義者把自然當成滿足個人需要的資源來看待，因之，對人類怎樣主宰自然、榨取自然很少觸及。在視自然本身並無價值而言，而只有人群通過勞動，或人的控制手段才會把無價值之自然轉變成有價值之資源。

保守主義者把自然描繪為具威脅性，甚至殘酷的事物，其特徵為自然界不道德的、殘酷的鬥爭，這種鬥爭會影響人的生存。人類或被視為自然的一部分，或是「大堆實有的鎖鏈」（a greet chain of being）之一環。人之優異於自然的所在乃在於他可以馴服與主宰自然。

社會主義者與自由主義者相似，都視自然為人活命的資源。但社會主義中富有田園想法和浪漫色彩的一支（包括青年馬克思在內），卻禮讚自然的美麗、和諧和豐饒，而認為人類的美好夢想在接近自然。

無政府主義者擁抱一個放羈不拘、不受束縛的自然觀。自然提供純樸、平衡、知足的圖像。因此建議人群應當效法自然，不必嚴苛與認真的進行社會組織，更應該廢棄政府的管理。

法西斯主義者採取一個晦暗與神秘的自然看法，認為自然具有本性的權力與原始的生命力。自然會整肅人類腐敗的、傲慢的崇智主義（人能知天）。自然的特徵為殘酷的鬥爭和循環不息的再生。

女性主義者一般視自然是富有創造的，也是充滿善意的。由於女性具有生殖能力與擁有母性的溫柔，女性被視為接近自然，也與自然的力量合致。在女性主義者的心目中，自然孕育女性、文化薰陶男人、男人與自然不合，或與自然衝突。

生態主義者視自然是相互牽連的整體，擁抱人類與人類之外的其他生物或礦物，自然有時被當作知識的泉源，或正確的生活之楷模。人的完善在於接近自然、禮敬自然，而非宰制自然（Dobson, *ibid.*, 269）。

由於近年世界人口的激增，每分鐘全球有一百五十個新生嬰兒的誕生，造成糧食缺乏，以致餓死的人數也不斷增加。另外，有限的與無可替代（不再生成）的石油、煤炭、天然氣大量的消耗，據專家估計，以 1985 年每年耗用的平

均值來計算，不出四十年至八十年之間，全球不可再生的能源便會用罄。在瘋狂砍伐能調節全球天氣的熱帶雨林之際，已改變了全球的氣候，而估計再經過五十年便被砍伐殆盡。工廠、電廠、汽車排放的污煙廢氣，不只污染河流、湖泊、森林，還導致溫室效應，破壞臭氧層。至於核武的威脅，並未隨著東西冷戰的結束而滅除，反而像北韓、伊朗等國家，將成為核禁的法外「流氓」，威脅了區域與全球的安全。

　　生態主義者已把傳統以人為中心的宇宙觀，改變為以環境為中心，以自然為取向的新宇宙觀。但眾多的環保人士與綠黨份子對自然與環境的保護卻採取不同的策略及互異的作法。不過根據挪威哲學家那逸士（Aine Naess）的分辨，環保運動大致上可以分為「淺的生態」與「深的生態」兩種。前者接受生態學的教示，企圖駕馭生態來滿足人類的需求。這是認為只要人類愛惜自然，善加利用資源，那麼自然界仍然能夠支撐人類的生命，這種說法包括對人口增長的控制，對有限的能源與物資減少使用，和降低污染的蔓延。至於「深的生態」則指摘「淺的生態」脫離不了以人為中心的傳統觀念，而把目標訂在已發展國家的人民能夠維持其健康和繁榮。此種想法也拋除以往視人類比其他的生物種類，比自然更為優越的說詞。它提出富有挑戰的理念，認為人生的目的在於保護自然，而非靠自然來維持人的生存，這便是那逸士所稱的「環境智學」（ecosophy）也就是建立在哲學生態學上的新世界觀，也是新的環境倫理觀。對淺的生態主張者而言，他們自稱對自然的關懷更為人道、更合人性，是一種「人文的（人本的、人道的 humanistic）生態學」。人文的生態學者不免要批評「深的生態學」學者矯枉過正，甚至把非理性與神秘的因素注入環境保護運動中，並且曲高和寡，解決生態危機的辦法難以取得一般人的認同。為此另外一種的「社會生態學」（social ecology）學者遂告出現。

六、個人主義、整合主義與體系主義

　　在哲學與社會科學上有主張個人主義來與集體主義相對抗的說法，個人主義者堅持社會由諸個人所組成，是故個人的想法與做法、人際之間的互動構成了社會的群體，乃至整個社會。甚至主張要瞭解社會生活，必須先瞭解個人的

活動，這是何以韋伯、佛洛伊德採取方法論的個人主義來理解社會的原因。另一方面卻認為社會有其獨特的特性與存在，社會對個人有便利之處，更有束縛限制的地方，是故研究社會應當捨掉個人云為言行的描寫來分析，而集中在社會所形成的群體、階級、結構之上，採取方法論的集體主義，這是馬克思、涂爾幹所強調的研究社會之方法。

不只個體主義是對集體主義而發，個人主義也與整合主義（holism）相對立。整合主義與集體主義幾乎是同義詞，只是整合主義不只強調整體是部分累積、合成的總體，且視總體不只是等於部分的積聚，還大於部分的合成。近年來由於體系的產生（社會學界有帕森思、盧曼的體系論），它視社會為一個大體系，大體系之下，各種不同的中體系（職業團體、家庭、團體俱樂部等等），中體系再包括小體系（工廠裡的同僚、學校裡的師生、家庭裡的成員）。從而把社會與個人視為層層圈圈互相包圍的體系。體系論可以視為體系主義（systemism），體系主義遂取代了向來個人主義與整合主義的爭執，把這兩者都看成大體系包含小體系的種種體系圈之一環，等於也化解了方法論個人主義與方法論體系主義之間的爭執不休（Bunge 1999: 1-10）。

在生態學上而言，過去強調人為宇宙的中心之看法，若不是太重視個人主義，把個人的地位抬高到接近神的地位，便是只強調人群的集體之整合主義，而忽視了人與自然也是另一種的相互依存的整合體。這種以人為中心的哲學觀念甚至可以追溯到笛卡兒和牛頓的認識論與世界觀之上。原因是在 17 世紀之前受到基督教薰陶的神學家、哲學家、科學家把世界當成有機體看待，可是自從笛卡兒強調人的自我反思，肯定人的存在，以及牛頓的天體物理論視世界為一個大機器之後，人不但成為認識世界、宰制世界的的理性動物，世界也由有機的生物變成了遵守法則運轉的機器了。人既擁有理性，便能運用認識的能力把世界組成的部分一一拆開，去發現其關聯與運作的法則，透過數學的計算與邏輯的推演來發現「事實」，藉由觀察與實驗來解釋事實的因果關係，於是科學的認知與發明，取代了傳統的信仰、宗教、或神話的解說。科學不只增大了人類的知識，還把知識與技術應用到工業發展之上。這種科學主義的崇拜與推擴，也可以說是「笛卡爾與牛頓典範」（Cartesian-Newtonian Paradigm）之發揚光大，卻為現代生態危機埋下思想上的、哲學上的基礎。

科學把自然當成機器，機器一旦無法發揮功能，則靠修理、補綴、更新便

可以恢復其運作。現代人就抱著這種對待機器的想法來處理自然的危機、生態的危機，這是何等可怕的想法。是故生態主義者卡普拉（Fritjof Capra）要求吾人揚棄笛卡兒與牛頓的典範，改採新的典範來拯救地球，拯救人類。

在尋找新的典範之際，生態主義者想到南非總理與將軍的司馬次（Jan Smuts 1870-1950）。他於 1926 年提出「整合主義」一口號，用來描述自然界和人類的共生關係，強調生物和自然合為一整體。他指摘科學主義犯了一大錯誤，就是化約主義（reductionism）──把整體的理解化約為部分的分析，誤以為只要對部分瞭解清楚，便可以掌握整體。整體主義強調整體不只等於部分的組合，更大於部分的合成，整體比各部分還重要。部分存在的意義只有當它與其他部分有關聯，也與整體有關聯之時才會呈現出來。

整合主義視傳統學問的區分，如分為哲學、歷史、文學、藝術、科學、政治經濟學之不當。例如經濟學不只研究生產、分配與流通而已，而應當觀察經濟的成長所要支付的社會成本，此外經濟活動的精神價值，道德影響與政治衝突更要採取更多學門、跨科際的方法來加以檢討。

事實上司馬次的「整合主義」可以當作生態學上取代人為中心的新典範，正如同在科學史上牛頓的世界觀被愛因斯坦的相對論、波耳的量子論和楊振宇與李政道的不對稱理論所取代，是新典範取代舊典範的例子。新的物理學強調物理世界不是個別的分子、原子之組合，而是體系、或稱諸體系的網絡構成的。把世界當成層層圈圈的體系分成的網絡所組成，就不會把焦點集中於個別的組成部分之上，而是形成世界之體系中組織的原則。是故所注重的是體系中的諸關係，也整合了整體之內與部分之內的關係，以及其統合的運作。不像以往強調學者客觀的觀察，原因是觀察者與觀察對象都隨時在改變，以致客觀的觀察難以辦到。因果關係也非直接當成某一原因造成某一結果，而是在體系之內，相關因素的變化所導致的情況。卡普拉以為物理學界對生命持這種體系觀已擴大到其他科學之上，甚至在用到社會的、政治的、經濟的，乃至環境的問題之處理上。

在《物理學之道》（1975）一書中，卡普拉指出現代物理學與東方神秘主義有相通之處。他指稱：印度教、道教、佛教、禪宗都強調天人合一、萬物一體，這種說詞與理論，最近才受到西方的科學所承認與證實。生態主義者對東方神秘主義的欣賞，不只在於接受萬物和諧共處的哲理，更在於東方人的生活

之道（包括簡單、樸素、不殺生），足以鼓舞現代人效法。其他的學者則認為生態的原則與信仰一神的基督教、猶太教和伊斯蘭教當中強調神創萬物的教義有關，因而勸說這些一神教的信徒應當與自然和諧，才會實現上天的意旨。

　　有些作家與科學家則從古文明或文明史發展之前，人把萬物視為自己或同僚同類的想法中，建立起萬物一體（「齊物」）的觀念。像加拿大科學家拉夫洛克（James Lovelock 1919- ）便視地球的生物圈為一複雜的、自我調理、活的體系，稱呼地球為「蓋雅」（Gaia 古希臘地球之女神），也就是視地球為女神的化身。她有其生命，以及攝理萬物之作為（Lovelock 1979; 1989）。蓋雅的理念已發展為「生態學的意識形態」，要求人類必須著重地球的正常發展、維持健康，採取行動去保護地球資源和美麗。這種意識形態還改變人對生物與無生物關係的看法。拉夫洛克認為地球本身是活體，也把各種生物與無生物看成一體。須知很多的土壤與岩石都曾經是動植物化石所變成，土壤與岩石如今居然能支持現存動植物的生長。不過蓋雅的哲學對西方環保運動的關懷議題並非完全契合。傳統的生態主義者只要求人群的態度改變、政府的政策急轉彎，俾保證人類永久的存續。這點與蓋雅只重視地球的健康與美麗不大合致。更何況倡導此說的拉夫洛克曾預言，破壞蓋雅平衡發展的人類最後會趨向滅絕，這種說法既危言聳聽，又難以取悅於關心環保的大眾。

七、維持能力與生命綿延

　　向來的政黨（在環保人士心目中都是「灰色的政黨」）及其意識形態都假定大自然是取之不盡、用之不竭的大倉庫，可供人類壓榨利用而不虞匱乏。甚至在科學與技術發達的今天，受過啟蒙運動影響，而相信人是理性的動物，社會與歷史都在不停的進步的現代人，更誤會科學萬能，以為科技不只會掃除貧窮、疾病，還會大大提高人類的物質生活。的確，過去兩百年來，人類拜受科技之賜，生活水平大為提升。但這種情況是否能夠延長下去，都是 1970 年代以來環保意識高漲的人士大聲疾呼，要人們檢討與反思之處。那個年代因為反戰、學潮、工潮、反對階級、種族、性別的歧視所造成的西方社會之擾攘不安，以及共產主義的大肆擴張，一方面與美英法蘇進行軍備競爭、太空宇航的競賽，

他方面在國內大興土木，大搞（甚至胡搞）「大躍進」的工業化、電氣化、現代化的大規模建設。以致東西陣營都成為實行工業主義的推動者。在綠黨人士的心目中，資本主義與共產主義都是一丘之貉，是破壞自然、誇示經濟成長的狂徒（「成長的瘋狂」growth mania）。

　　為此，生態主義者、環保主義者、綠黨人士提出成長有其極限，生活品質要改善（洪鎌德 1999c：405-415）的急切呼籲。對他們而言，我們只「擁有一個地球」，地球是一隻宇宙的飛船（spaceship），要多加愛惜保護，而不是濫加破壞揮霍。宇宙飛船的概念來自美國經濟學者卜爾定（Kenneth Boulding 1910-1993）。這種概念有助於保護能源、減少污染、珍惜物力，但其背後的思想仍以人為中心，人成為宇宙飛航的駕駛者與乘客，而對其他生物或無生物的關懷似嫌不足。不過卜爾定對美國人開發西部那種大膽自信、勇往直前的牛仔精神並不欣賞，因為牛仔正是揮霍大自然、破壞生態的「牛仔經濟」（cowboy economy）之始作俑者。牛仔經濟視冒險、開發沒有止境，充滿各種各樣的機會，造成開發美國西部移民養成「粗獷、壓榨與暴力的行為」。與牛仔視西部無疆界相反，今日宇航者的飛船資源有限，必須採取「宇航式的經濟」，才能橫渡廣漠太空、安抵彼岸。

　　既然人類居住在太空艙中，那麼知道地球的資源有限，就要進一步理解生態養生的過程。所謂養生的過程，就是瞭解環境怎樣來支撐人類及其他生物得以存活與繁殖的方法。首先，人類應當理解地球是一個封閉的系統。開放體系的能源來自於外頭，像湖泊、山林其營養之源為太陽。開放系統靠著本來自我的控制、攝理，就能達到自然的平衡狀態。但封閉系統如地球者卻都會經歷到能源的衰竭（entropy 「能脆疲」）。這是指系統內部的失序與解體而言。換言之，任何封閉的系統，因為得不到外頭能量的供應，使其走向衰敗與解體。這是因為對外系統的能源來自於其本身，而非外面的緣故，而不幸的是能源耗盡之後，便沒有再生重現的可能。

　　一方面環保人士發現地球無從補充與再生的資源越來越耗竭；他方面人口數量的無目標、無計畫的激增，會導致食物的生產遠落於人口數量的增加之上，這也是大規模飢饉餓殍出現的原因。人口的激增，不但造成生之寡、食之眾、貧窮與飢饉的悲劇，也使個人占有的空間越來越窄，城市雖然擴大，居住空間反而減縮。在每五日地球便增加一百萬人口的情形下，不但城鄉的空間縮小，

廢物、廢氣更助長「能脆疲」的趨勢。

　　沒有比能源危機更凸顯出「能脆疲」之可怕情況。工業化與大眾富裕是在大量揮霍煤、石油、天然氣的代價獲取的。出版《小而美》（1931）一書的德裔英國經濟學家舒馬赫（Ennst Friedrich Schumacher 1911-1977）曾經說，人類把能量當作每週每月都可以「滿盈」（topped-up 增添）的「進帳」（income）看待是一大錯誤。須知能量乃是人類賴以爲生的「自然資源」。錯誤的看法使得能源的需求狂飆，特別是這些無法再生、循環使用的能源的需求與開發殷切。結果這些能源大量被消耗，至 21 世紀底之前，全球的能源將被耗盡。一旦宇航飛船的地球耗盡其石油，而回到石油將要耗盡的世紀，則因爲取代石油、煤、天然氣的能源尚未發現有代替品（核能、太陽源、風能量）來補充，則地球的解體並非遙不可及的噩夢。

　　人類消耗能源、耗盡資源還不僅限於人口膨脹和大量消費，而是製造超量的廢物與垃圾而使宇航船的地球污染與中毒。像石油一旦加以利用之後，其排出的廢氣包括硫磺與氮氧化物會與水氣結合，變成酸雨與二氧化碳，對動植物造成直接與間接的傷害，也會導致地球過熱。事實上，自工業革命產生以來，單單在 20 世紀，整個地球的氣溫已上升 0.5℃，不但影響農作，還因爲南北極冰帽的融化，而使全球濱海低窪的地區已慘遭淹沒。合成化學品之大量生產使人類與其他生物受到嚴重的損傷。1984 年美國在印度博帕爾市設廠的聯合卡百特（Union Carbide）工廠毒氣的洩漏，奪去了 2,352 條人命，這是官方公布的數字，實際傷害的人數超過一萬人以上。

　　生態的經濟學不只提出警告，也在籌設解決之道，能脆疲或是一項無可避免的必然過程，但其效應影響都可以阻卻與延宕，假設政府與人民都能尊重生態保持之原則的話。生態學家認爲人類只是複雜的生物圈之一，所以必須認命安份，與生命圈的其他因素（動植物、礦物）和諧共處，人類生命的維持才有可能。政策與行動便要從「維生能力」（sustainability，生命維持的可能性）的原則來判定，這是指作爲生命圈的體系之下的人類體系繼續運作的能力而言。「維生能力」爲人類發展的野心設限，也爲人類開物成務、利用厚生的物質生活設限，它要求所有的生產盡可能減少傷害脆弱的生態體系。一個顯例，人類不該再大量消耗那些日漸稀少的能源，像石油、煤、天然氣之類的東西。是故生命長保（而非永續）經營的能源政策，是要求各方快速降低對石油、煤、天

然氣的大量消耗，改尋其他替代性的能源。這些替代性的能源為太陽能、風能、波浪能之開發與應用。這些替代性的能源，才可以被視為「進帳」，而非「自然的本錢」。綠黨人士建議讓政府大力研發這種可以更新、而不會用盡的能源。

維生能力的原則不只要求對自然資源採取開明而具長遠眼光的使用態度，並且要求人群對經濟活動有替代性的做法。這就是舒馬赫在倡說小而美的哲學之美，大聲疾呼「佛教徒式的經濟學」。佛教徒的經濟學的基本為「正生」原則。這是與西方傳統經濟，視諸個人（消費者）為「效用極大化者」（utility maximizers）的說詞針鋒相對。佛教徒認為生產活動固然在利用技術與能力的增進，俾提高人格的成長，也是藉由共同的操作，強化人際的社會連繫，從而克服人的中心（自私自利）之弊障。這種看法可以使人群遠離目前一心一意致力賺錢發財、創富的迷執。人的物慾與拜金想法一旦成為貪痴，那麼對生態環境的尊重與內心靈性的修鍊便不加留意。不過佛教倡說靈性的解放與西方物質享受的繁榮，並非水火不相容，舒氏說「財富並非解放之道上的障礙，而是對財富的倚賴、附屬〔才是困阻〕。障礙並不由於令人喜樂之物的享受欣賞，而是對這類可欲之物的貪得無厭」（Schumacher 1973: 47）。生態主義者希望未來的經濟學不再奴役人類，而是啟發人群，為人群服務。

這種維生能力的原則之宣揚在理論上是清楚明白，但要落實到實踐上難免有爭議。在德國接近綠黨的務實主義者（稱為「淺綠人士」）贊成「維生的成長」之觀念，也就是採取緩慢、務實的步驟，逐步落實生態政策，俾物質的繁榮與環保的代價獲得平衡。其中可行的做法之一為改進稅賦體系，對污染較多的工廠課以更重的稅負，對環保友善的生產事業則予以減稅。至於德國「淺綠人士」對只具「人面的科技」（technology with a human face）不感興趣，這只是主張小規模生產，以取代大城市、大工廠、大產業的大量生產與消費。他們認為維生性的成長、小規模的生產到頭來不過是延續向來生產與消費方式對大自然的濫砍亂伐之稍微節制而已。他們指出生態危機的原因為物質（拜金）主義、消費主義和經濟成長的堅持，是故要消除危機只能倡說「零成長」和宣布「後工業時代」的降臨。在後工業時代，人群應該住在小的鄉村區域中，而以手工業為維生手段，也就是對工業與現代科技採取全面與斷然的拒斥，也就是「回歸自然」的理想生活。

八、環境倫理的重要

　　各種形態的環境政策都在擴張新的道德思維。這是由於向來的倫理體系是建築在以人為中心的思考之上。以功利主義為例，它對「善」與「惡」的評價是以對人的快樂與痛苦的增減來衡量的。作為「效用極大化者」的人類，其行事作風以能夠增加最大多數人的最大快樂或減少其痛苦、不快樂為道德的極致。所有非涉及人類之物，其價值在為能否滿足人類的需要而定奪，他們只有利用的價值、工具性的價值。這種觀念便可從洛克、斯密、李嘉圖、馬克思等人的勞動價值論中得來。對這些大思想家、大經濟學者而言，自然界事物如有任何的價值的話，那主要是它們混雜了人的勞動之緣故。此中的原因為經過勞動人類與自然互動，從而增進人技術與感受的發展。以馬克思來說，人與自然的辯證發展，增強人的需要，也發展人滿足其需要的能力。一部人類史，便是人需要與能力交互作用的辨證發展，也是人勞動的紀錄、工作的歷史的勞動史，便從人的需要與能力辯證互動史（洪鎌德 2000：140-146，337-339，349-351）。

　　人本主義者與淺色的生態主義者所廣泛關心的倫理課題乃是當代人對後代子孫的道德責任。就習俗上、傳統上來看，向來習性顯示吾人所作所為的後果。固然不少的情形可以見到馬上的報應（現世報），但更多的情形，都是今日之行動，只有將來才能顯現其效果，見到其報應（來世報）。這種來世報的觀念，使不少人今朝有酒今朝醉，一點都不擔心後世子孫的死活。更可悲的是在揮霍當世的資產財貨之餘，債留子孫、禍延後代子孫，而絲毫沒有感覺不安、不妥之處。由於大部分的人只關心他自己，他今生的福禍，或至多只關懷已相識的親友、子孫的命運，而對於未來完全沒有見過面、也無法想像的後代不加注意，沒有一絲感情。因之，培養現代人與下代人聯繫的隔代倫理，似乎有提倡的必要。這種隔代或代間延續的倫理，其理論根據，或是古往今來自成一體，歷史傳承為人類的責任，或稱吾人只是歷史洪流的一個漩渦、一灘淺水。在承前接後的過程中，吾人只是地球的暫時棲息者、借用者，沒有理由不把棒子傳遞給下一代。此外，倫理已牽連到人與他人之關係，在橫軸上，不管人種、階級、性別對人群的博愛可以跨越地平線的距離；在縱軸上，則視古今與未來的人類

爲一體，把對人群的關愛，由原始人、古代人、同代人擴大與延伸到後代人，未出生的人。

除了關懷同屬一類的人群之外，把道德的價值與標準也由同類而擴及於異類，包括靈長類以外的各種生物，也是生態倫理學的新範疇、新面向、新分支。最常見的說法，是主張動物也擁有其存活與成長的權利，而稱「動物權」。

辛格（Peter Singer）在其著作《動物解放》（1976）當中，稱高等生物乃具有感覺之動物，能夠感受痛苦，是故對非我族類的動物之關愛，乃是「聞其聲而不忍食其肉」。動物就像人類一樣都會在形體上避免痛苦。他譴責把人類的快樂建立在動物受苦之上的人爲「種類主義」（speciesism）者，種類主義與種族優越主義（racism）、性別優越主義（sexism）都是狂妄自大、非理性的偏見，都應當掃除清靜，才不致毒害生靈。辛格認爲對動物的愛護、尊重其生存權利、發展權利，並非把動物視同人類，一體對待，而是容許不同的對待之下（尤其對植物與礦物）由深而淺仁民愛物的表現。

至於美國哲學家列根（Tom Regan）在其著作《動物權之案例》（1983）一書中採取比辛格更爲激進的說詞，認爲只要有生命之物都擁有存活與發展的權利。這種說詞要分辨人權與動物權就變成相當的困難。不過列根也指出：人是能夠運用理性思維，而具道德自主的動物。因之，有關動物權，公平也有所選擇性的賦與，譬如，高級哺乳類動物，應得到更大的關懷、更佳的照顧。列根這種動物權說詞，不爲深色的生態主義者所贊同。後者主張以整體主義、整合主義、或更爲廣闊的道德觀來涵蓋對動物的保護。

深刻（更爲組織、更爲投入）的生態學家認爲自然有其本來的價值、內在的價值。以此觀點來說，環保倫理與人類的工具性無關，更不可以從人類的價值引申到非人類的事物之價值上。顧丁（Robert E. Goodin）嘗試發展一套「價值的綠色理論」。這一理論說明資源之所以有價值，在於它自然的演化過程，而非人類的活動所造成。不過像自然風景中之各物的生命所以令人悅賞、令人瞭解其美麗，因之，呈現自然生成的過程，但這種美麗、雄偉，仍脫離不了人群的讚賞，還是帶有殘餘人本主義的痕跡。

比較簡單的看法是認爲人類是時光的過客、地球的借住者，與其他生物圈的居住者地位平等，也就是享有「生物中心之平等」（biocentric equality）。因之，那依士稱之爲人群與他物所擁有「生存與繁榮的同等權利」。問題在於生物是由

食物鏈與生存競爭而使其存在與繁殖。這種生物追求自保與延續的價值與人類
的道德（人所發明的自制方法）難以相容。對動物而言，人的道德反而是非道
德、背德與反德。

九、消除拜金、享樂與消費主義而進入後物質主義的時代

生態保護主義從頭至尾連貫一致的主張，便是拒絕人自我追求、自我膨脹
和戒絕物質貪婪、揮霍、浪費。因之，在倫理原則尚未建立、尚未為多數人所
接受的今天，如何從每個人自身與當下的作為做起，俾達致人與自然諧和，成
為當務之急。事實上自從 1960 年代環境問題的關懷日大，伴隨而來的後物質主
義的倡說與施行之情況，後物質主義是解釋政治關懷的性質與價值之理論，這
種理論卻建立在經濟發展的層次之上。應用馬斯洛（Abraham Maslow
1908-1970）人類需要的高低層次（hierarchy of needs）說，吾人知道經濟與物
質的需要是人存活的基礎，所以擺在需要層次的底層；反之，被人敬重和人的
自我完成則擺在需要層次的最高處。後物質主義者因而宣稱，以往物質欠缺，
促成人的貪婪、求取、霸占等等而獲致的態度，如今在物質充盈，生活水平提
高的情況下，人群會逐漸放棄貪多務得的惡性，而更關心生活品質的問題，從
而進入後物質主義的時代。而後物質主義的特徵為拜金主義的消失，消費浪費
之心態的改變，享樂主義的退潮，人群會把對金錢、物慾的追逐移轉到精神、
靈性的培養之上，進一步產生對文藝、哲學、宗教等性靈陶冶的追尋。在公共
場域則關懷道德、正義、人的完善。在這種情形下，女性主義、世界和平、種
族和諧、生態平衡與動物權利一一受到尊重，得以一一落實。如果這種後物質
主義的時代果然降臨時，那麼生態保護主義無異為新社會運動之一。新社會運
動為 20 世紀中葉以後震撼西方世界的學潮、工潮、反戰、反核運動的一種，都
是對傳統社會上下分層、家長制、長老制、種族主義和重視物質利益之偏頗的
抗議與拒斥的運動。

比起種族、性別、階級等新社會運動來，生態保護主義更耽溺於人的感受、
個人的實現的本質問題之上，企圖對此類問題有激進的、新穎的想法。生態主
義者認為，人類的發展到今天已碰到一個不平衡的瓶頸。一方面人擁有宰制自

然、開發財富的知識與科技本事（know-how），但這種物質畸形的開發，其目的為何？所為是什麼？一切努力為的是什麼（know-why）？知道怎樣做，卻不知道為什麼，就是人類發展不均衡的寫照。人類在幾千年幾萬年的發展中獲取了克服自然、奪取物質的本事，但卻沒有預料到實現這些期待、美夢、野心之後，對這些本事如何加以反省、檢討的智慧。「人類現在變得太聰明，不靠智慧也能存活」（舒馬赫的說法）。追求智慧並不是說要復辟原始人類對自然的盲目崇拜，甚至把宇宙神話化、神秘化。把自然當成神話來頂禮膜拜，正顯示反人本主義、反人道主義，使人類開物成務、利用厚生的信心與能力動搖。另外一些綠色思想家，則放棄傳統西方的世界觀，認為吸收東方的智慧，講究天人合一的哲學與宗教思想，有助於人類貪婪的減低。則人與天的和平共處、人與人的和諧共處，可以轉變西方重物質、重利益、重權利的政治思想及其假設（「典範」）。典範的改變，無疑地為後物質主義的時代之降臨做了有力的宣示。

　　投入轉變的生態主義者認為政治觀中包含精神面、心靈面的重要。人接近自然不只是理論的態度、不只是倫理的立場，究其實質則是人群的經驗，也就是達致「環境意識」。澳洲哲學家福克士（Warwick Fox）主張要超越深色的生態學，而達成「穿越個人身分的生態學」（transpersonal ecology）。所有事物的存在與發展不過是一個簡單而待展現的實在之構成單位（成分）。那伊士曾指出自我的實現，只有透過與別人廣泛而深摯的「認同」（identification with others）才會達致。這種心思與態度主要為東方思想，特別是佛教的精義之所在。東方宗教可以看做是生態哲學的本身。佛教關鍵性教義為「無我」。至於有我，我執都是妄想、幻想、嗔痴，人的醒覺啟蒙在於穿越自我，破除我執，與宇宙萬物融合為一體。

　　東方的生活與信仰之道可以發展為整體的、整合的個人主義，把個人的逍遙自由等同為對「實有」（being）的經驗之同一，也是有機的整體之實現。這種說詞可由符洛姆的著作《擁有與實有》（To Have and To Be, 1979）得知。符氏認為擁有與占有乃是一種心態，靠著追求與控制，而擁有某些事物（金錢、地位、聲名、享樂等），這是資本主義與社會崇尚物質享受與消費主義發展出來的人生觀。與此相反，實有卻是從經驗與他人分享中達到的滿足、造成的實狀，它可以促成人的成長與心靈的感受。不過正如符洛姆所說，要達到以實有為引向的人生觀，需要事先做更大的社會政治改革，包括人類的徹底改變與轉型和

典章制度的改變才有可能。

十、生態的政治學及其發展的三期

　　自啓蒙運動以來,西方人本主義、人道思想得到最大的鼓舞與發揮,人的價值獲得空前的承認,加上政治革命(美國獨立、法蘭西大革命、歐陸 1848 與 1870 年之革命)把民主制度推擴到世界各地。是故人的尊嚴、人權,與民主制度交互影響,一個以人爲中心的宇宙觀於爲誕生。但 20 世紀人類經歷兩次慘烈的世界大戰,精緻與殺傷力極大的武器大量使用,使人類頓時陷入相互廝殺乃至滅絕的可怖境地。第二次世界大戰雖告結束,和平並未降臨,在其後將近半世紀的東西冷戰中,核子武器毀滅全球的恐怖陰霾迄未消除。直至 1990 年代「蘇東波變天」,共產主義陣營解體,意識形態與經濟制度的對抗才告舒緩。但東西緊張關係的解凍,並未縮短全球南北貧富的差距與對峙,特別是文明的衝突、宗教與人種的敵對,使人類進入不確定的年代與風險暴增、危疑震撼的 21世紀。

　　自 1960 年代能源危機、糧食短缺、環境污染、山林變色以後,西方有識之士才儆然醒悟,人群彼此的威脅對抗、廝殺迫害,固然是對人的尊嚴權利、利益及其自由民主制度的打擊,也是對人文、人本與人道主義的斲傷。不過人類對自然的無理性開發、榨取與濫用,反而不利於人群的存活與營生。在這種情形下,向來的政治哲學只重人群諧和相處的主題,似乎有加以修正的必要。政治思想只討論人與人、團體與團體的關係已嫌不足,在傳統政治思想或政治哲學之外加上生態思想、或生態哲學更爲迫切。由是生態政治學也成爲政治學中新的旁枝,成爲研究生態與政治關聯之學問。

　　傳統政治理論者把自然當成布景或舞台,是提供給人類演戲之用,這是工具性的思維底產品。在這種工具性的思維運作下,政治理論只著眼於人群的社會互動之因由、機制、國家與領導之遞嬗演變,而使理論無法跨越以人爲中心之界線,因而無視生態的變化、自然的反撲、與人群永續經營之可行性。

(一)第一期：參與危機

1960 年代初標誌著西方工業先進國家對環境的破壞起著公共的憂心與關懷。這是將近十年間政治的擾攘不安所引發的公眾關注，這包括了除蟲劑所引起的毒害、核子發電廢物的處理不善、有毒廢物（汞污泥、重金屬）掩埋不當和大規模工業生產造成的環境污染，以致官方不得不承認環境破壞危機的日益嚴重，危機已不限於一地方、一個國度，甚至是跨國的國際現象。於是自 1960 年代末至 1970 年代初，先進工業國家紛紛立法設立環保署（部）、制訂環保法，開始以政策和行動來對付危機。1970 年首次以「地球日」的宣布，1972 年在史都哥霍爾姆召開了首次聯合國人類環境大會，這算是環保的危機與問題贏得舉世注目。

初期公家的承認與環境的立法只是把環境問題加以界定與圍堵，當做是工商業活動計畫不周全的結果，而不把它視為戰後贊成經濟成長的共識之後遺症。只有到 1970 年代初，人們覺醒經濟成長有其環境的限制時，才開始注意到「成長極限」的爭議性。換言之，1960 年代環境危機被當成「參與的危機」看待，也就是衡量環境的好處（例如城市生活的舒服便利）與壞處（噪音、空氣污染、街頭巷尾的雜亂）怎樣來適當計算與分配的問題。就是理論者也解釋群眾對環境破壞的抗議為分配正義（distributive justice）與民主計畫（democratic plan）的追求。這種解釋方式甚至延續到 1980 年代。

環保運動者採取這種參與態度乃是早期民主運動的一環，主張群眾、草根的民主參與，特別是涉及有關社會禍福問題的討論與決定，這包括了土地與資源的占取與使用所衍生的問題。這一期環境問題也反映在學術研究之上，政治學的焦點為國內諸社會問題，包括污染控制政策、環境利益群體的研究，甚至在政策過程與「獲得的政治」（politics of getting）的架構裡討論了環保問題（Rodman 1980: 65）。

這時期最重要的環境問題著作有卡遜《靜悄悄的春天》（1962）、卜克欽《我們合成纖維組成的世界》（1962）、賴斯《美國的綠化》（1970）都在說明學界對環境惡化的新感知，也在批評西方對非人類的生物之輕視態度。史粹敦（Hugh Stretton）的作品《資本主義、社會主義和環境》（1976），便開宗明義大談環境

資源人人有份，不只發達的工業國家可以利用資源，貧窮的第三世界也可以分享世上的財物，這可以說是以社會民主的角度來討論資源與環保的問題（Stretton 1976: 1）。

　　把環保問題解釋爲對土地與資源的公平分配與合理使用，使早期的環保運動變成新左派攻擊建制的附庸。加上環保運動與主張，其採用的改良手段，反而是造成社會成本的增加（例如製造污染工廠的關門使大量工人失業）這些說詞導致環保運動的核心人物成爲新中產階級、或稱新階級，也就是夾在資本家與工人兩大階級之間的新階級，結果早期的環保運動夾在環境改善的要求與職業安全兼分配正義如何伸張的激辯隙縫裡。

(二)第二期：存活危機

　　在 1960 年代末至 1970 年代，由於新左派的鼓吹，社會主義的理論得到新的修正。馬孤哲的《一度空間的人》和哈伯瑪斯《邁向理性的社會》暴露工業社會諸多的問題。除了環境的失序之外，這兩本著作還指出工業社會的心態爲工具性思考和技術官僚思考在主宰一切社會。這些著作使新左派在討論環境問題時，也涵蓋了生活形態、科技和對自然的開發等有關問題。他們終於重視意識的改變、新世界觀的建立對環保的推動大有助力。不過這些初期新左派的努力並沒有挑戰以人爲中心的傳統觀念之錯誤，他們只關心個人與社群取得更大的自主權力，決定與參與權力，也就是對資源與權力的管理去中心化、分散化。包括賴斯（William Leiss）在內的對人類宰制自然的控訴，只是在使人群「解放」其貪婪自私的內心，而不是在解放非人的、自然的世界。

　　直到 1970 年代末與 1980 年代初卡遜《靜悄悄的春天》一書，視人與自然爲生命共同體的意涵才逐漸明顯，而爲各方注目。隨著羅馬俱樂部公布的《成長極限》一報告以及《生態者》雜誌刊布的《生存藍圖》之後，環保運動進入第二期，也就是生態危機的時期。儘管生態破壞、污染的報告早在 1950 年代便駭人聽聞，但只有上述兩報告出爐後，舉世才震驚於事態的嚴重。這是西方人士首次發覺人口的急劇膨脹與大量消耗資源所帶來的嚴重後果。生態危機已不是資源分配與使用不當的危機，而是牽涉到廣大人群能否存活下去的「生死危機」。地球視爲太空船、視爲宇航的交通工具，正說明其有限性與脆弱性。於是

1970 年代初至 1980 年代可謂爲環境破壞引發全球矚目之時期，而人類生死與共、命運共濟的理念也跟著大行其道。但這種「救生船」倫理並未普及與深植於人心裡。

《成長的極限》與《存活的藍圖》兩報告的刊布對媒體傳播與政策制訂都有重大的衝擊，特別是隨後爆發的石油危機更引起人們廣泛的討論。英國人民黨於 1973 年成立，其後 1975 年改名爲生態黨，1985 年再改名爲英國綠黨，其政見多取材自《生態學》的建議。在羅馬俱樂部資助下麻省理工學院曾進行生態問題的研究，都認爲科技的改善可能會爲人類的存活提供解決之法。另一方面羅馬俱樂部也在 1974 年出版年度報告，強調人對追求能力擴大的限制，以及經濟科技發展的限制之做法改變，並非出於對別人、對下代的「慈悲」與同情，而是完全爲這一代人的「存活」著想。

海爾布羅涅（Robert Heilbroner）在《人類前景的探討》（1974）一書中，認爲個人主義反叛的普羅美修斯之不馴的精神，應該改變爲阿提拉斯之忍辱負重、熱愛蒼生、維護生命存續的精神（Heilbroner 1974: 142-144）。海氏對人類前景不免抱持悲觀的看法，這是由於人性的自私自利迫使吾人要仰賴中央集權，或具威權的國家（政府）來強制大家去節制與犧牲，來進行物資的分配，並指導農工業如何重回平衡發展。由於他關懷的是人群能夠存活下去，所以他的著作中便沒有進一步討論如何培養更佳的人性。他只是提醒當前人性的險惡，要爲未來開拓前景是相當困難，更何況要求人群放棄奢侈浪費的惡習及向來的生活之道幾乎沒有可能。他認爲唯一能做的是把國家範圍縮小到像古希臘人人都能參政、參與決定的「城邦」（polis）。換言之，把不斷向外擴張的國家化成國家與社會不分的城邦，才是人群存活之道。這種說詞無異爲烏托邦的翻版。這種不訴諸人內心的節制，而只依賴身外政府威權的壓迫，顯然不是過慣自由與民主生活方式的資本主義社會百姓所能爲、所願爲的指示。

與海德布爾涅一樣，歐佛士（William Ophuls），贊成人群組織小規模的面對面的民主社會，或是哲斐遜倡說的社群民主，這種小規模的政治組織是人群追求美好生活的場所。不過要把腐化的人群來一個脫胎換骨的改變，單靠個人內心的自我節制是辦不到的。由是政府在個人身外的權威脅迫成爲必要，畢竟人難免要在威權政府與被冷淡遺忘之間做一選擇。歐氏與海氏顯然是主張政府干涉人群生活的「干涉主義者」。倣效霍布士與洛克的契約論，歐氏主張人民與

政府之間不妨締訂一個「生態的契約」，特別是當未來中央政權逐漸受到憲法規定的限制，權力難以擴大之際，與百姓締訂新的生態契約乃屬必要，該契約建立在自制的基礎之上，來追求人與人、人與自然之間的協調與和諧（Ophuls 1977: 164-165）。

海氏與歐氏權威國家的解決辦法引來一大堆的非難與批評。特別是對人群只為存活、不顧自由與自主，不免為長期的存活付出太大的代價。把解決危機的責任交給集權的、威權的中央政府，不要忽視民主的、分散的權力之運用更有克服危機之可能。人們應當檢討的不是以威權主義取代自由民主，而是改變自由民主中以占有為主的的自由主義、大肆擴權的私產制度、幾乎失控的市場經濟，或權力萎縮的有限政府。

> 物質豐沛的激情之宣洩不羈，是得到霍布士自然權利的證實，也是洛克把權利擴大到〔包括生命、自由、財產、勞動〕造成的合法事實。這種不加節制的縱情縱慾加上對向來理性與自制的拒絕遵守是造成〔當前〕生態危機的主因。（Leeson 1979: 317）

就因為在自由主義中無法找到環境危機解決的方法，使有心人士轉向社會主義，甚至社會主義中較為激進的馬克思主義。

(三)第三期：文化與性格危機

很多批評以生存、存活為最終目標的生態理論之學者，轉而把生態政治的辯論從生長的、有形的限制轉到物質進步的意義之檢討上，也就是思考工具理性主宰生活所付出的社會代價與心理代價。這些代價包括異化、意義的喪失、貧富兩極化的同時並存，福利政策推行下領取補助金者之喪失獨立、部落文化的失據、城市文化一律性與文化多采多姿的失落。解決之道似乎為「科技的定數」（technological fixes 或譯為科技的困境）與較佳的計畫，但無論是科技與計畫的改善都不能徹底解決生態危機，最多只能減緩危機的深化而已。1970年代末與1980年代初新的生態政治之思想家指出，新的文化機會可能為解決問題的新策略，也就是他們在對工業主義進行生態批評時發現一股解放的潛力。這

不僅是人類自主與自決的解放理念而已，而是對西方政治思想中自主與自決之基礎與條件的重新評價。

　　於是生態的政治進入第三期的解放及危機的討論之上。誠如賴斯所言：人人都知道人口與經濟的成長有必要設限，但要知道限制究竟是好還是壞，限制有可能把我們重視數量的改變轉成品質的提升，使吾人造就一個懂得保留財富與資源的社會（Leiss 1978: 112）。早在 1965 年卜克欽（Murray Bockchin）在〈生態學與革命思想〉的文章中便預言生態學對社會的批評遠遠超過最激進的政治經濟學所要達致的規模。從那時起卜氏堅持一個注重生態的社會之養成，該社會建立於社會生態學的基礎上，不會縮小第一性（自然）與第二性（人性）的自由和自決（Bockchin 1971: 58）。

　　另外一位採取解放觀點的生態學家羅查克（Theodore Rozak）也認為生態政治會造成人身與地球「生命的交互作用」（vital reciprocity）。他說：

　　我的目的在指出地球環境的痛苦已進入吾人的生活中，使人的認同發生變化。對星球〔地球〕的需要與對人的需要合而為一。這種天人合一在使用深度的顛覆力量時，對我們社會的重要制度產生作用，目的在使我們的文化更新。（Rozak 1979: 15）

　　巴洛（Rudolf Bahro）指出：吾人應該感謝環境危機，因為這一危機的存在，迫使我們重新檢討解放的意義。假使地球的能源與資源是取之不盡、用之不竭的話，那麼吾人會誤認為人的解放只是物質的不斷擴大。這種環境的危機顯然是資本主義危機的特徵，其本質藏在物質文化重視重競爭與貪多務得之心態上，也是產自人類對其他種屬霸權之上（Bahro 1983: 94）。

　　總之，瞭解人類在自然中所占的地位，以及人與其他生物的關係，不但縮短人與他物之距離，也在意識的改變下使我們更像人樣、更具人性。換言之，人類應該培養新的性格與文化，使民胞物與的觀念滿足了人身與星球（地球）、人與物的需要。在這種新的文化之下，環境的危機不但是參與和存活的危機，而且也是廣義的文化之危機。文化是共享的社會行動構成因素，諸如傳承的理念、信念、價值、知識、技術之總和而言。世界第一個綠黨乃是 1972 年在紐西蘭成立的價值黨。該黨主張去掉任何的壓力——減壓（depression），要從物質

的豐饒壓力下減輕，要從人的價值中減壓，在國民經濟不致減縮之際，使民族精神昂揚。

在政治上，解放的生態政治要以批判性的態度來檢驗人的需要結構、科技的適當和人的自我形象。可以說生態政治第三期在於檢討基本的問題：吾人對能源需求到什麼樣的程度？吾人對交通與工業需求到什麼樣的程度？是否靠這些科技、貨物、與生活方式，我們能活得更快樂、更豐富、更有意義嗎？換言之，生態運動在質問需要的格式與結構，以及生活之道為何？生態運動最重要的目標在於質問人類與世界的關係，也就是質問人的生活究竟是什麼？我們存在的目的為何（Castoriadis 1981: 14）？

文化再生的需要顯示解放的生態政治學注意的焦點不再是傳統的國家及其機制，而是民間社會的重生。這也表示 1980 年代以及 1990 年代西方生態運動與新社會運動的掛鉤之因由。這也包括與女性主義、和平、援助第三世界、發展第三世界諸社會運動的合作。理論的計畫在找出克服資本累積的破壞性之邏輯，也克服消費社會的貪婪性價值觀，更重要的在打倒各種宰制的體系（包括階級宰制、家長或父權宰制、帝國主義、極權主義之宰制，以及對自然的宰制）。在這種情況下，生態政治學要批判的是保守主義、自由主義和教條的馬克思主義。

十一、保守主義、自由主義與正統馬克思主義之批判

由於左派人士常批評生態主義、環保主義為保守主義的化身，因之，有關生態主義與保守主義的區別不能不有所析辯。固然這兩者有共通之處，例如強調對創新與發明（特別是科技方面）持戒慎恐懼的審慎態度；對既存的事物加以保留、維護；對傳統的產業之珍惜、尊重；使用有機的、官能的譬喻和看法；對極權與整體主義的排斥等等，都促使政治實踐上綠黨與保守黨的合作。更何況保護舊物、古蹟、愛護環境的綠色思想其發展更可追溯至早期的保守主義。

不過有異於保守陣營的思想與作法，生態主義者在面對人類當前的浩劫與危機時，其急躁的言行、激烈的反應與積極的行動，都是保守份子難以望其項背的。因為綠色思想與言行的激進主義，使環保人士有時被貼上「激進的保守

份子」之標籤，或是「具理想的保守份子被推入情況的激進主義」中（Wells 1978: 305）。

這種混同保守主義與生態主義的說詞，與生態政治和綠色政治的思想不同。特別是當生態主義者要求徹底改變目前政治與經濟的時候，他們與保守主義者不但分手，還視爲敵對陣營的成員。生態主義者對科技雖持審慎態度，但不反對更新與創意，更注重平等的觀念，這與保守份子抱殘守缺，主張社會有階級、層級垂直不等的上下結構（hierarchy）完全相反。不似政治上的保守份子對現存法律與秩序的強力維護，生態主義者企圖挑戰或改變既有權力關係，不管這種關係是存在於階級、人種、性別、國籍、信仰等等之上。生態主義者甚至大力批判雷根主義、柴契爾主義等新保守份子的政經措施。主張解放的人士自認已超過保守主義的啓蒙運動的非難，也把保守主義排除於人類解放事業的伙伴行列之外。

與保守主義相反，自由主義與馬克思主義曾經吸引不少主張解放的生態主義者之注意。後者留意到儘管生活在資本主義與共產主義國家的人民，其社會關係大爲不同，但對於個人的人性，在理論上仍有共通之處，也就是資本主義下的人民，或是頌揚馬列思想的社會主義子民，都在致力物質豐盛下的享受自由。其結果顯明，現代的生態危機絕不限於已發達的國度之資本主義陣營，也包括大力開採煤電，致力工業化、現代化的共產國家。足見工業主義才是生態危機的創造者。而工業主義涵蓋市場經濟的西方以及計畫經濟的東方兩大陣營，連第三世界也在東施效顰、窮追猛趕。蘇共二十大在 1961 年就宣稱「共產主義把人群推到控制自然最高水平，也是對自然內在力量做最大的使用」，這就是紅色帝國崩潰前實行霸權的執政黨之黨綱與目標。

事實上，洛克與斯密的古典放任自由之政治經濟學著作，爲擴張的公眾經濟奠定理論的基礎。在洛克的政治架構下，人以外的自然界爲人類存活的工具，地球爲人類的生活與舒適提供支撐。人手所觸摸的自然物成爲人占有、置產的目的物，把無價之物轉化爲有價值的商品。自由主義陣營中，並不都贊成把地球當成工具，以及經濟行爲的大肆擴張。像穆勒的著作中便可以發現對生態多姿多采的欣賞，以及靜態的國民經濟之經營。在《政治經濟原則》中，穆勒提到靜態的情境（the stationary state），認爲資本與財富的靜態狀況，雖爲向來政治經濟學思想所反對，然而對當前社會情形卻有改善的作用（引自　Barry

1998：185）。邊沁把功利的計算推廣到有感知的生物，便成爲辛格（Peter Singer）
動物解放理念之源頭。

　　儘管自由主義裡頭不乏對生態問題關懷的前輩，但具解放觀念的生態學者
卻要在其他的理論傳統中，尋找足以支撐其理念與原則的思想源泉，俾爲後資
本主義時代、後自由主義時代的社會找到一片淨土。自由主義的核心觀念如個
人主義、理性主義、功利主義以及放任無爲的經濟理論，都在鼓吹人的自主、
創造、開發等活力。這種活力、彈性（dynamic）的發揮，只使少數菁英得利，
而大部分的庶民卻遭殃。再說爲保證活力、彈性的不斷發揮，勢須對群眾的不
滿與反叛加以壓制，其結果便是威權政府的壓制，而非個人內心的自我節制。
此外，自由主義所推銷的個人不能被剝奪的權利說，特別是財產權說、契約自
由簽訂說、市場供需誘力說，導致資本的集中、貧富的兩極化，從而把自由主
義重視個人開創能力、自主自決的美意一掃而空。再說主張解放的生態主義者
更無法認同自由派大聲疾呼的福利國政策，認爲施行這種政策無法剷除社會的
不平等，它只會使普勞大眾成爲大量消費者，而非自由與自主的生產者。在這
種情況下解放的生態主義者不得不重拾新左派的唾餘，大談參與和自我管理的
議題。

　　對自由主義的批評還有更深一層的意義。原來的自由主義的理想是依賴人
類科技的無限上綱和資源開拓的疆界不斷擴大，然後藉財富的取得與分配，以
漏斗式由上而下，讓菁英先享受最大最佳的部分，然後及於中產階級者，最後
則讓庶民大眾分最小的一杯羹，這便是自由主義者心目中的分配（配當）正義。
但生態主義者卻認爲一旦科技發展遇到瓶頸，而開拓的疆界與場域碰到盡頭，
那麼沒有更充足的資源可供社會不均的分配時，貧富的差距必然擴大，則配當
正義與均分的社會之理想豈非遙不可及？

　　對自由主義作出生態與社會的合成之批評者，生態主義者排斥了占有式的
個人主義（possessive individualism），而重新尋覓新的社會理論，至少是承認有
成長極限、生態極限，而又能夠把人群的事務、生活，以民主的方式、合作的
方式、以及社群的方式加以兼容並蓄的學說。

　　在這種情況下，馬派的理論固然比自由主義的學說更受生態主義者的歡
迎，至少在理論的層次上（集體決定經濟操作，公平分配社會財富）更容易被
接納，但在最終的考察裡，馬派的主張仍舊是科技至上、不斷地要求膨脹擴充

（短期間要趕上西方）以人（黨、幹部、普勞）的利益為單獨的考量（人為中心）的學說。就其實踐而言，共黨統治下的國家（舊蘇聯、東歐、今日的中國、越南、朝鮮），其對大自然的濫墾濫伐、浪費資源、破壞環境、輸出污染，幾乎到了使生態無從存續維持的地步（施正鋒 2004：223-256）。

馬克思本人是強調人開物成務、利用厚生，致力生產才會贏得自由，也才能達成自我實現。他這種開發自然、利用自然的經濟活動之想法與洛克並沒有兩樣。

與洛克相似，馬克思把自然界當成人群活動的場域與倉庫，自然物之所以有價值，是由於加上人的勞動，把自然物轉變成貨物的緣故。與洛克及其他自由派理論家不同的地方，是馬克思反對私有財產制度。其論據是私產導致階級的形成，也是造成工人階級剩餘價值被剝奪的原因。

現代哲學中最重要的兩個支柱是自由主義和馬克思主義，它們固然震撼現代人的心靈，導致許多人拋頭顱、灑熱血，為實現其理想而犧牲生命。但在重新研讀它們的意旨時，卻令人驚悚悟覺。可以這麼說，自從霍布士、洛克到馬克思、恩格斯這些人的著作都在強調，對自然的宰制與轉變是人自我實踐的手段。這些假設居然是西洋兩百多年以來政治哲學的起點。以致要掃除匱乏，只有仰賴科際的開發進展和經濟的成長，這是啟蒙運動以來歐美人士強調從傳統與自然的束縛下獲得解放的途徑。生態主義者遂主張現代人可暫時解決或擱置匱乏的傳統問題。但這種辦法，可以說是整部人類史轉為詭異與不正常的發展。或許有朝一日人類會通過這段的生態轉換先鋒期，而進入更為成熟、穩定的時期也說不定。

儘管解放取向的生態學家同意自由主義與正統馬克思主義為當前的生態學追求良好的、保留（不浪費、不奢侈、善用資源）的社會（conserver society）提供理論的支撐，但他們對後資本主義、後工業主義、後自由主義、後馬克思主義的社會境況，卻是意見紛歧、主張各異。也就是在涉及生態保護時，後自由（資本主義）的社會之政治與社會理論，必然要能夠處理當今社會與生態所引發的問題。屆時，新馬、後馬、民主的社會主義、烏托邦社會主義、無政府主義、女性主義那一種會變成主導的思想？有無可能是諸種主義的混合？還是由獨特的生態主義在發號施令？

在更為基本的生態哲學層次上，關於人對非人的自然界之關係，引起更大

的爭議、與深刻的分歧。固然生態學家不認爲重返 1960 年代討論資源與財富的擴大與參與的問題，但愈來愈明顯與嚴肅的爭論則是：以人爲中心和現代化世界對科技的熱望與追求程度應該怎樣修正、如何修正、修正到什麼程度？

十二、解放思想中以人爲中心以及以環境爲中心之間的爭論

解放的生態哲學或生態政治學，其理念並非像其他主義、其他理論那樣的頭尾融貫一致，是緊密完整的思想體系，而是許多近似的，有如選擇親近性的想法之匯聚。儘管如此，在這些以人類或其他生命之解放爲目標的生態主義者當中，仍舊可以看出截然有別的觀點（perspective），也就是分辨了以人爲中心的觀點，還有以非人（生態環境 eco）爲中心的觀點的二分化。前者強調生態主義所關懷者爲提供新的機會讓人類得到解放，並營造一個可以存活、可以維持的社會（a sustainable society），俾人群能夠實現夢想。後者雖然與前者同樣地求取人的解放，但解放的觀念擴大到包括動植物在內，甚至也培養著民胞物與的博愛情懷。這兩種觀念的分別固然來自環境哲學立足點的歧異，也是由於生態歷史與生態社會學發達以來，近年間出現在生態學家的爭論之上。這也是那依士分辨淺的與深的生態學，歐略丹（Timothy O'Riodan）區分「技術中心主義」與「環境中心主義」，歐士特（Donald Worster）區別「帝國主義者」與「田園悠遊者」等等之原因。

以人爲中心者視自然是人類物資的倉庫與資料的來源，非人類的各界對人而言呈現工具性的價值，是滿足人的目標之手段。至於以環境爲中心的看法則強調自然的各物擁有本身的價值，不當以人的尺度來加以衡量。

另外的分法是以政治立場爲左或爲右來加以區分。但鑑諸第三期生態的發展，也就是求取解放的階段，絕大多數的生態主義擁護者都向左傾斜，右派的生態主義者人數減少，是故用左右兩派加以區分會漸漸失去意義。或有人主張生態運動宜由國家領導，但不少人主張這是民間抗爭運動，也就是新社會運動的一種。是故官方或民間爲主體的區分，也無法突顯生態解放的主旨。

以生態爲中心的研究途徑最重要的優先議題是人在自然界當中的地位。這一議題遠比人類社群的政治或哲學之安排還優先、還重要。很多生態學家指出

人類的出現並非進化的最高峰，也不是世界價值與意義之唯一所在。反之，這個世界是多層次的生物社群（biotic community），也就是生命共同體，人類只是這個社群、這個共同體的一份子而已。是故人類對其他生物界應持設身處地（empathy）與謹慎（caution）的感受，亦即對其他生物的榮枯懷抱關心與同情。

　　在討論以環境為中心的解放性生態主義之後，我們進一步要探究這派理論有什麼問題值得提出呢？大概有三個問題：其一、在目前的政治制度與政治思想中，哪些制度與思想可以充當生態運動的助手？其二、經過修正後，這派生態運動可以同何種政治傳統、何種主義結合呢？其三、生態理論家是否可以發展出獨立的、自主的政治安排，俾實現其環保政策的理想呢？

　　對這些問題的回答，可能沒有一致的看法，但大略可以分成下列幾點：

1. 解放的生態理論者不會同意存活的生態主義者，政府應採取鐵腕政策來節制過度工業化，而建立可以讓人群長期經營的後資本主義的社會。

2. 生態主義者也不會與保守勢力掛鉤，這是因為保守主義贊成業已建立的秩序、垂直不平等階層、靠權威與家長發號施令、反對文化更新、反對社會實驗，這些與生態主義者的想法可說是南轅北轍。

3. 解放理論者拒斥自由主義與新保守主義的「自由市場」，因為自由市場的運作是造成群眾悲劇的動力之釋放，激烈競爭、弱肉強食的結果。不過生態主義者並不全然拒斥企業經營與供需機制，對分配正義的落實，設使市場的運作能夠屈從於生態與社會公平的原則之下。由於生態運動還在萌芽初期，所以公私混合的企業之利弊並非生態學者所能斷言。他們也並非把古典自由主義的價值觀（個人的自由與發展）徹底推翻。

4. 馬克思主義與新馬的理論對生態學者仍具吸引力，因為此自由派觀點更富韌性與活力。特別是馬氏對資本主義體制的嚴酷抨擊，使以人為中心的生態主義者大受激勵，有意效法馬派主張，在推翻資本主義體制之後，達成人的自我實現（黃之棟 2003：65-67；施正鋒 2004）。

5. 由於解放主張的生態主義者贊成平等與民主的精神，所以也與新社會運動緊密合作，是故反種族主義、女性主義、民主的社會主義、烏托邦社會主義和無政府主義都成為生態主義的理論與運動之盟友。

6. 至今為止的生態主義理論家尚未發展出一套有關社會與政治安排的嶄新綱領，也就是尚未建立一套邏輯周全、體系完整的意識形態，但這並不

意味綠色政治思想沒有其獨特之處。其獨特之處在於生態哲學持不同的觀點，以及對社會與政治更爲廣泛的批判之上，也是對社經安排提供不同的倫理思考（Eckersley 1992: 7-31）。

十三、環境與生態的倫理學理論

由於 1960 年代西方有識之士發現人口膨脹、環境污染、生態惡化日趨嚴重，因而在反越戰、反種族歧視、反性別歧視等新社會運動如火如荼地展開之際，環保運動、綠色思想、生態捍衛也一一出籠。是故社會問題（不只是政經問題）成爲引發思想問題、文化問題的導火線。環境倫理學、生態倫理學於焉誕生。不過有異於生物醫療（biomedical）的應用倫理學，環境與生態倫理學雖是哲學的新分支、新部門（subfield），卻是理論的倫理學。

向來西方的倫理學多在關心個人之間的關係，個人與社群的關係，極少注意到人與自然的關係。是故以規範人與人的道德行爲和關係來規範人與大地、對其他生命的關聯是不適合的。從而環境與生態的倫理便是道德哲學的一環，必須重新思考與營構人與非人的自然界之關係。

哲學家帕斯謨（John Passmore）與薛爾旺（Richard Sylvan 1936-1996）之間曾經展開有無設立環境倫理學的必要之爭辯。前者認爲西方傳統的倫理學足夠應付當前環境惡化之危機，原因是踐踏自然也會傷害人群。後者則堅持應另設環境倫理學來反應當前人類的困境。諾頓（Bryan G. Norton）則主張採取「減弱的以人爲中心之看法」，一方面高貴化人的生活，他方面也達到保護自然的目標。另外像是 Engene C. Hargrove 和 Mark Sagoff 等人，則認爲人類所以發現自然有其內在的價值，是基於欣賞大自然之美麗、和諧與有條理，比較接近美學的價值，而非善惡判斷的倫理價值。爲此吾人有義務保護自然免遭破壞，而使下一代的人類可以欣賞與享受。

辛格（Peter Singer）把邊沁的功利論推擴到有知覺的脊椎動物上，認爲採用擴張類推（extensionism）的方式不只對人，也對哺乳動物給予同等的道德考量。

另一方面則有「動物中心主義」（zoocentrism）之產生，他們大力鼓吹「動

物的解放」，主張動物生存與繁衍的權利。但在 1980 年代這種民胞物與的關懷與環境倫理學分家。從其機關誌《環境倫理》與《種類之間》(*Between the Species*) 兩份刊物的各奔前程、各說各話的情形，可以看出動物中心主義與環境倫理學分屬不同的哲學旁支。

辜帕斯特（Kenneth E. Goodpaster）不認為快樂、舒服是目的之本身，也不認為痛苦、創傷是內在的罪惡。在動物中生成發展的快樂與受苦之感知能力是動物保存生命之工具，是故並非能夠受苦、吃苦，而是能夠生存、存活，才是「道德考量」(moral considerability) 的衡量標準。辜氏這個說詞可以說把動物中心主義向上推到生物中心主義之上。

生物中心主義強調只要有生命現象，特別是動物的個體，擁有心理上追求目標──求生存、成長、繁衍等──都符合道德價值的標準。不過如果把標準擴大，則不只是動物，就是植物也有追求存活、繁殖的目標，是故都應受到道德的關懷。

環境與生態的倫理顯然無法把生物中心主義照單全收納入倫理的考量中，這與當前的生態危機有關。當前生態危機包括稀有物種的滅絕、生態體系的惡化、沙漠化擴大、水與空氣的污染、臭氧層破壞、溫室效應導致的氣候失常。這些重大的環境惡化與生物中心說關聯不大。

自然界是一個統合的網狀與有機的整體，作為大地之母與生命的支撐者，自然界所關心的是大眾、種類，而非個別的生命。雖是重視生命、生生之德，卻是不忘記死亡，因為死亡正是有機過程的終站與核心。只重生而畏懼死的倫理學乃是不尊重自然的道德哲學。

劉坡德（Aldo Leopold 1887-1948）曾提出「土地倫理」的主張，可以視為 20 世紀美國環保運動的理論基礎。他的理論便是不以人為中心，也不以個人為主要的關懷來討論亞丹·斯密、休謨等人的道德學說。就是達爾文也認為人類的道德感受與人群的成長相輔相成地演進。他認為人類最原始的感情在於部落，而非成員個人之間。劉坡德藉著達爾文的進化說強調生態學不只是說明人類為諸社群（家庭、教會、職場等）的成員，更是「生物社群」(biotic community) 的成員。是故「土地的倫理把社群的疆界擴大到包括土壤、水域、植物、動物等〔集體〕之上。土地作為集體而言……對其成員有所尊重，也是對社群有所尊重」。

　　不過在嚴格意義下，以環境爲中心的生態倫理雖重視集體與整體，但也不致完全抹煞個人、個體的存在，它也不會把傳統建立的制度（像家庭）加以取消。原因是人類的社會演進是一連串的增添（additions），而非取代（replacements）的過程。就像樹木的年輪，它在增加新的圈圈、新的增長（accretions），也就是劉坡德所言，社會倫理共同體的出現與增大。生物的共同體（biotic community）不只擴大成員的數目，也賦予擴大中成員的義務。原有親密的社會的聯繫及其滋生的義務（對家人談情、對朋友講義、對社會盡職）還會保留下來，不致消失。

　　把環境或生態的中心主義加上女性主義，我們得到生態女性主義（ecofeminism）。生態女性主義者支持生態倫理的核心爲人與人、人與物的關係所產生出來的感情。對她們而言，父權制或家長制的根基深植於環境當中，不只表現在社會的剝削之上。是故劉坡德有關生態中心的土地倫理對家庭的分析尚嫌不足，因爲它未涉及傳統上婦女受到男人宰制、壓迫的歷史實況。如果把家長制、父權制的模式從家庭搬到環境之上，則環境中心說更要陷於矛盾之中。向來以社會的譬喻、類比來描述自然（把自然描述爲「生物共同體〔社群〕」），就會誤導人群把家長制的家庭或社會延伸到看待大自然之上。

　　以生態女性主義者的觀點來看待環保運動與生態正義（ecojustice），就不難發現她們質疑人類對自然各物之壓榨、剝削同男人之欺侮、宰制女人幾乎如出一轍，根本都是既非公平、也非正義之人間憾事。在這種情況下，提出有效的政經理論與策略大有必要。這些新理論必須打破工業化是一種發展的迷思，同樣要打破自由就等同爲無限制的消費之迷思，更要打破民主就是財團少數統治之迷思。

　　這 20 世紀最後二十五年間，環境哲學家不斷提出革命性的理論，俾把自然納入倫理規範的研究範疇中。其中的爭辯、紛歧固然難免，特別是環境保護者與動物權利說孰重孰輕之爭執，都陷身「未知之境」（terra incognita）的探索中。不過學術、思想的磋商，溝通有助於人與自然共生的理解，也把生態倫理與傳統人本主義做一個有機的綜合（Callicott 2001: 467-471）。

十四、綠色的意識形態

　　正如前述綠色的政治思想與運動出現在 1960 年代，肇始於新社會運動崛起之時，故爲左派的運動之一，也是左派政治傳統的延續。綠色運動者遵守左派運動幾項規則：生態的理性主義、平等主義和草根性的民主。平等主義與大眾民主是使綠色政治思想與運動向左轉的主因。是故綠色的意識形態並不是單單強調生態與環保，也兼顧平等主義與草根性民主的推行。

　　社會運動的意識形態，是包括思想與行動在內，這是特別重視運動的彈性與韌性（dynamic）。只有在與反對者爭辯，以及在運動的理念上發生衝突需要解決時，韌性才會展示出來。綠色的意識形態就在動員參與者與知識份子批判性的激辯中產生出來。是故這種意識形態並非某人或某一群體即興之作，而是在運動過程中積極參與者、活動者與知識份子中贊成與反對的人士經由交往、溝通而逐漸成形的一些觀點，它欠缺完善的體系和基本的教條。如果說它有所謂的原則的話，那就是上述生態的理性、平等主義和草根民主三項而已。而在綠色運動中有不少積極熱心的活動者因爲理念不合而退出，正顯示這一新社會運動並不像其他政黨、黨派、教派那樣對意識形態的堅持，這也說明綠色的意識形態結構的鬆散、吸引力的有限。

　　綠色的意識形態每隨運動所追求的目標與議題，而多少有點變化，不過其中有關意識形態最穩定與概括化的聲明來自於綠色政黨。比起其他的環保團體來，綠黨會發展出主要政治問題的集體看法，也會爲其追求之目標與行動發展出相應的策略來。那麼綠黨的意識形態包括什麼主題呢？大概而言有下列三種：

■ 生態的危機

　　所有的綠色運動與政黨視生態有可能崩潰，因之要求人群在生產、流通與消費方面採取生態節制的措施來防阻環境的惡化、資源的耗盡。在對生態危機採取因應的措施時，綠黨相信新的機會藏在發展新的「後物質」（post-material，不以物質享受爲最高的）之人生觀、價值觀，也就是讓人群不再貪婪如昔，不再追求無限增大的富裕。

■ 權力的重新分配

綠黨延續傳統左派政黨的目標,要求社會上與政治上權力、財富的重新分配。不過由於福利國政策的推行及其效果對社會階層的重新型塑,其目標並不在保護或改善勞工階級而已。是故綠黨要注意的不只是工人階級,也包括在政治經濟上、社會文化上、性別上的弱勢群體。綠黨所關心的不只是這些弱勢群體被排除於社經與政治參與之外,更關心社會階層、族群之間的不平等。

■ 參與管道與機會的擴大、官僚與專斷的減縮

在今日西方資本主義體制下的「自由民主」國家,人群的社經與政治參與形式有相當程度的限制,加上官僚決斷不夠透明化,對社經與政治的改變成為阻力。這種面對參與不足與官僚專斷的情況,不只綠黨大嘆無奈,連新右派亦有同感,只是這兩者反對國家權力膨脹的不同之處為綠黨認為現存國家制度不夠民主,而新右派卻認為政府對自由市場限制不夠。綠黨與新右派卻也有共同與共通的想法,都認為當今政治的本質應當改變,使群眾參與有效政治的決斷,不是特殊的作為,而是日常的事務。

以上三項主題是當今綠黨視為無法再減縮、再化約的主張。考察了英國、法國與德國三個國家的綠黨黨綱之後,我們發現從純綠色至左派綠色不同的主張都呈現。德國的綠黨是舉世最大的綠黨,其黨綱顯示綠黨認同左派。法國的綠黨(*Les Verts*)包括了早期新左派的積極活動份子,則處在替代左派與左派之間,事實上是走中間路線者。英國的綠黨(the Green Party)過去與左派掛鉤不深,是純粹以生態與環保為急務的政黨。這三國的綠黨儘管黨綱重點各個不同,但在重大議題上都有大體一致的立場與作法(Doherty 2002: 67-69)。

十五、綠色的政治與政策

因為臭氧層的破壞、酸雨、廢氣霧(smog)、空氣污染、河川枯死、湖泊乾涸、海水倒灌、陸地縮小等等生態的惡化,才使人們對綠色的政治引起注目。生態的破壞、環境的惡化固然使生態政治成為今日重大而緊迫的公共議題,但

對這類人類生存的條件之留意，卻可以回溯到更早的西方歷史、西方的思想史。總的來說，作爲政治思想或意識形態的一環，生態主義，也就是對自然與生態環境的規範性研讀（考察怎樣的環境、怎樣的自然是人類生活「應當」要求的起碼條件），在西方政治思想史上地位並非那樣的重要。即便古希臘城邦的哲人關心人生與社會問題，在討論人以外的世界時，不過是把它當做人生的舞台來看待而已。

只有在啓蒙運動興起之時，人們才第一次注意到「自然的問題」，這是由於工業革命的爆發造成人對自然的急速開發和利用，人與天爭所引發的種種問題，包括把自然的土地、水礦資源劃歸爲個人、家族、財團的財產，爭取海外領土、屬民引發的帝國主義掠奪與競爭的侵略行爲，也包括普勞大眾的勞動力轉化爲商品，在勞工市場上受供需律控制的情形。加上工業化帶來的城市化，使城鄉的對立鮮明、交通運輸工具的發明與大量使用，固然便利工商產品流通，卻使大地爲公（鐵）路網所撕裂、所斬傷。可以說在 18 與 19 世紀時，盧梭和渥茲渥斯的浪漫詩文對重返自然的呼聲，可以解讀爲對工業革命帶來的莊園破壞的反彈，也是對啓蒙運動盲目鼓勵理性與進步的批判。

對啓蒙時代的作家而言，自然的秘密性因爲航海和科技發達而揭開其帷幕，也去除魔咒（disenchanted）。這種過去被宗教、迷信、禮儀、傳統所包圍的大自然，一旦神秘的面紗被揭開，便降尊紆貴，成爲滿足人類需要的工具，成爲一大堆天然資料和人類製品的垃圾桶。另一方面人口學家馬爾薩斯對人口的大量繁殖以及食物的短缺感到憂心忡忡。這些浪漫主義的呼籲和現實情況的警言，都與生態發展有限的當今環保思想契合，也可以看做是綠色政治的先驅。

值得注意的是 19 世紀英國評論家，穆勒和莫理士（William Morris）的言論中已涉及對工業社會之批評。穆勒對經濟體系所蘊涵無分辨的經濟成長，提出「靜態的國家」的構想來加以抵制。他知道老牌的政治經濟學家反對靜態國家的理念，卻不知道這一理念如能落實，則當今社經狀況會獲得重大的改善。

綠色的政治固然是對工業革命衝過頭的畸形發展之批判，卻是紮根於啓蒙運動激發的民主政府之主張。在這一情況下，綠色政治乃是民主和社會公義的歷史演變之政治理論的一部分。

綠色政治理論主要在關懷人之外的世界（自然），以及人對自然的態度。關於此一關懷表現在兩大極端，以及其間光譜上各種不同的政治主張之上。其

中一極端可稱爲「傲慢的以人爲中心之說詞」。這種說詞是指出自然本來是毫無意義，其唯一的價值在提供人類的利用。其思想根源爲神學裡的上帝創造宇宙說，世界在提供人的使用與享受。這種傲慢的人爲中心觀變成現代世界普遍的看法，這就是造成生態危機的基本心態。

與以人爲中心的看法徹底相反的另一極端爲「激烈的環境中心說」，這與深色的生態主義者之觀點掛鉤。這是與以人爲中心、道德的架構，而有居於主宰地位的說法針鋒相對的觀點。由於今日生態危機肇因於以人爲中心，反對環保主義的世界觀，故危機的克服便是這種錯誤的觀點之改正。此派以那伊士的〈淺與深：長期的生態運動〉一文爲主，大力推動深色的、深沉的生態運動，不把自然當成工具看待，而是視自然內涵本身的價值，保護自然並非因爲自然只有工具性的價值，而是自然與人平等，應受同等的看待。

深色的生態主義卻有很多的困難，第一、如何把其哲學論證轉化爲實踐的政策：第二、深與淺的生態主義之流派間的爭論不休。由此使環保人士近來努力將深的生態主義同傲慢的、以人爲中心的說詞加以結合。其目的在指出綠色的道德理論不宜集中在建立生態自有其權利之上，而應該糾正以人爲中心說的偏頗。也就是應當修正其過分強調人的價值之不當，也就是拒斥「傲慢」，而非「人爲中心論」。事實上在鼓吹生物的多樣和歧異發展（biodiversity），以及保護下代人類有足夠的自然資源使用方面，把深的生態主義和以人爲中心的論說加以結合也有其意義，特別是新交叉、新合致（convergence）的說法可以支撐永續經營的論調。

綠色政治不僅有關環境的處理、保護、經營的單一問題之政治。它也涉及生態爲背景的人類之社會關係，也就是人類社會的適當安排，以及「良好生活」（the good life）的追求。傳統的政治理論只關心政治權威的組織與分配、自由的意義、政治秩序與個人自由的關係、社會政治的解釋和民主體制的落實。這些主題仍舊可以作爲深色政治討論的焦點。綠色政治有異於其他傳統政治之處，在於其關懷面超越這一世代人的福祉，而擴大到對後代的關懷，也推擴實球的發展以及南北貧富人民如何平衡地和平共存的問題之上。是故綠色政治的哲學基礎，牽連到三方面：其一、爲社會與環境之關係；其二爲世代之間的關係；其三爲國際貧國與富國的關係（Barry 1998: 184-189）。

綠色的政治與其他的政治思想不同之處是不只關心自然，還爲「良好的生

活」提供新的理解。良好的生活不是天賜的、人為的，帶有解脫、解放意味的烏托邦式之未來理想的生活方式。反對西方工業先進國家的人民耽溺於物質的享受，綠色政治不認為財富、收入、受薪職業等等以「量」為計算的生活保障與享受為良好的生活之基礎；反之，生活品味、生活素質、人際關係之改善，人的心靈與精神生活的提升才是生活的所在。綠色政治哲學在重新界定「人類福祉」、「發展」、和「進步」。鑑於生態的破壞與環境的破壞，舊式成長、發展、進步的概念將被穩妥經營、永續經營（sustainability）所取代。

綠色政治理念所要推動的政策為環境保護與保持同人類的發展（對自然的剝削）兩者之間如何求取平衡。雖然有人主張對環境污染者課以稅賦與罰金，但最終仍要以阻卻支付環境代價（造成無污染的環境）為上策。要照顧不受污染，而又能保護下代可以獲取發展的條件，則「可以支撐、可以維持的發展」（sustainable development）成為新的環保政策。其意義為在滿足這一代的需求之外，不致妨害下代需求的滿足。支撐與維持的發展是在生態的節制與侷限下為之。吾人為當代的福祉奮鬥固然不錯，但不當債留子孫、禍延下代。理論上來說，凡具理性的人莫不支持這種支撐與維持的發展，正如同他支持自由民主與社會公義一樣。但在做法上就引起不少辯論，有人視以西方為中心，資本主義兼工業主義的模型是社會進步的楷模，他們只想採用「綠色的手段」來保有目前物質的享受，而無意把崇尚金錢、拜物、享樂的社會改變為「綠色的社會」。換言之，在激進綠黨人士心目中，這種做法只是「綠化資本主義」，只是靠著聯合國和世界銀行來改革目前的情勢，是無法真正解決生態的危機，南北的貧困等棘手的國際與國內問題。

德國社會學家貝克（Ulrich Beck）社會的概念可以拿來同綠色政治的環境與生態危機相提並論。貝克認為過去國內外的「發展」根本是無意識、無長程計畫、無協調的瞎拼亂撞的產品，也就是少數菁英、官僚、領袖、財閥、市場的隨性之作。如今地球溫度升高、空氣品質日益惡化、毒素在食物鏈中蔓延、臭氧層破壞等等人為跨國際的（人為造成的）天然災害一再出現，迫使吾人不得不在風險社會中重新界定發展的意義。進步本來是社會的進步、是人所控制的，也影響人的生活之現象，而非受市場左右的經濟成長，也非國家政策之落實。換言之，進步應當出現為社會生活各區域（醫藥、科學、教育、住屋、福利政策）的改善，是民主、負責的，亦即可明估細算、可以負擔責任

（accountability）的延伸與擴大。也就是讓人民對其生活更加可以控制，而非每年消費與薪資收入的增加。貝克稱進步的重新界定爲「反思性的現代化」，可以作爲維持生態平衡「進步」的新概念。是故綠色政治的理論，要求致力推動適當的政策，把決策過程做激進與基本的改變，使它變成爲民主、更爲負責。在這種說詞下，綠色的政治理論要使社會民主化的同時，也讓社會更注意生態的平衡（*ibid.*, 190-192）。

十六、對綠色意識形態與政治之批判

綠色的意識形態是接受自由主義、保守主義、社會主義、馬克思主義、女性主義等等傳統與當代主義的混血兒，所以除了對生態與環境的關懷，有異於其他思想體系之外，其社經、法政、文化的公共論述都是在接受其他主義「火的洗禮」（baptism of fire）之後的理論產品。對生態主義的批判與反擊來自於左、右兩派。左派痛責綠色環保人士的主張爲「小資產階級」的意識形態，帶有保守的、反進步的色彩。右派則抨擊它反科技的、具浪漫主義的懷古情調，企圖把時鐘撥回前現代時期。

■ 馬派的批評

儘管生態與環保主義、綠色的政治理論強調他們「非左、非右，而是向前」的前瞻學說，但其根源卻是 1960 年代新左派運動。既是同根同源，吾人就會想到綠黨與赤黨會並肩攻擊資本主義，但一直到 1989 年舊蘇聯崩潰之後，馬克思主義與生態主義才認真進行協調磋商，而達成某種程度的「和解」（*rapprochement*）。一般而言在 1970 年代初，馬派人士對綠色的與生態的關懷表現冷漠，他們視生態主義者在經濟成長的限制說爲新的馬爾薩斯論。19 世紀中馬克思便批評馬爾薩斯反對濟貧和維持生計所需的工資之反動性主張。如今綠黨政綱宣示「後工業主義」和「衡態經濟」（steady-state-economy），被馬派當做反工人階級、反社會主義的說詞。馬派也反對生態主義者簡單生活的呼籲，因爲馬派仍舊堅持對自然的主宰與控制是建立一個自由與平等的社會之條件，是故在新馬人士眼中綠色政治理論乃是中產階級的意識形態，企圖阻卻從資本

主義轉進共產主義的歷史巨變。

　　回應馬派的批評，綠色人士堅稱他們的政治認同既非右也非左，其政治主張乃是推動「後工業時代」有理性、有計畫的政治。對綠色人士而言，馬克思主義企求改善物質生活的努力卻是工業主義的另一形態，這點與資本主義沒有多大的差別，也是導致生態危機的罪魁禍首。此外，馬克思主義者都重視財貨的生產，是「生產主義」（productionism）的表現，主張創造與分配物質的富裕來達成自由與均富的後資本主義之社會。既然地球資源有限，而人類慾望無窮，如何平衡物質富裕的可能性與可欲性，應當是馬派必須重新思考的課題。另一方面綠色人士也應該思考馬派的某些主張，諸如資本主義的問題，生產的擁有與控制的問題，以免生態危機只能診斷出病徵，而無法消除病源。在雙方交往溝通之後，新的「生態馬克思主義」於焉出現。生態危機被界定為資本主義第二大矛盾：環境與資本的矛盾，以別於資本與勞工的第一大矛盾。

　　在雙方進行協調與溝通之際，馬派指出最大的讓步，也就是提出基本的改變。馬派承諾不再堅持以人為中心，以物質繁榮為目標，而更關心社會的公義與分配的公平。另一方面綠色人士也開始注意政治經濟學中棘手的問題，而考慮政治策略，如何在寰球資本主義化當中，把目前可以支撐、可以維持的發展延續到未來的下一代。在對資本主義的批判與反對策略方面，綠色人士可自馬派學習甚多，特別是把支持力量從中產階級擴充到普勞群眾，從而把環境問題與社會主義、大眾民主聯繫下來（Barry 1998: 193-195）。

■ 自由派的批評

　　自由主義者批評綠色的政治理論只懂向後看、只懂反對科技、甚至只懂反對科學。典型的右派批評是說綠色人士，就像19世紀的盧德主義（Luddism），這是指1779年一位智障工人Luddite在英國蘭徹斯特夏砸毀雇主的機器設備而言。後來在1811至1816年間英國另一群工人加以模仿。他們擔心減薪和失業，所以搗毀新設立的省力紡紗機器。

　　盧德主義代表狂熱的、缺乏理智的排斥現代生活方式之復古心態。右派遂攻擊綠色人士或企圖重返封建主義的中古時代，或眷戀雞犬相聞、民風純樸的古代部落。在達連朵夫（Ralf Dahrendorf）心目中，綠黨所追求的主要為價值是對社會民主世界講究理性的抗議，這種抗議既不精確，也是充滿情緒。至於

綠色人士主張素食、反對殺生、反對拳擊與打獵、險象環生的賽車活動,也被視為對生機活潑、富挑戰冒險的反彈。至於反技術、反科學尤遭詬病為非理性之行為。

雖然自由派這些批評不免與有失厚道,但綠黨陣營中的確也有主張過著狩獵生活的園林生活方式者。再說綠色人物中不乏保守的、種族主義的、威權型的與型人物。賽爾(Kirkpatrick Sale)便一度主張在社群中發生的衝突,不須藉著司法或政治途徑來解決,而讓受苦的少數群落脫離強勢的多數群落,自謀生路,縱使造成社群分裂也在所不惜。賽爾說:「寬鬆的解決辦法不再是少數派擁有其權利,而在於少數派獲得〔新的〕居處」。這種說詞當然會引起自由派的憂心。

整體觀之,綠色的主張並不反對自由主義。因為綠色政治理論並非揚棄自由民主,而是以激進的手段來修正它。事實上環保人士與自由派人士都在保障個人自主、講究民主與容忍精神下,維護集體的自決。

至於把綠色理論與實踐看做反對技術、反對科學也是一種誤解。綠色的政治只是對科技(像是幹細胞、複製人)無所不能、無所不為懷著戒慎恐懼的態度。只要對科技能夠沿著舒馬赫「小而美」適合人性要求的規模來發展,則無意輕言反對。其次,指責綠色政治理論反科學尤其失真。因為這一理論是所有政治理論中最尊重科學、最善利用科學(生態的科學)之一。它所涉及的科學還不限於生態,尚包括保存生物學與熱動科學(thermodynamics)。第一位指出生態危機的卡遜女士本身就是海洋生物學者。是故綠色政治理論中雖有人對科技畸形發展,對科技專家的大權在握有所批評,但這不是反對技術、反對科學,而是反對科技的濫用、誤用而已。

未來綠色理論的發展,應當是把可支撐、可維持的成長理論轉化為實踐的問題。為了使生態能夠永續經營,個人與制度應當要做怎樣的改善與調適呢?對綠黨而言,空有綠色的理論不為功,而應當把政綱落實為政策。再說寰球的與在地的生態問題及其解決不只是規範性的、更是技術性的。在此情況下,辨明生態難題的處理之正確與否,比討論解決可能帶來的好處或代價之大小,更為迫切(*ibid.*, 193-197)。

十七、綠色的前途

　　毫無疑問地，環保問題、生態維護與綠色政治理論與運動的崛起都是現代人文明基本缺陷的暴露與反彈。過去把自然當成人類的舞台、倉庫加以利用的看法，全然漠視生態過程的相互依賴關係，以致把經濟當成不斷成長與擴充的體系，把政治當成從現實的實踐中獲取最大權力與利益的操縱體系。這種觀點與綠色政治的主張之所以南轅北轍，在於社會生態的問題提供環保人士公共議題，以及特殊的領域，必須藉著政治的理念與行動來加以改變與改善。主張改變者甚至不惜以暴力來推翻現存的政、經、社、文的秩序。主張改善者則保留現有體制，而進行一點一滴的改革。

　　對現今社會偏離生態的正軌，綠色人士的批評共有四點：

1. **肯定自然本身擁有基本的價值**，而非只提供人群的利用價值而已。自然提供人類不只是物質的資源，也兼審美的、心理的、精神的淨化。是故綠黨要求人對待自然要重新評價。

2. **自然並不是取之不盡、用之不竭的實體，而是有限的實在**。與此相對的以為社會可以不斷擴張、膨脹與浪費。這兩者的相遇會造成有限的自然無法滿足無限的社會之需求。儘管 1970 年代初預言人類大災難降臨實為駭人聽聞，但承認環境生態的極限，卻逐漸成為綠色運動者，乃至大眾的認知。

3. **人群應拒斥和唾棄當代工業文明全面發展的妄圖**。須知至今為止的文明發展是建立在剝奪、斲傷自然之上。人們錯誤地視成長為進步、視物質的滿足為人類的福祉。綠色人士指出啟蒙運動、資本主義、種族主義、男性主義為造成這些畸形發展與災難的主因，是故把發展的概念導正為可維持、可支撐的社會之理念大為必要。

4. **綠色人士環保的主張深含人類真正解放的真知灼見**。人群不但要改變揮霍浪費的惡習，並且要改變本身為精神昂揚、知所節制的新人物，這樣社會才會真正達致開明、公正的地步。由是可見個人的提升與社會的翻新是人類真正的解放。不用實現馬克思無階級、無剝削、無異化的共產

社群理想（見本書第 5 章），人類便可將地土化做天堂。

　　綜合上面四點，可知綠色的政治理論與運動不只在警示生態的危機，也在揭露當代文明的弊端：社會與經濟的不平等、權力集中化、官僚主義橫行、地方控制力的虛弱、軍力跋扈、好戰與侵略到處流竄，種族、階級、性別之歧視與壓迫無處不在。為對抗這種不公不義，綠黨人士主張社會公平、積極參與、草根民主、地方自主、婦女與弱勢社團獲得公平對待的機會。事實上人類可從大自然學習不少東西，不只自然有限，人為的事物、人的能力也有限。不只自然界的畸形發展不適當，人的社會之畸形發展更要阻止。如何縮小「規模」（scale），不以龐大的、寰球的規模為追求的對象。反之，採取「小而美」的做法與措施都是保護生態環境與人類社會的良好策略（Meadowcroft 2001: 175-179）。

　　以上四點的混合雜揉，使綠色政治成為多股不同主張的流派之結合。換言之，除了對生態環境的大力保護一端之外，生態主義的意識形態是從各個流派、各個運動合構出來，本身並不呈現內部融貫、上下合符的正統教條。這是生態主義與其他政治的意識形態最大的不同之所在。

　　雖然保護自然、禮敬自然，視自然與人為「整體的」、「物我合一」（holism）的思想，不論是有機的、官能的、整合的自然主義的、或是生機的宇宙觀（cosmology）都曾經出現在 19 世紀的末葉，但這些環保概念、愛護動植物的心態，保護現代人與下代人的存續，而形成群眾運動，變做意識形態、有理念、也有行動、有策略也有技巧，卻是 1970 年代之事。換言之，只有在 1970 年代初新社會運動爆發，綠色的理念才與政治力量結合成綠色的政治勢力，包括綠色政黨的成立、綠色政見政綱的宣示和群眾熱烈的參與。於是一個新的意識形態和新的政治傳統出現了。

　　由於綠色運動反對資本主義與工業主義的不斷擴充，反對市場經濟的自由競爭，反對貧富差距的不斷增大、反對財富、權力、聲名地位的分配不公，加上他們對弱勢團體的支持，對有色人種、下層階級、婦孺老人、失業者、殘廢疾病者的關注，所以儘管強調環保運動、生態愛護運動是「既非左，也非右，而是向前走」，但仍不免被定位左派的意識形態與群眾運動。更何況綠色政治思想的源泉為反建制、反現有秩序的偏激思想和革命思想，也是主張現有分配與

消費制度的徹底檢討與改變，故其左派的情勢是很明顯的。

　　為了阻卻綠黨與政綱成為現代群眾運動的反對黨與反對意見，而無法成為執政黨的政策，不少有心人士便籌思怎樣來重建綠色理論，把綠色理論奠基於「綠色的價值理論」之上。倡說這一新理論者有顧丁（Robert Goodin）。他說每個意識形態的核心都在追求「善物」、「好物」（the good），這種善物與好物在界定道德的願景（vision），俾使意識形態的觀點成為一個圓融的、統一的外貌。顧丁認為綠黨應感自豪之處為其價值的理論。任何的有價之物，其價值的大小視其接近「自然性」（naturalness）的遠近。綠色的行動（包括對民主、分權、參與的態度）和生活形態的改變，都應當以生態的關懷為核心，而避免受其他價值的誘拐而分心，這樣上述綠色四大訴求（「自然的價值」、「自然的有限」、「發展的畸形之阻止」和「綠色的解放」）才有落實的可能（Goodin 1992）。

　　顧丁企圖把道德的願景同政策結合為一體，以及要求群眾只注意核心價值，而不兼顧其他價值（工具的、基本的與表述的價值），恐未能為綠色政治理論達致圓融一致的目標，也未能為綠黨各流派與普遍接受（Meadowcroft 2001: 183-184）。與顧丁理論相反的為陶絲爾（Gayil Talshir）的說法，她不認為綠黨沒有意識形態。反之，她認為綠黨的意識形態正是新馬克思主義的變種，謂為「新政治」（New Politics）的意識形態，或稱「生態的」、「環境的」也無不可。她說環境是複雜的問題，而非簡易的政治解決所能應付的。這一意識形態也有其核心價值，諸如「容忍、穩定、民主、平等、傳統與尊重婦女……都是獨立的核心概念，而非從生態的看法衍生出來」（Talshir 1998: 182）。生態主義只是綠色意識形態的一支，後者還包括女性主義、少數族群的權利及其他激進派的思想。

　　至今所述，綠色政治理論與運動簡稱綠營及其意識形態，並非鐵板一塊，而是流派分立、學說紛陳、百家爭鳴之混合體，其中有深綠與淺綠之分，有激進與改良派之別，有基本教義與現實主義的爭衡，有以人為中心對抗以地（環境）為中心之挑戰，有「生態主義」（ecologism）與「環境主義」（environmentalism）之區別。其內部分歧的爭執不下於對外面世界（資本主義、父權主義）的敵對與鬥爭。這種分歧可以下述三個問題回答情況來決定：

　　1. 對自然採取怎樣態度？可以用道德的價值來衡量自然嗎？

　　2. 現代的社會制度，包括競爭式的、擴張式的市場經濟有無瑕疵？會不會

　　是生態危機的罪魁禍首？

3. 用什麼新的組織、新的行動可以對現存社會結構起著根本性的改變？

　　儘管綠色政治運動崛起與蓬勃發展不過是過去三十年間的事，但對工業先進國家的社會與政治生活影響卻是重大的。在西歐數國綠黨贏取不少選票，也積極參與地方的、區域的與國內的政治，歐洲聯盟的議會，綠黨勢力劇增。綠色的建議、獻策為執政當局與一般大眾所重視。其中四個情勢的發展尤其引人矚目：

1. **綠色運動地盤的擴大**：尤其是在歐洲，綠色的主張逐漸為工業化起步較遲、發展速度緩慢的南歐與東歐國家的人民所接受，而在美國也是相同。那德（Ralph Nader）就任綠色運動總指揮的就職演講，就喚起美國全國人民的注意。

2. **綠色的目標與行動逐漸贏取社會其他制度的支持**：各種工會向來支持左派社會主義的理想，提供人員、資金，在自由黨的勢力走下坡的先進民主國家中，透過自由派教員、專家的協助，形成所謂的「綠色民間社會」，也是對綠色政治理念的支持。

3. **綠色思想支持者與建立的權勢結構之間所展開的互動與溝通**：不少綠色專家進入政府機關，擔任環保、生態保養的工作。他們與政府官員的互動趨向頻繁密切，不像過去只有從外頭抗議與反對，如今也進入決策機制參與有關環境改善、資源妥善利用的管理行列。

4. **綠色主張的理論之精緻化**：當然與傳統悠久的自由主義與社會主義相比，綠色理論的深度仍嫌不足，但在過去三十年間也有少量的經營與精進。做為意識形態構成的部分，理論的宏偉與精緻可為運動帶來活力。尤其綠色民主可維持、可支撐的發展、社會公義、人與地的關係引發的辯論與反思，都有助於綠色思想的豐富、充實和創新。

　　在綠色各派系中，尤以主張改革的綠色主流贏取更多人支持，這是因為採用溫和手段，而非偏激言行，利用已有制度與政策，與其他黨派進行公平競爭，以獲取民心。這是夾在綠色運動兩大極端之間的中庸勢力，其中一端為激烈反對現存其他政黨、反對建制，企圖來一次徹底的革命之偏激份子。另外一端則

意味完全以生態的保護，動植物的保護，只注意「地」而忽視「人」的環保主義者。這兩個極端所獲取的群眾支持，大不如走中間路線，試圖從事一點一滴社會改革、或改善的改良派之大獲人心。

不過在今天寰球政治的與經濟的走向似乎不利於綠色主張的進一步落實。其中最嚴重者乃為「全球化」，而非「在地化」、「本土化」，變成無法阻擋的趨勢。再說生命科學、資訊科學不但發展急速，且逐漸應用到日常生活中。新型的民族主義和宗教的基本教義成為世界擾攘不安的源頭。南北貧富差距日漸擴大、國際商貿競爭轉向激烈，英美入侵伊拉克，美國與歐盟（特別是法、德）關係的疏離，中國經濟勢力的膨脹，日本政經力量的邊緣化，少數國家（北韓、伊朗、以色列）核武的發展，以巴與印巴的衝突，台海的軍事危機，這些國際問題，以及各國國內的問題（俄國、西班牙、印尼、菲律賓境內的分離主義運動）都使環保問題、生態問題成為次要的議題。

支持綠色政綱的選民在各國選民所占的比率仍然偏低。他們對某些議題，像基因改造食品之製造、或核子電廠之增設持強烈的反對態度，這點符合綠色人士的意願，但許多其他許多的公共政策（譬如反對 WTO 有利於強勢商貿國家的示威抗議活動），一般民眾的反應則不夠激烈。特別是綠黨對全球四分之三處於貧窮不發達，甚至瀕臨飢饉狀態的「落後」國家之人民，毫無動人心弦的改善、解決的策略，只是一味向享受物質富裕的先進國民喊話，正說明綠色的意識形態之軟弱。

再說，綠色各派無法在現在與未來之問題架起一道橋樑，使其理論呈現不夠務實，而帶熱望與空想的色彩。換言之，它們缺乏改變現狀的策略，它們對社經政治結構與功能居然沒有短程和遠程的改變計畫。另外，綠色人士並沒有發展出一套對國家的觀點，以致於他們的國家觀必須附著於馬克思主義、無政府主義、民主理論等對國家的瞭解之上。今日西方的國家正扮演治理地方、接軌國際、因應在地化與全球化的磨合關係中，扮演中間的角色，這不容綠黨漠視。

綠黨人士對科技的更新所持的態度仍嫌不夠明確。他們向來就批評科技的建制與勢力（宰制），也抨擊了工具理性的霸權（優勢）。但他們不一定非敵視科技的作用不可。他們一直對當代環境困窘的技術面改善不懷信心，只期待人群社會方式的改變、社會心態的改變，須知鼓動群眾情緒上盲目地反對科技，

並無法阻擋科技的日進千里與深入社會各階層、各角落中。

總之，瞻望 21 世紀未來的情勢演變，環境、生態的問題仍舊要在國內外政治的審議和政治的鬥爭中扮演重大的角色。未來富裕國家的進一步發展與窮困國家的力爭工業化、現代化，以及生命科學的突飛猛進會使滿目瘡痍的大地更加遍體鱗傷。這基本上會為綠色的發展提供更大的舞台與角色，因為這些發展牽連到人與地（自然）的互動關係。綠色人士不難從運動介入的實踐因素中去辨明他們奮鬥的目標，尋求解決的對象。改革取向的溫和派綠黨會修正主政者、權勢者之行為，而偏激者、革命者則會繼續編織他們空想的未來。綜合而言，綠色運動不會放棄對環境政策的督促與批評，也不會放棄對今日文明所採取路徑的照明與修正，但除了做一群永遠的批評家之外，綠色人士可否擁有更多建言與行動，還有等候我們拭目以待（Meadowcroft 2001: 186-190）。

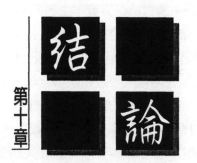

第十章　結論

　　1980 年代末期與 1990 年代初，隨著東歐好幾個國家執政的共黨一一垮台，舊蘇聯也告解體，這就是 20 世紀人類史上一樁重大史實的「蘇東波變天」。蘇聯、東歐、波蘭的政經社會之重大變革正標誌經歷半個世紀的東西陣營冷戰的結束，這個以東方共產主義對抗西方資本主義的制度或文化戰、思想戰之落幕，被很多觀察家視爲意識形態終結的再度浮現，甚至是各種主義的趨向式微，更有甚者，居然還認爲是人類變幻莫測的歷史業已走到盡頭。從此在資訊當道、科技掛帥、資本當家、普遍化、一致化橫掃全球——全球化——之下，再也沒有任何影響世局發展、歷史創造的契機與動力了。

　　這種幾近天真的世界觀、歷史觀、社會觀很快被另一波文明的衝突所挑戰、駁斥與顛覆。撇開共產主義與資本主義的長期纏鬥，如今卻是南北貧富國家的爭執、基督文明與伊斯蘭文明的明爭、暗鬥、火拼和地方分裂主義的囂張。這是宗教、信仰、神祇崇拜、生活方式，和文明認同在群際保種、圖存、競爭過程中引發的新一輪的拼搏。也是現代化、工業化腳步緩慢而又人口眾多的伊斯蘭國家對付資訊、科技發達、資本雄厚、宰制全球經濟財富的西方列強新一波的爭鬥。在 911 恐怖主義襲擊與摧毀象徵西方資本主義大本營的世界商貿大樓後，美國重新侵略伊拉克與攻占阿富汗，表面上是圍剿伊斯蘭基本教義中的恐怖分子，事實上卻是帝國主義、新殖民主義的霸權活動之再現與激化。其結果造成 21 世紀初世局的動盪與人心的惶惑，我們不禁要質問各種理念與信仰的體系會由於資訊世界的到來、知識經濟的躍進，而被稀釋、被淡化嗎？意識形態彼此爭執會歸於緩和與無形嗎？各種主義喪失對信徒、對群眾的吸引力嗎？展現了排斥異類，仇視他者的好戰、勇狠、好鬥的性格嗎？

　　如果我們回顧本書所列八大主義之內涵，並一一加以分析、比較、評價之後，上述問題的答案恐怕會是否定的、負面的。就拿保守主義來說，這是經歷社會重大政治、經濟變動後，人心久亂望治的表現。早期的保守主義重視基督教教義和教會對人群道德與倫理的支撐作用，因之，早期對護教的興趣較大，今日的保守主義者則重視歷史傳承與傳統禮儀，尤重家庭與財產制度，也會在多元主義的現實下，接受自由主義的容忍精神，而避免威權概念的無限上綱。換言之，保守主義本身也在變化，但其固有立場的堅持、傳統制度之尊重，使這個主義轉化成人生態度與處世爲人的心態，把主義落實到現實生活的應對之上，認爲保守主義已經式微，是一種輕率浮表的說法。

　　同樣，自由主義建立在個人主義、理性主義、享樂主義、功利主義、實用主義等等哲學思想之上，而落實在市場供需機制、自由競爭、自由簽約、發揮才能、依能力和貢獻大小來進行分配、私產在法律上予以保護等政經實踐之上。隨著資本主義跨越國界、征服全球之後，個人主義與自由主義的精神也攫取與瀰漫現代人的心靈。自由主義與資本主義的結合，為現代人帶來空前的財富、地位、聲名，在物質生活水平方面提升人們心靈與肉體的享受，在溝通、交往上增加人群的互動，而由自由主義引申建構的民主審議的體制似乎也使人權與民權增長。是故自由主義成為現代人合理生活的基礎。但放任的、極端的自由主義卻以排斥政府干涉，反對福利制度、忽視社群集體利益來實現個人的權益。這是自由主義向右傾斜，卻在高級知識份子間廣為流通。無論是主流派的自由主義，還是支流、或逆流的偏激、放任的自由主義，在今天資本主義氾濫全球之下，應該是各種意識形態中獨占鰲頭、氣勢不衰的主宰性思想系統、理念系統、信仰系統，也是崇尚西方主要生活方式的實踐系統。

　　正因為自由主義與資本主義結合，造成自由的市場經濟及自由的民主政制，因之造成 1960 年代李普塞（Seymour Martin Lipset）和貝爾（Daniel Bell）誤以為打敗法西斯主義的英、美、法等民主國家，已藉工業化福利國政策與民權的賦予而解決了各類的政治問題和經濟問題，而贏得人民的滿意與支持。於是在他們的心目中西方民主勝利，使意識形態不再成為推動政治改革、社會改革的動力，遂喊出「意識形態的終結」。但這個口號被隨後興起的新左派，和新社會運動所擊碎，無人再奢談主義的終結。直至戈巴契夫上台，舊蘇聯氣數已盡，窮象畢露之時，福山才於 1989 年大喊「歷史的終結」，一方面鼓吹意識形態演變的完蛋大吉；他方面推崇西方自由民主的政制成為舉世同欽，全球效法的統治型態。他借用黑格爾的說詞，認為人類歷史已進入絕對的瞬間，建立了理性的社會和國家之形式，因而也是歷史走到盡頭的時候。

　　不過福山誤引黑格爾歷史終結的看法，把打敗法西斯與共產主義的獨裁之自由民主體制當成歷史最後階段的出現，也是誤認美國為人類文明發展的巔峰。須知對日本、中國與亞洲四條小龍而言，美國的自由民主體制並非有史以來人間最好的制度。美國青少年的犯罪、嗜毒、性開放、種族主義的歧視、壓迫，全民沉緬於物質消耗的消費主義，對資源濫用、對環境踐躪，都不足取法。至於財團之橫行、官吏的貪污與濫權尤令人嫌惡。表面上看是尊重法律與人權

的國家，但究其實卻是司法不公、警察暴虐，公權力濫用之資本主義社會。因
之，福山美化美國的政制，誤引黑格爾歷史哲學觀點，使其「歷史終結」的理
論破綻百出，成爲護衛美式資本主義、帝國主義的思想障眼法。在這層意義之
下，自由主義所體現的民主政制，並不能證明是人類理想的、終極的政治組織
與社會形態。

　　社會主義是各種主義之中最早的意識形態之一，可以追溯上古與中古基督
教諸多的流派之理論和實踐的主張。尤其是對歐美近世工業化與政治劇變（光
榮革命、美國獨立、法蘭西大革命、19 世紀歐陸革命）的反彈。社會主義中流
派眾多，包括激進的馬克思主義、馬列主義、共產主義、工團主義，也包括緩
進的社會民主、修正主義、西方馬克思主義、法蘭克福學派、新左派、新社會
運動、社會主義的女性主義、生態主義等等。激進的馬克思主義又細分爲馬克
思與恩格斯經典的「科學的社會主義」與「哲學的共產主義」、正統的馬克思主
義、官方與執政的馬克思主義、教條的馬克思主義兼列寧主義（馬列主義）、史
達林主義、非教條的托洛茨基主義、東方馬克思主義（包括毛澤東思想、鄧小
平思想和江澤民思想、胡志明思想、金日成思想、卡斯特羅主義等）。這些與馬
克思和列寧有關的思想、學說、主張，由於「蘇東波變天」呈現了重大的形變
與轉折。其中最明顯的是馬列主義的沒落。此外，採用務實、改革、開放，而
符合國度特殊發展情況之需要的社會主義紛紛出現。於是在中國先有趙紫陽初
階的社會主義之主張。在趙氏垮台之後，鄧小平鼓吹的「有中國特色的社會主
義」繼起，直至最近列入中國新憲法的江澤民「三個代表論」，都說明大力推動
工業化、現代化的中共在意識形態方面靈活的轉變與應用，俾防阻中共步蘇共
或東歐各國共黨的後塵而喪其政權。

　　另一方面打著社會民主、或民主社會主義的旗幟之歐陸左翼政黨，紛紛在
結合中間或小型政黨之後，有機會以聯合執政的方式與名義，將其意識形態、
理念、政綱付諸實行。無論是德國、法國，還是北歐的幾個國家都曾大力推行
社會民主的福利政策。在抑制個人財富不致過份膨脹之下，力求社會分配之平
均、落實人民機會平等之要求。福利國政策的推行雖使西方工業先進的政府備
受財政負擔的壓力而不得不做某些修改、補正，但一般而言，卻造福中下層人
民，而使中產階級成爲社會穩定的力量。要之，社會民主的體制與政策，變做
當代諸種政治意識形態中施行較爲成功的一種，儘管各方對它的褒貶尚無定論。

至於民族主義雖然可以推溯到 17 世紀中葉民族國家的興起，18 與 19 世紀民族國家之間競相爭取海外市場的殖民比賽，乃至民族主義結合種族主義向外發動侵略的帝國主義，而導致 20 世紀兩次世界大戰，但民族主義卻也是第二次世界大戰之後鼓舞新興民族掙脫殖民母國的桎梏，完成國家獨立自主的源頭活水。是故擴充的、膨脹的、外侵的民族主義固然應當遭世人抨擊、防範、阻卻，但追求獨立建國、自由自主的民族主義卻對新興民族的協和與統一有重大的催生作用，而受到革命與建國的領袖與群眾之熱烈擁抱。但新興民族在擺脫外來殖民政權方面，靠民族主義的團結力量是輕易的、有效的鬥爭工具，可是在立國後的國家建設、族群協和、經濟發展、教育推動卻發生杆格難行，甚至阻礙重重的現象。這是由於民族主義分裂爲部落主義、地方主義、分裂主義、黨別派系、領袖權爭種種以特殊對抗普遍、以私利妨礙公益之情況，馴致新興國家不旋踵而走向叛亂、分裂、內戰之不歸路。由是可見民族主義有正面凝聚國民，也有其負面分裂國土的力量。但總的來說，在西方飽受民族主義的擴張、侵略、戰禍、分裂、動盪之餘，對民族主義痛心疾首之際，在東方與第三世界卻不少人還在醉心和鼓吹民族主義，視民族主義爲掙脫強權，達成本身獨立、自主、建國所不可少或缺的手段。公民投票之倡議表面上是群眾對政策選擇的決定，背後卻是民族認同、鄉土認同、國家認同的民族主義在支撐。

女性主義雖然崛起於 1960 年代與 1970 年代初，但追求男女平權，要求女性從父權高壓與男性沙文主義中解放，卻是 18 世紀以來女性先知先覺者之倡說。更是 19 世紀末女性參政運動所高懸的目標。遺憾的是在資本主義、種族主義、家長制、父權制重重包圍下，爭取平權的緩和派女性主義未能在政治上、政策上獲得重大的斬獲與突破。只有靠社會主義的女性主義者，甚至馬克思主義的女性主義者之登高一呼，配合 1970 年代展開的新社會運動（學潮、工潮、黑人抗議、同性戀抗議、環保主義、生態主義之抗議運動）而引起部分社會人士的矚目。是故女性主義要發展成波瀾壯闊的社會運動，還有待與遭受種族壓迫、歧視、性別歧視、社會邊緣人等弱勢團體的團結，以及與生態主義等運動結合在一起，才能贏取更大的成果。其中如何喚起發展中國家婦女的覺醒，共同推動此一寰球性的解放運動，更是女性主義者的當務之急。

最後，但卻是最重要的顯然是生態主義與環境保護。這個最近出現在人類文明史上的主義，卻是當今世界最嚴重、最急迫、最需世人重視的意識形態。

它與人類的生存、發展、傳承嚴密聯繫,幾乎可以說是人類福祉與共的最重要課題。卻是各國執政者與群眾最漠視、最不關心的議題。今日環境的污染已不限於先進的工業國家,包括發展中國家,像巴西對哈馬遜流域熱帶林,以及印尼對群島熱帶林的濫砍濫伐、放火焚燒的作為,不只禍害其本國和鄰國的人民和其後代,也毫無預警地破壞寰球生態的平衡,造成近年氣候的失常。中國大陸經改所帶來的富裕卻以破壞生態、污染自然為代價。長此以往地球的毀滅、物種的死絕、人類文明的消亡不再是科幻小說的臆測。如何結合國際的力量,寰球的關懷,來對付這個危害人類本身的安全與發展的可憂可怖現象,變成當代人群責無旁貸的使命。在這一意義下,生態主義、環保主義、綠色思想必然在 21 世紀成為最重大、最急迫、最需付諸行動的主義。

從上面回顧式的敘述可知各種主義的生成與發展,有其特殊的時空條件,也是有關民眾切膚之痛而湧現和龐大的思想體系、價值體系。這種可以導致人群赴湯蹈火、流汗流血為之拚搏的人生理想(ideal)、政治目標(cause)、願望偉景(vision),說明意識形態不僅是社會實在(reality)的反映、反射,也不只受到現實狀況、實存(social being)的制約、決定,在很大方面都是能夠促成人群行動與實踐(praxis)的動力。換言之,孫中山視主義為「思想」、也是「信仰」,更重要的是能夠產生「力量」之觀念體系,這種說法是一種慧見、一種卓識,這點值得吾人省思。

可是在走向後現代的今天,像主義這種「後設敘述」(mata-narrative)、或「大敘述」(grand narrative),也就是宏觀的、包山包海的偉大思想之結構體,對現代人的心靈還能夠吸引、盤據、激勵、操縱嗎?根據法國後現代主義大師福科(Michel Foucault 1926-1984)和布希亞(Jean Baudrillard 1929-)等人的分析,處於後資本主義、後現代的人大多擁有一大堆對世界極為差異、彼此不同的看法,不但世界觀、宗教觀有異,歷史觀與社會觀、甚至科學觀也互別苗頭。每一種觀點,包含各種各樣的主義或意識形態,各有其特殊的真理,但這種真理顯然是受其所處的時空制約,也就是相對的,而非絕對的真理。在這種情形下,人群入主出奴,不能用他們特定的觀點來批判他人的觀點為真為假、是對是錯,頂多是指出別人與自己的的主張歧異和不同而已(Adams 1993:354-355;洪鎌德 2000:420-451;2003e:26-30)。

由是可知要比較當今八大主義的優劣成敗,一方面是沒有必要,另一方面

是沒有可能。每一種主義有其生存背景、擁護的人群與影響的範圍，當然也有其結構功能上區分主義的內涵與形式和付諸實現的策略與樣貌。這麼說來我們對這些林林總總的主義束手無策，似乎只有旁觀的份，而不能加以操控。不過瞭解當代主義卻有助於吾人對社會變遷和世局推移的認知，畢竟人是社會與政治的動物（*zoon politikon*），對影響人群集體行動的結構——意識形態如同結構一樣，構成人群活動的遊戲規則，成爲社會結構的一環，也成爲社會行動凝聚沉澱的典章制度——需要深一層的認識，才會知道我們在社會與歷史網絡上所占據的地位，以及人群未來的走向和下一步的動作。

參考書目

華文參考書目

子宛玉

1988　《風起雲湧的女性主義批評》，台北：谷風。

王瑞秀

1996　〈激進女性主義〉，顧燕玲編《女權主義——理論與流派》，台北：女書
　　　文化，頁 107-137.

王曉朝

1997　《基督教與帝國文化》，北京：東方出版社。

王懷德

1994　《伊斯蘭教義派》，北京：中國社會科學出版社。

王懷德、郭寶華

1992　《伊斯蘭教史》，銀川：寧夏人民出版社。

王樹英

1999　《南亞印度教與文化》，北京：中央民族大學出版社。

井原徹山

1943　《印度教》，東京：大東。

石元康

1991　〈自然權利、國家與公正：諾錫克的極端自由主義〉，周陽山（編），《當
　　　代政治心靈——當代政治思想家》，台北：正中書局，頁 172-204.

比耶達西（Piyadassi, Thera）著，方之 譯

1993　《南傳佛教基本教義》，南京：法音雜誌社。

江宜樺

　1998　《自由主義、民族主義與國家認同》，台北：揚智文化事業公司。

吳云貴、周燮藩

　2000　《近現代伊斯蘭教思潮與運動》，北京：社會科學文獻出版社。

吳武夫

　1990　《伊斯蘭教哲理新探》，台北：作者自印，唐老鴨印刷公司。

林芳玫

　1996　〈自由主義女性主義〉，顧燕玲編，前揭書，頁 3-26.

邱貴芬

　1996　〈後殖民女性主義〉，顧燕玲編前揭書，頁 239-257.

姜新立 編

　1997　《分析馬克思──馬克思主義理論的典範的反思》，台北：五南圖書出版
　　　　公司。

范　情

　1996　〈當代社會主義女性主義〉，顧燕玲編前揭書，頁 181-213.

施正鋒

　1998　《族群與民族主義──集體認同的政治分析》，台北：前衛出版社。
　2000　《臺灣人的民族認同》，台北：前衛出版社。

施正鋒 編

　1994　《民族主義》，台北：前衛出版社。
　1997　《族群政治與政策》，台北：前衛出版社。
　2004　《馬克思學在東方：洪鎌德教授 66 歲生日祝賀文集》，台北：前衛出版社。

洪鎌德

　1976　《政治學與現代社會》，台北：牧童。
　1977　《世界政治新論》，台北：牧童。

1990　《傳統與反叛——青年馬克思思想之探索》，台北：商務，初版 1986.

1995　《新馬克思主義與現代社會科學》，台北：森大，初版 1988.

1996　《跨世紀的馬克思主義》，台北：月旦出版社。

1997a　《馬克思社會學說之析評》，台北：揚智文化事業公司。

1997b　《馬克思》，台北：東大。

1998a　《社會學說與政治理論——當代尖端思想之介紹》，台北：揚智文化事業
　　　　公司，初版 1997，2000 年 4 月再版二刷。

1998b　《21 世紀社會學》，台北：揚智文化事業公司。

1998c　〈馬克思解放觀與現代自由觀的批判——兼論普勞階級的角色〉，《東吳
　　　　哲學學報》，第三期，105-126 頁。

1999a　《人文思想與現代社會》，台北：揚智文化事業公司，二版，初版 1997.

1999b　《從韋伯看馬克思——現代兩大思想家的對壘》，台北：揚智文化事業
　　　　公司，初版 1998.

1999c　《當代政治經濟學》，台北：揚智文化事業公司。

2000　《人的解放——21 世紀馬克思學說新探》，台北：揚智文化事業公司。

2001a　〈共產主義的理想以及它在中國實際的發展——兼論當代知識份子對共
　　　　產主義的看法〉，在輔大舉辦的《「基督信仰之生命力」研討會》上之
　　　　論文，2001 年 1 月 6 日。

2001b　《法律社會學》，台北：揚智文化事業公司。

2002a　《馬克思主義》，台北：一橋。

2002b　《自由主義》，台北：一橋。

2002c　《社會主義》，台北：一橋。

2002d　〈全球化的認同問題〉，《哲學與文化》339：689-695.

2003a　《民族主義》，台北：一橋。

2003b　《基本教義》，台北：一橋。

2003c　《女性主義》，台北：一橋。

2003d　〈哈伯瑪斯晚年的世界觀與時代批判〉，刊：哈伯瑪斯與哈勒著《作為未
　　　　來的過去》，台北：先覺出版社，頁 1-5.

2003e　〈導言：當代社會科學的哲學〉，刊：《哲學與文化》，354：1-36.

2004　《西方馬克思主義》，台北：揚智文化事業公司。

高宣揚

1998　《當代社會理論》（上、下），台北：五南圖書出版公司。

徐崇溫

1982　《西方馬克思主義》，天津：天津人民出版社。

張小虹

1996　〈女同志主義〉，顧燕玲編前揭書，頁 217-235.

張明貴

1998　《自由論：西方自由主義的發展》，台北：臺灣書店。

陳思賢

1995　〈激進輝格與保守輝格的民主理念：潘恩與柏克的對比〉，刊：張福建、
　　　蘇文流主編《民主理論：古典與現代》，南港：中研院社科所，頁 21-49。

黃之棟

2003　〈馬克思主義的生態學──以馬恩兩人爲中心〉，台大國發所碩士論文。

黃淑玲

1996　〈烏托邦社會主義／馬克思主義女性主義〉，顧燕玲編前揭書，頁 29-70.

黃瑞祺

1996　《批判社會學──批判理論與現代社會》，台北：三民書局。

1998　《馬學新論：從西方馬克思主義到後馬克思主義》，南港：中研院歐美所。

葉爲欣

1998　〈生態女性主義的理念與實踐：探索臺灣經驗〉，台北：台北大學資源管
　　　理所碩士論文。

蔡英文

1995　〈麥可‧歐克秀的市民社會理論：公民結社與政治社群〉，刊：陳秀容、
　　　江宜樺主編《政治社群》，南港：中研院社科所，頁 177-212.

Frank E. Manuel 著，蔡淑雯 譯

2001　《馬克思安魂曲——思想巨人的光與影》，*A Reguiem for Karl Marx*, 台北：究竟出版社。

劉靖華

2000　《現代政治與伊斯蘭教》，北京：社會科學文獻出版社。

劉毓秀

1996　〈精神分析女性主義〉，顧燕玲編前揭書，頁 141-177.

錢永祥

2001　《縱欲與虛無之上：現代情境裡的政治倫理》，台北：聯經出版事業公司。

薛漢偉

1987　《社會主義社會階段劃分的理論與實踐》，合肥：安徽人民出版社。

釋聖嚴

1993　《基督教之研究》，台北：東初出版社。

Andrew Vincent 著，羅慎平 譯

1999　《當代意識型態》，台北：五南圖書出版公司。

鄭至慧

1996　〈存在主義女性主義〉，顧燕玲編前揭書，頁 73-103.

顧燕玲

1996　〈生態女性主義〉，顧燕玲編前揭書，頁 261-181.

顧燕玲　主編

1996　《女權主義——理論與流派》，台北：女書文化。

外文參考書目

Adams, Ian

1993　*Political Ideology Today*, Manchester and New York: Manchester University Press.

Anderson, Benedict

1991　*Imagined Communities: Reflections on the Origins and Spread of Nationalism*, London: Verso, 2nd ed.

Antonio, Robert J.

1990　"The Decline of the Grand Narrative of Emancipatory Modernity: Crisis or Renewal in Neo-Marxian Theory？" in George Ritzer（ed.）, *Frontiers of Social Theory: The New Synthesis,* New York: Columbia University Press, pp.88-116.

2000　"Karl Marx", in : George Ritzer (ed.), *The Blackwell Companion to Major Social Theorists*, Oxford : Blackwell, pp.105-143.

Armstrong, Karen

2000　*The Battle for Gods*, New York : Alfred A. Knopf.

Arnold, N. Scott

1989　"Marx, Central Planning, And Utopian Socialism," in: Paul, Ellen Frankel *et. al.* (eds.), *Socialism*, Oxford: Basil Blackwell Ltd.

Baer, Judith

1998　*Our Lives Before the Law——Constructing a Feminist Jurisprudence*, Princeton: Princeton University Press. 華文翻譯 朱蒂思‧貝爾著，官曉薇、高培桓譯，2000，《法律之前的女性——建構女性主義法理學》，台北：商周。

Bahro, Rudolf

1983 "Socialism, Ecology and Utopia: An Interview," *History Workshop*, 16: 91-99.

Ball, Terence, and Richard Dagger

1995 *Political Ideologies and the Democratic Ideal*, New York: Harper Collins, 2nd edition.

Ballentine, Karen

2001 "Market & Ideas," in Michael E. Boown *et. al.* (eds.), *Nationalism and Ethnic Conflict*, Cambridge, MA: The MIT Press.

Barry, B.

1989 *Does Society Exist ? The Case for Socialism*, London: Fabian Society.

Barry, John

1998 "Green Political Thought," in Adam Lent (ed.), *New Political Thought*, London: Lawrence and Wishart, pp.184-197.

Berger, Peter

1969 *The Social Reality of Religion*, London: Faber.

Berki, R. N.

1975 *Socialism*, London: J. M. Dent & Sons Ltd.

Berlin, Isaiah

1999 "Two Concepts of Liberty," in G. Sher, and B. A. Brody (eds.), *Social and Political Philosophy: Contemporary Readings*, Fort Worth, TX: Harcourt Brace & Co.

Berlin, Isaiah, and Nathan Gardels

1991 "Two Concepts of Nationalism," *New York Review of Books*, 39(1a): 19-23.

Bernstein, Eduard

1961   *Die Voraussetzung des Sozialismus und die Aufgabe der Sozialdemokratie*, Stuttgart: Dietz, 首次刊行 1899.

Berry, Christopher J.

1997   *Social Theory of the Scottish Enlightenment*, Edinburgh: Edinburgh University Press.

Best, Steven, and Douglas Kellner

1991   *Postmodern Theory: Critical Interrogations,* New York: Guilford Press.

1994   "Foucault, Postmodernism, and Social Theory," in Dickens, David R., and Andrea Fontana（eds.）, *ibid.*: 25-52.

Bhabha, Homi (ed.)

1990   *Nation and Narration*, London and New York: Routledge.

Bockchin, Murray

1962   *Our Synthetic Environment*, New York: Knopf.

1971   *Post-Scarcity Anarchism*, Bakeley: Ramparts.

Bottomore, Tom

1984   *Sociology and Socialism*, Brighton: Harvester Press.

Bracher, Dietrich

1962   "Sozialdemokratie," in *Staatslexikon*, Freiburg i.Br.: Herder, Bd.7.

Breton, Raymond

1988   "From Ethnic to Civic Nationalism: English Canada and Quebec," *Ethnic and Racial Studies* 11(1): 85-102.

Breuilly, John

1993   *Nationalism and the State*, Manchester: Manchester University Press, 2nd ed.

Bruce, S.

1993   "Fundamentalism, Ethnicity and Enclave," in M. Maity, and R. S. Appleby （eds.）, *Fundamentalism and the State*, Chicago University Press.

2000   *Fundamentalism*, London: Routledge.

Bryson, Valerie

1999   "Feminism," in: Roger Eatwell, and Anthony Wrights (eds.), *op. cit.*, pp. 206- 230.

Buchanan , Allen

1986   "The Marxist Conceptual Framework and the Origins of the Totalitarian Socialism," in: Paul *et. al.*, *op. cit.*, pp. 127-144

Burke, Edmund

1975   *Reflections on the Revolution in France*, B. W. Hill (ed.), London: Fontana / Harvester Wheatsdeaf.

1999   *The Portable Edmund Burke*, Isaac Kramnick (ed.), New York and London: Penguin Books.

Callicott, J. Baird

2001   "Environmental Ethics," in: Becker, Lawrence, and Charlotte B. Becker(eds.), *Encyclopedia of Ethics*, New York and London: Routledge, 1: 467-471.

Callinicos, Alex

1983   *Marxism and Philosophy*, Oxford: Clarendon.

1999   *Social Theory*, Cambridge: Polity.

Castle, Stephen et. al.

1988   *Mistaken Identity: Multiculturalism and the Demise of Nationalism in Australia*, Sydney: Pluto Press.

Castoriadis, Cornelius

1981   "From Ecology to Autonomy," *Thesis Eleven*, 3: 7-22.

Chatterjee, Parta

1986   *Nationalist Thought and the Colonial World*, London: Zed Books.

1993   *The Nation and Its Fragments*, Cambridge: Cambridge University Press.

Choueiri, Youssef

1999   "Islam and Fundamentalism," in Roger Eatwell and, Anthony Wright (eds.), *Contemporary Political Ideologies*, London and New York: Pinter, 2nd ed., pp. 255-278.

Click, Bernard

1998   *Socialism*, New Delhi: World View Publications.

Cohen , G. A.

1986   "Self-Ownership, World Ownership , and Equality: Part II ," in: Paul *et. al., op. cit.*, pp. 77-96.

Conner, Walker

1994   *Ethno-Nationalism: The Quest for Understanding*, Princeton ; Princeton University Press.

Connolly, W.

1981   *Appearance and Reality in Politics*, Cambridge: Cambridge University Press.

Cowling, Maurice (ed.)

1979   *Conservative Essays*, London: Cassell.

Crawford, J.

1988   *The Right of Peoples*, Oxford: Oxford University Press.

De Beauvior, Simone

1972   *The Second Sex*, Harmondsworth: Penguin, 原著法文刊載於 1949.

De Gaulle, Charles

1970   *Memoires d'Espoir*, Paris: Plon.

Delanty Gerard

2000   "The Foundations of Social Theory: Origins and Trajectories," in : Bryan S. Turner (ed.), *The Blackwell Companion to Social Theory*, Oxford: Blackwell,

1st ed, 1996, pp. 21-46.

Deleuze, Giles, and Felix Guattari

1977　*Anti-Oedipus*, New York: Viking.

Dickens, David R., and Andrea Fontana (eds.)

1994　*Postmodernism and Social Inquiry*, New York and London: The Guilford Press.

Doherty, Brian

2002　*Ideas and Actions in the Green Movement*, London and New York: Routledge.

Durbin, E.

1940　*The Politics of Democratic Socialism*, London: Routledge.

Eatwell, Roger, and Anthony Wright (eds.)

1999　*Contemporary Political Ideologies*, London and New York: Pinter.

Eckersley, Robyn

1992　*Environmentalism and Political Theory: Toward an Econometric Approach*, Albany, NY: State University of New York Press.

Ehrenreich, Barbara

1989　"Life Without Father: Reconstructing Socialist-Feminist Theory," in *Socialist Review* 1984, 收入 Roger S. Gottlieb (ed.), *op. cit.*, pp. 338-347.

Eisenstein, Zillah (ed.)

1979　*Capitalist Patriarchy and the Case for Socialist-Feminism*, New York: Monthly Review Press.

Ellias, J. L.

1999　*Islam*, London: Routledge.

Elster , John

1986 "Self- Realization in Work and Politics : The Maixist Conception of the Good Life," in: Paul *et. al.*, *op. cit.*, pp. 97-126.

Engels, Fredrick

1987 *The Condition of the Working Class in England*, Harmond: Penguin, 原著 德文發表於 1842.

Fanon, Frantz

1967 *The Wretched of the Earth*, Harmondsworth: Penguin.

Ferguson, Ann

1989 "Sex and Work: Women as a New Revolutionary Class in the United States," in Roger S. Gottlieb (ed.), *op. cit.*, pp.348-372.原著以書名刊載 1987.

Fetscher, Iring

1973 "Socialism," in C. D. Kernig (ed.), *Marxism, Communism and Western Society: A Comparative Encyclopedia*, vol. VII, New York: Herder and Herder, pp. 422-431.

Flathman, Richard E.

2001 "Liberalism," in L. C. Becker, and C. B. Becker (eds.), *Encyclopedia of Ethics*, New York and London, Routledge, 2nd ed., vol. 2, pp. 972-976.

Freeman, Michael

1980 *Edmund Burke and the Critique of Political Radicalism*, Oxford: Basil Blackwell.

Friedman , George

1986 "Marxism , Violence , and Tyranny," in: Paul *et. al., op. cit.,* pp. 188-203.

Frohnen, Bruce

1993 *Virtue and the Promise of Conservatism: The Legacy of Burke and Tocqueville*, Lawrence, KA: University Press of Kansas.

Fukuyama, Francis

1991 "Liberal Democracy as a Global Phenomenon," *Political Science and Politics*, 24, Dec. 1991.

1992 *The End of History and the Last Man*, London: Hamish Hamilton.

Gamble, A.

1988 *The Free Economy and the Strong State*, London: Macmillan.

Gellner, Ernest

1964 *Thought and Change*, London; Weidenfeld and Nicolson.

1983 *Nations and Nationalism*, Oxford: Blackwell and Ithaca: Cornell University Press.

1997 *Nationalism*, London: Weidenfeld and Nicholas.

Giddens, Anthony

1971 *Capitalism and Modern Social Theory*, Cambridge: Cambridge University Press.

1985 *The Nation-State and Violence*, Cambridge: Polity.

1991a *Modernity and Self-Identity: Self and Society in the Late Age*, Cambridge: Polity Press.

1991b *The Conditions of Modernity*, Cambridge: Polity.

Gilbert, Alan

1986 "Democracy and Individuality," in: Paul *et.al.*, *op.cit.*, pp .19-58.

Girvetz, Harry K.

1974 "Liberalism," in *Encyclopedia Britannica*, Chicago, *et. al.*: Encyclopedia Britannica Inc., 5th ed., vol.10, pp.846-851.

Goodin, Robert

1992 *Green Political Theory*, Cambridge: Polity Press.

Goodwin, Barbara

1991 "Fourier, Charles," in David Miller *et. al.*(eds.) , *The Blackwell Encyclopedia of Political Thought*, Oxford: Blackwell, pp. 160-161.

Gordon , David

1986 "Marxist Dictatorship, and the Abolition of Rights," in: Paul *et. al., op. cit.,* pp. 144-159.

Gorz, André

1992 "On The Difference between Society and Community, and Why Basic Income Connects by Itself Confers Full Membership of Either," in: P. Van Parjs (ed.), *Arguing for Basic Income: Ethical Foundations for a Radical Reform*, London: Verso.

1993 "Political Ecology: Expertocracy versus Self-Limitation," in: *New Left Review*, no.202, Nov.-Dec.

1994 *Capitalism, Socialism, Ecology*, London: Verso.

Gottlieb, Roger S.(ed.)

1989 *An Anthology of Western Marxism: From Lukács and Gramsci to Socialist-Feminism*, New York and Oxford: Oxford University Press.

Gould, James A. and W. H. Truitt (eds.)

1973 *Political Ideologies*, New York: Macmillan Publishing Co.

Gray , John

1986 "Marxian Freedom, Individual Liberty and the End of Alienation," in: Paul *et.al., op.cit.*, pp.160-187.

Griffin, Roger

1999 "Nationalism," in Eatwell, Roger, and Anthony Wright (eds.), *Contemporary Political Ideologies*, London and New York: Pinter, 2nd ed., 1st ed. 1993, pp.152-179.

Habermas, Jürgen

1971 *Toward a Rational Society: Student Protest, Science, and Politics*, London: Heinemann.

1987 *The Theory of Communicative Action*, vol. 2, Cambridge: Polity Press.

1990 "What Does Socialism Mean Today? The Rectifying Resolution and the

Need for New Thinking on the Left," *New Left Review*, no. 183, Sept.-October.

1994 "Citizenship and National Identity," in B. Van Steebergen (ed.), *The Condition of Citizenship*, London: Sage.

Hall, Stuart

1986 "Variants of Liberalism," in: James Donald, and Stuart Hall (eds.), *Politics and Ideologies*, Milton Keynes, Philadelphia: Open University Press, pp. 34-69.

1992 "The New Ethnicities," in J. Donald, and A. Rattan (eds.), *Race, Culture and Difference*, London; Sage.

Halliday, F.

1986 "Iranian Foreign Policy since 1976: Internationalism and Nationalism in the Iranian Revolution," in J. R. P. Cole, and N. R. Keddie（eds.）, *Shiism and Social Protest*, New Haven: Yale University Press, pp. 88-107.

Harrington, M.

1989 *Socialism: Past and Future*, New York: Arcade Publishing.

Hartmann, Heidi

1989 "The Unhappy Marriage of Marxism and Feminism: Towards a More Progressive Union," in: Roger S. Gottlieb., *op. cit*, pp.316-337. 原文刊載於 Lydia Sargent (ed.), *Women and Revolution*, New York: South End Press.

Havel, Vàclav

1991 "On Home," *New York Review of Books*, 5. Dec. 1991, p.49.

Hegel, Georg Wilhelm Friedrich

1991 *The Philosophy of Right*, A. W. Wood (ed.), Cambridge: Cambridge University Press. 德文原著 1833 年出版。

Heilbroner, Robert

1974 *An Inquiry into the Human Prospect*, New York: Norton.

Heywood, Andrew

1998 *Political Ideologies: An Introduction*, Houndmills and London: Macmillan Press Ltd, 2nd edition; 1st ed. 1992.

Hilter, Adolf

1939 *Mein Kampf*, James Murphy (trans.), London: Hurst and Blackott.

Hobsbawm, Eric J.

1990 *Nations and Nationalism since 1780*, Cambridge: Cambridge University Press.

1994 *Age of Extremes: The Short Twentieth Century 1914-1991*, London: Michael Joseph.

Hobsbawm, Eric, and Terence Ranger (eds.)

1983 *The Invention of Tradition*, Cambridge: Cambridge University Press.

Horkheimer, Max

1972 *Critical Theory*, New York: Seabury.

Hroch, Miroslav

1985 *Social Preconditions of National Revival in Europe*, Cambridge: Cambridge University Press.

Hung, Lien-te

1986 *Western Political Thought*, Dept. of Political Science, National University of Singapore, unpublished lecture notes.

Huntington, P. Samuel

1958 "Conservatism as an Ideology," *American Political Science Review*, pp. 454-473.

1973 "Conservatism as an Ideology," in Gould J., and W. H. Truitt (eds.), *op. cit,* pp. 145-163.

1993 " The Clash of Civilizations," *Foreign Affairs*, vol. 72, no. 3.

1997 《文明衝突與世界秩序的重建》，黃裕美譯，台北：聯經出版事業公司。

Hutchinson, John

1987   *The Dynamics of Cultural Nationalism: The Galic Revival and the Creation of Irish Nation State*, London: Allen and Unwin.

1994   *Modern Nationalism*, London: Fontana.

2000   "Ethnicity and Modern Nations," *Ethnic and Racial Studies*, 23(4): 651-659.

Ibrahim Youssef M.

2002   "Don't Play into the Hands of Extremists," *The Straits Times*, 2002.8.15, p14, 原文最先發表於 *Washington Post*.

Jay, Richard

1994   "Nationalism," in Robert Eccleshall *et. al.*, *Political Ideologies: An Introduction*, London and New York: Routledge, 2nd ed., pp. 153-184.

Kedourie, Ilie

1960   *Nationalism*, London: Hutchinson.

Keller, David

1991   "Ideology," in David Miller (ed.), *The Blackwell Encyclopedia of Political Thought*, Oxford: Blackwell, pp. 235-238.

Kohn, Hans

1968   "Nationalism," in David L. Sills (ed.), *International Encyclopedia of the Social Sciences*, New York: Macmillan and the Frees. Press vol.11 pp. 63-79.

Korsch, Karl

1971   *Marxism and Philosophy*, F. Halliday (trans.), New York and London: Monthly Review.

Künzli, Arnold

1966   *Karl Marx: Eine Pscychographie*, Frankfurt und Zürich: Europa-Verlag.

Laclau, Ernesto and Chantal Mouffe

1985   *Hegemony and Socialist Strategy*, London: Verso.

Lademacher, Horst

1973　"Social Democracy," in: C.D. Kernig（ed.）*Marxism, Communism and Western Society: A Comparative Encyclopedia,* New York: Herder and Herder, vol. 7, pp. 404-421.

Larrain, Jorge

1991　"Ideology," in Bottomore (ed.), *A Dictionary of Marxist Thought,* 2nd ed., Oxford: Blackwell, pp. 247-252.

Leach, Robert

1996　*British Political Ideologies,* London *et. al.*: Prentice Hall and Harvester Wheatsheaf, 2nd ed.

Leeson, Susan

1979　"Philosophic Implications of the Ecological Crisis: The Authoritarian Challenge to Liberalism," *Polity* 11: 303-318.

Leiss, William

1978　*The Limits to Satisfaction: On Needs and Commodities,* London: Marion Boyars.

Levitas, R.

1986　*The Ideology of the New Right,* Oxford: Polity.

Lewis, Bernard

2002　"A History of Hatred Exploding Now," *The Straits Times,* 2002.9.13, p22.

Lijphart, Arend

1997　*Democracy in Plural Societies: A Comparative Exploration,* New Haven CT and London: Yale University Press.

Little, Adrian

1998　*Post-Industrial Socialism: Towards a New Politics of Welfare,* London and New York: Routledge.

Lively, Jack

1991   "De Tocquiville, Alex " in David Miller *et. al. op. cit.* pp. 518-521.

Lodziak, Conrad

1995   *Manipulating Needs: Capitalism and Culture*, London: Pluto Press.

Luard, E.

1979   *Socialism without the State*, London: Macmillan.

Lukács, Georg

1971   *History and Class Consciousness: Studies in Marxist Dialetics*, R. Livingstone (trans.), Cambridge, MA: MIT Press.

Lukes , Stephen

1986   "Marxism and Dirty Hands," in: Paul *et. al. , op. cit.* , pp. 204-223.

Lukes, Steven

1974   *Power*, London: Macmillan.

Macpherson , C. B.

1962   *Political Theory of Possessive Individualism*: *Hobbes to Locke*, Oxford: Clarendon.

Mann, Michael

1993   *The Sources of Social Power*, vol. II, Cambridge: Cambridge University Press.

1995   "A Political Theory of Nationalism and Its Excesses," in Sukumar Periwal (ed.), *Nations of Nationalism*, Budapest: Central European University Press.

Marcus, George, and Michel Fischer

1986   *Anthropology and Culture Critique: An Experimental Movement in the Human Science*, Chicago: Chicago University Press.

Marcuse, Herbert

1964   *One Dimensional Man,* London: Routledge and Kegan Paul.

Martel, Martin U.

1968 "Saint-Simon," in David L. Sill (ed.) *International Encyclopedia of thee Social Sciences*, vol. 13, New York: The Free Press.

Marty, Martin E, and R. Scott Appleby (eds.)

1991 *Fundamentalisms Observed*, Chicago and London: University of Chicago Press.

Marx, Karl

1954 *Capital*, Vol.1（簡稱 *CI*）, Moscow : Progress.

1970 *Capital: A Critique of Political Economy*, St. Moore and, E. Aveling（trans）, New York: International Publishers.

1978 *The Grundrisse,* in: *The Marx-Engels Reader*, R. Tucker(ed.), New York: W. W, Norton, pp. 221-293.

Marx, Karl and Frederick Engels

1968 *Selected Works* （簡稱 *SW* 附卷數）, New York: International Publishers.

1970 *Selected Works* （簡稱 *SW*）, Moscow: Progress.

1975ff. *Gesaamtausgabe* （簡稱 *MEGA*）, Berlin: Dietz.

1975ff. *Collected Works* （簡稱 *CW*）, Moscow: Progress.

1975 *Selected Correspondence*（簡稱 *SC*）, Moscow: Progress, 3rd rev. ed.

McClleland, J. S. (ed.)

1970 *The French Right*, London: Jonathan Cape.

McCullum, R. B.

1964 "Liberalism," in Julius Gould, and Williem L. Kolb (eds.), *A Dictionary of the Social Sciences*, New York: the Free Press.

Mclellan, David

1973 *Marx before Marxism*, London: Macmillam.

McGarry John, and Breadan O'Leary

1993 *The Politics of Ethnic Conflict Regulation: Case Studies of Protected Ethnic Conflicts*, London and New York: Routledge.

McNeill, William

1986 *Polyethnicity and National Unity in World History*, Toronto: University of Toronto Press.

Meadowcroft, John

2001 "Green Political Perspectives at the Dawn of the Twenty-First Century," in Michael Freeden (ed.), *Reassessing Political Ideologies: The Durability of Dissent*, London and New York: Routledge.

Melucci, Alberto

1989 *Nomads of the Present: Social Movements and Individual Needs in Contemporary Society*, London: Hutchinson Radius.

Michel, Andrée

1986 *Le Féminisme*, Paris: Presses Univessitares de France, 3rd edition. 張南星譯《女權主義》，台北：遠流，1991 初版二刷。

Mill, John Stuart

1977 *Essay on Politics and Society*, vol. 10, London: Routledge and Paul.

1998 *On Liberty and Other Essays*, Oxford: Oxford University Press.

Miller, David

1995 *On Nationality*, Oxford: Oxford University Press.

Miller, David et. al. (eds.)

1991 *The Blackwell Encyclopedia of Political Thought*, Oxford: Blackwell.

Miller, Richard W.

1986 "Democracy and Class Dictatorship," in: Paul *et.al., op.cit.*, pp .59-76.

1998 "Marxist Philosophy of Science," in: Edward Craig (ed.), *Routledge*

Encyclopedia of Philosophy, London & New York, vol. 6, pp. 147-150.

Mills, C. Wright

1959　*Sociological Imagination,* Oxford: Oxford University Press.

Mitchell, Juliet

1989　"Women's Estate," in R. Gottlieb (ed.), *op. cit.*, pp. 296-315. 原作為 *Women's Estate*, London: Pantheon Books, 1971.

Mouffe, Chantal

1988　"Hegemony and New Political Subject," in C. Nelson, and L. Grossberg (eds.), *Marxism and the Interpretation of Culture*, Urbana: University of Illinois Press, pp. 89-101.

Muller, J. Z.

2001　"Conservatism: Historical Aspects," in Smelser, Neil J., and Paul Battes (eds.), *International Encyclopedia of Social and Behavioral Sciences*, Amsterdam *et. al.*: Elsenier, vol. 4, pp. 2624-2628.

Nairn, Tom

1977a　*Faces of Nationalism: Janus Revisited*, London: Verso.

1977b　*The Break-Up of Britain: Crisis and Neo-Nationalism*, London: NLB.

1997　*The Break-Up of Britain: Crisis and Nationalism*, London: Verso.

Nowak, L.

1983　*Property and Power*, Dordrecht: D. Reidel.

Nozick, Robert

1974　*Anarchy, State, and Utopia*, Oxford: Blackwell.

Oakshott, Maurice

1962　*Rationalism in Politics and Other Essays*, London: Metheuen.

O'Hear, Anthony

1998　"Conservatism," in Edward Craig (ed.), *Routledge Encyclopedia of Philosophy*, London and New York, vol. 2, pp. 608-615.

Ophuls, William

1973　"Levithan or Oblivion？" in Herman E Daly (ed.), *Toward a Steady State Economy*,. San Francisco: Freeman.

1977　*Ecology and the Politics of Scarcity: A Prologue to a Political Theory of the Steady State*, San Francisco: Freeman.

O'Sullivan, Noël

1999　"Conservatism," in Eatwell, Roger, and Anthony Wright (eds.), *Contemporary Political Ideologies*, London and New York: Pinter.

Padover, Saul K.

1978　*Karl Marx: An Intimate Biography*, New York *et. al.*: McGraw-Hill.

Parekh, Bhikhu

1994　"The Concept of Fundamentalism", in A. Shtromas（ed.）, *"The End of Isms?" Reflexion on the Fate of Ideological Politics after Communism's Collapse*, Oxford and Cambridge, Mass.: Blackwell.

Paul, Ellen Frankel et. al.（eds.）

1986　*Marxism and Liberalism*, Bowling Green State University Social Philosophy and Policy Center.

Pimlott, B. (ed.)

1984　*Fabian Essays in Socialist Thought*, London: Heinemann.

Quinton, Anthony

1978　*The Politics of Imperfection*, London: Faber and Faber.

1995　"Conservatism," in Goodin, Robert E., and Philip Pettit (eds.), *A Companion to Contemporary Political Philosophy*, Oxford: Blachwell, pp. 244-268.

Raddatz, Frity J.

1978　*Karl Marx: A Political Biography*, London: Weidenfeld and Nicolson.

Rajai, Mostafa

1991　*Political ideologies : a Comparative Approach*, Armonk, N.Y.: M. E. Sharpe.

Rawls, John

1971　*A Theory of Justice*, Oxford: Oxford University Press.

Ritzer, George

1992　*Sociological Theory*, New York *et. al.*: McGraw Hill, 3rd ed.

Robinson, Cedric J.

2001　*An Anthropology of Marxism*, Aldershot *et. al.*: Ashgate.

Rodman, John

1980　"Paradigm Change in Political Science: An Ecological Perspective," *American Behavioral Scientis*, 24: 49-78.

Rosen, Michael

1998　"Marx, Karl," in: Edward Craig (ed.), *Routledge Encyclopedia of Philosophy*, London and New York: Routledge, vol. 6, pp. 147-150.

Rossiter, Clinton

1968　"Conservatism," in Sills, David L. (ed.), *International Encyclopedia of the Social Sciences*, New York: Macmillan and the Free Press, vol. 3, pp. 290-295.

Rowbotham, Sheila

1989　*Women's Consciousness, Man's World*, Middlesex: Pengium.

Rozak, Theodore

1979　*Person / Planet: The Creative Disintegration of Individual Society*, London: Victor Gollancz.

Rubin, Gayle

1975 "The Tragic in Women," in Ranya Reiter (ed.), *Towards a New Anthropology of Women*, New York: Monthly Review Press.

Schumacher, E. F.

1974 *Small is Beautiful*, London: Abacus.

Schwarzmantel, John

1998 *The Age of Ideology: Political Ideologies from the American Revolution to Postmodern Times*, Houndsmill and London: Macmillan Press.

Scrutton, Roger

1980 *The Meaning of Conservatism*, London: Macmillan.

Seigel, Jerrold

1993 *Marx's Fate: The Shape of a Life*, University Park: Pennsylvania State University Press.

Self, Peter

1995 "Socialism," in Robert E. Goodin, and Philip Pettit (eds.), *A Companion to Contemporary Political Philosophy*, Oxford: Blackwell, pp. 333-335.

Shafer, Boyd C.

1976 *Nationalism: Its Nature and Interpreters*, Washington D.C.: American Historical Association.

Sher, George and Baruch A. Brody (eds.)

1999 *Social and Political Philosophy: Contemporary Readings*, FortWorth, TX: Harcourt Brace and Co.

Sigmund, P. E.

2001 "Conservatism: Theory and Contemporary Political Ideology," in: Smelser, Neil J., and Paul B. Battes (eds.), *International Encyclopedia of Social and Behavioral Sciences*, Amsterdam *et. al.*: Elsenier, vol. 4, pp. 2628-2631.

Sim, Stuart

2000   *Post-Marxism: An Intellectual History*, London and New York: Routledge.

Sivan, Emmanuel

1992   "The Islamic Resurgence: Civil Society Strikes Back," in L. Kaplan（ed.）
        Fundamentalism in Comparative Perspective, Amherst, Mass.: University of
        Massachusetts Press, pp.96-108.

Smith, Anthony D.

1986   *The Ethnic Origins of Nations*, Oxford: Blackwell.

1988   *Nationalism and Modernism: A Critical Survey of Recent Theories of Nation
        and Nationalism*, London and New York: Routledge.

1991   *National Identity*, Hammondsworth: Penguin.

1995   *Nations and Nationalism in a Global Era*, Cambridge: Polity.

1998   *Nationalism and Modernism*, London and New York: Routledge.

2001   *Nationalism: Theory, Ideology, History*, Cambridge: Polity.

Somerset, H. U. F. (ed.)

1957   *A Notebook of Edmund Burke*, Cambridge: Cambridge University Press.

Stretton, Hugh

1976   *Capitalism, Socialism and the Environmentalism*, Cambridge: Cambridge
        University Press.

Sweezy, Paul M.

1991   "Socialism," in: Tom Bottomore *et.al.*(eds.), *A Dictionary of Marxist
        Thought*, Oxford : Blackwell , 2nd ed., 1st ed. 1983.

Taheri, Amir

1987   *Holy Terror: The Inside Story of Islamic Terrorism,* London: Sphere.

Talshir, Gayi

1998   "Modular Ideology: The Implications of Green Theory for a Reconceptual-
        ization of 'Ideology'," *Journal of Political Ideologies*, vol. 3, pp. 169-192.

Tawney, R. H.

1935 *Equality*, London: Allen and Unwin, 2nd printing 1964.

Taylor, Keith

1991a "Saint-Simon, Claude Henri de Rouvroy," in David Miller *et. al.*(eds.) , *The Blackwell Encyclopedia of Political Thought* , Oxford: Blackwell.

1991b "Owen, Robert," in David Miller *et. al.*(eds.) , *The Blackwell Encyclopedia of Political Thought*, Oxford: Blackwell.

Theimer, Walter

1959 *Der Marxismus: Lehre-Wirkung-Kritik, München*: Francke, 7. Aufl., erster Druck, 1950.

Tiryakian, Edward A.

1988 "Nationalism, Modernity, and Sociology," *Sociologia Internationalis* 26(2): 1-17.

1995 "Nationalism and Modernity: A Methodological Appraisal," in John L. Comaroff, and Paul C. Stern (eds.), *Perspectives on Nationalism and War*, Sidney, *et. al.*: Gordon and Breach Publishers, pp. 205-235.

Tucker, Robert C.

1972 *Philosophy and Myth in Karl Marx*, Princeton, Princeton University Press, 1st ed. 1961.

Van den Bruck, Moeller

1971 *German Third Empire*, New York: Fertig.

Vincent, Andrew

1992 *Modern Political Ideologies*. Oxford: Blackwell.

Walby, Sylvia

1992 "Women and Nation," in A. D. Smith (ed.), *Ethnicity and Nationalism: International Studies in Sociology and Social Anthropology*, Leiden: Brill, pp. 81-100.

Waldron, Jemery

1998　"Liberalism," in: Edward Craig (ed.), *Routledge Encyclopedia of Philosophy*, London and New York: Routledge, vol. 5, pp.598-605.

Walker, Michael

1983　*Scorpion*, no.3.

Wanandi, Josef

2002　" Indonesia's Peaceful Face of Islam," *The Straits Times*, 2002. 8. 31, p31.

Watt, W. M.

1988　*Islamic Fundamentalism and Modernity*, London: Routledge.

Wells, David

1978　"Radicalism, Conservativism, and Environmentalism," *Politics* 13: 299-306.

Wheen, Francis

1999　*Karl Marx: A Life*, New York and London: W.W. Norton and Company.

Wolff, Jonathan

1991　*Robert Nozick: Property, Justice and the Minimal State*, Cambridge: Polity.

Wood, Allen W.

1986　"Marxism, Karl Heinrich," in : Robert Gorman (ed.) , *Biographical Dictionary of Marxism*, London: Mansell, pp. 223-231.

Wright, Anthony

1986　*Socialism: Theory and Practices*, Oxford: Oxford University Press.

1999　"Social Democracy and Democratic Socialism," in Roger Eatwell, and Anthony Wright (eds.), *Contemporary Political Ideologies*, London and New York: Printer, pp. 80-103.

Yuval-Davis, Nira

1997　*Gender and Nation*, London: Sage.

Zvesper, John

1991   "Liberalism," in David Miller *et. al.* (eds.), *The Blackwell Encyclopedia of Political Thought*, Oxford: Blackwell, 1st ed. 1987.

人名引得

事物引得

二元論
　145

人的解放
　72,130-131,207,226,232-233,254,257,
　259,487,492

上下垂直不平
　21,38,47,52,79,97,403, 432-433

上層建築與經濟基礎（下層建築）
　4-7,193,230,234-237,240,245,248,250-25
　1,362,446

大英公教（英國國教）
　20,26,66,80,341,371

大憲章
　91

小而美
　187,476-477,504,506

小資產階級
　161,209,312,447,455,502

公平的分配
　100,112

公民的主權
　271,284

分配的政治
　63

反文化
　35,49,333

天賦權利（自然權利）
　40-41,65,104,105,123,135,136,153,486

天擇（自然淘汰）
　104

巴黎公社
　38,179,216,218-219,448

文化型塑
　7-8

文化霸權
　5,51,250,363

父權主義
　69,455,507

父權制的資本主義
　432

「白紙」
　82

世俗化
　27,35,44,88,96,135,216,329,336-337,341-
　342,345-346,349-350,353-354,364-366,
　370-371,377,389

以人為中心的人本主義
　52

功利主義
　28,83-84,87-89,94-96,100,102,131,136,
　153,230,478,490,513

卡立發

霸權

　　5-6,17,51,108,170,249-252,265,272,291,

　　296,315,320,326,363,370,386,487,489,

　　509,512

體系界

　　6,195

Contemporary Ideologies

by Hung Lien-te *Dr. rer. pol.*

Contents

當代主義

社會叢書 35

著　　　者／洪鎌德

出　版　者／揚智文化事業股份有限公司

發　行　人／葉忠賢

總　編　輯／林新倫

責任編輯／晏華璞

執行編輯／胡琡珮

登　記　證／局版北市業字第 1117 號

地　　　址／台北市新生南路三段 88 號 5 樓之 6

電　　　話／(02)2366-0309

傳　　　真／(02)2366-0310

E - m a i l ／service@ycrc.com.tw

網　　　址／http://www.ycrc.com.tw

郵撥帳號／19735365

戶　　　名／葉忠賢

印　　　刷／偉勵彩色印刷股份有限公司

法律顧問／北辰著作權事務所　蕭雄淋律師

初版一刷／2004 年 7 月

定　　　價／新台幣 550 元

I S B N ／957-818-643-6

國家圖書館出版品預行編目資料

當代主義 / 洪鎌德著. -- 初版. -- 台北市：揚智文
化, 2004[民 93]
　　　面；　公分. -- （社會叢書；35）

　　ISBN　957-818-643-6（平裝）

　　1. 社會意識

541.14　　　　　　　　　　　　　　　93010985